보완대체의사소통

- AAC 중재를 위한 최상의 실제 -

박은혜 · 김정연 · 김경양 공저

Augmentative and Alternative Communication

- Best Practices in AAC Intervention -

학지사

머리말

구어 의사소통에 어려움을 겪는 장애아동들이 사용하는 보완대체의사소통(AAC)에 대한 특수교사, 언어재활사 및 부모님들의 인식은 지난 십여 년 동안 긍정적으로 변화해 왔다. 가장 큰 변화는 AAC를 사용하면 아동의 구어 발달이 저해될 것이라는 오래된 오해가 감소하고, 음성 산출이 되는 의사소통 도구의 사용이 늘어나면서 오히려 구어 발달 촉진에 대한 기대도 갖게 된 것이다. 또한 지체장애 학생뿐 아니라 지적장애 및 자폐범주성장애 학생과 같이 구어 의사소통 능력이 지체되거나 부족한, 다양한 장애학생들에게 AAC를 성공적으로 적용하는 사례가 증가하고 있다. 국내에서 개발된 그래픽 상징을 손쉽게 교수학습자료에 사용할 수 있게 되고, 여러 가지 의사소통 도구와 앱이 나온 것도 이와 같은 AAC에 대한 긍정적 인식 형성에 영향을 미친 것으로 보인다.

AAC를 필요로 하는 장애아동과 성인의 의사소통 특성이 매우 다양하기 때문에, AAC는 개별적인 진단을 거쳐 각자에게 맞는 상징과 도구, 표현 방법 등을 선정하고 이를 잘 사용하도록 지속적으로 교육하는 것이 매우 중요하다. 즉, 기술이나 도구 자체보다 학생 개인에게 적합한 방법을 찾아 주고, 적절한 교수 방법을 사용하여 AAC 사용을 가르쳐서 연습하도록 하는 것이 중요하다. 비싼 의사소통 도구만 구입해 주면 바로 의사소통을 할 수 있으리라 기대하는 것은 아이에게 그랜드 피아노를 사 주고 바로 피아노 연주를 하기를 바라는 것과 같다고 말한 어느 AAC 연구자의 의견과도 같은 맥락이다.

반면 꼭 한 가지 방법만 사용해야 한다는 고정관념도 불필요하게 아동을 제한하는 일이 된다. 예를 들어, 그래픽 상징과 손짓표현, 사진 등을 함께 사용할 수도 있으며,

어릴 때 사용하던 AAC 방법이 아동이 성장하고 발달하면서 더 많은 것을 표현할 수 있는 체계로 바뀌게 되는 경우도 많다. AAC에는 다양한 상징체계와 도구, 표현 방법이 포함되기 때문에 대상 학생에게 맞는 AAC 체계를 만들어 주고 이를 교육하기 위해서는 교사가 AAC 구성요소 및 적용 방법에 대한 정확한 정보를 알고 있어야 한다.

이 책은 아직까지 AAC에 대해 체계적으로 설명하는 자료가 부족한 국내 현실을 고려하여 가능한 한 많은 내용을 소개하고자 하였으며, 의사소통의 어려움이 있는 장애학생들에게 보완대체의사소통을 적용하고자 할 때 교사가 알아야 할 내용들을 다음과 같이 정리하였다.

앞부분에서는 AAC에 대한 개념 및 구성요소, 그리고 AAC 사용을 위한 진단 및 평가와 교수전략에 대하여 중요한 기본적인 내용을 설명하였다. 1장에서는 AAC에 대하여 정확한 개념적 이해를 하는 것이 중요하므로 정의 및 적용 대상, 사용 효과 등에 대한 설명과 함께 최근 동향을 소개하였다. 2장에서는 AAC에 사용되는 다양한 상징체계, 보조도구와 표현 기술에 대하여 설명하였으며, 3장에서는 개별 대상자의 필요를 파악하여 이에 맞게 AAC 구성요소들을 결정할 수 있도록 하는 진단 과정을 구체적으로 살펴보았다.

4장부터 8장까지에서는 학교에서의 AAC 교육 실행과 관련된 내용을 제시하였다. 4장에서는 AAC 교육을 위한 준비와 교수전략을 살펴보았으며, 5장에서는 국내에서 개발된 손짓기호인 '손담'에 대하여 상세히 설명하였다. 손담은 2018년 처음 개발된 이후 전국적으로 사용이 확산되고 있다. 6장에서는 학교에서의 AAC 교육을 어떻게 해야 하는지 살펴보았으며, 7장에서는 통합교육 상황에서의 AAC 활용에 대하여 설명하였다. 8장은 최근 학교 현장과 연구논문에서 많이 강조되고 있는 AAC 활용 문해학습과 교과교육에서의 AAC 접목에 대한 내용을 소개하였다.

마지막 부분에서는 그 외의 중요한 AAC 관련 이슈들로서 도전행동과 AAC, 가족과의 협력, 성인기 장애인을 위한 AAC 지원을 살펴보았다. 9장 도전행동과 AAC에서는 의사소통적 기능의 도전행동에 대하여 AAC 중재를 실행하는 것에 대하여 설명하였다. 도전행동으로 인한 어려움이 있는 장애학생들에게 AAC는 매우 중요하고 효과적인 중재이다. 10장에서는 가족과의 협력에 대하여 소개하였으며, 마지막 11장에서는 의사소통장애가 있는 장애성인을 위한 AAC 지원의 필요성과 현재의 이슈들을 살펴보았다. 의사소통장애가 있는 장애인들의 자기결정 및 자립 생활을 위해 의사소통 지원은 매우 중요하지만 아직까지 학교 교육에 비해 성인기 장애인을 위한 AAC 지원은 매우 부족한 것이 현실이다.

저자들은 가능한 한 국내 의사소통 교육 사례와 국내에서 사용 가능한 관련 자료들을 많이 소개하여 이 책이 단순히 이론을 전달하는 것이 아니라, 실제로 AAC를 적용하는 데 도움을 주고자 하였다. 또한 각 장의 끝에는 해당 장의 내용과 관련된 국내 AAC 중재연구 논문을 요약 및 제시하여, 실제로 어떻게 적용되었는지 예시 자료와 적용 절차 등을 볼 수 있도록 구성하였다.

AAC는 공학 기술과 연결되어 있어 빠르게 변화·발전하는 분야이다. 따라서 이 책이 현재 가장 최근의 내용을 담고 있지만 독자들께서는 이 책을 읽은 후에도 AAC 기술의 발전과 교육 및 임상 현장에서의 AAC 활용 연구 성과들에 대해 지속적인 관심을 가지고 업데이트하실 것을 당부드리고 싶다. 물론 저자들도 이러한 노력을 게을리하지 않고 필요한 시점에 개정할 것을 약속드리는데, 아마도 더 늦기 전에 빨리 AAC에 관한 책을 출판하고 싶은 마음에 더 꼼꼼히 많은 정보를 싣지 못했음이 벌써부터 후회가 되기 때문인지도 모르겠다.

이 책이 현장에서의 AAC 교육 실행의 좋은 가이드가 되기를 바라며, 보다 많은 장애아동과 성인들의 의사소통권 신장에 도움이 되기를 간절히 기대한다. 연구 과정에서 만났던 한 어머니의 말이 아직도 마음에 남아 있다. "눈이 나쁘면 안경을 쓰고, 걷기 어려우면 휠체어를 타는데, 말을 잘 못하면 의사소통 도구를 사용하는 건 왜 당연하게 생각하지 않나요?"

차례

3장

AAC 진단 및 평가 • 83

4장

AAC 교육의 준비와 교수전략 • 139

5장

손담을 활용한 의사소통 교육 • 185

1장

AAC 개관

보완대체의사소통

특수교육을 받는 장애학생들은 신체 및 인지적 어려움, 도전행동 등 다양한 특성을 보인다. 그중 의사소통의 어려움은 특정 장애유형에 국한되지 않고 많은 장애학생들이 공통적으로 보이는 특성이다. 예를 들어, 뇌성마비가 있는 학생은 조음기관의 마비로 인해 발음이 부정확하거나 불가능한 경우가 많고, 중도의 자폐범주성장애 학생이나 지적장애 학생들은 구어에 대한 이해나 자발적인 발화가 부족하여 의사소통장애를 동반하는 경우가 많다.

특수교사로서 이런 학생들을 위해서 무엇을 어떻게 도와주는 것이 가장 좋은 것인지 고민이 될 수 있다(예: 교과 수업 내에서 의사소통 지도를 하려면 어떤 방법들이 있는지, 학교생활과 수업 시간에 소외되지 않고 의미 있게 참여하도록 하는 방법은 무엇인지 등). 이 책에서는 구어 이외의 여러 가지 '보완대체의사소통'에 대해 상세히 설명함으로써 이런 고민들에 대한 답을 찾아보고자 한다.

과거에는 일반 아동의 언어 발달을 기준으로 생각하며 장애아동에게도 동일하게 구어를 발달시키는 것에만 초점을 맞추어 의사소통 지도를 했지만, 최근에는 의사소통 기기나 앱, 손담 등 구어 이외의 의사소통 방법을 활용하는 보완대체의사소통의 사용이 확대되고 있다. 본 장에서는 보완대체의사소통에 대해 정확히 이해할 수 있도록 보완대체의사소통이란 무엇이며 누가 왜 사용하는지 설명하고, 해외와 국내의 보완대체의사소통 발전 동향에 대해 간략히 소개하였다.

보완대체의사소통에 대해 이해하기 위해서는 우선 의사소통에 대해서 알아야 한다. 보완대체의사소통은 의사소통의 다양한 형태 중 구어 이외의 의사소통 양식을 사용한 의사소통이기 때문이다.

1. 의사소통

장애학생에게 언어치료를 하거나 의사소통 교육을 할 때 구어의 발달에만 치중하고 싶지만 사실 궁극적인 목적은 의사소통을 할 수 있게 하는 데 있다. 일반적으로 의사소통은 메시지를 보내는 사람과 받는 사람 간에 어떠한 형태의 메시지가 전달되고 수용되는 과정을 의미한다. 중도장애인의 의사소통을 위한 미국 국립 연합위원회

(National Joint Committee)에서는 좀 더 구체적으로 "사람과 사람 사이에서 정보를 주고받는 모든 행위를 의사소통이라 지칭하며, 의사소통은 의도적이거나 비의도적으로 발생할 수 있고, 관습적이거나 비관습적인 방법으로 이루어질 수 있으며, 언어적이거나 비언어적인 형태를 가질 수 있고, 구어나 다른 방법으로 이루어질 수 있다."고 설명한다. 즉, 구어의 사용 여부가 아니라, 의미를 공유하는 상호작용에 중점을 두어 의사소통을 설명하고 있다(Berkowitz, 2019). 의사소통이 일어날 때는 말하는 사람과 듣는 사람, 의사소통의 내용과 형태가 존재한다.

1) 의사소통의 형태

의사소통은 다양한 형태로 이루어진다. 가장 대표적인 형태는 구어와 글자이지만 그 외에도 사진이나 그림, 사물, 손짓기호(manual sign)와 같은 여러 가지 상징적 의사소통 방법이 있다. 상징적이라는 의미는 무엇인가를 나타내는 신호를 사용한다는 뜻이다. 즉, '컵'이라는 추상적인 말소리나 글자가 '컵'이라는 개념을 의미하는 상징이 된다. 활짝 웃는 얼굴 그림이 '기뻐요'라는 의미를 나타낸다면 그 그림을 가리킴으로써 기쁘다는 의미를 상징적으로 나타내는 것이다.

반면 비상징적인 의사소통 형태도 있다. 웃거나 울기, 소리 지르기 같이 음성과 발성(vocalization)을 사용하거나, 얼굴표정, 신체 움직임 등으로 감정이나 거부 등을 표현할 수도 있다. 긴장하거나 흥분하여 근긴장도가 높아지는 신체적 변화를 통해서 상대방에게 의사소통 의도를 전달할 수 있다. 대체로 이러한 비상징적 의사소통은 의사소통을 의도적으로 하고자 하는 의도성이 발달하기 이전에 나타나는 경우가 많지만, 중도중복장애 학생들 중에는 사용할 수 있는 상징적 의사소통 방법이 주어지지 않으면 의사소통 의도성이 발달한 후에도 비상징적 의사소통에 의존할 수밖에 없는 경우가 있다. 예를 들어, 발성이 어려워서 의사표현을 할 수 없을 때 의사소통 도구를 사용할 수 있으면 그림상징을 눌러서 '좋아요' '힘들어요'와 같은 표현을 할 수 있지만 아무런 상징적 의사소통 방법이 교육되지 않으면 발성이나 표정, 움직임으로 표현할 수밖에 없고 가까운 사람들이 아니면 이러한 의사표현을 이해하기 어려워진다.

의사소통의 형태는 비상징적 형태에서 상징적 형태로 발전해 나가는 것이 보편적이다. 비상징적 형태 중에서도 여러 사람에게 보편적으로 받아들여질 수 있는 전형적인 방법이나 보편적인 형태(예: 웃기나 울기)로 표현하는 방법도 있으나, 중도중복장애 학생 개인의 특성에 따라 독특한 형태가 나타날 수도 있다. 예를 들어, 기분이 나쁘면 온몸이 굳어진다거나 심한 짜증 내기, 소리 지르기, 밀기, 자해와 같은 행동들은 비관습적 행동인 동시에 의사소통 상대자에게 도전이 되는 비상징적 행동이다.

많은 연구자들이 도전행동의 의사소통 기능에 주목하며, 이러한 비관습적이고 비상징적인 의사소통 행동에 대한 해석을 통해 소통의 문제를 해결하고자 한다(강혜경 외, 2023). 하지만 타인이 쉽게 이해하기 어려운 비관습적이고 비상징적인 의사소통은 기능적으로 사용되기 어렵다. 의사소통의 의도가 상대방에 의해 받아들여질 때 기능적이 되기 때문이다. 이런 문제를 해결하기 위하여 상징적 의사소통 방법의 교육을 통해 도전행동의 의사소통 의도를 잘 전달할 수 있도록 하는 기능적 의사소통 훈련(Functional Communication Training: FCT)이 발달하였다(9장 참조).

지금까지 살펴본 바와 같이 의사소통은 의사표현을 하는 사람과 이를 수용하는 상대방 사이에 내용에 대한 공유를 통한 상호작용이 일어나는 것을 말하며, 이러한 소통은 구어 이외의 다양한 상징적 · 비상징적 방법으로 이루어질 수 있다는 것을 알 수 있다.

2) 의사소통의 기능

의사소통의 내용을 전달함으로써 얻고자 하는 기능은 물건이나 정보를 요구하기, 거부하기, 인사하기, 의견 말하기 등 다양하다. Light(1988)는 의사소통적 상호작용의 목적을 ① 필요한 것이나 원하는 것을 표현하기(communication of needs/ wants), ② 정보 전달하기(information transfer), ③ 사회적 친밀감 형성하기(social closeness), ④ 사회적 에티켓(social etiquette)의 네 가지로 설명하였다. ⑤ 자신과 소통하거나 내적인 대화를 나누는 것을 추가하기도 한다(박현주 역, 2017).

장애학생에게 의사소통 교육을 시작할 때 초기 의사소통 필요에 집중하여 종종 요구하기나 인사하기 교육 정도만 강조하기 쉽지만, Light(1988)의 설명과 같이 다양한 의사소통의 기능들을 성취할 수 있도록 유의할 필요가 있다. 일반적인 의사소통을 생각해 보면 요구의 표현보다는 정보를 전달하거나(예: "어제 ○○ 영화 봤어." "우리 집에 강아지가 들어왔어!"), 사회적 친밀감을 형성하기 위한 소통을 훨씬 많이 하고 있음을 알 수 있다. 사회적 친밀감을 위한 의사소통은 인간관계를 형성하고 발전하는 것과 관련이 있으므로 메시지의 내용보다는 상호작용 자체가 더 중요하다(예: 친구와 농담, 어려운 일을 당한 동료를 위로하기 등).

의사소통은 기능과 형태의 요소를 함께 가지고 있다. 예를 들어, 원하는 것을 손으로 가리키며 교사를 바라본다면 의사소통의 기능은 '요구하기'이며, 의사소통의 형태는 '가리키기'이다. 특정한 의사소통의 기능을 위해서 사용할 수 있는 의사소통 형태는 다양하다. 다음은 특정한 의사소통의 기능을 가지고 있는 의사소통의 두 가지 형태, 즉 비상징적 의사소통(nonsymbolic communication) 형태와 상징적 의사소통(symbolic communication) 형태에 관한 예시이다.

〈표 1-1〉 의사소통 기능에 따른 다양한 의사소통 형태

의사소통 기능	의사소통의 비상징적 형태	의사소통의 상징적 형태
(행동) 거절하기	활동과 관련된 물체들을 밀어내기	'아니'라는 의미로, 혹은 '아니'라는 의도를 나타내기 위해서라고 말하기 위해서 머리를 흔들기
(사람) 요구하기	사람의 손을 잡기	사람의 사진을 손가락으로 가리키기
정보 요구하기	묻는 듯한 얼굴표정	음성이 출력되는 의사소통기기의 사진이나 그림상징을 이용하여 정보 요구하기
주의 끌기	큰 발성	"실례합니다."라고 직접 말하거나 같은 의미의 상징을 지적하여 표현하기
설명하기	관심 있는 물체에 길게 눈짓하기	음성합성기 등의 의사소통기기를 사용해서 특정 주제에 관해 상징들을 조합해서 문장을 만들기
확인하기, 거부하기	지정된 장소로 움직일 것을 요청받았음에도, 활동의 장소로 움직이지 않기	"아니, 그게 아니라 나는 다른 것을 원해요."라고 표현하기

출처: Snell & Brown (2011).

2. 보완대체의사소통

보완대체의사소통(AAC)은 말을 통한 의사소통에 어려움이 있는 사람들을 위해 구어 이외의 다양한 의사소통 방법을 사용하는 것을 말하며 용어에서 알 수 있는 것처

럼 말을 보완하거나 대신하는 경우가 모두 포함된다. 다음은 좀 더 구체적인 정의와 범위에 대한 설명이다.

1) 정의

AAC에 대해서 가장 많이 받아들여지고 있는 미국 말-언어-청각학회(American Speech-Language-Hearing Association: ASHA)의 정의는 다음과 같다.

> AAC는 말과 언어의 표현 및 이해에 어려움을 가진 사람들의 일시적 또는 영구적 손상, 활동 한계, 참여 제약 등을 보상하기 위한 연구, 임상 및 교육적 실제를 말하며, 도구를 사용하거나 사용하지 않는 방법을 포함하고, 구어를 보완하거나 대체하는 것을 말한다(ASHA, 2005).

이를 좀 더 풀어서 Battye(2018)는 다음과 같이 설명하였다.

> 이해와 표현을 모두 지원하기 위해 AAC가 필요한 사람이 있고, 구어를 잘 이해할 수 있지만 신체적 손상으로 인해 표현하기가 어렵기 때문에 표현의 수단으로 AAC가 필요한 사람도 있다. 구어를 사용할 수 있는 AAC 사용자들도 특정 상황에서는 AAC가 필요할 수 있다. 또 병이나 부상으로부터 치료되는 동안 일시적으로 AAC가 필요한 경우도 있다.

이러한 정의에서 주목할 점은 다음과 같다.

첫째, 구어를 대신하는 대체(alternative) 의사소통뿐 아니라 보충하고 지원하는 보완적인(augmentative) 의사소통도 포함된다는 것이다. 성대를 다쳐서 목소리가 안 나오는 경우 또는 전혀 발화가 안 되는 최중도의 뇌병변장애인이라면 AAC는 말을 대신하는 대체의사소통이 된다. 반면 발음이 부정확하여 상대방이 알아듣기 어렵거나 발화에 너무 많은 노력이 필요하여 오래 말하기가 힘든 경우 또는 구어로 말할 수 있는 단어는 적은데 하고 싶은 말은 더 많은 경우에는 AAC를 사용하여 구어 의사소통을 보완할 수 있다. AAC를 구어를 대신하는 의사소통 접근으로만 오해하여 구어 중심 언어치료를 오래 하고도 효과가 부족한 경우에만 AAC를 도입하는 것으로 생각하면 의사소통 발달의 중요한 시간을 허비하는 결과를 가져올 수 있다.

즉, 아무리 훈련을 많이 받아도 구어를 사용할 수 없는 사람들은 '대안적' 의사소통 방법을 필요로 하며, 반면 '보완적'인 목적으로 AAC를 사용하는 경우는 ① 구어를 촉진하고 지원하기 위한 목적과 ② 구어 사용 능력이 부족할 때 다른 형태의 의사소통을 할 수 있도록 하기 위한 목적 등 두 가지 목적을 가지고 있다고 설명된다(Tetzchner et al., in press).

둘째, AAC의 정의에서는 구체적인 AAC의 형태를 정하고 있지 않다. 다시 말해서 AAC 사용자의 필요가 다양한 만큼 이를 만족시키기 위한 AAC의 유형은 매우 다양하다(Battye, 2018). 미국 말-언어-청각학회의 정의에서는 도구를 사용하는 AAC와 도구를 사용하지 않는 AAC를 모두 말한다고 설명하고 있다. 그림 의사소통판이나 의사소통 앱 등은 도구를 사용하는 경우의 예이며, 제스처나 간단한 손짓기호인 손담을 사용하는 것은 비도구적 AAC의 예이다. 간혹 AAC를 특정한 앱이나 음성이 나오는 의사소통기기로만 한정해서 생각하는 경우가 있는데, AAC에는 그 외에도 간단한 손짓기호 표현이나 그림 의사소통판과 같은 다양한 방법이 포함된다. 어떤 AAC 방법을 사용할 것인가는 사용할 학생에 대한 진단을 통해 개별적으로 결정해야 한다. "우리 아이는 AAC는 못 하는데 손담은 할 수 있어요." 또는 "PECS는 해 봤는데 AAC는 안 해 봤어요."와 같은 말은 AAC를 의사소통기기 사용으로 한정하는 오류의 예이다.

AAC를 사용하여 의사소통을 하는 대표적인 예로, 고 Stephen Hawking 박사를 들 수 있다. Stephen Hawking 박사는 루게릭병(근위축성측삭경화증)으로 전혀 구어를

[그림 1-1] TED(2008)에 출연한 Stephen Hawking 박사

(좌: AAC를 이용하여 인터뷰 하는 장면, 우: Stephen Hawking 박사가 사용하는 AAC 기기)

출처: http://www.youtube.com/watch?v=xjBIsp8mS-c

사용하지 못했지만 휠체어에 부착된 AAC 기기를 안경 옆에 달려 있는 센서로 작동하여 우주와 물리에 대한 다양한 이론과 자신의 생각을 자유롭게 표현하였다. [그림 1-1]은 Stephen Hawking 박사가 TED에서 '우주를 묻다(Questioning the Universe)'라는 주제로 연설하는 장면의 일부이다.

흔히 오해하는 점! AAC 사용은 구어 발달을 저해한다.

AAC를 사용하면 구어 발달이 잘 되지 않을 것이라는 걱정은 흔히 가지는 두려움이다. 하지만 연구결과는 AAC의 도입이 구어 산출에 긍정적인 영향을 준다고 보고하고 있다. Millar, Light와 Schlorsser(2006)는 27개의 사례 중 24개에서 발화 산출의 증거가 발견되었으며, 27개의 사례 중 AAC 중재로 발화 산출의 감소를 보인 경우는 없었고 남은 3개의 사례에서 발화의 변화는 없었다고 보고하였다. 어느 누구도 AAC 도입 이후 발화의 감소를 보이지 않았다는 결과는 주목할 만한 점이다.

부모나 선생님들이 손짓기호나 그림상징 지원의 도입으로 아이들의 의사소통 시도가 늘어나고 발화가 향상되며, 음성이 나오는 의사소통 도구(Voice Output Communication Aids: VOCAs)가 아동들에게 매우 일관적인 발성 모델을 제공하는 것 같아서 도움이 된다고 보고하는 임상적 사례들이 많다.

앞의 논문에서 11%(27개 사례 중 3개 사례)는 발화의 변화가 없었던 것처럼 모든 아이들이 발화에서의 성과를 보이는 것은 아니다. 하지만 AAC 사용을 통해 주의집중과 듣기, 놀이 참여수준, 수용언어, 표현언어 등 여러 다른 측면에 긍정적 영향을 줄 수 있기 때문에 AAC는 언어 발달의 시작이 될 수 있다. 초기에는 부모나 교사가 AAC를 사용하는 것을 보게 되는데, 이러한 관찰도 앞과 같은 변화를 끌어낼 수 있다. 물론 AAC는 아동들에게 표현할 수단을 제공하기 때문에 표현언어가 향상되기 쉽다. 아이들은 요구하고, 거부하고, 언급 등을 할 수 있는 의사소통의 힘을 경험한다.

출처: Battye(2018)에서 발췌.

2) 범위

AAC가 다양한 방법을 포함하고 있다고 앞에서 설명했는데, 이러한 다양성의 범위는 AAC 구성요소에 따라 살펴볼 수 있다. AAC는 상징(symbol), 도구(aid), 표현 기술(technique)로 구성되어 있다. 의사소통을 효율적으로 하기 위한 전략(strategy)을 포함하기도 한다. 구어 이외의 다양한 상징체계와 이러한 상징을 담을 수 있는 각종 의사소통 도구나 프로그램, 원하는 상징을 선택하는 방법이 다양하기 때문에 AAC의 범위는 이러한 것들을 모두 포함하게 된다.

- **상징체계 측면**: 간단한 사물이나 사진, 그림상징, 손담의 사용 등 2장에서 설명되는 각종 상징체계의 사용이 모두 AAC에 포함된다. 손담은 한국 수어에 기반하여 중도중복장애 학생을 위한 간단한 손짓기호체계로 개발된 것이다. 또한 비상징적인 방법을 사용하는 학생들을 위한 초기 의사소통 지도도 AAC의 범위에 포함된다.
- **도구 측면**: 그림상징이나 사진 등의 사용을 위한 앱, 의사소통판이나 의사소통책, 의사소통 도구 등 다양한 AAC 도구가 있다.
- **표현 기술 측면**: 손가락이나 눈 응시 등으로 상징을 직접 지적하는 직접 선택 방법과 스위치를 사용하는 간접적인 스캐닝 방법이 있다. 두 가지 방법 안에서도 학생에게 맞는 표현 기술을 잘 적용해야 하며, 이 모든 방법들이 모두 AAC에 해당된다.

이러한 각각의 내용은 본 책의 여러 장에서 상세히 설명되며 여기에서는 전체적인 범위를 설명하기 위해 간략히 제시하였다. 중요한 것은 AAC를 단편적인 하나의 도구나 상징체계로 생각하지 말고, 의사소통 양식(mode)의 다양성 측면에서 이해해야 된다는 것이다. 즉, 의사소통 교육과 AAC 교육이 서로 다른 것이 아니라 의사소통 교육의 한 부분으로서, 사용자의 언어 및 신체 능력에 맞도록 구어 이외의 다른 의사소통 방법을 사용하도록 교육하는 것이다. 사용자의 특성에 맞게 AAC를 개별적으로 적용하기 때문에 AAC의 범위는 장애학생들의 다양한 특성과 요구를 충족할 수 있도록 계속 확장되고 있다.

또한 AAC가 구어 사용이 불가능한 학생만이 아니라 어느 정도의 구어 능력이 있더라도 자신이 필요로 하는 의사소통을 모두 하기에 어려운 학생들을 위한 보완적인 방법으로 활용된다는 것도 AAC 범위를 생각할 때 반드시 기억해야 할 점이다.

우리나라의 초기 AAC에 대한 알쓸신잡!

• 우리나라에서 처음 사용된 AAC 상징은?

1980년대에 연세재활학교에서 블리스상징을 사용한 것이 국내에서 사용된 최초의 AAC 상징이다. 당시에는 인지 능력이 좋은 비구어 뇌성마비 재학생들이 많았으므로 추상성이 있는 블리스상징(2장 참조)을 사용할 수 있었다.

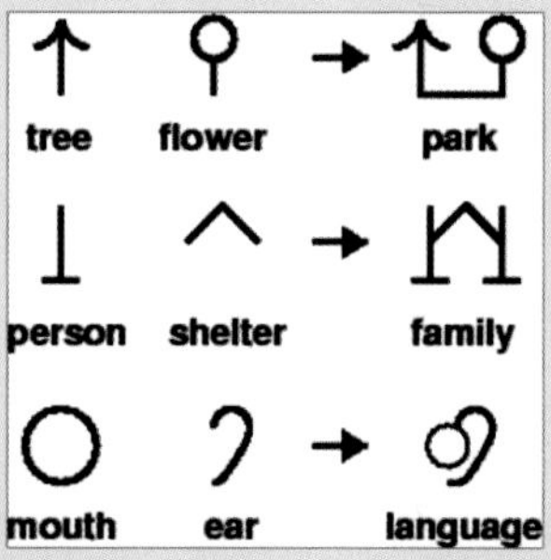

• AAC 용어가 사용된 최초의 학술대회는?

제1회 이화 특수교육학술대회 '보완대체의사소통(AAC) 적용의 실제'(1994)이다.

• 최초의 단행본은?

박은혜, 정해동, 박숙자, 김주영(2000)의 『보완대체의사소통』(교육과학사)이다. 국립특수교육원 연구보고서로 집필되었으나 보다 많은 사람이 볼 수 있도록 단행본으로 출판되었다.

• 최초의 공유용 그림상징은?

국립특수교육원 웹기반 보완대체의사소통판(2000)이다. 연구과제의 일환으로 학교, 가정, 지역사회에서 사용할 수 있는 간단한 웹기반 음성출력 그림 의사소통판이 개발되었으나 현재는 서비스되고 있지 않다.

• 국내 최대 어휘수 그림상징체계는?

한국형그림상징(KAAC) 체계(2012)로, 전문가 타당성 연구를 거친 약 1만여 개의 그림상징으로 되어 있다(2장 참조). http://symbol.ksaac.or.kr/searchsymbols/index.jsp 에서 검색 가능하다.

3) 사용 목적 및 성과

AAC의 가장 크고 즉각적인 성과는 어려웠던 주변 사람과의 대화를 가능하게 한다는 것이다. 많은 사람들이 조기에 AAC를 사용하면 구어 발달을 저해할 것이라는 오해를 많이 하지만 실어증, 지적장애, 자폐범주성장애 아동들을 대상으로 연구한 결과, 자발적인 구어 사용 발달에 아무런 영향을 미치지 않았으며 오히려 음성언어를 촉진시키고 구어를 사용하여 자발적으로 의사소통하려는 시도가 늘어난 것으로 나타났다(Fossett, Smith, & Mirenda, 2003).

더 나아가 타인과의 상호작용이 촉진되고 학령기 학생의 경우 학습활동 참여도 향상, 도전행동 감소의 효과를 많은 연구에서 보고하고 있다. 상대방이 자신의 말을 알아듣지 못하면 점차 자발적인 의사소통을 하지 않으려고 하며, 대화상대자 역시 학생의 말을 알아듣기 힘들어 점점 의사소통을 피하게 되는데, 이러한 타인과의 의사소통의 어려움은 사회적 상호작용과 사회적 적응에 이차적인 문제를 유발한다. AAC를 활용한 의사소통 지도는 이러한 문제를 해결하고 의사표현에 어려움을 겪는 학생에게 또래 간의 의사소통을 촉진하여 다양한 활동의 참여를 높일 수 있다.

또한 학생의 의사소통 능력이 부족하면 학습활동 참여도 소극적으로 하게 되고 교사가 학생의 현재 학업수준을 파악하고 적합한 교육계획을 수립하는 것에도 어려움을 겪을 수 있다. 학생이 자신의 의사를 표현할 수 있는 대안적인 방법을 찾아 주는 것은 이러한 문제를 감소시키고 학교생활에 의미 있게 참여할 수 있도록 할 것이다.

의사소통이 어려울 때 장애학생은 자해행동, 공격행동 등 사회적으로 부적절한 행동으로 자신의 요구를 표현하기도 하는데, 이는 그들의 원하는 바가 다른 사람에게 전달되지 않을 때 일어나는 경우가 많다. AAC는 의사소통의 실패로 오는 좌절, 분노, 감정폭발, 자기학대 등의 문제를 줄여 준다. AAC를 활용하여 의사소통을 원활히 하는 학생은 자신이 원하는 것이 이루어진다는 사실에 성취감을 느끼게 되고, 도전행동이 감소하며, 바람직한 사회적 행동을 학습할 수 있다.

더 나아가 성인기의 독립적인 생활을 지원하는 데에도 AAC는 효과적인 방법이다. AAC를 활용하는 대안적인 의사소통 방법은 말하거나 쓰는 데 어려움이 있는 장애인에게 취업의 기회를 증가시키며 자기결정력 증진, 지역사회의 독립적인 구성원이 될 수 있도록 지원하는 효과적인 방법이다(조아라 외, 2021, 2023). 다음 기사에 나온 정

유선 박사는 뇌성마비로 인해 구어 사용이 자유롭지 않지만 구어를 주로 사용하는 직업인 대학 교수로 미국 조지메이슨 대학에서 재직하고 있다. 평상시 타인과의 대화는 말과 AAC를 함께 사용하지만 강의는 주로 AAC를 사용하며 활발한 강의 및 연구 활동을 펼치고 있다.

정 교수는 대학에서 강의할 때 AAC 기기의 도움을 받는다. 하고 싶은 말을 글로 치면 기계가 목소리를 대신 내는 방식이다.

"물리학자인 스티븐 호킹 박사님 아시죠? 루게릭병으로 거의 움직이지 못하는……. 제가 쓰는 프로그램은 호킹 박사님이 쓰는 것과 같은 방식으로 작동해요. 저는 손가락으로 키보드를 쳐서 문자를 입력하고, 호킹 박사님은 얼굴 근육을 조금씩 움직여서 문자를 만드는 게 차이예요. 그렇게 문장을 입력하면 기계가 문자를 목소리로 바꾸어 주지요."(조선닷컴, 2013. 9. 14.)

최근에는 AAC 사용의 성과가 이러이러한 면에서 좋기 때문에 AAC를 지도해야 한다는 논리보다는 장애인의 기본권인 의사소통 권리의 측면에서 AAC가 조망되고 있다. 이동권 보장을 말할 때 이동할 수 있음으로 인해 어떤 좋은 점이 있기 때문에 장애인의 이동을 위한 저상버스나 지하철 승강장 설치 등이 필요한지를 설득해야만 하는 것이 아닌 것과 마찬가지로, AAC는 장애인의 근본적인 의사소통권을 위한 필수적인 조치이기 때문이다. 장애인이기 때문에 집에만 있어야 하는 것이 당연하지 않다면, 장애인이기 때문에 의사소통을 못하는 것도 당연하게 받아들이면 안 될 것이며, 적극적인 지원을 통해 의사소통 권리를 가질 수 있도록 지원해야 한다.

다음에 제시된 '중도장애인의 의사소통을 위한 미국 국립 연합위원회'에서 정리한 장애인의 의사소통 권리(communication bill of rights)를 살펴보면 장애인의 의사소통 권리에 대해 좀 더 잘 이해할 수 있다(NJC 홈페이지, https://www.asha.org/njc).

1. 사회적으로 상호작용을 하고, 친밀함을 유지하며 사회적 관계를 쌓을 수 있는 권리
2. 자신이 원하는 것을 요구할 권리
3. 자신이 원하지 않는 것을 거부할 권리
4. 선호하는 것과 감정을 표현할 권리
5. 선택의 기회를 가지고 이를 거절할 수 있는 권리
6. 의견을 말하고 의견을 공유할 수 있는 권리(내 생각을 말할 수 있는 권리)
7. 일과나 환경의 변화에 대한 정보를 요구하고 얻을 권리
8. 일상생활 속에서 겪는 사건 또는 사람들에 대해 알 수 있는 권리
9. 의사소통을 향상시키는 중재 및 지원에 접근할 수 있는 권리
10. 반드시 요구가 충족되지는 않더라도 자신의 요구에 대한 응답을 받을 권리
11. 적절한 AAC 및 기타 보조기술 서비스 및 장치에 항상 접근할 수 있는 권리(적절한 과학보조기술 및 장치를 사용할 수 있는 권리)
12. 동료를 포함하여 다른 사람과의 완전한 의사소통 파트너로서 참여를 촉진하는 환경적 상황, 상호작용 및 기회에 접근할 수 있는 권리
13. 표현한 것에 대해 존중되고 예의 있게 대해질 권리
14. 스스로 의사소통할 수 있는 권리 및 타인의 대변을 받지 않을 수 있는 권리(스스로 할 수 있는 권리)

15. 명확하고 의미가 있으며 문화적으로나 언어적으로 적절한 의사소통을 할 권리

4) 보완대체의사소통 사용자

AAC를 사용하는 사람은 특정한 장애를 가졌거나 특정한 연령대에 국한되는 것으로 오해받기도 하지만 훨씬 다양한 사람들이 AAC를 사용한다. 우리나라에서는 처음 AAC가 지체장애 특수학교에서 도입되었기 때문에 지체장애 학생들만 사용하는 것으로 오랫동안 인식되었지만 최근에는 자폐범주성장애 및 지적장애 아동과 장애성인들의 AAC 사용이 늘어나고 있다. AAC 사용자를 장애유형 및 연령대별로 좀 더 살펴보면 다음과 같다.

(1) 장애유형

AAC를 사용하여 도움을 받을 수 있는 사람은 생의 전 연령대에 걸쳐 있고 장애유형 또한 다양하다. 공통점은 구어만으로는 그들에게 필요한 의사소통과 활동 참여를 할 수 없다는 것이다. Binger와 Kent-Walsh(2010)는 의사소통장애를 의사소통 발달의 시기에 장애가 있는 발달적 장애와 언어 발달이 이루어진 후에 손상을 입은 후천적 장애로 나누어 설명하고 있다(〈표 1-2〉 참조). 발달적 장애의 많은 경우에 선천적인 장애를 가지고 있으며(예: 다운증후군, 뇌성마비) 언어 발달이 이루어지는 시기이기

〈표 1-2〉 AAC를 필요로 할 가능성이 있는 선천적 및 후천적 장애의 예

발달적 장애	후천적 장애
자폐범주성장애 뇌성마비 아동기 말실행증 지적장애 감염성 질환(예: 산모의 풍진) 이분척추	루게릭병(ALS) 뇌종양 치매 다발성 경화증(MS) 길랭-바레 증후군 파킨슨병 척수손상 뇌졸중 외상성 뇌손상

출처: Binger & Kent-Walsh (2010), p. 9.

때문에 기본적인 언어기술 습득을 위해 AAC를 활용할 수 있다(예: 단어 학습). 후천적 장애의 경우는 언어 발달이 끝난 이후에 장애가 발생하여 주로 발음이나 발성에 문제가 생기는 것이므로 불분명한 표현을 명확하게 하기 위해 AAC가 주로 사용된다.

앞에서 언급된 장애를 가진 사람들이 모두 AAC를 반드시 사용하게 되는 것은 아니지만 높은 비율로 사용하게 된다. 성시연 등(2013)은 국내의 각종 장애유형별 출현율 통계자료 및 해외 문헌 분석을 통해 장애유형별 AAC 잠재 수요를 추정하였는데, 영유아기 및 학령기 인구의 잠재 수요는 보건복지부 장애인 등록 현황과 교육부 특수교육 통계를 이용하고 성인의 경우 후천적인 의사소통장애를 유발하는 질환들의 발생률, 출현율을 참고하여 영유아기 1,404명, 학령기 24,663명이며, 후천적인 의사소통 장애 성인 중 AAC 잠재 수요자는 31만 3,690명으로 추정하였다.

(2) 연령대

AAC 사용자의 연령에는 특별한 제한이나 요건이 없다. 즉, 너무 어려서 사용할 수 없다거나 나이가 많으면 더 이상 필요하지 않게 된다거나 하는 일은 없다. 대상 학생이나 장애성인이 자신의 연령대에서 필요한 의사소통을 구어로 충분히 할 수 없다면 모두 AAC의 잠재적 사용 대상이 된다.

① 영유아기

이 시기는 언어 발달이 가장 활발히 일어나는 시기이므로 장애학생들이 언어치료를 많이 받는 시기이기도 하다. 과거에는 AAC를 어린 시기에 지도하면 구어 발달을 저해할지도 모른다는 우려 때문에 영유아기 AAC 적용사례가 많지 않았지만 최근에는 오히려 AAC를 적절히 함께 지도함으로써 의사소통 능력과 구어 발달에 도움이 된다는 연구결과들이 나오면서 AAC 적용과 관련된 연구들이 활발해지고 있다. 자신의 의사를 표현하고 그 결과를 보는 긍정적 경험이 축적되면서 의사소통을 하고 싶은 동기가 생기도록 하는 것이 중요하다.

예를 들어, 아무런 의사표현을 하지 않아도 주변에서 미리 알아서 모든 것을 챙겨주게 되면 굳이 의사소통할 필요를 느끼지 못하기 쉽고, 처음 의사소통 교육을 할 때 기능적이 아닌 학습용 어휘부터 가르치게 되면 의사소통의 즐거움을 느끼지 못하고 공부로 생각하여 거부하는 경우도 생길 수 있다. 주변환경과의 상호작용을 통해 인지 및 정서 발달을 이루어 가는 영유아기에 이러한 상호작용의 기초가 되는 의사소통을 지원하는 일은 매우 중요하며, 구어 발달이 느린 영유아에게는 대안적 의사소통 방법을 통해 이러한 긍정적인 경험을 할 수 있도록 해야 한다.

연구사례

Walters, C., Sevcik, R. A., & Romski, M. (2021). Spoken vocabulary outcomes of toddlers with developmental delay after parent-implemented augmented language intervention. *American Journal of Speech-Language Pathology, 30*, 1023-1037.

이 연구에서는 109명의 영유아를 구어중심 언어치료와 AAC를 함께 활용한 언어치료를 받는 두 그룹으로 나누어 치료실과 가정에서 주 2회 총 24회의 중재를 실시한 후, 목표어휘 습득과 구어 발화에 대하여 두 집단을 비교하였다. 그 결과 AAC를 함께 활용한 그룹에서 더 많은 어휘를 습득하였으며, 두 집단의 구어 발화에는 차이가 없는 것으로 나타났다. 연구에 참여한 영유아들은 실험 시작 시기에 만 24~36개월이었으며 알아들을 수 있게 말하는 단어가 10개 미만일 정도로 심한 표현언어 발달의 지체가 있었다. AAC 활용 그룹에서 의사소통 도구의 음성을 수용언어로 반복적으로 듣게 되고 또 영유아가 버튼을 눌러서 목표어휘를 산출하며 발음을 듣는 과정이 긍정적 결과에 영향을 미친 것으로 저자들은 분석하였으며, 조음 오류의 수준 및 기타 언어 발달적 측면들을 종합적으로 분석한 결과, 이와 같은 음성출력 의사소통 도구를 이용한 중재가 중도 발달지체 영유아들의 언어 발달에 긍정적 영향을 미친다는 것이 명확하다고 논의하였다.
또한 본 연구결과는 조기의 AAC 중재가 구어 발달을 저해하지 않으며 오히려 의사소통 발달을 촉진한다는 기존의 여러 연구결과들을 더욱 강화하는 것이므로, 구어 발달이 이루어지지 않은 아동의 언어 및 의사소통 발달을 위하여 조기에 AAC 중재를 제공하는 것이 중요하다고 제언하였다.

② 학령기

초등학교와 중 · 고등학교 시기에는 학교가 주요 생활 환경이다. 학교에서의 학습 활동과 또래관계 형성, 방과후 활동 등에 참여하는 것이 중요하며 이때 의사소통 능력이 부족하면 많은 어려움을 겪는다. 각자에게 맞는 적절한 AAC 교육을 통하여, 학교에서의 수업 내용 이해 및 자기 표현, 모둠활동 참여를 할 수 있고, 친구와의 상호작용을 통한 사회성 향상에 기여할 수 있다. 학령기에는 문해교육을 위한 기초 단계로서 AAC 상징이 다양하게 활용된다.

과거에는 AAC가 대화를 위한 구어 의사소통만을 대신하는 것으로 생각하여 또래 상호작용 향상에 대해 주로 지도하였지만, 최근에는 구어의 이해, 문자의 이해 및 표현의 어려움을 도울 수 있기 때문에 학습에서의 보편적 설계와 같은 맥락에서 AAC 상징의 활용이 확대되고 있다. 또한 지역사회의 다양한 기관이나 서비스를 이용할 때에도 자신의 의사소통 수단이 있을 때 능동적인 참여자가 될 수 있다.

문해력: 박정애, 박은혜(2020). 그림상징을 활용한 이야기 읽기 활동 중재가 초등학교 저학년 발달장애학생의 철자지식과 수업참여행동에 미치는 영향. **보완대체의사소통연구, 8**(2), 1–28.

그림상징을 활용한 이야기 읽기 활동 중재 실제(적용)

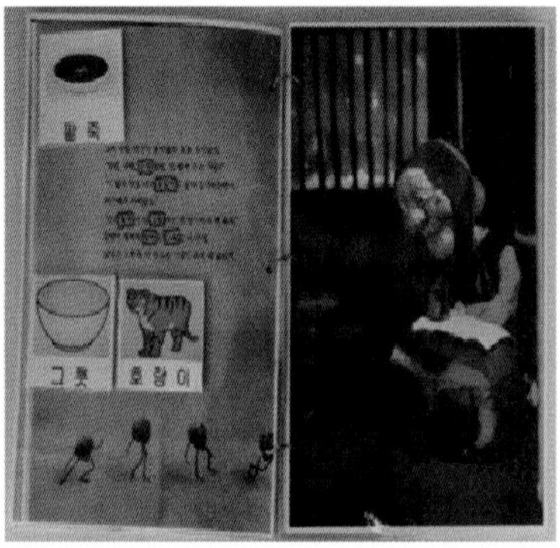

『팥죽할멈과 호랑이』 그림상징 그림책

그림상징판과 그림상징카드

- 중재: 그림상징을 활용한 이야기 읽기 활동
- 대상: 초등학교 저학년 발달장애 학생 3명
- 연구방법: 국가 수준의 교육과정과 학교 수준의 교육과정에 수록된 그림책들을 선정하여 선정된 그림책에서 5개의 목표단어를 선정하여 주 2회, 30분씩 중재. 다음 회기 시작 10분 전 철자지식 평가 실시. 연속 3회기 동안 40점 이상 되고, 수업 참여 행동 발생률이 85%일 때 중재 종료
- 연구결과: 철자지식과 수업 참여 행동 향상, 다른 구조의 설명문에도 일반화됨

또래 상호작용: 임장현(2011). Tablet PC 기반의 AAC중재가 통합된 중도장애 학생의 의사소통행동과 비장애 학생의 인식에 미치는 영향. 이화여자대학교 대학원 박사학위논문.

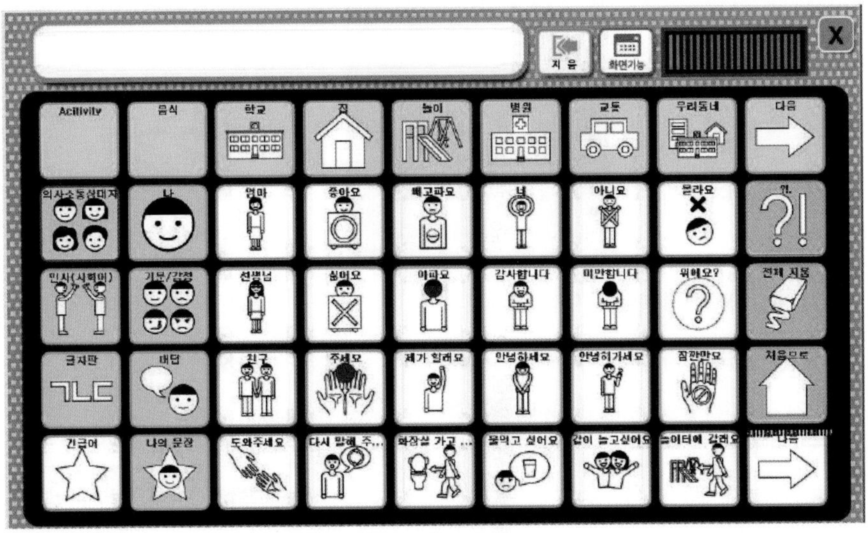

- 중재: Tablet PC 기반의 AAC 중재
- 대상: 초등학교 중도장애 학생 3명, 통합학급 학생 75명
- 연구설계: 대상자 간 중다 간헐 기초선 설계
- 연구방법: 쉬는 시간, 점심시간, 교과시간 10분씩, 30분을 1회기로 하여 중도장애 학생의 의사소통 행동의 빈도 변화, 기능 변화, 양식 변화로 나누어 관찰 측정
- 연구결과: 중도장애 학생의 의사소통 행동 빈도가 모두 증가, 유지에서도 안정됨. 비장애 학생의 인식도 통계적으로 유의하게 향상

보편적 설계: 정소영, 박은혜(2018). 보편적 학습설계(UDL)을 적용한 통합인식개선프로그램이 일반초등학생의 학교생활 만족도와 수용태도에 미치는 영향. **보완대체의사소통연구**, 6(1), 23-40.

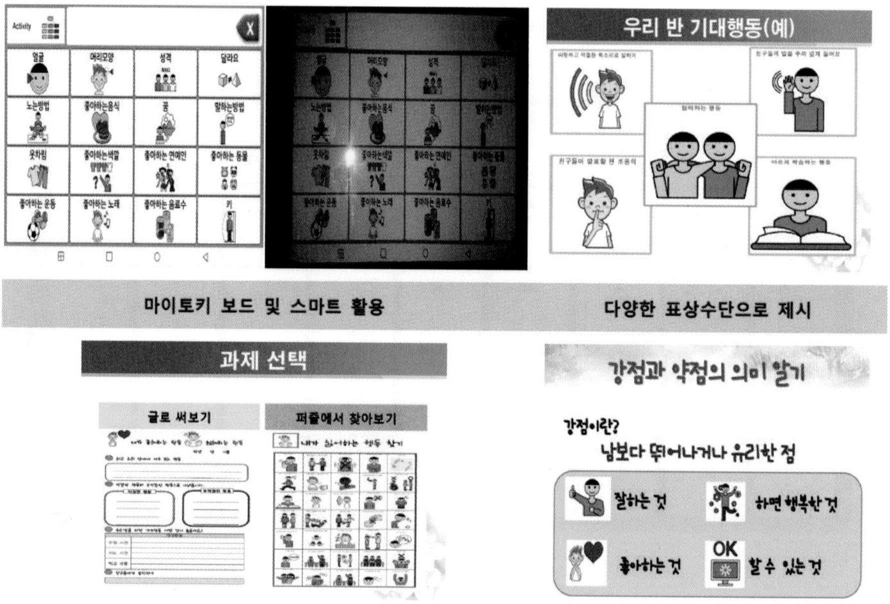

- 중재: 보편적 학습설계(UDL)을 적용한 통합인식개선프로그램
- 대상: 초등학교 4학년 6개 반, 특수교육대상자 6명
- 연구설계: 실험 · 통제집단 사전 · 사후 설계
- 연구방법: 장애이해교육, 인권교육, 학교폭력예방교육이 포함된 통합인식개선프로그램을 통합학급에서 16주간 실시, 보편적 학습설계에 AAC 상징을 활용하여 장애학생의 학급 내 의사소통과 수업 내용 이해를 위해 사용
- 연구결과: 특수교육 대상 학생의 학교생활 만족도가 높아지고, 일반학급 학생들의 학교생활 만족도와 장애학생에 대한 수용태도가 높아짐

③ 성인기

성인이 되면 학교나 가정 이외에 사회의 여러 환경에서의 의사소통이 필요하다. 자립 생활을 하는 경우에는 마트, 주민센터, 은행 등 각종 공공기관 및 여가생활과 고용환경 등에서 모두 스스로 자신의 의사를 표현하고 상대방과 소통할 수 있는 능력이 중요하게 된다. 밀접하게 생활하는 활동지원사와의 의사소통도 매우 중요한 부분이

다. 성인기의 의사소통 능력은 장애성인의 자기결정권 측면에서도 매우 중요하다(조아라 외, 2021). 외국의 경우에는 병원에서의 의사소통 지원 사례도 많다.

장애성인이 이와 같이 중요한 의사소통 능력을 학령기에 충분히 함양하지 못하고 사회로 나온 경우에는 개별적인 의사소통 필요에 적합한 AAC를 사용할 수 있도록 장애인 평생교육 및 사회복지 차원에서의 서비스 제공이 필요하다. 현재 국내에는 성인기 AAC 지원은 학령기에 비해 매우 제한적이다.

뇌성마비 지민 씨는 의사소통의 욕구는 높으나 구어 표현에 어려움이 많아 AAC를 사용하고 있다. 컴퓨터 AAC 프로그램을 사용하는 지민 씨는 친구와의 대화뿐만 아니라 주문하기, 돈 계산하기 등 지역사회 기술을 독립적으로 수행하고 컴퓨터 인터넷 검색을 통해 정보 수집 및 활용에도 주도적인 역할을 한다.

AAC를 사용하여 친구와 대화하는 모습

출처: http://www.youtube.com/watch?v=xX6ZlU-8OZg

3. 보완대체의사소통 사용자의 의사소통 역량

AAC 방법을 사용하는 사람의 의사소통 능력은 다음과 같은 구성요소를 가지고 있다(Light, 1989). 이러한 능력이 모두 갖추어질 때 AAC 사용자가 적절한 의사소통을 할 수 있다. 따라서 교사는 이러한 의사소통 역량들에 대해 잘 이해하고, AAC 교육을 할 때 장애학생이 각각의 의사소통 역량을 충분히 습득할 수 있도록 유의해야 한다.

1) 언어적 능력

언어적 능력(linguistic competence)이란 사용자의 모국어에 대한 수용언어와 표현언어 기술을 말하며, 이는 구어뿐 아니라 AAC의 다양한 상징체계들의 언어적 속성에 대한 지식을 포함한다(예: 그림상징을 보고 의미를 이해하는 능력 등). AAC 사용자가 상대방이 사용하는 구어를 이해해야 메시지를 수용할 수 있기 때문에 모국어 수용언어 능력은 매우 중요하다. 즉, 어떤 의사소통 방법을 사용하든지 간에 모국어 능력과 사용하는 상징에 대한 언어적 능력을 키우는 일은 AAC 사용자의 의사소통 능력의 중요한 요소이다.

2) 조작적 능력

조작적 능력(operational competence)이란 AAC 체계를 정확하고 효율적으로 다루는 능력을 말한다. 처음 AAC 도구를 사용하게 되면 우선 도구의 사용 방법을 익히게 된다. 휴대폰에서 의사소통앱을 찾아서 의사소통을 시작하는 방법이나, 의사소통 도구의 전원을 켜고 필요한 어휘를 터치하는 방법 등을 사용자가 습득해야 한다. 하지만 상황에 따라 필요한 어휘를 업데이트해 주는 것과 같이 AAC 도구를 사용하기 위한 준비작업이 필요할 때는 주변의 보호자나 교사, 치료사와 같은 지원인력들에게 의존하는 경우가 많다. 이러한 도움을 받기 어려우면 조작적 능력이 덜 요구되는 AAC 체계를 선호하게 된다.

3) 전략적 능력

전략적 능력(strategic competence)은 AAC 사용자가 AAC를 사용하면서 겪는 어려움을 해결하기 위해 필요한 전략을 사용하는 능력이다. 예를 들면, 적절한 어휘가 의사소통판에 없어서 의사소통이 단절된다거나 의사소통 속도가 너무 느리다거나 의사소통 상대방이 AAC에 대한 이해가 없어서 AAC 사용자가 의사소통하기 어려운 경우에 이를 극복하기 위한 방법을 AAC 사용자가 알고 실행하는 것은 효과적인 의사소통에 매우 중요한 부분이다. 이러한 전략은 어떤 AAC 체계를 사용하는지, AAC 사용자의 특성이 어떤지 등에 따라 달라질 수 있으므로, 구체적인 진단을 통해 필요한 전략을 교수해야 할 필요가 있다.

4) 사회적 능력

의사소통은 치료사나 교사와의 1:1 상황에서만 일어나는 것이 아니라 다양한 실제 생활의 맥락 안에서 발생한다. 성공적인 의사소통을 하기 위한 사회적 능력(social competence)은 의사소통을 시작하고 유지하며 종료하는 사회적 상호작용 기술을 말한다. 언제 말하고 언제 말하지 않아야 할지, 상황과 장소에 맞는 의사소통 내용이나 방법은 무엇인지, 어떻게 의사소통을 종료하는지 등 타인과의 의사소통 상호작용을 하는 데 필요한 능력이 여기에 포함된다. AAC 사용자 중 사회적 능력이 부족한 경우에는 도구를 조작하는 능력이나 언어적 능력에 못지않게 사회적 능력을 향상시키기 위한 노력이 필요하다.

일반적으로 의사소통 능력에 대해 생각할 때에는 언어적 능력만 생각하게 되기 쉽지만 도구를 사용하는 AAC 사용자의 경우에는 조작적 능력이 필요하며, 사용자와 AAC 체계의 특성에 따라 필요한 전략적 능력과 사회적 능력이 잘 갖추어져 있어야 진정한 의미에서 타인과 의사소통을 할 수 있을 것이다. 이는 AAC 중재에 있어서 이러한 각각의 부분을 염두에 두어야 함을 의미한다.

4. 국내외 동향

최근 장애인의 의사소통 권리에 대한 인식이 높아지고 의사소통기기 개발과 관련한 테크놀로지가 발달함에 따라 AAC 분야는 매우 빠르게 발전하고 있다. 국내외에서 모두 AAC 사용 대상 면에서도 다양한 의사소통장애를 가진 사람들로 적용이 확대되었고 법적 · 기술적 · 정책적 발전도 이루어졌다. 국내외의 AAC 관련 동향을 간단히 살펴보면 다음과 같다.

1) AAC에 대한 인식개선 및 사용자 확대

AAC 사용의 필요성과 AAC 개념에 대한 이해가 국내 특수교육 및 언어치료 분야에서도 확산되고 있다. 구어 발달에만 초점을 두던 것에서 의사소통 능력 발달의 큰 틀에서 AAC를 포함하여 지도하는 것에 대한 거부감이 적어졌으며, 구체적으로 어떻게 실행해야 하는가에 대한 관심도 높아지고 있다. 또한 지체장애 학생뿐 아니라 자폐성장애, 지적장애 학생들에게도 사용하는 사례가 늘고 있으며 연령 또한 유아기부터 시작하는 경우가 국내에서도 보고되고 있다(이세인 외, 2022).

2) 장애인의 의사소통 권리에 대한 인식 및 법적 기반 확대

앞에서 언급했던 중도장애인의 의사소통 권리헌장 외에도 UN 장애인권리협약 및 의사소통 접근성 인증 운동(영국) 등 장애인의 의사소통 권리에 대한 인식이 확산되고 있으며, 국내에서도 관련 법률의 제정이 최근 이루어지고 있다.

UN 장애인권리협약(2006)은 의사 및 표현의 자유에 대해 명확히 명시한 것으로 국제 사회 전반에 영향을 주고 있다. 특히 제21조 의사 및 표현의 자유와 정보 접근권에 대한 조항에서는 장애인의 의사소통 상호교류에 있어서 수어, 점자, AAC, 그리고 기타 모든 접근 수단 및 방법, 형식을 수용하고 촉진할 것을 명시하면서 가장 중요하게 이러한 의사소통 수단의 선택이 장애인에게 있음을 정의하였다

국내에서도 최근 장애인의 의사소통 및 AAC에 대한 법령과 정책들이 만들어졌는데, 대표적인 몇 가지를 간략히 살펴보면 다음과 같다(박경옥 외, 2018; 서원선 외, 2020).

(1) 발달장애인 권리보장 및 지원에 관한 법률

「발달장애인 권리보장 및 지원에 관한 법률」 제10조에 있는 의사소통 지원을 살펴보면 다음과 같다.

첫째, 국가와 지방자치단체는 발달장애인의 권리와 의무에 중대한 영향을 미치는 법령과 각종 복지지원 등 중요한 정책정보를 발달장애인이 이해하기 쉬운 형태로 작성하여 배포하여야 한다. 둘째, 교육부장관은 발달장애인이 자신의 의사를 원활하게

표현할 수 있도록 학습에 필요한 의사소통 도구를 개발하고 의사소통 지원 전문 인력을 양성하여 발달장애인에게 도움이 될 수 있도록 「초 · 중등교육법」 제2조 각 호의 학교와 「평생교육법」 제2조 제2호의 평생교육기관 등을 통하여 필요한 교육을 실시하여야 한다. 셋째, 행정안전부장관은 국가와 지방자치단체의 민원담당 직원이 발달장애인과 효과적으로 의사소통할 수 있도록 의사소통 지침을 개발하고 필요한 교육을 실시하여야 한다. 넷째, 제1항부터 제3항까지에 따른 정책정보의 작성 및 배포, 의사소통 도구의 개발 · 교육 및 전문 인력 양성, 민원담당 직원에 대한 의사소통 지침 개발 및 교육 등에 필요한 사항은 대통령령으로 정한다.

전체 장애인이 아닌 발달장애인을 대상으로 하는 법이라는 아쉬움이 있긴 하지만 어느 정도의 읽기가 가능한 발달장애인을 위한 읽기 쉬운 자료 제공과 함께 의사소통 도구 개발, 의사소통 지원 전문 인력 양성을 구체적으로 명시하고 공무원들이 발달장애인과의 의사소통을 할 수 있는 능력을 갖추도록 규정한 것은 의미 있는 일이다(김정연, 박은혜, 표윤희 외, 2021).

(2) 평생교육법

「평생교육법」 제19조에서 명시된 장애인 평생교육진흥센터의 업무 중에는 '발달장애인의 의사소통 도구의 개발과 보급'이 포함되어 있다. 이는 성인 장애인의 의사소통을 지원하고자 하는 취지가 있으나 의사소통의 전반적인 권리를 신장하는 측면이 아니라 의사소통을 도구의 개발과 보급으로 축소하여 규정한다는 제한점이 있다.

(3) 장애인차별금지 및 권리구제 등에 관한 법률

「장애인차별금지 및 권리구제 등에 관한 법률」(법률 제15272호, 2017. 12. 19., 일부개정)의 정보접근 · 의사소통에 관한 제23조는 장애인의 의사소통과 정보접근에 대한 차별을 금지하는 조항으로서 주로 시청각장애 중심으로만 규정되어 있다. AAC 기기의 대여에 대한 내용은 교육에 관한 제14조에서 확대독서기, 높낮이 조절의자 등과 함께 언급하고 있다.

(4) 서울시 장애인 의사소통 권리 증진 조례

시 단위의 조례로는 국내 최초로 서울시에서 의사소통 조례가 제정되었다(2017).

이 조례는 '장애' '의사소통' '의사소통장애인'에 대해 정의하고 '보완·대체의사소통'에 대하여 "의사소통장애인의 개인별 특성에 따라 의사소통 방법을 보완하거나 대체하는 그림, 낱말 등 다양한 상징체계와 관련 시스템을 활용한 의사소통 방식을 말한다."고 규정하였다.

이 조례에서는 국내에서 유일하게 장애인의 의사소통 권리에 대해 규정하고 있다. 조례에서 규정한 장애인의 의사소통 권리란 첫째, 의사소통장애인은 비장애인과 동등하게 같은 활동에 참여할 수 있도록 의사소통에 있어 차별 받지 않고 정당한 편의를 제공 받을 권리를 가진다. 둘째, 의사소통장애인은 의사소통 권리 증진에 관한 시정 전반에 대해 알 권리를 갖는 것으로 정의하고 있다. 다소 협소하게 정의되었지만 처음으로 장애인의 의사소통 권리에 대한 규정이 만들어졌다는 데 의미가 있다(김정연, 박은혜, 표윤희 외, 2021).

3) 교과학습에서의 보완대체의사소통 활용 확대

초기의 AAC가 주변 환경과의 상호작용에서 구어 의사소통을 대체하거나 보완하는 것에 중점을 두었다면 점차로 구어 의사소통을 기반으로 하는 교과학습이나 문해력 교수 등에서도 AAC 상징의 활용이 늘어나고 있으며 연구들을 통해 효과가 검증되고 있다. 또한 다양한 방법으로 교사가 교수자극을 제시하거나 학생이 학습에 참여하고 표현하고자 하는 보편적 학습설계전략에서 AAC 상징이 적극적으로 활용된다(강현수, 2022a; 정소영, 박은혜, 2018). 2015 개정 교육과정 총론에서는 교수학습을 위해 필요한 경우 의사소통기기 제공과 같은 의사소통 지원을 제공하도록 명시하였으며, 2022 개정 교육과정에서도 이러한 내용은 지속하여 강조하였다.

4) 의사소통 도구 및 상징 개발 확대

2000년대 초반까지는 로우테크 그림 의사소통판이 AAC의 주요 방법이었지만, 최근에는 다양한 모바일이나 PC 기반 의사소통 앱이 지속적으로 개발되고 있으며, GPS 연동으로 위치에 따라 적절한 의사소통판을 추천하는 기능과 같이 장애인의 의사소통 향상을 위한 공학적 노력이 확대되고 있다(조희, 홍기형, 2020). 또한 2장에서 소개되는 바와 같이, 국내에서 사용할 수 있는 그림상징도 지속적으로 개발되어 아동뿐 아니라 성인이 필요한 어휘, 또한 코로나로 인해 필요해진 어휘 등도 오픈소스로 제공되고 있다.

이 외에도 최근에는 한국중증중복장애아동부모회 및 한국뇌병변장애인인권협회와 같은 당사자 그룹의 자체적인 AAC 교육 및 지원사업, 한국AAC학회 차원의 AAC 사례 공모전과 같은 다양한 행사와 활동들이 이루어지고 있다. 국제적으로도 2018년부터 동아시아 보완대체의사소통콘퍼런스(East Asian Regional AAC Conference)가 격년으로 개최되고 있으며, 2024년 서울에서 개최된 동아시아 AAC 콘퍼런스를 통해 아시아 국가 간의 학문적 · 실천적 교류를 활발히 하고 있다.

부록 국내외 주요 AAC 관련 사이트

• 국제보완대체의사소통학회(International Society for AAC: ISAAC; https://isaac-online.org/english/home)
국제보완대체의사소통학회(ISAAC)는 약 65개국이 참여하여 AAC 연구과 적용, 국제적 인식 개선 활동 등을 하는 단체이다. 10월을 AAC 인식개선의 달로 지정하여 참여 국가별로 다양한 행사를 진행하고 공유한다. 또한 지역별로 하는 학술대회도 남아프리카, 유럽, 동아시아 등지에서 별도로 진행하며 네트워킹을 활발히 하고 있다.

• AAC 사례 공모전 우수사례(http://www.ksaac.or.kr/gb/bbs/board.php?bo_table=video)
한국보완대체의사소통학회에서 매년 주최하는 AAC 사례공모전은 2014년부터 시작되었으며 최근의 수상작 동영상들은 학회 홈페이지와 유튜브를 통해 볼 수 있다.

• 한국 뇌병변장애인인권협회 의사소통 권리지원센터(http://www.kshb.or.kr/business/aac_info.php)
뇌병변장애인들을 위한 AAC 상담과 지원, 의사소통 접근성 확보 및 지역사회 의사소통 권리 홍보활동 등을 하고 있다 .

• 한국보완대체의사소통학회(https://www.ksaac.or.kr)
한국보완대체의사소통학회(KSAAC)는 2013년 특수교육, 언어병리학, 컴퓨터공학, 의학, 재활학 등 장애인의 의사소통과 관련된 다영역 전문가들의 연구모임으로 시작되었으며, 학술대회, 학술논문집 발간, 사례공모전 실시 및 각종 관련 연구 진행을 통해 AAC의 학문적 발전과 인식 확대를 위해 노력하고 있다. 학회 홈페이지의 자료실을 통해 다양한 관련자료를 검색할 수 있다.

• 나의 AAC(https://www.myaac.co.kr/web/)
엔씨소프트문화재단에서 운영하는 사이트이며, 무료 AAC 앱인 나의 AAC 시리즈(나의 AAC 기초, 나의 AAC 아동, 나의 AAC 일반, 나의 AAC PC 버전)를 다운로드할 수 있고 각종 AAC 관련 정보가 제공되는 사이트이다.

• 서울시장애인의사소통권리증진센터(http://scom.or.kr/)
서울시 의사소통 조례에 의해 2020년 설립되었으며 개별맞춤의사소통서비스 외에도 의사소통 관련 정보제공, 관련기관 컨설팅 및 네트워킹 등 다양한 활동을 하고 있다.

• AAC 상징검색(http://symbol.ksaac.or.kr/searchsymbols/index.jsp)
한국형AAC(KAAC) 상징 1만여 개를 검색하고 개별화된 의사소통판으로 구성할 수 있는 사이트이다. 개별적인 상징모음을 만들어 저장하거나 새로운 상징을 추가할 수 있고 상징모음을 출력하여 사용할 수 있다.

• 손담(https://www.nise.go.kr/onmam/front/actlang/selectActLangMainPage.do)
2018년 국립특수교육원에서 중도중복장애 학생의 의사소통을 위해 개발된 손담의 각 표현들에 대한 동영상 및 교수학습자료를 탑재하고 있다(이 사이트의 자료게시판). 정확한 손담 표현을 익히고 중도중복장애 학생의 특성에 맞도록 손담을 교수할 수 있도록 표현별 동영상을 제공하고 가이드북에는 구체적 교수전략과 학습상황을 제시하고 있다.

2장

AAC 상징과 도구, 표현 기술

보완대체의사소통

말은 다른 사람과 생각과 느낌을 나누기 위해 사용하는 가장 보편화된 의사소통 수단이다. 대다수 사람은 말로 소통하지만, 청각장애를 가지고 있거나 들을 수 있는 사람 중에도 아무리 노력해도 말을 사용하기 어려운 사람들이 있다. 의사소통은 말과 언어를 통해 표현하는 것이 가장 효과적이지만 중도중복장애 학생은 의사소통의 문제로 인해 자기의 생각이나 의견, 감정, 요구 등을 표현하기가 어렵다. 이들에게는 말을 보완하고 대체할 수 있는 다른 접근 방식의 의사소통이 필요하다. AAC는 말을 사용하기 어려운 사람들이 AAC 상징을 이용하여 소통할 수 있는 보완적이고 대체적인 방법이다.

이 장에서는 의사소통에 사용할 수 있는 다양한 상징에 관해 소개한다. 실물 상징, 손짓기호, 그래픽 상징, 글자와 낱말 등 상징의 유형별 특성을 살펴보고 개별 학생에게 적합한 상징 유형을 결정할 때 고려할 사항이 무엇인지 다룬다. AAC 상징은 여러 형태의 도구와 함께 사용되는데, 의사소통 지도 초기에 사용할 수 있는 의사소통 카드와 의사소통판에서부터 음성이 출력되는 전자 도구와 AAC 프로그램 및 앱 등 최근에 개발된 AAC 도구를 소개한다. 또한 AAC 표현 기술의 유형에 관해서도 상세히 다룬다. AAC 표현 기술은 학생의 특성을 고려하여 지도해야 하는데, 이 장에서는 입력하기, 직접 선택과 스캐닝 기술의 특성은 무엇인지, 어떤 학생에게 어떻게 적용해야 하는지 다룬다.

1. AAC 상징

AAC 상징(symbols)이란 일반적인 말을 보완하거나 말 대신 쓸 수 있는 간단한 제스처, 그림이나 사진, 사물 등의 상징이나 표시물을 의미한다. AAC 상징은 도구의 사용 유무에 따라 도구를 사용하지 않는 상징(unaided symbol)과 도구를 사용하는 상징(aided symbol)으로 나눌 수 있다. 도구를 사용하지 않는 상징은 표정이나 제스처, 음성, 손짓기호 등이 포함된다. 도구를 사용하는 상징에는 실물, 축소형 사물, 사물의 부분을 이용한 상징, 그림이나 사진 등으로 구성된 그래픽 상징, 글자 및 낱말 등이 포함된다. 수어(sign language)는 구어 체계를 대체하거나 구어와 함께 사용할 수 있는 의사소통 체계 중 하나로 볼 수 있으나, 엄격히 말하면 청각장애인이 사용하는 언어로 AAC의 유형에 포함되지는 않는다.

이 장에서는 말을 보완하고 대체하는 데 사용되는 상징의 유형을 크게 실물 상징(tangible symbols), 손짓기호(manual signs), 그래픽 상징(graphic symbols), 글자와 낱말(letters and written words)의 네 가지로 구분하여 제시하고자 한다.

1) 실물 상징

실물 상징이란 만져서 변별할 수 있는 유형의 상징체계이다. 실물을 이용한 상징은 인지 능력이 부족하여 그림이나 사진만으로는 실물과 상징의 대응이 어려운 학생에게 효과적이다. 시각장애나 시청각 중복장애, 중도의 지적장애 학생이 사용할 수 있으며, 상징의 개념이 형성되기 전에 사물의 개념을 지도하거나 의사소통을 처음 시작하는 중도중복장애 학생에게 적용하기 쉽다. 장애가 중도일수록, 인지 기능이 낮은 수준일수록 사용하기 적절하다.

실물 상징은 손으로 만질 수 있는 상징을 활용하는 것으로 실제 사물(real object)을 그대로 사용하기, 실물보다는 작은 크기의 축소형 사물(miniature object) 사용하기, 사물의 부분(partial objects)을 사용하기 등의 방법이 있다.

- **실제 사물**: 양치질 시간인 것을 알리기 위해 학생이 사용하는 칫솔을 보여 주거나 만지는 것으로 의사소통을 지도한다. 일상생활에서 소통하려는 내용을 나타내거나 연관된 물건을 사용하여 대화할 수 있다. 시각장애 학생은 사물을 직접 만지면서 모양, 촉감 등으로 변별하게 지도한다.
- **축소형 사물**: 뇌병변장애, 시청각 중복장애, 발달장애 학생 모두에게 사용할 수 있다. 그러나 축소형 사물은 실제 지시 대상보다 크기가 작아서 지적장애 학생에게는 사진이나 그림 등의 2차원적 상징에 비해 이해하기가 어려울 수 있다(박은혜 외, 2023).
- **사물의 부분**: 표현하려는 대상이 너무 크거나, 축소형 사물로 표현했을 때 이해하기 어려운 지시 대상을 표현할 때 사물의 부분을 사용한다. 예를 들어, 학생이 좋아하는 애착 담요를 나타내는 상징으로 담요와 같은 재질의 작은 천 조각이나 좋

축소형 사물 상징 사물의 부분을 이용한 상징

[그림 2-1] **실물 상징의 예**

아하는 과자의 포장지 일부 등을 사용할 수 있다.

생활 주변에서 자주 접하는 실물을 이용하여 의사소통하는 것은 매우 기능적이다. 그러나 앞으로의 의사소통 기능과 어휘를 좀 더 확장하기 위해서는 실물을 이용하는 것과 동시에 확장할 수 있는 상징체계를 사용하도록 계획해야 한다.

2) 손짓기호

손짓기호[1]란 손 표현이나 몸동작으로 의사소통을 할 수 있도록 개발된 AAC 상징의 하나이다. 손짓기호는 구어 체계를 대체하거나 구어와 함께 사용함으로써 구어로 전달하기 어려운 내용을 보완하여 표현할 수 있다(이현주 외, 2019). 손짓기호는 초기 의사소통 발달단계에서 사용하는 제스처나 음성, 표정 등의 대안적인 방법을 체계화하여 가까운 가족 외에 더 많은 사람과 의사소통할 수 있도록 체계화한 상징 유형이다.

손짓기호는 도구를 사용하지 않기 때문에 의사소통이 필요할 때 즉각적으로 표현

1) 손짓기호는 몸짓 언어, 손 기호 표현, 매뉴얼 커뮤니케이션, 베이비사인(baby sign) 등으로 다양하게 불리지만, 국내에서는 국립특수교육원(2017)의 연구에서 중도중복장애 학생을 위해 사용되어 왔던 손 표현을 기본으로 한 AAC 방법을 '몸짓언어'이라는 용어로 사용하였다. 개발될 때는 몸짓언어라는 용어를 사용하였으나, 최근에는 학문적 용어의 합의가 이루어지고 있어, 이 책에서는 손짓기호라는 용어로 통일하여 사용하였다.

할 수 있어 간편하고 빠르게 의사를 전달할 수 있다(DiCarlo et al., 2001). 또한 의사소통 과정에서 시간을 지연하거나 대화의 흐름이 단절되는 문제를 예방할 수 있다. 일반적으로 상징이나 의사소통판, AAC 도구 등을 이용하는 방법과 비교하여 볼 때, 적절한 상황에 필요한 의견을 즉각적으로 표현할 수 있어 의사소통의 효율성이 높다.

손짓기호의 가장 큰 장점은 별도의 상징체계나 도구를 이용하지 않는 것이다. 자연적이고 실제적인 맥락에서 지도할 수 있어서 자연스럽게 반복하여 학습할 수 있다. 지도할 때는 일반적으로 두 가지의 신체적 촉진이 필요하다. 첫째, 손 모양 만들기(handshaping) 방법이다. 이 방법은 교사가 학생의 손을 잡고 적절하게 모양을 표현하도록 지도하는 방법이다. 둘째, 모델링(modeling)이다. 모델링은 사물이나 동작을 제시하면서 모양이나 움직임을 흉내 낼 수 있도록 지도하는 방법이다. 사물의 모양을 따라 흉내 내면서 사물의 뜻을 표현하도록 의사소통 상황에서 직접 지도한다.

손짓기호는 그림이나 사진으로 이루어진 그래픽 상징을 학습하지 못하는 학생에게도 적용할 수 있다. 최근에는 국내에서도 중도중복장애 학생의 AAC 상징으로 개발하여 사용하고 있다. 일반적인 제스처를 기반으로 개발된 상징이 많아서 인지 능력이 제한된 지적장애 학생과 중도중복장애 학생, 의사소통 교육을 처음 시작하는 학생에게 효과적이다. 국내에서 개발된 손짓기호 '손담'은 [그림 2-2]와 같다. 상세한 내용은 5장을 참고하기 바란다.

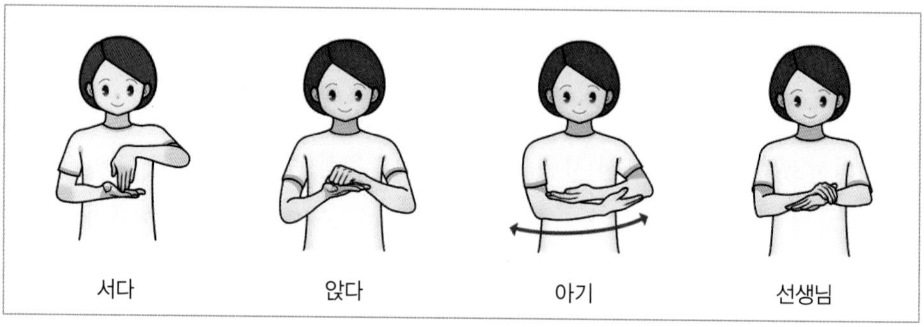

[그림 2-2] **손짓기호 '손담'의 예**

손짓기호는 시각장애나 청각장애를 가지고 있는 중도의 장애학생과 시청각 중복장애 학생의 의사소통 지도에도 사용할 수 있다. 말하는 사람의 손 모양과 몸동작을 손으로 만지면서 소통하는 방법을 지도한다. 예를 들어, 시각중복장애 학생에게 '안 돼!'의 표현을 지도할 때, 양팔을 X자 형태로 표현하기보다는 신체적 접촉 방식을 활용하여 지도하는 것이 효과적이다. 학생의 한쪽 손을 펴게 하고 그 위에 한 손의 손날을 단호하게 세워 금지의 의미를 지도한다.

'안 돼!'의 일반 표현

시각장애 학생을 위한 신체적 접촉 방식의 '안 돼!' 표현

[그림 2-3] **시각중복장애 학생의 손짓기호 지도의 예**

손짓기호를 사용하여 의사소통을 지도하려면 사전에 다음과 같은 내용을 살펴보아야 한다.

- 다른 사람의 말을 듣기 위해 귀를 기울일 수 있는가?
- 다른 사람의 말을 듣거나 표현하기 위해 눈 맞춤(eye contact)을 할 수 있는가?
- 손으로 사물을 만지거나 잡을 수 있는가?
- 상징이나 AAC 도구에 관심을 가지는가?
- 제스처, 손짓기호의 의미를 이해하는가?
- 다른 사람과 소통하기 위해 사용하는 신체적 단서가 있는가? 대화를 시작하기, 종결하기, 주고받기할 때 알아차릴 수 있는 단서가 있는가?

조금 더 자세히

Q. 학생이 사용하는 고유의 음성, 제스처나 몸짓(body language)은 의사소통 방법이 될 수 없을까?

A. 의사소통 수단이 발달하기 전에 의사를 표현하고 전달하기 위해 음성이나 표정, 몸짓, 눈짓, 손짓 등 다양한 의사소통 형태가 나타난다. 명료한 말소리로 발음하지 못해도 웃음소리, 소리 지르기, 콧소리 등 어떠한 소리이든지 의사소통 수단으로 사용될 수 있다. 단순한 모음 발성이라도 음의 높낮이, 억양, 반복된 소리 등으로 의사소통을 할 수 있고 성공적으로 의미를 전달할 수 있다. 제스처 역시 특별히 훈련받지 않아도 듣는 사람들이 그 의미를 이해할 수 있으므로 장애학생의 초기 의사소통 지도에 사용할 수 있다. 그러나 고유의 음성, 제스처나 몸짓 등은 학생과 가까운 가족 이외의 사람들이 이해하기 쉽지 않고 표현의 한계가 있다. 그러므로 효과적인 표현은 그대로 사용하되, 점진적으로 손짓기호 등의 체계적인 상징을 사용하도록 바꾸어 나가는 지도가 필요하다.

3) 그래픽 상징

의사소통하기 위해 사용하는 그림이나 사진 등을 그래픽 상징이라 한다. 그래픽 상징은 선으로 나타낸 그림인 선화(line draw)나 그림 등으로 표현된다. 그래픽 상징은 사용자와 대화상대자 모두에게 시각적 단서가 주어지기 때문에 의사소통을 촉진할 수 있다. 또한 그래픽 상징은 구어를 보완하거나 대체하여 사용되므로 발음이 명료하지 않은 뇌병변장애 학생에게도 유용하다. 그래픽 상징을 활용한 의사소통의 지도는 구어 표현이 어려운 장애학생의 문해력 신장에도 기여할 수 있다(김정연, 2016).

대표적인 상징체계로는 PCS 상징(Picture Communication Symbols: PCS™), 위짓 상징(Widgit symbols), 픽심볼(Picsyms), 픽토그램(Pictogram Ideogram Communication: PIC), 블리스상징(blissymbol), 마카톤 상징(Makaton vocabulary) 등이 있다.

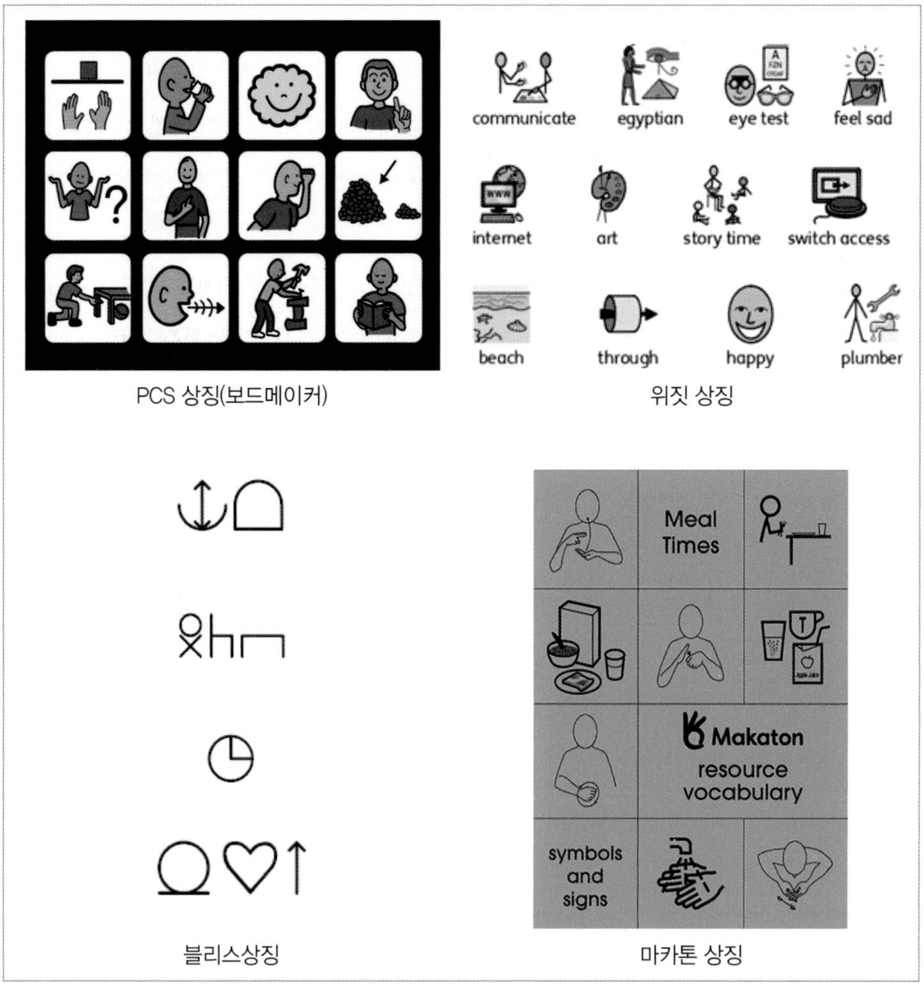

[그림 2-4] **그래픽 상징의 예**

출처: PCS 상징(https://uk.tobiidynavox.com/products/picture-communication-symbols-pcs); 위짓 상징(https://www.widgit.com/about-symbols/widgit_symbols.htm); 마카톤 상징(https://makaton.org/TMC/TMC/Shop/Resource_vocabulary/Food___Drink/TMC/SHOP/Food___Drink.aspx?Category=RV_FODR&hkey=2958f075-d006-43ad-b019-bb6d9af9b11c)

그래픽 상징은 학생의 인지적 · 신체적 · 의사소통적 필요를 고려하여 적합한 것으로 선택한다. 그래픽 상징은 도상성(iconicity)이 높아야 한다. 도상성이란 그림의 의미를 쉽게 연상하고 유추할 수 있는 정도를 말한다. 시각적 상징과 지시 대상이 유사할수록 도상성이 높으며, 도상성이 높은 상징일수록 학습하기가 쉽다. 그래픽 상징은 시대적인 변화를 반영하여 표현해야 한다. 예를 들어, TV나 휴대폰 등을 나타내는 상징은 시대에 따라 달라지는 변화를 반영하여 표현해야 한다.

또한 그래픽 상징은 미적인 조건보다는 사용하기에 효율적이어야 한다(김정연, 2016). 향후 어휘의 수가 확장될 것을 고려하여 여러 개의 상징 중 필요한 것을 찾기 쉽도록 일정한 형식에 따라 통일된 형태로 디자인되어야 한다. 범주별로 여러 개의 상징을 사용하기 위해서는 통일성을 갖추어 유사하면서도 동시에 하나의 상징은 다른 상징과 명확히 구분되어야 한다.

국내에서 개발된 대표적인 그림상징은 '한국형 AAC 상징'(http://symbol.ksaac.or.kr)이다. 한국형 AAC 상징은 한국 문화와 생활 및 환경에 적합한 어휘로 개발되었다. 어린 연령부터 성인까지의 전 연령을 고려한 어휘와 장애유형에 따른 어휘를 포함하여 10,000여 개로 구성된 국내 최다 어휘를 보유한 그래픽 상징이다.

한국형 AAC 상징의 어휘는 부분적으로는 마이토키(MyTalkie) 시리즈, 나의 AAC, 스마트 AAC 등 다양한 AAC 도구 및 교수학습자료에서 사용되고 있다. 이 중 마이토키 프로그램은 한국어 특징에 따른 존댓말, 낮춤말, 긍정과 부정, 시제, 의문문과 평서문, 자동 문장 생성 등의 예측 기능을 담고 있다. 여러 범주의 어휘목록으로 구성되어 있으며, 상징은 그림이나 글자, 사진 등 사용자의 개별적 요구와 흥미에 따라 색깔과 크기, 모양을 조정할 수 있다. 남녀노소 총 40가지 음색을 선택하여 사용할 수 있으며, 기본적으로 텍스트를 읽어 주는 기능도 있다.

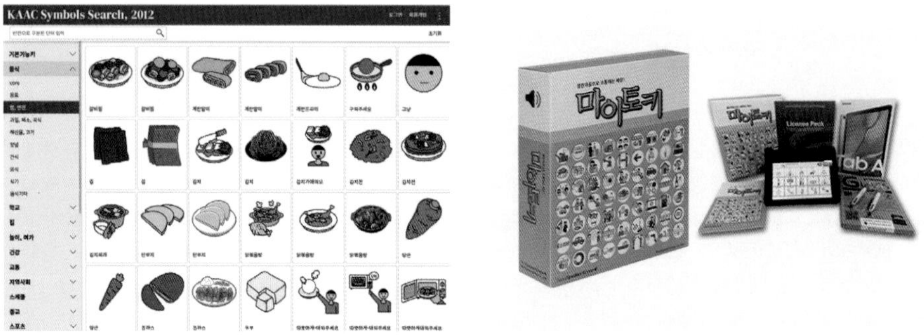

[그림 2-5] **한국형 AAC 상징과 마이토키 시리즈**

출처: http://www.mytalkie.co.kr/product/talkie-smart.html

최근에는 국립특수교육원에서 발달장애인 성인을 대상으로 의사소통 지원을 위한 상징체계를 개발하였다(국립특수교육원, 2021). 위톡 그림상징은 2019년에 이어 2021년까지 연구를 통해 어휘 타당도와 그림상징 타당도를 확보하여 개발된 그림상징체계이다([그림 2-6] 참조). 위톡 그림상징은 발달장애인의 인지 특성을 고려하여 정적 이미지로 제작하기 어려운 동작어를 애니메이션으로 표현하는 GIF(Graphics Interchange Format)로도 개발되었다. 최근에는 장애유아 특성을 반영하여 교육현장에서 활용할 수 있는 장애유아용 상징 개발(윤신명 외, 2023) 등 사용자의 특성을 고려한 상징 개발 연구가 이루어지고 있다.

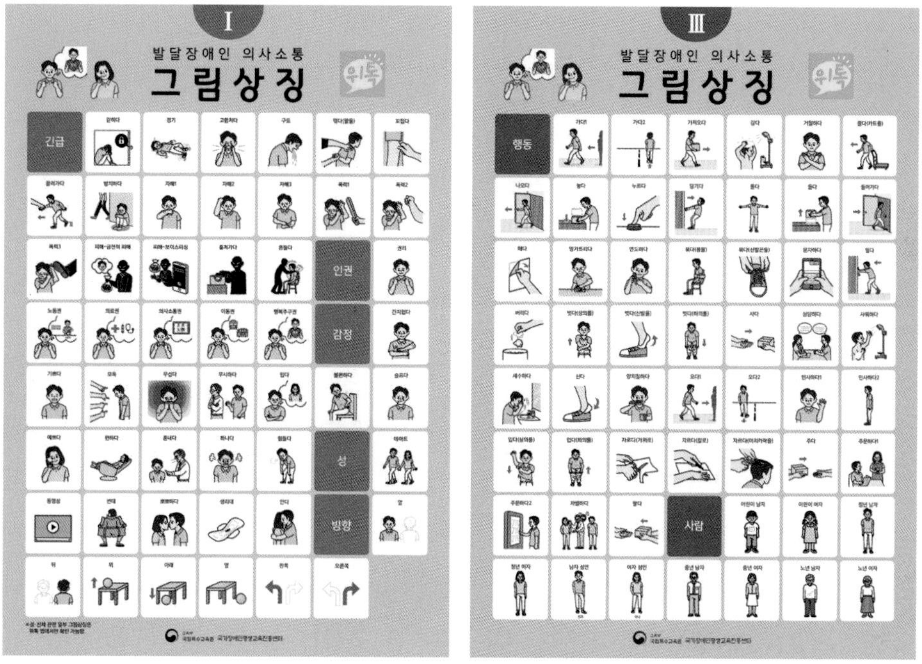

[그림 2-6] **위톡 그림상징**

출처: 국립특수교육원(2021).

그 밖에 의미를 포함하지 않은 선이나 면 등의 형태를 이용하여 표현한 추상적 상징(abstract symbols)도 있다. 추상적 상징의 대표적인 것은 침팬지의 언어 습득을 연구하기 위해 만든 여키스 렉시그램(Yerkish lexigrams)이며, 이 상징은 9개의 기하학적인 형태로 구성되어 있다(Beukelman et al., 2012). 그러나 상징의 추상성으로 인해 내용을 이해하거나 유추하기 어렵기 때문에 실제로 의사소통 교육에는 거의 사용되지 않는다.

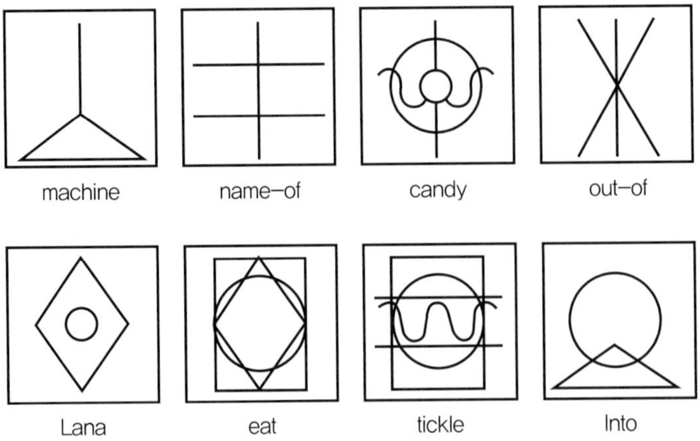

[그림 2-7] **여키스 렉시그램**

출처: Bettoni (2007), p. 34.

4) 글자와 낱말

자음과 모음, 음절, 낱말, 구절이나 문장 등 글자를 사용하여 의사소통을 할 수 있다. 읽기와 쓰기를 학습하기 시작한 학생에게 보완적인 방법으로 그림상징과 함께 사용하여 지도할 수 있으며, 직접 글자를 써서 필답으로 의사소통할 수 있다. 구어 표현은 어렵지만 언어 이해력이 높거나 뇌병변장애와 같이 운동장애로 인해 글 쓰는 시간이 오래 걸리는 학생이 사용할 수 있는 방법이다. 자음의 초성, 낱글자, 낱말, 구나 문장 등으로 구성된 어휘목록으로 의사소통판을 구성하여 지적하는 방법으로 사용한다. AAC 도구도 글자를 사용할 수 있는 옵션이 포함되어 있는 경우가 많고, 글자 기반의 의사소통 앱(예: 진소리)도 있다.

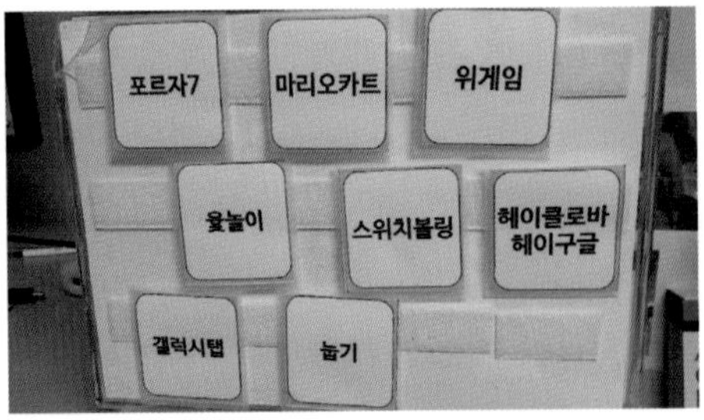

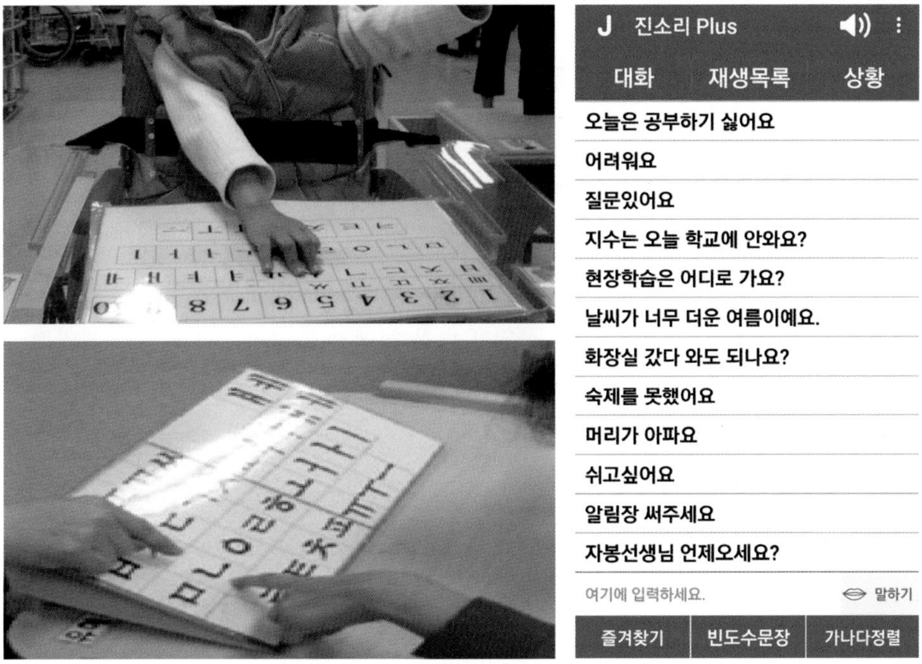

[그림 2-8] 글자와 낱말을 사용한 AAC의 예

5) AAC 상징의 결정

어떤 상징을 사용할지 결정할 때는 상징 유형의 특성과 장점을 파악한 후 가장 효율적일 것으로 기대되는 유형을 결정한다. 상징 유형을 선택할 때 고려할 사항은 다음과 같다.

첫째, 사용하는 학생의 인지 수준을 고려하여 상징 유형을 결정한다. 사진이나 그림의 의미를 이해하지 못하면 그림상징을 사용하기 어렵다. 그림상징으로 의사소통하려면 그림이 나타내는 사물이나 행동을 이해할 수 있어야 한다. 예를 들어, 실제 축구공이 있을 때는 공을 찾을 수 있는데, 여러 개의 그림을 제시할 때 축구공을 찾는 것은 어려울 수 있다. 사물을 인식할 수는 있지만 그림을 이해하는 것은 높은 수준의 인지 능력이 필요하다. 이럴 때는 실물을 사용하여 지도한다. 또한 상징에 따라서는 그림상징보다 사진으로 된 상징을 이해하기가 더 어려울 수 있다. 사진은 대상을 그대로 담아 나타내기 때문에, 배경이 포함된 사진은 복잡하게 인식될 수 있다. 또한 동작이나 상태를 표현하는 사진은 이해하기가 더욱 어려우므로 선택 시 고려한다.

둘째, 학생의 동기유발에 적절한 상징 유형을 선택한다. 사용하는 학생의 연령과 정서, 취향에 적절한 그림이나 사진 등으로 표현된 상징을 선택한다. 상징은 단순하고 친숙한 디자인일수록 의사소통의 효율성과 성공 가능성을 높인다.

셋째, 학생의 신체 기능을 고려하여 선택한다. 그래픽 상징을 사용하려면 배열된 상징을 눈으로 훑어보고 원하는 상징을 손이나 신체 일부분으로 지적할 수 있어야 한다. 손짓기호를 사용하려면 양손으로 모양을 만들어 내는 운동 능력, 신체 표현이나 세부 동작을 모방하는 능력이 필요하며, 의사소통을 위해 상대방을 바라보며 반복하여 동작을 표현할 수 있어야 한다. 상징 유형을 선택하고 결정하는 과정은 개별적으로 이뤄져야 한다.

넷째, 상징은 다중양식 체계를 사용하는 것이 효율적이다. 사용자의 연령과 성, 사회적 역할, 관심사, 어휘력 등 개별 특성이 다르므로 모든 것을 충족할 만한 단 한 가지의 상징 유형을 선택할 수는 없다. 하나의 유형을 선택하기보다 메시지를 가능한 한 빠르게 전달할 수 있는 효율적인 방법으로 지도해야 한다. 때와 장소, 상황에 따라 여러 상징 유형을 같이 사용할 때 성공할 확률이 높다. 특히 초기 의사소통 단계에 있는 중도중복장애 학생이라면 실물이나 손짓기호, 그래픽 상징 중 한 가지 방법이 아니라 다중양식 체계를 활용하는 것이 유용하다.

2. AAC 도구

AAC 도구는 상징체계를 담기 위해 제작한 물리적인 도구를 말하며, 직접 제작하는 의사소통 카드나 의사소통판, 전자 도구 등을 포함한다.

1) 의사소통 카드와 의사소통판

의사소통 카드는 그림, 사진, 글자, 숫자 등 상징과 코드로 구성하여 직접 제작할 수 있다. 상업용으로 판매하는 것도 있으나 직접 제작하여 사용하는 의사소통 카드와 의사소통판은 전자기기보다 비용이 저렴하고 활용이 쉽다. 학생의 요구에 따라 상징의 크기와 수를 다양하게 제작하여 사용할 수 있다. 의사소통 교육을 시작하는 초기 단계나 몇 개의 어휘를 사용하도록 지도할 때 적절하다. 필요한 어휘를 확장하거나 주제, 범주별로 제작하여 사용할 수 있다. 사용하는 어휘 수가 많을 때는 다면 의사소통판이나 의사소통 책 등 다양한 크기와 형태로 제작하여 사용할 수 있으며, 휴대가 간편하여 이용하기 편리하다.

의사소통판을 제작할 때 상징은 학생의 인지 기능과 언어 발달 수준을 고려하여 선정한다. 상징의 크기는 학생의 신체 기능과 잔존능력을 고려하여 조정한다. 의사소통판은 학생의 시력, 운동 기능(움직임의 범위, 지적할 수 있는 거리, 방향 등)과 지각능력, 의사소통판의 휴대성 여부 등을 고려하여 제작된다. 그 밖에 상징을 배열할 때는 상징 간의 간격을 고려하고, 자주 사용되는 상징을 쉽게 찾아 지적할 수 있도록 개별적인 필요를 고려한다.

의사소통판을 이용한 AAC 중재의 효과성은 여러 연구를 통해 보고되었다(Blischak et al., 2003; Hamilton & Snell, 1993; Heller et al., 1996; Hunt et al., 1990, 1991). 국내 연구에서도 의사소통판을 이용한 의사소통 교육이 장애학생의 자발적인 의사표현과 상호작용을 증가시켰으며 의사소통 기능 향상에 효과적인 것으로 나타났다(박은혜 외, 2023). 다음은 의사소통 카드와 의사소통판의 예이다.

[그림 2-9] 의사소통 카드와 의사소통판의 예

2) 음성출력 스위치와 음성출력 카드

음성출력 스위치와 음성출력 카드는 음성을 녹음한 후 재생하여 사용하는 도구이다. 녹음되는 시간은 각기 다르지만, 대부분 저가로 구매하여 필요한 곳에 배치하거나 가지고 다니면서 사용할 수 있다. 누르거나 살짝 건드리기만 해도 녹음된 소리가 나오는 음성출력 스위치는 종류와 크기, 작동 방식이 매우 다양하다.

녹음 시간이 길고 많은 메시지를 녹음할 수 있는 기기일수록 가격이 고가이다. 학생이 사용할 수 있는 상징을 버튼에 부착하고 해당하는 내용을 녹음하여 사용하며, 칩톡, 테크톡, 빅맥 스위치 등이 많이 사용되고 있다. 각각의 버튼에 1개의 메시지를 저장하여 재생할 수 있으며 저장 시간은 15초부터 길게는 300초까지 가능한 기기들도 있다. 여러 개의 음성출력 카드를 이용하여 앨범 형태로 저장하여 사용할 수도 있다.

[그림 2-10] **음성출력 스위치와 음성출력 카드의 예**

출처: http://www.ablenetinc.com

조금 더 자세히

Q. 1개의 음성출력 스위치로 할 수 있는 의사소통은 무엇일까?

A. 교실에서 자주 사용하는 1개의 어휘만 녹음해도 사용할 기회는 많다. 하나의 버튼을 눌러 어휘를 표현하는 것만으로도 또래와의 상호작용을 촉진할 수 있으며, 교실에서의 1인 1역을 지도할 수도 있다. 예를 들어, 사용할 수 있는 상황과 어휘는 다음과 같다.

- 인사말 하기: 안녕하세요?
- 요청하기: 쉬고 싶어요, 화장실 가고 싶어요 등
- 수업 참여하기: 다했어요, 다음 페이지로 넘겨 주세요, 제가 할래요 등
- 상호작용과 농담 나누기: 다음 시간은 무슨 시간이야?, 드디어 점심시간이다!, 정말 잘했어!, 대단한데!, 진짜야? 등
- 부탁하기: 창문을 열어 줘, 나갈 땐 불을 꺼야 해 등

조금 더 자세히

Q. 가정에서는 음성출력 카드를 어떻게 사용할 수 있을까?

A. 가정에서도 의사소통을 할 수 있도록 필요한 공간에 음성출력 카드를 부착하거나 배치한다. 구체적인 예는 다음과 같다.

- 집 밖으로 나가거나 산책하고 싶을 때 표현할 수 있도록 현관이나 문 옆에 음성이 출력되는 음성출력 카드를 붙여 놓는다(예: '나가고 싶어요' '산책하고 싶어요' '놀이터 가고 싶어요' 등).
- 식사 시간에 식탁에 음성출력 카드를 놓아둔다. 음식을 더 달라거나 다른 것을 달라고 요구할 수 있으며, 음식을 먹을 것인지 물을 마실 것인지를 선택하게 한다.
- 방에서는 학생이 입을 옷을 결정할 때, 옷의 종류나 색을 선택하도록 음성출력 카드를 사용한다.
- 화장실에서는 위생 활동(양치질해요, 손 씻어요, 세수해요, 목욕해요 등)에 관한 상징으로 구성된 음성출력 카드를 이용하여 씻을 때마다 사용한다. 화장실에서 어떤 활동을 하는지 설명하거나 필요한 경우 '뜨거워요' 및 '차가워요'를 나타내는 상징을 사용하여 의견을 표현하도록 한다.
- 냉장고의 문 앞에는 좋아하는 간식이나 음식에 관한 상징으로 구성된 음성출력 카드를 붙여 놓고 원하는 것을 선택하게 한다. 점차 익숙해지면 '좋아요' '싫어요' '더 주세요' '다른 것 주세요'와 같은 어휘를 포함한다.
- 거실에서는 좋아하는 TV 채널, 프로그램 등을 선택할 수 있도록 음성출력 카드를 사용한다. 이때에도 점차 익숙해지면 '다른 것 볼래요' '같이 봐요' '재미있어요' 등의 어휘로 확장한다.

3) 녹음 방식의 AAC 도구

녹음 방식의 AAC 도구는 목소리를 녹음하여 저장했다가 버튼을 작동시켜 재생하는 방식을 사용한다. 기기의 크기나 기능, 저장용량, 조작 방법이 다양하다. 하나의 버튼에 필요한 어휘를 단어, 구나 문장으로 저장하여 사용한다. 여러 개의 버튼으로 구성되어 있어서 버튼마다 하고 싶은 말을 저장하여 표현할 수도 있고, 버튼을 연결하여 절이나 문장으로 표현할 수도 있다. 예를 들어, 하나의 버튼에 '바나나가 좋아요'

라고 녹음하여 사용할 수도 있고, '바나나'와 '좋아요'를 각각의 버튼에 녹음해서 2개의 버튼을 연달아 선택하여 문장으로 표현할 수도 있다. 쉽게 지우고 다시 녹음할 수 있는 기능이 장점이다.

기기에 따라 녹음이 가능한 시간도 다양하며, 버튼에 메시지를 녹음한 후 누르면 미리 녹음된 음성이 재생된다. 소근육 운동 기능의 문제로 버튼을 누르기가 힘든 학생은 스위치를 연결하여 신체의 다른 부위로 작동시킬 수 있다. 녹음 방식의 AAC 도구는 자판을 이용하여 글을 써서 표현하는 것이 아니므로 글을 모르는 사람도 사용할 수 있다. 상징을 선택하면 동시에 소리가 출력되므로 인지 및 언어 능력에 장애가 있는 학생도 쉽게 사용할 수 있다. 또한 녹음 방식의 AAC 도구는 학생 외에도 심한 실어증이 있는 성인도 사용하기 적절하다.

녹음 방식 AAC 도구의 프레임은 2, 4, 8, 16개 등 다양하게 구성할 수 있으며, 기기에 따라서는 버튼 개수를 임의로 조정할 수 있다. 학생의 인지 및 어휘 수준, 소근육 운동 기능에 따라 조절한다. AAC 도구는 한 화면에 구성할 수 있는 어휘의 개수가 제한되어 있으나, 기기에 따라서는 범주별로 어휘를 구분하여 저장할 수 있는 것도 있다. 예를 들어, 8버튼의 AAC 도구는 인사 나누기에 대한 8개 어휘, 수업 시간에 사용할 수 있는 8개 어휘, 식사와 관련한 8개 어휘 등으로 저장하고 상황에 따라 의사소통판을 골라서 사용할 수 있다.

녹음 방식의 기기는 제한된 개수와 녹음 시간이 정해져 있어서 어휘를 구성할 때 우선순위를 고려하여 가장 중요하고 의미 있는 것으로 판단되는 어휘부터 녹음해야 한다(박은혜 외, 2023). 대화할 때는 내용도 중요하지만 출력되는 음성에 따라 대화상대자가 느끼는 의사소통의 친밀감 수준에 영향을 미칠 수 있다. 그러므로 출력되는

아이톡(iTalk)

슈퍼토커(SuperTalker)

[그림 2-11] **다양한 녹음 방식의 AAC 도구의 예**

출처: http://www.ablenetinc.com

음성은 사용할 학생의 성별과 연령을 고려하여 또래의 음성으로 녹음하는 것이 바람직하다. 녹음 방식 AAC 도구의 예는 [그림 2-11]과 같다.

조금 더 자세히

Q. **녹음 방식 AAC 도구는 수업에 어떻게 활용할 수 있을까?**

A. 통합교육 환경에서 AAC 도구를 활용하는 예는 다음과 같다.

- 수업 시간에 다루는 주요 어휘와 문장을 AAC 도구에 미리 넣어 주고 수업 시간에 사용하게 한다. 수업 내용에 관한 질문을 '예/아니요'의 선택형 질문으로 바꾸어 주고 해당하는 버튼을 눌러 답하게 한다. 예를 들어, 교사가 "이 부분의 이름은 무엇인가요?"라고 질문할 때, 대부분 학생은 말로 대답하지만, 말을 하지 못하는 학생은 AAC 도구의 4개의 버튼 중 답에 해당하는 버튼을 눌러서 '뿌리입니다'라고 발표한다.

녹음 방식 AAC 도구의 화면 예시

- 수업 주제에 관한 어휘를 미리 준비해 준다면 AAC 도구를 사용하여 수업 활동에 참여할 수 있다. 교사의 질문을 듣고 발표하거나 시간의 흐름에 따라 순서대로 배치하는 등 수업에 참여할 수 있다.

녹음 방식 AAC 도구의 화면 예시

-구석기시대에는 사냥과 채집을 하였습니다.
-신석기시대에는 농사를 짓고 가축을 기르기 시작했습니다.
-고려시대에는 새로운 과일과 채소를 재배했습니다.
-조선시대에는 계절과 명절에 따라 먹는 음식이 있었습니다.

4) 음성합성 방식의 AAC 도구

AAC 분야는 단순한 메모리와 디스플레이로 의존했던 초기 발달단계에서 벗어나 문자음성변환(Text to Speech: TTS) 기술 등 테크놀로지의 변화로 인해 다양한 형태와 기능으로 발달하였다. 음성합성(speech synthesis) 방식의 AAC 도구는 음성의 질, 접근 방식, 자료 탑재 및 화면 구성 등 기능과 특성이 매우 다양하며, 기억용량의 제한 없이 메시지의 수와 양을 사용할 수 있다. 국내에서 사용하는 대표적인 음성합성 방식의 AAC 도구는 마이토키 스마트, 마이토키 라이트 등의 마이토키 시리즈(http://www.mytalkie.co.kr/product/talkie-smart.html), 오케이톡톡 에듀패드(http://edu-friend.co.kr/) 등이 있다([그림 2-12] 참조).

음성합성 기술은 조음 및 발성이 어려운 사람이나 말을 할 수 없는 장애인의 의사소통 기능을 대신해 주는 중요한 역할을 한다. 음성합성 방식의 AAC 도구는 단어, 구, 혹은 문장을 표현하는 데 사용하며(Bowe, 2000). 활동과 상황에 맞게 어휘목록을 구성할 수 있어 가정, 학교, 지역사회 등 상황에 맞는 대화에 활용할 수 있다.

음성합성 방식의 AAC 도구는 글자로 입력한 내용을 발음규칙 및 예외적인 발음, 목소리 억양 등과 같은 특정한 언어 규칙에 맞도록 출력된다. 따라서 일일이 필요한 어휘를 녹음하지 않고 글자, 단어, 또는 상징을 이용하여 내용을 구성할 수 있다. 국내에서 개발된 음성합성 프로그램은 기술이 발전함에 따라 어음 변별도도 높아지고 있다. 구어의 95% 수준에 달하는 단어와 문장 수준의 이해도를 보이며, 친숙하지 않은 사람과 대화하는 데도 불편이 없다. 또한 사용자의 특성에 따라 성별, 나이, 감정에 따른 목소리 표현 등을 선택할 수 있는 기기도 개발되어 있다.

음성합성 방식의 AAC 도구는 가격과 성능이 매우 다양하여 진단을 통해 학생 수준에 적합한 기기를 선택해야 하므로 기기의 기능과 특성에 관한 이해를 갖춘 특수교사와 언어재활사의 협력이 필수이다.

음성합성 방식의 AAC 도구는 뇌성마비나 루게릭병(Lou Geerig's disease)이라 불리는 근위축성측삭경화증(Amyotrophic Lateral Sclerosis: ALS), 다발성 신경연화증(multiple sclerosis), 파킨슨병(Parkinson's disease), 또는 인지 및 언어 능력이 비교적 양호한 외상성 뇌손상 등으로 인한 의사소통장애인에게도 사용하기에 적합하다.

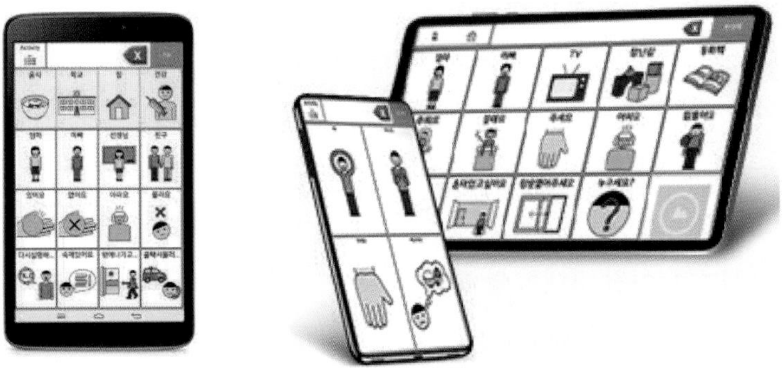

마이토키 스마트와 마이토키 라이트

오케이톡톡 에듀패드

[그림 2-12] **음성합성 방식의 AAC 도구의 예**

출처: http://www.mytalkie.co.kr/product/talkie-lite.html; http://edu-friend.co.kr

5) AAC 앱

최근에는 스마트폰, 태블릿 PC 등 스마트기기를 활용한 교육이 보편화되면서 AAC 앱(app)도 활성화되고 있다. 앱이란 애플리케이션을 줄여서 부르는 말로 스마트기기 활용의 핵심이며, 컴퓨터의 소프트웨어와 동일한 개념으로 특정 기능을 수행할 목적으로 설치하는 프로그램이다. 쉬운 작동과 사용의 편리함, 다양한 시청각적 요소, 빠른 실행 속도와 오프라인 이용 가능성 등으로 인해 AAC 앱의 활용이 높아지고 있다.

대부분의 AAC 앱은 음성합성 방식으로 작동하며, 녹음 기능도 탑재하고 있다. 또한 사용자의 편의에 따라 상징이나 어휘의 수정과 추가 등 다양한 활용이 가능하다. 이러한 AAC 앱은 의사소통이 어려운 학생의 어려움을 해결하는 방법으로 소개되고 있다(이희연, 홍기형, 2015; 표윤희 외, 2017; Beukelman et al., 2012; McNaughton &

Light, 2013). 앱을 활용한 AAC 중재는 시청각적인 자극과 멀티미디어 요소의 지원으로 장애학생의 집중력과 기억에 도움이 되므로 의사소통 지도에 효과적이다(김정연, 홍기형, 2017). 또한 별도의 기기를 사용하지 않고 일반적인 스마트기기에 프로그램을 설치하여 사용하므로 의사소통장애인의 사회적 낙인을 최소화할 수 있다(임장현, 박은혜, 2012).

국내외에서 이루어진 장애학생 대상 앱 활용 연구에서는 전반적으로 중재의 효과크기가 높은 것으로 나타났다(권정민, 2012). 자폐성장애를 대상으로 스마트기기를 활용한 연구는 매년 증가하고 있으며(강지혜, 이영선, 2014), 국내에서도 자폐성장애학생을 대상으로 연구가 활발하게 이루어지고 있다(김송, 김정연, 2022).

국내에서 사용하는 AAC 앱은 직접 말소리를 입력하거나 음성이 합성되는 방식 중 선택할 수 있도록 설계되어 있다. 메시지 선택이나 화면 전환은 터치 동작으로 작동하며, 앱의 화면은 고정된 형태가 아니라 필요한 어휘를 선택하면 한 화면에서 다른 화면으로 자동 변환되는 역동적 화면(dynamic display) 방식을 사용한다. AAC 앱은 복잡한 동작 대신에 손가락이나 펜 등으로 누르거나 가벼운 접촉만으로도 동작하는 터치스크린 입력방식을 사용하여 정확도가 높다. 또한 운동 조절 능력의 제한으로 직접 입력하지 못하는 경우를 대비하여 스캐닝 프로그램을 제공하고 있다. 최근 특수교육 현장에서도 스마트 교육이 강조됨에 따라 고품질의 스마트기기를 사용한 교육 환경이 보편화되고 있어 앞으로의 발전이 기대된다. 국내에서 개발된 AAC 앱은 [그림 2-13] [그림 2-14]와 같다.

[그림 2-13] **국내의 AAC 앱의 예**

나의 AAC

'나의 AAC'는 NC 문화재단에서 개발한 의사소통 소프트웨어이다. '나의 AAC 기초' '나의 AAC 아동' '나의 AAC 일반'의 3개의 버전으로 구성되어 있다.
'나의 AAC 기초'는 AAC를 처음 접하거나 장애의 정도가 매우 심한 중도중복장애 학생을 대상으로 하며, '예·아니요' '좋아요·싫어요' 등을 선택(양자택일)함으로써 기본적 의사소통이 가능하도록 지원한다. '나의 AAC 아동'은 의사소통 요구를 가진 저학년 장애학생들이 자주 겪는 상황을 300여 개의 상징으로 구성하고 상징을 선택하여 낱말형과 문장형으로 의사표현이 가능하도록 지원한다. '나의 AAC 일반'은 의사소통 요구를 가진 성인을 대상으로 하며, 일상생활 장소와 위계적 범주로 분류하여 1,000여 개의 상징으로 구성된 앱이다(http://www.myaac.co.kr/web/software/apps).

[그림 2-14] AAC 앱 '나의 AAC'

출처: NC소프트 문화재단(https://www.myaac.co.kr).

6) AAC 도구의 결정

AAC 도구는 기능과 성능 면에서 다양한 도구들이 개발되고 있어 선택의 범위가 매우 넓다. 그러나 사용할 도구를 결정하기 위해서는 최고의 성능이 아니라 학생의 측면에서 적합한 도구를 선택해야 한다. 고려사항은 다음과 같다.

첫째, 학생의 발달 및 요구 수준에 적합한 성능을 가진 도구를 선택한다. 비싸고 기능이 많은 도구가 항상 의사소통에 유리한 것은 아니다. 현재의 능력을 보완하면서도 의사소통 요구 및 언어 발달 수준을 고려하여 사용할 수 있는 효율적인 도구를 선택한다. AAC 도구에서 사용하는 상징의 경우 도상성이 높은 것으로 이해하기 쉬운 상징인지 확인한다.

둘째, 사용하는 장소 및 상황에 적합한 성능을 점검하여 선택한다. 사용하는 학생이 외부 활동에서 주로 사용한다면 음량의 최대 출력이 어느 정도인지 살펴야 한다. 통합학급에서 사용할 때도 출력되는 소리가 커야 소통할 수 있으므로, 도구의 조절 가능한 출력 범위를 점검하여 결정한다.

셋째, 학생이 AAC 도구 조작 능력을 충분히 익힐 수 있는지 고려하여 결정한다. 도구에 익숙해지기 위해서는 충분한 훈련 시간이 필요하다.

넷째, 학생의 선호도를 고려하여 도구를 선택한다. 학생의 특성에 적합한 동일한 기능의 도구라면 학생의 선호를 반영하여 선택한다(김정연, 황지현, 2014). AAC 도구 선택은 AAC 교육에서 자기결정(self-determination)을 촉진하며(Sigafoos, 2006), 선택의 존중은 의사소통 학습하는 과정에 긍정적인 영향을 준다(van der Meer et al., 2012).

다섯째, A/S가 잘 되는 도구를 선정한다. 최근에는 국내 제품도 개발되고 있으므로 쉽게 구하고 사용할 수 있는 도구를 결정한다.

AAC 도구의 적용은 신중해야 한다. 고성능의 고기술이 만능은 아니다. 즉흥적인 평가와 결정은 지속해서 활용하지 못하고 사장되는 '테크놀로지의 비사용(abandon)' 문제를 일으킬 수 있다. AAC 적용을 위해 적절한 평가와 서비스가 필요하며, 반복 평가와 적용으로 개선해 나가야 한다.

한두 번의 시도로 AAC 앱을 활용하여 의사소통할 수 있다면 그 학생은 굳이 AAC 앱이 아니더라도 타인과 소통할 다른 방법이 있을 것이다. 특수교육에서의 테크놀로지는 새로운 것을 추구하는 최신 경향이나 누구나 한 번쯤은 찾아가게 되는 맛집 탐방이 아니다. 최선, 최적의 선택이 될 수 있도록 개인 맞춤형으로 조정되어야 한다. 하나의 보청기를 여러 학생이 함께 사용할 수 없는 것처럼 테크놀로지의 활용은 개별적인 지원을 전제로 한다. 비용 면에서 부담이 클 수밖에 없으나 의사소통 지원은 가장 기본적인 인권을 보호하기 위한 필수적인 요건이므로 '경제성' '효율성' '효용 가치'에 대한 견해의 조율이 필요하며, 모든 장애학생이 편리하게 기술을 이용할 수 있도록 주변인의 긍정적이고 적극적인 지지가 중요하다(김정연 외, 2018).

조금 더 자세히

Q. AAC 도구를 제공해 주면 의사소통 능력을 향상할 수 있을까?

A. AAC 도구만으로는 의사소통 문제를 개선할 수 없다. AAC를 사용하면 말이나 언어, 그리고 읽고 쓰는 능력의 개발이 촉진되고 의사소통 능력이 향상되지만, 단순히 AAC 도구를 갖춘다고 향상하지는 않는다. AAC 도구를 활용한 의사소통 교육의 성공 여부는 학생의 의사소통 수준과 인지 능력과 연관되지만, AAC 교육에 관한 교사의 인식과 지도 열의, 의사소통 민감성에 따라 좌우된다. AAC 도구의 필요성을 이해하지 못하는 교사는 학생의 의사소통 시도에 응답할 가능성이 낮다. 교사가 학생에 대한 기대감이 적으면 AAC 도구를 제공하거나 일관된 방법으로 반응하지 않게 된다. 결국 학생은 생활 속에서 의사소통을 경험하거나 의사소통 방법을 배울 기회가 줄어든다. 교사의 역할이 중요한 이유이다.

3. AAC 표현 기술

AAC를 이용한 의사소통은 주로 어휘목록에서 원하는 메시지를 '선택'하는 것으로 표현한다. AAC 표현 기술은 AAC 상징을 선택하거나 표현하는 방법을 말한다. 그러나 단순히 상징을 선택하는 방법만이 아니라 도구를 사용하지 않는 상징을 표현하는 방법까지 모두 포함한 개념이다. AAC 표현 기술은 신체의 잔존 기능 및 운동 기능을 고려하여 결정한다. 여기에서는 입력하기, 직접 선택하기, 스캐닝으로 나누어 다루고자 한다.

1) 입력하기

입력하기는 글씨를 써서 직접 표현하거나 자판의 글자 키를 눌러 글을 입력하여 표현하는 방법이다. 직접 손으로 글을 써서 표현하는 것이 가장 빠르고 정확한 방법이다. 그러나 한글을 이해하더라도 운동 기능의 어려움으로 손 글씨를 쓰지 못한다면 자판의 글자 키를 눌러 입력하는 것으로 표현할 수 있다.

2) 직접 선택하기

(1) 신체의 한 부분으로 선택하기

직접 선택하기는 직접 가리키거나 터치하여 선택하는 방법이다. 손가락이나 주먹 등과 같이 일관성 있게 의도적으로 움직일 수 있는 신체 부분을 사용하거나 포인팅 장치(pointing devices)를 이용하여 의사소통판의 상징을 짚거나 상징이 부착된 AAC 도구의 항목을 누르는 방법이다. 손가락으로 원하는 항목을 직접 선택하는 것은 피로감이 적은 효율적인 방법이다. 그러므로 손가락의 운동 조절이 가능한 학생에게는 직접 선택하기 방법을 우선 지도한다(Johnston et al., 2012). 그러나 모든 학생이 직접 선택하기를 할 수 있는 것은 아니므로 어느 부분으로 지적하기가 가능한지 평가해야 한다. 직접 선택하기에 대한 평가는 먼저 손과 팔의 조절 능력을 평가한다. 손과 손가락은 AAC 도구를 사용하거나 조작하기가 쉽고 사회적으로 수용되기 쉬우므로 제일 먼저 평가한다.

포인팅 장치는 손으로 직접 자판이나 AAC 도구의 항목을 선택하기 어려운 지체장애 학생에게 적용한다. 헤드 포인터(head pointer), 헤드 스틱(head stick), 마우스 포인터(mouse pointer), 마우스 스틱(mouse stick) 등이 포함된다([그림 2-15] 참조). 헤드 포인터는 손이 아닌 머리의 움직임으로 자판을 사용할 수 있도록 돕는 입력 보조기

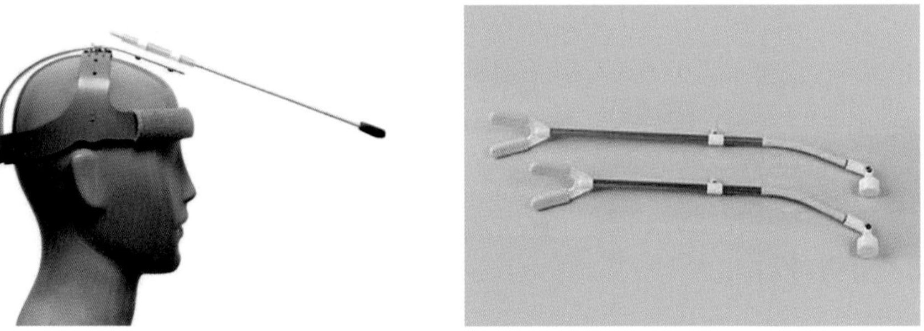

헤드 포인터(헤드 스틱) 마우스 포인터(마우스 스틱)

[그림 2-15] 직접 선택하기에 사용할 수 있는 포인팅 장치

출처: 헤드 포인터(http://assistive.dtsl.co.nz/products/17471-head-pointer-and-stylus.aspx); 마우스 포인터(http://www.ablelife.co.kr/m/product.html?branduid=338)

기이다. 헤드 포인터나 헤드 스틱은 광학 센서를 이용하여 머리의 움직임으로 화상 키보드의 문자를 가리키거나 해당 항목을 직접 선택하여 작동하는 것으로도 사용할 수 있다. 그러나 신체 피로도가 높아 원시반사가 나타날 가능성이 큰 뇌성마비 학생은 직접 선택하는 헤드 포인팅보다는 스위치를 사용한 간접 선택 방법이 더 효과적이다. 즉, 앉기 자세를 유지하기가 어렵고 신체 피로도가 높은 뇌성마비 학생은 원시반사가 나타날 가능성이 있으므로 스위치를 사용하는 것이 적절하다.

(2) 눈 응시로 선택하기

신체의 한 부분을 이용한 직접 선택하기가 어렵다고 판단되면, 그다음에 시도할 방법은 중도중복장애 학생의 접근 방법 중 하나인 눈 응시(eye gaze)이다. 내장된 카메라가 학생의 눈 움직임을 추적하여 상징이 있는 항목을 쳐다보는 것만으로도 작동되는 방식이다. 눈 응시 방법은 로우 테크(low tech) 방식의 눈 응시 방법과 전자장치를 이용한 안구 추적 방법이 있다.

로우 테크 방식의 눈 응시 방법은 전자장치를 사용하지 않고 투명 아크릴판으로 만든 의사소통판의 앞뒷면에 AAC 상징을 부착하여 원하는 상징을 눈으로 응시하여 상대방과 소통하는 방법이다([그림 2-16] 참조). 눈 응시는 지체장애로 인해 손이나 몸짓으로 표현하기가 어렵고, 다른 의사소통 기술을 배우지 못하거나 만성적으로 피곤한 의학적 상태에 있는 학생에게 적용하는 방법이다. 눈 응시는 스캐닝을 사용하는 것보다 빠르고 효율적이다.

눈 응시 방법은 병원에 입원한 학생의 의사소통을 지원하기 위해 사용되기도 한다. 직접 선택하기와 함께 눈 응시로 선택하는 방법은 의사소통이 어려운 의료적 상

[그림 2-16] **로우 테크 방식의 눈 응시 방법의 예**

황에서 환자와 가족, 의료진이 효과적으로 소통할 수 있도록 도울 수 있다(서울대학교 어린이병원 통합케어센터, 2022).

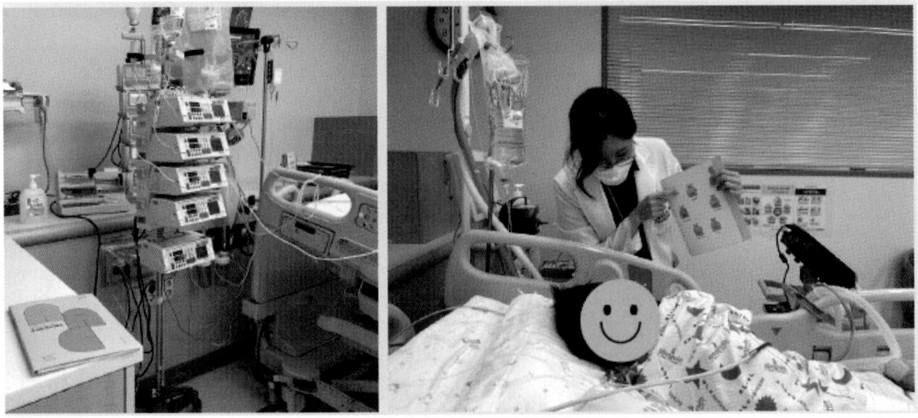

[그림 2-17] **서울대학교어린이병원 사례 1**

출처: 한국보완대체의사소통학회(2022).

[그림 2-18] **서울대학교어린이병원 사례 2**

출처: 서울대학교어린이병원 통합케어센터(2022).

전자장치를 이용한 안구 추적 방법은 빛을 이용한다. 안구 추적 방법은 아이 트래커(eye tracker)가 눈의 초점이 정확히 어디에 있는지 감지하여 안구의 움직임만으로 선택할 수 있도록 돕는다. 눈동자의 움직임으로 인터넷 검색, 게임 플레이, 화상 통화, AAC 프로그램 작동 등 프로그램을 제어할 수 있다. 안구 추적 방법은 직접 선택하기 방법의 하나로 공학의 발전과 함께 최근 성공적인 사례가 확산하고 있다(https://www.tobii.com). 아이 트래커는 컴퓨터 혹은 태블릿, AAC 기기에 내장 또는 외장으로 부착하여 활용한다. 아이 트래커는 신체 접촉 아이 트래커(invasive eye tracker)와 비신체 접촉 아이 트래커(non-invasive eye tracker)가 있다(Majaranta & Bulling, 2014). 신체 접촉 방식은 일반적으로 추적 장치가 내장된 안경을 쓰거나 이마에 부착하여 사용하며, 비신체 접촉 방식은 추적 장치가 컴퓨터나 기기에 내장되어 안구의 움직임을 추적한다.

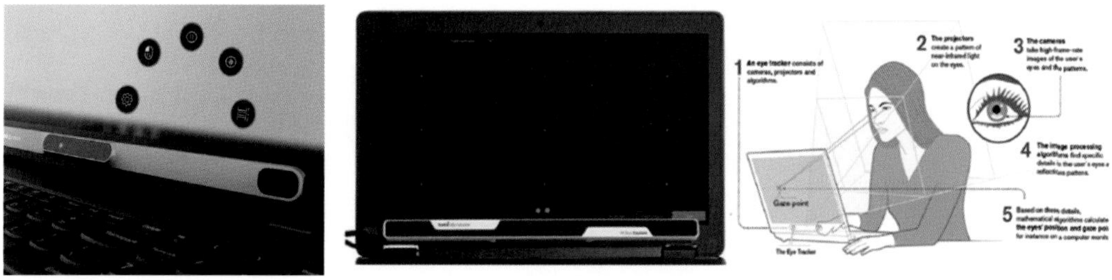

[그림 2-19] **아이 트래커를 활용한 눈 응시의 예**

출처: http://www.tobiidynavox.com

(3) 직접 선택하기 활성화 전략

전자 AAC 도구는 원하는 항목을 직접 선택했을 때 해당 항목의 음성이 출력되거나 시각적인 변화가 나타나도록 활성화된다. 그러나 AAC 방법을 사용하는 장애학생 중에는 소근육 운동 및 근육의 경직, 협응 등 운동 조절의 문제로 정확하게 선택하기 어려워하는 학생들이 있다. 원하는 항목을 선택하는 데 걸리는 시간이 길어지기도 하고, 눌렀다 떼거나 누르는 강도에 따라 오류 발생 가능성도 높다. 선택한 항목을 감지하여 음성출력 상태로 변환할 수 있는 몇 가지 활성화 전략을 사용한다면 직접 선택하기의 성공률을 높일 수 있다. 이러한 활성화 방식은 일부 전자 AAC 도구 및 앱의 설정에 포함하여 제공하기도 하며, 최근에 보급되는 고급 사양의 도구들은 활성화 전략 기능을 내장하여 사용자의 실수나 오류를 조절하도록 지원한다. 활성화 전략에는 시간 설정 활성화(timed activation), 해제 활성화(release activation), 필터링된 활성화(filtered activation) 등의 전략이 있으며, 자세한 설명은 다음과 같다.

〈표 2-1〉 **직접 선택하기 활성화 전략**

전략	내용
시간 설정 활성화	• 시간 설정 활성화 기능은 손으로 직접 선택하거나 빛이나 레이저를 비추어 선택할 때, 운동 조절이 어려워서 잘못 누르거나 건드리는 등의 오류 동작에는 반응하지 않고 일정 시간 이상의 동작에만 반응하도록 조절하는 기능이다. • 손으로 잘못 건드리거나 가볍게 스쳐 지나가는 것만으로는 활성화되지 않는다. 일정 시간 동안 멈춰 있어야 활성화되며, 작동하는 데 필요한 접촉 시간은 학생의 능력과 상황에 맞게 조정할 수 있다. 대부분의 AAC 기기는 시간제한 활성화 기능이 포함되어 있다.
해제 활성화	• 일반적인 직접 선택하기 방법은 손(손가락이나 주먹), 팔, 발과 다리 등 일관성 있게 의도적으로 움직일 수 있는 신체의 부분으로 해당 항목을 눌러서 선택한다. 그러나 해제 활성화는 손으로 누를 때에는 활성화되지 않다가 손을 뗄 때 활성화된다. • 손을 올려놓고 접촉을 유지하다가 손을 뗄 때 해당 항목이 활성화되도록 하는 기능을 말한다. 접촉 시간은 학생의 능력과 요구에 따라 조정할 수 있다.
필터링된 활성화	• 필터링된 활성화는 해당 항목에 학생의 움직임이 머무는 시간을 감지하여 무시해도 되는 허용 시간을 찾아내고 의미 있게 선택하는 데 걸리는 시간을 파악한 뒤, 선택한 항목이 작동되도록 조정하는 전략이다. 여러 항목 중 가장 오랜 시간 동안 머문 항목을 학생이 선택한 것으로 파악하여 활성화하는 기능이다. • 평균 활성화(averaged activation) 전략이라고도 한다.

출처: Beukelman & Mirenda(2013)에서 수정 발췌.

3) 스캐닝

스캐닝은 간접 선택 방법이다. 스캐닝은 원하는 상징을 선택할 때까지 화면에 배열된 상징을 시각적 또는 청각적으로 훑는 기술이다. 스캐닝은 운동 기능의 어려움이 있어서 직접 선택하는 것이 어렵거나 그로 인한 오류 발생이 많을 때 사용한다. 선택하는 데 시간이 오래 걸리거나 피로도가 높은 경우에도 사용할 수 있다.

손으로 직접 선택하기를 하지 못할 때는 AAC 기기와 연결된 스위치를 이용하여 간접 선택할 수 있다. 스위치는 손가락, 손과 팔, 머리, 발과 다리, 무릎 등 신체의 어느 한 부위로 작동할 수 있다. 손가락, 손과 팔로 스위치를 조절하여 선택하는 것이 힘들다면 고려해 볼 수 있는 신체 부위는 머리와 목이다. 고개 조절이 가능하다면 머리나

턱, 얼굴 부위에 스위치나 센서를 부착하여 AAC 도구를 작동할 수 있다. 머리와 목의 조절 능력을 평가하여 사용할 수 있는 스위치의 종류와 부착할 위치 등을 결정한다. 만약 머리와 목의 움직임으로 조절하기가 어렵다고 판단되면, 발과 다리의 조절 능력을 평가하여 적용할 수 있다.

스위치에 따라 누르기, 당기기, 터치하기, 쥐기, 쥐었다 놓기 등 작동 방식이 다양하다. 예를 들어, 워블 스위치(wobble switch)는 스위치를 누르는 동작이 어려운 학생에게 유용하다. 스위치의 센서 부분은 360도 어느 방향이라도 건드리면 작동되며 매우 유연하므로 근 긴장도가 높은 학생에게 유용하다. 판 스위치(plate switch)는 손이나 손가락을 들어 올릴 수 없는 학생에게 적용할 수 있다. 조이스틱(joystic)은 손이나 신체 특정 부위로 쥐고 움직여서 사용할 수 있다([그림 2-20] 참조).

[그림 2-20] **스위치의 예**

출처: http://www.ablenetinc.com

(1) 촉진 형태에 따른 스캐닝 유형

스캐닝은 제시되는 촉진 형태에 따라 청각적 스캐닝(auditory scanning)과 시각적 스캐닝(visual scanning), 대화상대자 지원 스캐닝(partner assisted scanning)을 사용할 수 있다.

- **청각적 스캐닝**: 청각적 스캐닝은 선택한 항목이 순차적으로 활성화되면서 음성이 출력되면 그 소리를 듣고 학생이 선택하는 방법이다. 원하는 항목이 나타나면 스위치를 작동시켜 선택한다. 출력되는 음성을 듣거나, 교사나 다른 대화상대자가 말해 주는 내용을 듣고 선택하는 것도 포함된다.

- **시각적 스캐닝**: AAC 도구에서 불빛이 정해진 순서대로 천천히 이동하면서 원하는 항목에 불빛이 켜졌을 때 스위치를 누르거나, 소리내기, 손들기 등으로 선택하는 방법이다. 예를 들어, 8칸짜리 음성출력 기기를 사용할 때 2초 스캐닝 기능으로 조절해 놓으면 첫 항목부터 불빛이 깜박깜박하면서 2초마다 다음 칸으로 불빛이 옮겨 간다. 이때 원하는 항목에 불빛이 켜지면 스위치를 눌러서 선택한다. 선택된 항목은 불빛 이동이 멈추면서 그 항목에 있는 그림이 팝업되거나 저장된 음성이 출력된다.
- **대화상대자 지원 스캐닝**: 시각적 스캐닝과 청각적 스캐닝 외에 신체 기능의 손상으로 손 사용이 제한된 학생에게는 대화상대자가 지원하는 스캐닝이 적합하다. 대화상대자 지원 스캐닝의 경우 대화상대자가 질문을 하고 의사소통판에 있는 항목을 선택할 수 있도록 하나씩 읽어 주는 것으로 지원하는 방법이다. 대화상대자는 학생이 할 말이 있음을 확인하면 첫 페이지의 첫 항목부터 읽어 주는 것으로 스캔하거나, 학생의 메시지가 예상될 때는 특정 페이지나 위치의 항목으로 이동하여 읽어 주는 것으로 스캔한다. 대화상대자가 가리키는 항목 중 원하는 항목이 나올 때, 학생이 표시한다. 이 방법은 AAC 도구를 사용할 수 없거나 원하는 항목이 없을 때 사용할 수 있다.

조금 더 자세히

Q. **대화상대자 지원 스캐닝을 사용할 때 유의 사항은 무엇인가?**

A. 유의 사항은 다음과 같다.

- 대화상대자는 한 번에 항목을 하나씩 천천히 제시한다. 무엇을 선택할지 천천히 보고 선택할 수 있는 시간을 준다.
- 선택사항을 한 번만 듣고 이해하기 어려운 학생에게는 반복하여 말해 준다.
- 선택사항은 일관된 순서와 시간에 따라 제시한다. 그렇게 해야 반응시간이 느리거나 운동 발달 지연이 있는 학생이 예측하는 방법을 배울 수 있다.
- 학생이 선택하지 못한다면, 못하는 것이 아니라 선택할 것이 없어서 그럴 수 있다. 이러한 상황을 위해 '다른 것 주세요' '원하는 것이 없어요' 등의 항목을 포함하여 제시한다.
- 대화상대자가 선택사항을 제시하면서 촉진할 때, 학생의 청각 및 시각 처리 능

력에 따라 시각적 스캐닝만 제공할지, 청각적 스캐닝만 제공할지, 또는 두 가지 모두 제공할지를 결정한다.

- 대화할 때 대화상대자의 피드백은 중요하다. 학생이 표현하는 모든 유형의 반응을 수용하고, 모든 응답에 의미를 부여한다.
- 선택사항에 관한 부가 설명을 과다하게 하지 않는다. 부연 설명하는 것은 오히려 선택하는 것을 방해할 수 있다.

(2) 스캔 방식에 따른 스캐닝 유형

스캔 방식에 따른 스캐닝 유형과 적용 시 고려사항은 다음과 같다.

〈표 2-2〉 **스캐닝 유형과 적용 시 고려사항**

구분	내용	적용 시 고려사항
원형 스캐닝 (circular scanning)	• 가장 간단한 스캐닝 유형이다. • 원형의 형태로 배열된 항목을 차례대로 이동하면서 시각적 추적을 하게 한 뒤, 원하는 항목을 가리키는 순간에 선택하게 하는 방법이다. • 원형 스캐닝 방법을 사용하면 짧은 시간 내에 기술을 습득할 수 있다.	• AAC를 사용하기 시작한 초기 단계에서 가장 유용하다. • 높은 수준의 인지 능력이 필요하지는 않지만 시각장애가 있는 학생은 사용하기 어렵다.
선형 스캐닝 (linear scanning)	• 가장 기본적인 형태로 시간 간격을 두고 순차적으로 스캐닝하는 방법이다. • 오른쪽에서 왼쪽으로 행을 따라 이동하면서 학생이 항목을 선택할 때까지 다음 줄의 항목으로 계속 이동한다. • 항목에서 항목으로 체계적인 방식으로 이동하기 때문에 선택 속도가 느려질 수 있다. 행 단위 또는 열 단위로 설정할 수 있다.	• 청각적 피드백(불빛, 시각적 반전), 시각적 피드백(소리)이 제공될 때, 원하는 항목이 나타나면 스위치를 눌러서 선택한다. • 원형 스캐닝보다는 높은 수준의 인지 능력이 필요하다.
행렬 스캐닝 (row/column scanning)	• 많은 항목 그룹을 먼저 확인한 후에 하나의 개별 항목이 최종적으로 선택될 때까지 구체적인 옵션으로 범위를 좁혀 가는 방법이다. • 원하는 항목을 선택하는 데 필요 없는 항목은 제거하면서 스캔할 수 있으므로 효율적이다.	• 선택할 항목이 많을 때, 빠른 반응 속도를 원하는 학생에게 유용하다. • 높은 수준의 인지 능력이 필요하다. • 선형 스캐닝 방법에 비해 빠르게 선택할 수 있는 장점이 있다.

출처: Beukelman & Mirenda(2013)에서 수정 발췌.

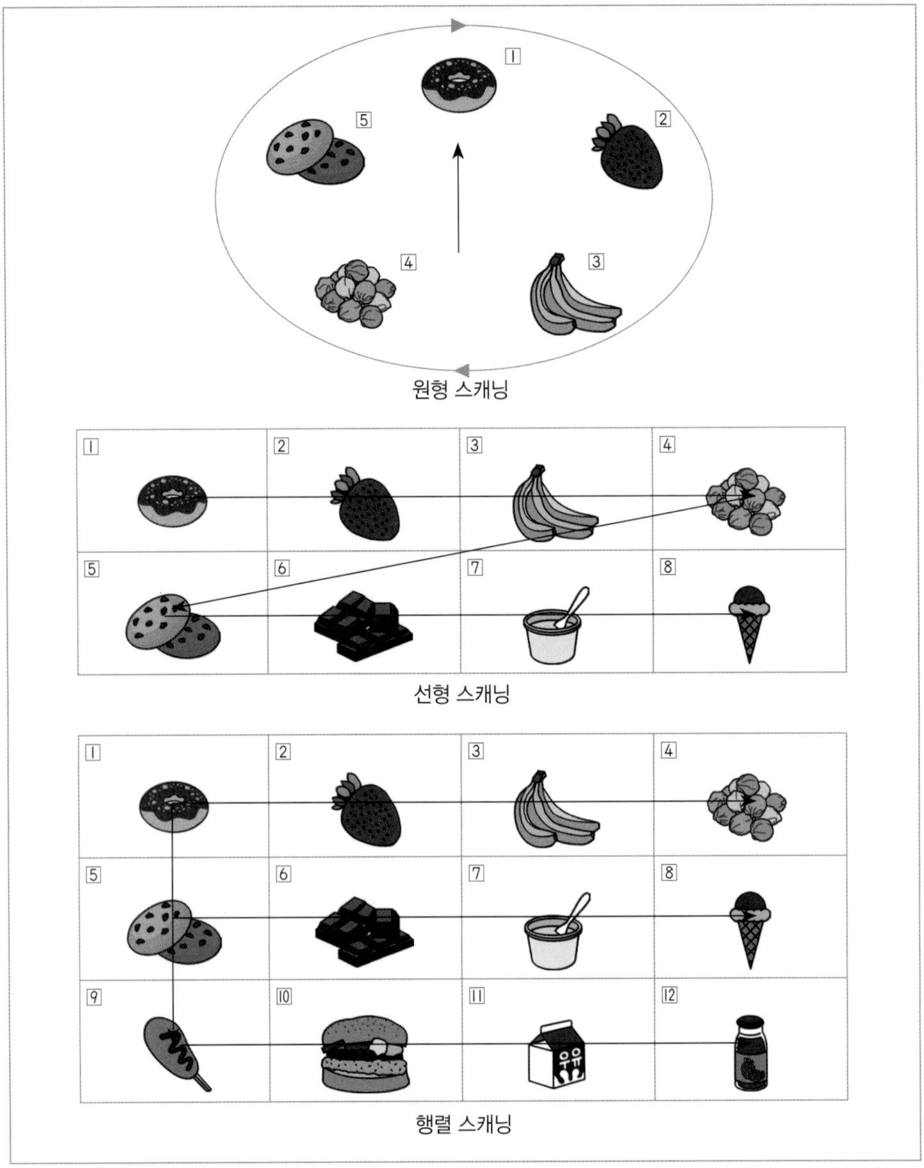

[그림 2-21] **스캐닝 방식에 따른 유형**

(3) 스캐닝의 선택 조절 기능

스캐닝의 선택 조절 기능이란 원하는 항목을 선택하기 쉽도록 도와주는 AAC 도구에 내장된 기능이다. 항목을 선택할 수 있도록 조절해 주는 기능은 다음과 같다.

- **유도(역) 스캐닝**(directed or inverse scanning): 학생이 스위치를 누르면 스캐닝이

작동하기 시작한다. 학생은 스위치를 사용하여 스캔할 방향을 위, 아래, 왼쪽, 오른쪽 또는 대각선 등 대상을 향해 누르면 활성화가 유지된다. 원하는 항목에 왔을 때, 스위치에서 손을 떼면 항목이 선택된다. 이 기능은 스위치를 누르는 것은 어려우나, 정확하게 뗄 수 있는 사람에게 유용하다.

- **자동 스캐닝**(automatic scanning): 자동 스캐닝은 사전에 설정된 원형, 선형, 행렬 스캐닝의 방식으로 커서를 자동으로 움직이게 한 후, 원하는 항목이 나올 때 스위치로 커서를 멈추게 하여 선택하는 방법이다. 예를 들어, 원형 스캐닝이 설정된 상태에서는 전체 항목이 원형의 순서로 음성이 출력되는데, 이때 원하는 항목이 되었을 때 스위치를 작동하여 커서를 멈추게 하는 것으로 선택한다.
- **단계 스캐닝**(step scanning): 단계 스캐닝은 사전에 설정된 스캐닝 유형에 따라 커서가 한 번에 한 단계씩 움직인다. 커서의 이동과 스위치 활성화는 일대일로 대응이 되며 작동한다. 단계 스캐닝은 운동 조절이나 인지 능력의 제한이 심하거나 전자 스캐닝 방법을 처음 배우는 학생에게 적합하다. 그러나 단계 스캐닝은 반복해서 스위치를 눌러야 해서 기능이 다양한 AAC 기기를 사용하는 학생에게는 스위치 활성화의 높은 빈도로 인해 피로도가 높아질 수 있다.

4) AAC 표현 기술의 결정

(1) 직접 선택하기 기술의 결정

AAC 도구를 사용할 때 직접 선택하기와 관련하여 고려할 사항은 다음과 같다.

- AAC 도구의 버튼이나 키패드의 민감도는 적절한가?
  과다하게 민감할 경우 살짝 건드려도 작동되어 오류가 발생할 수 있으므로 학생에게 직절한지 짐김한다.
- 선택했을 때의 피드백은 적절한가?
  항목을 선택했을 때, 시각적, 촉각적, 혹은 청각적 피드백이 주어져야 의사표현의 정확성 여부를 스스로 판단할 수 있다. 대부분의 AAC 도구는 항목을 선택하면 해당하는 항목의 소리가 출력되거나, 선택한 항목의 색이나 빛, 크기의 일시적인 변화를 보여 주어 선택에 대한 피드백이 제공된다. 피드백이 명확할수록 학생의 성공률이 높다.

- 원하는 항목을 눌렀을 때 작동될 때까지 걸리는 시간이 적절한가?
- 선택한 항목이 작동되고 난 후에 해제될 때까지 걸리는 시간이 적절한가?

(2) 스캐닝 기술의 결정

스캐닝을 처음 지도하기 위해서는 학생의 시각과 청각 능력이 스캐닝 사용에 적합한지 진단한다. 고려할 사항은 다음과 같다.

- 사용할 학생의 시각 능력은 적절한가?

  시각 능력에 따라 의사소통판, 혹은 AAC 도구의 화면 구성, 상징의 크기와 색, 제시하는 위치 등을 고려한다. 시야 범위, 시각을 고정하고 유지하는 시각 집중 능력, 상징의 위치를 파악하고 훑어보는 시각 추적 능력, 눈으로 보고 신체 부위로 선택하는 시각 운동 협응력을 고려하여 결정한다. 선택의 정확성을 높이기 위해 상징 간 간격을 띄우거나, 명확한 경계선 등 선과 색을 활용하여 배열과 배치 등을 결정한다. 그 밖의 빛에 대한 민감도(light sensitivity), 색지각(color perception), 시각적 안정성(visual stability) 등 시지각 능력을 점검한다.
- 사용할 학생의 청각 능력은 적절한가?

  청각 진단은 일반적인 청력검사를 실시하여 AAC 도구를 사용하는 데 어려움이 없는지 점검한다. 스캐닝을 처음 지도할 때의 속도는 학생이 반응을 보이는 반응시간의 1.5배를 제공한다(Lesher et al., 2000). AAC 도구에서 나오는, 안내하는 말의 뜻을 이해하도록 지도한다. 예를 들어, 스캐닝을 사용하기 위해 기기를 작동시킬 때, '원하는 항목을 선택하세요'라는 메시지가 나올 때, 지시한 내용을 이해하는지 점검한다.
- 사용할 학생의 운동 조절 능력은 적절한가?

  전자 AAC 도구에서 원하는 항목을 정확하게 누르지 못할 때는 스위치를 사용한다. 그러나 스위치를 사용하려면 많은 연습이 필요하며, 익숙해지기 전까지는 실수나 오류가 많다. 사용하는 학생의 기능에 적합한 스위치를 선정하는 것도 중요하지만, 스위치를 쉽게 작동할 수 있도록 스위치의 배치도 고려해야 한다. 마운팅 장치를 사용하면 높이와 거리, 각도를 조정할 수 있다.

스캐닝 사용이 적합한 것으로 판단되면, 학생의 기능에 적합한 스위치를 선정하고 적절한 위치에 부착하여 준다. 스위치를 작동할 신체 부위가 어느 부위인지 평가하기 위해서는 손가락, 손과 팔, 머리, 발과 다리, 무릎의 순서로 평가한다. 스위치를 사용한 스캐닝 방법이 적절한지 점검할 내용은 다음과 같다.

〈표 2-3〉 **스캐닝 방법 지도를 위한 점검표**

고려사항	예	아니요
스위치를 작동하기에 편안한 자세인가?		
스위치를 작동하는 것에 관심을 가지는가?		
스위치는 학생의 운동 조절 능력에 적합한가?		
스위치의 위치가 적절하고 안정적인가?		
스위치는 쉽게 작동시킬 수 있는가?		
스위치는 정확하게 작동하는가?		
스캐닝 방법은 학생의 운동 능력에 적절한가?		
스캐닝 유형(선형 또는 원형)은 간단한가?		
선택할 항목이 학생의 눈에 잘 보이는가?		
시각적 스캐닝을 하는 동안 화면의 모든 내용이 잘 보이는가?		
선택한 항목에 대해 정확한 피드백이 제공되는가?		

출처: Johnston, Reichle, Feeley, & Jones(2012), p. 12에서 수정 발췌.

(3) 지체장애 학생을 위한 고려사항

지체장애 학생의 의사소통 교육을 위해서는 운동 기능 특성을 고려하여 다음과 같은 사항을 점검한다.

- 움직임에 관해 수집한 정보는 충분한가?
  다양한 상황, 다양한 사람을 대상으로 관찰과 면담으로 정보를 수집한다. 일정 시간 동안 학생을 관찰하여 직접 선택하기가 가능한지 평가한다. 직접 관찰 외에도 가족 구성원, 보호자, 다른 사람들과 면담하여 현재의 신체 기능에 관한 정보를 수집한다.
- 정확하게 움직일 수 있는 동작과 범위는 무엇인가?
  손이나 헤드 스틱을 이용하여 정확하게 선택하고 지적할 수 있는지, 스위치 등을 조작할 수 있는지 평가한다. 손이나 발, 헤드 스틱이나 라이트 포인터, 눈 응시를 사용한 선택이 가능한지, 어떤 크기의 항목을 몇 개를 제시했을 때 성공적으로 선택할 수 있는지 평가한다.

- 더 정확하게 표현할 수 있도록 해 주는 방법은 무엇인가?

  키 가드(key guard), 제시하는 각도와 위치, 의사소통판이나 도구의 표면 재질, 자세 보조기기 등 정확하게 선택할 수 있도록 지원하는 방법은 무엇인지 고려한다.

- AAC 도구를 작동하면서 나타날 수 있는 원시반사를 줄이는 방법은 무엇인가?

  AAC 도구를 사용하기 위해 집중하다 보면 비정상적 자세(abnormal postures)가 나타날 수 있으며, 비정상적 반응이나 과도한 근육 긴장도(excessive muscle tone)로 인한 신체의 피로감 등 부정적 영향이 나타날 수 있다. 이러한 변화를 평가하고 최소화할 방법을 고려한다(Beukelman & Mirenda, 2013).

[참고 자료] AAC 그림상징을 개발할 때는 어떤 것들을 고려해야 할까요?

■ 연구 제목

이화–AAC 상징체계 개발 연구: 어휘 및 그래픽 상징의 타당화

■ 연구 목적

체계적인 개발과정을 거쳐 우리나라 특수교육 및 언어치료 현장에서 활용할 수 있는 그림상징체계를 개발하고자 함

■ 연구 방법

① 국내외 AAC 도구 및 상징체계를 분석하고, ② 각 연령별 장애인에게 필요한 어휘를 수집한 후, ③ 타당성을 분석하여 필요한 어휘목록을 개발하고, ④ 이에 대한 그림상징을 디자인한 후, ⑤ 언어치료 특수교육 분야의 전문가들과 장애학생의 부모들을 대상으로 타당도를 검증하여 수정 · 보완함

• 이화–AAC 어휘 개발

• 이화–AAC 상징 개발을 위한 어휘 선정 기준
  –어린 연령의 영유아, 아동부터 성인기까지 다양한 연령층의 AAC 사용자에게 필요한 어휘 선정
  –한국 문화를 반영하는 어휘 개발(예: 국내의 고유명절, 식생활, 장소명 등)
  –다양한 장애유형에 따라 필요한 어휘 선정(예: 자폐범주성장애, 지적장애, 뇌병변장애로 인한 지체장애의 특성을 반영할 수 있는 어휘 선정)
  –AAC 사용자들이 많이 쓰는 표현은 낱말뿐 아니라 짧은 구, 문장 형태로 개발함
  –다양한 경로로 어휘나 상징 찾기가 용이하도록 ① 의사소통이 이루어지는 장소나 상황에 따른 범주 및 ② 어휘의 위계개념에 따른 범주를 포함함

• 이화–AAC 상징[2] 개발

단계	내용
1	• 현재 개발된 다른 사례연구들에서 어휘 표현 방법 확인(예: PCS 등)
2	• 디자인 가이드라인을 개발한 후, 2차 시안을 개발하고 타당도 검증을 거쳐 디자인 스타일을 확정함
3	• 선정된 어휘목록에 따라 상징을 개발하고, 개발된 상징 세트에 대한 타당도 검증을 실시함

2) 이화–AAC 상징은 추후 KAAC 상징(한국형 보완대체의사소통 상징)으로 공식 명칭이 변경되었다.

	• 디자인 개발 기준: ① 판독의 용이성, ② 정보(의미 전달성), ③ 상징 디자인 자체의 심미성, ④ 다양한 단어의 카테고리 표현을 위한 적용성, ⑤ G.U.I상에서 시각적 통일성을 위해 디자인의 모듈화, ⑥ 언어 표현을 용이하게 하기 위한 컬러 사용
4	• 최종적으로 개발된 디자인 시안에 대한 전문가 타당도 평가 실시
5	• 최종 개발된 상징 디자인 채색을 위한 가이드라인 개발(예: 제시된 견본에 있는 색을 중심으로 적용, 동일 캐릭터의 경우 같은 색상 적용 등)

■ 연구 결과

유아 및 중도장애 학생을 위한 디자인과 일반적인 장애인을 위한 디자인의 두 유형으로 총 1만여 개의 그림상징이 개발되었으며, 높은 전문가 타당도를 나타냄

• 개발된 이화-AAC 어휘 범주 예시

범주 구분	내용
공통어휘	• 여러 활동 간에도 늘, 공통적으로 사용하게 되는 어휘 • 사회어(예: 안녕하세요), 긴급어(예: 휠체어에 발이 끼었어요), 기분/감정어(예: 좋다), 질문/대답(예: 네), 사용자 개인용 어휘
일반어휘	• AAC 사용자들이 자주 접하는 활용에서 필요한 어휘 • 집, 학교, 병원, 지역사회 등 7개 기본 범주 및 각 범주에 해당하는 하위 범주(예: 학교-수업 대화하기, 병원-진료 대화)
특정어휘	• AAC 사용자의 개인적 기호나 필요에 따라 구체화된 어휘 • 일정, 종교, 스포츠, 인물, 직업 등

• 각 어휘 범주의 틀 속에서 연령, 문화, 장애유형 등으로 고려한 어휘도 함께 개발됨

우리나라 고유 식생활 문화를 반영하는 어휘

학교생활 관련 어휘

■ 연구 의의

연령 및 우리나라 문화에 대한 고려와 상황어휘 및 발달어휘의 균형 있는 포함은 본 상징체계의 주요 장점임. 추후 상징체계의 도상성 및 확장 필요성 등에 대한 후속연구가 필요함

■ 출처

박은혜, 김영태, 홍기형, 연석정, 김경양, 임장현(2016). 이화-AAC 상징체계 개발 연구: 어휘 및 그래픽상징의 타당화. 보완대체의사소통연구, 4(2), 19-40.

[참고 자료] 발달장애 학생이 좋아하고 잘 이해할 수 있는 그림상징은 어떤 것일까요?

■ 연구 제목

발달장애 초등학생의 AAC 상징 이해 정확도 및 선호도

■ 연구 목적

장애아동을 대상으로 현재 국내에서 많이 사용되고 있는 한국형 AAC와 위톡(wetok)과 DAS의 상징 이해도와 선호도를 알아보고자 함

■ 연구 참여자

- 발달장애 아동 10명
- 발달장애 아동과 수용어휘능력이 일치하는 일반 아동 10명

■ 연구 방법

어휘와 AAC 유형에 따라 그림상징을 선별하여 상징 이해 정확도 및 선호도 검사 도구를 제작하고, 검사를 실시한 후 그 결과를 비교 분석함

- 상징 이해도 및 선호도 검사[검사에 사용된 어휘: 의문사(누구, 무엇), 동사(먹다, 오다), 형용사(없다, 크다), 기타(위)]

상징유형 / 어휘	DAS	한국형 AAC	위톡
누구			

■ 연구 결과

• 상징 이해 정확도
 –일반 아동이 발달장애 아동에 비해 상징 이해도 점수가 높음
 –발달장애 아동들은 한국형 AAC, 일반 아동들은 DAS가 높은 이해 정확도를 나타냄
 –두 집단 모두 동사나 기타보다 형용사와 의문사에서 낮은 이해 정확도를 보임

• 상징 선호도
 –발달장애 아동들은 DAS를, 일반 아동들은 위톡을 가장 많이 선호함
 –상징과 관련하여 DAS를 선택한 발달장애 아동은 색감과 실제와 다른 애니메이션 느낌에 대해 언급하고, 위톡을 선택한 발달장애 아동의 경우 실제와의 유사성에 대해 언급함

■ 연구 의의

장애아동의 상징 이해도와 선호도가 일반 아동과 다르다는 것을 확인하고, 이를 통해 AAC 상징 개발 시 사용자의 특성을 고려하여 상징을 개발하고 선택해야 한다는 점을 시사함

■ 출처

안소현, 이수향, 나지영(2021). 발달장애 초등학생의 AAC 상징 이해 정확도 및 선호도. **보완대체의사소통연구, 10**(2), 1-23.

3장

AAC 진단 및 평가

보완대체의사소통

AAC란 구어로 의사소통에 어려움이 있는 이들이 사용할 수 있는 보완적이고 대체적인 모든 의사소통을 의미한다. AAC 체계를 AAC 도구에 초점을 두면 AAC 진단 및 평가는 개별 학생이 사용하는 적합한 AAC 도구를 찾기 위한 평가와 연결된다. 국내에 사용할 수 있는 AAC 도구가 얼마나 있고, 각각의 AAC 도구가 어떤 목적으로 개발되었으며, 각 AAC 도구의 특징이 무엇이고 장단점이 어떠한지를 확인하여 AAC 사용자의 요구에 매칭하는 것이 AAC 진단 및 평가의 목적이 될 수 있다. 그러나 학교 현장에서 AAC의 적용은 특정 AAC 도구의 유용성을 파악하여 단순히 AAC 도구를 배포하거나 배치하는 것이 아니다. 오히려 학생의 의사소통 요구를 파악하는 것에 더 초점이 있다. 따라서 학교에서 AAC 진단 및 평가는 특정 AAC 도구의 적합성을 평가하는 것보다는 전체적인 의사소통 맥락과 환경 내에서 학생의 요구를 평가하는 것에 초점을 둔다.

최근 학교 현장에서는 장애학생의 중도 · 중복화가 가속화되어 의사소통에 어려움이 있는 장애학생에 대한 지원이 더욱 강조되고 있다. 장애학생의 중도 · 중복화가 가속화된다는 것은 그만큼 다양한 의사소통 요구가 나타난다는 것을 의미한다. 이에 학교 현장에서의 AAC 진단 및 평가는 학교 및 학급의 수업 및 활동에서 개별 학생과 또래, 교사들 간의 상호작용 안에서 의사소통 요구를 파악하고, 의사소통 어려움이 유발되는 환경 및 활동을 분석할 수 있어야 한다. 그리고 개별 학생의 다양한 특성을 확인하고 평가하는 것을 포함한다. 이에 3장에서는 AAC 진단 및 평가의 목적 및 원칙을 포함하여 AAC 진단 및 평가 모델, 구체적인 의사소통 능력 평가를 위한 다양한 방법들을 설명하고, 학교 현장에서 활용할 수 있는 AAC SETT 사례를 소개하고자 한다.

1. AAC 진단 및 평가의 개요

1) AAC 진단 · 평가의 목적

AAC 진단 · 평가는 AAC 체계를 사용하는 사람들과 그들을 지원하는 사람들이 AAC 사용자의 현재 의사소통 특성을 확인하기 위함이다. 따라서 AAC 진단 · 평가의 주요 목적은 장애학생의 의사소통 능력을 증진하고 독립적인 참여를 증가시키는 데 있으며, 다음과 같은 목적을 갖는다.

첫째, 의사소통 능력을 평가한다. AAC 진단 · 평가는 개인의 현재 의사소통 능력을 이해하는 데 도움이 된다. 따라서 음성, 제스처, 표정, 상징 등 다양한 의사소통 형태의 사용을 확인한다.

둘째, 개인의 필요를 이해하고자 한다. 개인의 의사소통 요구 사항을 파악하는 것이 중요하다. 이를 통해 AAC 전략이나 기술이 어떤 요구 사항을 충족시킬 수 있는지 파악하는 데 도움이 된다.

셋째, 적절한 AAC 방법을 결정한다. AAC 진단 · 평가는 개인이 사용할 수 있는 가장 효과적인 AAC 체계 및 기술을 결정하는 목적을 갖는다. 이는 비전자식 AAC(예: 의사소통 책)부터 전자식 AAC(예: 음성출력 장치)까지 다양한 AAC 체계 중에서 개인에게 적합한 AAC 체계를 결정하는 것을 의미한다.

넷째, 개인에게 적합한 AAC 체계를 결정하고 사용하는 계획을 제공한다. AAC 진단 · 평가는 개인이 새로운 AAC 체계를 사용하도록 계획하는 데 필요한 정보를 제공한다. AAC 사용 훈련, 점진적인 도입, 적응 등을 포함할 수 있다.

다섯째, AAC 체계의 효과성을 모니터링한다. 모든 평가의 궁극적인 의미는 모니터링을 통해 피드백하는 것이다. 따라서 AAC 진단 · 평가 과정은 AAC 체계가 궁극적으로 개인의 의사소통 능력을 향상시키는지 확인하는 역할을 해야 한다. AAC 체계가 효과적이지 않다면, 재평가를 통해 원인을 파악하고 새로운 방법을 시도하도록 도와야 한다.

이와 같이 AAC 진단 · 평가의 목적은 개개인의 의사소통 요구를 분석하고 개별화된 지원을 통해 개인 당사자의 의사소통 자주성을 높여 전반적인 삶을 향상시키는 것이다.

2) AAC 진단 · 평가의 원칙

AAC 진단 · 평가는 개인의 의사소통 요구를 고려하여 AAC 체계와 AAC 중재 등을 결정할 수 있도록 여러 가지 정보를 수집 및 분석하는 것을 목적으로 한다. 특히 AAC 진단 · 평가는 한 번의 과정으로 끝나는 것이 아니다. 오늘의 필요를 충족시키기 위한 평가이면서 동시에 내일을 위한 그리고 그다음을 위한 평가이다. 따라서 AAC 평가는 일회성이 아니고 지속적이면서 장기적인 과정으로 인식해야 한다. AAC 평가를 수행할 때 고려해야 할 몇 가지 원칙은 다음과 같다(Beukelman & Mirenda, 2013).

첫째, AAC 진단 · 평가는 모든 사람이 의사소통할 수 있다는 전제를 기반으로 한다.

둘째, AAC 진단 · 평가는 각 사용자에게 맞도록 개별화된 적합한 방법을 찾아내기 위한 것이다. 즉, 개별화된 접근법으로 각 개인의 필요, 관심사, 능력, 제한 등을 고려하는 것이 중요하다. 효과적인 AAC 체계는 개인화되어야 하며, 각 개인의 생활에 가장 잘 맞도록 적용되어야 한다.

셋째, AAC 진단 · 평가는 일상적인 의사소통 환경에서 실제적이고 기능적인 의사소통을 수행할 수 있는 능력을 중점적으로 평가해야 한다.

넷째, AAC 진단 · 평가는 다양한 의사소통 형태를 존중한다. AAC는 다양한 형태를 가질 수 있으며, 이는 제스처, 표정, 그림, 상징, 글씨, 음성출력 장치 등을 포함한다. 따라서 AAC 진단 · 평가는 이러한 다양한 의사소통 방법 중 어떤 것이 가장 적합한지를 결정하는 데 도움이 된다.

다섯째, AAC 진단 · 평가는 역동적 평가 과정이다. AAC 진단 · 평가는 한 번만 진행되는 것이 아니라 지속적으로 반복되어야 하는 과정이기 때문이다. 의사소통 상대방들은 매 환경마다 바뀌고, 만나는 사람들도 달라지고, 만나던 사람들의 필요와 능력도 시간이 지남에 따라 변하기 때문이다. 따라서 AAC 체계는 이러한 변화를 수용할 수 있도록 주기적으로 조정되어야 한다.

여섯째, AAC 진단 · 평가는 팀 접근을 기본으로 한다. AAC 진단 · 평가는 의사소통에 참여하는 모든 사람, 즉 사용자, 가족, 친구, 교사, 치료사 등이 팀을 이루어 수행되어야 한다. 모든 관련자의 지식과 경험을 이용하면 가장 효과적인 AAC 체계를 찾을 수 있다.

2. AAC 진단 · 평가 모델

AAC 진단 · 평가란 의사소통에 어려움이 있는 학생이 어떤 AAC 지원이 필요한지를 확인하는 것이다. 시대에 따라 AAC 진단 · 평가 모델은 달라졌다(Beukelman &

Mirenda, 2013).

과거 1970년대와 1980년대에는 AAC 서비스의 평가는 '적정 후보자' 또는 '자격'이 있다고 보는 시각이 있었다. '적정 후보자' '자격'이라는 생각은 AAC 체계를 사용하기 위해서는 어떤 부합하는 특성이 있어야 한다는 것에서 비롯하였으며, 점차 받아들여지지 않는 모델이 되었다. 현재 AAC 서비스의 적정 후보자 또는 자격은 전문가들에게는 더 이상 최선의 실제로 여겨지지 않지만, 아직까지 많은 사람들이 AAC 사용에 대해 특정 자격이 있다고 오인하는 경우가 많다. 예를 들어, 너무 신체장애가 심해서, 너무 어려서 또는 인지 능력이 부족해서 AAC 사용에 적절하지 않다. 또는 AAC 상징이나 도구를 사용하기에 아직까지 준비가 덜 되어서 '준비가 되도록' 사전 기술을 익힌 후에 해야 한다는 경우가 있다.

시대에 따른 AAC 진단 · 평가의 그 차이점은 〈표 3-1〉과 같다(Beukelman & Mirenda, 2013).

〈표 3-1〉 **AAC 진단 · 평가 모델 유형**

모델 유형	내용
입후보 모델 (candidacy model)	• 지원 대상에 대한 요구 조건이 있음(예: 인지와 언어 능력 등) • 인지와 언어 능력의 손상 없이 만성적인 표현적 의사소통에 장애를 갖고 있는 사람들(ALS, 척수장애, 뇌성마비)을 대상으로 함 • 인지에 장애를 갖고 있는 사람들은 대상에서 제외(지적장애, 자폐 학생 등은 제외)
참여모델 (participation model)	• 모든 사람은 의사소통할 수 있다는 신뢰를 바탕으로 함 • AAC 체계를 사용할 개인과 같은 연령대에 있는 일반 또래의 기능적 참여 욕구를 기반으로 하여 AAC 사용을 위한 진단(평가), 중재를 계획하는 절차를 수립하기 위한 진단 모델

여기에서는 현재 AAC 평가에서 가장 중요한 근간이 되는 참여모델을 중심으로 다루고자 한다.

1) 참여모델의 진단체계

미국 말-언어-청각학회(ASHA)는 2004년에 AAC 평가 및 중재를 위한 틀로 '참여모델'을 승인하였다. Beukelman과 Mirenda(2013)는 이러한 과정을 모형화한 '참여모델'에서 AAC 사용자가 일반학급 참여와 관련해 가지는 어려움을 '기회 장벽(opportunity barriers)'과 '접근 장벽(access barriers)'으로 설명하였다.

의사소통은 사회적 상호작용을 기본으로 한다. 이러한 사회적 상호작용에 어려움이 있다는 것은 개인이 가진 의사소통 능력의 문제에만 국한되는 것이 아니다. 앞서 설명한 '기회'와 '접근'의 다각적인 측면을 고려해야 하는 복합적인 요소이다. 따라서 AAC 체계를 사용하는 것은 개인의 의사소통 능력 향상뿐 아니라 관련된 환경, 의사소통 상대방에 대한 포괄적인 평가와 접근이 필요함을 알 수 있다.

(1) 기회 장벽 평가

기회 장벽이란 다른 사람들에 의해 강제되는 것으로, AAC 체계나 중재를 제공한다고 해결될 수 없는 장벽을 의미한다. 어떤 사람이 적절한 AAC 체계를 갖고 있다 하더라도, 자신을 둘러싼 사람들의 태도에 의해 원하는 수준의 참여를 할 수 없을 때가 종종 있는데, 이런 경우가 기회 장벽에 해당한다(Beukelman & Mirenda, 2013). 선행연구(Beukelman & Mirenda, 2013)에 근거하여 기회 장벽에 대해 간단히 살펴보면 다음과 같다.

① 정책 장벽(policy barriers)

정책 장벽이란 의사소통에 어려움이 있는 사람들의 상황을 좌우하는 법률이나 규정 등을 의미한다. 수많은 정책이 참여 장벽으로 존재할 수 있는데, 예를 들어 학교의 경우, 비장애학생과 장애학생이 분리되어 학습하는 것도 정책 장벽에 속할 수 있다.

② 실제 장벽(practice barriers)

실제 장벽은 가정, 학교, 직장 등에서 이루어지고 있는 일반적인 절차나 관습을 의미한다. 예를 들어, 시설의 직원이 기존에 관습적으로 해 온 것을 공식적인 정책으로 생각할 수도 있다. 그러나 실제는 관습인 경우가 종종 있다.

③ 지식 장벽(knowledge barriers)

AAC 체계에 대한 정보가 부족한 것을 의미한다. AAC에 대한 인식 부족, AAC 중재 부족, 공학에 대한 이해 부족, 교수전략 부족 등 AAC에 관한 지식 부족은 의사소통에 어려움이 있는 학생들의 효과적인 참여를 방해한다. 따라서 AAC 평가의 목적에는 이러한 지식의 부족을 파악하여 이를 최소화하는 노력도 포함되어야 한다.

④ **기술 장벽**(skill barriers)

AAC 체계에 대한 광범위한 지식이 있더라도, 현장에서 교사나 치료사와 같은 전문가가 AAC 중재나 전략을 제대로 실행하는 데 어려움이 발생할 수 있는데 이것이 기술 장벽이다. 예를 들어, AAC 중재를 시도하지만, AAC 도구를 사용하는 기술(테크닉)이 부족하여 한계가 발생하는 경우가 이에 해당한다. 자동차에 대한 이론과 지식이 있어서 자동차 운전면허 시험을 통과했더라도 실제 도로에서는 자동차를 몰 수 없는 것과 동일하다.

⑤ **태도 장벽**(attitude barriers)

태도 장벽은 개인의 태도나 신념이 참여를 방해하는 것이다. 태도 장벽은 사회적으로 드러나지 않으면서 미묘하게 영향을 끼치는 경우가 많다. 예를 들어, 교사가 AAC 사용자에 대한 기대가 매우 낮아서 이것이 참여를 제한하는 것이다. 문제행동을 보이는 학생은 문제행동을 먼저 교정하고 감소시켜야 한다는 신념이 의사소통 참여를 제한할 수 있다. 따라서 AAC 평가에서는 의사소통에 어려움이 있는 학생들에게 존재할 수 있는 다양한 태도 장벽에 대해 반드시 고려해야 한다.

(2) 접근성 장벽

접근성 장벽이란 장애학생의 특성, 또는 AAC 체계의 문제점으로 어려움을 겪게 되는 것을 의미한다. 예를 들어, 개인의 AAC 도구가 어떤 활동에 필요한 어휘를 저장할 만큼 충분한 용량을 갖고 있지 않을 때 발생한다. 손의 사용이 어려운 지체장애 학생이 AAC 도구가 있어서 사용하려면 거치대가 있어야 하는데, 휠체어에 연결할 수 있는 적절한 거치대가 없어서 AAC 도구를 사용할 수 없는 경우도 포함된다.

접근성 장벽은 이동성 문제, 소근육 동작의 어려움, 인지 기능과 의사결정의 어려움, 읽고 쓰기의 결함, 시각과 청각의 제한성 등과 관계된다. 학생의 지적 능력, 의사소통 기술, 문해 능력, 운동 능력, 감각 반응 등에 따라 접근성 장벽이 나타날 수 있기 때문에 다양한 영역에서 복합적인 평가가 중요하다. 또한 접근성 장벽이 어떻게 변하는지 파악하기 위해 개개인 당사자의 현행 수준(예: 현재 요구)에 대한 정확하고 구체적인 평가가 필요하다.

(3) 구체적인 능력 평가

구체적인 능력 평가란 AAC 사용자의 다양한 능력을 평가하는 것이다. 현재의 의사소통 능력 평가(예: 관찰, 인터뷰, 의사소통 행동을 직접 유도하기, 현재 의사소통에 대한 정보 수집), 자연적인 말을 향상할 가능성 평가(예: 다른 사람과의 의사소통 방법 관찰, 자연적 언어 평가, 명료도, 언어 이해도, 언어 기능), 환경적 수정 가능성 평가(예: 물리적 환경 변경, 물리적 구조 변경), AAC 사용자가 AAC 체계와 장비를 활용할 가능성 평가(예: 많은 AAC 도구 중에서 어떤 것이 적절할지 판단하는 것, AAC의 휴대성 및 내구성, 외관, AAC 도구 사용을 배우는 데 필요한 시간) 등을 포함한다.

보다 자세한 학생 능력의 평가는 '3. AAC 진단 · 평가 절차'에서 다루고자 한다.

2) AAC 진단 · 평가팀

AAC는 단순히 한 명의 전문가 진단 및 평가를 통해 결과를 도출할 수 있는 것이 아니다. 각각의 영역별 전문가의 협력과 소통을 팀 협력이 모든 AAC 진단에 영향을 주어 성공적인 평가를 도출하게 한다. 따라서 각 팀 구성원 간의 상호의존 및 협력이 매우 중요하다. AAC 팀에는 AAC 발견자도 있고, 가장 중요하게는 AAC 사용자도 포함된다. AAC 진단 · 평가는 몇몇의 전문가에게만 독점되거나 의존하는 것이 아니다. AAC 팀 구성원의 역할은 〈표 3-2〉와 같다(Beukelman & Mirenda, 2013).

〈표 3-2〉 **AAC 진단 · 평가팀 구성원의 역할**

AAC 팀 구성원	역할
AAC 사용자	AAC 사용자는 장애인 당사자로 AAC 팀의 핵심 구성원이다. 단순히 서비스의 대상자가 아니라 AAC 사용에 대한 요구 및 선호를 밝히고 결정하는 의사소통의 주체이다.
AAC 촉진자	AAC 촉진자는 AAC 체계가 효과적으로 사용될 수 있도록 돕는 사람들이다. 주로 가족, 친구, 주요 의사소통 상대방들이다. 촉진자는 AAC 도구가 잘 작동하는지를 확인하고 메시지를 선택하고 프로그램을 짜도록 돕는다. 중요한 것은 AAC 사용자가 의사소통할 수 있도록 돕는 역할이다.

AAC 발견자	AAC 사용이 필요한 AAC 사용자를 찾고 AAC 체계를 권고하는 사람들이다. 의사, 부모, 교사에서부터 다양한 현장 실무자들이 포함된다.
임상 실무자	특수교사, 언어재활사, 교육이나 복지 현장에서 장애인을 직접 대하는 사람들이다.
AAC 전문 임상가	직접적인 AAC 중재 서비스를 제공하는 사람들이다. AAC 체계에 대해 가르치고 교육하는 이들로 직접적인 AAC 중재를 제공할 수 있다. 특수교사, 언어재활사 등 임상 실무자 중에서 AAC 중재를 제공할 수 있는 자격을 이수하였거나 석사 이상의 전문가들이다.
AAC 학계 전문가	AAC 분야에 대한 지식, 기술, 정책 및 서비스 기초를 다지는 사람들로 연구자, 교수, 정책 입안자 등이 포함된다. 주로 AAC 연구 및 자금 확보, 도구 개발 등에 참여하는 전문가들이다.

3. AAC 진단 · 평가 절차

Light(1989)에 따르면 AAC 의사소통 능력이란 환경 내에서 기능적으로 의사소통하고 일상적인 의사소통 요구를 적절하게 충족시키는 능력을 의미한다. AAC 사용자의 의사소통 능력은 언어 능력, 작동 능력, 사회적 능력, 조절 능력이 통합되어야 하고, 이러한 영역 중 한두 가지만 개발하는 것은 개인에게 적절하지 않다. 이에 Light 등(2003)은 언어 능력, 작동 능력, 사회적 능력, 조절 능력으로 AAC 능력을 소개하였다. AAC 진단 · 평가에서 각각의 영역에서 학생의 의사소통 능력 수준을 판별하는 것도 중요하지만, 각 영역별 능력이 서로 영향을 준다는 것 또한 고려해야 한다(Beukelman & Mirenda, 2013). 이를 토대로 학교 현장에서 장애학생의 의사소통을 지원하기 위한 AAC 진단 · 평가 절차에 대해 살펴보고자 한다.

1) 면담 및 관찰

의사소통 기술은 상황에 따라 매번 달라진다. 의사소통은 혼자 하는 것이 아니라 나와 너, 너와 나의 상호작용을 기본으로 하기 때문이다. 이로 인해 참여자 및 환경에서 이루어지는 상호작용에 따라 의사소통이 달라진다. 따라서 개인의 의사소통 기술을 타당하게 평가하기 위해서는 자연스러운 의사소통 환경 속에서 진행해야 한다.

학생이 실제로 의사소통을 어떻게 하고 있는지, 의사소통 기회는 있는지, 그리고 의사소통에 참여할 수 있다는 기대감이 있는지를 자연스러운 환경 속에서 관찰해야 한다. 자세한 관찰은 발달에 필요한 기술을 확인하고 현재 의사소통 기술이 얼마나 효과적인지를 파악하는 데 유용한 정보를 제공한다. 자세하고 면밀한 관찰은 학생이 IEP 목표를 충족하고 수업에 참여할 수 있도록 환경을 구조화하는 데도 필요하다. 따라서 의사소통에 어려움이 있는 학생을 지원하는 첫 단계는 학생이 있는 학교와 교실 현장에서 관찰을 통한 평가를 통해 이들의 어려움과 요구를 파악하는 것이다. 이러한 이유에서 학교에서 실시할 수 있는 '면담 및 관찰'이 매우 중요하다.

(1) 면담

장애학생을 비롯하여 부모, 양육자를 면담하는 것은 의사소통 평가에서 가장 기본이다. 부모를 비롯한 주요 양육자는 학생이 가정에서 누구와 어떻게, 언제, 어떤 방법으로 소통하는지에 대한 의미 있는 정보를 제공한다. 이들은 의사소통 단절을 일으키는 상황을 알려 주고, 학생들이 의사소통하고 싶어 하는 주제 및 관심에 대한 정보를 제공하며, 이전에 시도했던 여러 중재 전략에 대한 중요한 정보를 제공한다(Downing, 2005). 자연스러운 환경에서 면담을 위해서는 다양한 면담 방법이 활용될 수 있다. 기본적으로 수집되어야 하는 의사소통에 대한 면담 정보는 다음과 같다.

① 기본 정보

면담을 통해 수집해야 하는 기본 정보에는 학생의 장애진단, 가족 환경 정보, 발달 정보, 교육 및 치료 내용, 의료 정보 등에 대한 기본 정보와 함께 의사소통과 관련하여 발달단계에서 나타난 특징에 대해 정보를 수집한다. 기본 정보 수집의 예는 다음과 같다(Robinson & Soto, 2013).

〈표 3-3〉 **기본 정보 수집의 예**

학생 이름			날짜	
생년월일			학년	
면담자			관계	
전화번호			이메일	
의사소통과 관련된 학생 특성				
□ 의사소통하기를 좋아함	□ 의사소통하기를 싫어함(거부함)	□ 의사소통하기 위해 먼저 시도함	□ 상대방의 의사소통에 반응함	□ 의사소통이 어려우면 쉽게 좌절함
1. 학생이 관심을 얻는 방법은 무엇인가요?				
2. 학생이 요구와 필요를 얻기 위해 어떻게 표현하나요?				
3. 사람, 활동, 물건에 대한 기분을 어떻게 표현하나요?				
4. 정보를 요구하는 방법은 무엇입니까?				
5. 사람, 물건, 상황을 거절하는 방법은 무엇입니까?				
6. 질문에 '예' '아니요'를 어떻게 표현하나요?				

② 선호도 정보 수집

의사소통은 자신의 메시지를 전달하고, 상대방의 메시지를 이해하는 과정이기 때문에 의사소통이 가장 활발하게 이루어지는 것은 의사소통 주제가 개인이 좋아하고 선호하는 것을 표현할 때이다. 따라서 의사소통 상대방과의 면담을 통해 반드시 학생의 선호도에 대한 정보를 수집해야 한다. 정보의 수집은 면담 또는 직접 관찰을 통해 가능하다(Robinson & Soto, 2013).

〈표 3-4〉 **선호도 평가의 예**

선호도(다섯 가지 이상 작성하고, 가장 선호하는 것에 표시하기)				
음식 종류	물건 종류	사람	지역사회 활동	기타

③ **집중시간 확인**

의사소통을 위해서 학생이 스스로 활동에 집중하는 시간을 확인해야 한다. 집중시간을 확인하는 것은 교사가 직접 관찰을 하여 확인할 수도 있으나, 양육자와의 면담을 통해 정보를 수집할 수 있다. 양육자와의 면담을 통해 학생이 선호하는 활동에 집중할 수 있는 시간을 확인할 수 있다. 좋아하는 TV를 집중하여 시청하는 시간, 장난감 놀이에 참여하는 시간 등에 대한 정보를 시간 또는 분 단위로 수집해 둔다. 이는 추후에 의사소통을 지도할 때 의사소통 활동을 구성하는 기준이 되며 활동에 참여하는 시간의 근거가 된다.

④ **사회적 관계망 확인**

면담을 통해 학생을 둘러싼 사회적 관계망(social network)에 대한 정보를 확인한다(Blackstone & Hunt-Berg, 2003). 사회적 관계망이란 학생을 둘러싼 의사소통 상대방이 누가 있는지, 의사소통 상대방이 어느 정도로 다양한지, 자연스러운 환경에서 의사소통 상대방이 있는지 등에 대한 정보를 확인하기 위해 필요하다(Beukelman & Mirenda, 2013).

사회적 관계망의 목표는 복잡한 의사소통 요구를 가진 개인의 의사소통 질을 향상시킬 뿐만 아니라 상대방의 의사소통 노력을 향상시키는 것이다(Blackstone & Hunt-Berg, 2003).

'사회적 관계망'은 상호작용 및 의사소통 교환의 연결망이다. 따라서 일상적인 의사소통의 효과를 평가하기 위한 가장 분명한 출발점은 현재 사회적 관계망 내에서 의사소통 상호작용의 강점과 약점을 살펴보고, 이 정보를 의사소통 네트워크, 주제, 기술의 향후 개선 및 확장을 계획하기 위한 기초로 사용하는 것이다(Mirenda & Iacono, 2009).

일률적인 접근 방식만 적용하면서 적절한 개입이 제공될 것으로 기대하는 것은 불가능하다. '사회적 관계망의 현재'를 이해해야만 '사회적 관계망의 미래'를 계획할 수 있으며, 복잡한 의사소통을 하는 개인이 일상생활에서 성공적인 상호작용을 경험하는 데 필요한 지원을 계획할 수 있다.

사회적 관계망에서 활용할 수 있는 것이 '의사소통 개인 중심 목록'이다. '의사소통 개인 중심 목록'을 이용하여 현재 학생의 능력 및 기술, 의사소통 상대방, 표현 방법,

선택 수단, 대화 주제 등에 대한 정보를 수집할 수 있다. '의사소통 개인 중심 목록'에는 다양한 의사소통 방법으로 얼굴표정, 제스처, 눈 응시, 발성, 수어, 구어, 쓰기, 비전자식 도구, 전자식 도구, 휴대폰 등에 대한 개인의 사용 정도를 파악한다. 이러한 다중양식의 의사소통 방법이 현재 어떻게 작용되고 있고, 미래에는 어떻게 사용되어야 하는지를 사회적 관계망 안에서 분석하여 개인 중심 의사소통 계획을 수립하는 것이 사회적 관계망의 목적이다.

(2) 관찰

① 생태학적 활동 기록지

활동 중에 학생의 의사소통 기술을 알아보기 위해서 다양한 생태학적 목록이 활용될 수 있다. 생태학적 활동 기록지는 첫째, 학생이 필요로 하는 의사소통 지원의 형태가 무엇인지 판별하고, 둘째, AAC 사용자가 비장애 또래와 비교하여 활동에 참여할 때 방해받는 요인이 무엇인지 파악하는 데 도움이 된다.

〈표 3-5〉 **생태학적 활동 기록지**

시간	활동명	비장애 또래 참여 정도 (무엇을 어떻게)	AAC 사용자 참여 정도 (무엇을 어떻게)	필요한 보조기기	요구되는 전략	책임 소재

② AAC SETT 체크리스트

의사소통은 상황과 맥락에 의존한다. 의사소통 환경, 상대방, 주제에 대한 정보를 얻기 위해서는 의사소통이 발생하는 자연스러운 의사소통 환경에서 관찰을 해야 한다(Downing, 2005). 선행연구(Robinson & Soto, 2013)에 따르면 최소 2회 이상 자연스러운 일과 중에 의사소통을 관찰하기를 권고한다. 따라서 학교의 자연스러운 일과 중에 누구와, 언제, 어떤 주제로 어떻게 의사소통하고 있는지를 관찰하여 정보를 수집해야 한다. 어떻게 의사소통하고 의사소통 기회가 얼마나 있었는지, 자연적인 환경 내에서 다양한 상황과 맥락 안에서 관찰해야 한다. 이러한 절차를 통해 IEP 목표에 도달할 수 있는 환경을 구조화하기 위한 정보를 얻을 수 있기 때문이다.

의사소통의 상황과 맥락을 평가하는 대표적인 체크리스트가 AAC SETT이다. AAC SETT 체크리스트는 Joy Zabala의 SETT 모델을 AAC 체계 선정을 위해 평가할 수 있도록 개발된 자료이다. SETT란 학생(Student), 환경(Environment), 과제(Task), 도구(Tool)의 약자이다. 이는 보조공학 장치 및 서비스를 적용할 때, 매우 단순하면서도 효과성을 기대할 수 있는 모델로 개발되었다(https://mps-assistive-technology-center). AAC SETT 체크리스트는 각각의 자료를 수집한 후, 학생의 의도성, 의사소통 복잡성, 주고받기(turn-taking), 의사소통 시도로 구분하여 학생의 의사소통 발달단계를 파악한다. 이 장 마지막에 수록한 AAC SETT는 선행연구(김경양, 2016, 2019)에서 Joy Zabala가 개발한 AAC SETT에 대해 국내에서 사용하기 수월하도록 내용을 발췌 및 수정한 것이다

의사소통 능력은 전의도적 단계, 초기 의도적 단계, 의도적 단계로 3단계(공진용 외, 2020; 김경양, 2019; Mar & Sall, 1999)의 의사소통 프로파일로 정리될 수 있고, 이는 학생의 IEP와 연결하여 의사소통 중재 목표로 연결할 수 있다. AAC SETT 체크리스트를 기반으로 관찰 및 면담을 통해 학생 기본 정보를 수집한 후, 의사소통 능력에 대해 정리하여 프로파일로 작성한다. 이때 자연적인 환경에서 관찰을 토대로 의사소통

〈표 3-6〉 **AAC SETT 체크리스트 영역**

영역	AAC SETT 체크리스트 의사소통 프로파일 핵심 내용
의사소통 의도성	학생이 의사소통 상대방(예: 교사, 부모)에게 본인의 의사를 표현하고 이를 지속하며 일관성 있게 표현하는지 확인함. AAC SETT 프로파일에 각 단계별 특성을 참고하여 의도성 단계를 파악함
의사소통 복잡성	의사소통 복잡성은 의사소통을 위해 사용하는 상징의 수준을 파악하는 것임. 비상징(상징 이전, 상징 사용 전 반사행동), 전 상징(비도구적 상징 사용), 상징 사용(기초 상징, 상징 조합)의 3단계로 구분됨. 각각의 상징 단계별 핵심 내용은 IEP 작성 시에 목표로 적용될 수 있음
의사소통 주고받기	상대방과 의사소통을 유지할 수 있는지 확인함. 단순히 반응에만 의존하는지, 차례와 순서를 교대로 주고받는지 확인함. 사회적 능력과 연결됨
의사소통 시도	의사소통의 시작 및 주도가 누구에게 있는지 확인함. 성인 시도이면 반응적인 소통에 머무는 것이고, 학생 시도이면 일관성 있게 나타나는지 확인함

의도성, 의사소통 복잡성, 의사소통 주고받기, 의사소통 시도에 대해 학생의 현행 수준을 평가하여 의사소통 프로파일을 작성한다. 각 프로파일별로 판별해야 하는 핵심 내용은 〈표 3-6〉과 같다. 3장 마지막에 사례를 통해 AAC SETT를 활용한 평가 및 평가지를 소개하였다.

2) 의사소통 및 언어 능력 평가

의사소통 상호작용에서 의사소통 형태와 기능을 분석하고 이해하는 것은 의사소통 능력의 발달을 돕기 위해 매우 중요하다. 평가 방법에는 국내에서 표준화된 검사도구로 수용 및 표현 어휘력을 평가하는 수용 및 표현 어휘력 검사(Receptive and Expressive Vocabulary Test: REVT)가 대표적으로 사용될 수 있고, 비공식적인 평가로 보완대체의사소통 능력 평가 도구인 파라다이스 보완대체의사소통 진단 평가(Paradise AAC Assessment: PAA) 검사도 사용할 수 있다. 국외의 경우에는 체크리스트 평가로 의사소통 매트릭스, AAC 보조공학 체크리스트(예: WATI) 등을 활용하여 의사소통 능력을 평가할 수 있다.

AAC를 사용하는 학생의 언어학적 지식과 기술을 이해하는 것은 효과적인 중재 전략을 선택하고 적절한 목표를 구성하는 데 중요하다. 특히 언어는 문해력과 학업 성취의 근간이기 때문에 AAC 체계는 언어와 문해력을 발달시키는 도구로 사용되어야 한다. 이는 AAC 사용자의 언어적 기술에 대한 명확한 이해가 없으면 불가능하다.

AAC 사용자의 의사소통 및 언어 능력 평가는 다음에서 소개하는 비공식적 평가로 다양한 AAC 체크리스트를 숙지하여 활용할 수 있다.

(1) 의사소통 매트릭스(communication matrix)

제스처, 발성, 눈짓 등과 같이 비상징적 의사소통 수단을 사용하는 학생들을 위해서는 의사소통 매트릭스(https://communicationmatrix.org)를 사용할 수 있다. 의사소통 매트릭스는 과학적이고 임상적인 근거를 가진 평가 도구이다. 매트릭스는 프로파일 하단에 표시되는 의사소통의 네 가지 주요 기능(예: '거절하기' '획득하기' '참여하기' '정보 제공 및 요구하기')과 일곱 가지 수준의 의사소통 행동 등을 포함한다(〈표 3-7〉 〈표 3-8〉 참조).

〈표 3-7〉 **의사소통 매트릭스 예시-의사소통 기능**

<table>
<tr><th>단계</th><th>거절하기</th><th>획득하기</th><th>참여하기</th><th>정보 제공 및 요구하기</th></tr>
<tr><td>I</td><td>• 불편함 표현</td><td>• 편안함 표현</td><td>• 다른 사람에 대한 관심 표현</td><td>–</td></tr>
<tr><td>II</td><td>• 항의</td><td>• 특정 행동 반복
• 어떤 것을 추가로 획득</td><td>• 관심 유도</td><td>–</td></tr>
<tr><td>III</td><td rowspan="5">• 어떤 것을 거부 또는 거절</td><td rowspan="2">• 특정 행동을 추가로 요구
• 새로운 행동을 요구
• 특정 사물을 추가로 요구
• 선택
• 새로운 사물을 요구</td><td>• 관심을 요구
• 애정 표현</td><td>–</td></tr>
<tr><td>IV</td><td rowspan="4">• 사람들에게 반가움 표현
• 어떤 것을 주거나 나눠 줌
• 사용자의 관심을 어떤 것에 돌리려고 유도
• 사회에서 통용되는 예법을 사용</td><td>• '예' 또는 '아니요'로 질문에 대답
• 궁금한 사항에 대해 질문</td></tr>
<tr><td>V</td><td rowspan="3">• 눈앞에 보이지 않는 사물을 요구</td><td rowspan="3">• 사물의 명칭이나 사람의 이름 명명
• 의견을 포함</td></tr>
<tr><td>VI</td></tr>
<tr><td>VII</td></tr>
</table>

〈표 3-8〉 **의사소통 매트릭스 예시-의사소통 행동 범주**

단계	행동 범주				
I	몸 움직임	얼굴 표정	초기 음향		
II	몸 움직임	얼굴 표정	초기 음향	시각	
III	몸 움직임	얼굴 표정	초기 음향	시각	간단한 몸짓
IV					관습적 몸짓 및 발성
V					구체적 상징
VI					추상적 상징
VII					언어

(2) 파라다이스 보완대체의사소통 진단 평가

파라다이스 보완대체의사소통 진단 평가(Paradise AAC Assessment: PAA)는 다섯 가지의 평가 영역으로 자세한 그림과 함께 체크리스트로 구성되어 있다. 지체 및 중복장애 학생 평가까지 가능하여 학교 현장에서 손쉽게 AAC 대상자를 선별 및 진단할 수 있다. PAA 내용을 영역별로 살펴보면 〈표 3-9〉와 같다.

〈표 3-9〉 **파라다이스 보완대체의사소통 진단 · 평가 예시**

평가 영역	평가 내용
자세	• 근 긴장도를 감소시킬 수 있는 안정된 자세
신체 및 운동 기능	• 직접 선택이 가능한 신체 부위(손, 발, 눈, 머리 등) • 상징 선택을 위한 상징 크기, 배열, 선택 능력
감각 능력	• 시야 측정, 시각 능력, 색지각, 빛 민감도, 청각 능력 진단
인지 능력	• 사물영속성, 부분과 전체 개념 이해, 범주화 능력, 사물의 기능 이해, 사물과 적절한 상징의 대응 관계 파악
언어 능력	• 수용언어 및 표현언어 능력, 어휘 이해도 측정, 상징 결정

(3) 위스콘신 보조공학 평가

위스콘신 보조공학 평가(Wisconsin Assistive Technology Initiative: WATI)는 보조기기를 선정하기 위한 평가 도구이다. WATI의 의사결정은 항상 학부모를 포함하고, 참여 및 의사결정 단계에서 학생을 포함하는 팀에 의해 진행된다. WATI 보조공학 평가 중에 의사소통 영역은 의사소통 능력을 평가하는 항목으로 AAC 평가 자료로 활용할 수 있다(https://dpi.wi.gov/sped/educators/consultation/assistive-technology). 자세한 내용은 다음과 같다.

〈표 3-10〉 **위스콘신 보조공학 평가 중 의사소통 영역 예시**

1. 학생의 현재 사용하는 의사소통 수단(사용하는 모든 항목을 체크하십시오. 학생이 가장 많이 사용하는 기본 방법에 표시하세요.)

□ 호흡의 변화 □ 신체 위치 변화 □ 눈 시선/눈 움직임
□ 얼굴 표정 □ 제스처 □ 포인팅
□ 수어와 유사한 것 □ 수어(유형: _____ 사인들 _____ 조합 _____ 조합의 기호 _____)
□ 발성(예: ____________________________)
□ 모음, 모음 조합(예: ____________________________)
□ 한 단어, 목록 예 및 예시: ____
□ 2단어 발화 □ 3단어 발화
□ 학생의 2단어 이상 발화한다면, 학생의 발음을 알아들을 수 있는 정도를 %(명료도)로 나타내시오.
친숙한 파트너와의 명료도: ________ 익숙하지 않은 사람의 명료도: ________
친숙한 상황에서의 명료도: ________ 친숙하지 않은 상황에서의 명료도: ________
□ 의사소통판 □ 실물들 □ 사진들 □ 상징들 □ 시각적 장면(Visual Scene Display)
□ 상징 및 단어 조합 □ 단어들

□ 2개 이상의 상징 조합들 예시: ____________________

□ 3개 이상의 상징 조합들 예시: ____________________

□ 의사소통 책/바인더 책 또는 바인더의 총 페이지 수: ____________________

학생이 원하는 메시지를 독립적으로 찾아볼 수 있는가? □ 예 □ 아니요

□ 스케줄판 예시: ____________________

□ 음성 산출 장치(SGD) 예시: ____________________

□ 여러 단계 또는 수준 예시: ____________________

□ 상대방이 도와주는 전략: 사용되는 전략 및 의사소통 시스템을 설명하십시오.

____

□ 구어 구사 능력 □ 글쓰기 □ 기타

학생의 현재 의사소통 수단에 대한 의견: ____________________

2. 의사소통 기능(체크한 항목에 맞는 예시를 써 주십시오.)

□ 인사하기 ____________________

□ 요청하기 ____________________

□ 요구하기 ____________________

□ 사회적 상호 작용하기 ____________________

□ 사회적 에티켓 표현하기 ____________________

□ 거절/거부하기 ____________________

□ 공동 관심을 표현하기 위한 정보 공유하기 ____________________

3. 학생의 의사소통 시도를 이해하는 사람은 누구인가요?(가장 잘 이해하는 사람을 선택하세요.)

	대부분의 시간	시간의 일부	드물게	해당되지 않음
낯선 사람				
교사/치료사				
동료/친구				
형제/자매				
부모/보호자				

4. 수용언어의 현재 수준

생활연령: ____________________

표준화된 검사를 사용한 경우, 검사 이름과 점수: ____________________

표준화된 검사를 사용하지 않는 경우, 대략적인 연령 또는 발달 수준의 기능을 설명하십시오. 또한 이 추정치의 근거를 설명하십시오. ____________________

5. 표현언어의 현재 수준

생활연령: ____________________
표준화된 검사를 사용한 경우, 검사 이름과 점수: ____________________
표준화된 검사를 사용하지 않는 경우, 대략적인 연령 또는 발달 수준의 기능을 설명하십시오. 또한 이 추정치의 근거를 설명하십시오. ____________________
학생은 모델링/촉진 없이 몇 개의 기호/상징/단어를 사용합니까? ____________________
학생은 촉진 없이 기호/상징/단어를 결합할 수 있습니까? □ 예 □ 아니요

6. 의사소통 상호작용 기술

학생은 의사소통을 하기를 원합니까? □ 예 □ 아니요
현재 학생이 사용하는 의사소통 방법을 체크하시오.
□ 머리 움직임 □ 상징 □ 음성 □ 몸짓 □ 눈 응시(eyegaze)
□ 의사소통판 사용 □ 대략적인 단어 사용 □ 일관되게 응답하지 않음
익숙하지 않은 사람이 학생의 답변을 이해할 수 있습니까? □ 예 □ 아니요

7. 다음을 읽고 학생의 의사소통 행동을 가장 잘 설명하는 것을 선택하십시오.

의사소통 행동	항상	빈번히	때때로	드물게	전혀 없음
학생은 의사소통 상대방을 향해 몸을 돌리나요?					
학생은 다른 사람에게 관심이 있나요?					
학생은 또래와 상호작용합니까?					
학생은 상대방이 장애학생에게 관심을 보이는 것을 인식합니까?					
학생은 상호작용을 먼저 시작할 수 있습니까?					
학생은 질문을 할 수 있습니까?					
학생은 의사소통 중 상대방의 시도에 반응(응답)할 수 있습니까?					
학생은 의사소통 상대방에게 재요청할 수 있습니까?					
학생은 의사소통 중 의사소통 멈춤(단절)이 생기면 이를 인식할 수 있습니까?					
학생은 의사소통 중 의사소통 멈춤(단절)을 해결할 수 있습니까?					
학생은 필요에 따라서 의사소통 방법을 수정하는 것이 가능합니까?					
학생은 주고받는 의사소통이 가능합니까?					
학생은 언어 촉진이 필요합니까?					
학생은 신체적 촉진이 필요합니까?					

학생은 의사소통 주고받기를 지속하여 유지할 수 있습니까?					
학생은 의사소통을 끝낼 수 있습니까?					

학생이 의사소통을 변경하기 위해 사용하는 방법을 설명하시오(예: 계속 노력하기, 메시지를 변경하기, 첫 글자를 가리키기 등). ______________________________

8. 기기/AAC 체계와 관련된 학생의 필요성(해당 사항을 모두 선택하십시오.)

□ 독립보행 □ 휠체어 이용자 □ 무겁지 않은 도구 필요
□ 자주 떨어뜨리거나 던짐 □ 디지털 음성
□ 사용할 수 있는 어휘가 충분히 많은 도구 □ 스캐닝 기능
□ 미리듣기 기능
□ 안정적으로 1개의 스위치를 사용할 수 있는 위치(방향)
□ 안정적으로 1개 이상의 스위치를 사용할 수 있는 위치(방향)
□ 기타: ______________________________

9. 의사소통과 관련된 읽기 전 기술 및 읽기 기술(해당 항목 모두 체크하십시오.)

□ 예 □ 아니요 사물/사진 인식
□ 예 □ 아니요 상징 인식(tactile, Mayer-Johnson, Rebus 등), 상징의 수 ________
□ 예 □ 아니요 소리의 청각 변별
□ 예 □ 아니요 단어, 문구의 청각 변별
□ 예 □ 아니요 첫 글자 선택하기
□ 예 □ 아니요 간단한 지시 따르기
□ 예 □ 아니요 통문자 인식, 단어 수 ________
□ 예 □ 아니요 일상생활 속에서 인쇄물을 인식하기
□ 예 □ 아니요 2개의 상징 또는 단어를 함께 사용

10. 의사소통과 관련된 시각적 능력(해당 항목 모두 체크하십시오.)

□ 움직이지 않는 물체를 쳐다봄
□ 머리를 움직이지 않고 오른쪽/왼쪽의 물체를 쳐다봄
□ 시각적으로 사람을 쳐다봄
□ 범주를 시각적으로 쳐다봄
□ 스캐닝(훑기)을 사용함
□ 왼쪽에서 오른쪽으로 한 줄의 상징들을 스캔할 수 있음
□ 사진을 쳐다봄

☐ 눈(시각)을 수평으로 이동할 수 있음
☐ 상징 또는 그림을 눈(시각)으로 쳐다봄
☐ 눈(시각)을 수직으로 움직일 수 있음
☐ 상징 간 일정한 간격이 필요함
☐ 의사소통 상대방을 쳐다봄
☐ 고대비 상징 또는 경계선이 필요함
☐ 화면 확대 기능이 필요함

특정 유형(브랜드)의 상징 또는 그림을 선호하는가? ____________________
선호하는 상징/그림의 크기는? ____________________
선호하는 상징/그림의 두께는? ____________________cm
학생은 흰색 바탕에 검은색 또는 검은색 바탕에 흰색, 또는 특정 색 조합이 사용된 상징을 더 쉽게 사용합니까? ____________________
쉽게 사용할 수 있는 상징 크기가 있습니까? ____________________
현재 사용하고 있는 AAC 도구나 요구사항 중에서 특별히 고려할 사항은 무엇인가요?
____

11. 감각적 고려사항: 학생이 다음에 대해 민감합니까?

☐ 벨크로
☐ 합성된(컴퓨터 생성) 음성
☐ 소리 크기
☐ 스위치 클릭 시 소리(예: 딸깍 소리)
☐ 촉감
☐ 기타

선택한 항목에 대한 학생의 반응을 설명하십시오.
____

12. 그 밖에 의사소통이 필요한 환경은 어디입니까?

특수학급/특수학교의 교실 외 공간(식당, 운동장 등) ____________________
집 ____________________
지역사회(가게, 음식점, 교회, 도서관 등) ____________________
학생의 의사소통을 지원하기 위해 과거에 지원하였던 보조기기 및 의사소통과 관련된 학생의 능력, 고려사항에 대해 요약하시오.
____

3) 인지 및 상징 능력 평가

(1) 의사소통 의도, 주의집중, 기억

의사소통과 언어 진단에서 중요한 것은 학생의 인지 능력을 평가하는 것이다. AAC 평가에서 학생의 지적/인지 능력을 평가하는 것이 중요한 이유는 학생이 주변을 인지하고 자신의 의도로 주변인 및 환경에 변화를 일으킬 수 있다는 자극-반응을 인지하는지 확인하기 때문이다. 학생의 인식, 의사소통 의도, 기억, 상징 표상 능력, 지식(상식) 등은 학생이 AAC 체계를 사용하는 방법을 익히는 데 직접적인 영향을 주는 중요한 평가 영역이다. 특수교사는 주로 학습과 관련하여 학생의 상징 표상 능력과 기초지식(상식)에 주로 초점을 두기 때문에 '의도성 및 기억, 인식, 각성 상태' 등과 같은 포괄적인 지적 능력에 대한 평가를 놓치기 쉽다. 그러나 실제로 현장에서 AAC 체계를 사용하는 데 매우 중요한 요소들이다. 의사소통 의도(Wetherby & Prizant, 1989), 지적 능력(예: 기억, 주의집중, 각성 정도 등)에 대한 평가는 〈표 3-11〉 〈표 3-12〉와 같다.

〈표 3-11〉 **의사소통 의도**

1. 의사소통 상대방(예: 교사)과 의사소통 의도를 나타내고자 하는 목표(예: 물 컵)를 서로 교대로 쳐다보며 시선 추적을 하는가?
2. 의사소통 의도가 전달될 때까지 지속해서 의사소통 신호를 보내는가?
3. 의사소통 의도가 전달될 때까지 의사소통 신호를 다양하게(예: 소리 지르기, 고개 흔들기, 울기 등) 사용하여 전달할 수 있는가?
4. 목표가 달성될 때까지 의사소통 신호의 정도(강도, 빈도 등)를 바꿀 수 있는가?
5. 특정 상황 안에서 의례적 또는 관습적 형태의 신호(예: 손 흔들기)를 사용하는가?
6. 의사소통 상대방으로부터 반응을 기다리는가?
7. 만약 목적이 달성된다면, 만족을 표현하는가?
8. 만약 목적이 달성되지 못한다면, 실망감을 표현하는가?

〈표 3-12〉 **지적 능력에 대한 평가**

1. 주의집중: 관찰을 통해 학생이 과제에 참여하는지 확인. 주의집중 시간 확인
2. 산만: 학생은 환경적 요소로 인해 산만해지는지 확인(예: 소음, 활동, 사람 등)
3. 각성 수준: 각성 수준을 확인. 각성 정도가 높은지 낮은지 확인
4. 반응 비율: 자극에 대해 반응이 적절한지, 충동적으로 나타나는지, 나타나지 않거나 지연되는지 확인
5. 환경 속에서 발생하는 일(사건)을 인식하는지 확인

6. 비사회적 우연학습(원인과 결과를 인식하지 못함)에 참여하는지 확인
7. 대상영속성이 있는지 확인
8. 타인에 대한 인식이 적합한지 확인
9. 사회적 우연학습(개인이 자신의 행동이 다른 사람에게 영향을 준다는 것을 인식함)이 가능한지 확인
10. 협력하여 활동에 참여하는지 확인
11. 단기기억 확인
12. 장기기억 확인
13. 초인지(자기점검 또는 자기교정) 확인

(2) 상징 평가

언어 발달은 청자와 화자 간에 서로 이해하고 공유되는 상징체계(예: 수어, 철자, 점자, 그림상징 등)에 기반한다. AAC 사용자와 상대방은 비상징(예: 상징을 사용하지 못하는 단계) 또는 상징 단계(예: 상징을 사용하는 단계)에서 서로 다른 언어학적 단계에 있을 확률이 높다. 예를 들어, 한 학급에서 어떤 학생은 비상징 단계에 있고, 또 어떤 학생은 상징 단계 수준으로 평가될 수 있다. 따라서 학급 담임은 학급의 여러 학생들 중에 누가 비상징 또는 상징 단계에 있는지 판단할 수 있어야 한다. 교사가 간단한 체크리스트를 통해 이를 선별할 수 있어야 하고, 이와 함께 실제 자연스러운 환경에서 학생의 의사소통 행동을 관찰하여 정보를 추가할 수 있어야 한다.

예를 들어, PAA와 같은 간단한 선별 도구를 사용하면 학생의 현재 의사소통 기술에 대해 확인하여 현행 의사소통 기술이 어떤 단계에 있는지 판별할 수 있다. 학생의 현재 상징 단계를 진단하기 위해서, 교사는 공식적으로 판매 또는 활용될 수 있는 사이트를 이용하거나 학생의 행동을 관찰하여 상징 능력에 대해 확인한다.

① 상징 도상성 평가

대부분의 AAC 사용자는 그래픽 상징이나 사진과 같은 시각적 표상에 의존한다. 이러한 표상들은 일반적으로 구문 범주에 따라 배열되어 있지만, 간혹 구문 범주와 의미 범주를 결합한 형태로 배열되어 있기도 하다. 그러나 많은 교사들은 학생이 상징에 대한 이해가 있는지 없는지 그리고 이러한 상징이 AAC 체계 내에서 어떻게 배열되어 사용되는지에 대한 파악을 하지 않고 단순히 상징만 제공하는 오류를 범한다.

실제 AAC를 사용하는 학생의 상징 표상 능력을 진단하기 위해서는 학생이 다양한

상징들을 판별하는 능력이 있는지를 알아보아야 한다. 이러한 판별은 주로 상징의 도상성을 확인하는 것과 연결된다. '도상성'이란 실제 의사소통에서 활용되는 메시지와 상징이 얼마나 근접하게 의미를 전달하는가이다(Markham & Justice, 2004). 도상성은 다음 세 가지 단계로 구분된다.

- **상징의 투명성**: 투명한 상징이란 상징이 의미하는 것을 가장 쉽고 빨리 이해할 수 있는 상징이다.
- **상징의 반투명성**: 반투명한 상징이란 상징과 실제 나타내는 것이 설명된 이후에 그 의미가 이해되는 쉬운 상징이다.
- **상징의 불투명성**: 불투명한 상징이란 상징과 실제 나타내는 것의 의미를 연결하여 설명을 해도 상징의 의미가 잘 전달되지 못하는 것이다.

학생이 상징을 습득하는 능력은 어휘력과 가장 직접적으로 연결된다. 일상에서 경험이 부족하거나 일반 경험 및 상식이 부족하다면, AAC 체계에서 사용되는 상징을 이해하기 어렵다. 왜냐하면 일상생활 경험의 부족이 의미론 발달에 영향을 줄 수 있기 때문이다. 이로 인해 AAC 도구에서 사용되는 상징에 대한 개념적인 지식이 없다면, 상징의 의미를 파악하여 사용하기 어려워진다(Murray & Goldbart, 2009).

상징과 관련된 선행연구들에 따르면, 학생이 그래픽 상징을 습득하고 학습할 수 있는 능력은 상징과 관련된 일상적인 경험에 얼마나 노출되었는가와 연결된다. 즉, 학생이 상징을 사용하는 능력에 가장 영향을 주는 것은 학생들의 일상생활 경험인 것이다(Dada & Alant, 2009). 예를 들어, 코끼리 상징을 사용하기 위해서는 동물원에서 직접적으로 또는 TV 방송을 통한 간접적으로라도 코끼리를 경험하였을 때 그래픽 상징으로 코끼리를 이해하고 사용하게 된다. 따라서 학생이 상징을 이해하고 사용하기를 원한다면, 학생들의 일상에서 상징과 관련된 경험을 늘리는 것이 중요하다. 또한 교사는 무작정 상징을 학생에게 제시하고 이를 사용하도록 지도하기에 앞서 먼저 학생의 의사소통 도구에 사용될 상징 유형 및 상징 범주화를 평가해야 한다.

② 상징 유형 평가

간단히 학교에서 진행할 수 있는 상징 유형 평가는 파라다이스 보완대체의사소통 진단 평가(PAA) 중에 인지 능력 평가이다. 의사소통 도구에 포함될 상징의 유형에는 실물, 사진, 그림, 선화, 글자 등이 있다. AAC 사용을 위해서는 현행 수준에서 사용자의 능력과 요구에 따라 상징이 선택되어야 한다. 따라서 학생이 선호하고 알고 있는 사물(예: 자동차)을 도구적 상징 유형 중에 어떻게 사용하는지 확인한다. 다양한 상징(예: 실물–사진–그림–선화–글자)에서 선호하는 유형을 확인한다.

단, 반드시 실물 다음에 사진, 사진 다음에 그림, 그림 다음에 선화, 선화 다음에 글자라는 위계대로 상징 유형을 제시하는 것은 지양한다. 선행 연구(Romski & Sevcik, 2005)에서는 상징을 위계 유형대로 제시하는 것이 AAC 적용에 있어서 선입견으로 나타난다. 따라서 상징 유형을 평가하는 것은 현행 수준에서 학생이 선호하고 쉽게 사용할 수 있는 상징 유형을 파악하기 위함이지 이를 위계적 순서대로 교수하기 위함이 아님을 고려해야 한다.

상징 유형 평가에서 학생에게 제시할 수 있는 상징의 개수는 2–4–8개 순으로 제시한다(예: 자동차를 골라 보자). 이때 주의해야 하는 것은 상징의 이름, 즉 명칭을 알고 있는 것과 기능을 알고 있는 것은 다르다는 것이다. 예를 들어, '빗' 그림을 보고 '빗'을 고를 수 있지만, "머리 빗는 데 사용하는 것이 무엇이지?"라고 상징의 기능을 확인하였을 때는 응답하지 못할 수도 있다. 따라서 상징 유형 평가를 진행하면서 상징의 기능에 대한 이해를 확인하는 것이 필요하다.

상징 유형 평가에서 상징의 이름을 알고 있는 것(예: 칫솔)보다 적합한 상징 유형의 실제 사용(예: 이빨 닦을 때 사용하는 것은?–칫솔을 보여 줌)에 초점을 두어야 한다. 보다 자세한 평가 내용은 PAA의 인지 능력 평가를 참고하길 바란다.

③ 상징 범주화 평가

다음으로 상징의 유형을 고려하면서 동시에 확인할 수 있는 것이 상징의 범주화이다. 상징의 범주화는 분류 개념과 연결된다. 따라서 동일 범주의 사물(예: 색연필)과 전혀 다른 범주의 사물(예: 사탕)을 여러 개 제시한 후, 이를 범주(예: 학용품 vs 음식)로 분류하는지 확인한다. 사물 수준에서 범주화가 가능하다면 상징의 유형을 사진, 그림, 글자 순서로 변경하여 범주화할 수 있는지 확인한다.

상징 사용에 대한 개별 학생의 상징 사용 능력 평가도 필요하다. 국외에서는 도구–의사소통 상징 수행(Test of Aided-Communication Symbol Performance: TASP)

은 상징 기술을 빠르고 쉽게 평가하기 위해 개발된 것으로, 주목적은 AAC 사용자의 상징 기술을 평가하는 것이다(https://goboardmaker.com/products/tasp). TASP는 첫째, AAC 사용자가 AAC 중재의 목표 및 전략을 설정하기, 둘째, AAC 의사소통판을 설계하고 상징 및 구문을 개발하기, 셋째, AAC 도구의 사용 정도를 확인하기, 넷째, PCS(Picture Communication Symbol)를 사용하여 AAC 평가 과정을 보완하기 위해 개발되었다.

TASP의 하위 검사에 포함되는 내용은 다음과 같다. ① 상징 크기 및 수, ② 상징을 문법적으로 연결하기, ③ 상징을 분류하기, ④ 상징을 구문으로 연결하기. TASP는 성인부터 미취학 학생과 유치원생 등의 어린이, 즉 전 연령의 AAC 사용자에게 적합하다. 또한 채점 절차가 객관적이고 빠르며, 다양한 상징 활용 및 연습이 가능하다. TASP는 비표준화 도구이지만, 상징 크기, 문법 코딩, 상징 범주화 능력, 구문 수행 능력 등을 측정할 수 있는 도구이다. 국내에서도 이를 수정하여 개발한 KAAC 상징 평가 및 KAAC 상징을 학습할 수 있는 상징학습 사이트가 있다. 선행연구(유세희 외, 2022)를 참고하길 바란다.

4) 문해력 평가

미국 읽기 위원회(NRP, 2000)에 따르면 읽기의 필수요소로 음운 인식, 해독, 어휘, 유창성, 독해력이 있다. AAC 사용자의 문해력 평가는 다음과 같은 초기 문해력 평가로 진행할 수 있다(Beukelman & Mirenda, 2013). 모든 평가는 정확도가 최소 80%에 미치지 못할 때를 교수가 필요한 기준으로 한다.

- **문자-소리 대응**: 음운 인식은 소리를 정확하게 듣고 구별하고 결합하는 능력이다. 해독 능력을 갖추려면 구어가 소리 단위인 음소로 구성된다는 것을 이해하고 낱말을 음소로 분절, 결합할 수 있는 음운 인식 능력이 있어야 한다.
- **소리합성**: 소리합성 기술은 음운처리의 가장 중요한 구성요소이다.
- **음소분절**: 음소분절은 소리합성과 반대되는 것으로, 낱말을 듣고 개별 소리로 쪼개는 능력이다.
- **낱말해독**: 해독(decoding, 새로운 낱말 읽기)은 글자를 말소리로 전환시킬 수 있는

능력으로 문자-소리 대응, 소리합성 기술의 조합이다. 앞서 문자-소리 대응, 소리합성 기술이 있는 학생들은 해독 기술에 대한 평가를 실시한다. 해독에는 의미 단어 소리 내어 읽기, 무의미 단어 소리 내어 읽기가 포함된다. 소리 듣기와 소리 구별 연습이 충분하면 학생들은 모르는 단어를 읽을 때도 문자-소리 대응지식을 이용하여 소리 내어 읽어 낼 수 있는 해독 능력이 향상된다.

- 일견단어 재인: 일견단어 재인 평가는 앞서 음운 인식에서 어려움이 있는 학생도 평가해 봐야 하는 기술이다. 대개 일견단어 재인은 자발적으로 나타난다. 특히 AAC 사용자는 AAC 디스플레이에서 상징과 낱말이 함께 제시되기 때문에 자발적으로 일견단어를 학습하게 된다. 학생의 이름, 가족 이름, 좋아하는 활동명 등의 낱말을 인식하는 것이 이에 해당한다.

5) 신체적 접근성 평가

학교에서 의사소통 도구의 사용 효율성을 높이기 위해서는 의사소통 도구를 쉽게 제작하여 사용할 수 있어야 한다(김경양, 구민관, 2014). 현장에서 쉽게 의사소통 도구를 제작하거나 사용할 수 있도록 선행연구(박은혜, 김영태, 김정연, 2008; 박은혜, 김정연, 2010; Beukelman & Mirenda, 2013)에 근거하여 고려해야 할 사항들을 정리하면 다음과 같다.

(1) 사용자의 운동 기능

AAC 평가에서 운동 능력과 감각 기능평가는 의사소통 도구를 사용할 때 도구 사용 범위와 위치를 확인하는 것이다. 따라서 AAC 사용자의 운동 기능평가에는 사용자의 움직임 범위, 사용자가 신체적으로 닿을 수 있는 거리, 방향 등을 포함한다. AAC 평가에서 운동 기능과 지각 능력에 어려움이 있다면, 사용자가 가장 쉽게 사용할 수 있는 신체 부위를 확인한다. 이때 의사소통 도구의 배치는 개별 사용자의 운동 기능에 따라 달라진다. 사용자의 사용 가능한 신체 부위를 확인 한 후, 움직임 범위와 닿을 수 있는 거리, 방향 등을 확인한다.

- 자세와 앉기(positioning and seating) 평가하기: 중도중복장애 학생 대부분은 앉

거나 누운 자세로 많은 시간을 보낸다. 따라서 앉거나 누워 있는 자세로 인해 의사소통의 효과성이 떨어지지 않도록 주의해야 한다. 운동 능력 평가의 초기 단계부터 작업치료사나 물리치료사 등의 임상가와 협력한다. 자세와 앉기의 평가는 〈표 3-13〉과 같은 요소들을 평가한다.

〈표 3-13〉 **자세와 앉기 평가**

학생이 가장 편하게 취할 수 있는 자세 평가	앉기 능력 평가
• 누운 자세 • 옆으로 누운 자세 • 엎드린 자세 • 서기 자세 등의 평가	• 일반 의자 • 피더 시트 등의 특수의자 • 일반 휠체어 • 전동 휠체어 • 그 밖에 자세 지지를 위해 필요한 지원 정도 파악하기(자세 교정 쿠션, 허리벨트, 머리지지대, 휠체어 책상 등)

- **불수의적 근육 반응, 원시반사의 존재:** 불수의적 근육 반응이나 원시반사는 정상적으로 성장하면서 점차 사라져야 하는데 지속되는 경우가 있다. 특히 뇌성마비 학생의 경우에는 비대칭성 긴장성 목반사, 대칭성 긴장성 목반사, 모로반사, 섭식반사 등에 대한 정보를 수집해야 한다. 이러한 불수의적 근육 반응 및 원시반사가 AAC를 사용하는 데 한계로 나타날 수 있기 때문이다.

(2) 선택 방법

운동 능력 및 자세 평가에서 불수의적인 원시반사를 파악한 후, 개별 학생에게 가장 적합하고 장시간 사용할 수 있는 AAC 선택 방법을 결정하기 위한 평가를 시작해야 한다. 훑기 방법과 직접 선택 방법 중에서 무엇이 더 적절한지 판단해야 하는데, 개별 학생의 요구에 따라서 훑기와 직접 선택 방법을 모두 사용할 수도 있다(Beukelman & Mirenda, 2013).

① 직접 선택 방법

신체의 어느 부위가 되었건 학생이 스스로 조절하여 직접 선택할 수 있는 신체 부분을 확인하는 것이다. 이를 위해 손과 발 조절 평가, 머리와 구강 안면 조절 평가, 발과 다리 조절 평가를 한다.

- 움직임의 범위와 정확도를 평가한다. AAC 팀은 의사소통이나 일상 활동 동안 보이는 학생의 움직임 유형을 결정하기 위해 일정 시간 동안 관찰한다. 개인, 가족, 양육자 등과의 인터뷰도 도움이 된다. 특별한 조정(adaptation) 없이 개인의 손가락, 손, 머리, 눈 움직임의 범위와 정확성을 평가한다. 예를 들어, 컴퓨터 화면 위에 수평 격자 표면을 사용하여 손 움직임을, 수직 표면을 사용하여 머리 조절과 눈 움직임 통제를 평가한다.
- 선택 방법을 평가할 때는 학생에게 AAC 기기의 화면에서 스스로 어떤 메시지(예: 인형-주세요)를 만들어 보라고 지시하는 것은 지양해야 한다(Beukelman & Mirenda, 2013). 이는 학생의 움직임 평가보다는 인지 능력이나 언어 능력을 평가하는 것일 수 있기 때문이다. 선택 능력을 살펴보기 위해서 교사가 AAC 기기의 화면에 다양한 목표 상징들을 배치한 후, 그 후에 학생이 각각의 상징들을 바라보거나 다양한 신체 부분을 활용하여 선택하게 한다. 예를 들어, 원하는 물건(예: 돈, 장난감 등) 상징을 AAC 기기에 미리 넣어 두고 신체의 한 부분(예: 손, 발, 머리, 눈, 입, 얼굴 움직임 등)을 활용해서 그 상징을 선택하면 그것을 가질 수 있게 하는 것이다.
- 최근에 AAC는 앱을 기반으로 확대되고 있다. 따라서 앱을 직접 선택으로 사용할 수 있는지 평가할 필요가 있다. 단순히 화면을 눌렀다 뗴는 자극 반응 게임 앱으로 화면을 직접 터치할 수 있는지 평가할 수 있다. 드럼 치기, 피아노 치기, 물결 그리기 등과 같은 단순한 자극 반응 앱을 활용하여 학생의 흥미를 끌면서 앱의 직접 선택을 평가한다.

② 간접 선택 방법

간접 선택 방법은 훑기를 사용하는 것으로 스위치 평가와 함께 진행된다. 다양한 훑기 전략을 사용할 수 있도록 개인의 능력을 평가하는 것과 함께 여러 종류의 스위치를 활성화하기 위해 사용할 수 있는 몸의 위치를 판단하는 것이다(김경양, 2015). 훑기 평가의 첫 단계는 스위치 활성화를 위한 신체의 위치(예: 손-머리-발-다리-무릎)를 확인하는 것이다. 이를 위한 평가를 할 때는 인지, 시각, 의사소통 요구를 감소시키는 것이 중요하다. 예를 들어, 간단한 컴퓨터 게임을 켜 보라고 하는 것이다. 스위치 활성화 부위를 판별하기 위해서는 가장 먼저 손의 최상의 가동 범위를 확인하고(김경양, 2015), 만약 손 조절 능력이 불충분하면 머리, 발, 다리, 무릎 순으로 평가한다.

- **스위치 조절의 구성요소:** 스위치를 사용하기 위해서는 대상자가 스위치를 의도치 않게 활성화하는 것을 막기 위해 정확한 순간을 기다려야 한다. 스위치를 활성화하거나 끝낼(close) 수 있어야 하고, 일정한 시간 동안 스위치가 활성화된 상태를 유지할 수 있어야 한다. 스위치를 눌러서 선택하는 것과 스위치를 누르고 있다가 손을 떼서(release) 선택하는 것도 필요하다.
- **컴퓨터 커서와 스위치 조절 능력:** 스위치 훑기를 사용해서 컴퓨터의 커서를 조절하는 방식은 개인의 운동 조절 능력에 따라 결정된다. 훑기 방법에는 자동적 훑기(예: 선택 세트에 따라 커서가 자동으로 움직이고 스위치로 선택함), 직접 훑기(예: 스위치가 활성화될 때만 원하는 항목으로 이동함. 선택하기 위해 스위치를 풀어 주어야만 함), 단계적 훑기(예: 스위치가 활성화될 때마다 한 단계씩 움직임)가 있다. 훑기 유형에 따른 컴퓨터 커서 조절 방법과 운동 요구도는 〈표 3-14〉와 같다(Beukelman & Mirenda, 2013).

〈표 3-14〉 **훑기 유형에 따른 운동요소와 커서 조절 방법**

운동요소	커서 조절 방법		
	자동적 훑기	직접 훑기	단계적 훑기
기다리기	높음	중간	낮음
활성화	높음	낮음	중간
유지하기	낮음	높음	낮음
풀기	낮음	높음	낮음
기다리기	높음	중간	중간
재활성화	높음	중간	중간
피로도	낮음	중간	높음

(3) 신체적 접근성을 고려한 의사소통 도구의 배치

의사소통 도구의 배치는 사용자의 자세, 시각 및 운동 조절 능력과 관련된다. 사용자가 수직 자세를 유지하여 손과 팔의 움직임이 안정감이 있다면, 바닥과 수평으로 설치된 테이블이나 휠체어 위에 놓일 의사소통 도구를 배치한다. 그러나 손의 사용 및 신체적 운동 조절 능력에 제한이 있는 경우에는 책상 바닥면과 30~40° 기울기로 의사소통 도구를 배치하는 것이 바람직하다.

개별 사용자의 시각 능력, 운동 능력 등에 기초하여 전체 의사소통 도구의 위치 및 크기가 결정된다. 사용자의 시각 능력, 운동 능력에 따라 의사소통 도구의 위치, 의사소통 도구에 사용할 상징의 유형 및 크기 등에 따라 의사소통 도구의 크기를 결정한다. 의사소통 도구의 위치를 확인하는 방법은 다음과 같다.

가장 손쉽게 시각 능력을 확인하는 방법은 장애학생이 선호하는 물건(예: 장난감)을 학생의 시야에 정중앙에 두고 교사의 팔을 뻗은 범위 내(약 30cm)에서 제시한 후 4점 포인트로 정사각형을 찍는다고 생각하고 이동시킬 때 장애학생이 이를 시각 추적하여 따라 보는지를 확인한다. 이후 교사의 팔 길이의 반의 추가 범위(약 45cm) 또는 팔 길이 반(약 15cm) 이내의 범위에서 사물을 4점 포인트로 제시하여 학생의 시각 추적을 확인한다.

일반적으로 의사소통판의 크기는 책상 크기, 8절 크기, 16절 크기, 엽서 크기 순서로 고려될 수 있다. 개별 상징의 크기는 3×3cm, 5×5cm, 10×10cm, 10×10cm 이상의 크기로 고려할 수 있다. 예를 들어, 의사소통판에 제시될 상징의 수(한번에 보이면서 선택될 수 있는 상징 수)에 따라 의사소통판의 크기가 결정된다. 따라서 먼저 사용자가 필요로 하는 어휘의 수(예: 핵심어휘 수)와 상징의 유형(예: 그림, 사진, 글씨)을 결정한 후, 개별 상징의 크기와 상징 간의 거리를 고려하여 의사소통판의 크기를 최종 결정한다.

6) 감각 접근성 평가

(1) 시각적 변별 능력

시각에는 보기(sight), 시신경을 통한 이미지의 전달, 대뇌 시각피질에서의 해석과 같이 세 단계를 포함한다. 동기, 경험, 자아상 등 개인적 요인들이 영향을 주기 때문에 개인이 자신의 현재 시각 능력을 어떻게 지각하고 사용하는지 고려해야 한다. 따라서 시각 능력에는 시력, 시야, 안구운동 기능, 빛과 색에 대한 민감성, 시각 안정성, 기능적 시각 능력 등을 고려해야 한다(Beukelman & Mirenda, 2013).

- **시력**: 목표물의 크기나 목표물이 판별된 거리를 확인하는 것이다. 도구적 상징을 사용할지 비도구적 상징을 사용할지 결정하기 위해 시력 정보가 필요하다. 도구적 상징이 선택될 경우에는 사용될 상징의 유형, 크기, AAC 사용자의 눈과의 거리 등에 대한 정보가 필요하다.
- **시야**: 시선의 변화 없이 사물을 볼 수 있는 범위를 의미한다. 중심시야 손상, 주변시야 손상, 맹점, 저하된 민감성 등이 평가되어야 한다.
- **안구운동 기능**: 안구운동이란 쳐다보는 방향으로 눈을 부드럽게 움직일 수 있도록 해 주는 눈 근육의 작용을 의미한다. 눈이 시각적인 고정을 수행하고 유지하며 사물을 찾아내고 훑을 뿐 아니라 움직이는 사물을 추적하도록 해 주는 것이다. 안구운동장애로 복시, 사시, 안구진탕증(불수의적 눈움직임) 등이 있다. 따라서 개인의 안구운동 기능, 협응 정도에 따라 AAC 도구의 위치, 상징 배열의 형태, 디스플레이에 배치된 항목의 간격 등을 결정해야 한다.
- **빛 민감성**: 빛의 눈부심에 민감하면 AAC 디스플레이를 사용하는 데 어려움이 있을 수 있다. 눈부심을 최소화하기 위해 주위 밝기를 확인하고 디스플레이의 화면이 반사하여 빛부심이 있다면 화면의 위치 선정이 중요하다.
- **색 민감성**: 뇌성/피질시각장애(Cerebral/Cortical Visual Impairment: CVI)가 있는 학생은 익숙하지 않은 시각적 자극에 반응하기 어려우며, 시각적 반응이 느리다. 또한 특정 색상에 대한 뚜렷한 선호도를 보이며 특정 시야의 자극에만 반응하는 등 전반적으로 색 지각에 어려움이 있다. 시각적 변별을 위해 색깔 보색 대비, 바탕색 확인, 인식하는 색깔 확인 등이 필요하다. 특정 AAC 디스플레이에 사용되는 색을 인식하는 데 문제가 있으면 화면을 보고 상징을 선택할 수 없기 때문에 색의 파장을 가진 색 부호화를 사용해서는 안 되고, 변별할 수 있는 대비색 또는 보색의 화면 구성이 필요하다.

(2) 청각적 변별 능력

청각 변별 능력은 소리가 나는 쪽으로 고개를 돌리거나 소리를 듣고 반응하는지를 확인하는 것이다. 익숙한 교사의 목소리, 장난감 소리, 낯선 소리 등에서 나타나는 반응의 차이(예: 얼굴 표정, 신체 움직임 등)를 관찰하고 기록한다. 소리의 강도에 따라서 반응도가 달라질 수 있기 때문에 최소, 중간, 큰 소리로 학생이 인식할 수 있도록 소리의 크기를 달리하여 반응을 확인한다. 이때 "고양이 울음 소리를 듣고 선택해 보세요."와 같은 지시는 청각 변별이 아니라, 상징이나 사물의 이름이나 변별에 초점이 맞춰질 수 있기 때문에 지양한다. 따라서 학생이 들을 수 있는 소리의 가동 범위 및 반응 확인에 초점을 둔다. 학생들에 따라서는 헤드셋을 씌우고 청각 자극에 반응도를 확인할 수도 있다. 특히 청각적 피드백은 시각장애 학생이 AAC를 사용하는 데 중요하다.

(3) 감각 예민/둔감도 평가

감각은 환경의 정보를 수용하고 처리하는 통로이다. 따라서 각각의 감각에 대한 예민 또는 둔감은 감각을 활용하여 정보를 처리하는 데 영향을 준다. 감각에 대해 어려움이 있는 자폐성장애 학생에게는 감각 평가가 더욱 중요한 이유이다. 움직임, 촉각, 시각, 청각, 후각 및 미각에 대한 감각 자극 추구 및 회피를 파악하기 위해 활용할 수 있는 간단한 체크리스트는 〈표 3-15〉와 같다(이로미 외 역, 2017; Sussman, 2012).

〈표 3-15〉 **감각 평가**

	둔감하여 자극 추구	예민하여 자극 회피
움직임	□ 뜀뛰기 □ 흔들기 □ 빙빙 돌기 □ 거칠게 몸 놀이 □ 왔다 갔다 달리기 □ 기타:	□ 에스컬레이터, 계단을 무서워함 □ 그네, 미끄럼틀, 시소 등을 무서워함 □ 움직이면 멀미함 □ 기타:
촉각	□ 계속 안아 주기 요구 □ 담요 등으로 돌돌 말고 있음 □ 좁은 공간에 들어감 □ 꽉 끼는 옷만 입음 □ 바닥에 누워 있음 □ 사람들을 들이박음	□ 손에 끈적한 것이 닿는 것을 싫어함 □ 옷의 질감에 따라 싫어하거나 좋아함 □ 모자를 쓰거나 장갑 끼는 것을 싫어함 □ 머리 감고 자르는 것을 싫어함 □ 쫄깃하고 딱딱한 음식을 싫어함 □ 기타:

	□ 물개박수를 침 □ 물건을 꽉 쥐고 있음 □ 물건을 입에 넣음 □ 이를 갊 □ 다쳐도 잘 울지 않음 □ 기타:	
청각	□ 다른 사람이 말하는 것을 듣지 않는 것 같음 □ 음악이나 특정 소리를 좋아함 □ 소리 나는 장난감을 좋아함 □ 엄마 아빠가 연기하는 과장된 톤으로 말을 걸면 좋아함 □ 기타:	□ 귀를 막음 □ 가전제품 소리를 들으면 움 □ 작은 소리로 말하면 좋아함 □ 아주 작은 소리도 잘 들음 □ 기타:
시각	□ 불을 자꾸 껐다 켰다 함 □ 반복적인 움직임을 좋아함 □ 사물을 한 줄로 세움 □ 사물을 볼 때 곁눈질로 흘겨봄 □ 독특한 각도로 사물을 봄 □ 기타:	□ 어두운 곳을 좋아함 □ 눈을 자주 깜빡임 □ 햇빛을 피함 □ 기타:
미각, 후각	□ 사물의 냄새, 맛을 추구하고 핥아 봄 □ 강한 맛의 음식을 좋아함 □ 기타:	□ 맛이 강하지 않은 음식을 좋아함 □ 특정 냄새에 민감함 □ 기타:
움직임과 관련된 특성		
□ 자꾸 부딪히고 다침 □ 장난감을 갖고 제대로 놀지 못함 □ 한 가지 장난감만 갖고 놈 □ 모방이 어려움 □ 어떤 행동이건 딱 한 번만 함(예: 그네를 딱 한 번만 탐) □ 이유 없이 돌아다님 □ 계속 누워만 있음 □ 촛불을 끄기 힘들어함 □ 말을 알아듣고 이해(수용)는 하지만 말(표현)은 못함 □ 발음을 잘 못함 □ 목소리가 이상함 □ 기타:		

7) 기타 고려점

(1) 비전자식 의사소통 도구의 제작 재료

의사소통 도구를 제작할 때 고려해야 하는 것이 견고성, 교체 가능성, 구입상의 용이성, 무게 등이다. 재료는 견고해야 하고, 의사소통 도구가 낡거나 손상되었을 때 시중에서 쉽게 교체할 수 있어야 하며 충분히 다룰 수 있는 무게를 갖고 있어야 한다. 또한 사용하는 상징이 어느 특정 잡지나 사진 등 교체가 어려운 것보다는 대중이 모두 쉽게 이해할 수 있고 교체가 용이한 그림이나 상징을 사용해야 한다. 의사소통판은 시중에 판매되고 있는 안내판, 수첩, 링바인더 등에 벨크로를 부착하여 제작할 수 있다. 눈 응시판은 아크릴 판에 양면에 벨크로를 부착하여 제작할 수 있다.

[그림 3-1] **의사소통 도구 제작을 위한 용품의 예**

(2) 상징 간격 평가

상징 간의 간격은 개별 사용자의 선호도 및 능력(시각, 지각, 운동 능력)에 따라 상징의 간격을 벌리거나 띄우는 등의 개별화된 접근이 필요하다. 예를 들어, A라는 사용자는 선택 항목들의 간격이 넓고 큰 여백 공간이 있을 때 선택 항목들을 더 잘 구별할 수 있는 반면에, B라는 사용자는 의사소통판에서 선택 항목 간의 간격이 조밀하고 대신 색으로 구별될 때 원하는 선택 항목을 더 잘 변별할 수 있다. 상징의 크기와 상징 간의 거리는 사용자에게 맞게 개별화하여 제작하고, 실제 사용 정도를 수시로 피드백해서 수정한다. 상징 간격 평가는 다음의 앱(예: AAC 평가 지니 앱, 스마트 AAC 앱)을 활용할 수 있다.

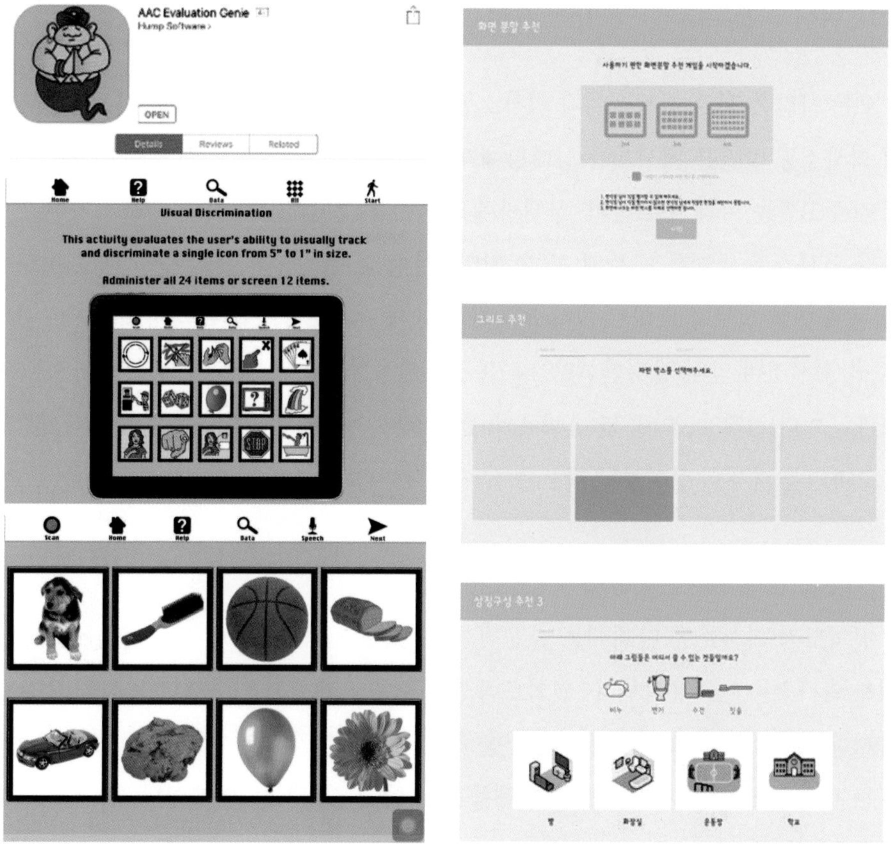

AAC 평가 지니 앱(AAC Evaluation Genie App)

스마트 AAC 앱(Smart AAC Apps)

[그림 3-2] **상징 간격 평가 앱**

4. AAC 진단 · 평가 사례

앞서 설명된 다양한 AAC 평가 영역 및 평가 도구들은 실제 현장에서 적용하여 AAC 평가로 바로 진행하는 것이 생각보다 쉽지 않다. 그 이유는 AAC 평가가 교사 또는 치료사 단독으로 진행되는 것이 아니라 각 영역별 전문가가 AAC 팀을 구성하여 진행하는 복합적 평가이기 때문이다. 따라서 학교에서 교사가 단독으로 AAC에 관한 모든 영역을 평가하려면 실질적인 훈련이 필요하고, AAC 중재 경험이 있어야 한다. 따라서 이 절에서는 교사가 참고할 수 있는 AAC SETT 평가(김경양, 2016)를 중심으로 소개하고자 한다.

1) 의사소통 의도성에 따른 AAC 평가

모든 사람은 서로가 서로에게 의사소통 상대방이면서 의사소통 대상자이다. 따라서 의사소통 발달은 메시지를 상대방에게 전달하고자 하는 의도성, 의사소통을 순서대로 주고받는 차례 주고받기, 상대방에게 의사를 전달하고자 하는 의사소통 시도에 따라 의사소통 단계를 구분해 볼 수 있다. 이에 의사소통 의도성, 주고받기, 시도하기 등에 대한 정보를 토대로 의사소통 단계를 세 단계로 구분하여 의사소통 프로파일로 구성한 것이 앞서 설명한 AAC SETT에서 활용한 Mar과 Sall(1999)의 '의사소통 프로파일'이다(김경양, 2016, 2019; 박은혜, 한경근 역, 2008). Mar과 Sall(1999)의 의사소통 프로파일을 자세히 살펴보면 다음과 같다.

(1) 전의도적 의사소통 단계

전의도적 의사소통 단계에는 반응적인 행동(예: 울음, 웃음)이 의사소통 상대방에 의해 의사소통으로 해석된다. 전의도적 의사소통 단계에는 의도적인 목적을 갖지 못하지만 의사소통 대화상대방이 해석을 하고 의사소통적으로 반응함에 따라 제스처 또는 비상징적 방법으로 의도적인 행동을 보이기 시작하는 단계이다. 학생이 울고 짜증을 내는데 어떤 의도에서 울고 있는지 의사소통 신호를 나타내지 않는 것을 의미한다. 매시마다 행동이 달라지고 어떤 의도를 나타내거나 상대방에게 의도를 표현하기 위해 일관적인 소통 방법을 사용하지 못한다면 전의도적 의사소통 단계에 있다고 할 수 있다. 일관적으로 사용하는 의사소통 방법이 없다는 것은 도구적 상징(예: 글자, 그림, 사진 등)을 사용하기 어렵다는 것을 의미한다.

우리는 태어나서 모두 처음에는 '전의도적 의사소통자'였다. 영아 시기는 의사소통을 의도적으로 하기보다는 의사소통 상대방인 양육자가 영아의 행동에 반응함으로써 해석이 되는 시기이다. 예를 들어, 영아는 무엇인가 불편할 때 양육자가 다가오면 울거나 찡얼거린다. 그리고 이런 우는 행동은 양육자에 의해 해석되고(예: '배가 고프구나') 불편함이 해소된다. 이러한 반응과 해석의 반복을 통해 영아는 자신이 환경에 다양한 방법으로 영향을 끼칠 수 있다는 것을 학습하여 '원인-결과'를 인식하게 된다. 이를 통해 의도적인 행동은 목적을 얻기 위한 수단이 된다는 것을 학습한다. 원인과 결과에 대한 인식이 사람 관계 속에서 적용되면 '사회적 우연', 즉 '의사소통 의도성'으로 적용된다. 학생은 점점 성장하면서 다른 사람과 특정한 방법으로 상호작용하는 것을 습득하게 된다. 이 단계에는 비상징적이고 비구어적인 방법들로 발성, 제스처, 얼굴 표정, 눈 맞춤, 접근하기 등이 사용된다. 이러한 행동들은 점진적으로 지적하기, 손짓하기, 손 흔들기, 박수 치기, 다양한 발성으로 변화된다. 대화 주고받기가 나타나지 않고, 의사소통 전체가 의사소통 상대방인 성인의 촉진에 의해서 이루어진다. 또한 성인이 의사소통을 시작하지만 학생은 반응하거나 하지 않을 수 있다.

(2) 초기 의도적 의사소통 단계

초기 의도적 의사소통 단계는 손짓기호, 발성, 제스처(예: 가리키기), 표정 등의 비도구적 방법을 사용하여 의사소통하는 단계이다. 상징을 한 번에 하나만 사용할 수 있고 두 가지 상징을 결합하여 사용하기 어려울 수 있다. 선호하는 활동 또는 여러 가지 활동 중에 선택하기, 인사하기, 요구하기와 같은 간단한 의사소통 기능을 표현할 수 있다. 어떤 활동에서는 의도성이 나타나지만 어떤 활동에는 나타나지 않을 수도 있어서 활동 의존적인 의사소통 특성을 갖고 있다. 예를 들어, 장난감 불빛을 보려고 스위치 버튼을 누르는 행동, 물건을 갖고 싶어서 성인의 손을 잡아서 끌고 가는 행동을 보인다.

학생이 자신의 요구, 인사, 선호를 표현하기 위해 의도적인 행동을 나타내고 울음, 웃음, 지적하기, 쳐다보기 등 비도구적 방법을 사용한다. 성인의 의사소통 시도에 한 번 주고받는 차례가 나타난다. 학생이 의사소통 시도를 할 수 있으나 구체적인 목적으로 확장시키기는 어렵다(예: 성인에게 소리를 내서 관심을 얻을 수는 있으나, 정보를 얻거나 원하는 것을 추가적으로 얻기 위해서 의도적 확장은 어려움).

(3) 의도적 의사소통 단계

의도적 의사소통 단계에는 수어, 그림상징, 발성, 구어, 글자 등의 비도구적 상징과 도구적 상징 형태를 모두 사용하여 의사소통한다. 두 가지 이상의 상징을 결합하여 사용할 수 있다. 학생은 자신의 행동이 의사소통 상대방에게 영향을 주고 그것이 다시 자신에게 영향을 주는 것을 인식한다. 자발적이고 의도적이며, 특정 활동에 의존하지 않고 다양한 활동과 상황에서 의사소통을 한다. 예를 들어, '나는 엄마가 좋아요'와 같은 문장으로 완성하여 표현할 수 있다. 또한 성인과 물건을 번갈아서 쳐다보고 성인을 쳐다보며 부른다. 성인이 반응이 없으면 물건을 보여 달라는 제스처를 하면서 동시에 "물건 주세요."라고 말하여 원하는 물건을 상대방에게서 얻을 수 있다.

의도적 의사소통 단계는 초기 상징 단계, 간단한 상징 결합 단계, 확장된 상징 결합 단계, 언어적 의사소통 단계로 구분된다. 먼저 초기 상징 단계에는 의도적으로 한 가지 상징(예: 글자, 그래픽 상징, 제스처)을 사용하고 2회의 차례 주고받기가 가능하다. 간단한 상징 결합 단계로 접어들면, 두 가지 상징(예: 글자와 그래픽 상징)을 결합하여 간단한 메시지를 전달하고(예: 물을 가리키며 "더 주세요."라고 함), 3회 이상의 차례 주고받기가 가능해진다. 확장된 상징 결합 단계에는 3~5가지 상징을 결합하여 사용한다. 마지막으로 언어적 의사소통 단계에는 다섯 가지 이상의 상징을 결합하여 완전한 문장을 구사하고, 학생이 주도적으로 의사소통을 시작할 수 있다.

2) AAC SETT 평가 결과 예시

A 학생
Ⅰ. 배경정보(신체, 인지, 청력, 정서, 행동 특성 등)
구어를 사용한 언어 표현을 하지 않으며 호명에 반응하지 않고 간단한 지시 따르기에도 어려움(수용 및 표현언어 1세 미만으로 보임). 시각 추구 및 감각 추구가 높음
Ⅱ. 진단 시 학생의 태도
주의집중 시간이 짧은 편이나 여러 사물과 친구들에게 관심을 보임. 그룹 활동에서 원하지 않는 과제가 주어질 때 거부를 표현하는 방법으로 소리 지르기, 짜증 등으로 나타냄. 일대일로 평가를 진행할 때는 교사의 모델링을 보고 의사소통을 시도하며 참여하였음
Ⅲ. 실시한 검사 목록
AAC SETT, 면담 및 관찰 평가
Ⅳ. AAC SETT 평가 결과
(1) AAC SETT 학생 평가 결과 • 현재 학생의 의사소통 방법은 제스처(몸짓)와 발성임 • 유치원 환경 내에서 자신의 요구 및 필요를 거의 표현하지 않으며, 학생은 스케줄 따르기, 어휘 이

해, 질문에 답하기, 한 단계 지시 따르기를 교사의 촉진에 의해 할 수 있음(초기 단계)
- 의사소통 수행을 증진시키기 위해 반응 기다리기, 반복 교수, 언어 제공 시 시각적 자료 제공이 필요함

(2) AAC SETT 환경 및 과제 평가 결과
- 학생의 주 의사소통 상대방은 담임교사와 보조교사(실무원)임
- 학생은 인사하기, 관심 얻기, 질문에 답하기, 시도하기와 같은 의사소통 기능이 관찰되었으나, 관찰된 횟수는 1~2회로 의사표현이 적은 편임
- 대부분 상대방에 의해 의사소통 의도가 읽혀지고 있으며, 수업 시간 동안에 손과 몸, 고개 흔들기, 책상 치기, 박수 치기와 같은 행동으로 힘듦을 표현함
- 선택하기, 요구하기와 같은 간단한 활동을 통해 의사소통 의도를 높여 주고, 교실 곳곳에 학생이 필요로 하는 상징을 부착하여 의사소통 기회와 성공 경험을 만들어 주는 것이 필요함

※ STOP! 현재 의사소통 방법이 적합하지 않으며 다른 수단(방법)이 필요함

(3) AAC SETT 도구 평가 결과

① 필요한 어휘/상징
- 어휘 개수(학교 의사소통 기회에 참여하기 위해 필요한): 15개 이하
- 상징 세트: 몸짓상징, 실제 사물, 사진, 장면/상황 중심(VSD)
- 상징 크기: 시각적 어려움은 없으나, 시각 주의가 부족하여 10×10cm 이상 크기가 필요함

② 접근 방법: 직접 선택

③ 각 화면 구성: 비전자식 고정형(예: 상징 위치가 변하지 않는 의사소통판)으로, 1개의 메시지로 시작하여 2개→4개→8개 이상으로 확장

④ 소리 출력: 소리 출력이 없는 의사소통판, 목소리 녹음 가능한 1칸 스위치

⑤ 메시지 옵션/내용: 프로그래밍된 구문 사용(예: '물 마시고 싶어요' 컵 사진)

⑥ 그 외: 장면/상황 중심(VSD)의 경우 AAC APP 커뮤니샷 추천함

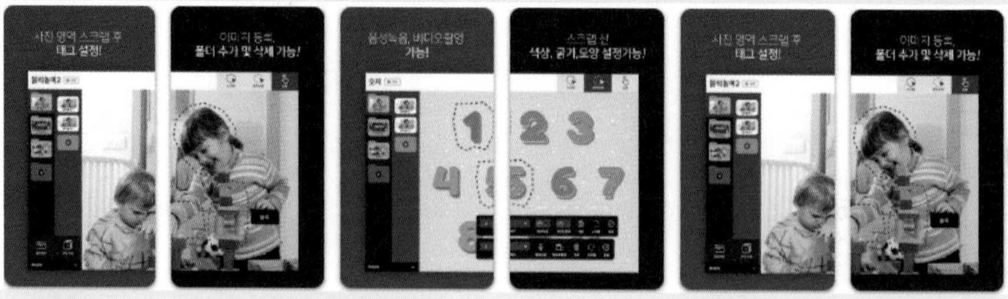

출처: 김은지(2021).

B 학생

Ⅰ. 배경정보(신체, 인지, 청력, 정서, 행동 특성 등)

청각장애 중복으로 보청기와 인공와우를 끼고 있으며 의사소통 시 대부분 원활하나 표현언어 지연 및 조음에 어려움이 있음. 또래와 의사소통 시 교사의 촉진을 받아 대답함

Ⅱ. 진단 시 학생의 태도

어른과의 상호작용에 주저함이 없고 적극적인 태도를 보이는 반면, 또래에 대한 의사소통 시도는 거의 관찰되지 않음

Ⅲ. 실시한 검사 목록

AAC SETT, 면담 및 관찰 평가

Ⅳ. 평가 결과

(1) AAC SETT 학생 평가 결과
- 현재 학생의 의사소통 방법은 발성으로, 친숙한 사람은 100% 이해할 수 있으나, 친숙하지 않은 사람은 80% 정도로 이해할 수 있음
- 유치원 환경 내에서 거의 대부분 자신의 요구 및 필요를 표현하며, 학생은 스케줄 따르기, 어휘 이해, 질문에 답하기, 한 단계 지시 따르기를 할 수 있음(습득함)
- 의사소통 수행을 증진시키기 위해 언어 제공 시 시각적 자료 제공이 필요함

(2) AAC SETT 환경 및 과제 평가 결과
- 학생의 주 의사소통 상대방은 담임교사임
- 학생은 인사하기, 요구하기, 거부하기, 더(more), 질문에 답하기, 시도하기, 의사소통 단절, 회복하기와 같은 의사소통 기능이 관찰됨

• 현재 의사소통 방법이 적당하나, 어휘를 범주화하고 스크립트 활동을 통해 환경의 제약 없이 의사소통을 확장하는 것이 필요함

※ STOP! 현재 의사소통 방법이 적합하며 교수적 수정을 통해 지원하는 것이 필요함

출처: 김은지(2021).

<table>
<tr><th></th><th>의도성</th><th>의사소통 복잡성</th><th>주고받기
(turn-taking)</th><th>의사소통 시도</th></tr>
<tr><td rowspan="6">의사
소통
능력
↓</td><td>• 전의도적 단계: A 학생
의사소통 상대방이 학생의 행동을 해석함. 학생은 자신의 행동이 상대방에게 영향을 끼친다는 것을 알지 못함</td><td>• 비상징적: A 학생
반사적 행동(예: 음악을 듣고 웃기, 선호하는 물건을 보고 손 흔들기, 배고플 때 울기)</td><td>• 전체 촉진: A 학생
항상 촉진을 받아서 학생이 행동함</td><td>• 성인 시도: A 학생
성인이 의사소통을 시도하고 학생은 반응함</td></tr>
<tr><td>• 초기 의도적 단계
학생은 요구, 필요, 흥미를 얻기 위한 시도로 물건이나 사람에게 직접적인 행동을 함</td><td>• 전상징적
요구나 필요를 표현하기 위해 직접 행동함(예: 희망하는 물건을 얻기 위해 가리키기, 소리내기, 눈 맞추기)</td><td>• 단일 turn
학생은 상대방의 의사소통 시도에 반응함</td><td>• 학생 시도(비구체적)
학생은 구체적인 목적이나 필요 없이도 상대방과 의사소통을 시도함(예: 관심을 얻기 위해 발성을 하지만 구체적인 의사소통 행동을 유지하지는 않는다. 상대방의 손을 가져가 특정 장소에 이끌고 가지만 더 구체적인 정보를 얻기 위해 이를 유지하지 않는다.)</td></tr>
<tr><td rowspan="4">• 의도적 단계: B 학생
학생은 의사소통을 완성하고 목적을 얻기 위해 특정 행동을 함. 학생은 자신의 행동이 의사소통 상대방에 영향을 준다는 것을 알고 있고, 시선을 옮기면서 이를 표현함. 의도적 행동은 자발적이고, 학생이 시도하는 것이고 환경을 넘어서 나타남</td><td>• 기초 상징
활동, 사람, 물건을 나타내기 위해 단일 상징, 단어, 몸짓, 제스처를 사용함(예: '쿠키'라고 말하기, 선호하는 물건의 상징이나 사진을 가리키기)</td><td>• 초기 상호관계
학생이 두 번 turn 의사소통 교환에 참여함</td><td rowspan="4">• 학생 시도(구체적): B 학생
학생은 상대방과 의사소통 시도를 하고, 구체적인 목적과 필요를 나타냄(예: 상대방의 손을 만지고 열기를 원하는 물병을 건네 준다. 상대방의 손을 잡고 끌어서 특정 장소로 가서 자신이 원하는 물건 또는 활동을 알려주거나 가리킨다.)</td></tr>
<tr><td>• 간단한 상징 조합
간단한 메시지를 전달하기 위해 두 가지 상징 또는 단어나 몸짓 등을 조합함(예: '좀 더' 상징과 물건을 가리킨다. '인형이 잠을 잔다.' 두 가지 단어와 상징 조합한다.)</td><td>• 간단한 사회적 교환: B 학생
학생은 단일 주제에 있어서 세 번 이상의 의사소통 교환을 주고받음</td></tr>
<tr><td>• 확장된 상징 조합: B 학생
기본적인 메시지 전달을 위하여 3~5가지 상징, 단어, 몸짓 등 조합함</td><td rowspan="2">• 복합적 대화 교환
학생은 적절하게 주제를 변경하거나 유지하면서 여러 번의 주고받는 순서에 참여하고, 의사소통적 교환에 참여함</td></tr>
<tr><td>• 상징의 정교한 사용/공식적인 언어
완벽한 문장을 표현하기 위해 다섯 가지 이상의 상징, 단어, 몸짓 등 조합함</td></tr>
</table>

출처: 김경양(2016, 2019).

3) AAC SETT 평가지

AAC SETT는 다음의 구성요소를 포함한다.

요소	AAC SETT 내용
학생 (Student)	• 학생이 무엇을 해야 하는지 결정하는 것 • 학생을 위한 목표를 설정하기 위해 학생의 의사소통 방법, 요구에 대한 정보를 수집
환경 (Environment)	• 학생의 물리적 환경을 확인 • 교수환경 조정, 필요한 교구, 시설, 지원 교사, 접근성에 대한 문제점 파악하고 자료를 수집함
과제 (Task)	• 학교 환경 속에서 학생에게 필요한 활동이나 과제에 학생이 참여할 수 있도록 하고 의사소통 기능을 관찰함 • IEP 목표와 연결하도록 함
도구 (Tool)	• AAC 도구의 사용이 필요하다고 결정하면, 최종적으로 사용할 AAC 도구를 결정하기 위해 적용 가능성이 있는 다양한 AAC 도구의 접근 방법, 입출력, 어휘 구조, 보조공학 지원 방법 등에 대한 정보를 수집함

학생(student)		
1. 현재 의사소통 방법: 학생의 의사소통 방법에 대해 설명하시오.		
▶ 다음 중 현재 학생이 구별하여 사용할 수 있는 의사소통 방법을 모두 선택하시오. ☐ 실제 사물 ☐ 촉각 상징 ☐ 제스처(몸짓) ☐ 사진 ☐ 사인 ☐ 로고 ☐ 상징(선화) ☐ 글자 ☐ 발성(친숙한 사람의 이해 정도: %/친숙하지 않은 사람의 이해 정도: %)		▶ 현재 의사소통 방법을 설명하시오.
2. 학교에서 학생의 의사소통 요구를 해결하는 방법		
▶ 학생은 자신의 필요/요구를 표현하는가? ☐ 항상 ☐ 거의 대부분 ☐ 가끔 ☐ 전혀 표현하지 않음	▶ 학생의 수용언어 정도는 어느 정도인가? ☐ 스케줄을 따름 E M NO ☐ 어휘를 알고 있음 E M NO ☐ 질문에 답을 함 E M NO ☐ 한 단계 지시를 따름 E M NO • E: 초기 단계 • M: 습득하였음 • NO: 관찰되지 않음	▶ 의사소통을 증진시키기 위해 필요한 전략은 무엇인가? ☐ 기다리기/반응을 기다리기 ☐ 반복 교수 ☐ 말하면서 시각적 자료 제공 ☐ 기타:

학생 프로파일/학생의 의사소통 능력을 가장 잘 설명하는 각 단계를 표시할 것				
	의도성	의사소통 복잡성	주고받기 (turn-taking)	의사소통 시도
의사소통 능력 ↓	• 전의도적 단계 의사소통 상대방이 학생의 행동(예: 울음, 옹알이, 웃음 등)을 해석함. 학생은 자신의 행동이 상대방에게 영향을 끼친다는 것을 알지 못함(예: 학생은 배가 고플 때 울면서 문을 부술 듯이 친다. 그러나 교사는 없다.)	• 비상징적 반사적 행동(예: 음악을 듣고 웃기, 선호하는 물건을 보고 손 흔들기, 배고플 때 울기)	• 전체 촉진 항상 촉진을 받아서 학생이 행동함	• 성인 시도 성인이 의사소통을 시도하고 학생은 반응함(예: 울음, 발성, 제스처 등)
	• 초기 의도적 단계 학생은 요구, 필요, 흥미를 얻기 위한 시도로 물건이나 사람에게 직접적인 행동을 함. 특정 행동은 한 가지 또는 두 가지 상황에서 발생하고, 환경에 따름(예: 학생은 불빛을 키려고 장난감의 불빛을 키고 성인의 손에 올려놓는다.)	• 전상징적 요구나 필요를 표현하기 위해 직접 행동함(예: 희망하는 물건을 얻기 위해 가리키기, 소리내기, 눈 맞추기)	• 단일 turn 학생은 상대방의 의사소통 시도에 반응함(예: 성인이 무엇을 마시고 싶은지 물었을 때 마시는 상징을 건넨다.)	• 학생 시도(비구체적) 학생은 구체적인 목적이나 필요 없이도 상대방과 의사소통을 시도함(예: 관심을 얻기 위해 발성을 하지만 구체적인 의사소통 행동을 유지하지는 않는다. 상대방의 손을 가져가 특정 장소에 이끌고 가지만 더 구체적인 정보를 얻기 위해 이를 유지하지 않는다.)
	• 의도적 단계 학생은 의사소통을 완성하고 목적을 얻기 위해 특정 행동을 함. 학생은 자신의 행동이 의사소통 상대방에 영향을 준다는 것을 알고 있고, 시선을 옮기면서 이를 표현함. 의도적 행동은 자발적이고, 학생이 시도하는 것이고 환경을 넘어서 나타남(예: 의사소통 상대방과 눈 맞춤을 하면서 물건을 들어서 양육자가 이를 쳐다보도록 '보여 주기' 제스처를 한다. 의도적 제스처를 사용해서 상대방의 공동관심을 얻는다.)	• 기초 상징 활동, 사람, 물건을 나타내기 위해 단일 상징, 단어, 몸짓, 제스처를 사용함(예: '쿠키'라고 말하기, 선호하는 물건의 상징이나 사진을 가리킨나.)	• 초기 상호관계 학생이 두 번 turn 의사소통 교환에 참여함(예: 어떤 음료를 마시고 싶은지 질문을 받은 후에 어떤 종류의 주스를 마시고 싶은지 알려 주기 위해 마시는 상징을 성인에게 건넨다. '좀 더'라는 상징을 건네고 '콜라' 상징을 가리킨다.)	• 학생 시도(구체적) 학생은 상대방과 의사소통 시도를 하고, 구체적인 목적과 필요를 나타냄(예: 상대방의 손을 만지고 열기를 원하는 물병을 건네준다. 상대방의 손을 잡고 끌어서 특정 장소로 가소 자신이 원하는 물건 또는 활동을 알려 주거나 가리킨다.)
		• 간단한 상징 조합 간단한 메시지를 전달하기 위해 두 가지 상징 또는 단어나 몸짓 등을 조합함(예: '좀 더' 상징과 물건을 가리킨다. '인형이 잠을 잔다.' 두 가지 단어와 상징 조합한다.)	• 간단한 사회적 교환 학생은 단일 주제에 있어서 세 번 이상의 의사소통 교환을 주고받음(예: 의사소통 상대방과 질문에 답하거나 코멘트한다.)	

		• 확장된 상징 조합 기본적인 메시지 전달을 위하 3~5가지 그래픽 상징, 단어, 몸짓 등 조합함	• 복합적 대화 교환 학생은 적절하게 주제를 변경하거나 유지하면서 여러 번의 주고받는 순서에 참여하고, 의사소통적 교환에 참여함(예: 학생과 의사소통 상대방은 질문에 답하거나 질문하거나 주제에 대해 코멘트 하거나 대화를 유지하면서 주제를 논의한다.)	
		• 상징의 정교한 사용/공식적인 언어 완벽한 문장을 표현하기 위해 다섯 가지 이상의 그래픽 상징, 단어, 몸짓 등 조합함		

출처: Mar & Sall (1999), 김경양(2016, 2019).

환경(environment)/과제(task)	
1) 학생이 있는 환경은 다음 중 어디인가? □ 일반 학급: □ 특수학교: □ 특수 학급: □ 기타:	2) 학생은 주로 누구와 의사소통 하는가? □ 교사: □ 또래 친구: □ 보조교사: □ 기타:
3) 환경에서 의사소통이 요구되는 핵심(주요) 과제(활동)는 무엇인가? □ 그룹 활동 □ 개인 과제 □ 식사 시간 □ 쉬는 시간 □ 교과 활동 □ 지역사회 활동 □ 기타:	
4) 직접 관찰하기 • 방법: 2~3가지 다른 활동을 관찰할 것. 학생이 표현하거나 사용 가능한 의사소통 기능에 대한 자료를 수집함 • 의사소통 기능이 관찰될 때마다 □ 박스에 ☑ 체크 표시. 스스로 했을 때는 I, 촉진은 P를 표시함	
과제/활동명 기입: ____________________ 자연스러운 의사소통 환경에서 최소 3회 관찰 평가 진행할 것	

① 활동 관찰 중에 학생이 가능한(available) 의사소통 기능은 무엇인가?		활동 관찰 중에 학생이 사용한(engage) 의사소통 기능은 무엇인가?		② 관찰 동안에 사용된 주 의사소통 방법/수단 설명	③ 의사소통을 증진할 수 있는 교실/학교에서 아이디어
인사하기 □ □ □ □ □ □ □ □ □ □	관심 얻기 □ □ □ □ □ □ □ □ □ □	인사하기 □ □ □ □ □ □ □ □ □ □	관심 얻기 □ □ □ □ □ □ □ □ □ □		
요구하기 □ □ □ □ □ □ □ □ □ □	코멘트하기 □ □ □ □ □ □ □ □ □ □	요구하기 □ □ □ □ □ □ □ □ □ □	코멘트하기 □ □ □ □ □ □ □ □ □ □		
거부하기 □ □ □ □ □ □ □ □ □ □	정보 요구하기 □ □ □ □ □ □ □ □ □ □	거부하기 □ □ □ □ □ □ □ □ □ □	정보 요구하기 □ □ □ □ □ □ □ □ □ □		

더(more) □ □ □ □ □ □ □ □ □ □	질문에 답하기 □ □ □ □ □ □ □ □ □ □	더(more) □ □ □ □ □ □ □ □ □ □	질문에 답하기 □ □ □ □ □ □ □ □ □ □		
시도하기 □ □ □ □ □ □ □ □ □ □	의사소통 단절 회복하기 □ □ □ □ □ □ □ □ □ □	시도하기 □ □ □ □ □ □ □ □ □ □	의사소통 단절 회복하기 □ □ □ □ □ □ □ □ □ □		
※ STOP! 확인하여 결정하기	확인하기 • 현재 학생의 의사소통 수단(방법)이 의사소통 목표와 필요를 해결하는가?	YES! 여기서 멈춤! • 현재 의사소통 수단(방법)이 적합함. 학생은 계속 의사소통할 수 있음 • 현재 의사소통 방법 기술:	(환경 수정을 통해서) YES! 여기서 멈춤! • 현재 의사소통 방법이 적당하지만, 조정이나 수정이 필요함 • 의사소통 수정 및 조정 방법:	**No! → 도구(tool) 파트로 넘어갈 것** • 현재 의사소통 방법이 적합하지 않음. 다른 수단(방법)이 필요함	

활동/과제(task) 과제/활동명 기입: ____________ 자연스러운 의사소통 환경에서 최소 3회 관찰 평가 진행할 것					
① 활동 관찰 중에 학생이 <u>가능한(available) 의사소통 기능</u>은 무엇인가?		활동 관찰 중에 학생이 <u>사용한(engage) 의사소통 기능</u>은 무엇인가?		② 관찰 동안에 사용된 주 <u>의사소통 방법/수단</u> 설명	③ 의사소통을 증진할 수 있는 교실/학교에서 아이디어
인사하기 □ □ □ □ □ □ □ □ □ □	관심 얻기 □ □ □ □ □ □ □ □ □ □	인사하기 □ □ □ □ □ □ □ □ □ □	관심 얻기 □ □ □ □ □ □ □ □ □ □		
요구하기 □ □ □ □ □ □ □ □ □ □	코멘트하기 □ □ □ □ □ □ □ □ □ □	요구하기 □ □ □ □ □ □ □ □ □ □	코멘트하기 □ □ □ □ □ □ □ □ □ □		
거부하기 □ □ □ □ □ □ □ □ □ □	정보 요구하기 □ □ □ □ □ □ □ □ □ □	거부하기 □ □ □ □ □ □ □ □ □ □	정보 요구하기 □ □ □ □ □ □ □ □ □ □		
더(more) □ □ □ □ □ □ □ □ □ □	질문에 답하기 □ □ □ □ □ □ □ □ □ □	더(more) □ □ □ □ □ □ □ □ □ □	질문에 답하기 □ □ □ □ □ □ □ □ □ □		
시도하기 □ □ □ □ □ □ □ □ □ □	의사소통 단절 회복하기 □ □ □ □ □ □ □ □ □ □	시도하기 □ □ □ □ □ □ □ □ □ □	의사소통 단절 회복하기 □ □ □ □ □ □ □ □ □ □		

※ STOP! 확인하여 결정하기	확인하기 • 현재 학생의 의사소통 수단(방법)이 의사소통 목표와 필요를 해결하는가?	YES! 여기서 멈춤! • 현재 의사소통 수단(방법)이 적합하다. 학생은 계속 의사소통할 수 있음 • 현재 의사소통 방법 기술:	(환경 수정을 통해서) YES! 여기서 멈춤! • 현재 의사소통 방법이 적당하지만, 조정이나 수정이 필요함 • 의사소통 수정 및 조정 방법:	**No! → 도구(tool) 파트로 넘어갈 것** • 현재 의사소통 방법이 적합하지 않음. 다른 수단(방법)이 필요함
도구(tool)				

1) 필요한 어휘 및 상징
• 어휘 개수(학교 의사소통 기회에 참여하기 위해 필요한 어휘 기준)
□ 15개 이하(예: 칩톡, 의사소통판, 빅맥 등)
□ 16~99개(예: 녹음 기능 있는 AAC 도구, PECS, 의사소통 책, 나의 AAC, 마이토키 기본판 등)
□ 100~249개(예: 수준별 기능 있는 AAC 도구, 마이토키 기본판, 마이토키 활용판, 나의 AAC)
□ 250개 이상(예: 나의 AAC, 위톡, 마이토키 활용판, 마이토키 예측판)
• 다른 환경에서 요구되는 어휘는 무엇인가? 얼마나 많은 어휘 수가 필요한가? ______________________
• 상징 세트(상징 세트를 선택하는 방법)?
□ 몸짓 □ 실물 □ 촉각 상징 □ 사진 □ 상징(선화) □ 글자 □ 장면/상황 중심(VSD)
• 상징 크기(비전자식 또는 전자식 체계)
–필요한 상징 크기(예: 5×5, 10×10 등): ______________________
–상징 크기 결정 방법: ______________________

2) 접근 방법
• 직접 선택(예: 포인팅, 잡기, 스틱 사용)
□ 신체(손, 발 등) □ 키가드 필요함 □ 눈 응시
• 스캐닝(훑기)
□ 청각(청각적으로 피드백) □ 시각(시각적으로 피드백)
• 대안적 방법
□ 헤드마우스 □ 조이스틱 □ 스위치 □ 기타: ______________________

3) 시각적 화면 구성(의사소통 도구 디스플레이)
• 의사소통 도구 디스플레이
□ 비전자식 고정형(예: 상징 위치가 변하지 않는 의사소통판)
□ 비전자식 역동적 화면 구성(예: 범주별로 구성된 의사소통 책)
□ 전자식 역동적 화면 구성(예: 마이토키, 나의 AAC 등 AAC 앱)
□ 글자

4) 출력
□ 소리 출력 없는 비전자식(예: 의사소통 책, 의사소통 카드 등)
□ 디지털 소리 출력(예: 목소리 녹음 방식)

□ 음성합성 방식(예: 컴퓨터 음성출력 TTS)

5) 메시지 옵션(가능한 항에 모두 체크)
□ 사전에 입력된 문장 사용(예: 음료 그래픽 상징='물 마시고 싶어요')
□ 단어를 결합한 문장 사용(예: 나 + 물 + 마시고 싶어요)
□ 단어 예측
□ 낱말, 글자 입력

6) 그 외
• 휴대 기능이 필요한가?
□ 네 □ 아니요
• 만약 휴대 기능이 필요하지 않다면, 마운팅이 필요한가?
□ 네(휠체어/다른 기기: ______________________) □ 아니요
• 기타 필요한 것은?
□ 내구성 □ 소리 볼륨 □ ON/OFF 기능 □ 편집 기능 □ 그 외: ______________________

출처: 김경양(2016, 2019).

AAC SETT 평가 결과 정리

1. 학생 평가(S)
1) 현재 의사소통 방법:
2) 학교 환경 내에서 의사소통 요구를 해결하는 능력
(1) 자신의 요구/필요를 어느 정도 표현하는가?
(2) 학생의 수용언어 정도는 어떠한가?
• 스케줄 따르기:
• 어휘를 알고 있음:
• 질문에 답을 함:
• 한 단계 지시를 따름:
(3) 의사소통 수행을 증진시키기 위해 필요한 것은 무엇인가?

2. 환경 및 과제 평가(E & T)
1) 환경: /형태: /활동: /시간:
2) 주 의사소통 상대방:
3) 관찰된 의사소통 기능 및 방법
•
•
4) 아이디어

※ STOP! 의사결정:

3. 도구 평가(T)

1) 필요한 어휘/상징
- 어휘 개수(학교 의사소통 기회에 참여하기 위해 필요한):
- 상징 세트:
- 상징 크기:

2) 접근 방법:

3) 시각 화면 구성:

4) 출력

5) 메시지 옵션:

6) 그 외:

의사소통 프로파일

의도성	의사소통 복잡성	주고받기 (turn-taking)	의사소통 시도

출처: 김경양(2016, 2019).

[참고 자료] 학생에게 알맞은 AAC 체계를 개발하기 위해 어떤 평가 과정이 필요할까요?

■ 연구 제목

언어재활 환경에서의 AAC 평가 사례 보고: 뇌병변장애 유아를 중심으로

■ 연구 목적

뇌병변장애 유아를 대상으로 알맞은 AAC 체계를 개발하기 위한 AAC 평가 과정을 실시하고, 개발된 AAC 체계를 적용한 이후 대상자의 의사소통 변화를 살펴보고자 함

■ 연구 참여자

2, 5세 여아, 뇌병변장애 2급(경직성 양하지마비) 및 언어장애 4급

■ AAC 평가 과정 및 평가 결과

- AAC 평가를 위한 초기 면담
  - 대상자의 기본정보(예: 이름 등) 및 발달력을 조사하고, 의사소통이 주로 이루어지는 장소 및 대화 상대자, 사용하는 AAC 도구 등을 조사함

구분	내용
의사소통 대화상대자	할머니(주 양육자), 어머니, 아버지와 오빠, 치료사
의사소통 장소	집, 병원과 치료실(예: 물리치료, 작업치료, 언어재활)
의사소통 상황	집에서 가족과의 대화 상황, 치료실에서 치료사들과의 대화 상황
의사소통 목적	원하는 것이 있을 때나 질문에 대답할 때 몸짓으로 대답함
AAC 도구 사용 경험 및 스마트 기기	AAC 체계를 잘 모르고, 주 양육자가 안드로이드 기반의 스마트폰을 사용함

- 언어 및 의사소통 평가
  - 언어 평가: 아동용 공식 언어검사의 매뉴얼대로 검사를 진행하며, 운동 능력의 제한이 있는 경우 검사도구의 수정을 통해 검사를 실시함

검사	내용
수용 및 표현언어 능력 검사	• 영유아 언어발달검사(SELSI) 및 한국판 맥아더-베이츠 의사소통 평가(K M-B CDI)를 실시함 • 수용언어 발달은 24개월 수준이고, 표현언어 발달은 측정할 수 없음

–의사소통 평가: 일상에서 자주 발생하는 상황에 대한 시나리오를 구성하여, 해당 상황에서 대상자가 구어 이외에 할 수 있는 다양한 의사소통 방법을 관찰하여 기록함

검사	내용
자유놀이 상황 (예: 인형의 집 놀이)	• 손/팔 뻗기, 고개 끄덕이기/젓기, 눈 응시하기 등의 제스처를 보임 • 상대방의 주의를 끌거나 원하는 것이 있을 때 상대방을 계속 응시함

• AAC 체계 어휘 선정
–평가 결과를 근거로 아동의 강점을 파악하고, 발달 수준에 맞는 어휘를 선정함
–어휘 선정 방법: AAC 사용자 대화, 활동 참여 형태 관찰, 정보 제공자 인터뷰, 스크립트 활동 등
–선정 어휘: 엄마, 아빠, 네, 아니요, 좋아요, 싫어요, 할머니 불러 주세요, 그만 하고 싶어요

• 대체접근 기법 평가
–운동 및 시청각 능력 검사: 가장 편한 의사소통 자세 및 사용할 의사소통판(또는 기기)의 크기와 위치를 평가함

구분	내용
구강운동 능력	• 죽 형태의 음식 먹기 및 젖병 빨기 가능함
대근육/소근육 발달	• 혼자 앉기와 서기는 불가능하나, 머리 조절 및 누운 자세에서 기기로의 변환은 가능함 • 사물을 잡고 들기 및 손가락으로 가리키기 가능
자세 조절/근 긴장도	• 양하지 경직성으로, 하지와 오른쪽의 경직성이 큰 편임
시 · 청각 능력	• 출생 시 미숙아 망막증 진단을 받았으나 청력에는 이상 없음

–선택 기법 평가

구분	내용
태블릿 PC(9인치)	상징 수를 4개 이하로 조정하여 제시, 전용 펜을 사용하여 선택함
스마트폰	가정에서 AAC 앱을 사용하도록 함

• 상징 능력 평가
–사물과 그림상징의 연결이 가능하여 언어개념 확장을 위해 이화–AAC 상징체계를 사용함
–의사소통판에 제시되는 상징의 수는 8개의 이하가 적절함

• AAC 체계 시범 적용
–언어재활 환경에서 원하는 것을 의사소통판에서 가리키거나, 의문사 질문에 정확하게 대답할 수 있는 훈련을 중심으로 시범 적용함

–사용한 의사소통판 예시

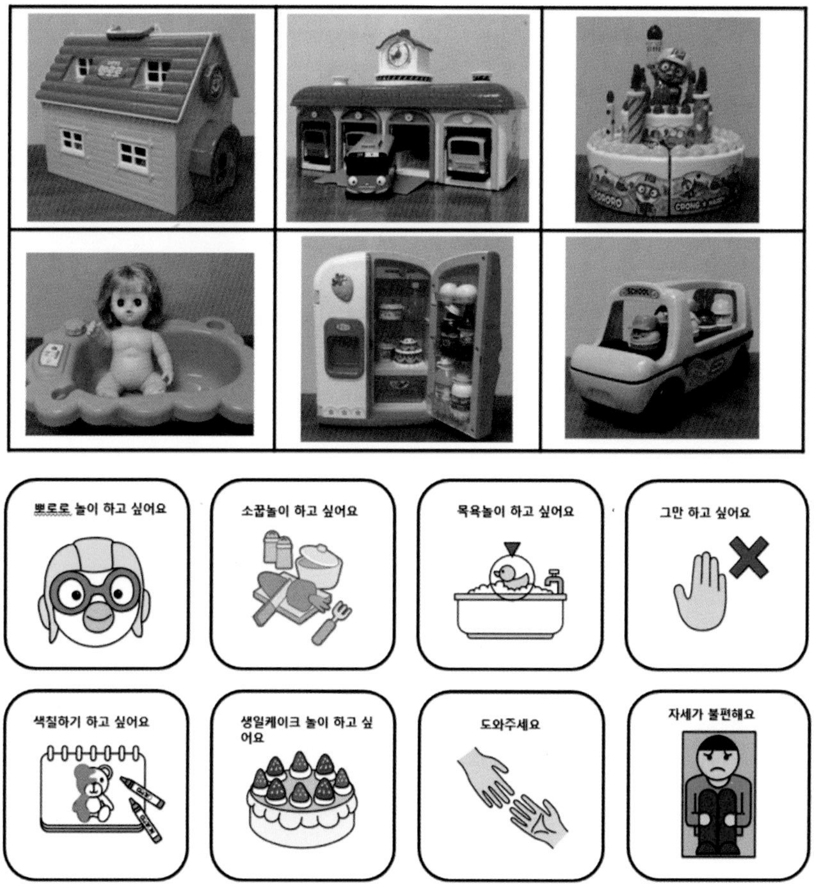

■ 연구 결과

AAC 적용 이전에는 수동적인 방법으로 의사소통하였으나, 적용 이후 자신이 표현하고 싶은 메시지의 그림상징을 직접 가리키는 자발적인 의사소통 시도 행동이 나타남

■ 연구 의의

초기 발달기의 어린 뇌병변장애 아동에게 명료도 향상과 발성 중심의 언어재활뿐 아니라, 아동의 필요와 요구에 맞는 다양한 AAC 체계의 지원이 필요하다는 점을 나타냄

■ 출처

연석정(2017). 언어재활 환경에서의 AAC 평가 사례 보고: 뇌병변 유아를 중심으로. **보완대체의사소통연구, 5(1)**, 125–150.

[참고 자료] 사용자 맞춤형 AAC 판을 설정하기 위한 평가 시스템은 어떻게 만들어질까요?

■ 연구 제목

웹기반 AAC 그림상징 수행능력 평가 시스템 개발

■ 연구 목적

웹기반 AAC 그림상징 수행능력 평가 시스템을 개발하여 일반아동을 대상으로 수행능력을 살펴보고, 이를 근거로 AAC 사용자 맞춤형 AAC 판을 설정하는 데 중요한 기초 정보를 제시하고자 함

■ 연구 참여자

정상 발달 4세 아동 6명 및 5세 아동 6명

■ AAC 그림상징 수행능력 평가 시스템

• 시스템 설계

–다음과 같은 형태로 사용자에게 서비스를 제공하도록 설계됨

단계	내용
1	사용자가 AAC 그림상징 수행능력 평가 사이트에 접속하여 서비스 요청함
2	클라이언트가 사용자의 요청을 웹서버에 전달함
3	웹서버는 사용자의 요청에 따라 '상징 이미지' 데이터베이스와 '상징 평가' 데이터베이스로부터 필요 데이터를 가져와 처리 후 클라이언트로 전송함
4	클라이언트는 서버로부터 전달받은 데이터를 처리하여 사용자에게 보여 줌

• 시스템 구현 및 사용자 시나리오

–평가 과정은 학생이 화면에 제시된 지시문을 읽거나 음성을 듣고, 적절한 상징을 평가 보드에서 선택하는 방식으로 진행됨

1단계	2단계	3단계	4단계
그림상징의 크기와 수	그림상징 부호화 능력 평가	그림상징 범주화 능력 평가	문장 표현하기
• 상징을 평가 보드에서 찾아 선택함 • 세부 단계: 4판, 8판, 15판, 24판, 40판, 60판	• 상징을 평가 보드에서 찾아 선택함 • 세부 단계: 동작 부호화 능력 평가, 상태 부호화 능력 평가	• 제시되는 상징의 상위 범주를 선택함 • 세부 단계: 상위 범주화 능력 평가, 문법 범주화 능력 평가	• 적절한 상징을 선택하여 제시된 문장을 나타냄 • 세부 단계: 2개 · 3개 · 4개 그림상징 연결하기 및 대화하기 의사소통판

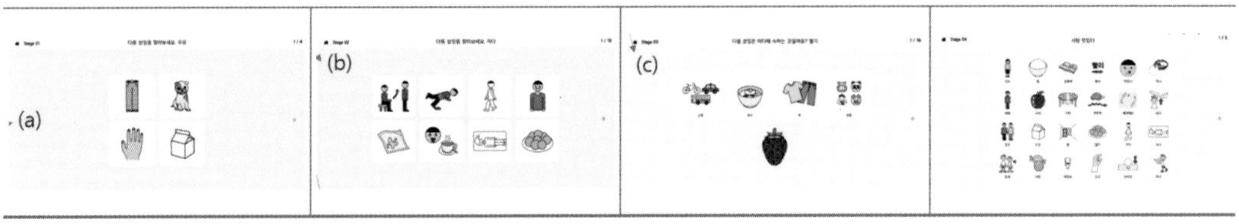

–평가 기록표를 통해 학생의 평가 능력을 진단할 수 있으며, 평가 목표어휘 목록 및 평가 기록지를 다운로드받을 수 있음

■ 연구 결과

• 그림상징 크기와 수에 따른 선택의 정확도에서는 두 집단 모두 높은 정확도를 보였으나, 60판에서 5세 집단이 4세 집단보다 통계적으로 유의하게 빠른 반응속도를 보였음
• 동작 · 상태 부호화 및 상위 · 문법 범주화에서도 두 집단 모두 높은 정확도를 보였으나, 상태 부호화 및 문법 범주화에서 5세 집단이 4세 집단보다 통계적으로 유의하게 빠른 반응속도를 보였음

■ 연구 의의

본 연구에서 개발한 시스템이 객관적인 정보에 근거한 사용자 맞춤형 AAC 판을 선정하는 데 유용하게 활용될 것이라는 점에서 의의를 가짐

■ 출처

안서영, 정채은, 홍기형, 박설화, 연석정(2021). 웹기반 AAC 그림상징 수행능력 평가 시스템 개발. 보완대체의사소통연구, 9(2), 147-174.

4장

AAC 교육의 준비와 교수전략

AAC 교육은 개별 학생에게 의미 있는 것이 무엇인지에 대한 고려 없이 단순하게 '자극'에 대한 '반응'으로 의사소통 기술을 지도하는 교육이 아니다. AAC 교육은 다른 사람과 상호작용을 통해 소통하는 경험을 확장하기 위한 교육이다.

초기 교육 단계에서는 먼저 학생의 의도성을 파악하되, 의도를 보이지 않는 학생은 의도성을 키우는 것으로 AAC 교육을 시작해야 한다. 의사소통 능력을 향상하기 위해서는 반응을 촉진하여 요구하기, 거절하기, 선택하기 등 기초적인 의사소통 기능에 초점을 맞추어 지도한다.

구체적인 AAC 교수전략으로 자연스러운 환경에서 학생 중심의 상호작용에 초점을 맞추고 반응적이고 비지시적인 교수 방법을 사용하며, 초기 의사소통 능력의 향상을 위하여 모델링, 요구-모델, 시간지연, 우연교수 등과 같은 자연적 교수 절차와 환경중심 교수전략을 사용하는 것이 효과적이다. 그 밖에 교육현장에서 효과성이 입증된 교수전략으로 AAC의 모델링, 일과표 전략, 일과 스크립트 활동 교수, 그림교환의사소통체계 등을 활용하여 일상생활의 맥락 속에서 지도해야 한다.

AAC 교육은 학생을 직접 지도하는 것도 중요하지만 학생의 발화, 의사소통 의도나 행동에 민감하게 반응하고 해석하는 대화상대자의 역할이 중요하다. 이에 대화상대자의 역할과 대화상대자를 활용한 교수전략에 관해 상세히 제시하였으며, 주변인의 인식과 협력을 기반으로 의사소통 학습을 촉진할 수 있는 환경 조정 방안에 대해 다룬다.

1. 초기 의사소통 교육

1) 의사소통의 의도성

(1) 의사소통 의도성의 발달

의사소통 의도성이란 아동이 어떤 신호를 보내기 전에 그 신호가 상대방에게 미치는 영향과 결과의 인과관계를 이해하는 것을 의미한다. 의도적 의사소통 행동은 "아동이 움직임이나 음성 행동(vocal act)을 성인에게 보여 주고 성인의 반응을 기다리는 것"으로 정의한다(Wetherby et al., 1988). 의도성의 유무는 의사소통을 시도하는 목적(예: 요구하기)을 위해 듣는 사람과 시선을 교환하고, 상대방이 알아들을 때까지 신호를 계속 보내거나 바꾸어 보내는 것으로 판단할 수 있다. 듣는 사람의 반응을 기다리거나 목적을 이루었을 때 만족감을 나타내는 것으로도 알 수 있다.

모든 아동이 의사소통 의도성을 가지고 있는 것은 아니다. 의사소통은 전의도적 단계부터 의도적 단계까지 연속성을 가지고 발달하며 직접적으로 측정할 수는 없지만 상호작용 중에 보이는 관찰 가능한 행동을 통해서 추론할 수 있다. 아동의 의사소통 의도를 관찰하기 위해서는 교사의 민감성이 필요하다. 의사소통의 의도성 발달은 〈표 4-1〉의 3단계로 설명할 수 있다(Snell & Brown, 2008). 단, 3단계 모델은 의사소통 단계의 차이점을 구별하는 데 유용하지만, 의도성의 발달에 관하여 완전하게 설명하기는 어렵다. 의도성은 단계에서의 발생 여부를 구분하기보다는 발달의 연속선상에서 나타나는 것으로 이해해야 한다(Bruce & Bashinski, 2017).

〈표 4-1〉 **의사소통 의도성의 3단계 발달**

구분	내용	예
전의도적 단계	아동 발달 단계로는 0~9개월에 나타나며 목표 지향적이지 않고 별다른 의도성이 없는 단계로 듣는 사람이 의미를 해석하며 들어야 한다.	양육자나 대화상대자가 아동의 울음 행동을 보고 무언가 먹고 싶어서 하는 것으로 해석하여 소통한다.
의도적 의사소통 단계	9~13개월에 나타나며 의도적으로 의사소통하기 위해 구어 발달 이전의 몸짓이나 소리를 사용한다. 원하는 것을 바라보거나 소리를 내는 행동으로 표현하는 단계이다.	주스를 마시고 싶을 때 냉장고를 손으로 가리키는 행동으로 표현하거나, 좋아하는 장난감을 줄 때까지 반복해서 소리(말이 아닌 발성을 의미함)를 내는 것 등을 말한다.
언어적 의사소통 단계	13개월 이후에 나타나며, 어휘를 사용하여 의도적 의사소통 행동을 한다. 정확한 언어는 아니지만, 비슷한 발음이나 소리 혹은 손을 뻗어 원하는 것을 표현하는 단계이다.	정확한 발음은 아니지만 아동이 "안녕." "더 줘."와 같은 말을 하기 시작하는 단계이다.

(2) 의사소통 의도성 평가

의사소통 의도성은 의사소통의 기능으로 발전할 수 있는 선행조건이므로 의도성을 기르는 것이 지도의 시작이다. 초기 의사소통 지도 단계에서는 자신의 의도를 정확하게 표현하지 못하므로 듣는 사람이 학생이 표현하는 의도를 주도적으로 해석해야 한다. 이 시기에는 대화상대자의 역할이 중요하다. 음성이나 표정, 눈빛과 같은 비상징적 의사소통 방법을 시도하거나 손 뻗기, 신체적 접촉, 기대기, 몸 젖히기, 흔들기 같은 움직임은 의사소통 기능으로 나타날 수 있다.

관찰된 행동이 비의도적인 행동이라도 맥락을 파악하여 의미를 찾는다. 학생의 의사소통 시도는 매우 미세하여 놓치기 쉽다. 자발적인 의사소통 행동에 대해서는 지속적이고 일관성 있는 해석과 함께 반응을 보인다. 이러한 과정에서 전의도적인 행동을 의도적 의사소통 행동으로 유도할 수 있다. 예를 들어, 학생이 특별한 의도 없이 몸을 앞뒤로 흔들고 있을 때, 지루해서 그렇다는 의미를 부여하고(예: "지루하구나!"), 바로 선호하는 활동을 제시하는 것으로 결과를 제공한다(예: "다른 것 줄게!"). 즉, 학생의 '앞뒤로 몸 흔들기'를 '지루해요'라는 의도적 의사소통 표현으로 확장한다.

조금 더 자세히

Q. **초기 의사소통 의도성과 기능의 수준은 어떻게 분석할 수 있는가?**

A. 초등학교 4학년 중도장애 학생인 민수는 주스가 마시고 싶을 때는 컵을 어머니에게 가져가서 어머니와 냉장고를 바라보는 행동을 한다. 민수는 즉시 주스를 주지 않으면 울어 버린다. 이러한 행동을 분석해 보면 민수는 '의도적 의사소통 단계'에 있으며, 의사소통 형태는 '컵을 어머니에게 가져가는 것'이며, 의사소통 기능은 '주스를 요구하는 것'이다. 의도성 수준은 민수가 주스를 얻지 못할 때 다시 주스를 얻기 위해 의사소통 시도하기를 바꾸어서 '울음'으로 표현한 것으로 평가할 수 있다. 특수교사는 민수가 '울음'이라는 방법으로 의사소통을 시도하는 능력이 있다고 판단할 수 있다. 다음 단계는 '울음' 대신에 표현할 수 있는 긍정적인 의사소통 표현 방법을 찾는 것이다.

(3) 의사소통 의도성 키우기

의사소통은 단순히 기술을 사용하도록 지도하는 것이 아니라 다른 사람과 상호작용하는 것을 통해 함께 소통하는 기쁨을 알게 하는 것이다. 그림 의사소통판이나 의사소통 기기의 사용 방법을 지도하는 것도 중요하지만, 그전에 스스로 표현하고자 하는 동기를 부여하는 것이 우선이다. 그러므로 의사소통 지도는 자연적 환경에서 실제 상호작용이나 놀이 등 실제 맥락에서 이루어진다.

Bruner(1981)는 행동 조절(behavior regulation), 사회적 상호작용(social interaction), 공동관심(joint attention)을 본질적 의사소통 의도로 간주하고, 생후 첫해에 반드시 발달시켜야 하는 의사소통 기능으로 제시하였다. 장애학생은 의사소통의 세 가지 기능 중에서 행동 조절 기능을 상대적으로 많이 사용하며, 사회적 상호작용이나 공동관심 기능은 제한적으로 사용한다. 장애가 심할수록 타인과 소통하려는 의도보다는 요구하거나 거부하기 등 행동을 조절하려는 의도를 더 많이 표현한다(Snell & Brown, 2008).

학생이 관심 있어 하는 사물을 이용하여 공동관심을 형성하도록 유도하기 위해서는 학생이 바라보는 사물을 같이 바라보거나 서로 바라볼 때 즉각적이고 일관성 있게 피드백하여 상호작용하는 것을 촉진한다. 점차 임의의 동작이나 발성, 표정 등 정형화되지 않은 개인적인 표현 방법일지라도 표현하도록 촉진한다. 스스로 의사표현의 필요성을 인식하고 시도할 수 있도록 처음에는 단순한 상황이나 과제에서 시작하여 점차 어려운 상황에서 의사표현을 할 수 있도록 지도하고 실생활에서 일반화할 수 있는 경험을 통해 의사표현의 성과를 직접 경험하게 한다(박은혜 외, 2023). 발달 초기에 발달시켜야 하는 의사소통 기능의 범주와 정의는 〈표 4-2〉와 같다(Wetherby & Prizant, 1993).

〈표 4-2〉 **초기 의사소통 기능의 정의와 예**

구분	정의	예
행동 조절	• 다른 사람에게 무엇인가를 하게 하거나 하는 것을 멈추게 하기 위한 의사소통 기능이다. • 대상, 행동을 요구하거나 대상이나 행동에 저항하기 또는 거부하기 등을 의미한다.	• 발성이나 소리로 갖고 싶은 물건을 요구하거나, 행동을 중지시키기, 거부하기 등 • 몸짓으로 원하는 것을 요구하거나 거부하는 것을 표현하기 등
사회적 상호작용	• 다른 사람을 바라보게 하거나 다른 사람의 주의를 끌려는 의도된 행동이 포함된다.	• 인사하기, 부르기, 주의 끌기, 보여 주기, 요구하기, 사회적 일상 요청하기, 감정 표현하기, 다른 사람의 말에 수긍하기 등
공동관심	• 다른 사람과 함께 사물이나 활동을 공유하기 위해 관심 있는 사물이나 사건에 다른 사람의 관심을 끌기 위한 의사소통 기능이다.	• 관심 있는 물건을 다른 사람에게 보여 주거나, 다른 사람의 관심을 끌기 위해서 사물을 가리키는 행동 등

2) 반응 촉진하기

반응 촉진하기는 의사소통을 시작하는 단계에서 학생의 주의와 반응을 끌어내며, 더 많은 의사소통 시도를 이끄는 데 필요하다. 의사소통하는 경험이 즐거운 것임을 알려 주고, 말하는 사람을 바라보고 능동적으로 반응할 수 있도록 촉진하는 전략을 말한다.

학생의 반응을 촉진하기 위해서는 먼저 말하는 사람과 눈을 맞추고 표정, 몸짓 등을 바라보며 관심을 가지게 한다. 말하는 사람을 향해 몸을 돌리고 눈을 맞추는 것은 의사소통을 시작하는 가장 기초적인 행위이다. 일상의 경험(예: 외출 상황)과 관련된 말소리(예: 밖에, 신발, 나가자! 등)를 들려주며 의미를 연결해 주는 것으로 반응을 촉진한다. 자주 경험하는 사물이나 놀잇감의 이름을 반복하여 들려주고 말소리의 의미를 연결하도록 지도한다. 반응을 보이는 어휘는 한 번에 한 가지씩 가르칠 때 더 빠르게 습득할 수 있다.

의사소통하기 어려운 학생과 처음 상호작용을 시작할 때 자세, 상호작용 빈도와 속

〈표 4-3〉 **초기 의사소통 지도 시 반응 촉진 방법**

구분	내용
대화 자세	• 눈높이 맞추기 • 학생과 마주 본 채로 가까이 다가가기 • 긍정적 관심 보이기(하이파이브, 악수, 파이팅하기 등)
상호작용 빈도와 속도	• 눈 맞춤, 손잡기 등 가능한 한 많은 상호작용하기 • 학생이 반응을 보일 때까지 기다리기 • 학생의 상호작용 속도에 맞추기
피드백	• 학생의 반응에 과장된 반응 보이기 • 학생의 반응에 적극적이고 민감하게 반응해 주기 • 학생이 표현한 반응에 대해 긍정적인 피드백 제공하기
무반응에 대한 대처	• 학생이 반응을 보이지 않으면 간단한 제스처 등으로 반응 유도하기(어깨를 가볍게 두드리기, 팔을 가볍게 밀거나, 손을 잡아 주기) • 다양한 감각 자극으로 반응 유도하기 • 활동에 최소한의 참여라도 시도할 수 있도록 촉진하며 반응 유도하기 • 단순한 선택이라도 시도할 수 있도록 선택할 기회 주기 • 교사가 하는 행동을 학생에게 설명하며 반응 유도하기 • 학생이 좋아하는 캐릭터로 행동하는 것을 보여 주며 반응 유도하기

도, 피드백 측면에서 다음과 같은 방법으로 학생의 반응을 촉진할 수 있다. 초기에 반응을 전혀 보이지 않는 학생도 반응을 촉진하는 것으로 의사소통 지도를 시작할 수 있다. 학생의 반응을 촉진하는 방법은 〈표 4-3〉과 같다.

조금 더 자세히

Q. **말을 하지 않고 손짓, 몸짓으로만 표현하는 학생은 어떻게 지도해야 할까?**

A. 비장애아동도 말하기 기술이 발달하기까지 초기 1년간은 제스처를 써서 소통한다. 초기 의사소통 교육을 고려할 때 제스처 사용에 관한 점검은 중요하다. 학생이 선호하는 방법이 제스처라면 어떤 상황에서 어떤 방식으로 표현하는지 관찰하여 확장하도록 지도한다. '손담' 등의 손짓기호를 사용하도록 지도할 수 있으며, 학생의 주변 사람들과 공용된 상징이나 표현 방법을 사용한다면 더 많은 어휘를 확장하며 의사소통할 수 있다.

3) 요구하기 교수

(1) 요구하기 기술

요구하기(requesting) 기술은 일반적인 언어 발달단계에서 나타나는 초기 의사소통 기능이다. 장애학생의 대부분은 동일 연령의 비장애학생에게 관찰되는 모든 의사소통 기능이 발달하지는 않더라도, 거절하기나 요구하기와 같이 제한된 기능을 표현할 수 있다. 요구하기 기술은 초기 중재의 목표행동으로 가장 많이 선정되며, 초기의 의사소통 교수에 효과적이다(박은혜 외, 2023). AAC 교육을 시작하는 초기 단계에서는 성공적인 의사소통 경험을 제공하기 위해 가장 기초적인 기능인 요구하기 기술을 우선하여 중재한 연구가 많다(Sigafoos, 2006).

요구하기 기술의 교수가 중요한 이유는 다음과 같다. 첫째, 일반적인 발달단계에서 가장 초기에 나타나는 의사소통 기능이다. 장애학생의 의사소통 기능의 평가와 일반적인 발달을 고려할 때 초기 단계에서는 의사소통 기능을 가진 기존의 언어 전 행동과 연결하여 거절하기와 요구하기를 가르치는 것이 효과적이다(Schlosser & Sigafoos, 2002). 요구하기의 표현은 제스처나 몸짓, 손짓기호 등을 사용하여 지도하기 쉬우며, 직접적이고 빠른 결과를 가져올 수 있으므로 학습하기도 쉽다.

둘째, 선호하는 대상이나 활동에 접근하여 이를 획득하거나 유지하게 하는 수단을 제공한다. 학생들은 좋아하는 사물을 얻기 위한 수단으로 '요구하기'를 배운다. 타인을 향해 표현하는 요구하기 기술은 초기 의사소통을 학습하는 학생에게 매우 중요하다. 요구하기는 사물이나 행동을 선택할 수 있는 수단을 제공하기 때문에 성공 가능성이 높은 목표행동이다.

셋째, 요구하기 기술은 환경을 통제할 수 있는 효과적인 기술이다. 실물이나 사진, 그림상징이나 간단한 몸짓 등을 이용하여 표현할 수 있다. 그러나 다른 사람에게 무언가 요구하려면, 먼저 상대의 관심을 끌어야 한다. 관심 끌기 신호로 사용할 수 있는 예는 해당하는 상징이나 사물을 지적하거나 눈으로 바라보기, 책상 위의 벨 누르기, 상대방과 눈이 마주쳤을 때 손 들기, 상대방의 팔이나 어깨 터치하기 등이 포함된다.

(2) 요구하기의 기회 만들기

의사소통의 기회는 자연스러운 상호작용이나 역할놀이 등 맥락 중심의 상황을 활용하여 만든다. 자연스럽게 발생하는 상황이나 놀이에서 목표 기술을 사용하는 연습 기회가 많이 주어질수록 더 잘 학습할 수 있다. 그러나 자연스러운 환경만으로는 의사소통의 기회가 충족되지 않으므로 학생이 선호하거나 선호하지 않은 물건이나 활동의 목록을 만들거나, 동기를 부여하는 책, 물건 및 활동 상자를 언제든지 사용할 수 있도록 준비한다. 항상 새롭고 재미있는 활동을 찾는 것으로 요구하기 기술의 학습을 촉진할 수 있다.

(3) 음성출력 스위치를 활용한 요구하기 교수

초기 의사소통 단계에서는 단 한 개의 메시지를 표현하는 것으로 시작할 수 있다. 음성출력 스위치는 즉각적인 청각적 피드백이 주어지기 때문에 의사소통을 촉진하는 데 효과적이다. 음성출력 스위치의 기능과 종류는 2장을 참고하기 바란다. 음성출력 스위치는 메시지를 녹음하고 재생하여 사용할 수 있는 가장 간단한 의사소통 도구이다. 스위치를 누르는 간단한 동작으로 목소리, 음악, 또는 주변의 여러 가지 소리를 녹음하여 사용할 수 있다. 직접 목소리를 녹음할 때는 사용하는 학생의 연령, 성별을 고려하여 가능한 한 유사한 수준의 목소리로 녹음해 주면 친근하게 사용할 수 있다. 음성출력 스위치의 경우 지체장애가 있거나, 중도의 지적장애 학생, AAC를 처음 사용하는 학생들도 작동 방법이 간단하여 쉽게 사용할 수 있다.

음성출력 스위치를 사용할 때는 스위치에 메시지를 표현하는 사물이나 상징카드를 붙여 사용한다. 예를 들어, '주세요'라는 1개의 메시지만으로도 여러 상황에서 사용할 수 있다. 쉬는 시간에 "우유 주세요.", 수업 시간에 "색종이 주세요.", 교실 이동을 해야 할 때 "휠체어 밀어 주세요." 등 1개의 메시지만으로도 다양하게 표현할 기회를 만들 수 있다. 초기 지도 단계에서 수용언어 이해 수준이 낮아 스위치에서 출력되는 메시지의 뜻을 이해하지 못하더라도 반복해서 사용하면 상황에 적절한 인과관계를 학습할 수 있으며 의사소통의 기본 개념을 배울 기회가 된다.

4) 거절하기 교수

요구하기와 함께 초기 의사소통 교육에서 먼저 지도해야 하는 것은 거절하기 기술이다. 거절하기 기술은 '예, 아니요'를 묻는 질문에 답하는 것보다 더 기본적인 의사소통 기술이다. 장애학생의 의사소통 행동에 대한 지속적이고 일관성 있는 반응과 해석은 의사소통의 기초를 형성하도록 돕는다. 장애가 심한 학생일수록 수용과 거절을 나타내는 표현이 미세하여 인식이 어렵기 때문에 효과적으로 의사소통을 시작하기 위해 가르쳐야 하는 기술이다. 거절하기 표현은 '주세요'와 같은 요구하기 기술과 함께 지도한다. 예를 들어, 학생이 물을 마시고 싶어 할 때, 학생의 앞에 물컵을 놓고 "물을 줄까?"라고 묻는다. 동시에 '예'를 의미하는 그림상징카드를 같이 제시한다. 학생이 그림상징카드를 지적하도록 신체적 촉진을 한다. 학생이 정반응을 하면 즉각적으로 물을 준다. 이러한 과정을 반복하며, '예'와 반대의 의미인 '아니요'를 표현하여 거절하는 방법을 가르친다. '아니요' 또는 '싫어요'의 표현은 그림상징카드 외에도 제스처나 손짓기호 등 다양한 상징으로 지도할 수 있다.

5) 선택하기 교수

(1) 선택하기 기술

선택하기(choice making)는 초기 단계에서 지도해야 하는 기술이지만, 수용과 거절을 정확하게 표현할 수 있어야 사용할 수 있다. 선택하기는 2개 이상의 선택권을 주었을 때 그중 하나를 고르는 기술이다. 학생과 익숙한 사람들은 대개 표정, 발성, 몸짓 등 비구어적인 표현을 관찰하는 것만으로도 의미를 변별할 수 있으나, 선택할 기회가 주어지지 않으면 선호(preference)에 대한 개념을 학습할 수 없다. 선호하는 것이 없는 학생에게 선택하기를 지도하기는 매우 어렵다. 선택하기를 지도하려면 우선 음식, 물건, 활동, 장소 등에 관한 여러 경험을 통해 좋아하는 것이 생겨야 지도할 수 있으며, 선택사항을 제시했을 때, '수용하기'와 '거절하기'의 표현을 지도할 수 있다. 또한 선택하기는 학생이 먼저 시작하는 의사소통 기술이 아니므로 교사가 먼저 선택할 수 있는 항목을 제공하고 학생에게 '주세요' '하고 싶어요' 등의 요구하기에 해당하는 어휘를 사용하도록 지도한다.

(2) 선택 기회 만들기

선택하기를 지도하기 위해서는 일과 중에서 선택할 수 있게 의미 있는 기회를 찾아야 한다. 학생의 연령, 흥미, 일과를 고려하여 명확하게 선택할 수 있는 상황과 기회를 찾는다.

'예/아니요' 질문을 활용하여 표현할 수 있는 가능한 방법(예: 신체의 움직임이나 시선 등)으로 시도하도록 지도한다. 예를 들어, 어떤 간식을 먹을지 말지, 어떤 책을 읽을지, 계속 앉아 있을지, 교실 밖으로 나갈지, 누구와 짝이 되어서 활동을 할 것인지, 어떤 색의 색종이를 가질지 등이 선택하기 기술을 지도할 수 있는 유용한 상황이 될 수 있다. '예/아니요'의 표현은 고개 끄덕임 등 쉽게 표현할 수 있는 동작이나 신호를 정하여 일관되게 사용하도록 유도한다. 교사는 일과 중에 제공할 수 있는 선택의 기회가 어느 정도 있는지 파악한다. 기회가 많이 주어질수록 선택하기 기술을 학습할 가능성은 높다.

그러나 선택하기 기술을 가르칠 때 정확하게 선택하도록 지도하기 위해 집중 시도(massed trial)를 사용하는 것은 효과적이지 않다. 동일한 선택하기에 대한 집중 시도는 학생을 혼란스럽게 만든다. 선택하기 행동을 증가시킬 수 있는 가장 좋은 지도 방법은 선택할 기회를 많이 만들어 주고 선택한 후에 자연적 결과가 나타나도록 하는 것이다.

(3) 선택 항목 구성하기

선택하기를 지도하기 위해서는 각 교수 단계에서 선택 항목을 적절하게 구성해야 한다. 처음 지도하는 단계에서는 선택하기 쉽도록 선택 항목을 구성한다. 단순한 상황에서 쉽게 선택할 수 있도록 구성한다. 시각장애 학생이나 중도의 지적장애 학생은 쉽게 선택할 수 있도록 실물이나 만질 수 있는 상징을 제공하고, 학생의 인지 능력에 따라 사진, 그림, 글자 등을 사용한다. 지도의 초기 단계에서는 추상적인 상징보다는 구체적 상징을 사용하는 것이 선택의 오류를 줄일 수 있다. 선택하기 교수 단계의 메뉴 구성 방법은 〈표 4-4〉와 같다.

선택 항목을 구성할 때 1단계에서 빈칸이나 잘못된 항목을 포함하여 제시한다. 1단계에서의 목표는 선택한 것에 대한 즉각적인 강화로 선택하기 행동을 촉진하기 위함이다. 그러므로 좋아하는 것과 싫어하는 것으로 구성하지 않아야 한다. 만약 1단계에서 학생이 싫어하는 항목(예: 당근 등 먹기 싫어하는 것)을 선택하여 선택한 결과를 받게 된다면, 선택하기 행동은 더 이상 나타나지 않을 것이다. 각 단계에서의 선택 항목은 학생이 선택한 것을 긍정적으로 강화 받을 수 있도록 구성한다.

〈표 4-4〉 **선택 항목의 구성**

단계	선택 항목의 구성	예시
1단계	빈칸이나 잘못된 항목을 포함하여 구성함	"어떤 간식을 먹을까?" 하는 상황에서 빵과 블록을 제시하고 선택하게 하거나, 혹은 한쪽엔 빵, 다른 한쪽에는 아무것도 없는 채로 제시하고 선택하게 함
2단계	2개의 선호하는 항목으로 구성함	"어떤 간식을 먹을까?" 하는 상황에서 빵과 과자를 제시하고 오답이 없는 상황에서 선택하게 함
3단계	선호하는 항목과 선호하지 않는 항목으로 구성함	선호하는 빵과 선호하지 않는 당근을 제시하고 그중 한 가지를 선택하게 함
4단계	선호도가 유사한 항목으로 구성함	오렌지주스와 포도주스 중에서 그날의 선호도에 따라 선택하게 함

출처: 박은혜, 김정연, 표윤희(2023), p. 241에서 수정 발췌.

(4) 선택 항목 배열하기

선택하기에 어려움이 있는 학생은 선택 항목을 조정하여 제시하는 방법을 사용한다. 2개의 항목 중 어느 하나만 손에 닿게 거리를 조정해 준다. 수평보다는 수직으로 배열하는 것이 선택하기 쉬우며, 항목 간의 간격은 선택이 예측되는 항목에 쉽게 손이 닿도록 가깝게 배치한다.

선택 항목은 처음에는 2개로 하고, 익숙해지면 항목의 수를 늘려 간다. 항목을 늘릴 때는 학생의 시각 능력, 주의집중력 등 배열된 항목을 살피는 데 어려움이 없는지 점검한다. 필요한 경우 눈 응시판(eye gaze board)이나 스캐닝 도구(scanning device)를 사용한다. 도구에 관한 설명은 2장을 참고하기 바란다.

(5) 평가 척도를 활용한 선택하기 교수

선택하기를 지도하기 위해 평가 척도를 사용하는 것은 빠른 답을 받을 수 있는 좋은 방법이다. 평가 척도를 활용하기 위해서는 최소한 리커트 척도를 이해할 수 있어야 한다. 단순히 좋고 싫음에 대한 '예/아니요'의 선택하기 외에 좀 더 구체적인 의견의 표시가 필요한 경우 등급 척도를 사용할 수 있다. 음식의 맛, 활동에 참여하고 싶은 마음, 여행에 대한 의견 등을 등급 척도를 이용하여 대화하면 좀 더 구체적인 소통을 할 수 있다. 활용할 수 있는 평가 척도의 예는 [그림 4-1]과 같다.

전혀 그렇지 않다	그렇지 않다	보통이다	그렇다	매우 그렇다
1	2	3	4	5

싫어해요	모르겠어요	좋아해요
1	2	3

[그림 4-1] **평가 척도의 예**

색에 흥미가 있고 시각적 자극에 민감한 자폐성장애 학생에게는 색과 등급 척도를 활용하여 의사표현을 지도할 수 있다. 색과 등급 척도를 활용한 예는 [그림 4-2]와 같다.

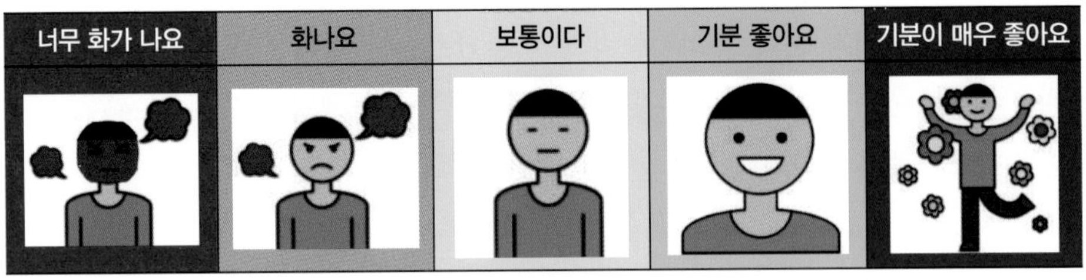

[그림 4-2] **색과 등급 척도 활용의 예**

2. AAC 교수전략

1) 환경중심 교수

환경중심 교수(Milieu Teaching: MT)란 자연적으로 발생하는 사건을 사용하여 의사소통을 촉진하는 자연적인 접근 방법의 하나이다. 환경중심 교수법은 인공적이고 직접적인 교수법과 대조되는 개념이다. 의사소통 지도에는 구조화된 교수, 직접 교수하는 활동이 때로 유용할 수도 있으나, 자연적으로 발생하는 사건과 일과 내에서 지도하는 것이 효과적이다. 환경중심 교수는 다음과 같은 특성이 있다.

- 학생의 흥미와 관심을 따르며, 학생의 의사소통 시도와 주도를 격려한다.
- 성인 중심의 반복적인 연습 형태의 의사소통이 아닌 자연스럽게 발생하는 의사소통 기회를 이용하여 지도한다.
- 실제 상호작용과 대화 맥락 안에서 지도한다.
- 초기 의사소통 상호작용에서 자연적으로 발생하는 촉진 전략을 사용하여 지도한다.

주어진 자연스러운 상황이나 환경에서 언어를 습득하기에 충분한 의사소통 기회를 제공하지 못한다는 제한점들이 인식되면서, 환경중심 교수에 대한 수정안들이 제안되었으며, 그중 하나가 강화된 환경중심 교수(Enhanced Milieu Teaching: EMT)이다. EMT는 학생의 의사소통을 증진하기 위해 의사소통이 일어나는 자연적 상황에서 교수하고, 학생이 흥미 있어 하는 주제로 지도하는 교수법이다. 언어의 의사소통 형태, 기능과 언어의 사회적 사용에 대해 구체적으로 지도하며, 반응적인 대화양식을 사용하여 대화하고, 환경을 조절해 준다. 무엇을 언제 어떻게 의사소통해야 하는지에 관해 자연스럽게 모델링해 주며, 의사소통을 위한 체계적인 촉진과 후속결과를 함께 제공할 것을 강조한다.

강화된 환경중심 언어중재는 다음과 같은 요소를 강조한 형태의 교수접근이다. 첫째, 전통적인 환경중심 언어중재의 접근법에서 사용된 환경중심 교수전략을 동일하게 강조한다. 둘째, 학생의 활동 참여나 대화상대자와의 의사소통을 촉진하기 위해 환경적 배열 또는 환경조절전략을 활용한다(Ostrosky & Kaiser, 1991). 환경적 배열 또는 환경조절전략은 아동의 언어를 촉진하기 위한 물리적인 상황을 제공하는 것이다. 셋째, 사회적 의사소통 상호작용과 새로운 언어형태를 모델링하기 위한 반응적 상호작용 전략을 강조한다(Weiss, 1981).

(1) 환경중심 교수의 원리

환경중심 교수는 활동을 시간적 · 공간적으로 구조화하여 일관성 있고 예측 가능한 상호작용을 반복적으로 경험하게 하여 상호작용의 발생 형태를 인식하도록 하는 교수 방법이다. 반복된 경험은 상호작용의 형태를 내면화하여 좀 더 적극적인 의사소통을 할 수 있게 하며, 이러한 환경중심의 교수는 의사소통할 이유와 여건을 만들어 주기 때문에 의사소통 기회를 증가시킨다(Kaiser & Hester, 1994). 활동이 이루어지는 공간에 의사소통 상호작용을 할 수 있는 사진이나 그림, 상징을 배치하거나 연속된 활동을 나타내는 신호나 몸짓, 활동의 시작과 종료를 알리는 표시 등 일관성 있게 소통할 수 있도록 환경을 조성한다.

의사소통할 수 있도록 환경을 조성하는 것은 의사표현의 가능성을 높일 수 있다. 이러한 방법들은 자연스러운 환경과 유사하므로 일반화와 유지에 효과적이다. 환경중심 교수의 일반적 원리는 다음과 같다.

- 의사소통 교육을 시작할 때는 보호자와 가족 구성원을 모두 포함한다. 가족은

의사소통 기술을 발달시키는 데 중요한 역할을 한다. 이들이 참여하지 않는 고립된 중재는 바람직하지 않다.

- 의사소통 중재는 학생 주변의 대화상대자로 예측되는 사람을 포함하여 계획한다. 처음에는 교사와 보호자를 중심으로 의사소통 상호작용을 지도하나, 점차 또래 교육을 시행하여 또래와의 상호작용을 증가시킨다.
- 의사소통 교육은 실제 활동이나 상황에서 직접 상호작용을 경험하고 즐길 수 있도록 지도한다.
- 대화상대자는 학생이 반응할 수 있도록 충분한 시간을 제공한다.
- 학생의 요구를 미리 충족시키지 않는다. 만약 의사표현을 하기도 전에 모든 요구가 충족된다면 의사소통 동기는 유발되지 않을 것이다.
- 의사소통은 양방향적인 상호작용이다. 수동적인 반응뿐만 아니라 먼저 대화를 시작할 수 있는 기회를 만들어 준다. 일과 중 많은 표현과 선택 기회를 제공한다.

(2) 환경중심 교수전략

대표적인 환경중심 교수전략은 모델링(modeling), 요구-모델(mand-model), 시간지연(time-delay), 우연교수(incidental teaching) 등이 있다.

① 모델링

모델링은 환경중심 교수의 가장 기초적인 전략이다. 의사소통에서 기본적인 대화 주고받기와 모방하기, 기초적 어휘 습득 등 기본적인 의사소통 절차를 지도하거나 새로운 언어 형태를 교수하기 위해 사용한다. 학생의 관심과 흥미에 주의를 기울여 공동관심을 형성한 후 관련된 언어적 모델을 제시한다. 정반응을 보이면 즉각적 칭찬과 언어적 확장을 제공하고, 오반응 혹은 무반응을 보이면 교정적 모델(corrective model)을 따르게 한다. 모델링의 자세한 내용은 이 장의 뒤에서 다시 다루기로 한다.

② 요구-모델

요구-모델 전략은 초기 의사소통 형태의 기능적인 사용을 촉진하기 위한 교수 방법이다. 모델링과 마찬가지로 학생의 관심과 흥미에 주의를 기울이고 공동관심을 형성한 후 학생이 원하는 것을 표현하도록 언어적 요구를 제시한다. 예를 들어, 트럭을 좋아하는 것으로 파악되면 장난감 트럭을 주변에 놓고, 트럭이 있는 쪽을 바라볼 때 무엇이 필요한지, 원하는 것이 무엇인지 요구하도록 지시한다. 이때 학생이 정반응을 보이면 즉각적인 칭찬과 언어적 확장을 제공하고 학생이 오반응 혹은 무반응을 보이면 다시 요구하거나 모델 절차를 다시 제공하여 촉진한다.

③ 시간지연

시간지연 전략은 초기 의사소통 단계에서 좀 더 자발적인 의사표현을 지도하기 위한 전략이다. 초기 언어 훈련 혹은 환경적 자극에 대한 비언어적 의사소통 행동을 지도할 때 사용한다. 초기에는 구어적 지원을 전혀 제공하지 않고 학생이 자료나 도움을 요구할 것 같은 상황을 판별하여 공동관심을 형성한 후 반응을 촉진한다. 학생이 정반응을 보이면 즉각적인 칭찬을 제공하고 언어적 확장을 해 준다. 학생이 오반응 혹은 무반응을 보이면 요구-모델, 모델링을 통해 교정적 모델을 제공한다.

④ 우연교수

우연교수는 우발교수라고도 부른다. 우연교수전략은 정교화된 언어를 지도하고 특정한 주제에 관한 대화기술을 지도할 때 사용한다. 우연교수는 학생이 자료 요구나 도움을 요청하도록 환경을 구조화한 후 학생의 시도에 대해 강화, 촉진, 언어적 확장을 제공해 주는 절차이다. 이 전략은 구어적이든 비구어적이든 요구하기를 할 수 있어야 하며, 반응하려는 동기가 높을 때 사용할 수 있다(박은혜, 한경근 역, 2017). 장애학생의 반향어, 단순한 발화(utterances), 몸짓을 동반하거나 동반하지 않는 발성, 반복적 몸짓, 도전행동 등은 요구하기의 기능을 가진 의사표현 방법일 수 있다. 그래서 학생의 반응과 행동을 민감하게 관찰한 후 학생이 먼저 요구하기를 시도할 때 우연교수를 사용하여 지도한다. 우연학습을 통해 의사소통의 기회를 최대화하면 의사소통 기술을 효과적으로 지도할 수 있다.

(3) 환경적 배열 또는 환경조절전략

환경적 배열 전략이란 학생이 의사소통 카드나 AAC 도구를 사용하여 표현할 수 있도록 환경과 여건을 조성하는 것을 말한다. 의사표현과 반응이 적은 학생에게 흥미나 요구를 불러일으킬 수 있는 자료를 배치하여 의사표현을 시도할 기회를 만든다.

일과에서 적용할 수 있는 환경적 배열 또는 환경조절전략은 〈표 4-5〉와 같다.

〈표 4-5〉 **환경적 배열 또는 환경조절전략**

전략	설명	예시
흥미 있는 자료	학생이 흥미 있어 하는 자료를 이용한다.	학생이 좋아하는 장난감을 교실에 미리 배치해 둔다.
닿지 않는 위치	학생의 시야 내에 자료를 놓아두되, 학생의 (손에) 닿지 않는 곳에 놓는다.	학생이 좋아하는 자동차를 학생의 키보다 조금 더 높은 선반 위에 올려놓는다.
도움	학생이 자료를 조작하기 위해 성인의 도움이 필요한 상황을 만든다.	학생이 좋아하는 구슬을 잘 열리지 않는 병에 담아 둔다.
불충분한 자료	학생이 추가적인 자료를 요구하도록 하기 위해 적은 수/양의 자료를 제공한다.	풍선 부는 것을 보기를 좋아하는 학생의 경우 교사: (하나의 풍선을 불고 학생이 더 요구하기를 기다린다.) 학생: 더. 교사: 풍선을 더 불까? 학생: 더 불어. 교사: (더 많은 풍선을 분다.)
중요요소 빼기 (sabotage)	학생에게 친숙한 과제를 완성하도록 제시하고, 그 활동의 중요한 요소를 뺀다. 그러고 나서 활동을 완성하도록 학생에게 지시한다.	무지개를 완성하도록 지시한 후, 과제를 완성하는 데 필요한 재료(크레파스)를 주되, 1~2가지(빨간색 크레파스)를 빼고 준다.
선택	학생이 언어를 시작하도록 하기 위해 비언어적으로 선택의 기회를 제공한다.	자동차와 블록을 제시하고 난 후, 학생이 선택하기를 기다린다.
우스운 상황	우스꽝스럽거나 비상식적인 요소를 넣어 학생의 기대에 어긋나는 상황을 일으킨다.	장갑을 발에 신거나, 성인이 인형옷을 입는 상황을 연출한다.

출처: 강혜경 외(2023), p. 196.

(4) 반응적 상호작용 전략

반응적 상호작용 전략은 공동관심 및 상호관심 형성하기, 차례 주고받기, 상대방의 행동에 따른 반응하기, 긍정적인 감정 표현하기를 포함한 전략이다. 학생의 관심과 흥미에 초점을 맞추어 기능적인 의사소통을 하기 위해서는 교사와 학생이 같은 사물이나 활동에 집중하고 있을 때 서로 공동관심을 형성하여 관심을 유도한다. 상호간의 구어 혹은 비구어적인 모든 소통은 서로 차례를 교환하듯 차례 주고받기의 반복적 절차를 통해 표현하게 한다. 차례를 주고받을 때 교사는 학생의 의사소통 시도에 즉각적이고 의미 있는 반응을 한다. 의사소통 시도를 인정하는 미소나 가벼운 접촉,

이름 부르기, 따뜻한 목소리 톤, 긍정적인 상호작용 스타일 등의 긍정적인 감정 표현은 학생의 자발적 표현을 유도할 수 있다(박은혜 외, 2023).

〈표 4-6〉 **반응적 상호작용 전략**

전략	설명	예시
학생 주도에 따르기	학생의 말이나 행동과 유사한 언어적·비언어적 행동을 하고, 학생의 주제에 따르며, 학생을 관찰하고, 학생이 말하도록 기다려 주고, 학생의 말을 경청하며, 학생의 말이나 행동을 모방하고, 지시나 질문은 피한다.	학생: (인형에게 우유를 먹이고 있다.) 교사: (컵으로 인형에게 우유를 먹이며) 아기가 우유를 먹어요. 학생: (학생이 우유를 먹이는 행동을 멈추고, 아기를 흔든다.) 교사: (인형에게 우유를 먹이는 행동을 멈추고, 아기를 흔들기 시작한다.) 아기가 자요.
공동관심 형성하기	교사와 학생이 같은 활동에 참여하거나 같은 장난감을 가지고 놀이에 참여한다. 학생이 장난감이나 활동을 바꾸면 교사도 학생이 선택한 활동으로 이동한다.	학생: (자동차를 가지고 논다.) 교사: 붕붕(자동차 소리를 내며 놀이에 개입한다.)
정서 일치시키기	학생의 기분과 태도가 적절할 때, 학생의 정서에 맞춰 반응한다. 학생의 정서가 부적절하면, 학생의 정서에 맞추지 않는다.	학생이 부드럽게 이야기하면, 교사도 부드럽게 이야기하고, 학생이 흥분하여 이야기하면, 교사도 흥분됨을 표현한다.
상호적 주고받기	교사와 학생의 상호작용에서 교대로 대화나 사물을 주고받는다.	1) 사물 주고받기: 교사와 학생이 공을 굴리며, 주고받는다. 2) 대화 주고받기 학생: (공을 굴리며) 공. 교사: (공을 굴리며) 공을 굴려요. 학생: (공을 던지며) 공. 교사: (공을 던지며) 공을 던져요.
시범 보이기	1) 혼잣말 기법: 교사가 자신의 입장에서 보고, 듣고, 느끼는 것을 말하여 학생에게 들려준다. 2) 평행적 발화 기법: 교사가 학생의 입장에서 생각하고 느끼는 것을 학생이 말할 만한 문장으로 말해 준다.	1) 혼잣말 기법 차를 밀면서 "차가 가네." 물을 마시면서 "물 마셔요." 2) 평행적 발화 기법 (학생이 블록을 쌓고 있다.) "블록을 쌓아요."
확장하기	학생의 발화에 적절한 의미론적·구문론적 정보를 추가하여 보다 완성된 형태로 발화를 다시 들려준다.	학생: 차. 교사: 차가 가네.

학생 모방하기	학생의 말이나 행동을 모방하여 학생과 공동관심을 형성하거나, 학생에게 자신의 말이 전달되었다는 것을 알려 준다.	1) 학생이 자동차를 가지고 탁자 위에서 놀고 있으면, 교사도 탁자 위에서 자동차를 움직인다. 그리고 학생이 움직이던 자동차를 멈추면, 교사도 따라서 멈춘다. 2) 학생: 공. 교사: 맞아, 공이야./공을 굴리자.
학생 발화에 반응하기	학생이 한 말에 대해 고개를 끄덕이거나 "응." "그래." "그렇지." "그랬어?"와 같은 말을 해 줌으로써 학생의 말을 이해했다는 것을 알려 주고 학생의 발화를 인정해 준다.	학생: 자동차 타. 교사: (고개를 끄덕이며) 그래, 자동차에 타자.
학생 반응 기다리기	학생이 언어적 자극에 반응할 수 있도록 적어도 5초 정도의 반응시간을 허용하여 학생의 반응을 기다려 준다.	학생: (자동차에 인형을 태운다.) 교사: 또 누구를 태울까? 학생: (반응하지 않는다.) 교사: (5초 정도 기다렸다가) 누구를 태울까?

출처: 강혜경 외(2023), pp. 196-197.

2) AAC의 모델링

(1) 모델링의 정의

모델링은 AAC를 사용하도록 지도하는 데 매우 유용한 교수전략이다. 다른 사람이 상징카드나 AAC 기기를 사용하여 의사소통하는 행동을 관찰하여 모방하게 하는 것이다. AAC의 모델링은 AAC를 사용하여 하고 싶은 말을 표현하는 것을 직접 보여 주어 반응을 촉진하고, 대화하는 동안에 상징카드나 AAC 기기의 어휘를 가리키거나 누르는 것을 관찰 학습을 통해 지도하는 전략이다. 예를 들어, 교사는 말을 하면서 동시에 주요 내용에 해당하는 그림이나 사진 등의 상징을 가리킨다. 학생은 언어 자극(예: 구어)과 보조 자극(예: 상징)을 동시에 수용하게 되며, 언어 자극과 보조 자극이 동일한 자극임을 연결하게 된다. 모델링은 일상적인 상황에서 단어를 모델링함으로써 어휘의 의미를 이해하도록 돕는다. 교사는 자연스럽게 일과 중에 규칙적으로 모델링을 사용하여 의사소통과 어휘를 학습하도록 지도한다.

(2) 모델링의 중요성

모든 아동이 첫 단어를 말하기 위해서는 주 양육자의 언어 모델링이 전제되어야 한다. 수많은 언어가 입력된 이후에 첫 단어가 출현한다. 일반적인 아동 발달단계에서는 10~14개월 정도에 첫 단어가 나타난다(김영태, 2014). 무의미한 옹알이가 의미 있는 단어로 전환되는 것은 의미가 덧입혀질 수 있는 수많은 입력을 통해 가능하다. 성인이 말하는 것을 보거나 듣지 않고는 아동이 말하는 법을 배울 수 없다. AAC를 사용하는 학생도 마찬가지이다. 다른 사람이 AAC 방법으로 의사소통하는 것을 보지 않고 AAC 방법으로 의사소통하기를 기대할 수 없다. 교사는 실제 상황에서 AAC를 사용하여 의사를 표현하고 전달하는 것을 관찰하도록 보여 주어야 한다. AAC를 사용하는 학생도 AAC를 안정적으로 사용하기 위해서는 교사의 모델링을 통해 많은 양의 입력이 필요하다.

(3) 모델링 지도 방법

모델링의 지도 방법은 매우 다양하다. 대화상대자, 상황, 학생의 장애 특성 및 요구에 따라 개별적으로 접근한다. 몇 가지 지도할 때의 유의사항은 다음과 같다.

- 모델링은 여러 명의 모델이 시범을 보여 주는 것이 효과적이다. AAC 교수계획을 수립하는 팀 구성원은 모델링 방법을 알고 직접 모델링해야 한다. 모델링은 교사 한 사람이 하는 것이 아니라 보호자와 가족, 학급의 또래 등 주변 사람들도 할 수 있어야 한다. 모두가 AAC 방법을 사용하여 적절하게 표현하는 방법을 보여 주면 학생은 관찰을 통해 모델화된 행동을 학습한다. 편안하고 자연스럽게 사용하는 방법을 자주 보여 주면서 지원할 때 의사소통하는 방법을 학습할 수 있다.
- 모델링은 AAC를 사용하는 모든 상황에서 제공한다. 등교 후 수업을 준비하는 시간, 점심시간이나 쉬는 시간 등에 항상 관찰하고 배울 수 있도록 구성한다. 교실에서 또래와 상호작용할 때도 모델링할 수 있게 한다. 자연스러운 상황에서 대화를 주고받는 것을 모델링하는 것은 AAC를 사용하는 학생이 생활 속에서 의사소통 기술을 학습하는 좋은 기회가 된다.
- 모델링의 빈도는 최대한 자주 제공한다. 새로운 의사소통 방법을 배우기 위해서는 몇 번의 모델링으로는 부족하다. 그림카드를 사용한다면 말을 하면서 동시에 그림카드를 이용하여 표현하는 방법을 반복적으로 관찰하게 한다. 지속해서 모

델링을 할 수 있도록 가까운 곳에 의사소통판이나 AAC 도구를 배치한다.

- 모델링은 학생이 사용하는 것과 동일한 AAC 방법과 도구를 사용한다. 동일한 상징, 손짓기호, 의사소통판, AAC 도구를 사용해야 학습의 전이가 쉽다.
- 모델링은 학생의 언어 수준에 따라 제시한다. 학생이 현재 표현할 수 있는 수준보다 조금 더 높은 수준으로 유도하여 모델링한다. AAC 방법을 처음 배우기 시작한 학생은 1~2개의 그림카드를 가리키는 정도로 표현하게 될 것이다. 이때는 표현할 수 있는 그림카드의 수를 3~4개 수준으로 높여서 모델링한다. 만약 의사소통판에서 1~2개의 단어를 연결하여 문장으로 표현하기 시작하는 학생이라면 단어의 수를 늘려서 좀 더 긴 문장 표현으로 확장하도록 모델링한다.
- 표현하는 내용 중 중요한 의미의 어휘를 모델링한다. 말하는 모든 내용의 단어를 모델링할 필요는 없다. 말하는 것을 정확한 문장의 형태로 모델링하여 제시하기도 어려우며 이해하기도 어렵다. 오히려 필요 없는 내용은 배제하고 의미를 전달하는 데 가장 중요한 단어를 의사소통판에서 지적하거나 AAC 도구에서 찾아 버튼을 누르는 것이 더 효과적이다. 처음에는 핵심적인 단어 중심으로 모델링해 주며, 점차로 더 많은 모델링을 통해 문법에 맞는 문장을 표현할 수 있도록 확장한다.
- 문장 표현 등 언어 발달과 확장을 위해 모델링한다. 의사소통 교육은 구어의 사용을 발달시키면서 동시에 언어 능력을 향상하는 목적도 있다. 효과적인 의사소통을 위해 핵심어 위주로 의사를 전달하고 소통하지만, 언어 발달을 위해 정확한 문장 표현과 함께 올바른 구두 모델을 제공한다. 예를 들어, 학생이 '강아지'라고 음성출력 버튼을 눌러서 답하는 것으로 강아지를 좋아한다는 표현을 성공적으로 할 수 있다. 이때 교사는 "나는 강아지가 좋아요."라고 정확한 구어 모델을 제시하고, 동시에 '나' '강아지' '좋아요'의 3개의 단어를 조합하는 것을 보여줌으로써 올바른 문법 표현을 모델링해 준다. 대화를 이어 가기 위해 '정말이야?' '너' '강아지' '좋아요'를 연결하여 "정말이야? 네가 강아지를 좋아하는구나!"라고 모델링한다. 무엇을 좋아하는지만 질문하기보다는 의견을 말하는 것이 의사소통의 참여를 끌어내는 데 더 유익하다. 다음은 모델링을 해 줄 때 발생할 수 있는 문제와 지도 방법에 대한 설명이다.

〈표 4-7〉 **모델링의 오류와 지도 방법**

모델링의 오류	지도 방법
표현하는 모든 단어를 모델링한다.	말하는 모든 것을 모델링하는 것은 혼란스러움을 가중한다. 모든 단어가 아니라 가장 중요한 핵심 단어만 먼저 모델링한다.
모델링은 빠르게 여러 번 반복한다.	가장 중요한 핵심 단어에 대한 모델링은 약간 느린 속도로 보여 준다.
학생이 바라볼 때만 모델링을 시도한다.	학생이 주의를 집중하지 못하더라도 계속해서 모델링을 시도한다. 학습 효과는 반복되는 경험을 통해 시간이 지나면서 누적되어 발생할 수도 있다. 규칙적이고 일관되게 모델링한다.
학생이 응답할 때만 모델링을 시도한다.	대부분의 학생은 모델화된 행동을 즉각적으로 표현하지 못한다. 반응하도록 유도하지만, 초기에는 대부분 반응을 보이지 않는다. 이때는 잠시 멈춰서 기다리는 것이 필요하다. 그러나 응답하지 않는다면 다음 단어를 모델링하고 활동을 지속한다. 새로 배운 방법으로 의사소통하려면 여러 번 반복해서 보고 듣는 경험이 누적되어야 한다.
상징을 지적하거나 누르는 행동을 모방하는 것으로 모델링을 지도한다.	모델링은 한 단어를 그대로 따라 하거나 반복하여 지적하거나 버튼을 누르게 할 필요는 없다. 오히려 학생이 표현하고 싶게 만드는 것이 무엇인지를 고민하는 것이 더 효과적이다.
모델링을 통해 상징을 지적하거나 누르는 행동을 학습하면 모델링을 중단한다.	학생이 독립적으로 사용하는 것을 학습한 이후에는 모델링의 수준을 높여서 계속 모델링해 준다. 단어의 개수를 늘리거나, 문장의 복잡성, 문법 측면에서 수준을 확장하여 모델링한다.
가장 기본적인 요구하기 기능을 학습하도록 모델링한다.	의사소통판을 제시하고 그중 하나를 선택해서 요구하도록 지도하는 것이 가장 쉬운 모델링 방법이다. 그러나 단순히 요구하는 것 외에 다양한 의사소통 기능(의견 말하기, 설명하기, 정보 제공하기 등)으로 확장할 기회를 제공한다.

3) 일과표 전략

일과표(schedule system) 전략이란 학생의 일과 중에 예정된 활동을 그림상징으로 표현한 일과표를 활용하여 의사소통의 기회를 만드는 것을 말한다. 일과표는 하루에 이루어지는 활동의 순서를 상징으로 제시하여 일과의 개요와 활동 순서를 인식하고, 다음에 해야 할 활동에 관한 정보를 제공한다. 초기 단계에서는 실물이나 사물의 부분을 활용하는 것이 효과적이며 연령에 맞는 상징카드나 의사소통판 등을 함께 사용할 수도 있다.

일과표 전략은 예정된 활동이 무엇인지 알려 주기 때문에 한 활동에서 다른 활동으로 쉽게 전환하도록 돕는다. 초기 지도 단계에서 가정과 학교, 지역사회에서 효과적으로 사용할 수 있다. 특히 자폐성장애 학생과 같이 활동에 대한 예측성의 요구가 높은 학생의 행동지원에도 적합하다.

일과표 전략을 사용하려면 먼저 학생의 일과표를 만들어야 한다. 일과표 제작 단계는 다음과 같으며, 일과표의 예시는 [그림 4-3]과 같다.

- 1단계: 가정, 학교, 지역사회 환경과 관련된 일상적인 일과를 확인한다. 학생이 매일하는 활동을 조사하고 순서에 따라 활동 목록을 만든다.
- 2단계: 각 활동을 나타내는 데 사용될 수 있는 상징을 확인한다. 일과마다 학생이 좋아하거나 활동을 연상할 수 있는 사물을 찾는다. 예를 들면, 아침 식사는 '포크', 옷 입기는 '양말', 학교는 '연필' 등 활동을 가장 쉽게 연상할 수 있는 사물을 찾는다. 하나의 사물이 하나의 활동을 나타낸다는 것을 학생이 알 수 있도록 일관되게 사용할 수 있는 사물을 선정한다.
- 3단계: 일과 활동을 나타내는 사물이나 그림상징을 담거나 나열할 수 있는 도구를 마련한다. 상자, 바구니 등 각 활동을 구분할 수 있는 칸으로 구조화된 것이나 선으로 구분된 그림판 등을 사용할 수 있다.
- 4단계: 일과 활동이 마무리된 후에 시각적으로 확인할 수 있는 장치가 필요하다. 만약 실물을 사용한다면 이미 마친 활동에 해당하는 사물을 옮겨 놓을 곳을 마련한다. 상징카드를 사용할 때는 활동을 마친 카드를 떼어서 놓을 수 있는 별도의 빈칸을 마련한다.

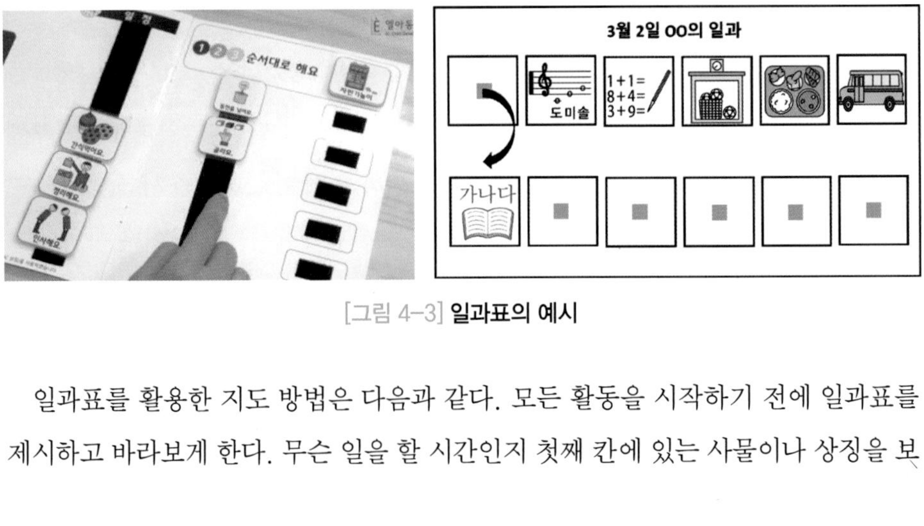

[그림 4-3] **일과표의 예시**

일과표를 활용한 지도 방법은 다음과 같다. 모든 활동을 시작하기 전에 일과표를 제시하고 바라보게 한다. 무슨 일을 할 시간인지 첫째 칸에 있는 사물이나 상징을 보면서 확인하게 한다. 예를 들어, 첫째 칸에 있는 '책'을 가리키며, 국어 수업 시간임을 알게 한다. 그리고 바로 국어 수업을 준비하는 데 필요한 역할을 부여한다. 책상 위에 교과서를 놓거나, 필통 안의 연필을 꺼내는 등의 역할을 부여한다. 일과표의 '책' 상징을 보면서 자연스럽게 국어 수업을 연결하여 생각하도록 반복하여 지도한다. 일과에 해당하는 사물이나 카드를 지적했을 때는 즉각적이고 긍정적인 신호로 촉진한다. 활동을 마쳤을 때는 해당하는 상징을 바로 떼거나 제거한다. 활동을 마치고 다음 활동으로 전환하기 전에 일과표를 제시하여 다음 활동을 의미하는 사물이나 카드를 가리키게 한다. 이러한 반복된 활동은 일과 순서와 해야 할 일의 목록을 익히는 데 도움이 된다. 일과표를 활용한 의사소통 지도는 점차로 자연적인 상황에서 수행할 수 있도록 촉진 소거 절차를 계획한다.

4) AAC 일과 스크립트 활동 교수

일과 스크립트(scripted routines) 활동 교수는 스크립트를 활용한 구조화된 언어 교수 방법이다. 교사가 주도하는 반복 연습형의 짧은 회기를 개별적으로 또는 소그룹으로 반복하여 실시하는 구조화된 교수법이다. 스크립트란 특정한 공간 및 시간 맥락에 적합한 행동들을 목적과 순서에 따라 진행하는 것으로, 특정 상황에서 행할 수 있는 구체적인 행동과 하위 활동을 예측할 수 있도록 인지적 맥락을 활용한 교수법이다. 스크립트는 상황의 친숙도에 따라 효과가 달리 나타날 수 있으므로, 새로운 활동이나 과제를 제시하기보다는 학생의 인지 부담을 줄이고 언어 능력을 최대한 발휘할 수 있는 스크립트로 구성한다. 스크립트 상황에 익숙해지면 요소 중 하나를 의도적으로 바꾸거나 빠뜨리는 등의 변형을 통해 학생의 자발적인 언어 사용을 유도한다. 스크립트 중재는 학생에게 친숙한 활동이나 경험 중에서 선택하고 하위 활동으로 상세화한다. 각 하위 활동에서 교사가 언어적 · 비언어적 단서를 사용하여 학생에게 반응하는 방법을 지도할 수 있다.

스크립트 중재는 언어의 기능보다는 형태를 강조하고 의사소통 맥락에서 새로운 어휘를 다루기보다는 단순히 명명하기(labeling)만을 가르친다는 비판을 받기도 하지만, 유용한 점도 있다. 학생의 개별화된 목표어휘를 적용하는 데 교사의 부담을 줄여줄 수 있으며, 사회화된 언어 사용(허락을 요구하는 사항, 같이 놀자는 제의, '고맙다' '미안하다' '기분이 좋다' 등의 다양한 감정의 표현 등) 교수에 적절하다. 또한 잦은 의사소통 실패, 교사의 잦은 교정적 피드백 등으로 의사소통 자체를 부정적인 경험으로 인식하는 학생에게는 효과적이다. 일정 시기 동안 구조화된 교수를 통해 정확한 의사소통 방법을 지도하므로 초기의 선택하기, 요구하기 등의 의사소통 목표행동을 체계적으로 학습할 수 있다. 의사소통 시도의 수를 집중적으로 제공하기 때문에 빠르게 학습할 수 있으며, 기본적 상호작용 형식인 주고받기의 교수는 정확한 반응의 가능성을 증가시킬 수 있다. 학습된 기술은 자연스러운 환경에서 기능적으로 사용하도록 하므로 기초적인 어휘와 화용론적 언어 형태를 지도하는 데 도움이 된다(박은혜 외, 2023).

그러나 구조화된 접근법은 단시간 내에 효과를 얻을 수 있지만 구조화된 프로그램이 지닌 전형적인 문제점을 간과할 수는 없다. 구조화된 프로그램은 장애학생에게 학습해야 하는 많은 단계를 요구하기 때문에 습득된 기술을 학습 외의 조건에서 일반화하는 데 한계가 있다. 학생의 반응만을 강화하고 의사소통 시도하기의 교수를 간과했기 때문에 기능적인 기술을 교수하는 데 실패했다는 비판을 받는다. 그러므로 구조화된 환경에서의 집중적인 교수는 통합적 교수, 환경적 중재와 함께 실시하여 문제점을 보완하는 것이 바람직하다. 일과 스크립트 활용에 관한 좀 더 상세한 내용은 10장을 참고하기 바란다.

5) 그림교환의사소통체계

그림교환의사소통체계(Picture Exchange Communication System: PECS)는 기능적인 의사소통 기술을 가르치기 위해 행동 접근 방식을 사용하는 교육 프로그램이다(Frost & Bondy, 2002). PECS는 학생이 원하는 사물을 의사소통 상징과 교환하여 의사소통 상호작용을 시작하도록 학습한다(McDonald et al., 2015). 원하는 것을 상징카드와 자발적으로 교환하는 것에 주안점을 두며 이러한 교환하는 과정을 통해 동기를 부여함으로써 요구하기 기술을 증가시킬 수 있다. PECS는 의사소통 기능을 요구하는 것으로부터 시작하여 여러 가지 의사소통 기능을 배우는 것으로 6단계 절차로 이루어진다(Frost & Bondy, 2002).

(1) 의사소통 방법 알기

그림과 사물을 교환하는 것으로 자신의 요구를 표현하여 원하는 것을 얻는 교환 개념을 학습하며, 자발적 의지를 훈련하는 단계이다. 교사는 학생이 원하는 것을 확인할 수 있도록 이름을 부르며 학생 앞에 사물을 제시한다. 학생이 원하는 사물을 손만 뻗으면 잡을 수 있는 거리에서 제시하고, 상징카드는 학생 앞의 책상 위에 놓는다. 학생이 원하는 것을 잡으려고 손을 뻗을 때, 교사는 신체적 촉진으로 상징카드를 집어서 교사에게 주게 한다. 교사는 상징카드는 받으면 즉시 "○○을 갖고 싶구나."라고 말하면서 원하는 것을 제공한다. 이 단계는 원하는 사물과 상징카드를 교환하는 것을 학습하는 단계이다. 가장 선호하는 사물을 한 번에 한 개씩 제시한다.

(2) 거리 확장과 일관성

교환의 개념을 익힌 후에 거리를 확장하는 단계이다. 학생과 교사는 1단계와 같이 책상을 사이에 두고 앉는다. 의사소통판은 학생의 앞이 아닌 학생이 일어나서 가져와야 하는 거리의 책상 위에 놓는다. 자발성을 촉진하며 일반화와 일관성 있게 발전시키는 데 초점을 둔다. 자연적인 상황에서 필요한 사물과 상징카드의 위치를 자연스러운 거리에 두고 훈련한다. 이미 습득한 자발성을 확장하고 교환 개념을 일반화하는 단계이다.

(3) 그림 변별하기

다양한 사람과 환경에서 그림 교환을 할 수 있게 되면 여러 가지 상징카드 중에서 필요한 것을 변별하여 선택하는 방법을 익히는 단계이다. 학생과 교사는 1단계처럼 마주 보고 책상에 앉는다. 몇 가지 선호물과 비선호물 상징카드와 물건을 준비한다. 그림 변별이 숙달될 때까지 상징카드의 위치를 계속 바꾸어 준다.

(4) 문장으로 표현하기

그림을 선택하여 교환할 수 있는 능력이 학습되면 이제는 문장 구조를 발달시키는 데 주력한다. 상징카드를 제대로 변별하고 있는지 주기적으로 점검하며, 문장 띠(예: 선호물+주세요 등)의 단어를 읽을 때 학생의 손으로 상징카드를 짚으며 읽는다. 즉, 형용사, 동사, 전치사 등을 사용하여 확장된 표현을 익히는 단계이다.

(5) 반응적인 요구하기

질문에 대답하는 단계이다. 학생은 "무엇을 줄까?" 혹은 "무엇을 원하니?"라는 교사의 질문에 상징카드를 사용하여 자발적으로 응답하는 것을 배운다.

(6) 말하기

지금까지 습득한 모든 의사소통 기술을 종합적으로 사용하도록 훈련하는 단계이다. 요구 표현하기에 초점을 두고 지도하였지만, 이후에는 자기 생각, 감정, 의견, 질문 등과 같은 높은 수준의 표현력을 포함하여 지도한다.

PECS는 자폐성장애 학생의 사회적 의사소통 향상을 위한 교수 절차로, 강화 및 촉진 등과 같은 행동주의 교수전략에 근거하지만, 자연적인 환경에서 사용하도록 지도해야 한다. 또한 학생의 실생활과 밀접한 관련이 있는 교사, 부모, 또래가 함께 참여해야 하며 학생의 일과와 일상생활 활동 내에서 실행해야 한다(박은혜, 한경근 역, 2017).

3. 대화상대자 교수전략

1) 대화상대자

의사소통을 지원하기 위해서는 학생을 대상으로 의사소통 기술을 지도하는 것도 중요하지만 대화하게 될 사람을 대상으로 한 교육이 우선되어야 한다. 학생의 의사소통 시도에 대해 대화상대자가 어떻게 반응하고, 얼마만큼 기다려 주고, 응답은 어떤 식으로 해 주는지에 따라 의사소통 상호작용의 질과 언어 발달에 미치는 영향은 달라진다(Kent-Walsh et al., 2015).

의사소통은 양방향으로 이루어지는 상호작용이므로 학생의 의사소통 기술 못지않게 중요한 것은 대화상대자의 역할이다. 의사소통 교육은 실제 맥락에서 지도하기 때문에 대화상대자와 함께하는 교육이 필요하다. 대화상대자는 학생과의 접촉 빈도에 따라 몇 가지로 나누어 볼 수 있다.

- **주요 대화상대자**: 교사, 학급 또래, 가족이 포함된다. 이들은 학생과 많은 시간을 접촉하기 때문에 학생이 사용하는 의사소통 방법에 익숙하며 상호작용하는 방법을 배울 기회가 많다. 의사소통할 시간이 많으므로 일관성 있는 의사소통 방법으로 대화하도록 교육이 필요하다.
- **규칙적인 대화상대자**: 친척, 학교 보건 교사, 학교 식당 조리사 등이며, 학생과의 의사소통 빈도는 낮더라도 비교적 규칙적이어서 장소, 상황에 필요한 대화를 반복하여 나누면 학생의 의사소통 방법에 익숙해질 수 있다.
- **불규칙적인 대화상대자**: 지역사회센터나 복지관에서 마주치는 사람 등으로 학생에게는 자주 만나는 사람이 아니지만, 다양한 범주의 의사소통 상대와 효과적으로 의사소통하는 기회를 통해 의사소통 기술을 확장하도록 지도한다.
- **낯선 사람**: 처음 보는 낯선 사람과 대화하기 위해서는 불규칙적인 대화상대자와 마찬가지로 장애학생의 의사소통 방법에 대해 미리 설명이 이루어져야 한다. 학생이 표현하는 것을 이해하지 못할 수 있으므로 의사소통판에 상징 외에 글자를 같이 제시해 주어 이해를 돕는다. 학생도 낯선 사람과 필요할 때 의사소통할 수 있도록 대화 기술을 확장하는 것이 필요하다.

2) 대화상대자의 역할

좋은 대화상대자는 의사소통의 필요성과 목적에 충분히 공감하고 학생의 의사소통 능력에 관해 긍정적 신뢰가 있어야 한다. 잘 들어 주고 기다려 주는 대화상대자가 있어야 의사소통 방법을 연습하여 능숙하게 사용할 수 있다. 학생이 표현하는 의사소통 양식을 이해하고 유연하게 수용하여 가능한 많은 사람과 소통하도록 유도할 수 있어야 한다.

초기에 AAC를 활용하여 의사소통하는 방법을 지도하기 위해서는 학생의 요구사항을 충족하기 위한 집중 지원이 필요하다. 새로운 AAC 방법을 배우는 학생이 포기하지 않고 정기적이고 안정적으로 사용할 수 있도록 충분한 시간을 할애하고 지속해서 일관성 있게 반응한다. 가정이나 학교, 지역사회에서 가능한 한 많이 사용할 수 있도록 실제적인 동기를 부여해야 하며, 의사소통할 기회를 확보한다. 또한 대화상대자는 학생이 언제라도 사용할 수 있도록 의사소통에 필요한 상징, 도구, 전략에 대해 고민하고 적절한 방법을 찾기 위해 학생과 좋은 관계를 형성하고 협력할 수 있어야 한다. 학생과 좋은 관계를 만들기 위한 팁은 〈표 4-8〉과 같다.

〈표 4-8〉 **학생과 좋은 관계를 만들기 위한 팁**

- 의사소통이 어렵더라도 장애가 없는 또래와 마찬가지로 대화하려고 노력한다.
- 편안하고 친근한 태도로 대한다. 무엇을 가르치고 알려 주어야 할 대상으로 여기지 않는다.
- 실제 상황에서 AAC 도구를 사용하는 것은 '활동하기 위한 것'이 아니라 '활동에 관한 대화'를 하기 위한 것임을 기억한다.
- 학생의 관심사가 무엇인지 찾는다.
- 편안하게 소통할 수 있는 시간을 만든다.
- 모든 의사소통 방식을 존중하고 수용한다.
- 학생이 사용하는 AAC 도구를 소중히 다룬다.
- 즉각적인 관계 개선을 기대하지 않는다. 신뢰를 형성하기 위해서는 많은 시간이 필요하다는 것을 인지한다.

3) 대화상대자의 대화 기술

대화상대자는 일차적인 교육 실시자로서 의사소통 교육에 직접적인 영향을 미친다. 대화상대자가 의사소통의 중요성에 관해 충분히 이해하고 공감할 수 있어야 학생의 의사소통 기술을 촉진할 수 있다. 대화상대자에 따라 훈련 횟수나 기간은 다르지만, 학생이 AAC를 활용하여 의사소통을 할 수 있도록 다양한 대화 기술을 갖추어야 하며, 이에 관한 교육이 선행되어야 한다. 대화상대자가 갖추어야 하는 대화 기술은 다음과 같다.

(1) 모델링

모델링은 대화상대자가 가장 먼저 배워야 할 의사소통 교수전략이다. 대화상대자들은 어떤 행동과 방법을 모델링해 줄 것인지, 모델링할 시기와 모델링이 중요한 이유에 대해 공감하고 합의해야 한다. 그렇게 해야 AAC 방법에 관한 일관된 모델링이 이루어질 수 있다. 처음 대화를 시작할 때는 말하는 모든 단어에 대해 모델링할 필요는 없다. 대화의 내용 중 가장 중요한 핵심 단어에 주의를 기울이게 하며 모델링을 제시한다.

초기 단계에서의 모델링은 학생이 흥미로워하는 활동이나 주제에 관한 대화로 시작하여 주의와 반응을 유도한다. 한두 번 모델링만으로는 새로운 의사소통 방법을 학습하지 못하므로 지속해서 모델링을 제시한다. AAC를 배우는 데는 많은 시간이 걸리므로 학생이 AAC를 바로 사용하지 않아도 모델링을 지속해서 제시한다. 구체적인 내용은 앞에서 제시한 'AAC의 모델링'의 내용을 참고하기 바란다.

(2) 질문보다는 말하도록 유도하기

대화상대자들이 흔히 하는 실수는 학생이 알고 있는 것과 모르는 것을 확인하기 위해 질문을 하고 그에 대해 답하는 것으로 대화를 이끄는 것이다. 이러한 질문은 학생 입장에서 의미가 없으며 대화를 주고받으려는 동기유발에 도움이 되지 않는다. 의사소통은 쌍방 간에 서로 주고받는 역할 속에서 의견과 생각을 나누는 것이다. 그러므로 학생과 의사소통할 때는 질문에 답하는 역할만 제시하거나 이미 답을 알고 있는 질문 등 식상한 대화에서 벗어나야 한다. 지루하고 반복적인 훈련보다는 흥미로운 주제에 대해 말할 기회를 만들어 내는 것이 더 중요하다.

가장 가볍게 시작할 수 있는 의사소통은 일과에 관한 대화를 하는 것이다. 일과 중에 무엇을 보고 있는지, 무엇이 보이는지, 무엇을 하는지, 감정과 기분이 어떤지에 대

〈표 4-9〉 **질문하기 전략의 예**

추천하지 않는 사례	추천 사례
• 의사소통판에 있는 상징을 이용하여 학생에게 답이 정해져 있는 '정확한 질문'하기 • '맞았다' '틀렸다'의 정확한 답이 있는 질문 유형은 흥미를 잃게 함 교사: 월요일에 처음 간 곳을 짚어 봐. 교사: 다음에 무엇을 했는지 말해 봐. 교사: 이 중에서 바퀴가 있는 것을 짚어 봐.	• 재미있고 편안한 상호작용 • 학생이 의사소통판에 흥미를 보일 때 대화 시작하기 • 언제나 쉽게 질문할 수 있도록 의사소통판을 옆에 두기 • 의사소통판의 그림을 하나만 짚어도 대화가 시작될 수 있도록 어휘 구성하기 • 학생이 좋아하는 주제로 대화 시작하기 교사: 어제 어떤 컴퓨터 게임을 했어? (어제 컴퓨터 게임을 즐겁게 했다는 사실을 사전에 알았을 때) 교사: 어떤 아이스크림을 좋아해? (아이스크림을 좋아한다는 것을 사전에 알고 있을 때)

한 일상적인 질문으로 대화를 주고받는 기회를 확대할 수 있다. 구체적인 예는 〈표 4-9〉와 같다.

(3) 잠깐 기다리기와 멈추기

AAC를 사용하여 의사소통하기 위해서는 상대적으로 더 많은 시간을 할애해야 한다. 하나의 상징을 찾아서 말할 수도 있고, 필요한 상징을 여러 개 찾은 후에 표현할 수도 있으므로 충분한 준비 시간이 필요하다. 즉시 반응을 보이지 않을 때는 촉진하거나 재촉하지 말고 최소한 5초 정도 기다리며, 눈 맞춤으로 들을 준비가 되었음을 학생이 느끼게 한다.

잠깐 기다리기와 멈추기는 대화 중 대화할 차례를 알려 주는 신호가 된다. 잠시 멈춰서 대화할 차례임을 보여 주어 학생에게 응답할 시간을 준다. 시간은 학생의 특성을 고려하여 정한다. 예를 들어, 지체장애 학생은 불수의 움직임, 신체의 경직 등으로 인해 더 많은 시간이 걸리므로, 개별적으로 필요한 시간이 어느 정도인지 관찰하여 정한다.

(4) 촉진하기

학생에게 제공할 수 있는 촉진은 세 가지 유형이 있다. 첫째, 언어적 촉진이다. 예를 들어, "하고 싶은 말이 있니? 그러면 의사소통판에서 하고 싶은 말을 찾아 봐!" 하고 언어적 촉진을 하는 것이다. 둘째, 몸짓 촉진이다. 의사소통판을 손이나 시선으로 가리키면서 사용하도록 촉진하는 것이다. 두 가지 촉진은 모두 유용하며, 의사소통 방법을 학습할 때까지 반복적으로 제공한다. 셋째, 신체적 촉진이다. 어떠한 발문에도 자발적으로 표현하지 않는다면 학생의 손 위에 교사의 손을 얹어 의사소통판에서 표현할 것으로 예측되는 내용을 지적한다. 그러나 이러한 촉진은 점차 소거하여 자발적으로 시도하도록 계획한다. 의사소통 행동을 촉진할 때도 모델링을 함께 제공하여 지도한다.

(5) 일관성 있는 반응과 피드백 제공하기

학생의 의사소통 시도에 반응해 주는 것은 상호작용과 대화의 흐름을 자연스럽게 촉진한다. 이러한 과정에서 언어구조를 학습하고 확장할 수 있는 더 많은 기회를 갖는다. 반응은 다음의 네 단계로 진행한다.

- 1단계: 의사소통의 시도를 인정한다. 학생이 교사가 있는 방향을 쳐다보는 행동만으로도 눈을 맞추며 대화할 준비를 한다.
- 2단계: 의미를 부여한다. 학생의 모든 의사소통 시도에 대해 의미를 부여한다. 학생이 교사가 있는 쪽을 쳐다보면 "선생님 불렀어?"라고 의미를 읽어 준다. 학생이 하는 행동과 말의 의미를 알 수 없거나 관련 없는 표현을 하더라도 그에 대한 의미를 부여하며 결과를 보여 준다. 교사를 부른 것으로 가정하고 학생 앞으로 다가가는 결과를 보여 줌으로써 의사소통 표현의 결과를 연결하게 한다.
- 3단계: 학생이 표현한 내용을 확장한다. 학생이 교사가 있는 쪽을 쳐다보며 "선생님!" 하고 불렀을 때 "'선생님, 도와주세요'라고 말한 것이지?"라고 표현한 내용을 확장한다.
- 4단계: 바꿔 말하기 등의 다양한 의사소통 표현 방법을 지도한다. 예를 들어, 게임을 하는 상황에서 "내가 할 차례야."라고 표현했다면, 그다음에는 "네 차례야." 라는 표현도 지도한다.

학생이 표현하는 언어적 · 비언어적 요소들을 의사소통의 의도가 담긴 표현으로 간주하고, 표현한 행동과 소리에 대해 적극적으로 피드백을 한다. 때로는 학생이 표현한 말소리가 불명료할 때 정확한 발음의 피드백을 제시하고, 정확한 언어로 표현하도록 촉진한다. 메시지 확인하기(message confirm) 전략은 학생이 표현한 내용을 즉각적으로 강화해 줄 수 있는 대표적인 교수전략이다. 상징카드 등을 지적하여 표현할 때 표현한 내용에 대해 정확하게 메시지를 확인한 후에 다른 단어를 추가하여 말하는 식으로 내용을 확장해 준다. AAC 도구를 사용하여 표현하는 학생에게는 탐색할 수 있는 시간을 주어 처음엔 잘못된 버튼을 누르더라도 격려하며 충분히 연습할 수 있도록 한다.

조금 더 자세히

Q. 메시지 확인하기 전략이란 무엇인가?

A. 학생이 시도한 것에 반응을 보이고, 표현한 것을 확인해 주는 전략으로, 학생의 의사소통 능력을 향상할 수 있다. 학생이 AAC 기기 혹은 의사소통판의 그림이나 상징을 지적하여 표현하면 대화상대자는 학생이 지적한 항목을 다시 말해 주는 청각적 피드백을 제공한다. 대화상대자가 제공하는 청각적 피드백은 표현언어를 촉진하는 자극이 된다. "식물은 왜 양달에서 더 잘 자랄까요?"라는 교사의 질문에 학생이 의사소통판에서 '양달'과 '따뜻해요'라는 상징을 선택했을 때, 교사는 "양달은 따뜻해요. 그래요. 맞아요. 양달은 따뜻해요."라고 학생의 표현에 반응하며, 다시 한번 확인해 준다.

(6) 대화 회복 전략

다른 사람과 대화하기 위해서는 언어의 형태와 내용에 관한 지식뿐만 아니라 사회적 · 화용론적 기술이 필요하다. 이러한 지식과 기술이 부족하면 의사소통 단절(communication breakdown)이 발생한다. 일반적으로 말을 사용하여 의사소통하는

〈표 4-10〉 **대화 회복 전략 사용의 예**

전략	설명	예시
제한된 선택사항 제시하기	• 말하는 내용이 무엇인지 알아내기 위해 몇 가지 제한된 선택사항을 제시함 • 말하는 내용에 따라 시간, 장소, 대상, 주제 등의 범주가 무엇인지 범위를 좁혀 가면서 말하고자 하는 내용을 찾음	• 지금 무엇에 대한 것을 말하는 거야? • 지금 나에게 묻는 거야? 묻는 것이라면 무엇을 묻는 거야? 신체, 장소, 물건, 감정이야? • 지금 어디에서 있었던 일을 말하는 거야? 집? 학교? 다른 곳?
표현한 내용이 맞는지 확인하기	• 들은 내용이 맞는지 확인하고 넘어감 • 대화하며 학생이 원하는 생각을 점차 발전시키도록 질문함 • 감정을 표현하기 어려운 학생의 감정 상태를 먼저 체크함	• 지금 말한 것이 ○○라는 것이 맞니? • 지금 ○○한 기분이라고 말하는 거지?
대화가 단절된 것 확인하기	• 학생이 표현하는 것을 알아들을 수 없거나 잘못 이해하면 대화에서 나온 정보를 체크하여 다시 질문함 • 대화하려는 내용을 하나씩 분리하여 질문함	• 주말에 본 드라마가 무엇인지 거기서부터 다시 이야기할까? • 메뉴에 대해 좀 더 이야기할까? 여기까지만 말할까, 아니면 더 이야기할래?

사람들은 대화가 단절되면 반복하기(repetition), 바꾸어 말하기(revision), 간략히 말하기(simplification), 단서 추가하기(cue) 등의 대화 회복 전략(conversational repair strategies)을 사용하여 의사소통을 유지하려고 노력한다. 그러나 AAC를 사용하는 학생들은 대화가 단절되었을 때 이러한 전략만으로는 대화를 이어 가기 어렵다. AAC 사용 학생이 대화를 이어갈 수 있도록 대화상대자가 사용할 수 있는 대화 회복 전략은 〈표 4-10〉과 같다.

4. 의사소통 환경 조정

1) AAC 도구의 배치

교재와 교구의 배치 등 의도적인 환경 조정(environmental arrangements)으로 의사소통 상호작용을 촉진할 수 있다(Schreibman et al., 2015). 환경을 조정하는 목표는 의사소통 및 사회적 상호작용을 증가시키고(McMillan & Renzaglia, 2014), 수용언어와 표현언어, 순차적 기억, 전환 및 적극적인 참여를 지원하는 것이다.

의사소통하는 장소에 학생이 사용하는 개인별 AAC 도구가 없으면 사용 방법을 배울 수도 없고 배운 기술을 사용할 수도 없다. 대화가 이루어질 것으로 예측되는 모든 환경에 상징카드나 음성출력 스위치, AAC 도구 등 필요한 도구가 준비되어야 한다. 수업 시간 외에 교실 이동 수업이나 식사 시간 등 학생이 있는 장소라면 어디라도 AAC 도구를 사용할 수 있도록 해야 한다.

의사소통을 위해 사용되는 사물이나 실물 상징, 의사소통판 등은 학생이 접근할 수 있는 모든 장소와 위치에 준비하며, 의사소통판에 사용되는 상징체계는 학생의 인지 발달 수준 및 학습 양식에 적합해야 한다. 의사소통판은 학생이 자주 표현하거나 필요로 하는 어휘로 구성하며, 의사소통판과 보조도구는 학생과 또래, 가족 등 학생 주변의 중요한 사람들에게 수용적이어야 한다. 의사소통 상징을 선정할 때는 개별 학생의 선호도에 따라 단독으로 결정하기보다는 장기적으로 어휘를 확장할 수 있는 상징체계로 선정한다. 한번 학습된 상징을 다른 상징체계로 바꾸는 것은 비효율적이며, 일반화하는 데에도 많은 시간이 소요되기 때문이다.

2) AAC 도구의 접근성

언제 어디서라도 AAC 도구를 사용하여 의사소통을 할 수 있게 하려면 교사를 포함한 학생 주변의 모든 대화상대자는 AAC 도구 관리 방법을 숙지해야 한다. AAC 도구는 충전 여부와 전원 상태를 점검하여 항상 사용할 수 있는지 확인한다. 안정적인 사용을 위해 학생의 요구에 맞게 소리 크기와 음성의 명료도, 빠르기의 조정, 제시하는 위치, 기기의 다양한 선택사항 등 도구를 조작하고 관리하는 방법을 배워야 한다.

AAC 도구가 있어도 학생의 장애 특성을 고려한 접근성이 확보되지 않으면 효율적으로 사용하기 어렵다. 접근성을 높이기 위해서는 팔의 움직임을 편리하게 할 수 있도록 책상의 높이와 크기, 각도, 위치 등을 조정한다. 이러한 물리적 구조의 조정으로 AAC를 사용하는 학생의 수업 참여도를 높일 수 있다. AAC 도구를 어느 위치에 어떻게 놓아 주는가에 따라 사용성에 영향을 미친다. 특히 지체장애로 인해 신체의 움직임 제한이 있는 학생은 신체 특성 및 근육의 움직임, 관절가동범위(Range of Motion: ROM)를 고려하여 제시한다. 예를 들어, 원시반사를 보이는 지체장애 학생에게 의사소통판이나 의사소통 도구를 제시할 때 유의해야 할 사항은 다음의 사례를 참고하기 바란다.

조금 더 자세히

Q. 비대칭성 긴장성 목반사(ATNR)를 보이는 뇌성마비 학생의 경우 의사소통판이나 의사소통 도구(태블릿 PC, 모니터나 스위치 등)를 어떻게 제시해 주는 것이 좋을까?

A. ATNR의 영향을 통제하기 위해 의사소통판이나 의사소통 도구를 책상의 한쪽에 치우치지 않게 학생의 정면 중심선에 제시한다. 뇌성마비 학생의 원시반사는 비정상적인 협응의 원인이 되므로 의사소통판이나 의사소통 도구는 정중앙에 놓아 준다.

Q. 대칭성 긴장성 목반사(STNR)를 보이는 뇌성마비 학생의 경우 의사소통판이나 의사소통 도구를 책상에 어떻게 제시해 주는 것이 좋을까?

A. 마운트를 이용하여 정면 중앙에 배치해 준다. STNR을 보이는 학생은 고개의 과굴곡, 과다 신전 등 원시반사가 나타나면 자세가 바로 흐트러진다. 목을 뒤로 젖힌 상태로 신전되면 상지도 신전되고 반대로 하지는 굴곡된다. 또한 목을 앞으로

수그린 상태로 굴곡되면 상지가 굴곡되고 하지가 신전된다. 그러므로 의사소통판이나 의사소통 도구는 학생의 눈높이 정면 중앙에 수직으로 배치하여 목의 위치가 흐트러지지 않게 한다.

의사소통은 실내의 일정한 장소에서만 이루어지는 것이 아니므로 이동하면서 사용하기 위한 편의성도 고려해야 한다. AAC 도구를 보호할 수 있는 케이스(cases)나 AAC 도구를 고정하는 고정 끈(straps)이나 하네스(harnesses) 등은 이동할 때 두 손을 자유롭게 만들어 준다. 휠체어와 워커 등의 이동 도구를 사용하는 학생은 마운트(mounts)를 이용하여 AAC 도구를 책상이나 휠체어 책상에 고정하면 편리하게 사용할 수 있다.

전자장치를 사용할 수 없는 만약의 사태를 대비하여 화면을 캡처한 의사소통판을 예비로 마련하거나 기기에 내장된 상징을 출력하여 의사소통 책으로 제작하는 것도 접근성을 위한 대안이다. 학생이 사용하는 어휘 상징 목록을 포스터로 출력하여 교실에 게시하는 것도 학교생활 전반에서의 활용 가능성을 높인다.

3) AAC 어휘목록

의사소통을 위해 사용하는 AAC 도구에는 의견을 말하거나, 생각을 전달하고 표현할 수 있는 충분한 어휘가 담겨 있어야 한다. 어휘는 핵심어휘(core words)와 개인어휘(fringe words)를 포함하여 구성한다. 핵심어휘란 학생이 매일 사용하는 어휘를 말한다. 예를 들어, 일과 중 언제라도 자주 사용할 것으로 예측되는 '가요' '먹어요' '좋아요' '집' 등이 핵심어휘가 될 수 있다. 개인어휘는 사용하는 학생의 필요에 따라 구성되는 구체적인 어휘를 말한다. 학생마다 만나는 사람이 다르고, 생활하는 장소, 활동이나 물건 등이 다르므로, 개별 학생의 생태학적 환경과 요구에 따라 사용할 수 있도록 충분한 개인어휘목록을 구성해야 한다.

4) 가족과의 협력 점검

의사소통 교육은 가족과의 협력이 필수이다. 가족은 가장 중요한 대화상대자이며, 대화상대자로서 가족 훈련의 첫 단계는 양육 관계를 통해 따뜻함과 안전의 분위기를 만드는 것이다. 학생에게 안전, 지지, 애정을 주는 것, 긍정적인 존중감 등 상호작용을 위한 긍정적인 환경을 만드는 것, 개인의 관심에 초점을 맞추어 주는 것 등이 포함되어야 한다.

가정에서도 말이나 상징 등을 사용할 수 있는 기회가 동일하게 주어져야 하고 지속적인 언어 모델링이 제공되어야 학교에서 학습한 내용이 일반화될 수 있다. 의사소통은 상징의 의미와 어휘를 학습하는 것에서 벗어나 가정과 지역사회의 활동에서 실제로 사용할 수 있도록 충분한 기회가 주어져야 학습할 수 있다. 그래서 초기 의사소통 방법을 지도할 때는 양육자와 학생 간의 상호작용에 초점을 두어 지도한다. 가족과 함께하는 의사소통 상호작용 훈련은 AAC를 이용해 반응하거나 요구하기, 선택하기를 통해 가정뿐만 아니라 지역사회에서도 더 잘 사용하게 된다. 자녀의 대화상대자로서 부모 훈련에 포함할 수 있는 촉진 전략은 다음과 같다.

- AAC 도구를 항상 사용할 수 있도록 옆에 둔다.
- 의사소통판을 이용하여 말을 하도록 촉진한다.
- 도구를 사용하여 대화하는 방법을 직접 모델링한다.
- 모델링은 반복적이고 짧은 발화를 사용하고 모델 언어를 제공한다.
- 모든 활동에 적극적으로 참여하도록 조장한다.
- 말을 하도록 지시하지 말고 안내한다.
- 실수를 하더라도 기회를 준다.
- 대화할 때는 개방형 질문을 사용한다.
- 아동이 무엇을 좋아하는지 관심을 가진다.
- 아동과의 상호작용은 한 번에 하나씩 하되 기대감을 가지고 기다린다.
- 질문에 답하게만 하지 않고 주고받는 순서를 지키며 횟수를 늘린다.

AAC를 활용한 의사소통의 성패는 의사소통 기술 그 자체의 발달보다는 대화상대자와의 양방향적인 상호작용의 영향이 더 크다. 가족 구성원과 학생의 상호작용 연구는 관심 공유하기, 행복감 함께 느끼기, 반복적인 의사소통 구조를 사용하기를 강조하였다. 가족과 함께하는 AAC 교육을 위해서는 다음과 같은 사항을 점검해 볼 수 있다(Robinson & Soto, 2013).

- AAC 교육에 관한 가족의 선호도에 대해 주의 깊게 듣는다.
- 주요 가족 구성원과 그들의 역할을 확인한다. AAC 실행에 관해 결정할 수 있는 가족 구성원을 포함하여 계획한다.
- 가족의 독특함을 인정하고 가족의 가치와 의사소통 스타일을 존중한다.
- AAC 실행에 관해 가족의 생활 방식을 존중하고, 가족이 원하는 방식으로 대안을 수립하고 조정한다.
- 가족의 특성에 적합한 AAC 정보와 교육을 제공한다.
- AAC 도구의 구매 비용, 서비스와 관련하여 명확한 정보를 제공한다.
- 어휘목록은 또래와 형제자매가 사용하는 어휘를 포함하여 계획한다.
- AAC 도구를 사용하여 학생의 사회적 상호작용 및 지역사회의 참여를 촉진한다.
- 전환의 필요성을 고려하여 안정되고 지속적인 서비스를 제공한다.
- AAC 도구와 서비스에 대한 가족의 불편함을 고려하여 지원한다.

그 밖에 가족과 협력하여 실행하는 AAC 교육에 관한 상세한 내용은 10장을 참고하기 바란다.

[참고 자료] 수업에서 AAC를 적극적으로 활용하기 위해서는 어떻게 해야 할까요?

■ 연구 제목

AAC 활용 수업에 대한 중도 · 중복 지체장애 학교 교사들의 경험과 요구

■ 연구 목적

중도 · 중복 지체장애 학교 교사들의 협력적 수업연구를 통해 AAC 활용 수업에 대한 경험과 요구를 알아보고, 교육 현장에서 AAC를 적극적으로 활용할 수 있는 방안을 탐색해 보고자 함

■ 연구 참여자

- 연구 참여 학생: 서울 J학교 5학년 뇌성마비 학생 3명
- 연구 참여 교사: 평균 20년 경력의 특수교사 4명

■ 연구 설계

- 실행연구
  - 실생활 문제를 해결하는 데 중점을 둔 질적 연구 방법

■ 중재

- 협력적 수업연구
  - 다음과 같은 수업 실행과 협의를 격주로 각각 5회씩 반복하면서, 수업과 관련된 다양한 고민들을 함께 공유함

단계		내용
1	공동 계획 단계	사전 협의를 통하여 연구 참여자들이 연구 과정을 함께 설계함(예: 연구 목적과 방법, AAC 목표어휘 및 도구, 수업 실행 계획 등)
2	실행과 관찰 단계	수업자가 수업을 실행하고, 다른 연구자들은 수업과 학생 반응을 관찰하며 교사와 학생 간 상호작용, 수업참여도, AAC 활용 등을 분석함
3	분석적 반성 단계	연구 수업 후 연구 참여자들이 수업에 대해 함께 분석적으로 반성하는 협의회를 실시함
4	지속적 수정 및 재계획 단계	수업자는 수업 협의 내용을 바탕으로 반성일지를 작성한 후 다음 수업계획안을 수정 · 보완함

–수업연구의 일정과 내용

회기	활동	AAC 도구
1	• 과일의 특징 표현하기 –과일과 관련된 시 듣기, 과일을 맛보며 특징 표현하기 등	의사소통판, 칩톡
2	• 현장체험학습 경험 표현하기 –현장체험학습 사진을 보며 이야기, 미니북 만들기 등	PCS 카드, 로우테크 기기
3	• 현장체험학습 사전학습 –현장체험학습 때 할 것들에 대해 이야기 나누기 등	PCS 카드, 칩톡
4	• 인형 만들기 및 인형극 –막대기 인형 만들기 및 AAC 도구로 역할극 하기	로우테크 기기, 칩톡
5	• 움직임을 나타내는 단어 표현하기 –움직임을 나타내는 단어를 찾고 고르기 등	로우테크 기기, 칩톡, 스위치

■ **연구 결과**

• AAC 활용 수업의 의미

주제	내용
중도 · 중복장애 학교 교사의 기쁨과 보람 찾기	• 중도 · 중복장애 학교 교사들에게 의사소통의 희망을 심어 줌 • 학생들이 함께 참여할 수 있는 수업을 구현할 수 있게 됨
중도 · 중복장애 학생의 가능성 열어 주기	• 학생의 자발적인 의사소통을 가능하게 하고, 상호작용을 촉진하여 학생이 수업에 적극적으로 참여할 수 있게 됨 • 학생에게 자기결정의 기회를 부여하고, 학생의 강점과 잠재능력을 발견하는 등의 가능성을 열어 줌
좋은 수업 만들기: 무의미에서 의미로	• AAC를 잘 활용하기 위해서는 교육과정 수정과 개별화교육이 중요함 • 자연스러운 상황에서 지속적이고 반복적인 기능적 AAC 훈련이 병행되어야 함

• AAC 활용 수업의 어려움

주제	내용
부족하고 부실해서 아쉬운 AAC 도구	• 교과 특성 및 개별 학생에게 알맞은 교육을 제공하기 위해 더 많은 AAC 도구가 필요함 • 수업 시 AAC 도구가 고장나거나 오작동하는 문제가 발생함
학생 중심 교육과정 운영의 장벽	• 학생별 개별화교육 및 교육과정 수정 실행에 대한 부담감, 교사의 전보 시스템, 학부모의 낮은 교육적 기대 등의 어려움을 느낌
만능이 되어야 하는 교사	• AAC 활용 수업을 위해서는 교사의 많은 능력과 시간, 노력이 필요함

• AAC 활용 수업을 위한 지원 요구 사항

주제	내용
충분히 쓸 수 있는 AAC 도구 지원	AAC 도구가 확충된다면 수업에 큰 도움이 될 것이며, 활용 방법과 관련된 연수 및 유지 · 보수를 위한 시스템도 지원되어야 함
함께 협력하는 분위기 만들기	교사 연수 프로그램 운영이나 교사 연구 동아리 활동 등을 통해 AAC 활용에 대한 긍정적인 환경이 조성되어야 함
쉽게 가르치는 교사 지원하기	AAC 활용에 대한 모범 사례나 교수학습지도안 등을 제시하는 수업 매뉴얼이 필요함

■ 연구 의의

중도 · 중복 지체장애 학교 교사들의 공동협력과 계속적인 연구 과정을 통해 AAC 적용과 활용에 대한 전문성을 신장하고 AAC 활용 수업에 대한 정체성을 확립하였다는 점에서 의의를 가짐

■ 출처

함미애, 이재신, 전병운(2016). AAC 활용 수업에 대한 중도 · 중복 지체장애학교 교사들의 경험과 요구. 지체 · 중복 · 건강장애연구, 59(4), 63-93.

[참고 자료] 통합학급에서 장애학생이 AAC를 잘 사용하려면 어떤 지원이 필요할까요?

■ 연구 제목

통합학급 차원의 AAC 중재가 일반학생의 장애인식과 자폐성장애 학생의 의사소통 행동에 미치는 효과

■ 연구 목적

통합학급의 일반학생을 대상으로 AAC 및 대화상대자 훈련을, 장애학생을 대상으로 AAC 사용 교육을 실시하여 해당 중재가 일반학생의 장애인식과 장애학생의 의사소통에 어떤 영향을 미치는지 살펴보고자 함

■ 연구 참여자

구분	학생	현황
실험집단	23명	비구어거나 자발성 없는 언어 모방만 가능하고, 의사소통 의도를 가지고 발성과 몸짓 등의 표현이 가능한 자폐성장애 학생 1명이 속한 1학년 학급
통제집단	20명	실험집단으로 선정된 학생과 유사한 학생이 속한 초등학교 3학년 학급

■ 연구 설계

- 통합학급: 실험 · 통제집단 사전–사후검사 설계
- 자폐성장애 학생: 단일사례 설계

■ 중재

통합학급 일반학생들에게 대화상대자의 지식, 기술, 태도에 대한 교육을 실시하고, 장애학생에게 AAC 체계와 도구의 사용법, 상징의 이해에 대하여 교육함

- 활동중심 AAC 이해교육
  - 일반학생들이 AAC를 이해하고 대화상대자로서의 역할과 태도를 배우도록 하는 중재로 학생활동 중심 교수학습 방법을 사용함

구분		내용
의사소통장애 이해	1차시	스무고개로 친구의 장점과 좋아하는 것 맞추기
	2차시	말을 하는 데 어려움을 가진 친구 때문에 고민하는 내용의 〈뽀로로의 고민〉 영상을 시청하고 의사소통 어려움에 대한 질의응답하기
AAC의 이해	3차시	스피드 게임으로 몸이나 제스처로 표현하는 방법을 알아보고 비도구적 상징과 기다리기 전략 배우기
	4차시	친구의 표정을 보고 그에 맞는 감정카드를 찾아보는 활동을 통해 로우테크와 주의집중하기 전략 알아보기
	5차시	도구적 상징과 직접 선택 기법, 메시지 확인하기 등의 요소를 중재하기 위해 의사소통판의 그림상징으로 대화하기
	6차시	하이테크 도구나 차례 주고받기 기법 등을 이해하기 위해 역할놀이를 통해 문자 메시지로 대화하기

• AAC 사용 교육

–태블릿 PC로 '나의 AAC' 앱을 사용하여 직접교수법의 형태로 다음의 내용을 지도함

구분	내용
의사소통판으로 말하기	• 학생에게 필요한 환경 어휘 및 기능별 어휘를 선정하여 4×3 형태의 판에 12가지 상징을 삽입함 • 명명(예: 공놀이), 행동 요구(예: 주세요), 부르기(예: 친구야), 인사(예: 안녕), 저항(예: 싫어), 수용(예: 좋아)를 탑재함
상징으로 말하기	• 학생의 특성을 고려하여 긴급 상황, 인사하기, 식사, 학교 폴더의 어휘 중심으로 지도함

–직접교수법

단계	내용
설명하기	학생에게 학습할 내용과 단계 등을 설명하여 학습할 방향을 안내함
시범 보이기	교사가 직접 사용하는 방법과 상징의 의미를 안내함
활동하기	학생이 직접 수행을 하고, 정반응을 보이면 강화 제공을, 오반응이나 무반응일 경우 교정적 피드백을 제공함

■ 연구 결과

• 통합학급 차원의 AAC 중재를 통해 일반학생들은 장애 인식에 대해 긍정적으로 반응하였으며, AAC 대화상대자의 역할이나 태도, 의사소통할 수 있는 방법에 대해 인식함

• 장애학생의 의사소통 행동의 평균 발생 빈도가 증가하였고, 학교생활 만족도의 점수도 향상됨

■ 연구 의의

장애학생에 대한 AAC뿐 아니라, 대화상대자 훈련을 포함하여 통합학급 차원에서 AAC 중재가 이루어진다면, 일반학생의 장애 인식 개선과 자폐성장애 학생의 의사소통 및 사회적 통합에 긍정적인 영향을 미친다는 점에서 의의를 가짐

■ 출처

민경심, 임장현(2019). 통합학급 차원의 AAC 중재가 일반학생의 장애인식과 자폐성장애학생의 의사소통에 미치는 효과. **보완대체의사소통연구**, 7(1), 47–75.

5장

손담을 활용한 의사소통 교육

보완대체의사소통

최근 다양한 보완대체의사소통(AAC) 도구와 소프트웨어, 스마트 기기에 이르기까지 구어를 통한 의사소통을 대신할 수 있는 방법들이 활성화되고 있으나, 의사소통 초기 단계에 있는 중도중복장애 학생들은 신체, 언어, 인지 등 여러 제한점으로 인해 이러한 도구를 사용하는 의사소통 방법을 쉽게 배우지 못하는 경우가 많다(구정아, 박은혜, 2018).

몇 가지 예를 들어 보면, 지적장애와 자폐성장애를 가진 청소년 지우는 구어를 사용하지 못하며 "으, 으" 하는 발성과 손을 잡고 원하는 곳으로 상대방을 데리고 가거나 눈으로 사물을 바라보는 것으로 자신이 원하는 바를 말하려고 한다. 지우의 엄마가 "안경 가져와."라고 말하면 알아듣지 못하지만 엄마가 두 손을 동그랗게 해서 눈에 대어 안경 모양을 보여 주면서 "안경 가져와."라고 하면 이해하고 안경을 가져올 수 있다. 마찬가지로 "물 가져와."라고 할 때도 컵으로 물을 마시는 모양을 보여 주면서 말하면 쉽게 이해하지만, 구어로만 지시할 때는 이해하지 못한다. 시각중복장애를 가지고 있는 천희는 점자나 구어를 하지 못한다. 그림상징이 있는 의사소통 도구도 앞을 볼 수 없는 천희에게는 도움이 되지 않는다. 만질 수 있는 축소형 사물들은 종류가 많지 않고, 감정이나 추상적인 표현은 하기 어렵다. 재민이는 의사소통 도구를 켜거나 의사소통 책의 페이지를 찾는 시간을 기다리지 못하고 소리를 지르거나 도구를 던지는 등의 도전행동을 보이는 경우가 많다.

간단한 손짓이나 몸짓을 사용하는 방법은 위와 같은 경우에 도움이 될 수 있다. 특정한 개인적 표현을 사용해서 가족 및 가까운 사람들과 소통할 수도 있으나, 보다 많은 사람들과 사용할 수 있도록 하기 위해 국내외에서 간단한 손표현을 기본으로 하고 체계적인 어휘 표현을 많이 포함하는 손짓기호체계들이 개발되어 사용되고 있다.

이 장에서는 최근에 국내에서 개발된 우리나라 손짓기호체계인 '손담'에 대한 내용을 중심으로 살펴보고자 한다.

1. 손짓기호체계 소개

1) 손짓기호체계의 개념

손짓기호체계는 1장과 2장에서 언급된 바와 같이 도구를 사용하지 않는 AAC 상징의 한 유형이다. 모든 사람들이 사용하는 의사소통 형태의 하나로, 눈짓과 표정, 몸짓, 신체 거리나 접촉 등을 포함하는 신체언어[1](이숙정 외 역, 2021)와 용어는 유사하지만 이 장에서 설명하는 손짓기호체계는 보다 구체적으로 표현 방법이 정해진 일련의 손짓표현들이다.

국외의 대표적인 손짓기호체계 중 하나인 마카톤(Makaton)은 구어 의사소통이 어려운 장애인을 위해 영국의 수어 어휘 중 단순한 것은 그대로 사용하고 어려운 것은 쉽게 수정한 것이며, 손짓기호와 함께 이를 그림상징으로도 만들어서 사용하므로 도구와 비도구의 혼합상징체계(박현주 역, 2017)로도 분류된다.

Loncke(2014)는 '손짓기호(manual sign)'라는 용어는 의사소통을 위해 체계적이고 일관성 있는 방법으로 사용되는 제스처를 말한다고 하며, 이때 사용되는 손짓기호들은 수어 어휘에서 가져오기도 하고 인위적으로 만들어지기도 한다고 설명하였다. Beukelman과 Mirenda(2013)는 청각장애인이 사용하는 수어가 AAC에 포함되지 않기 때문에, 비도구 AAC 상징으로는 구어 어순과 단어를 그대로 수어로 표현하는 구어 대응 수어, 핵심어 수어, 그리고 촉수어 표현 등이 포함되며, 이를 통틀어서 손짓기호체계(manual sign system)라고 설명하였다.

즉, 손짓기호체계는 구어를 쉽게 배우기 어려운 장애학생들에게 그 나라의 수어 어휘 중 쉬운 표현이나 쉽게 변형한 것, 또는 이해하기 쉬운 제스처를 의사소통 수단으로 사용할 수 있게 하고자 체계화한 것이다. 이러한 해외의 손짓기호체계 발달이 대부분 1970년대경부터 시작된 것을 생각하면, 지금과 같은 의사소통 도구나 소프트웨어 등이 발달되지 못한 시기에 구어 습득이 지체되거나 어려운 장애학생들을 위한 대

---

1) 이 용어는 독일에서 사용되며, 다른 AAC 문헌에서 말하는 제스처, 비상징적 의사소통 방법과 유사한 폭넓은 개념이다.

안적인 방법으로 먼저 시작된 것을 알 수 있다.

국내의 경우, 1990년대부터 AAC에 대한 다양한 연구와 교육 실제가 보고되었지만 대부분 도구를 사용한 AAC에 대한 것이었으며, 2000년대에 들어와서 중도 뇌성마비 고등학생을 위하여 그림 의사소통판과 함께 손짓기호를 병용한 연구가 처음 보고되었다(김정연, 박은혜, 2006). 그 후 뇌성마비 유아(문현미, 한경임, 2009), 언어발달지체 유아(양혜란, 문현미, 2016), 특수학교 전공과의 발달장애 학생(윤숙자, 임경원, 2018) 등 다양한 학생들에 대한 손짓기호 중재연구가 이루어졌다. 중재에 사용된 손짓기호들은 대부분 수어 어휘 표현을 기본으로 하되, 없는 경우 대상 학생에게 맞는 표현을 개발하거나 미국의 베이비사인을 참조한 경우도 있었다. 연구의 수는 적지만 모든 연구에서 요구하기 행동의 증가, 발음의 정확성 개선, 도전행동 예방 등 긍정적 결과를 보고하였으며, 특히 교사들의 실행연구로 진행된 윤숙자와 임경원(2018)의 연구에서는 초기의 우려와 달리 학습과 손짓기호 사용 면에서 모두 긍정적 결과를 나타냈고, 학생과의 상호작용과 감정교류 등 학생과 나누는 의사소통의 기쁨을 경험하였다는 교사들의 의견을 상세히 제시하였다.

2017년도부터는 국립특수교육원의 몸짓언어, 몸짓상징에 대한 기초연구 및 개발연구를 통해 손짓기호체계에 대한 체계적인 개념화와 실제 사용할 수 있는 표현의 개발이 이루어졌다. 개발 시기와 개발 목적이 해외의 손짓기호체계와 다르기 때문에 국내 손짓기호체계[2] '손담'은 다음과 같은 차이점을 가진다.

첫째, 음성출력 의사소통 도구 및 그림상징의 도입이 먼저 이루어진 이후에 개발되었으므로, 우선적으로 그러한 시도를 해 본 후 이에 어려움을 겪는 학생들이 주 대상이 되었다. 따라서 해외의 손짓기호체계 사용자들보다 장애 정도가 심한 학생들이 사용할 수 있는 표현의 개발이 중요하게 고려되었다.

둘째, 시각중복장애, 지체중복장애와 같이 손짓기호체계 사용에 신체적 제한이 있는 장애학생들도 사용할 수 있도록 하기 위한 노력이 포함되었다. 여러 유형의 중도중복장애 학생 중 소외되는 학생이 없도록 하고자 하였으므로, 일반적인 발달장애 학

2) 우리나라에서는 2017년 국립특수교육원 연구용역과제에서 몸짓언어라는 용어를 처음 사용했으며 그 후 언어라는 표현이 부적절하여 2018년, 2019년에는 몸짓상징이라는 용어로 대체되었고, 이를 통해 '손담'이 개발되었기 때문에 몸짓상징이라는 용어가 자리 잡게 되었다. 손담에 해당되는 영어권에서 사용하는 보다 명확한 용어는 (simplified) manual signs[(단순화한) 손짓기호]이다. 손짓기호 표현도 수어와 마찬가지로 의사표현에 도움을 줄 수 있는 얼굴 표정이나 몸의 움직임 등을 함께 사용한다.

생들을 위하여 개발된 해외의 손짓기호체계보다 표현이 쉽고 특정 장애를 위한 추가적인 수정표현을 함께 가지고 있다(예: 허공에서의 손표현이 불편한 시각중복장애 학생을 위해 접촉성을 강화한 수정된 표현, [그림 5-14] 참조).

손짓기호체계의 기본적 개념은 간단한 손표현과 얼굴 표정, 신체의 움직임 등을 통해 특정한 의사소통 내용을 전달하는 것이다. 수어를 사용할 때에도 표현 내용 전달을 위해 적절한 얼굴 표정이나 신체 움직임이 수반되는 것처럼(예: '행복하다'는 손표현을 하면서 얼굴이 화난 표정이면 전달이 잘 되지 않으므로 웃는 표정이 적합함) 손짓기호체계를 사용할 때에도 마찬가지이다.

조금 더 자세히

Q. 비상징적 의사소통 방법에서 제스처, 눈짓, 손짓 등의 신체 움직임이 포함되는데 손짓기호체계와는 어떤 차이점이 있는가?

A. 2장에서 설명한 것처럼 상징이란 어떤 참조물(referent)을 의미하는 신호이다. 의사소통 발달의 초기에는 정확한 참조물이 있는 상징이 아닌 다양한 몸짓이나 발성을 사용하는데, 손짓기호체계는 각 표현이 의미하는 정확한 참조물 및 의미가 있다. 또한 비상징적 의사소통 방법은 개인적으로 서로 다른 방법을 사용하지만, 손짓기호체계는 정해진 일정한 표현을 사용한다는 점에서 일반적인 비상징적 의사소통 방법과는 차이가 있다.

Keyword Signing(KWS)

- 핵심어 손짓기호로 번역되어 사용됨
- 구어를 사용하며 문장 중에서 핵심적인 단어만 수어 어휘로 함께 표현하는 방법(모든 단어를 구어 순서대로 대응하여 수어 어휘로 표현하는 방법과 대비되는 개념)
- 또는 이때 사용하는 손표현을 수어 어휘가 아닌 별도로 개발된 표현을 사용하는 것으로 설명되기도 함
- 손담 사용과의 관계는?
  - 손담을 사용하는 대부분의 경우 대화상대방은 구어와 함께 사용하며 이때 핵심적인 단어를 손담으로 사용하지만, 별도로 KWS라고 지칭하지는 않음. 또한 손담 사용자 역시 대부분 핵심어 중심으로 사용함

2) 국내외 손짓기호체계

국외에서는 의사소통 지원이 필요한 학생을 위한 손짓기호체계가 다양하게 개발되었고, 장애학생들의 의사소통을 지원하기 위해 오랫동안 사용되어 왔다. 국외 손짓기호체계의 사례를 몇 가지 제시하면 다음과 같다.

(1) 독일의 구크

구크(GuK)는 언어 발달과 구어에 특별한 어려움을 보이는 장애학생들의 의사소통을 조기에 지원하기 위해 독일에서 개발된 보완적인 의사소통 체계이다. 주요 대상은 다운증후군 등 지적장애 학생들이다. 대화를 할 때 의미 전달에 꼭 필요한 단어를 중심으로 구어와 동시에 사용할 수 있는 쉬운 손 동작어로 개발하였다. 구크는 의사소통을 위해 손 동작어와 그림카드를 함께 사용하여 구어를 쉽게 이해하고 의미를 표현할 수 있도록 지원하는 의사소통 체계이다(국립특수교육원, 2018).

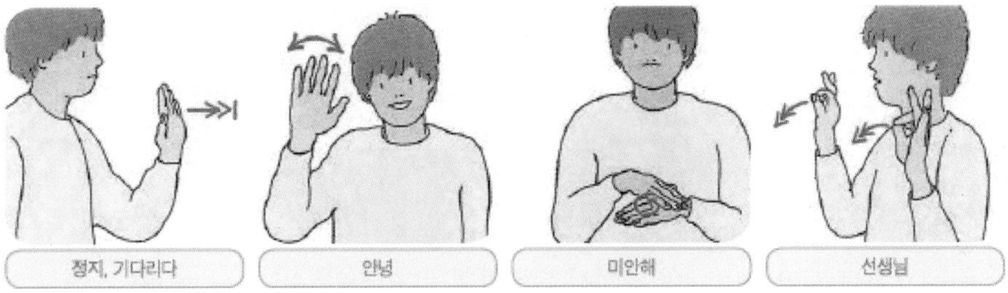

[그림 5-1] **독일의 구크 예시**

출처: Deutsches Down-Syndrom infoCenter. (7. Aufl.) (2000).

(2) 영국의 마카톤

마카톤(Makaton)은 영국 수어(British Sign Language: BSL)의 어휘(signs), 그림상징(symbol) 및 구어를 함께 사용하는 언어 학습 프로그램이다(http://www.makaton.org). 초기에는 지적장애가 있는 청각중복장애인을 위해 개발되었으나 의사소통장애, 지적장애, 자폐성장애, 학습장애, 단순 언어장애, 감각장애 및 후천성 신경학적 장애를 지닌 학생과 성인에게 성공적으로 사용된 사례가 보고되었다. 대화 중 정보를 더 잘 전달하기 위해 구어의 어순대로 표현할 때, 주요 단어나 핵심어휘에 해당하는 손표현과 그림상징을 함께 사용하여 의사소통할 수 있도록 한다. 학생의 선호도나 신체 능력에 따라 손짓표현이나 그림상징을 적절히 사용할 수 있도록 지도한다. 현재는 호주, 뉴질랜드, 캐나다, 미국, 프랑스, 독일, 일본 등 50개국 이상에서 사용할 수 있도록 해당 국가의 수어 어휘와 문화적 요구에 맞게 수정되어 보급되었다(국립특수교육원, 2018).

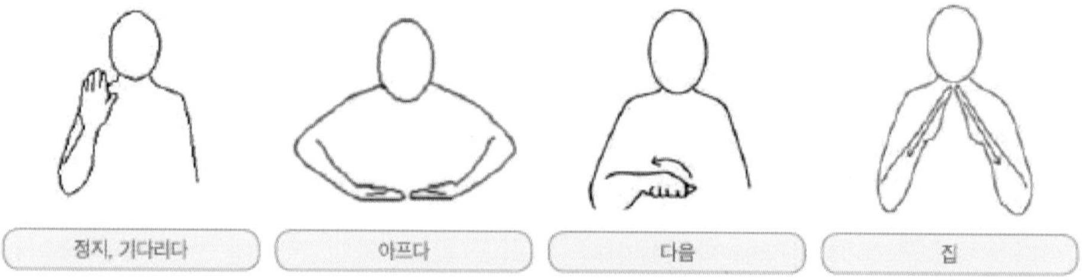

[그림 5-2] **영국의 마카톤 예시**

출처: Singing Hands UK (2013. 12. 22.).

(3) 시그널롱

시그널롱(Signalong)은 영국에서 사용되고 있는 손짓기호 활용 의사소통체계이다. 구어를 활용한 의사소통에 어려움을 겪는 이들을 위하여 구어와 함께 핵심어휘를 손짓기호(수어 어휘)를 사용하여 표현하며 영국 수어에 기반한다. 구어의 어순을 따르며, 손짓기호, 구어, 얼굴 표정, 목소리 톤, 몸짓 등을 함께 사용한다(https://signalong.org.uk). 다운증후군이나 감각장애 학생들, 그리고 신경질환 및 뇌졸중 환자 등의 의사소통을 돕기 위해 사용되는 대안적 의사소통 방법이다(국립특수교육원, 2018).

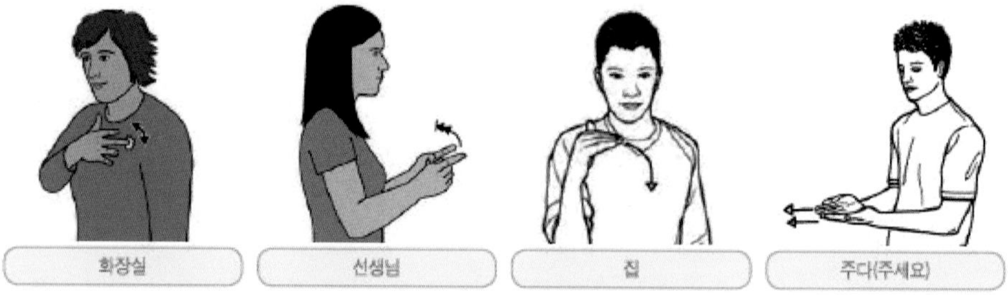

[그림 5-3] **영국의 시그널롱 예시**

출처: The Singalong Group (2018).

(4) 미국의 베이비사인

베이비사인(Baby Sign)은 영아들이 사용하는 몸짓, 손짓, 표정, 울음 등의 다양한 비언어적 표현을 언어적 표현으로 이끌어 내기 위해 사용되는 보완적 의사소통 방법이다. 베이비사인은 영아들의 신체적 발달 및 운동 기능, 인지 · 언어 발달단계를 고려하여 미국 수어 표현에 기반하여 개발한 것으로 몸짓을 통해 말하기가 완성될 때까지 영아–양육자 간의 원활한 의사소통을 돕기 위해 개발되었다(Goodwyn et al., 2000). 교사는 영아가 일상생활에서 흥미를 느끼는 중요한 단어나 동작을 베이비사인으로 만들어서 일관되게 사용함으로써 영아가 베이비사인을 학습할 수 있도록 안내하여 의사소통 상호작용을 촉진할 수 있다(국립특수교육원, 2018). 마카톤이나 구크 등과 달리 베이비사인은 장애영유아뿐 아니라 일반영아들도 언어 발달을 위해 사용하고 있다.

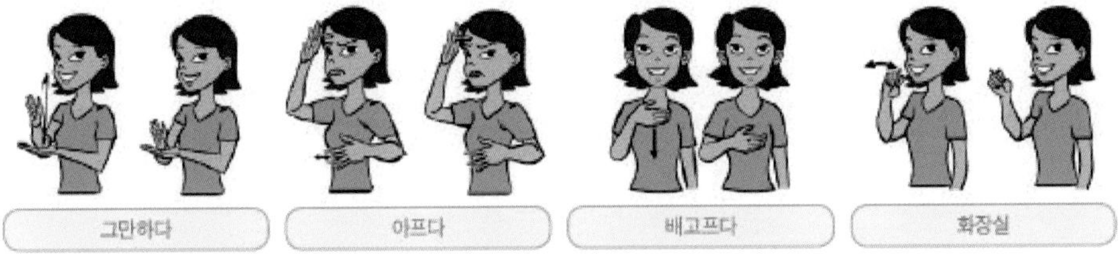

[그림 5–4] **미국의 베이비사인 예시**

출처: Baby Sign Language (2018).

지금까지 소개한 해외의 손짓기호체계들은 각각 해당 국가의 수어 어휘 표현을 기초로 하되 이를 청각장애가 아닌 다른 여러 장애를 가진 사용자들을 위하여 필요한 경우 쉬운 표현으로 수정하거나 새로운 표현을 개발하고, 이를 통해 핵심적이고 중요한 어휘들을 표현할 수 있도록 했다는 공통점이 있다. 즉, 수어는 청각장애인이 사용하는 언어체계로서 광범위한 표현범위를 갖는 것에 비해 손짓기호체계는 기본적인 핵심어휘들을 손쉽게 표현하는 것을 목적으로 한다고 볼 수 있다. 이 장에서는 수어 표현을 그대로 사용하기 어려운 장애학생을 위해 개발된 손짓기호체계를 주로 소개하였지만, 손짓기호체계에는 'Signing Exact English'와 같이 수어의 손짓기호(수어단어)를 구어의 어순에 맞게 구어와 함께 사용하는 경우도 포함된다(Beukelman & Mirenda, 2013).

3) 손짓기호체계의 장단점과 교육 기대효과

의사소통의 어려움을 갖는 학생들은 생각과 감정을 표현하는 데 어려움이 있으므로 타인에게 의존하게 되고 이로 인해 수동적인 태도를 보일 수 있다. 또한 대인관계에서 소외되기 쉽고 학교 및 사회 적응에서 어려움을 경험하게 된다. 따라서 의사소통에 어려움이 있는 학생의 삶의 질을 향상시키기 위해서는 자신의 생각과 감정, 요구 등을 적절하게 표현하여 주위 사람들과 효과적으로 소통할 수 있도록 개개인에게 가장 적합하고 효과적인 의사소통 체계를 제공해 주어야 한다(이현주 외, 2019). 최근에는 하이테크놀로지의 보완대체의사소통 도구들이 학교 및 가정에서 다양하게 활용되고 있지만, 인지 및 신체상의 제한이 큰 중도중복장애 학생의 경우 여전히 의사소통 중재에서 소외되는 경향이 있다. 이러한 학생들에게는 다음과 같은 장점(박은혜 외, 2017)을 갖는 손짓기호가 대안적인 접근이 될 수 있다.

첫째, 손짓기호는 학생의 장애유형과 발달 특성에 맞추어 표현 방법을 찾고 적용할 수 있기 때문에 의사소통의 효율성을 높이며, 의사소통 지도를 처음 시작하는 학생들에게 효과적이다. 둘째, 의사소통판이나 의사소통기기가 없는 상황에서도 간편하고 빠르게 소통할 수 있으며 소통이 필요할 때 즉각적으로 표현할 수 있기 때문에 의사소통 과정에서 시간이 지연되거나 대화의 흐름이 단절되는 문제를 예방할 수 있다. 셋째, 움직임이 많거나 역동적인 활동 상황에서 다른 사람과 상호작용할 때, 도구 작동에 필요한 시간이 없이 빠르고 쉽게 의사소통할 수 있다. 넷째, 손짓기호를 구어와 병행하여 사용함으로써 구어로 전달하기 어려운 내용을 보완하여 표현할 수 있으며, 중요한 낱말을 강조하여 의사를 더 잘 전달할 수 있다. 다섯째, 특별히 많은 교육을 받지 않아도 대화상대방들이 그 의미를 쉽게 유추하거나 이해할 수 있다. 마지막으로, 개인적으로 사용하는 몸짓표현에 비해 통일된 표현을 사용하는 손짓기호체계를 사용할 때 가까운 대화상대뿐 아니라 다수의 대화상대와 다양한 환경에서 의사소통하는 데 도움이 될 수 있다. 실제로 독일과 영국에서는 구크와 마카톤 표현을 포스터로 만들어 보급하거나 교과서나 공공기관에서 사용하도록 하는 등 다양한 사회 구성원이 공유할 수 있도록 노력하고 있다(박은혜 외, 2018).

그러나 손짓기호체계는 이와 같은 장점에도 불구하고 몇 가지 제한점을 갖는다. 첫째, 손짓기호로 표현할 수 있는 내용의 범위가 구어나 그림상징에 비해 제한적이다. 둘째, 관습적이고 직관적인 표현이 많더라도 일반적으로 사용하지 않는 표현들도 있기 때문에 대화상대가 이해하기 어려울 수 있다. 셋째, 사용하는 손짓기호의 어휘 수를 지속적으로 확장하는 데 어려움이 있으므로, 학생의 의사소통 능력에 따라 손짓기호가 필요한 대상과 시기를 잘 판단하여 교육하고, 학생의 의사소통이 발전되어 가는 것에 맞추어 장기적으로 의사소통이 보다 확장될 수 있는 다양한 방법들을 함께 가르치는 것이 바람직하다(국립특수교육원, 2018).

손짓기호 사용은 중도 · 중복장애 학생이 가진 의사소통상의 어려움을 해결하는 데 도움이 될 수 있다고 여겨지는데, 손짓기호를 활용한 의사소통 교육의 기대효과는 다음과 같이 제시되고 있다(박은혜 외, 2017).

첫째, 구어 활용이 어려운 학생의 대안적 의사소통 방법으로 사용할 수 있으며 경우에 따라서는 구어 습득을 도와줄 수 있다. 둘째, 손짓기호를 통한 중요한 단어의 강조와 구어의 시각화는 주의집중하여 보게 하고 쉽게 이해할 수 있도록 도와주어 구어 대화를 돕는 기능을 한다. 셋째, 다른 사람과 이해 가능한 방법으로 의사소통할 수 있는 능력을 길러 주며, 다른 사람과 상호작용하고 의사소통하려는 동기를 높일 수 있다. 넷째, 도구를 이용한 의사소통 체계를 학습하거나 다른 의사소통 방법 적용으로 확장시켜 나가는 데에도 도움이 된다. 다섯째, 표현의 자발성을 향상시키고 수업 참여도를 높일 수 있으며, 더 많은 선택의 기회와 소통을 통해 자기결정력을 높일 수 있다. 여섯째, 손짓기호를 통한 의사소통은 자해행동, 공격행동과 같은 문제행동을 감소시킬 수 있다. 마지막으로, 자신의 요구를 표현하고 수용되는 경험을 통해 정서적 안정과 자신감 및 자존감을 향상시킬 수 있으며, 학습된 무기력을 극복할 수 있다.

즉, 손짓기호체계는 다른 AAC 상징체계들이 구어를 보완하거나 대체하는 역할과 기대효과를 동일하게 가지는 한편, 그림상징과 같은 도구체계보다 사용의 용이성과 즉각성이 높고, 개인적으로 사용하는 비상징적 의사소통 방법들에 비해 공용성과 표현의 폭이 넓다.

2. 우리나라의 손짓기호체계 '손담'

1) 손담의 구성

'손담'은 중도중복장애인의 의사소통 교육을 위해 개발된 손짓기호체계이다. 모든 연령대의 비구어적 의사소통을 사용하는 중도중복장애인을 사용 대상으로 고려하여 개발되었다는 점에서 다른 나라의 손짓기호체계가 어린 연령층이나 다운증후군을 가진 장애인 등 특정 대상에 초점을 두고 개발된 것과 차이가 있다.

'손담'은 중도중복장애인이 쉽게 이해하고 표현할 수 있도록 간단한 '손표현'을 기본으로 하되, '몸 동작'을 이용한 표현을 함께 사용하도록 개발되었다. '손표현'은 한국 수어의 표현을 기반으로 하면서, 한국 수어를 학습하거나 사용하기 어려운 중도중복장애인들의 특성과 요구를 고려하여 쉽게 사용하고 학습할 수 있도록 의미 표현의 명확함과 간결한 표현에 중점을 두어 만들어졌다. 수어 단어 중 간단하여 따라 하거나 이해하기 쉬운 표현은 그대로 사용하였으나, 가능한 추상적인 개념과 복잡성을 제한하여 직관적이고 문화적으로 학습 가능한 형태로 수정하거나 새롭게 개발하였다.

또한 중도중복장애인들의 경우 손표현만으로는 움직임의 범위와 표현의 제한이 있기 때문에 '몸 동작'을 이용한 표현을 함께 사용하도록 개발되었다. 몸 동작을 이용한 표현에는 얼굴 표정, 눈짓의 방향, 고개 및 손이나 팔 등의 움직임이나 형태, 자세, 신체 터치 등이 포함된다. 그 외에도 '손담'은 장애유형별 다양성과 특성을 고려하여 쉽게 표현할 수 있도록 상징을 개발하였고 장애유형별 특성에 따른 활용 및 확장 방법을 별도로 제시하고 있다(국립특수교육원, 2018).

(1) 손담 표현의 구성 비율

손담 표현 중 한국 수어 단어나 이를 단순화한 것, 보편적인 제스처를 사용한 것, 그리고 새롭게 개발한 표현으로 이루어져 있다. 손담 표현의 구성 비율은 다음과 같다.

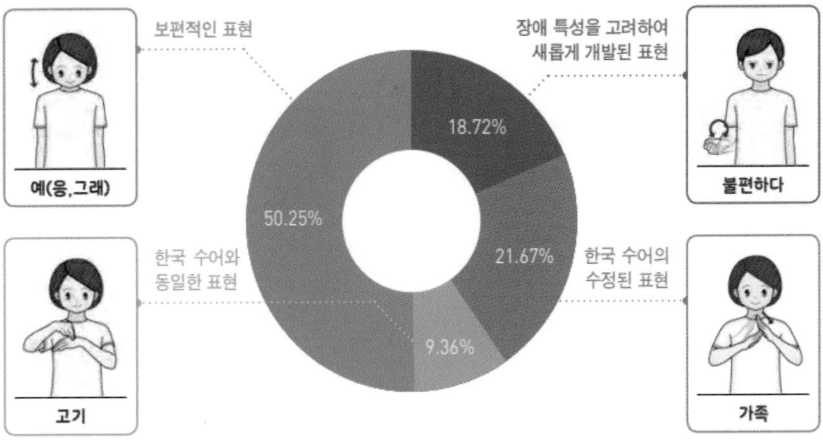

[그림 5-5] **손담 표현의 구성 비율**

출처: 국립특수교육원(2019), p. 10.

관습적으로 사용하는 보편적인 손짓표현의 예는 다음과 같다.

[그림 5-6a] **보편적인 손짓표현의 예**

출처: 국립특수교육원(2018), p. 17.

다음은 이해하고 표현하기 쉬운 한국 수어 표현을 그대로 차용한 예이다.

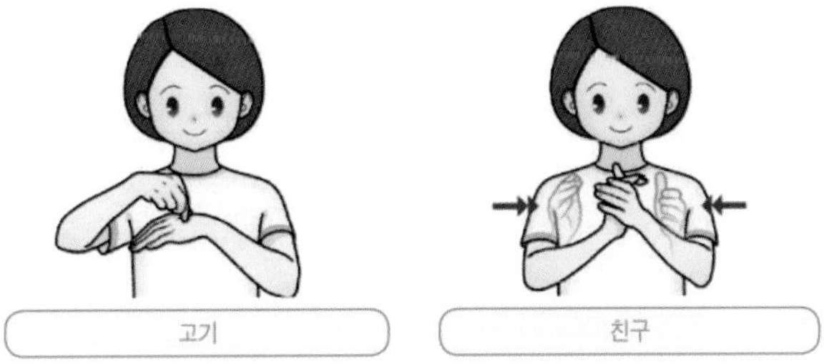

[그림 5-6b] **쉬운 수어 표현 활용의 예**

출처: 국립특수교육원(2018), p. 18.

중도중복장애 학생들이 표현하기 쉽도록 변형한 경우의 예는 다음과 같다.

[그림 5-6c] **중도중복장애 학생을 위해 쉽게 변형한 손짓표현의 예**

출처: 국립특수교육원(2018), p. 18.

새롭게 개발한 표현은 중도중복장애 학생들의 장애유형별 특징을 고려하여 학생들이 이미 사용하고 있는 손짓표현을 기초로 하여 손쉽게 표현할 수 있도록 개발되었다.

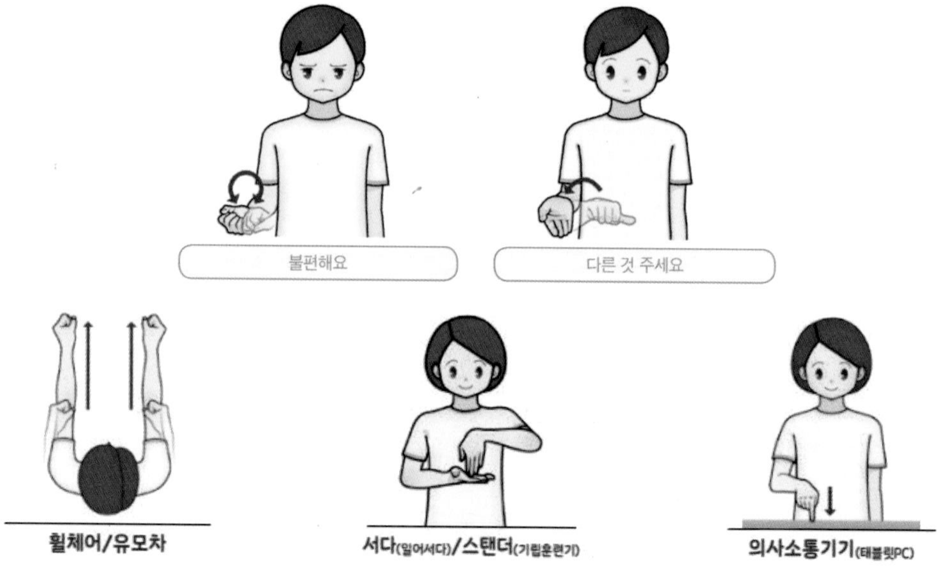

[그림 5-6d] **장애유형별 특징을 고려해 개발된 손짓표현의 예**

출처: 국립특수교육원(2018), p. 18; 국립특수교육원(2019), p. 10.

(2) 손담의 어휘

손담의 어휘의 수는 272개이며, 표현의 수는 204개이다. 개발된 표현의 수가 어휘의 수보다 적은 것은 동일한 표현을 사용하는 어휘들이 다수 존재하기 때문이다(예:

동일한 손담 표현–목마르다/마시다/컵). 손담 어휘는 중도중복장애 학생을 위한 비구어적 의사소통 요구 분석 결과를 기초로 선정되었다(국립특수교육원, 2017). 이 장의 말미에 가나다 순으로 전체 손담 어휘를 정리한 표를 제시하였다. [그림 5–7]은 손담을 구성하는 13개의 어휘 범주이다.

[그림 5–7] **손담 어휘 범주별 목록**

출처: 국립특수교육원(2019), p. 7.

(3) 손담 교수학습자료

손담을 활용하고 교육하는 것을 지원하기 위한 다음과 같은 교수학습자료들이 개발되어 있다. 각 자료는 국립특수교육원 온맘 사이트(https://www.nise.go.kr/onmam)에서 내려받을 수 있다.

- 손담 교수 · 학습자료집: 손담의 활용 방법을 각 어휘별로 안내하는 268쪽의 책자로, 가나다 순으로 정리되어 있다.
- 장애 영역별 손담 가이드북: 지적 · 자폐성장애, 지체중복장애, 시각중복장애, 청각중복장애의 4권으로 각 장애 영역별 고려사항과 가정, 학교, 지역사회 등 생활 영역별로 자연스러운 일상생활 속에서의 손담 활용 방안을 제시한다.
  –활용가이드 동영상: 가이드북 내용을 기반으로 하는 각 10분 내외의 설명 동영상 자료 5개로 구성되어 있다.

–손담 카드: 손담 표현을 교수용 이미지와 함께 양면으로 구현한 카드. 학습용으로 사용하기 좋다.

–손담 포스터: 손담을 범주별로 나누어 2종으로 구성. 손담의 홍보와 안내를 위해 제작되었으며, 교실이나 가정에 게시하여 전체 표현을 쉽게 볼 수 있다.

–손담 표현 동영상: 각각의 손담 표현을 설명과 함께 탑재한 동영상 자료. 정확한 손담 표현을 확인할 수 있으며, 학습용으로도 활용할 수 있다.

• 손담 가이드북: 장애 영역(지적 · 자폐성장애, 지체중복장애, 시각중복장애, 청각중복장애) 별로 손담 교수를 위한 지침과 구체적인 교수 계획과 예시가 제시되어 있다.

| 손담 교수·학습자료집 |

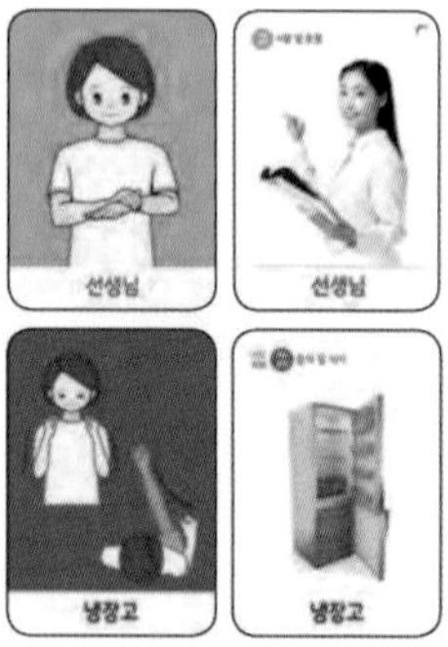

| 손담 카드 |

| 손담 동영상 |

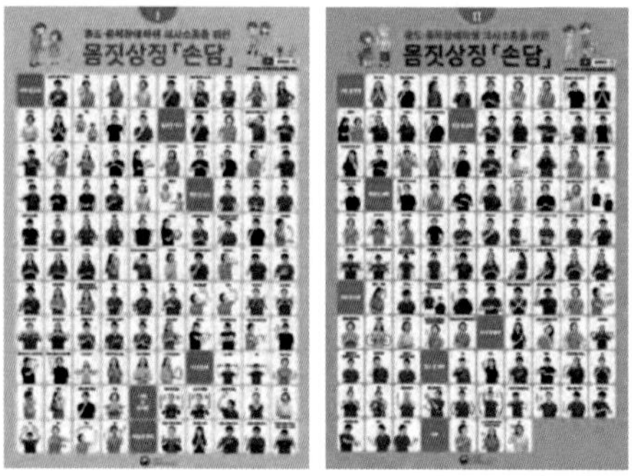

| 손담 포스터(2종) |

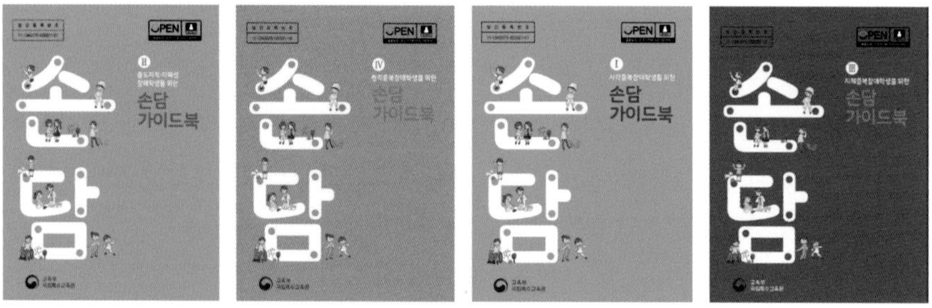

손담 가이드북

2) 손담의 개발 원리

손담은 다음과 같은 기본 원리를 고려하며 개발되었다.

첫째, 유아에서 성인까지 통일성 있게 활용할 수 있도록 연령 범위를 고려하여 개발하였으며, 이에 따라 혐오적인 표현인지 연령에 부적절한 표현인지 고려하였다. [그림 5-8a]에서 볼 수 있듯이 소변이나 대변을 보는 것은 장애학생들이 신체 부위를 가리키거나 잡는 행동으로 자주 나타나지만, 보다 적절하게 표현할 수 있는 방법으로 개발되었다.

[그림 5-8a] **손짓표현의 예**

출처: 국립특수교육원(2018), p. 19.

둘째, 중도중복장애 학생의 특성과 수준을 고려하여 가능한 어휘 표현의 수를 줄여서 학습과 변별의 어려움을 감소시키고자 하나의 표현으로 통일할 수 있는 어휘들은 같은 표현으로 개발되었다.

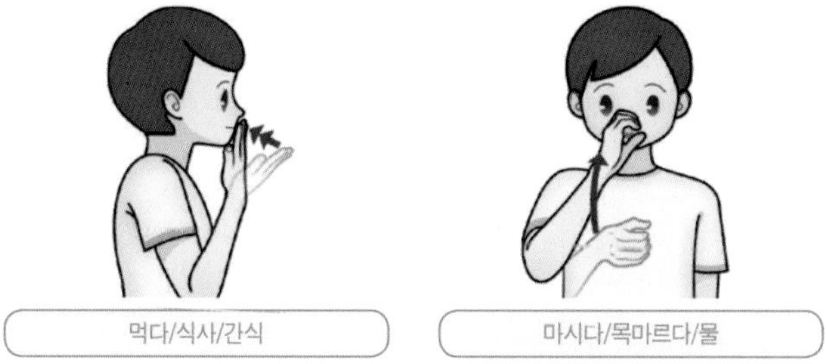

[그림 5-8b] **여러 어휘를 표현할 수 있는 손짓표현의 예**

출처: 국립특수교육원(2018), p. 19.

셋째, 한 가지 표현도 상황과 맥락에 따라 다양한 의미로 사용할 수 있다.

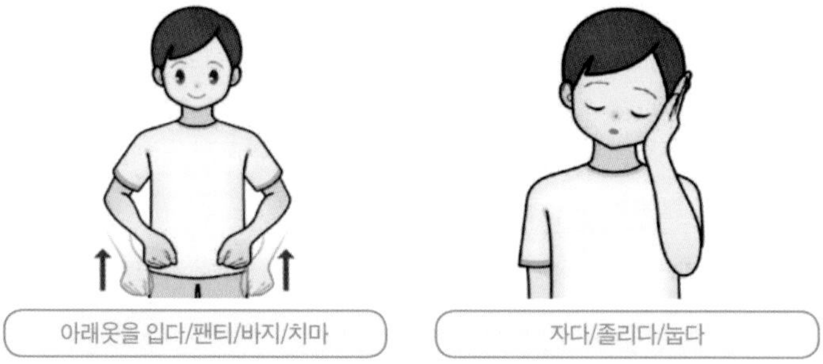

[그림 5-8c] **손짓표현의 예**

출처: 국립특수교육원(2018), p. 19.

그 외에도 가급적 시대 변화에 민감하지 않은 표현으로 개발하고, 손짓기호 표현 간에 혼동되는 유사한 표현이 없도록 유의하였으며, 특히 장애유형별 다양성과 특성을 고려하여 개발하였음을 강조하고 있다(국립특수교육원, 2018). 예를 들면, 동작이 학생의 도전행동에 영향을 미칠 수 있는 표현인지 고려한다거나, 장애유형별 특성에 따른 활용 및 확장 방법을 별도로 제시하는 것이다.

3. 손담을 활용한 의사소통 지도

손담은 도구나 상징 사용이 어려운 중도중복장애 학생이 가정, 학교, 지역사회에 참여하는 데 필요한 기본적인 의사소통 능력을 갖출 수 있게 하는 효과적인 의사소통 방법이라는 점에서 의미가 크다. 다음은 손담 사용에 대해 가질 수 있는 몇 가지 오해에 대한 설명이다.

손담에 대한 오해와 이해

• 손담을 사용하면 말 발달이 늦어진다.

말을 보완하는 다양한 방법(AAC)은 언어 발달을 방해하지 않으며 오히려 언어 자극이 되어 발달을 촉진하는 것으로 밝혀졌다. 손담 역시 다른 AAC 상징체계의 사용과 마찬가지로 의사소통의 성공 경험을 가지게 함으로써 의사소통 발달에 긍정적인 영향을 가져오게 된다.

• 손담은 손으로만 표현한다.
손담은 손짓으로만 표현하는 무언극이 아니며, 교사의 언어 자극이 필요하다. 손담을 교수할 때는 정확한 구어 표현과 함께 손담을 사용하도록 한다. 또한 학생이 잘 이해할 수 있도록 얼굴 표정도 적극적으로 표현하는 것이 좋다(예: '기쁘다'는 표현을 하면서 무표정하기보다는 웃는 표정으로).

• 손담만으로 의사소통이 가능하다.
손담만으로 충분한 것은 아니며, 학생의 필요에 맞추어 그림상징, 실물상징(사물단서) 등을 함께 사용하는 것도 도움이 된다. 즉, 손담을 가르치거나 사용하기 위해 다른 의사소통 방법을 중단해야 하는 것이 아니다.

• 개인적인 제스처 사용은 좋지 않다.
손담을 가르치면서 학생이 평소에 사용하는 제스처를 억지로 중단하게 하는 것은 바람직하지 않고 오히려 그런 제스처를 일관성 있게 사용하는 것이 손담의 시작이 될 수 있다.

다음에서는 중도중복장애 학생의 의사소통을 위해 손담을 활용하는 방법에 대해 진단/교수 절차와 장애 영역별 고려사항들을 살펴보고자 한다(국립특수교육원, 2019).

1) 손담 적용 절차(단계)

손담을 적용하기 위해서는 현재 학생이 어떤 방식으로 어떤 내용의 의사소통을 하고 있는지 **진단**해 보고, 손담 표현을 가르쳐야 할 의사소통 환경과 어휘 및 교수활동 실행에 대한 **계획**을 세운 후, 실제 의사소통 환경에서 손담을 **지도**하고, 지도 목표가 잘 성취되었는지 **평가**하는 단계로 진행한다.

(1) 진단

언어나 의사소통 능력을 검사하는 검사도구를 사용할 수도 있지만 중도중복장애 학생들에게는 사용이 어려운 경우가 많아 주로 비공식적인 방법으로 실제 의사소통이 일어나는 자연스러운 환경에서 반복적으로 관찰하는 방법을 많이 사용한다. 이러한 관찰을 통해 현재 학생이 어떤 방식으로 자신의 의사를 표현하는지, 어떤 환경과 맥락에서 누구에게 자신의 의사를 표현하는지, 어떤 의사소통 기능을 가지는 표현을 하는지(예: 요구하기, 거부하기 등), 또한 중도중복장애 학생들이기 때문에 의사소통 의도성이 발달되어 있는지 여부도 살펴볼 필요가 있다.

(2) 계획

지도 계획을 세울 때는 지도 목표, 의사소통 지도 환경과 구체적인 활동, 손담을 활용할 어휘목록, 활용 방법 및 자료, 지도할 사람과 대화상대방, 지도 시간 및 회수, 평가 방법 등을 포함시킨다. 학생이 이미 사용하고 있던 기존의 몸짓이나 다른 표현 방법이 있다면 이를 존중해서 그대로 사용하도록 하고, 대화상대방들에게도 안내하여 함께 손담을 사용할 수 있도록 계획한다.

어휘를 선정할 때는 ① 학생이 생활에서 수시로 활용할 수 있고 학생에게 구체적인 의미를 지닌 어휘, ② 학생의 표현에 즉시 반응할 수 있는 어휘, ③ 환경분석을 통해 학생이 주로 활동하는 장소와 영역별로 필요한 어휘를 골라 본 후, 그중 가장 우선적으로 필요한 어휘를 선정한다. 이러한 목표어휘들은 학생마다 다를 수 있다. 다음은 환경분석을 통해 어휘를 선정한 예와 지도 계획의 예시이다.

(3) 지도

손담 사용을 지도할 때는 ① 손담을 학생이 표현할 수 있도록 가르치는 것과 ② 학생과 의사소통하는 주변 사람들을 안내하고 교육하는 것 모두가 중요하다. 첫째로, 학생에게 손담 표현을 지도할 때는 손표현 자체를 모델링해 주고 이를 모방하도록 하여 스스로 표현을 할 수 있도록 한다. 또한 단순히 표현을 아는 것뿐 아니라 적절한 의사소통 맥락에서 이를 사용할 수 있도록 자연스러운 환경 안에서 의사소통 기회가 주어질 때 가르치는 것이 좋다. 가르칠 때 학생의 이해를 돕기 위해 촉각단서, 청각단서, 시각단서 등 학생의 특성에 따라 적절한 것을 선택하여 활용한다.

둘째로, 학생의 의사소통 상대방이 되는 주변 사람들이 학생의 손담 표현을 이해하고 적절한 반응을 보일 수 있도록 교육한다. 나아가 이들은 자연스러운 의사소통 기회에 손담 사용을 모델링해 줄 수도 있다.

장소	활동	의사소통에 필요한 어휘	우선 필요 어휘	장소별 최우선 필요 어휘	학생의 최우선 필요 어휘
가정	식생활	배고프다, 먹고 싶다, 목마르다, 물, 밥, 과자, 빵, 더 주세요, 배부르다, 숟가락, 젓가락, 뜨겁다, 차갑다	배고프다, 먹고 싶다, 목마르다	화장실, 소변, 대변, 씻다, 아프다, 조심하다	화장실, 안녕하세요/안녕히 계세요, 도와주세요
	의생활	속옷, 바지, 상의, 양말, 입다, 벗다, 단추 끼우다, 단추 풀다, 지퍼 올리다, 지퍼 내리다	속옷, 바지, 상의, 입다, 벗다		
	위생생활	화장실, 소변, 대변, 휴지, 씻다, 비누, 수건, 물 내리다, 치약, 칫솔	화장실, 소변, 대변, 씻다		
	건강생활	아프다, 병원, 약, 주사, 열이 나다, 넘어지다, 피가 나다, 조심하다	아프다, 조심하다, 약		
	여가생활	컴퓨터, 텔레비전, 수영하다, 게임, 마우스, 음악, 노래, 영화, 운동	텔레비전, 컴퓨터, 수영하다, 음악		
학교	담임 시간	안녕하세요/안녕히 계세요, 알림장, 실내화, 가방, 사물함, 준비물, 날씨, 기다리다, 집에 가다, 좋다, 싫다, 하고 싶다	안녕하세요/안녕히 계세요, 가방	안녕하세요/안녕히 계세요, 선생님, 친구, 도와주세요, 화장실	
	교과수업	선생님, 친구, 책, 교과서, 연필, 교실, 시간표, 운동장, 체육복, 체육관, 음악실, 미술실, 그만하다, 도와주세요, 쉬고 싶다	선생님, 친구, 도와주세요		
	식사 시간	식판, 컵, 물, 밥, 반찬, 숟가락, 젓가락, 더 주세요, 그만 먹다, 고맙습니다, 맛있다, 뜨겁다, 차갑다	더 주세요, 그만 먹다		
	쉬는 시간	화장실, 소변, 대변, 친구, 운동장, 공놀이, 게임, 매점, 간식	화장실, 소변, 대변		

[그림 5-9] **어휘 선정을 위한 환경분석의 예**

출처: 국립특수교육원(2019), p. 19.

사례 철수는 중학교 3학년 지적장애 학생입니다. 소변이나 대변이 급해서 화장실을 가고 싶을 때 자신의 성기를 손으로 만지작거리며 바지를 내리는 행동을 보입니다. 이에 철수의 어머니와 선생님은 철수가 화장실에 가고 싶다는 표현을 어떻게 하면 보다 적절하게 표현할 수 있을지 고민하고 있습니다.

이렇게 지도 계획을 세워 봅시다.

구분	내용
지도 목표는 무엇인가요?	• 화장실에 가고 싶을 때 손담으로 표현하기
어떤 환경에서 가르칠까요?	• 학교
주로 사용할 장소는 어디인가요?	• 교실 및 화장실
어떤 손담 어휘를 가르칠까요?	• 가르칠 어휘: 화장실(소변보다) • 관련 어휘: 대변보다, 휴지, 기저귀/생리대, 수건/수건으로 닦다, 비누/씻다 등
어떤 방법으로 손담을 가르칠까요?	• 학생이 화장실에 가고 싶어 하는 표정이나 신체적 표현을 하면 "화장실에 가고 싶어요?"라고 질문하고, '화장실'이라고 표현하도록 지도해 주세요. • 스스로 화장실에 가고 싶다는 표현을 못하는 경우, 일정한 시간 간격으로 화장실에 가도록 지도하고, '화장실'을 표현하도록 해요. • 화장실에 갈 때마다 반복 적용하여 표현 동작을 익히도록 해요. • 소변이 마려운 상황과 소변을 보는 모습을 묘사한 그림 카드를 보여 주면서 '화장실/소변보다'를 표현하도록 해요. 
어떤 자료들을 활용할 수 있나요?	• 손담 표현을 보여 주는 동영상과 교수학습자료집, 카드, 포스터 등 • '화장실/소변보다'와 관련된 도서
누가 가르치나요?	• 담임선생님
언제 가르칠까요?	• 등하교 직후, 매 3교시 쉬는 시간
어떤 방법으로 평가할까요?	• 손담을 활용하여 화장실에 가고 싶다고 표현한 횟수
기타	• 담임선생님이 지도한 내용을 가정과 연계하여, 가정에서도 손담을 활용할 수 있는 기회를 제공하도록 합니다.

[그림 5-10] **지도 계획 예시**

출처: 국립특수교육원(2019), pp. 20-21.

(4) 평가

중도중복장애 학생의 손담 사용 효과를 평가하기 위해서는 손담 활용 의사소통 빈도, 상호작용 정도, 의사소통 형태나 기능, 도전행동 발생 빈도 등에 어떤 영향을 미쳤는지 살펴볼 수 있다. 대화상대방에게 미치는 효과로는 대화상대방의 손담 지식, 의사소통 전략 활용 등을 고려해 볼 수 있으며, 계획 단계에서 수립한 지도 목표가 적절히 수행되었는지 평가해 본 후, 만약 그렇지 못하다면 다시 계획 단계로 돌아가 필요한 목표를 다시 수립하여 지도하도록 한다.

2) 중도 지적장애 및 자폐성장애 학생을 위한 손짓기호 지도

(1) 중도 지적장애 및 자폐성장애 학생의 특성

의사소통 지도와 관련하여 고려해야 할 중도 지적장애 및 자폐성장애 학생의 특성은 크게 인지적 어려움, 제한된 의사소통, 사회적 기술 및 상호작용의 부족, 도전행동으로 나누어 생각해 볼 수 있다.

중도 지적장애 및 자폐성장애 학생들은 적절한 곳에 주의를 기울이지 못하고 주의집중하는 시간이 짧다. 또한 장단기 기억력이 부족해서 이전에 배운 내용을 쉽게 잊어버리고 학습속도 또한 느릴 수 있기 때문에 매우 구체적이고, 학생에게 의미 있는 활동들을 반복적으로 학습하는 것이 효과적이다. 상대방을 모방하는 것이 의사소통 형성에 있어서 중요한 역할을 한다는 사실을 이해하기 어렵거나 모방 기술 자체에서의 결함을 가질 수도 있기 때문에 부모, 또래 등 대화상대자가 함께 손짓기호를 사용함으로써 모방할 수 있도록 기회를 제공하거나 노출시키는 것이 중요하다. 또한 추상적인 개념을 이해하고 고차원적인 사고 능력을 사용하는 데 어려움을 가지므로 학생이 일상생활 속에서 자주 접하거나 학생에게 필요한 구체적인 사물이나 구체적인 개념들에 대해 먼저 학습하는 것이 필요하다.

한편 중도 지적장애 및 자폐성장애 학생들은 발성과 표정, 몸짓이나 자세, 긴장 정도, 방향의 움직임, 상대방에게 접촉을 시도하거나 주변의 물체를 사용하기 등과 같은 다양한 의사소통 형태를 보일 수 있다. 따라서 이러한 의사소통 형태를 지속적이고 세밀하게 관찰해서 이에 대한 의미를 파악하는 것이 필요하다. 일부 학생들은 상대방의 말을 의미 없이 자동적으로 반복하며 따라 하는 반향어를 보일 수 있다. 이러한 반향어를 적절한 형태의 언어로 대체해 나갈 수 있도록 지도하는 것이 필요하다.

사회성 발달과 관련하여 이 학생들은 동기유발에 어려움을 보이며, 스스로 할 수 있는 기회가 주어지지 않고 주위에서 모든 것을 대신해 주는 경향이 있어 무기력감을 가질 수 있다. 이에 학생이 흥미를 보일 수 있는 것들을 통해 관심을 유발하고, 시간이 걸리고 힘들더라도 스스로 할 수 있는 기회를 많이 제공해야 한다. 또한 다른 사람과 어떻게 상호작용을 해야 하는지 그 방법을 모를 수 있기 때문에 상호작용하는 기회를 많이 제공하고, 구체적인 상황에서 어떠한 방식으로 상호작용해야 하는지 세부적으로 가르치는 것이 필요하다. 특히 자폐성장애 학생의 경우 얼굴 표정이나 몸짓을 통해서 자신의 감정을 표현하거나 상대방의 감정을 이해하고 사회적 규칙을 이해하는 데 어려움을 보일 수 있으므로 사회적 상호작용 시 활용할 수 있는 관련 기술이나 표현들을 학습하는 것이 필요하다.

언어 발달이 심하게 지체되거나 구어를 통한 표현이 어려울 경우, 자신의 의사나 주변 환경의 통제를 충분히 할 수 없을 때는 도전행동(예: 공격행동, 자해행동)으로 표출되기도 한다. 또한 반복적이고 상동적인 형태의 제한된 행동을 보일 수도 있는데, 이러한 행동 특성을 고려하여 의사소통 지도를 해야 한다. 자세한 내용은 '(2) 손담 지도 시 유의점'을 참고하면 된다(국립특수교육원, 2018).

(2) 손담 지도 시 유의점

첫째, 중도 지적장애 및 자폐성장애 학생들에게 손담을 지도할 때에는 구어 표현을 함께 사용하는 것 외에도 시각적 자료나 청각적 자료를 추가로 제시하여 다중적인 감각을 활용하고 경험할 수 있도록 한다. 또한 모델링을 제시하는 등 다양한 교수전략과 함께 활용하는 것이 필요하다.

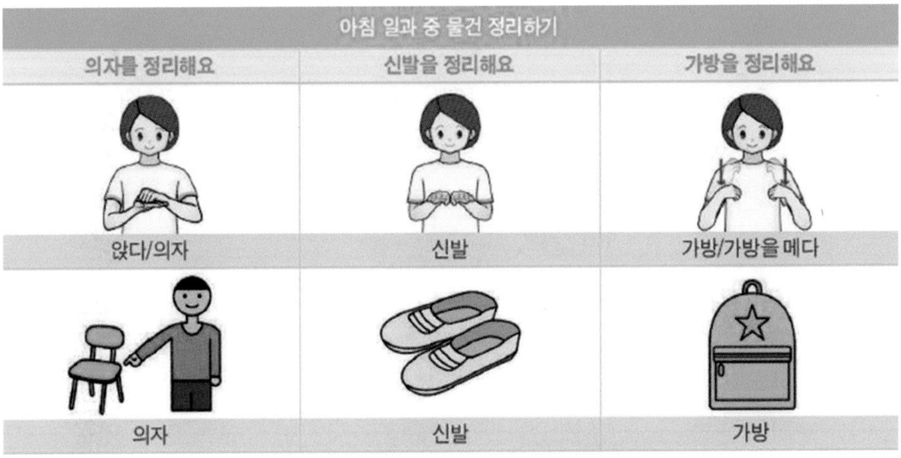

[그림 5-11] **손짓기호 '손담'과 그림상징의 동시 활용 예**

출처: 국립특수교육원(2019b).

둘째, 의사소통 기능을 가진 도전행동을 하는 학생의 경우 그것을 대체할 수 있는 적절한 의사소통 방식으로 손담을 제시하고 활용할 수 있다. 이때 도전행동에 대한 기능적 분석을 통해 학생이 보이는 행동의 원인과 기능, 의미를 파악하는 것이 선행되어야 할 것이다.

셋째, 손담의 특정 동작이나 표현이 장애학생으로 하여금 공격행동이나 자해행동을 유발하거나 왜곡되게 받아들여지지 않도록 유의해야 한다. 특히 자폐성장애 학생의 경우 특정 손표현이나 새로운 손담 어휘를 학습하고 사용함에 있어 이를 또 다른 상동행동이나 반향어처럼 사용하지 않도록 유의해야 할 필요가 있다. 이를 위해 모방 단계에서는 학습 회기당 손표현이나 손담 표현을 한 번만 실행하도록 하며, 불필요한 움직임은 하지 않도록 한다(국립특수교육원, 2018).

또한 동요를 통한 손담 어휘 지도 및 실제 생활에서 필요한 내용에 대한 지도 시 손담을 활용하는 등 다양한 방법으로 지적 · 자폐성장애 학생의 의사소통 수준과 교육목표에 따라 손담을 적용할 수 있다.

[그림 5-12a] **손담 어휘 지도의 예**

출처: 국립특수교육원(2019), p. 142.

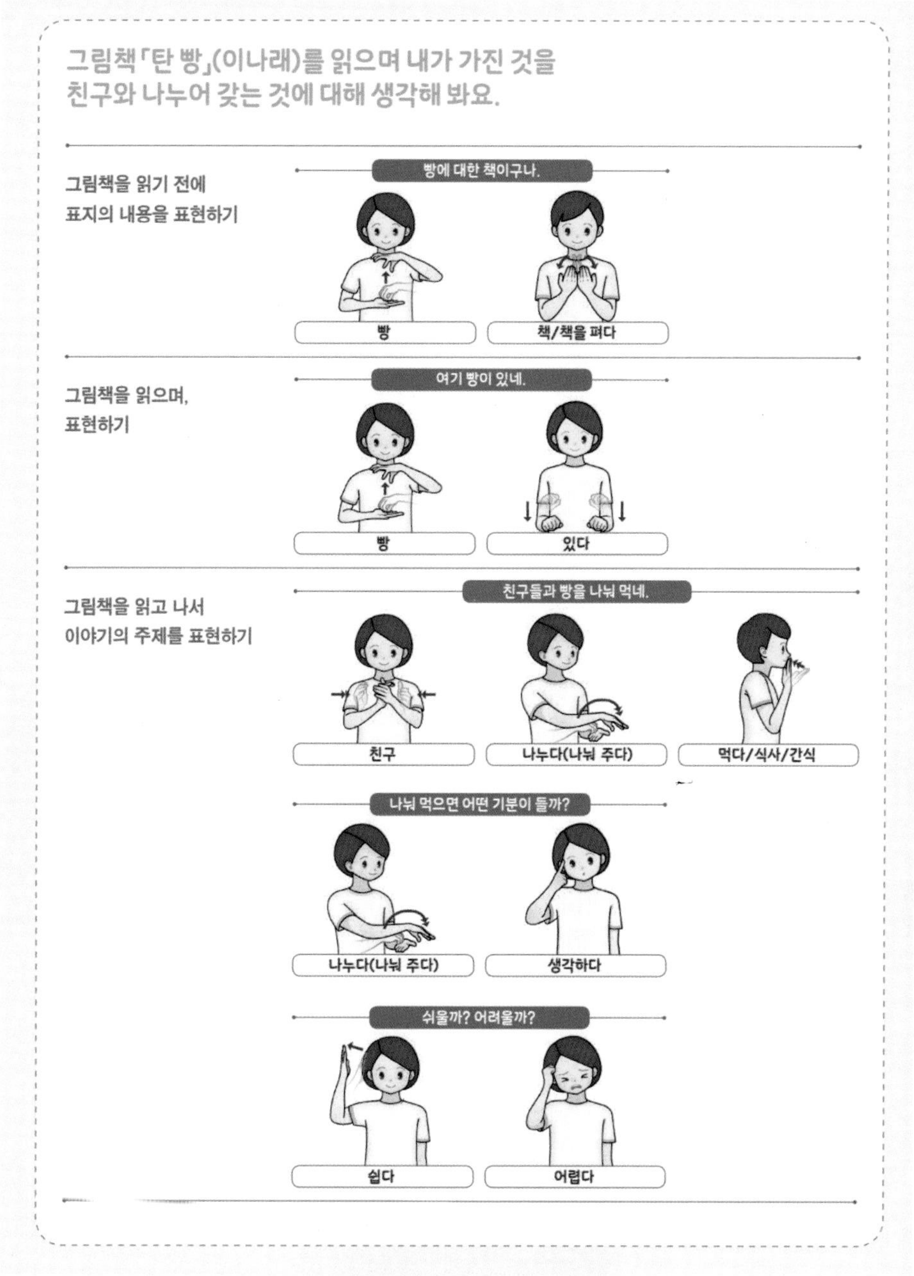

[그림 5-12b] **손담 어휘 지도의 예**

출처: 국립특수교육원(2019), p. 117.

〈우리 모두 다 같이〉노래로 손담 어휘를 익혀 보세요

❶ 기분 좋고 행복할 땐 손뼉을 짝짝 × 2

우리 모두 다 같이 즐거웁게 노래해 우리 모두 다 같이 손뼉을

❷ 화나고 짜증날 땐 발 굴러 쿵쿵 × 2

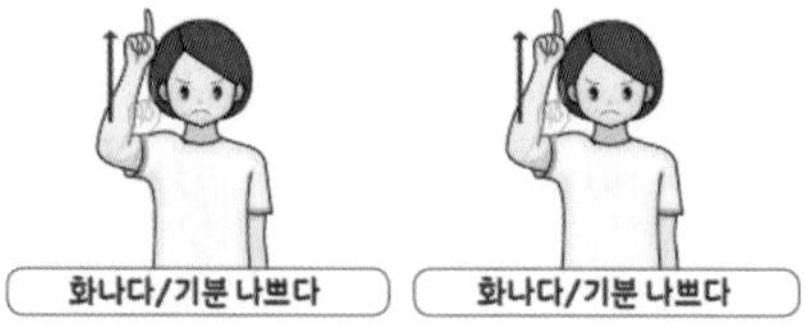

우리 모두 다 같이 즐거웁게 노래해 우리 모두 다 같이 손뼉을

❸ 슬프고 눈물 날 땐 울어요. 잉잉 × 2

우리 모두 다 같이 즐거웁게 노래해 우리 모두 다 같이 울어요.

❹ 무서울 땐 큰 소리로 노래해 랄라 × 2

우리 모두 다 같이 즐거웁게 노래해 우리 모두 다 같이 노래해.

[그림 5-12c] **손담 어휘 지도의 예**

출처: 국립특수교육원(2019), p. 56.

도전행동을 줄이기 위한 손담 표현 – 이것만은 꼭 표현해요!

아주 기본적인 자신의 요구조차 표현하지 못해 도전행동을 하는 중도중복장애 학생들이 많습니다. 그러나 대부분의 도전행동은 자신의 요구를 표현하는 하나의 언어입니다. 자신의 요구를 바람직한 방법으로 표현하도록 가르치고 연습시키면 학생의 도전행동은 긍정적으로 바뀔 수 있습니다.

학생들에게 꼭 필요한 다음의 몇 가지 표현을 익히도록 하여 도전행동 대신 자신의 요구를 긍정적으로 표현하도록 해 주세요.

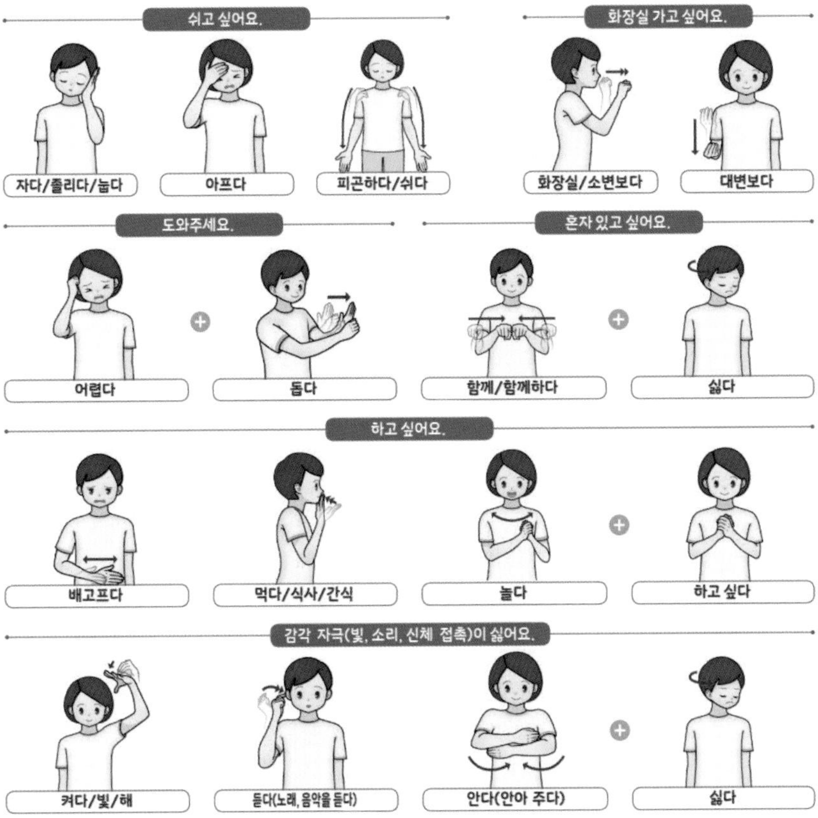

- 직접적으로 손담으로 표현하기 어렵다면 관련된 그림카드를 선택하는 행동으로 대체하도록 해 주세요.
- 학생이 손담 표현을 하는 즉시 학생이 요구를 수용하고 그에 맞는 대처를 하여 표현 자체에 대한 강화를 즉각적으로 제공해 주세요.

[그림 5-12d] 손담 어휘 지도의 예

출처: 국립특수교육원(2019), p. 77.

3) 지체중복장애 학생을 위한 손짓기호 지도

(1) 지체중복장애 학생의 특성

지체중복장애 학생은 제한된 의사소통 기회로 인해 의사소통 의도가 미약하고 의사소통 상황에서 수동적인 역할에 머무는 경우가 많다. 가정이나 학교에서의 의사소통 상황은 학생이 스스로 표현하도록 무작정 기다려 주지 않고, 학생도 자신의 표현을 상대방이 알아들을 때까지 투쟁하다 보면 지치며, 주변에서 학생의 요구를 미리 알아서 다 해 주는 경우가 많기 때문이다.

또한 지체중복장애 학생들이 갖고 있는 여러 신체적 제약은 의사소통의 어려움을 가져온다. 먼저 구강 주변의 근육 조절과 협응의 문제는 표현언어 능력의 결함으로 이어진다. 또한 발달 초기 신체 움직임의 어려움은 탐색활동 및 놀이의 경험을 제한하여 언어 습득 이전의 비언어적 몸짓, 제스처 등의 언어 전 행동을 학습하는 것을 방해한다. 근육 및 관절의 구축, 제한된 운동범위로 인해 얼굴 표정, 소근육 운동 조절과 적절한 자세 유지 및 신체 표현의 어려움을 겪기도 하는데, 이로 인해 같은 신체 표현을 하더라도 더 많은 시간을 소요하게 되고 피로감을 느낄 수 있다.

지체중복장애 학생은 개별 학생마다 각기 다른 표현 방법, 이미 고착된 의사소통 패턴을 가지고 있을 수 있다. 이 경우 개인마다 사용하는 고착된 패턴을 하나의 손짓기호로 정형화하는 것이 어렵다. 궁극적으로는 의사소통의 성공률을 높이기 위해서 손짓기호 표현을 지도하더라도 학생들마다 가지고 있는 의사소통 방법을 이해하고 함께 사용하도록 해야 한다(국립특수교육원, 2018).

(2) 손담 지도 시 유의점

지체중복장애 학생의 의사소통 지도는 목소리, 눈짓, 작은 몸짓, 표정 등 몸으로 나타나는 미세한 표현들에 대해 주의를 기울이고, 일관성 있게 지속적으로 반응함으로써 의사소통의 의도성을 강화하는 것에서부터 시작된다. 이때 학생이 표현하고자 하는 시각적 신호를 알아차리기 위해서는 교사의 민감성이 요구된다 할 것이다.

근 긴장도가 높거나 근지구력이 약한 학생의 경우 편안한 자세에서 의사소통을 할 수 있도록 자세 유지용 보조기기를 사용하여 바르게 앉도록 지도해야 한다. 한편 휠체어나 특수 제작된 의자 및 책상과 보조기기 등을 사용하는 학생들의 경우에는 손짓으로 표현하는 것이 어려우며 표현하더라도 상대방의 눈에 보이지 않을 수 있다. 이러한 경우에는 손짓으로 표현한 것을 상대방이 알아볼 수 있도록 휠체어용 책상 위에서 표현하거나 신체의 한 부분이나 한 손이라도 이용하며 표현하도록 지도한다.

손담은 신체의 일부를 이용하여 표현하는 방법인데, 지체중복장애 학생들은 잔존 능력에 따라 정확하게 표현하는 것이 어렵다. 따라서 학생 수행 수준에 따라 표현 가능한 방식으로 수정하여 지도하고, 손짓 외에도 소통의 효율성을 높이고 정확하게 전달할 수 있는 다양한 방법을 함께 사용한다. 또한 이미 학생이 습득한 관습적 표현이 있다면 그대로 사용하되, 더 많은 사람들이 이해할 수 있고 사회적으로 수용 가능한 연령에 적절한 표현으로 바꾸어 나가도록 지도하는 것이 필요하다(국립특수교육원, 2018).

〈표 5-1〉 **지체중복장애 학생을 위한 '손담' 표현 수정방법의 예**

1	두 손을 사용하는 표현을 한 손으로 표현할 수 있다. 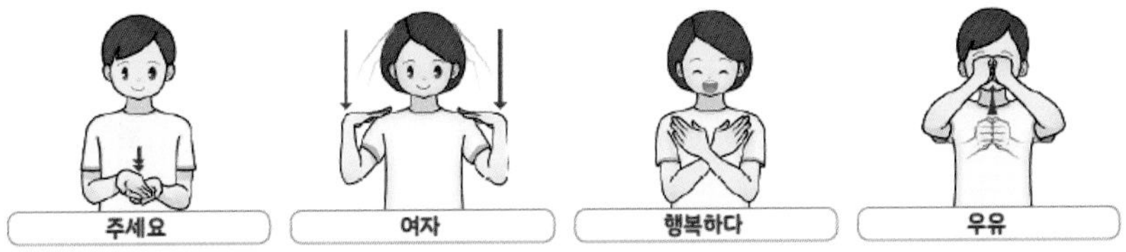
2	움직이는 동작이 포함된 표현은 정지 동작으로 표현할 수 있다. 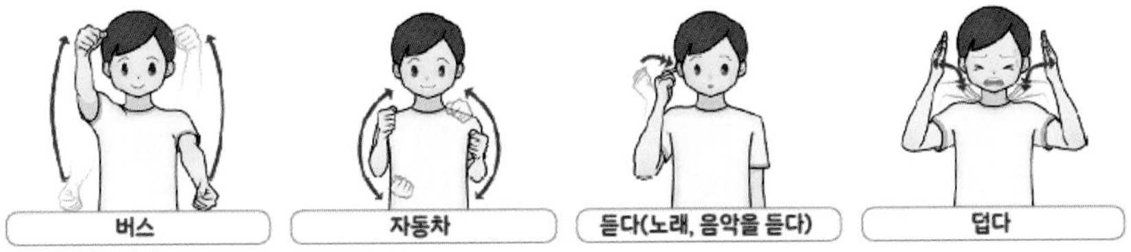
3	손가락을 이용한 표현은 다른 손가락이나 주먹, 또는 손을 펴서 표현할 수 있다. 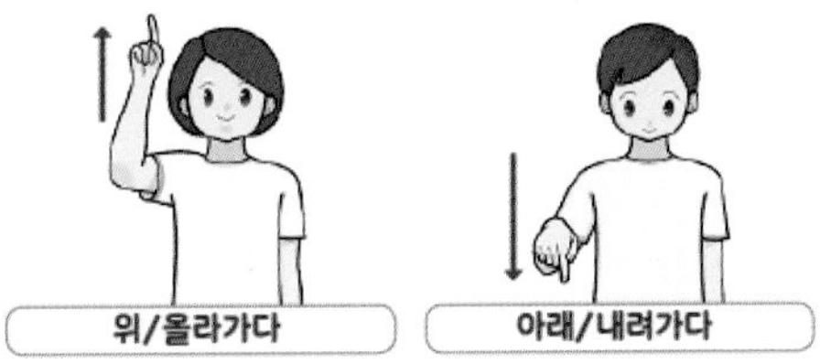

4	엄지를 이용한 표현은 검지 등 표현 가능한 손가락으로 표현할 수 있다.  좋다/잘하다
5	곡선으로 표현하는 동작은 직선으로 표현할 수 있다.  하늘  버스  자동차
6	기준선을 이용하여 공간을 구분하는 표현은 자기 몸을 기준으로 표현할 수 있다.  안(안으로)  바깥(밖으로) 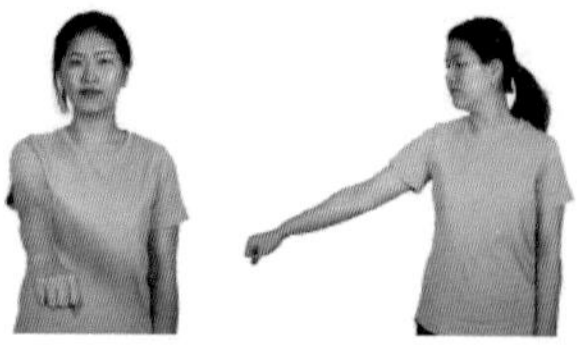
7	도구 사용을 모방한 동작을 하기 어렵다면 관련 신체 부위를 가리키는 것으로 수정할 수 있다.  마시다/목마르다/물 
8	허공에서 움직이는 동작은 책상 표면에 손이나 팔을 대고 표현하도록 수정할 수 있다.  그만하다 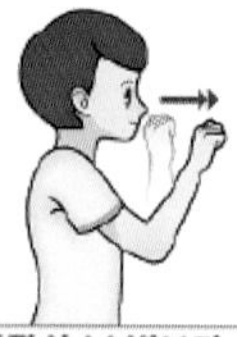 화장실/소변보다

9	양손의 접촉이나 협응이 필요한 동작은 유사한 표현이나 한 손 표현으로 수정할 수 있다. 

출처: 국립특수교육원(2019c), pp. 37-38.

4) 시각중복장애 학생을 위한 의사소통 지도

(1) 시각중복장애 학생의 특성

시각의 손상은 다양한 생활 환경에서 많은 정보를 얻고 경험할 기회를 제한하며, 청각이나 촉각은 시각에 비해 단편적이고 제한된 정보만을 제공하므로 시각중복장애 학생들은 종합적인 정보 습득과 이해에 어려움을 겪을 수 있다. 또한 경험의 부족으로 인해 개념 형성에 어려움을 겪게 되고, 새로운 기술을 발달시키고 일반화하는 데에도 어려움이 있다. 시각을 통해 주변의 물체를 바라보고 손을 뻗거나 다가가는 등의 신체활동에 동기를 가지거나, 가족이나 또래의 신체활동을 모방하는 놀이를 통해 자연스러운 신체 운동 발달을 이루는 데 어려움을 겪기도 한다.

한편 의사소통과 관련하여 시각중복장애 학생들은 먼저 대화를 시작하거나 유지하는 것에 어려움을 겪고, 다른 사람이 말을 걸어오는 것에 대해 적절하게 반응하는 것이 어려울 수 있다. 또한 몸짓의 활용에 능숙하지 못한 것처럼 보일 수 있지만 시각중복장애 학생들도 다른 사람들과 의사소통하기 위해 얼굴 표정, 자세의 변화 등 일반적으로 볼 수 있는 몸짓을 사용한다(국립특수교육원, 2018).

(2) 손담 지도 시 유의점

손짓기호는 일반적으로 시각적인 표현 방법으로 인식되어 시각중복장애 학생에게 손담을 활용한 의사소통 지도가 등한시될 수 있다. 그러나 시각중복장애 학생들도 부모와 교사의 설명과 반복된 학습이 이루어진다면 손담 표현을 효과적으로 사용할 수 있다. 손담을 지도할 때에는 학생이 손담 표현 학습에 거부감을 줄일 수 있도록 동작의 큰 오류를 수정할 때를 제외하고는 '손 아래 손' 방법을 사용하여 학생이 교사의 손 위에 손을 얹어 자유롭고 능동적인 상황에서 동작을 학습할 수 있도록 하는 것이 좋다.

학생이 손담을 익히는 과정에서 거부감이 적어지면, 표현을 보다 정확하고 정교하게 수정하기 위해 '손 위에 손' 방법을 사용할 수 있다. 이 방법은 교사의 손이 반드시 학생의 손 위쪽에 위치하는 방법이라기보다는 교사가 학생의 손이나 손목을 잡고 동작의 모양이나 방향을 안내하는 방법이라 할 수 있다(국립특수교육원, 2019a).

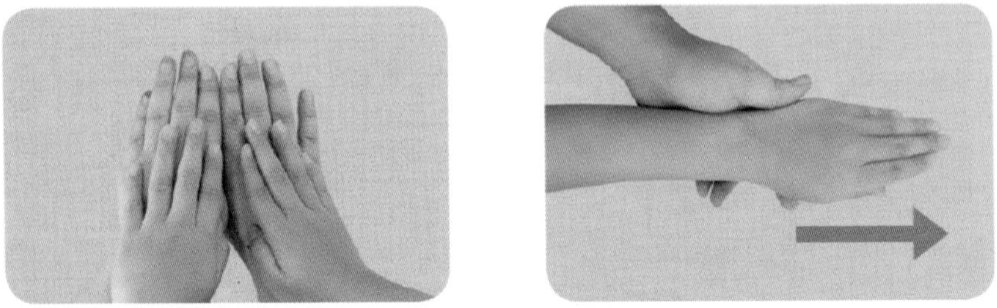

학생의 손 아래에 교사의 손등을 대어, 신발을 표현하고 있는 교사의 손 모양을 탐색하고 표현하게 함

교사가 학생의 손목을 잡고 앞뒤로 움직이며 기차표현의 동작을 안내함

[그림 5-13] **'손 아래 손' 전략(왼쪽)과 '손 위의 손' 전략(오른쪽)**

출처: 국립특수교육원(2019a), p. 39.

그 외에도 손담 학습전략으로 촉수어, 촉각단서와 사물단서, 공동수어와 같은 방법을 사용할 수 있다. 촉수어는 수어 표현을 손으로 만져서 의사소통하는 시각중복장애 학생을 위한 전통적인 의사소통 방법이다. 손 위에 상대방이 손을 올리고 손짓기호를 표현하며 대화상대가 그 움직임을 느끼게 해 의사소통하는 방법으로 활용할 수 있다. 또한 촉각단서와 사물단서를 통해 손짓기호 학습을 촉진할 수 있는데, 식사시간에 시각중복장애 학생이 컵을 표현하려 시도할 때 실제 컵을 학생 손에 쥐어 주고 "컵."이라고 반복하여 말해 주며, 컵의 모양을 살펴보고 손짓기호로 표현할 수 있게 하는 것을 예로 들 수 있다. 공동수어는 학생의 손을 잡고 손짓기호의 손표현을 만들어 학생이 손짓기호를 바르게 표현하도록 돕는 방법인데, 이는 교사 주도적인 방법이기 때문에 새로운 손짓기호를 익히도록 돕는 용도로만 사용하여야 한다. 그래야 학생의 능동적 참여와 손짓기호 표현이 방해받지 않는다(국립특수교육원, 2018). 최근 시청각장애 학생과 성인에게 손담을 교수하여 의미 있는 성과를 나타낸 연구들이 보고되고 있다(이은주, 박은혜, 2022; 정혜경, 2024; 주혜선, 2019).

시각으로 확인해야 하는 표현은 촉각 표현으로 수정하여 사용해도 돼요. 예) 고맙다, 느리다/천천히

요청할 때는 상대방의 손이나 몸에 표현해도 돼요. 예) 끄다, 기다리다

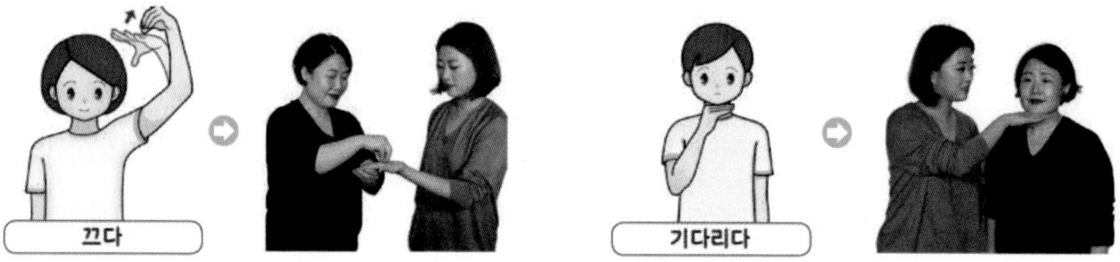

[그림 5-14] **시각중복장애 학생을 위한 손담 수정 표현의 예**

출처: 국립특수교육원(2019a), p. 38.

5) 청각중복장애 학생을 위한 의사소통 지도

(1) 청각중복장애 학생의 특성

청각장애를 수반하는 학생은 언어적 · 비언어적 의사소통 행동을 학습하는 데 일반적인 발달 유형을 따르지만(Wood et al., 1986), 질적인 면에서 비장애학생과의 차이를 보이고 연령이 증가할수록 그 편차가 심해진다(박혜진, 배소영, 2003). 청각장애 학생들은 학생이 처한 교육 환경적 특성에 따라 구어, 수어, 필담, 독화 등 여러 가지 의사소통 방법을 필요에 따라 사용할 수 있으나, 특수교육 환경에 있는 청각중복장애 학생의 경우 대부분 의사소통을 위한 1차적 언어로 한국 수어를 사용한다는 인식이 널리 공유되어 있다(국립특수교육원, 2018).

(2) 손담 지도 시 유의점

기존에 한국 수어에 노출되어 있던 청각중복장애 학생에게 손담을 지도하는 것은 자칫 의사소통의 혼란을 야기할 수도 있다. 따라서 청각중복장애 학생이 기존에 수어를 사용하고 있는 경우에는 그대로 수어를 사용하도록 하여, 의사소통 방식에 혼란을 야기하지 않도록 학생에 따라 선택적으로 도입하는 것이 바람직하다. 하지만

① 손의 사용에 제한이 있거나 손의 움직임이 수어의 섬세한 동작을 표현하기 어려운 경우, ② 인지적 장애로 인해 언어로서 수어가 가진 자의적인 특성과 추상적인 개념을 이해하기 어려워 표현할 수 있는 수어가 매우 제한적인 경우는 손담의 사용을 적극적으로 고려할 수 있다. 또한 손담과 수어, 평소에 사용하던 학생만의 몸짓을 함께 사용할 수 있도록 수용하고 격려해 주어야 한다(국립특수교육원, 2018).

청각중복장애 학생들은 시각적 학습자의 성향을 가지고 있기 때문에 의사소통 환경을 구성함에 있어 시각적으로 집중할 수 있도록 지원을 제공하는 것이 좋다. 주변 소음을 최소화하고 학생 쪽으로 얼굴을 향하고 말과 함께 손담을 표현하는 것은 시각적으로 집중하는 데 도움이 된다. 또한 학생의 눈높이에 맞춰 손담을 표현해 주고 근처에 집중을 방해하는 사물이 없도록 환경을 마련해 주는 것도 필요하다. 청각중복장애 학생들은 표현의 정확한 의미보다 표정과 분위기를 통해 맥락을 이해하는 경우가 많으므로, 어휘의 의미를 나타내는 표정도 함께 표현하는 것이 중요하다(국립특수교육원, 2019d).

6) 특수학급에서의 손담 활용

최근에는 특수학교뿐 아니라 특수학급에서도 손담을 활용하여 교육하는 사례가 늘고 있다. 비장애 또래학생에게 장애인식교육을 실행할 때 손담 표현의 의미를 맞춰 보거나 새로운 손담 표현을 만들어 봄으로써 장애학생에 대한 실제적인 이해도를 높이기도 하고, 동요를 손담으로 표현해 보거나 다른 AAC 도구와 함께 활용하기도 한다. 〈부록〉은 초등 특수학급에서의 손담 활용 사례이다.

4. 맺는말

손담은 도구를 사용하지 않는 AAC 체계로서 그림상징이나 음성출력 의사소통 도구 사용에 어려움을 가지는 중도중복장애 학생들에게 유용하게 활용될 수 있다. 교수자가 구어와 함께 사용하면서 핵심단어들을 손담으로 표현해 주는 방법으로 자연스럽게 가르칠 수 있으며, 의사소통 발달 초기의 장애학생들을 위해서도 사용될 수 있고 다른 의사소통 방법과 병용할 수도 있다. 자연스러운 제스처나 몸짓도 크게 보면 모두 AAC의 한 방법이지만, 장애학생들이 많이 사용하는 어휘들에 대해 개인적인 표현이 아니라 공통으로 사용할 수 있는 표현으로, 그리고 한국 문화와 한국 수어를 기반으로 개발한 손담은 적절한 의사소통 방법을 찾기 어려웠던 중도중복장애 학생들의 실생활에서의 의사소통 지도에 잘 활용될 수 있을 것이다.

부록 민미영 선생님 사례

통합학급에서 실시한 AAC 협력교수 사례:
손담과 그림상징으로 동요 부르기

위례중앙초등학교 민미영 선생님

통합교육 환경에서 장애학생들은 의사소통의 문제로 인해 학교생활 전반에 걸쳐 다양한 어려움을 겪게 된다. 이에 통합교육의 첫걸음을 함께 내딛는 1학년 학생들을 대상으로 보완대체의사소통을 활용한 협력교수를 실시하여 다양한 의사소통 방법에 대한 학급 구성원들의 인식을 높이고, 서로 소통하는 경험을 통해 다양성을 존중하고 편견 없이 사회적 상호작용을 하는 통합교육 환경을 조성하고자 하였다.

학생들이 좋아하는 동요를 부르며 그림상징으로 가사를 표현하고, 손담으로 율동을 하면서 다양한 의사소통 방법을 경험할 수 있도록 협력교수를 실행하였다.

1. 협력교수: 동요를 활용한 다양한 의사소통 방법 경험하기

가. 지도 절차

1학년 통합학급 3개 반을 대상으로 2023학년도 1학기 월 1회(4~7월) 학급당 총 4회 실시하였고, 통합학급과 특수학급 교사 간 협의를 통해 노래 및 활동 내용을 선정하였다.

나. 지도 내용

차시	노래	몸짓상징 손담 표현	그림-한글		활동
1	피카츄				• 손담으로 율동하기 • 그림상징으로 가사 완성하기

2	친구가 되는 멋진 방법		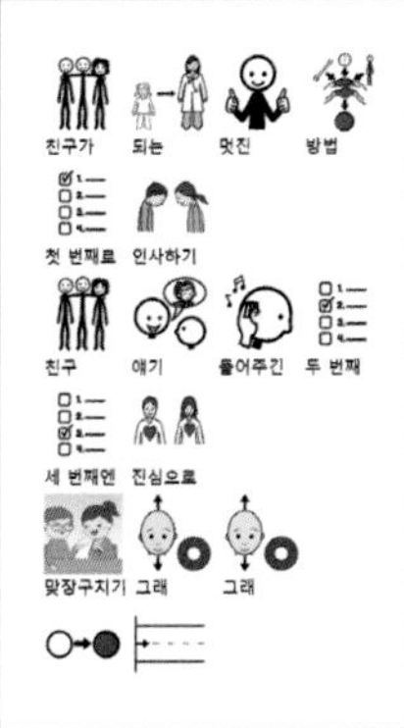		• 손담으로 율동하기 • 그림상징으로 가사판 완성하기(협동작품)
3	얼굴 찌푸리지 말아요				• 손담으로 율동하기 • 조별 손담 율동 발표하기
4	꼭꼭이송	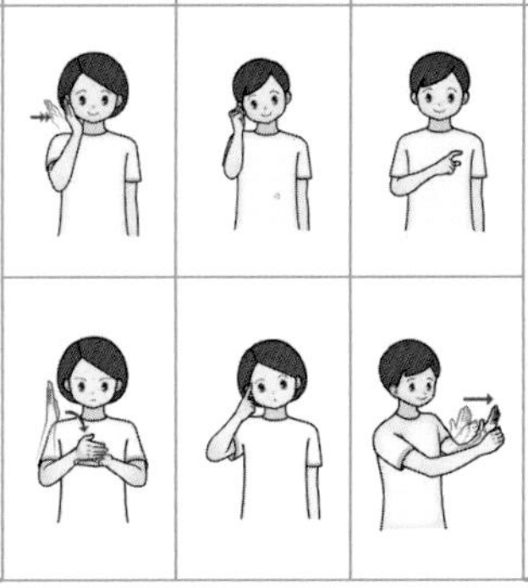	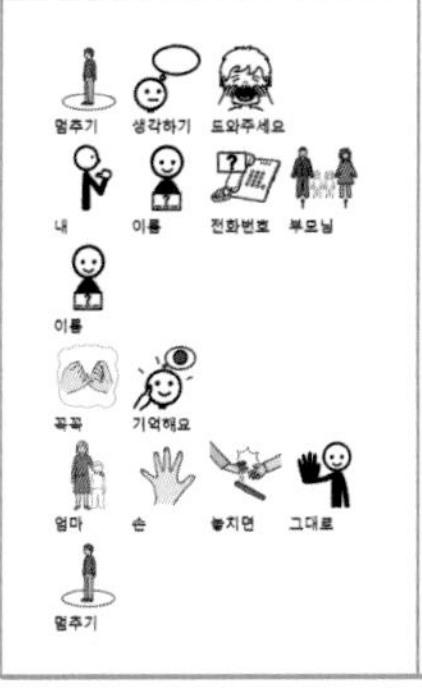		• 손담으로 율동하기 • 나만의 그림상징 가사 만들기

다. 지도 결과물

[그림 1] 손담으로 노래 부르기

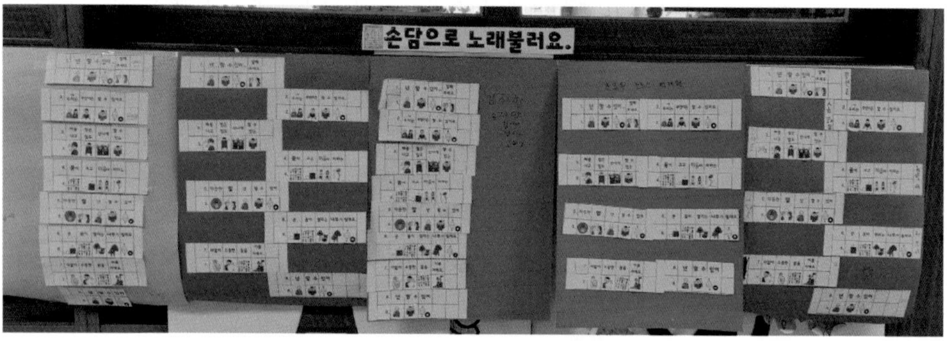

[그림 2] 그림상징으로 가사 완성하기

[그림 3] 내가 만든 그림상징과 손담

2. 협력교수 지도 효과

가. 장애-비장애학생들이 함께 하는 교육 활동을 통해 교사 간, 학생 간 협력적인 통합교육 분위기가 형성되었다.

나. 장애학생들의 다양한 의사소통 방식에 대하여 배우는 시간을 가짐으로써 장애에 대한 이해와 다양성을 존중하는 마음을 갖게 되었고, 장애학생들이 사용하는 보완대체의사소통 기기 및 사용 방법에 대한 관심이 높아졌다.

다. 그림상징으로 가사를 완성하고, 손담으로 표현하는 경험을 통해 장애를 가진 친구와 의사소통하면서 사회적 관계를 형성하는 구체적인 방법을 배우게 되었다.

라. 장애학생들도 수업에 참여하면서 자신이 활용하는 그림한글 프로그램(강현수, 2022b)과 의사소통기기를 친구들에게 소개하고, 손담으로 율동하는 과정을 통해 실제 소통하는 즐거움을 경험하였다.

자신이 만든 그림상징과 손담을 뿌듯하게 바라보는 1학년 학생들

부록 손담의 어휘목록

일련번호	어휘	일련번호	어휘	일련번호	어휘
1	가다	32	끄다	63	달(달이 뜨다)
2	가렵다	33	끝나다	64	담다
3	가방	34	끼다	65	대변보다
4	가방을 메다	35	나(저요, 제가 할래요)	66	던지다
5	가방을 벗다	36	나누다(나눠 주다)	67	덥다
6	가족	37	나무	68	돈
7	간식	38	남자	69	돕다
8	같다	39	낮	70	동생
9	걷다	40	내려가다	71	두드리다(치다)
10	걸레	41	(차에서) 내리다	72	듣다(노래, 음악을 듣다)
11	걸레로 닦다	42	내일	73	때리다
12	계단	43	냄새 맡다	74	뜨겁다
13	고기	44	냉장고	75	마스크
14	고맙다	45	넓다	76	마시다
15	과일	46	넣다	77	만들다
16	과자	47	노래	78	말하다
17	괜찮다	48	노래하다	79	맞다('때리다'의 반대말)
18	교실	49	놀다	80	맵다
19	국	50	농담(농담이에요)	81	머리 감다
20	그릇	51	누가	82	머리 빗다
21	그림(그림을 그리다)	52	누나	83	먹다
22	그만하다(멈추다)	53	눈(눈이 오다)	84	모르다
23	글씨를 쓰다	54	눕다	85	모자
24	기다리다	55	느리다	86	모자를 쓰다
25	기분 나쁘다	56	다 함께	87	목마르다
26	기저귀	57	다르다	88	목욕하다
27	기차	58	다른 것 주세요	89	무섭다
28	김치	59	다시	90	무엇을
29	깨끗하다	60	다음에	91	문
30	꺼내다	61	다치다	92	문을 닫다
31	꽃	62	다했다	93	문을 열다

일련번호	어휘	일련번호	어휘	일련번호	어휘
94	물	125	생각하다	156	아이스크림
95	미세 먼지	126	생리대	157	아침
96	미안하다	127	생선	158	아프다
97	바깥(밖으로)	128	생일	159	안(안으로)
98	바다	129	생일 파티	160	안경
99	바지	130	서다(일어서다)	161	안녕(안녕하세요, 안녕히 계세요)
100	받다	131	선생님	162	안다(안아 주다)
101	밤	132	세수하다	163	안 돼(강한 금지의 의미)
102	밥	133	소변보다	164	앉다
103	배고프다	134	수건	165	알다
104	버스	135	수건으로 닦다	166	약
105	(신발, 양말을) 벗다	136	수영하다	167	양치질하다
106	병원	137	숟가락	168	어디서
107	보다	138	쉬다	169	어떻게
108	보청기	139	쉽다	170	어렵다
109	부엌(주방)	140	스탠더(기립훈련기)	171	어제
110	불	141	슬프다	172	언니
111	불편하다	142	시작하다	173	언제
112	비(비가 오다)	143	식당	174	얼굴
113	비누	144	식사	175	엄마
114	빗	145	(신발, 양말을) 신다	176	없다
115	빠르다	146	신발	177	에스컬레이터
116	빨대	147	싫다	178	엘리베이터
117	빨리	148	심심하다	179	여자
118	빵	149	씻다	180	연필
119	빼다	150	아기	181	예(응, 그래)
120	사과	151	아니요	182	예쁘다
121	사다	152	아래	183	오늘
122	사랑하다	153	아래옷을 벗다	184	오다
123	사진(사진을 찍다)	154	아래옷을 입다	185	오른쪽
124	산	155	아빠	186	오빠

일련번호	어휘	일련번호	어휘	일련번호	어휘
187	올라가다	218	조심하다	248	켜다
188	왜	219	조용히 하다(조용히)	249	크다
189	왼쪽	220	졸리다	250	(차에) 타다
190	우유	221	좀 더	251	텔레비전
191	울다	222	좋다	252	텔레비전을 보다
192	위	223-1	주다	253	팬티
193	윗옷	223-2	주세요	254	포크
194	윗옷을 벗다	224	준비하다	255	피곤하다
195	윗옷을 입다	225	지금	256	하고 싶다
196	유모차	226	지루하다	257	하늘
197	음악	227	지하철(전철)	258	학교
198	의사	228	집	259	할머니
199	의사소통기기(태블릿PC)	229	차갑다	260	할아버지
200	의자	230	창문	261	함께
201	이름	231	창문을 닫다	262	함께하다
202	인공와우	232	창문을 열다	263	해
203	입을 막다	233	책	264	행복하다
204	있다	234	책을 펴다	265	형
205	자다	235	천천히	266	화나다
206	자동차	236	청소하다	267	화장실
207	작다	237	축하하다	268	확대경
208	잘하다	238	춤	269	휠체어
209	잠깐만 (잠깐 기다려, 이따가)	239	춤추다	270	휴대전화
210	장난(장난이에요)	240	춥다	271	휴일
211	저기요(부르는 말)	241	치마	272	휴지
212	적다(조금)	242	치약		
213	점자를 찍다	243	친구		
214	점필	244	칫솔		
215	젓가락	245	컴퓨터		
216	정리하다	246	컴퓨터를 하다		
217	젓다	247	컵		

[참고 자료] 발달장애 학생은 손담을 이용하여 의사소통할 수 있을까요?

■ 연구 제목

몸짓상징 '손담' 교수가 발달장애 청소년의 의사소통 행동에 미치는 영향

■ 연구 목적

몸짓상징 '손담'을 의사소통의 어려움이 있는 발달장애 청소년을 대상으로 실제 학교 수업 상황에서 교수하여 의사소통 행동에 미치는 효과를 알아보고자 함

■ 연구 참여자

• 연구 참여 학생: 총 12명

구분	학생	현황
실험집단 (A, B 학급)	6	• 특수학교에 재학 중인 16~19세 발달장애(자폐성 및 지적장애 1~2급) 학생 • 부정확한 발음으로 간단한 단어를 사용하여 말하거나, 발성으로 의사를 표현함
통제집단 (C, D 학급)	6	• 실험집단으로 선정된 학생의 성별, 장애유형, 의사소통 유형 등이 유사한 학생

• 연구 참여 교사: 특수학교 교사 4명(실험집단 2명, 통제집단 2명)

■ 연구 설계

사전-사후 검사 통제집단 설계

■ 중재

연구자가 특수학교 교사에게 사전교육을 통해 몸짓상징 '손담'에 대해 안내하고, 특수교사가 수업 시간에 장애학생에게 직접 몸짓상징 '손담' 어휘를 가르치는 방식으로 운영함. 연구자는 주간 협의를 통해 필요한 사항을 협의하고 지원함

• 사전교육 및 어휘 선정
  - 교사에게 몸짓상징 '손담'의 개념, 활용 방법 및 적용 시 주의사항 안내
  - 교사와 함께 10회기 수업 동안 학생들에게 가르칠 어휘 선정
  - 선정된 어휘 예시

	A 학급	B 학급
1주	좋다/잘하다, 화나다/기분 나쁘다, 그만하다(멈추다), 잠깐만/다음에, 가방/가방을 메다, 책/책을 펴다	좋다/잘하다, 화나다/기분 나쁘다, 그만하다(멈추다), 잠깐만/다음에, 가방/가방을 메다, 책/책을 펴다
2주	무섭다, 울다/슬프다, 피곤하다/쉬다, 신발	나, 선생님, 울다/슬프다, 피곤하다/쉬다, 안 돼

- 주간 협의를 통한 중재 지원
  - 선정 어휘에 관한 교수 자료 제공 및 어휘 수 변경, 포스터 제작 논의 및 피드백

- 몸짓상징 '손담'의 교수
  - 몸짓상징 '손담'에 대한 교수는 수업 시간, 매일 아침 시간, 일과 시간 등 학교에서의 모든 일과 중에 몸짓상징 '손담'을 학습하고 활용할 수 있도록 계획함

구분		내용
수업 시간	매주 월요일 창의적 체험활동 시간	• 교사는 주 1회 창의적 체험활동 수업 시간에 그 주에 배워야 할 몸짓상징 어휘를 학생들에게 가르침 • 교사는 PPT 자료를 통해 어휘를 안내하고, 직접 시범을 보여 학생들이 자신의 동작을 모방할 수 있도록 함 • 수정이 필요한 부분은 신체 접촉을 통해 수정함
수업 전	매일 아침 시간	• 동영상 및 어휘 카드로 복습하고, 학습지와 어휘 스티커를 활용하여 복습한 내용을 재확인하는 시간을 가짐
일과 중	점심시간	• 학생들이 배운 어휘를 사용하도록 지도함(예: 점심시간 전에 몸짓상징 '손담'의 '씻다'를 사용하여 손을 씻도록 지도함)
타 교과 시간	음악 시간	• 다른 수업 시간 중 해당 어휘가 나오면 몸짓상징 '손담'을 사용함[예: 음악 시간에 "우리 이번에 ○○을 (몸짓상징 '손담'의 '듣다'를 표현하며) 듣자."]

■ 중재 도구

- '손담' 표현을 지도할 때 사용한 교수 자료는 어휘 카드, 동영상, 학습지, PPT 자료, 어휘 스티커 및 포스터, 가정통신문 등임
- 교사는 교수 자료를 활용하여 학생들에게 매주 4~5개의 어휘를 지도함

교수자료	내용
어휘 카드	• A6 사이즈(10×15cm)의 크기로, 앞면에는 몸짓상징 '손담' 표현 사진과 어휘를 넣고, 뒷면에는 어휘와 표현 방법을 삽입함
동영상	• 국립특수교육원에서 제작된 어휘의 표현 방법 및 예시를 설명하는 내용의 영상을 사용함 • 해당 영상을 USB에 담아 학급뿐 아니라 가정에서도 활용할 수 있도록 함

학습지	• 학습지는 매일 2개의 어휘를 복습할 수 있도록 구성하고, 각 학생의 얼굴 사진이 들어간 어휘 스티커를 붙이도록 함 • 학습지를 수합하여 학생별 몸짓상징 '손담' 포트폴리오로 제작함
PPT 자료	• 학생들의 얼굴을 합성한 사진 하단에 어휘를 삽입하고, 수업 시간에 교사가 한 주간 적용 어휘를 가르칠 때 사용함
어휘 스티커 및 포스터	• 각 학급별로 다르게 제작하였으며, 학생 사진이 아닌 기존 모델의 사진을 활용함 • 어휘 범주별로 다른 색깔을 사용하였고, 가정에도 발송함
가정통신문	• 매주 배운 어휘에 대한 사진을 넣은 가정통신문을 제작하여 각 가정에 발송함

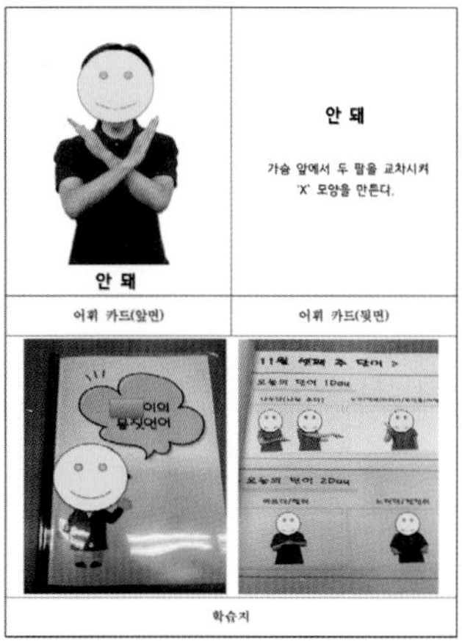

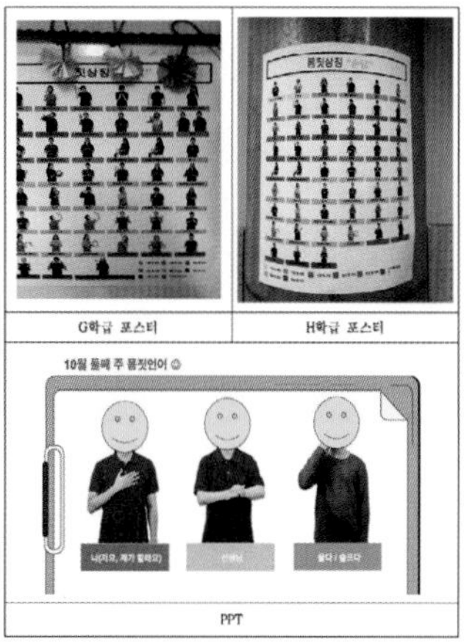

■ 연구 결과

- 의사소통 행동 발생 빈도와 관련하여 실험집단과 통제집단이 통계적으로 유의한 차이를 보임
- 실험집단의 의사소통 행동의 양식 중 몸짓상징 '손담'이 발생하였으며, 구어와 제스처의 발생 빈도가 증가함

■ 연구 의의

적절한 의사소통 방법을 찾지 못했던 발달장애 청소년들에게 의사소통 방법으로써 몸짓상징 '손담'의 가능성을 확인하고, 국내에서 연구·개발된 몸짓상징체계의 효과를 검증했다는 의의가 있음

■ 출처

최재연, 박은혜(2021). 몸짓상징「손담」교수가 발달장애 청소년의 의사소통행동에 미치는 영향. 보완대체의사소통연구, 9(1), 59-88.

[참고 자료] 시각중복장애 학생은 손담을 이용하여 의사소통할 수 있을까요?

■ 연구 제목

손담을 활용한 의사소통 중재가 시각중복장애 학생의 의사소통 반응 행동에 미치는 영향

■ 연구 목적

손담을 활용한 의사소통 중재가 구어 의사소통에 어려움이 있는 시각중복장애 학생의 의사소통 반응 행동에 어떠한 영향을 미치는지 살펴보고자 함

■ 연구 참여자

• 연구 참여 학생: 총 3명

학생	장애유형	특성
1	시각장애(3급) 자폐범주성장애(1급)	• 구어를 사용할 수 있으나 자발적으로 발화를 하는 경우가 드묾 • 감정이나 욕구를 말로 표현하지 못하여 심한 문제행동을 나타냄
2	시각장애(1급) 자폐범주성장애(1급)	• 선택적으로 몇 가지 필요한 말만 하며, 하루 일과 중 거의 나타나지 않을 때가 많음
3	시각장애(1급) 뇌병변장애(2급) 지적장애(1급)	• 구어를 사용하지 못하며 의미 없는 소리를 냄 • 다양한 행동과 표정으로 좋고 싫음을 표현함

• 연구 보조 교사: 대상 학생의 담임교사 2명

■ 연구 설계

대상자 간 중다 간헐 기초선 설계

■ 중재

실험은 목표어휘 선정, 연구 보조 교사 훈련, 기초선, 중재, 유지의 순서로 이루어졌으며, 중재는 수업 환경에서의 어휘 습득 훈련과 자연스러운 환경에서의 기능적 어휘 사용 훈련으로 이루어짐

• 목표어휘 선정

1차 어휘목록	학교생활에 우선으로 필요한 어휘, 빈번하게 사용하는 어휘, 익히기 쉬운 어휘, 대화상대자가 학생의 표현에 즉각적으로 반응할 수 있는 어휘로 구성
최종 목표어휘 목록	1차 어휘목록에서 개별 학생의 요구와 필요를 반영하여 명사, 요구 기능, 상태 표현 어휘로 구성

• 어휘 습득 훈련: 수업 환경에서의 중재

–연구자가 주 5회 국어 수업 시간에 학생이 목표 손담 어휘를 습득하여 적절하게 교사의 요구에 반응할 수 있도록 직접교수로 훈련을 실시함

방법	내용	
동작 시연 및 설명하기	학생 1	• 학생 앞에서 손담 동작을 시연하고, 구어로 설명함 –예: "'화장실'은 화장실 문을 두드리는 모습을 표현하는 거예요. (동작을 시연하며) 한 손 주먹을 쥐고 노크하듯이 움직여요."
	학생 2, 3	• 학생에게 신체적 촉진('손 위에 손' 지도법)으로 손담 동작을 시연하고, 구어로 설명함 –예: "'화장실'은 화장실 문을 두드리는 모습을 표현하는 거예요. (학생의 손을 잡고 동작을 시연하며) 한 손으로 주먹을 쥐고 다른 손 손바닥에 두드려요."
요구하기	• 학생에게 손담 동작을 따라 하도록 요구함 –예: "'화장실'에 가고 싶을 때는 어떻게 말을 해야 할까요? '화장실'이라고 말해 보세요."	
기다리기	• 교사의 요구에 학생이 손담을 표현하도록 5초간 기다림	
촉진하기	• 학생이 5초 이내에 반응을 하지 못하거나 동작 수정이 필요한 경우, 교사는 학생에게 '손 위에 손' 지도법으로 신체적 촉진을 제공함	
반응에 대한 피드백하기	• 학생이 어휘를 표현한 경우 학생의 표현에 대해 즉각적으로 손담의 "잘했어." 또는 박수 등의 칭찬으로 사회적 강화를 제공함	

• 기능적 어휘 사용 훈련: 자연스러운 환경에서의 중재

–어휘 습득 훈련이 시작되고 5회기가 지난 시점부터 중재 종료 시까지 자연스러운 환경에서 학생이 목표 손담 어휘를 사용할 수 있도록 연구 보조 교사가 다양한 연습 기회를 제공함

–연구 보조 교사 사전 훈련 실시: 연구 보조 교사 역할 안내 및 학생별 목표어휘에 대한 손담 동작 훈련, 스크립트를 활용한 의사소통 반응 기회 요구 절차 안내 등

■ 중재 도구

어휘	표현 방법	표현 설명	수정 표현
화장실	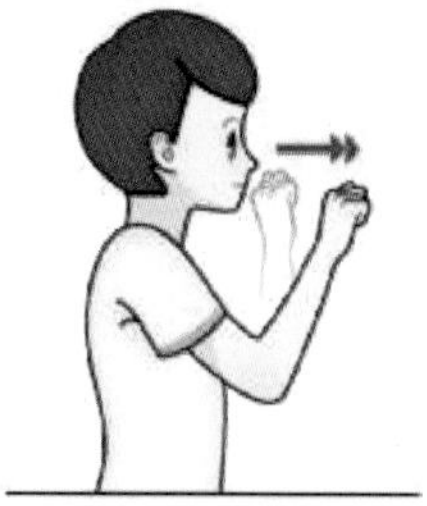 화장실/소변보다	화장실 문을 두드리는 모습을 표현한다. 한 손 주먹을 바닥이 앞으로 향하게 턱 주변에 세운 후 노크하듯이 까닥거린다.	 손 끝이 위로 향하게 편 한 손바닥을 다른 손 주먹으로 두드린다.

■ 연구 결과

• 연구에 참여한 학생 3명 모두 기초선에 비해 의사소통 반응 행동 발생 빈도가 증가하였고, 다양한 의사소통 반응 행동 양식을 사용함
• 증가한 의사소통 반응 행동 발생 빈도는 중재가 종료된 이후에도 높은 수준으로 유지됨

■ 연구 의의

청소년 시기까지 적절한 의사소통 수단이 확립되지 않은 시각중복장애 학생을 대상으로 손담의 활용 가능성을 확인하였다는 점에서 의의를 가짐

■ 출처

이은주, 박은혜(2022). 손담을 활용한 의사소통 중재가 시각중복장애 학생의 의사소통 반응 행동에 미치는 영향. 보완대체의사소통연구, 10(2), 25-53.

6장

학교에서의 AAC 교육

보완대체의사소통

의사소통 능력은 인간 발달의 기본 요소이며. 이를 통해 사람들은 관계를 형성하고, 생각과 감정, 요구와 경험 등을 교환한다. 그러나 장애학생은 여러 가지 이유로 인해서 효과적으로 의사소통을 하기가 어려우며 의사소통 능력이 미흡한 학생은 학습 면에서 의존성이 생기고 점차 수동적인 학습 태도를 가지며, 자기중심적인 행동양식을 보인다. 장애학생이 학교나 지역사회의 여러 장소에서 생활하기 위해서는 실질적인 의사소통 능력을 갖추어야 한다. 이는 학교 교육을 통해 AAC 교육을 해야 하는 이유이다.

학생과의 의사소통은 대부분의 특수교사가 빠르게 직면하는 어려움 중 하나이며, 동시에 핵심적인 교육 활동이다. 교사는 학생이 필요한 정보나 요구를 표현하도록 가르치는 방법을 알아야 하고, 학생은 자신의 요구와 필요를 사회적으로 용인된 방법으로 표현하는 것을 배워야 한다. 의사소통은 학교 교육을 통해 우선순위로 다루어져야 하며, 교육 이전에 인간의 존엄성과 인권을 담보하는 중요한 요소이다. 2022 개정 특수교육 교육과정에서도 학생들의 의사소통 역량의 함양을 중요한 특수교육의 목적으로 설정하였다(교육부, 2022).

이 장에서는 먼저 학교에서 AAC 교육을 통해 기대할 수 있는 목적과 목표, 기대효과를 살펴본다. 이를 바탕으로 AAC 교육을 시작하기 위한 준비 단계에서 해야 할 절차에 대해 다룬다. 학생의 현행 수준을 측정하고, 의사소통 발달평가와 환경 평가, 선호도 평가를 통해 학생을 이해하는 관점을 나누고자 한다. 또한 AAC 교육을 실행하는 단계에서 교사가 진행해야 하는 절차와 AAC 교육의 효과성을 측정하는 점검 단계에서 무엇을 평가해야 하는지 소개하였다. 마지막으로 패스트푸드점 이용 사례를 통해 AAC를 활용한 수업사례를 제시하면서, 학교에서 AAC 교육을 실행할 때 학교 구성원이 합의해야 하는 AAC 교육에 관한 생각을 Q&A 형식으로 다루었다.

1. AAC 교육 목적과 목표

1) AAC 교육 목적

학교에서 AAC 교육을 해야 하는 이유와 필요성은 매우 다양하지만, 궁극적인 목적은 크게 세 가지로 나누어 볼 수 있다. 첫째는 AAC를 사용하는 방법 그 자체를 교육하는 것이며, 둘째는 학교에서 교과학습을 위해 AAC를 사용하는 것이다. 셋째는 학교의 모든 일과에서 AAC를 사용하여 상호작용하는 것이다.

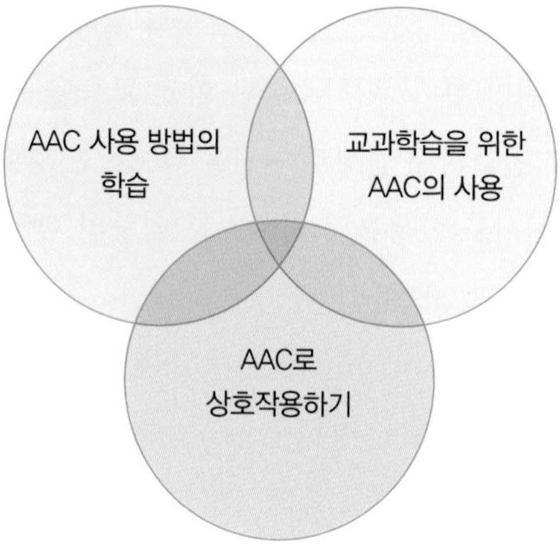

[그림 6-1] **AAC 교육의 목적**

출처: Robinson & Soto(2013), p. 35에서 수정 발췌.

(1) AAC 사용 방법의 학습

AAC 사용 방법의 학습이란 수업에 참여하고 또래와 소통할 수 있도록 의사소통 수단을 배우는 것이다. 또래와 함께 학습하고 자유롭게 소통하기 위해서는 일관되고 신뢰할 수 있는 의사소통 방법이 필요하다.

교실 활동과 일과는 장애학생이 인지, 의사소통, 사회 및 학업 기술을 자연스럽게 연습할 기회를 제공한다. 만약 의사소통 방법을 학습하지 못하면 이러한 기회가 제한된다. 특히 중복장애 학생은 신체, 인지 또는 감각 손상으로 인해 다른 사람과 대화하거나, 수용 및 표현언어를 학습하는 데 심각한 어려움을 갖는다. 기본적인 욕구를 표현하더라도 다른 사람이 이해할 수 없는 비전형적인 방식을 사용하므로 사회적 상호작용이 단절되고 활동 참여도 제한된다. AAC를 사용하는 방법에 관한 교육이 조기에 이루어져야 또래관계 형성과 학교 적응, 교과 수업 참여를 통한 학업 성취 등 다양한 교육의 성과를 기대할 수 있다. AAC 사용 방법을 배우는 것은 도전행동을 조절하고 발달에 필요한 모든 활동에서의 배제를 방지하기 위해서도 중요하다.

(2) 교과학습을 위한 AAC의 사용

AAC 교육의 두 번째 목적은 의사소통이 어려운 학생의 교과학습 참여를 높이는 것이다. 의사소통이 어렵더라도 AAC를 사용하여 현재 수행 수준보다 더 높은 수준의 언어, 문해력 및 학업 기술을 발달시키기 위해 AAC 교육이 필요하다.

언어 및 읽기, 쓰기 교육은 AAC 사용 방법을 가르치고 의사소통 환경을 구축하는 것만으로 학습되지 않는다. 교실이나 주변 환경에 의사소통 카드나 의사소통판을 붙여 주면 어휘 학습에는 도움이 되겠지만 실제적인 의사소통으로 확장되지는 않는다. 또한 일대일 기반의 구조화된 훈련과 언어접근만으로는 의사소통 기술과 언어 발달이 촉진되지 않는다.

AAC 교육의 목적은 사회적 상호작용에 필요한 대화 기술만 지도하는 것이 아니라, 교과의 성취기준에 도달하도록 학습 참여를 촉진하는 데 있다. 즉, 의사소통이 어려운 학생이 교실에서 이루어지는 학습활동에 적극적으로 참여하여 의사소통하면서 어휘와 문해 기술 등 교과학습의 성취를 높이도록 지원하는 것이 AAC 교육의 목적이다.

AAC를 사용하여 교과학습목표에 도달할 수 있도록 지도하기 위해서는 좀 더 체계적인 준비가 필요하다. 교과의 수업 방식은 교사 주도의 수업보다는 학생의 능동적인 학습과 참여를 강조하여 언어 표현이나 상호작용을 권장하는 활동으로 구성한다. 교과학습 참여를 높이기 위해서는 수업 시간에 AAC를 사용하여 질문하고 답하며, 발표할 기회를 충분히 제공한다. 또한 의사소통판이나 AAC 기기는 교과별 수업 주제에 맞춰 사용할 수 있도록 필요한 어휘목록을 구성하여 제공한다.

(3) AAC로 상호작용하기

학교는 의사소통 기술을 일반화할 수 있는 가장 좋은 환경이다. 학교의 환경과 일과는 언어 자극이 풍부하여 의사소통 기술을 향상하는 데 효과적이며, 또래와 함께하기 때문에 상호작용이 발생할 가능성이 높다.

AAC 교육은 국어 교과 등 별도의 시간에 지도하는 것이 아니라, 학교생활 전반에 걸쳐 이루어지도록 의사소통 지원 계획을 수립한다. 교과 시간 외에도 일상생활에서 AAC로 상호작용하도록 지도하기 위해서는 교육 지원팀의 협력이 필요하다. 다음과 같은 이유로 학교에서는 AAC로 상호작용하는 것을 강조하여 교육해야 한다.

- 학교는 맥락에 적절한 사회적 상호작용을 경험할 기회가 많다.
- 학교는 자연스럽게 반복하여 연습하며, 긍정적인 언어 자극을 받을 기회가 많다.
- 일과 중 의미 있는 상황에서 사회적으로 유용한 언어를 학습할 수 있다.
- AAC는 교과 수업과 창의적 체험활동, 일상생활 활동 등 학교 교육과정 전반에서 지도할수록 더 잘 배울 수 있다.
- 다양한 상황이나 대화상대자(교사 및 다양한 지원인력 등)에 따라 새로운 의사소통 기술을 일반화할 기회가 많다.

2) AAC 교육 목표 선정기준

AAC 교육의 목표는 학생의 특성과 요구에 따라 개별적으로 수립한다. AAC 교육 목표는 실생활에서의 기능성을 전제로 일상생활에서 필요한 기술, 가치 있는 기술을 우선순위로 정한다.

의사소통 목표는 학생의 현재 수행 수준을 파악한 후 현재 의사소통의 어려움을 해결하여 더 많은 사람과 상호작용할 수 있는 목표 기술을 결정한다. 가르치는 의사소통 기술은 학생의 생활연령 기준에 적합하고 현재의 생활을 유익하게 만들어 주는 기술이어야 한다. 교육 목표로 선정한 의사소통 기술의 적절성을 판단하는 기준은 다음과 같다.

- 학생에게 가치가 있는가?
- 일상생활에서 학생의 기능을 증진하는 기술인가?
- 현재 생활에 유익함을 주는 기술인가?
- 실생활에서 사용할 기회가 많은 기술인가?

- 학생이 성공적으로 학습할 수 있는 기술인가?
- 지역사회에서 학생의 지위를 향상하는 기술인가?
- 학생의 어려움이나 요구를 설명할 수 있는 기술인가?
- 생활연령 기준에 적합한 기술인가?

3) AAC 교육의 기대효과

AAC 교육의 목표는 장애학생이 다른 사람과 언어적 · 비언어적 상호작용을 통해 가정이나 학교, 지역사회에서 다양한 활동에 참여하여 개인의 요구를 충족시킬 수 있도록 기회를 제공하여 능력을 향상하는 데 있다. AAC 교육을 통해 기대하는 효과는 다음과 같다.

(1) 말과 언어 발달

AAC 교육은 말과 언어의 발달을 촉진한다. 예전에는 많은 사람이 조기에 AAC 교육을 시작하면 구어 발달이 지체될 것이라는 우려를 하기도 했다. 그러나 실어증, 지적장애, 자폐성장애 학생 대상의 AAC 연구에서는 자발적인 구어 발달에 부정적 영향을 미치지 않았으며, 오히려 음성언어를 촉진하며 구어를 사용한 자발적인 의사소통 시도가 늘어났음을 보고하였다(Fossett et al., 2003). AAC 교육은 자연스러운 말 산출 등에도 긍정적인 효과가 입증되었다(Beukelman & Mirenda, 2013).

AAC는 장애학생의 말의 발달 외에도 다양한 의사소통 능력을 가르치는 데 효과적이다. 즉, 글을 읽을 수 있는 문해 기술, 원하는 사물이나 활동을 요구하기, 질문에 대한 반응과 사회적 언급에 필요한 대화 기술 등의 신장에 효과적이다.

(2) 사회적 상호작용 증진

AAC 교육은 사회적 상호작용을 촉진한다. 구어 의사소통이 어려운 학생은 대화상대자가 알아듣지 못할 것으로 생각되면 말하는 것을 꺼리게 되고, 자발적인 의사소통을 시도하지 않게 된다. 그러나 안타깝게도 장애학생의 주된 대화상대자는 또래이며, 또래가 알아듣지 못한다면 점차 표현하는 것을 꺼리게 될 것이다.

사회적 상호작용의 문제는 우정 형성에도 영향을 미치며, 사회적 기술의 결함은 학급의 소속감을 방해하고 학교 부적응 등의 이차적인 문제를 유발한다. 그러므로 학급의 일원으로 우정을 만들어 갈 수 있도록 의사소통을 촉진하여 상호작용의 기회를 높이는 것은 AAC 교육의 중요한 목표이다.

사회적 상호작용을 증진하기 위한 의사소통 교육은 누구와 언제, 어디서, 어떤 방식으로 무엇을 말해야 하는지에 대한 기술을 가르치는 것이다. 예를 들어, 대화를 시작, 유지, 종료하는 기술, 말할 차례를 지켜 대화를 주고받는 기술, 요구하거나 거부하기, 언제 말하고 언제 말하지 말아야 할지와 같은 다양한 의사소통 기술과 상호작용에 참여하는 기술 등이 포함된다. 필요한 상황에서 표현할 수 있는 의사소통 기술을 지도하는 것이 AAC 교육의 목표이다.

(3) 수업 활동 참여 확대

AAC 교육은 수업 활동 참여를 촉진한다. 의사소통 기술은 수업 활동에 참여하기 위한 가장 기초적인 기술이다. 그러나 의사소통장애가 있는 학생은 의사표현 방법의 부재로 인해 수업 활동 참여도 소극적이며 학생의 현재 수행 수준을 파악하기가 어려워서 정확한 교육계획을 수립하기가 힘들다.

AAC 교육은 기존의 의사소통 방법을 보완하고 대체하는 대안적인 방법의 지도로 수업의 참여를 높일 수 있다. 구어가 아니더라도 자신의 의견을 표현하거나 상호작용을 촉진하도록 지원하며, 수업에 적극적으로 참여할 기회가 늘어나서 학습 동기와 성취감을 높일 수 있다. 다음은 AAC 교육이 학생의 수업 활동 참여에 미치는 영향에 대한 교사들의 인터뷰 내용이다.

특수교사 인터뷰 자료

- 음성이 출력되는 AAC 기기를 사용하는 것만으로도 교사의 질문이나 지시에 정확히 반응하는 빈도가 늘어났어요. 자발적인 의사소통 시도도 많아졌어요.
- 무발화 장애학생이나 조음에 문제가 있어서 말하기로 평가하기 어려운 학생들이 있어요. 그런 아이들은 AAC 기기로 정확하게 반응하는 것으로 평가했어요. 학생의 반응을 대충 추측하는 것보다 직접 버튼을 누르게 하여 평가하니까 정확하고 쉽게 파악할 수 있어서 교사에게도 도움이 되는 것 같아요.
- 수업 시간 외에도 쉬는 시간이나 학교에서 친구들과 같이 어울려 있는 모습을 자주 보게

되었어요. 친구들과 함께 있는 시간이 많아졌고, 상호작용하거나 말하는 빈도가 증가하는 모습을 관찰하면서 생활 태도가 변화하고 있다는 확신이 들었어요.
- 글을 읽지 못해도 그림상징을 선택하는 간단한 과정만으로 수업에 참여할 수 있다는 점이 가장 큰 변화예요.
- 자주 봐서 그런지 그림상징을 사용하면서 점차 읽을 수 있는 단어들도 늘어났어요.

(4) 생활 적응 향상

일과를 일관성 있게 예측할 수 있도록 구조화하여 지도하는 것은 학생의 일상생활 적응력을 높이는 데 효과적이다. 활동의 순서와 구조를 익히고 예측하는 활동을 반복해서 경험하다 보면 활동의 발생 형태를 인식하게 된다. 일과 중 다음에 해야 할 활동이 무엇인지 인식하는 활동을 반복하면 좀 더 자발적이고 적극적으로 참여할 수 있다. 예를 들어, 일과나 활동의 순서를 단순히 구조화하는 것만으로도 일상생활 적응 기술을 향상할 수 있다. 활동을 나타내는 말, 시각적 보조물이나 사물, 사건, 상징이나 손짓기호 등을 사용하여 활동의 시작과 종료, 또는 활동의 순서를 지도한다면 다음에 무엇을 해야 할지 더 잘 학습할 수 있다.

(5) 도전행동 조절

AAC 교육은 도전행동을 조절하는 데 효과적이다. 장애와 상관없이 모든 학생은 항상 교사가 원하는 대로만 생각하거나 행동하지는 않는다. 도전행동은 상황과 정도에 따라서는 교사의 교육적 열의를 좌절시키고, 시급한 중재를 요구하기도 한다. 도전행동은 다양한 이유로 인해 나타나지만, 결과적으로는 학생 개인의 학업이나 학급 전체의 학업, 교사나 또래와의 사회적 관계를 어렵게 만든다.

도전행동은 문제를 일으키기 위해서 하는 행동이 아니라 기능을 가진 행동으로 이해해야 한다. 도전행동의 기능 중 하나는 자기의 요구를 다른 사람에게 전달하거나 소통하기 위한 것이다. 의사소통 실패로 오는 좌절, 분노, 감정폭발, 자기학대 등의 문제는 의사소통의 기회를 질적·양적으로 확대해 줌으로써 감소할 수 있다. 의사소통을 통해 원하는 것이 이루어진다는 경험을 하게 되면 도전행동이 감소하며, 바람직한 사회적 행동을 학습할 수 있다(Browder & Spooner, 2011). 의사소통 교육은 도전행동의 중재 방안으로 중요성이 강조되고 있다. 다음은 AAC 교육이 학생의 도전행동에 미치는 영향에 관한 교사 인터뷰 내용이다. 도전행동의 조절은 AAC 지도 목표 중 하나이며 시급히 중재되어야 할 목표이다.

특수교사 인터뷰 자료

- 수업 중에 수시로 자리에서 일어나서 돌아다니고, 학교에서도 교출의 위험이 있던 학생이었어요. 처음엔 AAC 앱이 있는 태블릿 PC를 혼자 가지고 놀면서 자리에 앉아 있는 시간을 늘리는 것으로 시작했어요. 짧은 동영상을 보는 것을 좋아하고, 동영상 볼 때는 집중할 수 있어서요. 점차 그림상징카드를 눌러서 애니메이션과 소리가 나오는 것을 보고 따라 하는 과정으로 유도했어요. ○○가 교실을 돌아다니는 행동보다 AAC 앱으로 저와 대화하는 시간이 점차 늘어서 좋은 발전이라 생각돼요.
- ○○는 자발어가 거의 없고, 반향어가 심한 자폐성장애 학생이었는데, 원하는 것이 무엇인지 의도를 파악하지 못해 답답할 때가 많았어요. AAC 기기를 사용하면서 문제행동 발생 전에 최소한 ○○가 무엇을 원하는지, ○○의 생각을 파악할 수 있어서 좋았어요.
- ○○는 심심할 때 손을 흔들거나 의미 없는 소리를 내는 아이였어요. AAC 기기를 가지고 의사소통 지도를 시작하면서 누르고 따라 말하는 행동을 보이기 시작했어요. 무엇보다 상동행동이 눈에 띄게 감소해서, 주변에서 모르는 사람들이 봐도 상동행동을 하는 것보다 AAC 기기의 버튼을 누르고 따라 말하는 것이 더 좋아 보여요.
- 소리 지르기나 공격성과 같은 도전행동의 빈도가 줄어들었어요. 아마도 ○○를 지켜보다가 감정이 터지기 전에 그림상징을 눌러서 표현할 수 있도록 유도한 것이 도움이 된 것 같아요.

2. AAC 교육의 준비

1) 관찰과 면담을 통한 현행 수준 측정

의사소통 지도의 첫 단계는 현행 수준을 측정하는 단계이다. 학생에게 맞는 의사소통 방법을 결정하기 위해서는 일정 시간 동안 관찰하여 의사소통 능력의 기초선을 측정한다. 장애학생의 의사소통 현행 수준을 측정하는 방법 중 가장 많이 사용하는 것은 관찰과 면담이다. 관찰은 일과 중 자연적인 상황에서 이루어지는 활동을 살펴보며 정보를 얻는 것이며, 면담은 학생, 가족 구성원, 담임교사, 지원인력, 또래, 교과교사 등 주변의 친숙한 사람들과의 대화를 통해 정보를 얻는 방법이다.

관찰과 면담은 학생을 좀 더 잘 이해하기 위한 정보 수집 절차이며, 직접 학생을 관찰하는 것으로 의사소통 행동의 특징과 수행능력에 관한 정보를 얻을 수 있다. 먼저 의사소통하려는 의도가 있는지, 그 의도는 어떠한 형태로 나타나는지 살펴본다. 예를 들어, 제스처나 음성 혹은 손짓기호 등 어떠한 형태로 표현하는지, 사용하는 방법은 무엇인지, 주로 어떤 기능을 표현하는지, 의사소통이 원활하지 못할 땐 어떤 반응을 보이는지 관찰한다. 또한 일상적인 맥락에서의 관찰은 의사소통하는 것을 좋아하는지, 대화상대자에게 관심이 있는지, 선호하는 물건이나 활동, 사람에 대해 알아낼 수 있으며, 상황에 따른 의사소통의 의도나 형태, 기능을 파악하는 데 유용하다. 학생의 현행 수준을 측정할 때는 변인에 따라 수행력의 차이가 나타날 수 있으므로 학생의 행동과 함께 대화상대자의 행동, 관찰 환경, 활동 및 상황, 시간 등의 요인을 기록한다. 학생의 의사소통 특성에 관한 이해를 높이는 것이 지도의 시작이자 가장 중요한 단계이다. 관찰과 면담에 관한 상세한 내용은 '3장 AAC 진단 및 평가'를 참고하기 바란다.

2) 의사소통 발달평가

의사소통 발달을 한 가지 방법으로 진단하기는 매우 어렵다. 의사소통 발달평가는 영유아 언어발달검사(Sequenced Language Scale for Infants: SELSI; 김영태 외, 2003)로 수용언어와 표현언어를 평가할 수 있어서 현장에서 유용하게 사용된다. 학생의 수용언어 능력을 평가하기 위해서 자주 사용하는 주변 사물을 이용한다. 학생 앞에 두 가지 사물을 제시하고, 그중 하나의 이름을 말하고 학생이 그것을 지적하거나 주목하도록 요구한다. 사물의 위치와 항목을 다양하게 변화시켜 우연성에 의한 응답은 배제하도록 시도한다면 수용언어 수준을 평가할 수 있다.

그러나 의사소통이 어려운 장애학생은 표준화된 언어발달검사를 사용하기 어렵기 때문에 형식적인 검사를 통한 진단은 제한적일 수밖에 없다. 〈표 6-1〉은 관찰을 통해 의사소통 측면에서 필요한 몇 가지 항목을 간소화하여 프로파일 형태로 평가하는 방법이다. 그 밖에 의사소통 및 언어 능력 평가에 관한 상세한 내용은 '3장 AAC 진단

〈표 6-1〉 **의사소통 발달평가의 예**

관찰 영역	1	2	3	4
눈 맞춤이 가능하다.				
소근육 운동이 가능하다.				
머리를 가눌 수 있다.				
행동(가리키기, 주고받기, 끄덕이기 등)이 가능하다.				
감정 표현(기쁨, 화남, 거부)이 가능하다				
자기 이름을 부르면 반응을 한다.				
간단한 지시(이리 와, 이것 봐 등)를 이해한다.				
말소리를 산출할 수 있다.				
사람이나 사물을 명명할 수 있다.				
문장을 만들 수 있다.				

출처: 고은(2014).

및 평가'를 참고하기 바란다.

3) 의사소통 환경 평가

의사소통의 기회가 주어지지 않는 환경에서 의사소통이 일어나기를 바라며 진단하는 것은 의미가 없다. 의사소통이 어려운 이유는 장애로 인한 것일 수도 있지만 그 학생의 환경 자체가 원인이 될 수 있다. 학생의 의사소통 환경을 개별적으로 점검하여 일상생활 중에 의사소통을 시작하고 반응할 기회가 얼마나 제공되는지 점검해야 한다. 의사소통이 일어날 수 있는 물리적 환경과 사회적 환경은 개인마다 다르기 때문이다.

의사소통 환경 평가는 학생의 일상적인 환경에서 규칙적이고 반복적으로 이루어지는 일과를 먼저 파악한다. 각각의 맥락에서 학생의 대화상대자는 누구이며, 대화상대자의 의사소통 및 상호작용 유형은 어떠하며, 의사소통을 유발할 만큼 학생에게 흥미롭고 관심 있는 자료를 이용하고 있는지 등을 파악한다.

예를 들어, 환경 평가를 통해 공동행동일과(Joint Action Routines: JARs)를 사용하여 지도할 수 있다. 공동행동일과 프로그램은 환경중심 언어중재를 기반으로 반복되는 일과를 통해 사회적 상호작용을 이끌면서 의사소통 기술을 향상할 수 있게 환경을 구조화한 프로그램이다. 파악된 일과는 공동주의, 공동행동 그리고 사회 기능적인 측면을 고려하여 의사소통의 기능을 향상할 수 있도록 구조화한다. 구조화된 일과 중에 교사의 역할은 학생의 상호작용을 촉진하는 것이며 목표언어를 학습하도록 환경중심 교수를 제공한다(Ben-Arieh, 2007). 공동행동일과를 활용한 중재는 자폐성장애학생에게 효과적인 것으로 보고되고 있다(Simpson et al., 2005).

의사소통 환경 평가는 장애학생의 주변 환경과 여건을 점검하여 현재의 지원이나 노력이 적절한지 파악하여 환경 요인을 개선하는 데 있다.

4) 활동 및 강화제 선호도 평가

AAC 교육의 준비 단계에서 학생이 선호하는 활동과 강화제를 조사한다. 학생이 선호하는 구체적인 사물이나 활동을 강화제로 사용하면 동기유발에 효과적이다. 다만 학생의 제한된 표현 능력으로 인해 무엇을 좋아하는지 정확하게 판단하기 어렵기 때문에, 선호도 조사를 통해 강화될 만한 물건과 활동을 찾는다.

선호도는 학생이 좋아할 만한 물건이나 활동을 제시하여, 그중에서 학생이 선택한 놀이의 지속시간 등을 직접 관찰하여 평가한다. 부모 면담에 비교하면 더 많은 시간과 노력이 필요하지만 좀 더 정확한 정보를 얻을 수 있다. 부모 면담을 통해 조사할 때는 〈표 6-2〉의 조사표를 활용할 수 있다.

〈표 6-2〉 **활동 및 강화제 선호도 조사표**

활동 및 강화제 선호도 조사표

학생 이름: 조사자: 조사일:

조사 방법: 다음의 각 항목에 대해 선호하는 범위를 기록해 주세요(0: 싫어함, 1: 보통, 2: 좋음, 3: 매우 좋음). 학생을 관찰할 기회가 없는 경우에는 '관찰되지 않음'으로 기록하며, 마지막 칸에는 구체적인 사례나 추가 설명을 기록해 주세요.

항목/활동		선호도 (0~3)	구체적인 사례와 설명
사회적 상호작용	또래	2	같은 반 친구 민지를 좋아함
	성인		
	노래/율동		
	활동지원인		
	다른 사람	0	낯선 사람에 대한 경계가 높음
음식	음료		
	사탕 등 단 음식	3	초코칩 쿠키를 좋아함
	짠 음식		
	고기류	3	프라이드 치킨을 좋아함
	과일류		
	채소류	0	식사 때에는 고기 종류만 좋아함
여가 활동	장난감		
	게임		
	컴퓨터 게임	3	
	휴대폰 동영상	3	저녁에 휴대폰으로 영상 보는 것을 좋아함
	음악		
	책		
	컴퓨터		
	교통기관	3	
	기타		
바깥 활동	식당		
	쇼핑몰, 가게		
	공원, 놀이터	3	또래가 노는 모습을 지켜보는 것을 좋아함
	기타		
( )	( )		
	( )		
	( )		
	( )		
	( )		
	( )		

출처: Johnston, Reichle, Feeley, & Jones(2012), pp. 16-17에서 수정 발췌.

3. AAC 교육 실행

1) 어휘 수집

AAC 교육 목표에 따른 현행 수준을 측정하고 발달평가, 환경 평가, 선호도 평가 등 교육의 준비를 마친 후 그다음 단계는 어휘를 수집하는 단계이다. 의사소통을 지도하기 위해서는 먼저 지도할 어휘목록을 수집한다.

어휘는 관찰, 면담, 일화기록, 체크리스트, 생태학적인 목록을 활용하여 수집한다. 어휘는 자연적인 맥락에서 상호작용하는 것을 직접 관찰하거나 가족, 보호자, 학생 주변의 대화상대자 등 정보를 제공해 줄 수 있는 사람과 면담하여 수집한다. 일화기록은 학생이 참여하는 매일의 일과 활동을 관찰한 기록을 분석하여 필요한 어휘를 수집하는 방법이다. 체크리스트는 학생이 이해하고 있거나 사용할 수 있는 어휘 등 어휘 발달 수준을 점검할 수 있다. 체크리스트 방법은 학생이 직접 수행하는 것을 관찰하거나 면담을 통해 점검할 수 있으며, 연령별 언어 발달표의 어휘목록을 참고하거나 AAC를 사용하는 또래의 어휘목록을 참고할 수 있다. 단, 학생이 자주 사용하는 특별한 어휘나 개별적인 의사소통 환경을 고려하여 수집한다. 예를 들어, 학생이 주로 시간을 보내는 장소, 사람, 좋아하는 활동 등을 고려한다. 생태학적인 목록은 자연적인 상황의 환경을 분석하여 어휘를 수집하는 방법이다. 환경적 목록이라고도 한다. 이 방법도 학생의 일과와 상황을 관찰하고 환경적 맥락을 분석하여 어휘를 수집하는 방법이다. 〈표 6-3〉은 환경분석 조사표의 예시이다.

〈표 6-3〉 **환경분석 조사표**

1. 한 주 동안 학생이 있었던 장소들과 각 장소에서 어휘 선택을 주로 했던 사람(대화상대자), 각 장소에서 이루어진 활동은 무엇입니까?
• 장소: • 대화상대자: • 활동:

2. 활동별로 사용되는 어휘는 무엇입니까?								
구분 / 활동	명사 (사물 이름 포함)	동사	형용사	구절	기타	또래가 사용하는 어휘	같이 활동하는 사람	이 활동에서 학생이 특히 좋아하는 것들
•								
•								
•								
•								
•								

출처: 박은혜 외(2023), p. 286.

2) 어휘 선정

어휘 수집 단계에서 목록화한 모든 어휘를 한꺼번에 지도할 수는 없다. 수집한 어휘 중 먼저 지도할 어휘를 선정해야 한다. 어휘는 학생의 발달적 관점과 사회적 관점, 의사소통 맥락을 고려하여 선정한다(Beukelman & Mirenda, 2013).

(1) 발달 수준에 따른 어휘 선정

지도할 어휘는 학생의 인지 수준을 고려하여 선정한다. 발달적 관점에서 볼 때, 인지 수준에 적합한 어휘목록은 잠재적인 유용성이 있다. 현재의 장소에서 바로 사용하고 자주 표현할 수 있으며, 학생의 상황을 쉽게 표현할 수 있어 지도할 때 유용하다. 또한 학생의 연령과 읽기 쓰기 능력의 습득 여부에 따라 어휘목록을 선정하면 학습할 가능성이 커진다.

그러나 발달적 관점만 고려한다면 학생의 흥미와 관심사, 개인적인 상황과 독특한 맥락, 특성을 반영하지 못한다. 그러므로 개별 학생에게 흥미 있고, 의미 있는 실용적인 어휘를 함께 선정해야 한다. 환경분석 조사표에서 빈도가 높은 어휘목록을 선정하는 것이 효과적이다.

(2) 사회적 관점에 따른 어휘 선정

AAC 교육을 하기 위한 어휘목록은 사회적 관점을 고려하여 선정한다. 학생이 속한 문화와 사회적 역할, 지역사회 여건에 따라 필요한 어휘가 다르며, 학생의 성별, 연령이나 학교급, 요구에 따라 다를 수 있다. 예를 들어, AAC 기기의 어휘목록은 성별과 연령을 고려하여 필요한 어휘로 구성해야 하며, 출력되는 음성도 사용하는 학생의 성별과 연령에 적합해야 한다. 의사소통이란 다른 사람과의 상호작용으로 이루어지므로 어휘목록은 사회적 맥락에 적합한 기능적 사용에 초점을 두어 선정한다.

(3) 의사소통 맥락에 따른 어휘 선정

어휘는 의사소통 맥락을 고려하여 선정한다. 학생이 생활하는 주요 환경이 어디인지에 따라 어휘의 종류와 선정의 목적이 달라지며, 주로 대화하는 사람이 누구인지에 따라서도 사용할 어휘는 달라진다. 선정한 어휘는 사용자가 원하는 것이나 필요로 하는 것을 정확하게 표현하고 사용하는 데 어려움이 없는지 검토하여 수정 보완한다. 〈표 6-4〉는 미용실이라는 의사소통 맥락에서 '원하는 머리모양을 표현할 수 있다'라는 학습목표를 성취하는 데 필요한 어휘목록 선정의 예이다.

〈표 6-4〉 **의사소통 맥락(미용실)에 적합한 어휘 선정의 예**

미용실	짧은 머리	파마해요	머리를 감아요	길어요
드라이어	단발머리	염색해요	머리를 말려요	짧아요
왁스	긴 머리	마음에 들어요	머리를 잘라요	간지러워요
수건	파마머리	마음에 들지 않아요	머리를 빗어요	얼마예요?
빗	매직파마	불편해요	머리를 묶어요	얼마나 걸려요?
샴푸	세팅파마	따가워요		감사합니다

발달적 관점과 사회적 관점, 의사소통 맥락을 고려하여 선정하더라도 지도할 어휘를 최종적으로 선정할 때는 학생의 연령과 문해력 수준에 적합하게 다음과 같은 사항을 고려한다.

- **문자 습득 전 단계:** 이 단계에 있는 학생의 어휘는 의사소통할 때 기본적으로 알아야 할 어휘 위주로 선정한다. 예를 들어, 음식을 먹을 때, 목욕할 때, 게임을 할 때 등 구체적인 활동이나 필요한 상황에서 사용할 수 있는 어휘를 선정한다.
- **문자 습득을 하지 못한 단계:** 글을 읽고 쓰는 것을 가르쳤으나, 학습하지 못한 학생에게는 개인적 요구를 충족시켜 줄 수 있는 어휘를 우선 선정한다. 효율성을 고려하여 구나 절, 문장 형태를 사용한다. 단, 학생의 생활연령을 고려해야 한다. 예를 들어, 학생에게 '좋아요'의 뜻으로 웃는 얼굴의 상징을 이용한다면, 청소년기 학생에게는 엄지손가락을 들어 올리는 상징을 사용하는 것이 적절하다.
- **문자 습득 단계:** 글을 읽을 수 있는 학생의 AAC 어휘는 의사표현의 속도와 표현의 효율성을 고려하여 선정한다. 의사소통은 적절한 시기에 상대방과 주고받는 타이밍이 중요하다.

그 밖에 AAC 교육을 위한 어휘를 선정할 때 고려할 사항은 다음과 같다.

- 어휘는 일회성으로 선정할 것이 아니라 필요에 따라 지속해서 확장해 준다. 예를 들어, 수업 시간에 사용하는 교과용 어휘는 학습 주제에 따라 자주 보완한다. 수업 시간마다 필요한 주제에 따라 어휘를 미리 준비해 준다면 학생의 의사소통 및 수업 참여 정도가 달라질 수 있다.
- 비장애 또래가 같은 상황에서 사용하는 일반적인 어휘목록을 고려하여 선정한다. 어휘목록은 학생의 연령, 성, 사회 문화적 배경, 이해 수준 등과 대화상대자와의 친숙한 정도, 대화 상황 및 장소 등 개별적인 환경을 고려한다(Beukelman & Mirenda, 2013).
- 수집하여 선정한 어휘 외에 장소, 물건, 관계, 움직임, 감정, 긍정/부정, 중지를 나타내는 말, 이름이나 소유격, 사물과의 관계, 반대되는 말, 색, 위치, 모양을 나타내는 말 등을 포함한다.
- 모든 어휘는 단어 외에도 표현의 효율성을 위해 구나 절, 문장의 형태를 포함한다. 시간적 제약을 받는 표현이나 자주 쓰는 표현들은 문장으로 제시하는 것이 시간과 노력을 단축한다.
- 대화를 이어 나가는 데 필요한 어휘들을 포함한다. 예를 들어, 대화상대자의 이

해를 돕거나 기다릴 수 있도록 '제가 대답하는 데 시간이 걸리니 잠시만 기다려 주세요' 등의 메시지를 포함한다.

3) 의사소통 도구의 선정

의사소통 도구는 의사소통 카드와 의사소통판, 음성출력 스위치와 음성출력 카드, 다양한 버튼식 의사소통기기, 음성합성 방식의 의사소통기기, AAC 앱 등 매우 다양하다. 의사소통 도구는 휴대성, 내구성 및 사용법을 배우는 데 걸리는 시간과 기술, 음성의 질과 명료도, 비용 등 도구의 특성을 살펴보는 것도 중요하지만 학생과 가족의 선호도를 우선한다. 의사소통 도구의 종류와 특성, 장단점 등은 앞의 2장을 참고하기 바란다.

4) 상징 유형의 선정

상징은 학생의 인지 및 생활연령을 고려하여 이해하기 쉽고 사용하기 쉬운 것으로 선정한다. 동시에 의사소통 기능의 범위와 폭이 향상될 것을 고려하여 장기적으로 사용하고 확장할 수 있는 상징을 사용한다. 상징은 사진, 그림, 글자, 숫자 외에도, 손짓기호, 실제 사물이나 축소형 사물, 사물의 일부분 등 여러 가지 양식을 함께 사용할 수 있다.

교사는 상징체계가 가지고 있는 상대적인 장단점을 파악하여 적합한 유형을 결정한다. 어떤 상징 유형을 사용할지에 관한 결정은 AAC를 사용하는 학생과 학생의 환경 특성에 따라 결정한다. 의사소통 교육을 처음 시작할 때는 〈표 6-5〉의 질문을 통해 적합한 상징 유형을 결정한다.

〈표 6-5〉 **학생과 환경 특성에 따른 의사소통 상징 유형의 선택**

학생과 환경 특성	의사소통 상징 유형의 선택
의사소통 대화상대자가 몸짓상징을 모른다.	보편적으로 이해할 수 있는 그림상징이나 제스처를 사용한다.
중도의 운동장애가 있다.	신체 한 부위의 움직임(예: 지적하기, 스위치 작동하기, 눈 응시하기 등)을 사용하여 표현할 수 있는 그림상징을 사용한다.

암기하거나 기억하는 데 어려움이 있다.	항상 제시할 수 있는 의사소통판과 같은 그림상징을 사용한다.
이동하는 활동이 많고 활동적이다.	별도의 의사소통판이나 도구가 필요하지 않은 제스처나 손짓기호를 사용한다.
즉각적인 의사소통이 중요하다.	기기의 버튼을 누르거나, 의사소통 책의 페이지를 펼치는 등 의사소통의 준비가 필요 없는 제스처나 손짓기호를 사용한다.
구어를 모방하지 못한다.	모방 기술이 필요하지 않은 제스처나 그림상징 둘 다 사용한다.
제스처를 사용하기는 하지만, 다른 사람이 이해하기 어렵다.	제스처를 더 쉽게 이해할 수 있는 형태로 바꾸거나, 손짓기호체계를 사용한다.
낯선 사람도 쉽게 이해할 수 있는 제스처를 사용한다.	이러한 제스처 사용을 계속 강화하고, 체계적인 손짓기호로 확장한다.
대화상대자가 가까이 없거나 주의를 기울이지 않을 때는 의사소통하기 어렵다.	자연스러운 제스처(예: 손 올리기) 또는 음성출력 기기와 같이 대화상대자의 주의를 끌 수 있는 의사소통 유형을 사용한다.

출처: Johnston, Reichle, Feeley, & Jones(2012), p. 39에서 수정 발췌.

5) 상징의 구성과 배열

선정한 어휘목록은 일정한 체계에 따라 조직하고 배열해 주어야 언어학습을 촉진할 수 있으며, 언어 사용의 기능성을 높일 수 있다(박은혜, 김정연, 표윤희, 2023). 상징의 배열은 빠르고 정확한 정보 전달력을 높이기 위해 중요하다. 상징은 문법적 범주, 의미론적 범주, 환경과 활동 중심, 시각 장면 디스플레이(Visual Scene Display: VSD) 등으로 구성하여 사용할 수 있다.

(1) 문법적 범주 구성

언어 습득을 촉진하기 위해 일반적으로 사용되는 방법은 구어의 어순대로 배열하는 것이다. 글을 읽거나 쓸 때와 마찬가지로 왼쪽에서 오른쪽 방향으로 단어를 연결하여 문장을 구성하는 방식이다. 주어, 목적어, 서술어 등 문장의 순서로 나열하여 문장구조에 익숙해지도록 한다([그림 6-2] 참조). 의사소통판이나 AAC 기기의 화면을 구성할 때, 일관성 있는 문법적 구조로 구성하면 쉽게 이용할 수 있다. 기본 구성 방식은 문법적 범주로 구성하더라도, 사용의 편의성을 위해 같은 범주끼리 묶거나 의사소통판의 위쪽이나 아래쪽에 자주 사용되는 단어나 구절을 배열하여 사용할 수 있다.

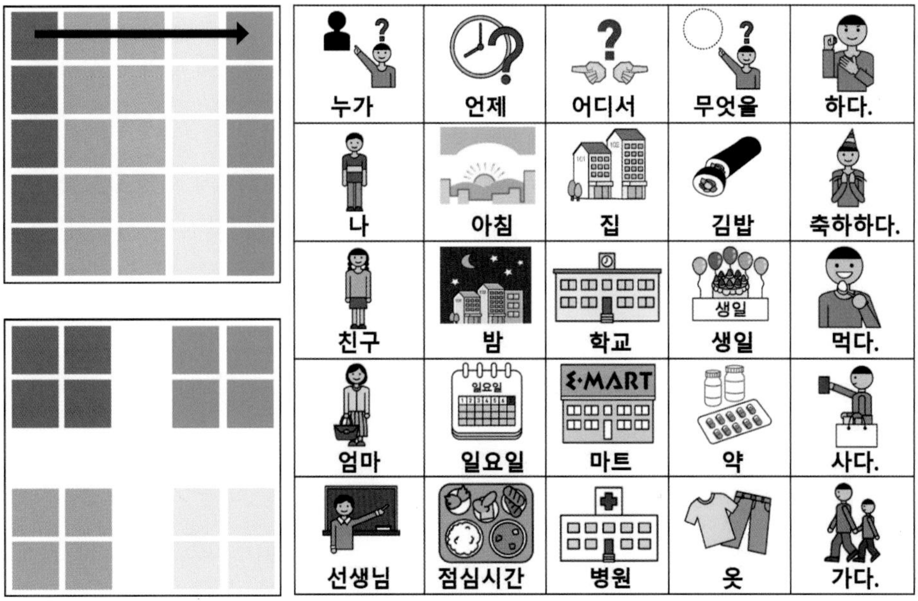

[그림 6-2] **문법적 범주로 구성한 의사소통판**

문법적 범주로 구성한 의사소통판은 시각적으로 식별하기 쉽게 색을 이용한 색 표시(color coding) 전략을 사용할 수 있다.

조금 더 자세히

Q. **의사소통판의 어휘를 구성할 때 사용되는 색 표시 전략은 무엇인가?**

A. 색 표시 전략은 의사소통판이나 도구의 어휘를 구성할 때, 시각적 신호인 색을 이용하여 어휘의 위치를 쉽게 찾을 수 있도록 하는 방법을 의미한다. 대개는 어휘의 품사별 혹은 문법적 범주에 따라 색으로 분류한다. Thistle과 Wilkinson(2009)은 상징을 범주화하여 색으로 구분하여 제시했을 때 상징을 찾는 속도와 효율성에 효과적이라고 하였다. 특히 상징의 배경색을 범주화하였을 때 긍정적인 영향을 미치는 것으로 보고하였다. 문법 범주에 따라 색 표시 전략을 사용하여 의사소통판을 제시하면 상징의 순서를 배우는 데 도움이 되어 구문 학습 능력을 향상할 수 있다. 대표적인 색 표시 전략을 사용한 예는 Fitzgerald 및 수정된 Fitzgerald Keys 등이 있다. 수정된 Fitzgerald Keys는 명사는 주황색, 동사는 녹색, 형용사는 파란색, 질문은 보라색 등으로 표시한다(Berkowitz, 2018).

(2) 의미론적 범주 구성

의미론적 범주는 사람, 장소, 활동 등과 같이 상위의 의미 범주에 따라 구성하는 방법이다. 범주 개념을 이해하는 학생은 의미론적 범주로 구성된 의사소통판을 효과적으로 사용할 수 있다. 그러나 단순한 의사소통을 넘어서 언어 발달을 촉진하려면 문법적으로 배열된 보조판 등 다른 배열 방법을 함께 사용한다. [그림 6-3]은 '간식'과 '청결'에 해당하는 상징을 의미론적 범주로 구성한 예이다.

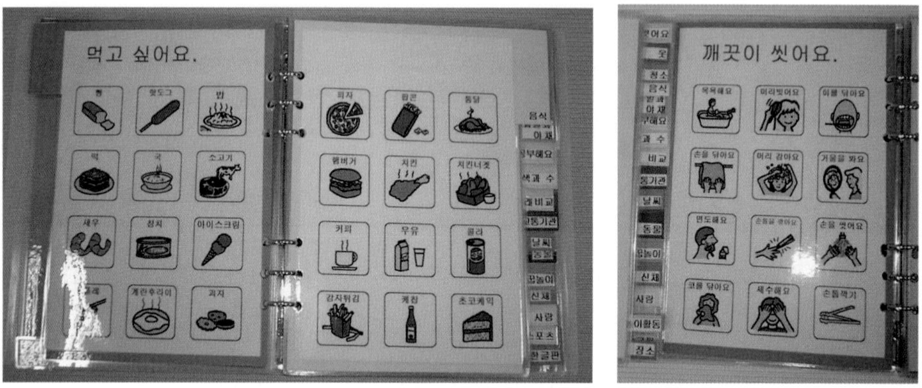

[그림 6-3] **의미론적 범주로 구성한 의사소통판**

(3) 환경과 활동 중심 구성

환경과 활동 중심의 구성은 초기 의사소통 방법을 지도하기에 쉬운 구성 방법이다. 하나의 환경이나 활동에 필요한 어휘들을 의사소통판에 모아서 구성해 주는 방법이다. 의사소통판에 특정 활동에 참여할 수 있는 다양한 어휘목록을 담을 수 있어서 여러 단어를 연결하여 사용하는 등 언어 발달을 촉진할 수 있으며, 발달적인 관점에서는 이러한 구성이 초기의 언어 사용을 증진한다. 일반적인 어휘 또는 일상적으로 사용하는 어휘로 구성된 의사소통판 외에 여러 개의 활동별 의사소통판을 사용하면 학생의 활동 참여와 어휘 습득을 증진할 수 있다. 이때 활동의 수가 늘어나면 모든 의사소통 상황에서 자주 사용되는 핵심어휘에 관한 의사소통판 그리고 개별 학생의 상황과 때, 장소에 따른 어휘로 구성된 개인어휘 판을 나누어 사용할 수 있다. [그림 6-4]는 쉬는 시간과 수업 시간, 식사 상황에서 사용할 수 있는 의사소통판의 예이다.

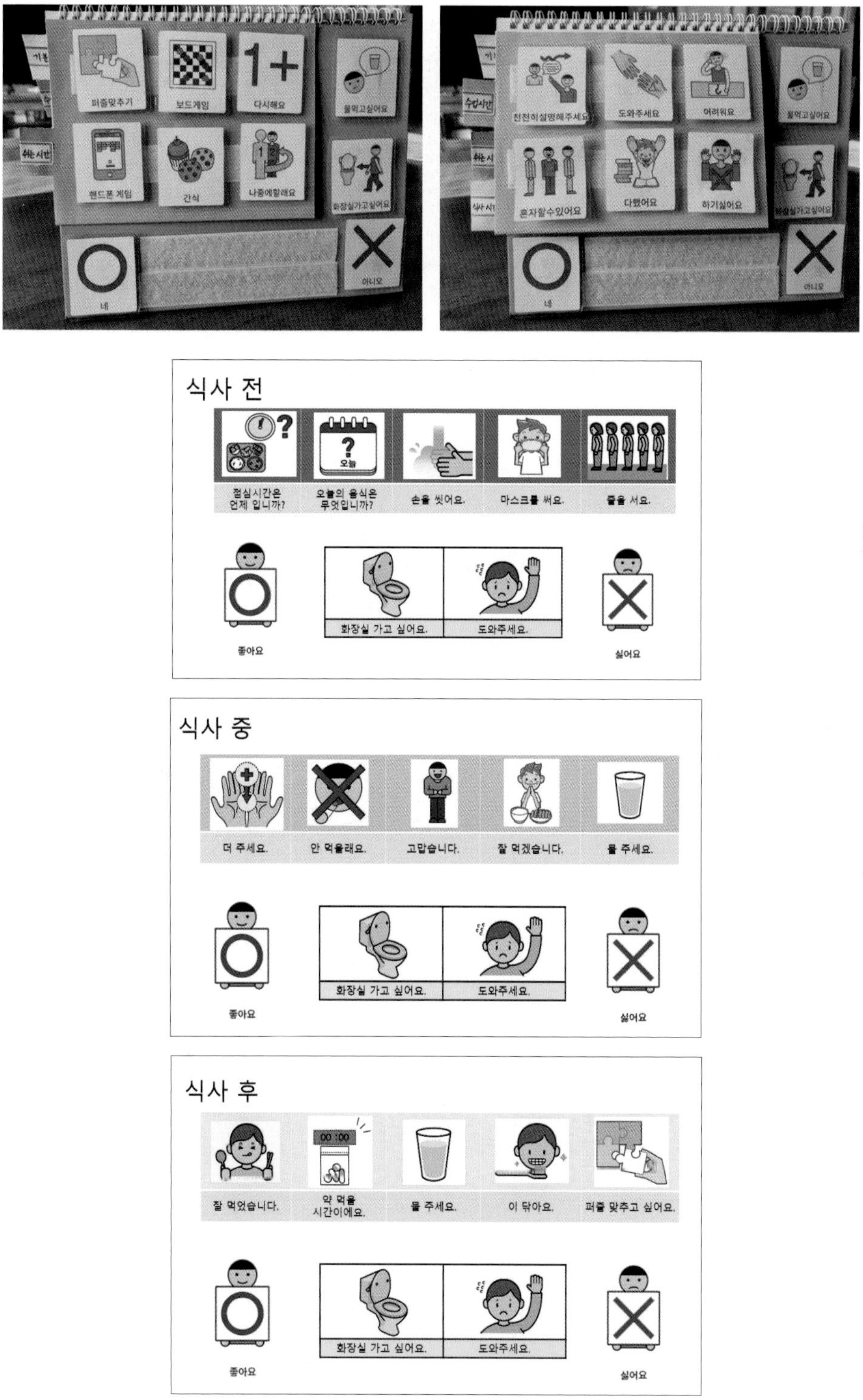

[그림 6-4] 환경과 활동 중심으로 구성한 의사소통판

조금 더 자세히

Q. **핵심어휘란?**

A. 우리가 가장 자주 사용하는 고빈도 어휘를 말한다. 핵심어휘는 일반적으로 다양한 주제와 다양한 맥락에서 사용할 수 있으며 다른 어휘와 함께 사용하여 새로운 메시지를 만드는 데 사용된다. 핵심어휘는 주로 대명사, 전치사, 관형사, 동사, 형용사 및 접속사로 구성되며, 명사는 거의 포함되지 않는다. 핵심어휘를 사용하면 다양한 구문과 문장을 만들 수 있으며, 인지 능력과 무관하게 빈도가 높은 어휘로 구성된다. 우리가 평소에 말하는 것의 약 80%는 핵심어휘로 구성되어 있다(Berkowitz, 2018).

핵심어휘는 여러 상황에서 공통적으로 사용할 수 있는 어휘이며 여러 문맥에서 명확한 의미로 반복적으로 사용되는 어휘이다. 핵심어휘를 배우는 데 많은 시간과 직접적인 교육이 필요하지만 일단 학습하면 유용하게 사용할 수 있다. 그러나 핵심어휘는 상징으로 표현할 때, 명사처럼 명확하지 않으며, 특히 동사나 형용사 등의 상징은 의미를 직관적으로 이해하기 어렵기 때문에 공간 개념과 함께 문맥 안에서 이해하도록 지도한다.

Q. **개인어휘란?**

A. 개인어휘는 자주 사용되지 않고 일정한 상황이나 영역에서 사용되는 어휘를 말한다. 핵심어휘는 장소와 주제에 걸쳐 고빈도로 사용될 수 있는 적은 수의 어휘목록이라면, 개인어휘는 사용 가능성이 적은 많은 수의 어휘목록을 말한다. 핵심어휘는 여러 맥락과 환경에서 사용되지만, 개인어휘는 사용 빈도가 낮고 일부 상황에서만 사용될 수 있다. 핵심어휘에는 다양한 품사가 포함되지만, 개인어휘에는 대부분 명사가 포함된다. 개인어휘는 특정 주제와 관련이 있으며 특정 학생에게 매우 중요할 수 있다. 핵심어휘는 메시지의 기본 구조가 되며, 개인어휘는 개별화된 세부 정보에 해당하는 어휘이다.

(4) 시각 장면 디스플레이

시각 장면 디스플레이(Visual Scene Display: VSD)는 상황, 장소, 개인 경험, 특별한 일 등을 나타낸 사진, 아이콘, 그림 등의 시각적 자료에 핫스팟을 설정하여 저장된 메시지가 산출되도록 구성한 AAC 전략이다. AAC 기기의 화면에 학생의 일상생활 장면의 사진을 제시하고, 그 상황에서 발생할 수 있는 의사소통 어휘(주요 인물, 사물, 동작 등)를 구성한다. 각 어휘는 핫스팟을 설정하여 어휘를 터치하거나 누르면 음성이 출력된다. VSD는 실제 장면으로 구성된 화면을 사용하므로 필요한 어휘나 상징을 쉽게 찾을 수 있어 인지 능력의 어려움이 있는 학생도 사용할 수 있다(김지민 외, 2023).

시각 장면을 활용하는 VSD는 시각적인 학습자의 특성이 강한 자폐성장애 학생의 의사소통에 효과적이다(Chapin et al., 2021). VSD 기반의 화면 구성은 학생들의 선호도가 높으며, 동기유발에 효과적이고 자발적인 의사소통을 기대할 수 있어 영유아 및 아동, 초기 의사소통 단계에서 유용하다(Blackstone et al., 2004). 주말에 있었던 일에 관한 대화에서 사용할 수 있는 VSD의 예시는 [그림 6-5]와 같다.

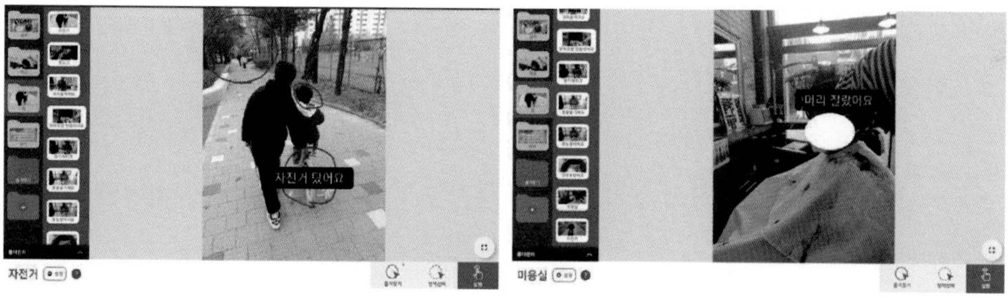

[그림 6-5] **시각 장면 디스플레이**

출처: 김지민 외(2023).

(5) 혼합 구성

상징의 구성과 배열은 하나의 구성 전략을 계속 사용하기보다는 학생의 언어 능력의 발달에 따라 어휘목록의 구성 전략을 수정해 준다. 예를 들어, 초기 의사소통 지도 시기가 지나면 문법적 범주를 활용하여 구문론적 발달을 유도하는 것이 바람직하다.

어휘목록 구성 방법은 혼합하여 사용할 수도 있다. 예를 들어, 환경과 활동 중심의 의사소통판은 수준에 맞도록 문법적 범주를 활용하여 제시한다. 처음 지도 상황에서는 대부분 기본적인 물건, 장소, 음식 등의 요구하기나 필요에 해당하는 상징과 '먹다' '마시다' '화장실에 가다' 등의 기본적인 어휘만을 사용하게 된다. 그러나 초기의 의사소통 방식에 머물러서 계속 필요와 요구하기 위주의 의사소통만 지도할 수는 없다. 환경이나 활동에 맞는 다양한 의미와 문법적 요소를 포함한 상징의 배열을 고안하여 구성해야 한다.

최근에 개발된 AAC 프로그램이나 앱에서는 역동적 배열(dynamic display) 방식을 사용하고 있다. 역동적 화면이란 화면(예: 식품군)에서 하나의 범주(예: 음료)를 선택하면, 다음 화면이 음료 메뉴 화면으로 바뀌고, 음료 중 하나(예: 바나나우유)를 선택하면, 자동으로 서술어(예: 주세요, 좋아해요 등) 메뉴 화면으로 바뀐다. 이러한 프로그램은 학생이 자연스럽게 문장을 형성하도록 촉진한다.

그 밖에 상징 배열의 일반적인 지침을 정리하면 다음과 같다.

- 일반적으로 상징은 왼쪽에서 오른쪽으로 짚어 갈 수 있도록 구성한다.
- 한 판에 배열하는 상징의 수는 학생이 필요로 하는 상징의 수와 크기, 운동 능력 등을 고려하여 정한다.
- 상징 1개의 크기는 사용자의 시력, 운동 능력, 필요한 상징의 수를 고려하여 정한다.
- 상징 간의 간격은 정확하게 선택할 수 있도록 적절한 간격을 두어 배치한다.
- 의사표현 속도를 높이기 위해 주부와 술부를 나누어 배치하거나 배경색으로 구분한다.
- 의사소통판에 사용되는 어휘는 특정 의사소통 상황에서 자주 사용되는 핵심어휘 그리고 상황과 때와 장소에 따른 어휘를 나누어 배치한다.
- 의사소통 책으로 만들 때 페이지별로 범주화하여 찾기 쉽도록 색인표시를 한다.

6) 장애유형별 고려사항

AAC 교육을 실행할 때는 개별 학생의 장애유형에 따른 접근이 필요하다. 예를 들어, AAC 방법을 지도할 때는 상징 외에도 말하는 책이나 그림으로 이루어진 글 등 다감각적인 교수학습자료를 사용한다. 글을 읽지 못하는 학생이라도 그림과 글자 모두를 포함한 상징을 제공한다. AAC를 사용하는 학생의 교과 수업에서도 자모음 단위로 쓰기 외에 낱말 단위, 또는 그림 단위로 기록하는 방법을 지도한다. 발음의 명료도를 높이고, 음성을 보완하기 위해 의사소통판 외에 말소리 출력이 가능한 의사소통 보조기기나 녹음이 가능한 AAC 앱을 사용하여 지도한다.

그러나 고기능의 AAC 기기라도 버튼의 크기가 작거나 들고 다니기 불편하다면 지체장애 학생은 사용하기 어렵다. 아무리 연령에 적합하고 시각적으로 매력적인 상징을 제시하더라도 시각 기능의 제한이 있다면 사용할 수 없다. 여기서는 지체장애와 시각장애 학생의 AAC 교육 시 유의할 사항을 살펴본다.

(1) 지체장애 학생의 AAC 교육

뇌성마비 학생의 의사소통 능력에 영향을 줄 수 있는 요소는 매우 다양하다. AAC 교육은 어휘를 학습하고 상징을 사용하도록 가르치는 그 이상의 교육이다. AAC 방법을 사용하여 다른 사람과 소통하고 상호작용하기 위해서는 통합적인 접근이 필요하다. 뇌성마비 학생은 의사소통의 어려움 외에 신체와 감각적인 어려움을 가지고 있다. 자세의 어려움은 근육 및 관절에 부정적인 영향을 미치고 그로 인해 의사소통하는 것을 방해할 수 있다. 뇌성마비 학생에게 AAC를 사용하여 학습에 참여하도록 지도하기 위해서는 다음의 특성을 고려한다.

- **원시반사와 관련한 자세:** AAC 도구를 효과적으로 사용할 수 있는 최적의 자세와 위치를 파악한다. 머리, 목, 몸통, 팔다리의 경직 혹은 불수의적 움직임의 영향을 줄일 수 있는 자세를 취하게 한다. 또한 원시반사로 인한 비대칭적인 자세가 나타나지 않도록 신체의 정중선을 중심으로 좌우의 정렬을 유지한다. 예를 들어, 휠체어나 웨지(wedge)를 이용한 자세에서 AAC 도구를 사용할 때도 가능한 신체의 정렬을 유지하도록 지도한다. 균형 있는 자세는 몸통의 안정성을 높이며, 안정된 자세에서는 AAC 도구를 더 잘 사용할 수 있다.
- **체중 부하와 체중 이동:** 비정상적 긴장도로 인해 팔이나 다리에 체중을 지지하기 어렵기 때문에 근육, 근력, 관절 강도가 충분히 발달하지 않는다. 일과 중 체중 부하를 경험할 수 있도록 바른 자세를 취하게 해 주고 적절한 자세로 바꾸어 주는 것이 의사소통 상호작용에도 도움이 된다.
- **자세의 안정성:** 뇌성마비 학생은 어떤 활동에 집중하기 위해 팔다리를 움직일 때, 신체의 정렬이 흐트러질 수 있고, 신체 불균형 상태에서는 손의 조작 기능이 떨어진다. 손을 움직이거나 스위치를 사용하기 위해 한쪽 손에 힘을 줄 때 몸의 중심이 흐트러지며, 스위치나 조이스틱 등을 잡거나 움직이는 데 어려움이 생기므로, 자세의 안정성을 유지하는지 살핀다. 만약에 자세의 안정성이 충분히 확

보되었는데도 손의 조작 기능이 어렵다면 상징 사이의 간격을 넓혀 주거나, 신체 조건에 맞도록 도구의 위치를 조정하고 스위치나 포인터 사용 시 적절한 간격을 확보한다.

- **피로감**: 원시반사의 영향과 근 긴장도, 신체의 불균형과 불안정성 등은 신체의 피로도를 높여 활동 참여와 집중을 방해한다. 비장애인에 비해 피로도가 높은 편이며, 피로도가 높을 때는 움직임 조절이 더욱 어려워진다. 의사소통의 어려움이 신체의 피로도에 의한 것이 아닌지 세심히 관찰한다.
- **근육의 높은 긴장도**: 뇌성마비 학생은 비정상적인 근 긴장도를 보인다. 장애로 사용하지 않는 근육은 짧아져서 관절에 영향을 미치기도 한다. 원하는 상징을 누르거나 지적하기가 어려울 수 있으므로 손에 닿도록 배치한다. 그러나 한 자세에서 고정된 상태로 있으면 어려움이 더 커지므로, 일과 중 가능한 한 스스로 움직이고 활동할 기회를 주어야 한다. 여러 장소나 상황, 위치에서 활동하는 것이 의사소통할 의욕과 동기를 유발하는 데에도 효과적이다.
- **시력 및 청력 문제**: 시력 문제는 시각적 상징을 이용한 의사소통의 어려움을 유발하며, 청력 문제는 의사소통기기의 청각적 피드백 사용을 어렵게 만든다. 다른 방식의 대안이 필요하다. 예를 들어, 시력의 문제가 있으면 상징의 크기와 색, 상징의 수, 제시 각도를 개선한다. 청력의 문제가 있으면 청각적 피드백 대신 깜박이는 빛 등의 시각적 피드백을 사용한다.
- **균형감각**: 소뇌 손상의 운동실조형 뇌성마비 학생은 이동과 평형감각을 주관하는 전정기관의 장애가 있다. 넘어지는 것을 두려워하지 않거나 반대로 비정상적으로 강한 두려움을 가지기도 한다. 이동할 때 의사소통판이나 AAC 도구를 직접 들고 다니면 보행이 불안해질 수 있으므로 작은 가방처럼 메고 다니거나 크기를 줄여서 안전하게 소지할 방법을 고안한다.

(2) 시각장애 학생의 AAC 교육

시각장애 학생에게 AAC를 사용한 의사소통 방법을 지도할 때 고려할 사항은 다음과 같다.

- **시력 및 색각 이상**: 저시력 학생이 사용할 의사소통판은 큰 글자와 상징으로 구

성한다. 상징이나 그림을 제시할 때 글자도 함께 제시하며 학생의 시력 특성에 따라 글자와 상징의 확대 배율을 결정한다. 색맹이나 색약 등의 어려움에는 의사소통판의 글자나 상징의 색, 선의 굵기 등을 고려한다. 배경과 글자의 색상 반전(invert), 고대비(high contrast) 여부도 결정한다. 색상 반전 기능은 보색으로 색상을 변경하거나, 의사소통판이나 AAC 기기에서 배경색을 검정으로 변경하여 눈부심을 방지한다. 고대비는 전경색과 배경색이 명확하게 구분되도록 명도의 대비를 조정해 주는 것을 말한다. 의사소통판을 구성하는 색상에 대해 명도 값의 차를 고대비로 크게 해서 선명하게 보이도록 조정한다.

- **시야 범위:** 좁은 시야를 가진 학생은 시야 범위에 따라 의사소통판의 크기를 고려한다.
- **시각적 탐색의 제한:** 시각장애 학생이 AAC 기기를 사용할 때는 청각적 피드백의 기능을 활용하면 시력의 제한을 보완할 수 있다. AAC 기기의 작동 상태와 정확히 눌렀는지 등 작동 상황에 대한 정보를 소리로 피드백을 받으며 사용하게 한다.

4. AAC 교육성과 점검

1) 교육성과 평가

AAC 교육이 학생의 삶을 변화시켰는지 점검하기 위해 효과성을 측정할 수 있어야 한다. AAC 교육성과의 평가는 학생과 주변인을 대상으로 측정한다.

학생을 대상으로 한 성과는 다음의 사항을 평가한다. 첫째, 학생의 의사소통 기술 습득 정도와 학생의 만족도를 평가한다. 학생이 AAC 기기를 사용하는 방법을 충분히 숙달했는지 점검한다. 둘째, 기능적 의사소통 능력을 평가한다. AAC 방법으로 다른 사람과 대화할 수 있으며, 학교나 지역사회에서의 참여 행동에 변화가 있는지 측정한다. 질문지, 평정척도, 인터뷰, 형식적인 토론 시간, 관찰 등의 방법을 사용하여 의사소통 방법의 지도가 학생의 삶과 실생활에서의 유용성에 어떠한 영향을 미쳤는지 평가한다. 셋째, 사회적 상호작용, 또래와의 관계 등 일상생활에서 사회적 관계에 미치는 영향을 평가한다. 그 밖에 수업 참여 태도, 일상생활에서 선택하기, 자발적 의사소통 시도하기 등의 변화를 측정한다.

주변인을 대상으로 한 성과는 특정 활동과 상황에서 학생이 얼마나 성공적으로 참여하는지를 검토하는 것이다. 만약 바라는 만큼의 참여 수준에 도달하지 못했다면 기회 장벽과 접근 장벽 요인을 검토한다.

- 학생이 AAC 방법으로 도움이나 요구를 표현하기도 전에, 주변에서 알아서 해주거나 대신해 주지는 않았는가?
- 학생의 의사소통 능력에 대해 주변인들의 기대 수준이 너무 낮은 것은 아닌가?
- 학생의 문제가 아니라 주변인들이 의사소통을 촉진하는 방법을 모르는 것은 아닌가?
- 학생의 의사소통 방법에 대해 주변인들에게 충분한 정보를 주었는가?

AAC 교육의 성과를 높이기 위해서는 가능한 의사소통 기회와 접근성을 높여야 한다. 이를 위해 별도의 치료지원 등의 관련 서비스도 도움이 될 수 있으나 교육과정 내에서 통합하여 지도하는 것이 효과적이다. AAC 교육의 성과를 위해서는 가정과 학교의 자연스러운 생활 맥락에서 직접 사용하도록 지도하고, 학생과 주변인을 대상으로 효과와 효율성을 점검해야 한다.

2) 일반화와 유지 평가

일반화와 유지 평가는 학생이 습득한 의사소통 기술을 여러 상황에서 다양한 대화 상대자와 함께 사용하고 있는지 평가하는 것이다. 일반화는 학교(교실 안, 교실 밖), 가정, 그 밖의 지역사회에서 다른 사람과 의사소통하는지 관찰하여 평가한다. 일반화 정도를 평가하는 절차는 다음과 같다.

- 자연적인 환경 내에서 다른 상황, 다른 대화상대자와의 대화를 관찰하기
- 실생활에서 효과적으로 사용하고 있는지 점검하기
- 실생활의 새로운 상황에서도 같은 기술을 성공적으로 사용한 것을 축하해 주고

사용한 기술의 효과에 대해 논의하기

- 배운 기술을 일반화하지 못한다면 그 원인을 분석하고 교수를 수정하기
- 의사소통 기술을 실생활에서 사용하는 것이 효과적이지 못하다면 의사소통 방법이나 어휘목록 등을 수정하여 효과를 높이는 방법 찾기

교사는 좀 더 수용적인 분위기에서 의사를 표현하도록 장려하고 편안하게 의사소통하도록 활동을 구조화한다. 의사소통을 촉진하기 위해서는 긍정적이고 수용적인 교수 환경에서 학생의 개별적 흥미에 적절하고 풍부한 자료를 제공하고, 신체 능력 및 잔존 감각을 고려하여 환경을 구성한다. 장애학생의 학습 환경을 수정하기 위해서 가장 먼저 해야 할 일은 자연스러운 상황을 조성하는 것이다. 또한 원활한 사회적 상호작용을 통해 긍정적인 관계를 형성할 수 있도록 정기적으로 모니터해야 하며, 의사소통 교육의 평가 결과는 앞으로의 교수계획에 반영한다.

5. AAC 수업 사례: 패스트푸드점 이용[1]

1) 수업 목표 수립

활동에 필요한 의사소통 기술을 익히고 지역사회 활동에 참여하도록 하기 위해서는 학생의 수준별 목표를 설정하여 활동을 계획한다. 학급 단위의 활동을 고려하여 대략 세 수준의 목표를 수립하면 다음과 같다.

1) 이 장에서 소개하는 내용은 김예리, 김경양, 박소민, 석민, 임지욱(2016). AAC를 활용한 지역사회 적응활동. 학지사, pp. 64-78의 내용을 수정 발췌하였다.

〈표 6-6〉 **수준별 활동 목표**

수준	활동 목표
1수준	• 먹는 것과 마시는 것을 구분할 수 있다. • 먹는 것과 마시는 것에 관한 질문에 '예/아니요'로 대답할 수 있다. • 음식의 명칭에 대해 '예/아니요'로 대답할 수 있다.
2수준	• 의사소통판을 사용하여 메뉴판의 음식을 명명할 수 있다. • 메뉴판을 보며 원하는 음식을 도움을 받아 선택할 수 있다. • 단품과 세트 메뉴의 차이점을 알 수 있다.
3수준	• 패스트푸드의 특징을 알고 무엇이 패스트푸드인지 변별할 수 있다. • 돈을 변별할 수 있다. • 패스트푸드의 가격을 알아보고 지불해야 하는 금액을 알 수 있다. • 메뉴판을 보며 원하는 음식을 선택할 수 있다. • 교사의 도움을 받아 혹은 독립적으로 주문할 수 있다. • 음식을 다 먹은 후 쓰레기를 분리하여 정리할 수 있다.

2) 수업 준비

(1) 수업 준비 목록

먼저, 현장학습 장소에 관해 이야기하고, 몇 가지 질문을 제시하여 적절히 대답할 수 있도록 의사소통판을 사용하여 연습한다. 둘째, 패스트푸드점에서 해야 할 행동, 기대 행동에 대해 알아본다. 이때 모델링, 역할놀이를 통하여 적절한 행동을 보여 준다. 셋째, 무엇을 주문할지에 관한 계획을 세운다. 넷째, 돈 관리 기술을 연습한다. 다섯째, 현장학습의 내용에 맞게 스위치나 AAC 도구를 설정한다. 여섯째, 패스트푸드점을 이용할 때 사용할 의사소통판을 추가로 준비한다.

(2) 어휘목록과 의사소통판 제작

이 활동에서 지도할 어휘목록과 활동 목표에 따라 수준별로 제작한 의사소통판은 [그림 6-6]과 같다.

어휘목록

숫자	음료	스몰	미디엄	라지
차갑다	뜨겁다	차례	가격	먹다
메뉴	포크	숟가락	칼(나이프)	컵
냅킨	빨대	계산대	영수증	도와주세요
감사합니다				

[그림 6-6] **어휘목록과 의사소통판**

출처: 김예리 외(2016), pp. 70-72.

(3) 수업에 필요한 언어기술 점검

지역사회의 패스트푸드점을 이용하도록 지도하기 위해서는 필요한 언어기술을 먼저 점검한다. 학생의 현행 수준에 따라 선정해야 할 어휘의 개수를 정한다. 의사소통판을 구성할 때는 언어기술을 점검하여 어떤 형태로 구성할지 결정한다. 점검할 언어기술은 범주화하기, 명명하기, 문장구조 등이다. 범주화하기는 어휘를 동일한 범주별로 구분할 수 있는 능력이 학습되었는지를 확인하는 것을 말한다. 명명하기는 해당하는 상징과 실제 사물 혹은 행동을 짝짓는 능력을 말한다. 예를 들어, '뜨겁다'라는 상징을 보고 그 의미를 알고 사용할 수 있는 능력을 말한다. 문장구조는 상징이나 어휘를 연결하여 문장구조로 표현할 수 있는지를 점검하는 것이다. 이러한 언어기술 점검을 통해 지도할 표현 수준(어휘 수준, 문장 수준 등)을 결정한다.

(4) 수업에 필요한 운동 능력 점검

의사소통 교육의 목표는 구어 혹은 비구어로 표현하는 것에 그치지 않고, AAC를 활용하여 지역사회의 활동에 직접 참여하는 것을 목표로 한다. '패스트푸드점 이용'을 지도하기 위해서는 필요한 어휘를 학습하고 상징을 선택하여 다른 사람에게 의사를 표현하는 것을 목표로 하지만, 패스트푸드점을 이용하는 데 필요한 관련 기술을 포함하여 지도한다.

예를 들어, 포장지, 음료컵, 빨대, 쟁반 등 다양한 기구를 사용하기, 햄버거 포장지 열기, 빨대로 음료 마시기, 자르기, 소스 포장지 뜯기, 젓기 등의 기능을 할 수 있는지 점검한다. 이러한 기능을 할 수 있어야 상징을 이용한 의사소통을 학습할 수 있다. 만약 스스로 할 수 없다면 다른 사람의 도움을 요청하는 어휘를 포함하여 부분참여하는 방법을 지도한다. 또한 돈 계산 및 관리, 이용 후 쓰레기 분리와 간단한 자리 정리 등 필요한 관련 기술 목록을 교육계획에 포함한다.

3) 활동 시 유의점 점검

(1) 지역사회 이용 예절 교육

패스트푸드점을 이용하기 전, 패스트푸드점에서 지켜야 할 예절(예: 실내에서 뛰지 않고 걸어 다니기, 친구와 작은 소리로 대화하기, 주문할 때 차례 지키기 등)에 대해 충분히 이야기를 나눈다. 이때 해야 할 행동과 해서는 안 되는 행동에 대해서도 예를 들어 가며 시각적 자료를 이용하여 설명한다.

(2) 지갑 준비하기

패스트푸드점에서 주문하고 계산할 때, 지갑에서 돈을 꺼내어 사용할 수 있도록 준비한다. 지갑은 소지하고 있는지, 지갑에는 얼마의 돈이 들어 있는지 확인한 후 계산하도록 한다. 학생의 수준에 따라 스마트폰, 체크카드, 현금 등 결제방법을 결정하고, 지불할 돈을 미리 계산해 본 후 구매한다.

(3) 지역사회 기관 사전 협조 요청

수업을 진행하기 전에 교사는 지역사회의 패스트푸드점 담당자를 찾아가 AAC에 대하여 설명한 후 협조를 얻어 진행한다. 이때 접근성이 좋으며 자주 이용하는 지역 패스트푸드점을 활용하면 상대적으로 협조를 구하기 수월하며, 나아가 지역사회 내장애인 인식 개선에도 도움이 될 수 있다.

4) 수업의 실제

(1) 활동의 과제 분석

모든 학생에게 통용되는 동일한 과제분석 단계는 없다. 개인의 요구와 특성에 따라 학습할 가능성과 성공률이 높을 것으로 예측되는 단계로 과제를 분석한다. 패스트푸드점 이용 활동의 순서는 [그림 6-7]과 같다. 필요에 따라 활동과 순서를 수정하여 사용한다.

	① 패스트푸드점에 가기 전, 먹고 싶은 것을 정한다.
	② 패스트푸드점에 들어가 주문을 하기 위해 줄을 서서 기다린다.
	③ 카운터에서 메뉴를 확인하고 주문한다.
	④ 계산한다.
	⑤ 영수증을 받고 "감사합니다."라고 인사한다.
	⑥ 음식이 나오기를 기다린다.
	⑦ 소스와 냅킨, 빨대를 챙긴다.
	⑧ 음식이 담긴 쟁반을 들고 자리를 찾는다.
	⑨ 음식을 먹는다.
	⑩ 음식을 먹은 후 식탁을 치우고, 쓰레기통으로 간다.
	⑪ 쓰레기를 분리하여 버린다.

[그림 6-7] **패스트푸드점 이용하기 활동 순서**

출처: 김예리, 김경양, 박소민, 석민, 임지욱(2016), p. 68.

(2) 수준별 활동 내용

수준별 목표에 따른 활동 내용은 〈표 6-7〉과 같다.

〈표 6-7〉 **수준별 활동 내용**

구분	활동 내용
1수준	• 사진을 보여 주며 물어본다. –"이것은 먹는 것일까요, 마시는 것일까요?" • 다음의 질문에 대해 '예/아니요'로 대답한다. –(학생에게 접시, 책, 감자튀김 상징이나 그림을 하나씩 보여 주며) "이것을 먹을 수 있나요?" –(학생에게 햄버거, 아이스크림 콘, 콜라 상징이나 그림을 제시하며) "이것을 마실 수 있나요?" –(어휘와 사진을 함께 제시하며) "이것은 버거가 맞나요?"
2수준	• 메뉴판에 어떤 음식들이 있는지 살펴보고 질문에 대답한다. –"우리는 음식을 주문하기 전에 무엇을 먼저 살펴보아야 하나요?" –"메뉴판에는 어떤 종류의 음식들이 있나요?" • 원하는 버거의 종류를 선택하도록 한다. –"어떤 버거를 원하나요? 불고기버거? 치킨버거?" • 수 개념을 통해 단품과 세트 메뉴를 구분한다. –"단품은 버거 1개, 세트 메뉴는 버거, 음료, 감자튀김 3개가 나와요."
3수준	• 패스트푸드의 특징에 대해 알아보고 무엇이 패스트푸드인지 변별해 본다. –"햄버거(피자/된장찌개 등)는 패스트푸드인가요?" • 실물 동전과 지폐를 제시하고, 각각 얼마인지 질문에 대답하거나 변별하도록 한다. –"500원짜리 동전을 보여 주며) 이것은 얼마인가요?" –(실물 동전과 지폐를 제시하고) "1,000원 주세요." • 메뉴판을 보며 음식의 가격을 알아보고, 원하는 음식을 주문할 때 지불해야 하는 금액을 익힌다. • 메뉴판을 보고 원하는 음식을 선택하고 표현한다. • 쓰레기의 종류와 분리 배출하는 방법에 관한 질문에 의사소통을 사용하여 적절히 대답한다. • 교사의 도움을 받아 혹은 독립적으로 주문을 하고, 음식을 먹은 후 쓰레기를 분리하여 버린다.

5) 수업의 평가

활동 후 학습한 내용을 점검하고 평가할 수 있도록 학습 수준에 적합한 평가 도구를 개발하여 활용한다. 구체적인 예는 [그림 6-8]과 같다.

'패스트푸드점에 다녀왔어요!' 학습활동지 1

이 름: ______ 날 짜: ______

1. 음식을 먹으러 어디에 가나요?

우체국 / 경찰서 / 패스트푸드점 / 도서관

2. 패스트푸드점에서는 어떤 음식을 판매하나요?

자장면 / 된장찌개 / 김밥 / 햄버거

3. 음식을 주문하려면 무엇을 보아야 하나요?

텔레비전 / 메뉴판 / 접시 / 책

4. 세트메뉴에 포함되어 있는 음식이 아닌 것은 무엇인가요?

감자튀김 / 콜라 / 아이스크림 콘 / 햄버거

5. 햄버거가 4,200원이라면 어떻게 내야 하나요?

백원 / 오백원 / 천원 / 오천원

학습활동지 1

'패스트푸드점에 다녀왔어요!' 학습활동지 2

"나만의 햄버거를 만들어 보아요."

■ 햄버거에 들어가는 재료가 무엇인지 생각해 보고, 각 재료를 떠올리며 그림을 그려 봅시다.

(실제 활동 시에는 부록의 자료를 절취하여 사용해 주세요.)

학습활동지 2

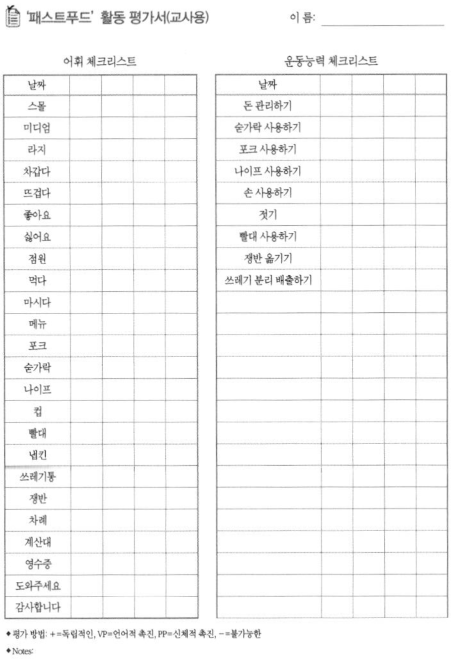
'패스트푸드' 활동 평가서(교사용) 이 름: ______

어휘 체크리스트

날짜				
스몰				
미디엄				
라지				
차갑다				
뜨겁다				
좋아요				
싫어요				
점원				
먹다				
마시다				
메뉴				
포크				
숟가락				
나이프				
컵				
빨대				
냅킨				
쓰레기통				
쟁반				
차례				
계산대				
영수증				
도와주세요				
감사합니다				

운동능력 체크리스트

날짜				
돈 관리하기				
숟가락 사용하기				
포크 사용하기				
나이프 사용하기				
손 사용하기				
젓기				
빨대 사용하기				
쟁반 옮기기				
쓰레기 분리 배출하기				

◆ 평가 방법: +=독립적인, VP=언어적 촉진, PP=신체적 촉진, −=불가능한

◆ Notes:

활동 평가서(교사용)

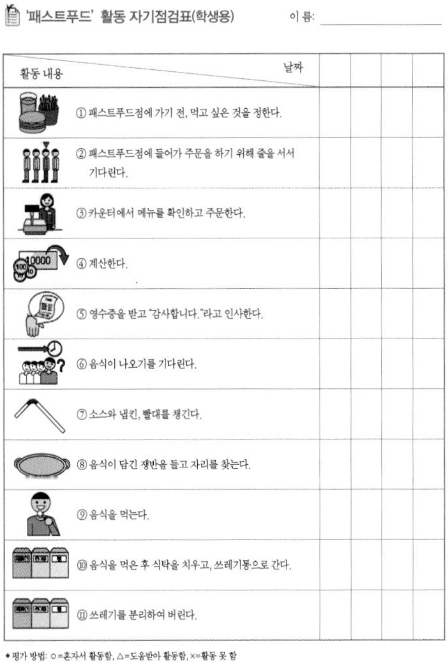
'패스트푸드' 활동 자기점검표(학생용) 이 름: ______

활동 내용 \ 날짜				
① 패스트푸드점에 가기 전, 먹고 싶은 것을 정한다.				
② 패스트푸드점에 들어가 주문을 하기 위해 줄을 서서 기다린다.				
③ 카운터에서 메뉴를 확인하고 주문한다.				
④ 계산한다.				
⑤ 영수증을 받고 "감사합니다."라고 인사한다.				
⑥ 음식이 나오기를 기다린다.				
⑦ 소스와 냅킨, 빨대를 챙긴다.				
⑧ 음식이 담긴 쟁반을 들고 자리를 찾는다.				
⑨ 음식을 먹는다.				
⑩ 음식을 먹은 후 식탁을 치우고, 쓰레기통으로 간다.				
⑪ 쓰레기를 분리하여 버린다.				

◆ 평가 방법: ○=혼자서 활동함, △=도움받아 활동함, ×=활동 못 함

활동 평가서(학생용)

[그림 6-8] **학습활동지와 활동 평가서**

출처: 김예리, 김경양, 박소민, 석민, 임지욱(2016), pp. 75-78.

6. 학교 구성원의 AAC 교육에 관한 인식 점검

학교에서 AAC 교육을 실행하기 위해서는 많은 사람의 합의가 전제되어야 한다. AAC 교육의 효과에 관한 과학적 검증과 높은 성과에도 불구하고 교육 현장에서의 실행은 아직 미흡하다. AAC 교육은 생활 전반에 걸쳐 지속적으로 이루어져야 하기 때문에 학교 구성원의 긍정적 기대감과 인식이 중요하다. 다음은 AAC 교육에 대해 가질 수 있는 궁금증과 그에 대한 설명이다.

Q1. AAC, 왜 지도해야 할까?

의사소통 행동은 인간이 상호작용을 하는 데 중요한 기술이며, 사회의 구성원 자격을 부여받는 열쇠일 뿐만 아니라 같은 문화 속의 사람들을 융화시키는 힘이기도 하다. 이러한 의미에서 학생의 의사소통 능력과 사회적 상호작용은 밀접한 관계가 있으며, 의사소통의 결함은 사회적 기술 발달에 부정적인 영향을 끼치게 된다. 그러므로 의사소통 능력이 미흡한 사람은 문화체계에 적응하지 못하여 소외되기 쉽고 점차 수동적이며 자기중심적인 행동양식을 나타내게 되며, 학습 면에서도 의존성이 높아진다.

장애학생은 신체, 언어, 인지 등의 여러 제한점으로 인해 다른 사람과 의사소통하는 기술을 습득하고 일반화하기가 어렵다. 조음기관의 운동장애로 인해 상대방의 말을 이해할 수는 있으나 말로 의사를 표현하지 못하는 학생도 있으며, 손의 장애로 인해 글을 쓰지 못하는 학생도 있다. 이들에게는 AAC를 활용한 의사소통 수단이 필요하다. 만일 장애로 인해 어린 시절에 의사소통 방법을 배우지 못한다면 인지 발달의 기회가 제한되며, 사회 정서적인 발달에도 영향을 받을 수 있다. 그러므로 의사소통의 어려움이 있는 모든 장애학생의 학교나 지역사회 통합을 위해서는 그들의 사고, 감정, 요구 등을 효과적으로 표현할 수 있도록 AAC 교육이 필요하다.

Q2. AAC 교육의 대상은 누구인가?

국내에서는 지체장애 학생을 중심으로 의사소통 지도의 중요성이 강조되기 시작하였으나, 점차 그 영역이 확대되어 모든 장애유형의 학생에게 적용하고 있다. AAC는 자발적인 발화나 구어 사용 능력이 부족한 모든 장애학생이 사용하는 의사소통 방법이다. 최근 특수학교에 재학 중인 학생의 경우 장애가 점차 중도, 중복화되어 감에 따라 시각중복장애 학생의 의사소통 방법으로도 효과성이 입증되고 있다.

Q3. AAC의 사용이 언어 발달을 저해하지 않는가?

AAC 교육은 말과 언어 발달을 촉진하기 위한 목적으로 실시한다. 그림이나 글자를 가지고 대화하면 언어 자극이 많아지고 자연적으로 언어를 발달시키는 기회를 얻게 된다. 이것은 언어치료를 하면 어휘 개념을 더 많이 습득하게 되는 것과 같다. 의사소통 지도는 구어 발달을 저해하지 않으며 오히려 의사소통 결과의 반복된 경험을 통해 구어를 사용한 의사소통 기술이 발달하게 된다.

Q4. AAC는 언제 시작해야 하는가?

가능한 조기에 시작하는 것이 바람직하다. 의사소통 교육의 시기는 매우 중요하다. 영유아기부터 12년간의 초 · 중 · 고등학교 기간에 무엇을 배웠는가에 따라 20대 이후의 삶 전체에 미치는 영향이 달라진다. 졸업 이후의 의미 있는 독립 생활을 위해서 의사소통 교육은 가능한 한 조기에 시작해야 한다.

Q5. AAC는 무엇으로 지도하나?

의사소통하기 위해 AAC 도구가 꼭 필요한 것은 아니다. 구어를 보완하거나 대신하여 사용할 수 있는 제일 나은 방법을 찾는 것이 중요하다. 제스처와 같은 비언어적인 방법을 사용할 수도 있고, 의사소통판이나 AAC 기기 등 다양한 도구를 사용할 수도 있다.

의사소통판이란 낱말, 글자, 숫자, 그림, PCS 등과 같은 상징과 코드로 구성하여 제작된 물리적 도구를 의미하며, 직접 제작하는 그림판과 도구를 말한다. 의사소통판은 전자 도구보다 비용이 저렴하고 제작이 용이하고 장애인의 필요와 요구에 따라 다양하게 접근할 수 있다는 장점 때문에 가장 보편적으로 사용한다. 의사소통 교육을 처음 시작하거나 몇 개의 어휘만 필요한 시기에는 제작과 휴대가 간편하고 이용이 편리한 단면 의사소통판이 효과적이다. 사용하는 어휘 수가 많을 때는 의사소통 책이나 다면 의사소통판 등 다양한 크기와 주제별로 제작하여 사용한다. AAC 기기는 컴퓨터 프로그램을 이용한 보조기구이며 학생의 특성과 기능을 고려하여 선택할 수 있다.

이러한 의사소통의 방법은 단순한 그림 지적하기에서 철자를 선택하여 글로 표현하는 체계에 이르기까지 다양하다. 또한 언어를 사용하여 말을 하기는 하나 발음이 부정확하여 다른 사람이 알아듣기 어려운 경우에는 말로 의사를 표현하는 것과 동시에 의사소통판이나 기기를 같이 사용하여 말을 보완하여 사용할 수 있다.

Q6. AAC는 어떻게 지도하나?

의사소통 방법을 지도할 때는 그 방법이 적절하면서도 사회적으로 유용하고 효과적인지를 고려한다. 다른 사람과 상호작용을 할 수 있도록 다양한 도구와 방법을 사용하지만 동시에 학생이 가지고 있는 고유한 의사소통 방법을 존중하여 지원한다. 학생의 의사소통 능력을 증진해 효과적으로 사용할 수 있도록 비언어적인 방법을 함께 사용할 것을 권장한다. 학생의 잔존 능력을 고려하되 머리 끄덕임으로 '예/아니요'를 표현하거나 의사전달을 위해 신체의 한 부분을 이용하는 신체 표현, 또는 지적하기 등의 방법을 사용할 수 있다.

Q7. AAC를 배우게 되면 무엇을 할 수 있나?

간단한 요구 사항부터 감정을 표현하는 등 자기의 의견을 명확하게 밝히는 자신감 있는 학생이 된다. 또한 편지나 카드 보내기 등 다른 사람과 관계를 유지하는 방법도 배울 수 있다. AAC는 교과 수업에 더 잘 참여하며, 학습 내용을 더 잘 이해할 수 있게 해 준다. AAC 교육은 학생을 주변인에서 주인공으로 만든다. 학교에서도 발표할 기회가 늘어나고, 집에 와서도 학교에서 있었던 일을 더 잘 표현하게 된다.

Q8. AAC 교육에서의 부모의 역할은 무엇인가?

장애학생의 성장과 발달에 있어서 부모의 중요성은 아무리 강조해도 지나치지 않다. 가족이 조기에 학생의 AAC 교육에 개입하면 상호작용을 촉진하며 발달에 긍정적 영향을 미칠 수 있다. 가족은 학생에 관한 많은 정보를 제공할 수 있고, 가장 근접한 곳에서 많은 시간 동안 의사소통하는 사람이다. 어머니를 포함한 가족은 일차적인 교육 실시자로서 교육계획에 가장 직접적으로 영향을 미칠 수 있으므로 가족과 협력하여 AAC 교육의 준비와 실행을 함께 해야 한다.

[참고 자료] 멀티미디어 그림책으로 중증 지적장애 학생의 읽기 능력을 향상시킬 수 있을까요?

■ 연구 제목

멀티미디어 활용 수정된 그림책 읽기 중재가 보완대체의사소통 사용 중증 지적장애 중학생의 읽기 능력과 자발적 표현에 미치는 효과

■ 연구 목적

보완대체의사소통을 사용하는 중증 지적장애 중학생을 대상으로 멀티미디어를 활용한 그림책 읽기 중재를 실시하여 대상 학생의 읽기 능력과 자발적 표현에 미치는 영향을 살펴보고자 함

■ 연구 참여자

• 일반 중학교 특수학급에 재학 중인 지적장애 남학생 1명

장애유형	• 지적장애(14세)
특성	• 자신이 아는 자모 지식과 일견단어를 활용하여 불분명한 발음으로 글자를 추측하여 읽음(예: 가방 → "가비?" "가브?" "가바?" "가방!") • 읽기 과제를 제시하면 회피하거나 울음을 터트림

■ 연구 설계

행동 간 중다 간헐 기초선 설계

■ 중재

• 직접교수법을 이용하여 읽기 유창성, 사실 이해력, 추론 이해력 중재를 실시함

단계	내용
안내	• 읽어야 될 책에 대해 소개하고, 책의 내용과 관련된 배경 지식을 묻거나 얘기를 나누며 동기를 유발하는 데 중점을 둠
시범보이기	• 파워포인트로 제작한 수정된 책을 읽는 모습을 보여 주고, 사실 이해 또는 추론 이해를 묻는 질문에 답하는 모습을 시범으로 보여 줌
안내된 연습	• 연구자의 도움으로 학생이 유창하게 읽거나, 사실 이해나 추론 이해의 질문에 답하도록 연습함
독립적 연습	• 학생이 스스로 파워포인트로 제작한 수정된 책을 넘기며 읽기 연습을 하거나 연구자의 질문에 스스로 답변해 보는 시간을 가짐 • 이 과정에서 교정된 피드백이 함께 이루어짐
평가	• 중재의 반복 연습 효과를 배제하기 위해 중재 시간이 아닌 하교 전에 5~10분 정도 수행함

• 중재 유형별 세부 내용

중재유형	내용
읽기 유창성	파워포인트로 제작한 수정된 그림책을 의사소통판과 세이펜으로 읽음
사실 이해력	그림책 내용에 대한 질문에 학생이 의사소통판과 세이펜으로 대답함
추론 이해력	그림책의 상황과 어울리는 등장인물의 감정, 사건의 원인과 결과, 그림책 관련 가상 상황에 대한 질문에 학생이 그림상징을 보면서 의사소통판과 세이펜으로 대답하도록 함

■ 중재 도구

• 보완대체의사소통 도구

교수 자료	내용
세이펜	• 오디오렉 스티커를 지적하면 고성능 센서가 언어를 검색하여 소리로 들려주는 도구
그림상징	• 한스피크 상징을 주로 사용하고, 상징이 없는 경우 마이토키 및 나의 AAC 앱 상징을 사용함
의사소통판	• 60×35cm 크기의 융판에 그림상징을 붙여 판을 제작하고, 각 그림상징에는 오디오렉 스티커를 붙인 뒤 음성을 녹음하여 세이펜이 해당 글자를 읽을 수 있도록 함 • 품사별로 색깔을 다르게 하여 배치함(예: 명사-분홍색, 형용사-노란색 등) • 중재에 필요한 반응 촉진용 그림상징의 경우 뒤편에 3M 테이프를 부착하여 컴퓨터 모니터의 파워포인트 그림책 화면에 탈부착할 수 있도록 함

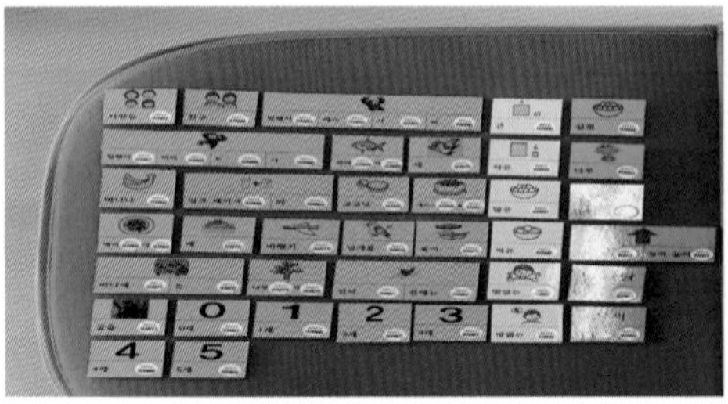

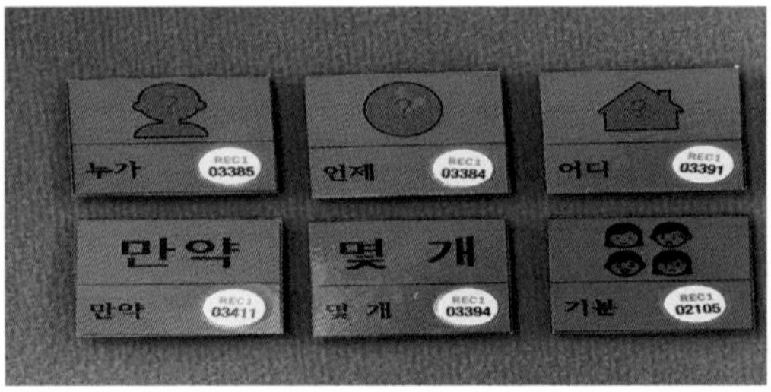

• 그림책

–학생의 이해 수준과 흥미를 고려하여 총 5권의 그림책을 선정하고, 파워포인트를 사용하여 제작함

–파워포인트의 각 슬라이드마다 삽화, 삽화에 해당하는 문장 1~2개 및 애니메이션 효과를 넣고, 아랫부분에 '이전'과 '다음' 화살표를 넣어 마우스로 클릭하여 페이지를 넘기도록 함

수정 전

수정 후

■ 연구 결과

중재를 통해 대상 학생의 읽기 유창성, 사실 이해력, 추론 이해력이 향상되었으며, 학생이 자신의 생각이나 감정을 자발적으로 표현하는 빈도가 증가함

■ 연구 의의

본 연구는 중증 지적장애 중학생을 위한 멀티미디어 활용 그림책 읽기 중재에 대한 다양한 정보를 제공한다는 점에서 의의를 가짐

■ 출처

정예설, 한경임(2021). 멀티미디어 활용 수정된 그림책 읽기 중재가 보완대체의사소통 사용 중증 지적장애 중학생의 읽기 능력과 자발적 표현에 미치는 효과. **특수아동교육연구**, 23(2), 49-75.

[참고 자료] VSD 앱으로 자폐범주성장애 학생의 수업참여도와 의사소통 행동을 향상시킬 수 있을까요?

■ 연구 제목

VSD를 활용한 협력적 팀 중심의 AAC 중재가 자폐범주성장애 초등학생의 통합학급 수업참여도 및 의사소통 행동에 미치는 영향

■ 연구 목적

자폐범주성장애 초등학생을 대상으로 VSD를 활용한 협력적 팀 중심의 AAC 중재를 실시하여 대상 학생의 통합학급 수업참여도 및 의사소통 행동에 미치는 영향을 살펴보고자 함

■ 연구 참여자

- 일반 초등학교 4학년에 재학 중인 언어장애 학생 1명

장애유형	• 언어장애(만 10세 7개월)
특성	• 초등학교 3학년 때부터 '손담'을 배우기 시작하여 현재는 '화장실' '다 했어요' '산책' '주세요' 등 10개 이하의 어휘를 손담으로 표현할 수 있음 • 통합학급 수업에서 학업 내용의 어려움으로 인해 과제이탈이나 부적절한 자세, 부적절한 소리를 내는 행동을 보임

■ 중재

장소	중재자	내용
가정	특수교사, 어머니	• 급식 메뉴에 대해 묻고 답하기 • 학교에서 한 특별활동에 대해 이야기하기
특수학급	특수교사	• 적용 단원: 기본교육과정 수학 4학년 2학기 6단원 '일과 시간 (2)' –사진의 핫스팟을 눌러 보며 아침, 점심, 저녁 활동을 구분하는 연습 –일과 사진을 아침, 점심, 저녁 활동으로 구분하여 알맞은 칸에 붙여 하루 일과표 만들기 –AAC를 사용하여 주말에 있었던 일 이야기 나누기 –VSD판에 적힌 문장을 일기장과 활동지에 따라 쓰기
통합학급	특수교사, 통합교사	• 적용 단원: 4학년 2학기 과학 4단원 '화산과 지진' –각 차시의 핵심어휘('화산재' '용암' 등) 학습하기 –실험에 사용되는 도구의 이름 학습하기 –AAC를 사용해서 발표하기

가정에서의 VSD 적용 예시

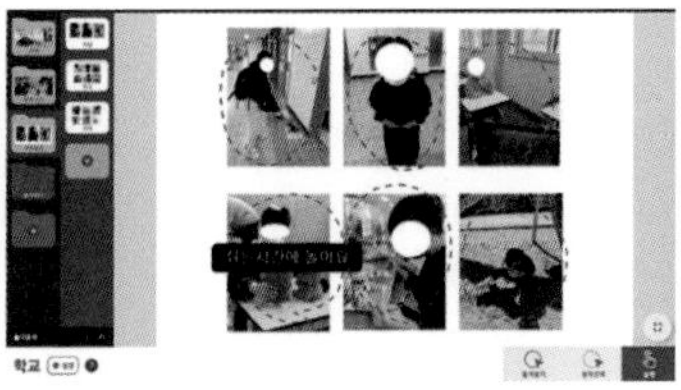

특수학급에서의 VSD 적용 예시

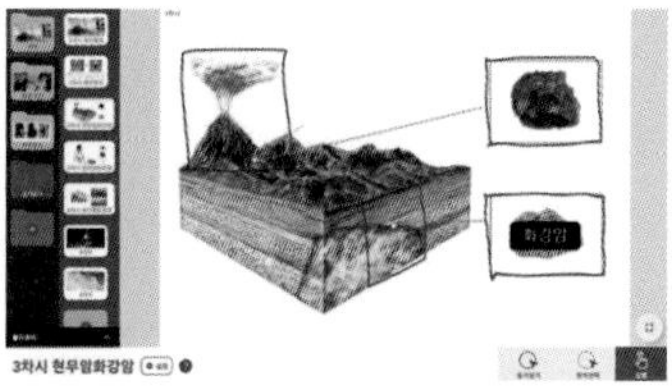

통합학급에서의 VSD 적용 예시

■ 중재 도구

• 커뮤니샷

–서울시장애인의사소통권리증진센터에서 개발한 VSD 앱

–사진을 업로드하여 핫스팟을 설정하고 단어 또는 문장을 입력하면 핫스팟을 눌렀을 때 해당 단어 또는 문장이 글자와 음성 메시지로 산출됨

■ 연구 결과

• 수업참여도에서 바람직한 수업행동이 증가하고, 부적절한 수업행동이 감소하였음

• 대상 학생의 의사소통에 대한 즐거움, 문제행동 감소, 자발적 참여 증가, 의사소통 의도를 가진 행동과 자발화 증가, 표현 가능한 어휘 증가 등의 긍정적인 변화가 나타났음

■ 연구 의의

본 연구는 VSD를 AAC 중재에 활용한 첫 국내 연구로, VSD를 통해 학생이 다양한 상대방과 다양한 환경에서 의사소통을 할 수 있게 되었다는 점에서 의의를 가짐

■ 출처

김지민, 김주성, 이영선, 박은혜(2023). VSD를 활용한 협력적 팀 중심의 AAC 중재가 자폐 범주성 장애 초등학생의 통합학급 수업참여도 및 의사소통 행동에 미치는 영향. **학습자중심교과교육연구**, 23(18), 211-227.

7장

통합교육에서의 AAC 활용

보완대체의사소통

학교에서 AAC를 시작한다는 것은 단순히 AAC를 사용하는 학생에게 AAC를 가르치는 일에만 국한되는 것이 아니다. 3장에서 설명한 Beukelman과 Mirenda(2013)의 참여 모델에서 말하는 기회 장벽(opportunity barrier)을 낮추는 일이 함께 이루어져야 한다. 특히 통합교육 환경은 특수학교와 달리 비장애 또래와 일반교사가 있고, 특수학급 외에도 통합학급에서의 수업 및 교내 활동시간과 같이 다양한 의사소통 환경과 요구가 있는 곳이다. AAC를 사용하는 학생이 이러한 의사소통 기회와 학교 활동에 의미 있게 참여하기 위해서는 관련된 사람들의 협력을 통한 의사소통 지원이 필요하다.

국내에서는 아직까지 특수학교를 중심으로 AAC가 많이 활용되고 있지만 해외에서는 문헌과 교육 현장의 실제에서 모두 통합교육 현장에서의 AAC 활용을 강조하고 있다. 이는 궁극적으로 장애학생이 비장애인과 통합된 사회에서 생활할 것을 가정하기 때문이기도 하며, 동시에 자연스러운 의사소통의 모델과 대화상대자가 되는 비장애 또래들이 있는 통합교육 환경이 AAC를 사용하는 장애학생의 의사소통 발달에 도움이 되기 때문이다.

하지만 단순한 물리적 통합이 통합교육의 질적인 면을 보장하지 않는 것과 마찬가지로, AAC 사용학생이 통합교육 현장에서 잘 적응하고 진정한 의사소통적 성과를 성취하기 위해서는 체계적인 계획과 실행이 요구된다. 또한 의사소통이 교육의 기초임을 생각하면 의사소통의 어려움이 있는 장애아동이 AAC를 통해 의사소통 능력을 키우는 것은 성공적 통합교육의 매우 중요한 요소임을 알 수 있다.

AAC 상징을 사용하여 교실 환경을 구성하고, 학교생활 전반에 활용하는 것은 AAC에 대한 보편적인 인식을 강화하고 접근성을 높이는 방법이 될 수 있다. 국내외에서 일반교육과정 접근을 위하여 AAC를 활용한 연구들을 분석한 결과, 국내외 모두 지적장애 및 자폐성장애 초등학생들을 대상으로 하이테크 및 앱을 활용한 중재가 많이 이루어졌으며 IEP와 교육과정에 AAC를 적용하는 노력은 국외 연구에서 주로 이루어진 것으로 나타났다(정소영 외, 2022). 이 장에서는 통합교육 환경에서 AAC 활용을 위한 관련인들의 인식 개선에 대해 살펴보고, 학교 내에서 AAC 적용 범위와 방법에 대하여 교과학습에서의 적용과 사회성 및 의사소통 지원으로서의 적용으로 나누어 설명하였다.

1. AAC에 대한 인식 개선

AAC를 사용하는 학생이 학교에서 수용되고 참여하기 위해서는 학교 차원에서 AAC를 이해하고 수용하는 문화가 조성되는 것이 중요하다. 대화의 상대방이 되는 또래나 통합학급 교사들이 AAC에 대한 올바른 인식을 갖도록 하는 것이 중요한 이유이다. 아직 AAC에 대한 지식이 보편화되지 않았기 때문에 점자나 수어와 같이 장애학생의 자연스러운 의사소통 수단으로 받아들이기보다는 낯설게 느끼거나 어떻게 대해야 할지 잘 모를 수 있다. 특수교사 또는 언어재활사는 통합학급 교사 및 학교의 모든 구성원들이 장애학생의 의사소통 특성과 대안적 의사소통 방법에 대해서 올바로 이해할 수 있도록 노력해야 한다.

한편 특수학교에 비해 특수학급 교사 또는 통합학급 교사들은 AAC에 대한 인식이 부족하기 쉽다. 특수학교의 중도장애 학생만 AAC를 사용하는 것으로 오해하거나 아예 AAC에 대해 알지 못할 수도 있으며, 구어 발달을 저해할 수 있다는 잘못된 인식을 가질 수도 있다. 하지만 외국과 마찬가지로 국내에서도 통합교육 환경에서의 AAC 적용이 확대되고 의미 있는 성과가 보고되고 있으므로(강현수, 2022a, b; 김경양 외, 2015; 정소영 외, 2022), 특수학급 교사들 역시 AAC에 대한 올바른 인식과 전문성을 필요로 한다. 장애학생 통합 경험이 있는 초등학교 교사들을 대상으로 조사한 한 연구에 의하면, 많은 교사들이 장애학생과의 의사소통의 어려움을 경험하고 있으며, 구어 의사소통 능력이 부족할 경우 더욱 어렵고 학교 내 여러 활동과 관련한 의사소통 지원이 필요하다고 보고하였다(정소영, 박은혜, 2023). 이는 장애학생 통합교육 지원의 중요한 한 영역이 의사소통 지원이며, 구체적으로 학생의 의사소통 기능이나 행동에 대한 지원이 요구되므로 AAC가 그 방법이 될 수 있음을 보여 준다.

1) 특수학급 교사

학생이 AAC를 교육 및 학교생활에 활용하도록 하려면 먼저 교사가 AAC의 활용에 익숙해야 한다. AAC를 활용하는 것은 다른 교육 방법을 사용하는 것과 같이 별도의 시간과 노력이 필요하며 학교생활 전반에서 AAC를 어떻게 활용하도록 할지 계획을 수립하는 것이 필요하다. 또한 AAC를 학생에게 지도할 때는 기능적인 교육과정과 함께 교육할 필요가 있으며 학습과 사회적 상호작용에 참여할 기회를 제공하도록 노력해야 한다(Singer-MacNair, 2017). 그러므로 AAC를 특수학급 및 통합학급에 적용하기 위해서는 특수학급 교사가 AAC에 대한 긍정적 인식과 충분한 지식을 갖추고, 촉진자가 되어 AAC를 활용할 수 있도록 돕는 것이 중요하다.

특수교사는 AAC가 필요한 학생을 파악하고 적절한 AAC 체계를 준비해 주어야 하며, 대안적 의사소통 방법을 활용하는 것이 학생의 의사소통 및 학업과 사회적 관계 전반에 긍정적 영향을 미친다는 점을 분명하게 이해해야 한다. 그렇지 않으면 AAC 활용을 위해 적극적인 노력을 하지 않거나, 노력을 하더라도 적합하지 못한 방법으로 하게 될 수도 있다.

특수학급 교사는 특수학급에서 AAC를 적용하는 것뿐 아니라 통합학급과 학교생활 전반에서 AAC를 일관성 있게 사용할 수 있도록 지원하는 역할을 해야 한다. 장애학생이 어떤 의사소통 방법을 사용하며, 학급 수업에서 어떻게 이러한 의사소통 방법을 활용하여 참여하도록 기회를 주고 교사가 어떻게 학생의 의사소통 시도에 반응해야 하는지, 또래와의 상호작용을 어떻게 촉진할 수 있는지 등에 대하여 통합학급 교사에게 안내하고 지원하는 특수교사의 역할이 중요하다.

2) 통합교사 및 지원인력

통합학급 교사와 지원인력이 학생이 왜 AAC를 사용하는지 정확히 이해하는 것은 매우 중요하다. 시력 교정을 위해 안경을 쓰거나 보행을 위해 휠체어를 사용하는 것과 같이 의사소통이 어려운 경우에 AAC를 사용하여 지원하며 이것을 도와주고 활용하는 것이 통합학급 교사와 지원인력의 역할임을 인식할 때 AAC 활용에 대한 긍정적 태도가 형성될 수 있다. 이들이 대상 학생의 AAC 활용에 대하여 알아야 할 것은 다음과 같다(임장현, 박은혜, 2011; 이세인 외, 2022).

(1) AAC에 대한 기본적 이해와 대상 학생이 사용하는 AAC 체계 사용 방법

AAC 개념과 사용 목적 등의 기본적인 내용을 이해한 후, 대상 학생이 사용하는 AAC 체계의 사용 방법을 습득한다. 예를 들어, 의사소통 앱을 사용하는 경우 교사나 지원인력이 사용 방법을 알고 있을 때 학생이 앱을 사용하며 어려움을 겪을 때 도와줄 수 있으며, 학생의 의사소통 시도를 잘 이해할 수 있다. 이는 로우테크 의사소통 방법을 사용할 때도 마찬가지이다.

(2) 의사소통 기회 제공 방법

교사로서 또는 지원인력으로서 장애아동에게 수업과 일상생활 안에서 어떻게 의사소통 기회를 만들어 줄 수 있는지 알고 이를 실행하는 것이 필요하다. 의사소통이 어려운 장애학생을 배려하기 위하여 지원인력이 대신 대답하거나, 장애학생이 학습활동에 참여하지 않아도 되도록 하거나 또래에게 대신하도록 하는 등의 조치를 하는 경우가 종종 있지만, 이는 학생의 의사소통 능력 증진에 도움이 되지 않는다. 적극적으로 수업 시간 중에 대답할 기회를 만들어 주고 이에 답할 수 있는 상징을 AAC 체계에 미리 준비해 두는 노력이 필요하다. 이렇게 의사소통 기회를 제공하는 노력은 일시적이 아니라 꾸준히 이루어져야 성과를 볼 수 있다.

(3) AAC 모델링, 응답 기다리기 등 대화기술

학생의 의사소통 행동을 잘 파악하고 일관성 있게 반응해야 하며, 또한 AAC 사용을 직접 모델링하거나 학생의 반응이 즉각적이지 않을 수 있음을 알고 응답을 기다려 주는 것도 중요하다.

3) 또래학생

일반학급에서 AAC 사용은 다른 또래학생들에게 신기한 일로 보일 수 있다. 이때 중요한 것은 특별한 기기를 사용하는 것에 흥미를 느끼는 수준에 머무르지 말고, AAC 사용자들이 교육과정에 참여하고 또래와 상호작용할 수 있도록 해야 한다는 것이다. 이를 위해서 일반학급에 소속된 학생들에게 AAC의 역할이나 필요성을 인식시키는 것이 중요하며, 학생들의 인식 개선을 위해서는 교사의 노력이 필요하다.

일반학급의 또래학생들은 AAC 사용자의 의사소통과 상호작용에 큰 역할을 할 수 있기 때문에 AAC 사용에 대해서 계획적이고 체계적으로 접근할 필요가 있다. 개별화교육 지원팀은 또래지원을 계획할 때 학습과 상호작용을 촉진하는 데 효과적이고 교실에서 실현 가능한 방법을 포함하도록 한다. 다음은 AAC 사용자가 통합된 학급에서 또래학생들에게 AAC를 이해시키기 위한 전략이다. 이러한 또래 중재를 통해 AAC 사용자의 사회적 능력을 증진할 수 있다(King & Fahsl, 2012).

〈표 7-1〉 **비장애 또래학생의 AAC 이해를 돕기 위한 전략의 예**

다양한 방식의 의사소통에 대한 지식 확대	1. 사람들이 이야기하는 것을 관찰하고 의사소통의 형태(예: 제스처, 구어, 손짓기호, 음성출력 의사소통 도구, 사진, 시선, 몸짓, 얼굴표정, 글자판)를 기록하기 2. 음소거된 TV 클립을 시청하고 사용된 의사소통 방식 식별하기, 어떤 내용에 대한 것인지 토론하기 3. 외국어로 말하는 사람의 비디오 영상을 보고 비구어적 의사소통을 통해 어떤 내용일지 의미를 유추해 보기
AAC 체계에 대한 지식 증대	1. 다양한 AAC 체계를 직접 체험해 보기 2. AAC 회사의 카달로그나 구글 이미지 검색을 통해 그림이 있는 포토 앨범이나 스크랩북 개발하기 3. AAC를 사용하는 학생이 자신의 AAC를 학급에 소개하기 4. 다양한 형태의 AAC와 보조기술을 강조하는 비디오(예: 유튜브) 보기
AAC 의사소통의 장벽 이해하기	1. AAC를 사용하는 사람들에 대한 책을 읽고 토론하기 2. 구어를 사용하지 않는 역할극을 해 보고 어려움에 대해 토론하기 3. 실생활, 비디오, 역할극에서 의사소통 단절(communication breakdowns)을 알아보고, 그러한 단절이 일어난 이유, 결과, 바로잡기에 대해 토론하기 4. 학생들이 비언어적 의사소통을 통해 의견을 표현하고 질문을 해야 하는, 말을 하지 않는 수업 시간을 갖고 어려움과 도전에 대해 토론하기

출처: King & Fahsl(2012)에서 일부 수정 발췌.

앞의 접근에서 나타난 것처럼, 단순히 AAC에 대해 설명하는 것보다 ① 의사소통의 다양한 방법에 대해 인식하도록 하고, ② 구어를 사용하지 못할 때의 어려움을 경험하며, ③ 장애 친구의 의사소통 어려움을 공감하도록 지도하는 것도 중요하다. 또한 AAC에 대한 구체적인 지식과 사용 경험을 통해 단순히 AAC에 대해 긍정적인 인식을 갖는 것을 넘어서 장애 친구가 사용하는 AAC를 함께 사용할 수 있는 의사소통 파트너가 될 수 있도록 한다.

다음은 유치원/어린이집 및 초등학교에서 비장애아동들에게 AAC 적용에 대한 또래 훈련 내용이다(민경심, 임장현, 2019; 이명희, 박은혜, 2006; 임장현, 박은혜, 2011; 이세인 외, 2022).

• AAC에 대한 기초지식
 –의사소통의 어려움에 대한 이해: 구어로 의사소통하는 것이 힘들 때의 어려움을 이해하도록 한다. 이는 AAC 사용의 필요성에 대한 이해를 촉진한다.
 –AAC의 개념: 장애학생의 의사소통 특성과 연관 지어서 설명함으로써, 추상적인 개념이 아니라 실제적인 이해가 될 수 있도록 유의한다(예: 구어가 아닌 상징체계의 사용, 직접 선택하기나 스캐닝, 아이트래커 사용 등).

• 또래 친구의 역할 및 대화할 때의 유의사항
 –AAC 도구가 장애 친구의 의사소통을 위해 중요한 것이며 친구의 소유물임을 이해하고 함부로 터치하거나 장난감처럼 생각하지 않도록 강조한다.
 –장애학생의 의사소통 특성에 맞도록 대화상대자로서 어떻게 행동해야 하는지 구체적으로 알려 준다. 신체적인 이유나 지적인 이유로 AAC 상징을 선택하는 데 시간이 걸리는 장애학생을 이해하고 충분히 기다려 주고(기다리기), 선택한 AAC 메시지를 말로 확인하여(메시지 확인하기) 소통이 정확히 되도록 한다. 예를 들어, 통합된 중도 뇌성마비 유아를 위해 또래 훈련을 한 이명희와 박은혜(2006) 연구에서는 움직임이 느린 장애유아를 기다려 주도록 하기 위해 "하나, 둘, 셋, 넷, 다섯"까지 세도록 하여 유아들의 수준에 맞게 기다리기를 교육하였으며, 장애아동이 자발적 의사소통이 부족함을 고려하여 또래가 먼저 질문하도록 교수하였다. 의사소통에서의 차례 주고받기도 또래 친구가 이해하고 실행하면 장애학생의 의사소통 발달에 도움을 줄 수 있다.
 –또래학생의 연령에 따라 장애학생의 AAC 도구 사용을 도와줄 수도 있다. 로우테크 의사소통판의 페이지를 넘겨 주거나, 반응이 느리거나 부족한 장애학생의 경우 AAC 사용을 구두로 또는 직접 모델을 보여 주며 촉진할 수 있다. AAC 도구를 꺼내거나 켜는 등 조작적인 면을 도와줄 수도 있다.

민경심과 임장현(2019)은 비장애 또래 초등학생에게 이러한 AAC 이해교육을 활동중심의 6차시 프로그램으로 구성하여 실행하였다. 1, 2차시에서는 의사소통장애에 대한 이해를 할 수 있도록 하고, 3~6차시는 소집단으로 직접 활동을 하면서 몸이나 제스처로 표현하기, 로우테크 및 하이테크 활용 대화하기 등을 통해 AAC의 핵심요소를 체득하도록 하였다. 유아들을 대상으로는 교사의 모델링을 통한 교수 후 소그룹 역할놀이를 통해 직접 사용해 보도록 하였다(이명희, 박은혜, 2006; 이세인 외, 2022).

4) 그 외 학교 구성원

통합학급 교사 외에도 중·고등학교의 경우 여러 교과담당 교사들과 사서교사, 영양교사, 보건교사 및 행정실 직원 등 다양한 학교 구성원들이 모두 AAC에 대해서 기본적인 지식(AAC가 무엇인지, 왜 필요한 것인지 등)과 긍정적인 태도를 가지는 것이 학생의 성공적인 AAC 사용을 위해 중요하다. 수어나 점자와 달리 익숙하지 않은 개념이기 때문에 AAC를 학생의 의사소통 수단으로 자연스럽게 받아들일 수 있도록 설명하고, 긍정적인 사례들을 소개함으로써 해당 학교의 장애학생이 사용하는 AAC도 그러한 좋은 결과를 가져올 수 있음을 알 수 있게 한다.

실제 재학생이 사용하는 AAC의 사용 방법과 학생이 AAC를 사용하여 의사소통할 때 어떻게 적절하게 반응해 주면 되는지를 간단하지만 구체적으로 설명하여, 학교의 구성원들이 일관성 있게 장애학생의 AAC 사용에 반응할 수 있도록 하는 것이 중요하다. 좋은 마음이 있더라도 장애학생의 의사소통 방법에 대하여 잘 모르면 상호작용을 피하거나 부적절하게 반응할 수 있기 때문에 이와 같이 통합학급 교사나 특수교사 이외의 모든 학교 구성원들에게도 AAC에 대한 기초적인 인식 개선 노력을 할 필요가 있다.

5) 물리적 환경 구성

게시판이나 규칙 안내, 시간표 같은 시각적 표현은 학교에서 자주 쓰이는 환경 구성 방법이다. 이러한 시각적 환경 구성은 학교에서 생활하는 모든 사람에게 학교 규칙이나 안내에 대한 접근을 수월하게 한다. AAC 상징은 모든 학생에 대한 보편적 지원으로서 시각적 환경 구성뿐만 아니라 개별적 지원으로써 학교생활 전반에 긍정적 영향을 미칠 수 있다.

교실은 학생들이 언제 어디서 무엇을 해야 하는지에 대한 안내로 가득 차 있다. AAC 상징은 이러한 안내의 한 방법으로 고려해 볼 수 있는 유용한 시각적 장치이다. 또한 교실 내 다양한 학습자를 포용할 수 있는 중요한 학습자료의 역할을 할 수 있다.

(1) 그림상징을 통한 물리적 환경 바꾸기

학교에 처음 온 1학년 학생이라면 낯선 학교에서 내 교실을 찾는 것은 첫 번째 겪는 어려움이 될 것이다. 글을 읽지 못한다면 어려움은 더 커질 수 있다. 어렵게 교실에 들어왔다 하더라도 처음 보는 시간표, 내 책상의 위치, 낯선 교실에서 사용해 보지 않은 물건들을 파악하느라 잔뜩 긴장할 수 있다. 이럴 때 책상 위에 자신의 이름이 크게 적혀 있거나 자신의 사진이 있다면 내가 찾아가야 할 위치를 금방 알아차릴 수 있다. 이는 특수학급뿐 아니라 통합학급에도 적용된다. AAC 상징을 사용한 다양한 시각적 보완자료는 낯선 곳에 대한 적응을 쉽게 할 수 있는 방법이 될 수 있다.

먼저, AAC 상징을 활용해서 교실 환경 및 학교의 물리적 환경을 꾸밀 수 있다. 학기 초가 되면 기본적으로 교실에 꾸며지는 시간표, 일과 스케줄에 AAC 상징을 사용할 수 있고, 중요한 교실의 설비나 기구의 위치에 AAC 상징을 붙여 환경을 구조화할 수 있다(Waugh et al., 2007).

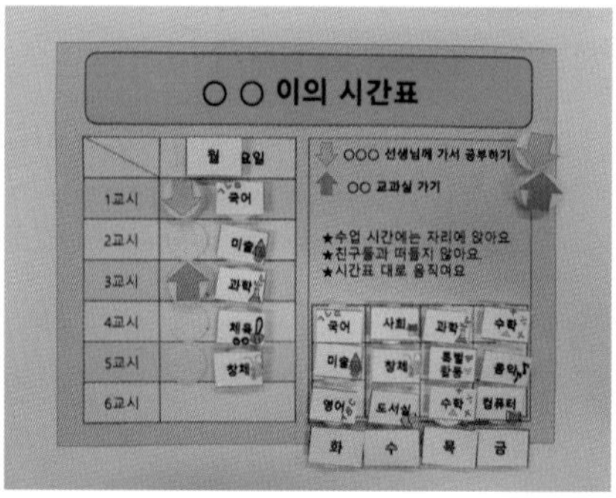

AAC를 활용한 시간표

교과실 시각화

간단한 학급 규칙 제시

[그림 7-1] AAC 상징을 활용한 물리적 환경 구성의 예

두 번째로, AAC 상징을 활용하여 일과나 학급 규칙을 쉽게 전달할 수 있다. 시간표에 따라 특수학급과 통합학급을 오가야 하는 특수교육 대상 학생에게 시간에 따라 이동할 곳을 교육하는 것은 무척 중요한 일이다. 이럴 때 책상 상단 한쪽에 그림상징을 통한 시각적 시간표를 통해 시간표와 이동해야 하는 교실을 쉽게 안내할 수 있다. 또한 학급에서 꾸준히 지켜야 할 학급 규칙과 안내 사항에 AAC 상징을 사용하면 특수교육대상자뿐 아니라 교실 내 다양한 학습자에게 쉽게 설명할 수 있다. 이러한 방법은 특수교육 대상 학생을 특별히 대하지 않으면서 학기 초 교실 적응을 도울 수 있는 방법이다.

세 번째로, 교실의 중요한 시설이나 설비에 AAC 그림상징을 부착하여 교실이나 교과실, 체육관을 구조화할 수 있다. AAC 상징을 통해서 학습공간과 놀이공간, 독서공간을 구분하여 안내할 수 있고, 주요 교과실에 그림상징을 붙임으로써 교실의 역할을 명확히 알릴 수 있다. 또한 체육관의 중요한 설비와 기구에 AAC 상징을 붙이면 설

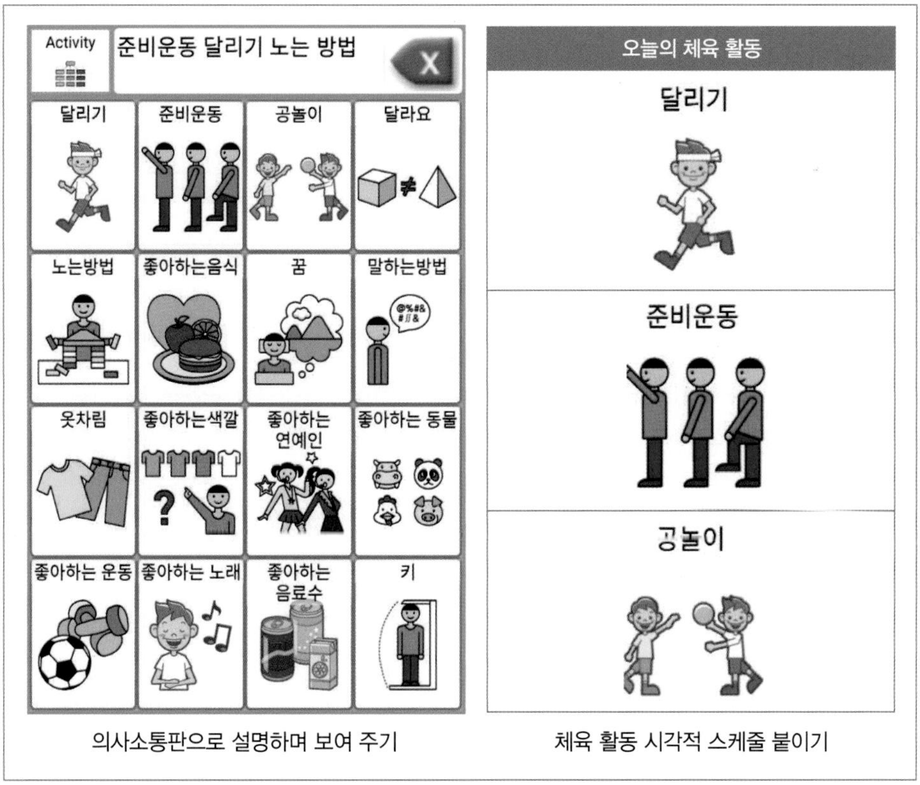

[그림 7-2] **체육 수업에서의 AAC 활용 예**

비나 기구 위치를 보다 쉽게 알릴 수 있고, 하루 체육 활동 스케줄을 상징으로 제시하면 학생들이 체육 시간에 이루어지는 활동들의 순서를 쉽게 이해할 수 있다(Fittipaldi-Wert & Mowling, 2009). 이러한 노력은 장애학생뿐 아니라 일반학생에게도 유용한 보편적 설계로서 AAC를 사용하는 첫걸음이 된다.

2. 교과학습에서의 활용

AAC는 특수교육 대상 학생의 특수학급 및 통합학급 교수 지원 자료로 활용할 수 있다(김경양 외, 2014; 임지현 외, 2014; 정소영, 박은혜, 2018). AAC는 교육과정 수정을 보완하는 자료로 사용되어 통합학급 수업에 참여하는 특수교육 대상 학생들에게 도움이 될 수 있으며, 또한 어려운 학습 내용을 이해하고, 참여하기 위한 보조자료로 활용될 수 있다. 예를 들면, 의사소통판 또는 기기를 활용하여 수업 내용을 쉽게 전달하고, 핵심 내용에 대해 알 수 있도록 할 수 있다. AAC 상징을 활용하여 수준별 학습지를 다양하게 구성하면서 일반학생들에게도 선택권을 준다면 교실 내 다양한 학습자도 포용할 수 있다(정소영, 박은혜, 2018). 이러한 방법을 사용하면 특수교육 대상 학생들이 자신만 특별한 것을 한다는 생각에서 벗어날 수 있고 교사는 특수교육 대상자와 함께 다양한 학습자를 포용하게 되어 포괄적인 학습환경을 구성할 수 있게 된다.

학생이 사용하는 AAC 체계를 특수학급과 통합학급 모두에서 보편적 학습설계의 요소로 사용하여 교과학습을 지원하는 것이 여러 문헌(정소영, 박은혜, 2018; Beukelman & Mirenda, 2013; Robinson & Soto, 2013)에서 보고되고 있다(8장 참조).

1) 수업 이해를 돕는 자료

수업 내용을 설명하는 시각적 자료를 사용하는 일은 교육 현장에서 흔히 볼 수 있다. 다양한 AAC 상징 및 도구를 이러한 목적으로 잘 활용할 수 있다. 음성출력 의사소통 도구에 수업 내용의 설명을 담아서 제시할 수도 있으며, 글자로만 되어 있는 학습자료에 그림상징 이미지를 추가하여 제시하는 것도 수업 내용을 장애학생이 이해하는 데 도움이 된다. 특수학급뿐 아니라 통합학급의 수업에서도 학생이 사용하는 AAC 도구나 상징을 사용하여 이와 같이 수업 자료를 보완할 수 있다.

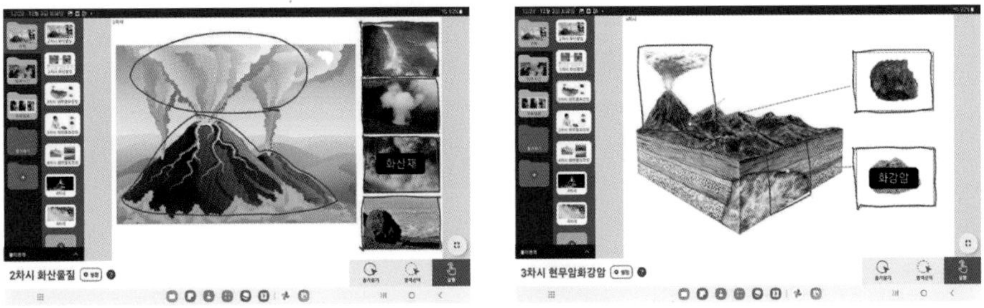

2차시의 핵심어휘인 '용암' '화산재' 등을 학습하도록 함

3차시의 핵심어휘인 '현무암' '화강암' 등을 학습하도록 함

[그림 7-3] **내용 이해를 위한 AAC 활용의 예**

출처: 김지민 외(2023).

2) 수업 참여 및 발표를 돕는 의사소통판

수업에 참여하기 위해서는 수업 시간에 학생에게 요구되는 것이 무엇인지 분석해야 한다. 수업 내용에 대한 질문에 답하는 것이 필요한 수업이라면 핵심적인 수업 내용에 대한 상징들이 준비되어야 할 것이다. 또한 수동적인 대답하기만이 아니라 질문하기와 같이 능동적인 수업 참여를 위한 상징도 포함되어야 한다.

a) 대답하기

b) 질문하기

c) 발표하기

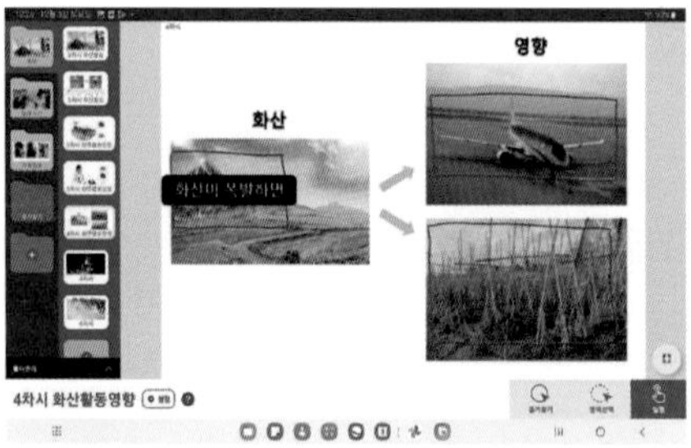

화산활동의 영향에 대해 발표할 수 있도록 함

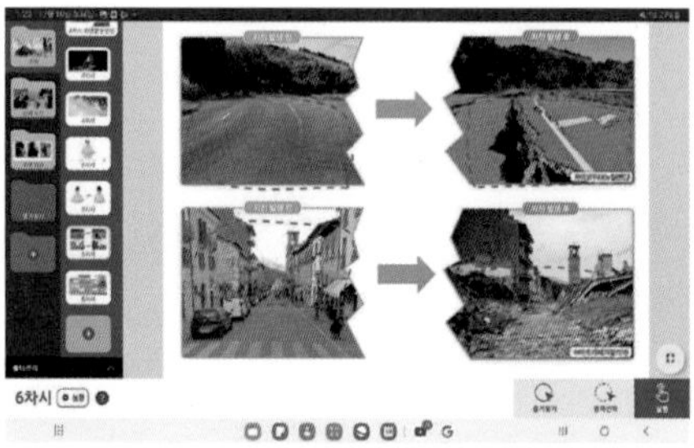

지진이 발생하면 일어나는 일을 발표할 수 있도록 함

d) 발표하기

교과	통합교과 1 (학교 1)		
활동	우리는 친구	차시	12/12
본시 학습목표	일반교육과정	■ 친구와 사이좋게 지낼 수 있는 방법을 실천할 수 있다.	
	수정된 교육과정	■ 친구와 사이좋게 지낼 수 있는 방법과 관련된 어휘/상징을 AAC에서 선택할 수 있다.	

1) 나와 가장 친한 친구 이야기하기

2) 친구와 경험 이야기하기

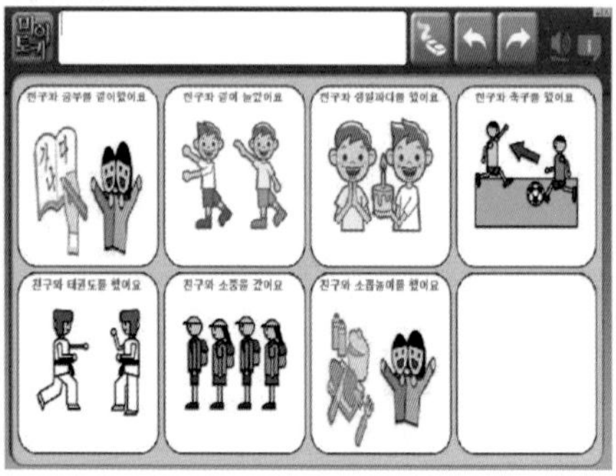

[그림 7-4] **수업 참여 및 발표를 돕는 AAC 활용의 예**
(일반학급 교육과정을 수정하여 관련 활동을 의사소통판으로 제시)

출처: 김지민 외(2023), 김경양 외(2014).

3) 학습 성과 평가

수업 내용을 이해했는지 평가하는 비공식적인 구두 질문이나 퀴즈, 또는 공식적인 지필시험 모두 의사소통의 어려움이 있는 장애학생에게는 조정이 필요하다. 이때 학생이 수업 참여를 위해 사용하는 AAC를 평가에 활용할 수 있다. 글씨를 아는 장애학생의 경우에는 미리 답안 선택지들을 객관식으로 넣어 두고 학생이 가능한 접근 방식으로 답을 선택하도록 할 수 있으며, 보다 단순하게 그림상징을 짚어서 이해도를 나타낼 수 있도록 준비해 줄 수도 있다.

이와 같이 수업 이해, 수업 참여 및 평가를 위해서 AAC를 활용하는 것은 통합학급에만 해당되는 것은 아니며, 특수학급이나 특수학교 모두 장애학생의 특성이나 교육과정의 성격이 다르지만 기본 원리는 동일하게 적용된다. 그러나 통합학급의 장애학생의 경우에는 비장애 또래학생들과의 차이가 크고 특수교사의 지원이 닿기 어려울 수 있기 때문에 자칫 이러한 보편적 학습설계의 적용이 잘 이루어지지 않을 수 있으므로, 해당 학생이 사용하는 AAC를 활용하여 학습의 일관성과 지원의 용이성을 살리는 것이 더욱 중요할 것이다.

4) 실행

교과 수업이나 통합학급에서 AAC를 활용하는 것은 전반적인 교수적 수정 또는 보편적 설계의 틀 안에서 이루어지게 된다. 장애학생이 수업에 좀 더 의미 있게 참여할 수 있도록 하기 위한 방법을 고안하기 위해 수업 형태나 수업 내용을 점검하고 수정하는 과정에서 AAC가 포함될 때 유용한 도구가 된다.

예를 들어, 수업 중 발표하는 시간이 있으면 미리 AAC 도구에 발표를 준비하여 발표할 수 있도록 할 수 있고 수업 시간에 필요한 상징들을 AAC 도구에 넣고 미리 연습해 볼 수 있다. 수업 시간마다 진도에 따라 새로운 상징이 필요해지면 학생의 수준에 따라 어떤 상징을 어떻게 넣을 것인지 특수교사와 통합학급 교사가 의논하게 된다. 교수학습지도안을 수정하여 AAC 사용 아동을 위한 수정된 교육목표와 활동을 계획하는 과정을 통해 이러한 논의를 협력적으로 할 수 있다.

교과	통합교과 1 (학교 1)		
활동	우리는 친구	차시	12/12
본시 학습목표	일반교육과정	■ 친구와 사이좋게 지낼 수 있는 방법을 실천할 수 있다.	
	수정된 교육과정	■ 친구와 사이좋게 지낼 수 있는 방법과 관련된 어휘/상징을 AAC에서 선택할 수 있다.	

학습 단계	교수-학습 활동: 교사 활동	교수-학습 활동: AAC사용 학생 활동	교수 전략, 자료 및 교수 집단
학습 문제 인지 하기	■ 친구와 관련된 예화 읽어 주기 - 친구와 관련된 예화를 읽어 주며, PPT로 제작한 애니메이션 영상을 함께 보여준다. ■ 친구가 있어서 좋은 점 이야기하기 - 나와 가장 친한 친구가 누구인지 이야기하도록 한다.	- 애니메이션 영상을 집중하여 본다. - 나와 가장 친한 친구의 사진을 AAC로 선택한다.	- 전체 활동 - 또래 지원 - PPT 제작 애니메이션 영상 - AAC 상징/어휘 자료 준비
바른 행동 알아 보기	■ 친구와 함께 할 수 있는 일 알기 - 모둠별로 친구와 함께해서 좋았던 일들을 이야기하도록 한다. ■ 친구를 도와줄 수 있는 일 알아보기 - 모둠별로 친구를 도와줄 수 있는 일을 이야기하고, '이런 친구가 되어줄게'라는 약속 카드를 제작하여 발표하도록 한다.	- 친구와 함께했던 경험과 관련된 AAC 어휘/상징을 선택한다. - 친구들의 이야기를 경청한다. - 친구를 도와줄 수 있는 일과 관련된 그림을 색칠하고 단어를 따라 써 본 뒤, AAC 안에 새로운 상징으로 넣는다. - AAC에 넣은 새로운 상징을 활용하여 약속카드를 제작한다.	- 모둠 활동 - AAC 상징/어휘 자료 준비
바른 행동 해보 기	■ 어떤 친구가 될지 약속하기 - 모둠별로 어떤 친구가 좋은 친구인지 이야기하도록 한다. - 모둠별로 나는 다른 사람에게 어떤 친구가 될지 약속하는 뜻에서 다짐 카드를 제작하여 발표하도록 한다.	- 좋은 친구와 관련된 AAC 어휘/상징을 선택한다. - 친구들의 발표를 경청한다.	- 모둠 활동 - AAC 상징/어휘 자료 준비
바른 행동 다짐 하기	■ 친구에 대한 주제 학습 마무리하기 - 친구와 사이좋게 지내는 방법을 발표하도록 한다. - 서로에게 좋은 친구가 될 수 있게 다짐하도록 한다.	- 친구들의 발표를 경청하며 관련된 AAC 어휘/상징을 살펴본다. - 좋은 친구와 관련된 어휘/상징을 AAC에서 선택하여 학습지를 해결한다.	- 개별 활동 - AAC 상징이 들어간 학습지 제공 - AAC 자기점검 자료를 활용하여 자기 목표를 설정한 부분에 표시하기
본 수업에서 필요한 AAC 어휘/상징	▷ 교과서 상징 예 약속 카드 / 공부할 때 도와줘요. / 아플 때 도와줘요. / 같이 놀 수 있어요.		

[그림 7-5] **교수학습지도안 수정 예시**

출처: 김경양 외(2014).

해외의 경우 언어재활사가 이러한 AAC 도구 준비 및 지도의 역할을 하는 경우가 많지만 국내에서는 아직까지 연구사례논문(김경양 외, 2015) 외에는 교육 현장에서의 언어재활사와의 협력적 접근은 거의 보고되지 않고 있다. 따라서 현실적인 접근은 특수학급에서 AAC 사용의 기초교육을 실시하고 이를 통합학급에서 활용하는 것이다. Robinson과 Soto(2013)는 AAC 중재의 목적을 ① AAC 사용 자체를 배우는 것과 ② AAC를 이용하여 새로운 내용을 학습하는 것의 두 가지로 설명하면서, 전자는 특수학급에서 주로 이루어지며 후자는 특수학급과 통합학급 모두에서 이루어진다고 서술하였다. 최근에는 과거보다 언어치료실에서 AAC를 지도하는 사례가 증가하고 있으므로 학생이 치료받는 언어치료실과 협력하여 'AAC 사용을 배우는 것'을 특수학급뿐 아니라 언어치료실에서도 함께 할 수 있다면 좋을 것이다.

그 외에도 AAC를 문해교육을 위해 활용하는 사례가 많이 보고되고 있으며 이는 통합교육 상황에서도 매우 중요하지만, 다른 장에서 문해교육에 관한 상세한 설명이 있으므로 이 장에서는 생략한다(8장 참조). 중요한 것은 통합학급의 거의 모든 수업에는 문해력이 기본적으로 필요하기 때문에 이러한 문해교육을 위한 AAC 활용 수업이 특수학급에서뿐 아니라 가능한 통합학급에서도 일관성 있게 이루어질 수 있도록 노력하는 것이 필요하다는 것이다.

3. 사회성 및 의사소통 지원방법으로의 활용

통합학급에서 장애학생은 수업에 참여할 뿐 아니라 또래 및 교사와의 상호작용도 하게 되는데, 이때 AAC는 장애학생의 사회성 및 의사소통을 돕는다. 기본적으로 특수학급이나 가정에서 사용하는 AAC를 통합학급에도 가지고 가서 자신의 의사표현을 할 수 있도록 해야 하며, 앞에서 언급한 교과수업에 참여하기 위한 도구로 활용되어야 한다. 이에 더하여 다음와 같이 활용될 수 있다.

- 도전행동을 예방 또는 대체하는 기능

  통합학급에서 장애학생이 보이는 도전행동들 중에는 의사소통의 어려움으로 인한 경우도 많다. 예를 들어, 긍정적 행동지원을 하기 위해 도전행동의 기능을 분석해 보면 수업 활동이 어려워서 하기 싫어하거나(회피하기), 친구가 좋아서 팔을 툭툭 치는 경우(관심 끌기)가 있는데, 이때 구어 표현이 어려운 학생에게는 적절한 AAC 방법을 사용하여 해당 기능의 의사표현을 할 수 있도록 한다. 즉, 도전행동이 의사소통 기능을 가질 경우에 이를 대체하는 행동으로 AAC를 활용할 수 있다. 모든 의사소통적 도전행동이 단순한 의사표현 지도만으로 해결될 수는 없고 근본적이고 종합적인 행동지원계획이 수립되어야 하지만, 그 안에서 학생에게 자신의 의사표현 방법을 만들어 주는 것은 비장애 또래학생과 함께 지내는 통합교육에서 특히 매우 중요하다(도전행동과 AAC 적용에 대한 보다 상세한 내용은 9장 참조).

- 시각적 스케줄

  이 책의 다른 장에서도 많이 설명된 시각적 스케줄은 통합학급에서의 지원에도 유용하다. 특수학급에서 통합학급으로 가는 수업 시간을 알려 주는 역할도 하며, 통합학급에서의 교과 수업의 순서라든지, 수업 내에서 활동의 순서를 제시하는 등 다양한 방법으로 활용할 수 있다([그림 7-6] 참조). 시각적 스케줄에 사용하는 상징은 그림상징이나 사진 또는 실물이나 글자 등 학생에게 맞는 것을 사용한다. 이렇게 시각적 스케줄을 통해 미리 일의 순서를 예측할 수 있도록 하는 것은 장애학생의 자기관리 능력을 신장시키고 도전행동의 예방에도 도움이 된다.

- 선택하기/선호도

  학생의 선호도를 반영하는 것은 수업이나 놀이 상황 모두에서 동기유발과 참여 증진, 성취도 향상에 도움이 될 수 있다. 수업이나 쉬는 시간, 점심시간 등의 다양한 선택의 상황에서 장애학생이 자신의 선호도를 표현할 수 있도록 AAC를 활용하는 것은 매우 기초적이며 동시에 효과적인 의사소통 지원 방법이다.

- 또래 상호작용

  또래 친구들과 상호작용할 수 있는 사회성 어휘와 문장(예: '고마워' '미안해' '같이 놀자' '그만하자' 등)을 AAC에 포함하여, 또래 친구들과 상호작용할 수 있도록 지원한다. 수업 내용이나 학교 행사, 학교 급식 메뉴 등도 또래 친구들과의 공통 대화주제가 되기 때문에 또래 상호작용을 위한 AAC 내용으로 활용될 수 있다(〈부록〉의 홍정아 선생님 사례 참조).

그 외에도 또래학생들의 주요 관심사를 반영하는 어휘나 문장을 AAC 체계에 넣어줌으로써 상호작용을 지원할 수 있다. 통합학급의 비장애 또래학생들은 장애학생이 말을 잘 하지 못하면 인지 능력이 낮다고 생각하거나 어떻게 상호작용해야 하는지 몰라서 어렵게 느낄 수 있으므로, AAC를 사용하여 또래들과 사소한 것이라도 대화할 수 있게 되면 장애학생에 대한 또래들의 인식과 태도에 많은 변화를 가져올 수 있다.

통합교육 상황에서의 AAC 활용에 대한 국내외 문헌을 분석한 정소영 등(2022)의 연구에 따르면, 국내 AAC 관련 연구에는 드물지만 외국에서 많이 나타난 주제로 AAC를 IEP와 연계한 연구, 통합유치원에서의 AAC 활용이 있다. 국내에서도 장애유아들은 통합교육을 많이 받고 있는데, 그에 비해 AAC 사용 사례나 체계적 연구는 부족한 편이다. AAC의 음성합성 기술과 접근성 기술이 발전함에 따라 장애유아의 언어발달에 AAC가 긍정적 역할을 한다는 연구 결과가 축적되어 가고 있는 것을 고려하면, 앞으로 국내에서도 장애유아들이 또래 상호작용과 놀이 참여가 중요한 통합교육 상황에서 자신의 의사표현을 할 수 있도록 적극적인 AAC 적용 노력이 필요할 것으로 보인다.

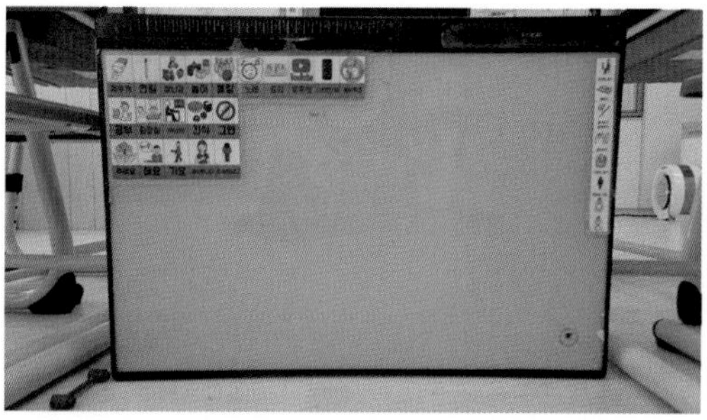

책상에 활동 선택하기와 수업 시작 루틴을 부착한 사례
(초등 특수학급)

위의 책상에서 선택하기를 포함하는 의사소통판

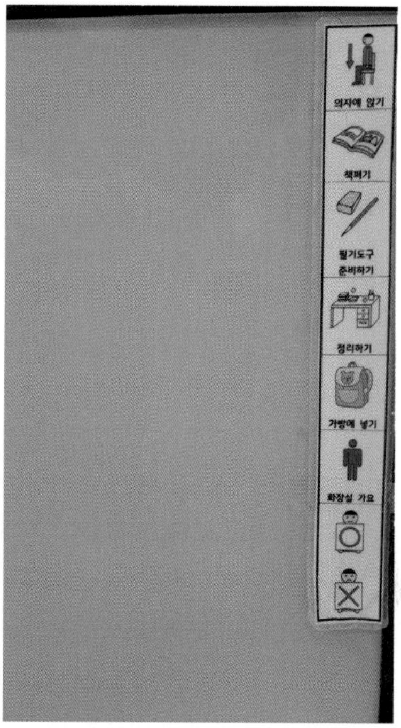

수업 시간 시작 루틴의 시각적 스케줄

[그림 7-6] **초등 특수학급에서 책상에 부착한 AAC 판의 예**

부록 홍정아 선생님 사례

통합학급에서 실시한 AAC 지도 사례: 그림한글프로그램을 활용한 오늘의 급식 메뉴에 대한 협력적 의사소통 지도

서울교육대학교부설초등학교 교사 홍정아

학생들의 일상에서 학교는 하루 일과 중 많은 시간을 보내는 장소로 다양한 사람을 만나고 이야기를 나눌 수 있는 매우 중요한 공간이다. 때문에 의사소통에 어려움을 겪는 자폐범주성장애 학생들은 통합교육 환경에 적응하고 또래와의 상호작용에 어려움을 경험하게 되기도 하지만 통합교육 환경은 다양한 의사소통 방법을 배우고 사회적 상호작용을 경험할 수 있는 더 없이 좋은 환경이 되기도 한다.

초등학교 입학 이후부터 학교생활에 비교적 잘 적응하기는 하나 자발적 의사소통 의도가 전혀 없고 구어적 표현을 거의 하지 않는 진우는 과제 회피나 수업 참여 거부를 위해 소리 지르기, 울기, 중얼거리기 등의 비구어적 의사소통이 나타나기는 하나 구어적 의사 표현은 거의 하지 않는 자폐범주성장애를 가진 남학생이다. 입학 시에는 학교생활 전반에서 발화가 나타나지 않았고 의사소통 의도가 거의 일어나지 않아 간단한 그림상징의 의미를 이해하는 연습을 지속적으로 실시하여 그림을 지적하여 의사를 표현할 수 있도록 지도하였다. 2학년이 되면서 매일 만나는 또래 친구들과의 의사소통 방법을 익힐 수 있도록 오늘의 급식 메뉴를 확인하고 친구들과 급식에 대한 이야기를 할 수 있도록 보완대체의사소통(AAC) 도구를 활용할 수 있도록 통합학급의 환경을 구조화하고 협력교수를 실행한 과정을 소개하고자 한다.

1. 급식 메뉴를 활용한 의사소통 지도를 위한 교수학습자료

가. AAC 지도를 위해 사용한 프로그램

본 사례연구에서 사용한 AAC 지도 프로그램은 그림한글프로그램(강현수, 2022)으로 의사소통 및 학습에 어려움이 있는 학생들이 시각적 단서를 쉽게 이용할 수 있도록 하는 AAC 및 한국어 문해력 향상을 위해 개발된 웹 기반 서비스 프로그램이다. 이 프로그램을 활용하면 글 읽기 및 쓰기를 위한 어휘와 문장을 그림상징과 함께 다양한 방법으로 학습할 수 있으며 의사소통판 생성 기능과 스티커 및 학습지 출력 기능이 있어 교사와 학생 모두 의사소통 익히기 및 한글 학습을 위한 교수학습 도구로 유용하게 사용할 수 있다. 웹 브라우저의 TTS 기능을 이용하여 구어적 의사소통에 어려움이 있는 학생의 AAC 지도에도 효과적으로 사용할 수 있다.

나. AAC 지도를 위해 사용한 기기

통합학급과 특수학급에서의 AAC 지도를 위해 사용할 전자기기는 갤럭시 탭 S6 Lite 태블릿이다. 태블릿은 최근 초등학교에서도 자료 검색 및 학습활동을 위한 수업 도구로 보편적으로 사용되고 있어 교실 활동에서 접근성이 좋으며 본교의 모든 학생이 1인 1태블릿을 사용하고 있다. AAC 지도를 위해 학생용 태블릿에 그림한글프로그램을 설치하였고 학생이 쉽게 휴대하고 친구들과의 대화 시 편리하도록 어린이용 안전 케이스를 끼워 사용하였다.

다. 오늘의 급식 메뉴

오늘의 급식 메뉴는 초등학생들의 대화에 가장 많이 등장하는 대화 주제이기도 하고 진우 또한 읽기 및 쓰기 활동에 대한 거부나 회피 행동이 자주 나타나지만 급식 메뉴에 대한 학습활동에는 관심을 보이고 적극적으로 참여한다. 진우의 문자 식별 및 언어 이해 수준을 고려하여 [그림 1]과 같이 수정된 급식 안내 자료를 만들어 제공하였다. 수정된 급식 안내 자료는 날짜별로 만들었고 식판 위에 음식 그림과 음식 이름을 적어 모든 메뉴를 한눈에 볼 수 있도록 제작하였다. 태블릿을 이용한 학습과 의사소통 지도를 위해서 그림한글프로그램으로 [그림 2]와 같이 날짜별 급식 메뉴를 입력하여 단어장을 만들어 음식 이름에 대한 단어 학습을 할 수 있다. 또한 [그림 3]과 같이 의사소통판으로 전환하여 교사 혹은 친구와의 의사소통을 할 수 있도록 쉽게 전환할 수 있다.

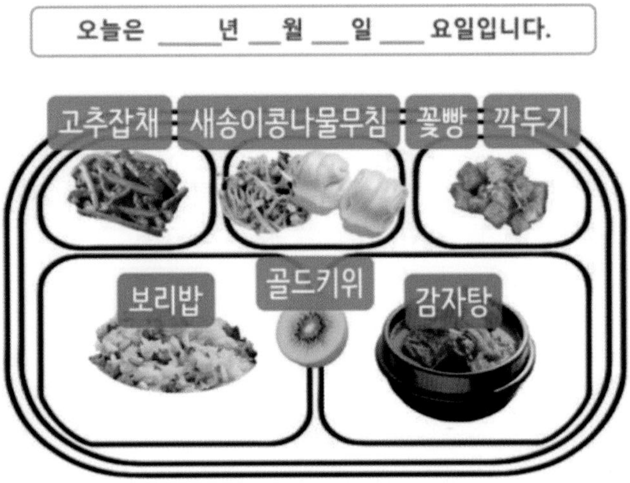

[그림 1] **오늘의 급식 시각적 지원 자료**

[그림 2] **그림한글프로그램에서 볼 수 있는 급식 메뉴 단어장**

[그림 3] **급식 메뉴에 대한 의사소통판**

2. 협력교수를 통한 AAC 지도 절차

통합학급에서 실시한 협력적 AAC 지도 사례: 그림한글프로그램을 활용한 오늘의 급식에 대한 사회적 의사소통 지도 절차는 다음과 같다.

가. AAC 지도를 위한 협력교수 협의회

AAC를 활용한 의사소통 지도를 실시하기 위해서는 통합학급과 특수학급 교사 간 협력을 통한 일관된 교수학습적 지원이 필요하기 때문에 실제적인 지도를 시작하기 전, 협력적 AAC 지도를 위한 협의회를 실시하였다. 통합학급 교사와 특수교사는 AAC 지도를 위해 대상 학생 진우에 대한 의사소통 특성 및 지도의 필요성에 대해 공유하고 의사소통 지도 목표를 수립하였다.

교사들은 대상 학생에 대한 AAC 지도를 위한 대화 주제를 오늘의 급식 메뉴로 정하였고 의사소통 지도 목표는 '오늘의 메뉴와 관련된 질문에 적절하게 반응하여 친구와의 대화에 참여할 수 있다'로 설정하였다. 특수교사는 통합학급 교사에게 AAC 지도에 사용할 그림한글프로그램의 기본적인 사용법을 익힐 수 있도록 안내하였다. 오늘의 급식 메뉴는 초등학생들에게 매우 중요한 대화 주제이기도 하지만 진우가 한글 관련 학습활동 중 음식 이름 따라 말하기 활동에 대해서만 참여 거부 반응(소리 지르기, 울기 등)을 보이지 않고 적극적으로 참여하였기 때문에 AAC 지도를 위한 대화의 주제 또는 맥락으로 선정하였다.

또한 오늘의 급식 메뉴에 대한 사회적 의사소통 지도를 위해 의사소통 대상자가 될 통합학급 학생들에 대한 준비도 계획하였다. AAC 중재 전 학기 초 협력교수를 통해 연구 참여 학생의 의사소통 특성 및 AAC 이해를 위한 수업 계획을 수립하였다. AAC 지도를 위한 협력교수 협의를 통해 AAC 지도 과정 전반에 대해 특수교사와 통합학급 교사의 역할을 세분화하여 협력적 지도가 이루어질 수 있도록 하였다.

나. AAC를 활용한 의사소통 여건 조성을 위한 통합학급 학생 대상 수업

통합학급 학생은 AAC 지도 시 직접적인 의사소통 대상이 되기 때문에 AAC를 사용하는 장애학생에 대한 이해와 다양한 의사소통에 대한 이해가 전제되어야 하며 직접적으로 의사소통에 사용하게 될 프로그램 사용 방법도 익혀야 한다. 학기 초 3회기에 걸쳐 통합학급 학생들을 대상으로 실시한 협력교수 프로그램은 '우리 반 친구 진우를 소개합니다' '의사소통의 다양성 이해하기: 내가 만드는 그림상징' '나도 그림한글로 말할 수 있어요!'이다.

'우리 반 친구 진우를 소개합니다'([그림 4] 참조)는 진우의 장점, 같은 반 친구로서 잘 지낼 수 있는 방법, 적절하게 도움을 주고받는 방법 및 의사소통 특성에 대해 안내하였다. '의사소통의 다양성 이해하기: 내가 만드는 그림상징'([그림 5] 참조)은 일상생활에서 글이나 말이 아닌 그림상징으로 의사소통하는 예들을 살펴보고 그림상징을 통한 의사소통의 장점에 대해서도 알아보는 활동을 하고 학생들이 직접 의사소통을 위한 그림상징을 만들어 보는 활동으로 진행되었다. '나도 그림한글로 말할 수 있어요!'([그림 6] 참조)는 실제로 학급에서 연구 참여 학생과 의사소통하기 위한 도구인 그림한글프로그램의 기능을 이해하고 사용법을 익혀 대화하는 것을 연습해 보는 활동이었다.

[그림 4] **'우리 반 친구 진우를 소개합니다' 수업 장면**

[그림 5] **'의사소통 다양성 이해하기: 내가 만드는 그림상징' 학생 결과물**

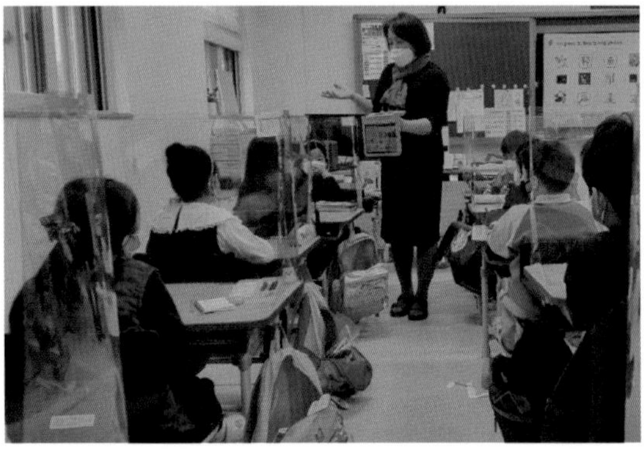

[그림 6] **'나도 그림한글로 말할 수 있어요!' 수업 장면**

다. 특수학급에서 오늘의 급식 메뉴로 의사소통 익히기

특수학급에서 오늘의 메뉴로 의사소통을 익히는 활동은 '오늘의 메뉴 알아보기, 학습하기, 의사소통하기'의 세 가지 단계로 이루어지고 매일 등교 후 독서 시간과 1교시 수업 시간에 실시하였다. 오늘의 메뉴 알아보기는 특수학급에서 시각적 지원 자료를 활용하여 각 음식의 이름을 듣고 따라 말하기, 따라 쓰기(덧쓰기), 그림한글프로그램의 단어 학습 기능을 통해 급식 메뉴의 이름을 먼저 익힌다.

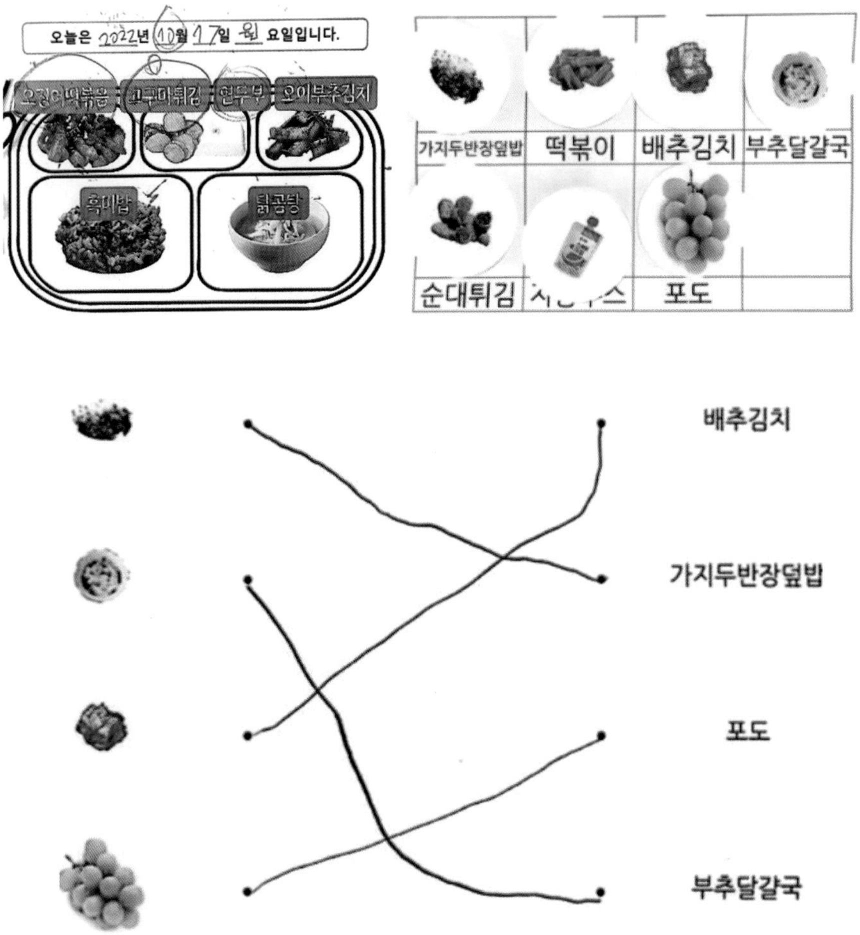

[그림 7] **오늘의 급식 메뉴 학습 결과물**

학생이 메뉴의 이름을 익힌 후에는 오늘의 메뉴로 의사소통하기 활동을 특수교사와 함께 하게 된다. 오늘의 급식 메뉴를 알아보고 학습한 내용을 바탕으로 급식과 관련된 사회적 의사소통 방법을 연습하고 통합학급 친구들과 의사소통하기 위한 준비 과정이다. 학생은 오늘의 급식 메뉴와 관련된 질문을 듣고 의사소통판의 음식 그림을 눌러 대답한다. AAC 지도 초기에는 "오늘 메뉴는 무엇입니까?"라는 질문에 답하는 것으로 시작하였다. 음식 이름에 익숙해지고 음식의 종류와 관련된 질문을 추가하여 지도하였다. "오늘 국은 무엇입니까?" "오늘 김치는 무엇입니까?"와 같은 문장을 추가하였고 최근 추가된 질문은 "오늘 디저트는 무엇입니까?" "어떤 메뉴를 제일 좋아합니까?" "콩으로 만든 음식은 무엇입니까?" 등의 개인적 선호에 답하거나 재료와 만들어진 음식의 관계를 묻는 질문으로 대화의 내용이 풍부해지고 다양해졌다.

라. 통합학급에서 오늘의 급식 메뉴로 의사소통하기

통합학급에서의 AAC 중재를 위해 오늘의 메뉴로 의사소통을 할 수 있는 자연스러운 기회를 만들기 위해 1인 1역을 활용하였다. 학생의 1인 1역으로 '오늘의 급식 메뉴 알리미'를 하도록 하였다. 통합학급 교사는 수업 시작 전에 "오늘의 메뉴를 알아봅시다. 급식 알리미가 오늘의 메뉴를 친구들에게 알려 줍시다."라고 말하면 연구 참여 학생은 그림한글프로그램의 의사소통판을 열어 TTS 기능으로 학생들에게 오늘의 메뉴를 알려 줄 수 있다.

통합학급 교사는 학급 친구들과 오늘의 급식에 대한 사회적 의사소통 기회를 주기 위해 쉬는 시간을 활용하였다. 쉬는 시간에 통합학급 교사가 연구 참여 학생에게 다가가 특수학급에서 연습한 문장과 동일한 질문을 하고 연구 참여 학생은 그림한글프로그램의 의사소통판에서 동일한 방식으로 그림을 눌러 자동으로 음성이 송출되도록 한다. 학급 친구들은 교사와 연구 참여 학생의 의사소통 방식을 모델링하고 자발적으로 의사소통에 참여할 수 있다. 통합학급 교사는 오늘의 급식 메뉴에 대해 묻고 답하기를 희망하는 학생 한 명을 정해 쉬는 시간에 의사소통할 수 있는 시간을 갖도록 하였다. [그림 8]은 연구 참여 학생이 오늘의 급식 알리미 역할을 하는 모습이며, [그림 9]는 쉬는 시간에 친구와 급식 메뉴에 대해 의사소통판으로 대화하는 모습이다.

[그림 8] **1인 1역: 급식 알리미 역할을 수행하는 모습**

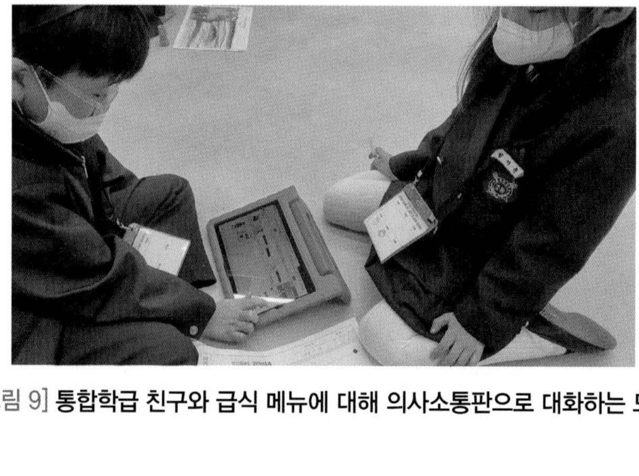

[그림 9] **통합학급 친구와 급식 메뉴에 대해 의사소통판으로 대화하는 모습**

3. 협력교수를 통한 AAC 지도 효과

진우는 시각적 지원 자료 및 그림한글프로그램의 단어 학습 기능을 활용한 오늘의 급식 메뉴 익히기 활동을 통해 쉬운 글자 읽기와 쓰기가 가능해졌다. 그림한글프로그램의 단어 학습 기능을 활용한 지도를 통해 글자와 소리의 관계를 인식하기 시작하여 쉬운 단어를 혼자 읽고 쓸 수 있게 되면서 상표나 간판에서 식별하여 읽기도 하고 원하는 물건이나 가고 싶은 곳을 요구할 때 글자를 짚거나 단어를 써서 의사를 표현하기도 하였다. 특히 의사소통적 측면에서 초기에는 의사소통판에서 급식 메뉴의 이름만을 말하는 수준에서 출발하였지만 7개월간의 협력적 AAC 지도 후에는 오늘의 김치, 국, 반찬, 디저트 등 음식의 종류를 구별하여 의사소통할 수 있게 되었고 자신이 가장 좋아하는 메뉴를 선택하거나 좋아하는 반찬과 싫어하는 반찬을 선택하여 의사소통하기도 하고 재료와 만들어진 음식을 연관 지어 말할 수 있게 되었다. 또한 진우는 친구들의 질문을 기다리고 질문이 끝난 후에 대답을 하기 위해 의사소통판을 누르고 따라 말하는 등 사회적 의사소통을 위한 순서를 이해하게 되었다. 진우는 그림한글프로그램의 TTS의 소리를 따라 말하기 시작하면서 질문에 적절한 단어들을 상황에 따라 구어로 표현하는 빈도도 늘어났다. 실제로 급식이라는 대화 주제에는 큰 변화가 없었지만 대화의 내용이나 질에 있어서는 많은 변화가 있었다.

●참고문헌●

강현수(2022b). 보완대체의사소통 및 한국어 문해력 향상을 위한 웹서비스 '그림한글' 개발. **2022 한국보완대체의사소통학회 추계학술대회 자료집**, pp. 283-312.

[참고 자료] 통합유치원 환경에서 어떻게 AAC를 지원해 줄 수 있을까요?

■ 연구 제목

통합유치원에서 실행한 다운증후군 유아 AAC 지원 사례

■ 연구 목적

통합유치원에 재원 중인 다운증후군 유아에게 AAC 중재를 실시하고, AAC 중재가 유아의 의사소통, 사회적 상호작용 및 문제행동에 어떤 영향을 미치는지 살펴보고자 함

■ 연구 참여자

구분	내용
기본정보	• 만 6세 9개월, 다운증후군 남아
상호작용 특성	• 관심을 끌기 위해 친구의 얼굴을 때리는 등 부적절한 방법으로 의사를 표현함 • 몸짓 의사표현을 주변 사람들이 이해하지 못하는 상황이 종종 발생함

■ 연구 환경

구분	내용
교사	• 유아교사 1명, 특수교사 1명(주 3회 지원) • 특수교사가 없을 경우 특수교육실무사 및 특수방역인력이 지원을 보조함
학급	• 만 5세 꽃잎반(통합학급), 일반 유아 19명, 장애유아 3명으로 구성됨 • 학급의 분위기는 대체적으로 장애유아에 대해 수용적인 편임

■ 중재

• AAC 지원을 위한 진단

－AAC 지원팀 구성: 특수교사, 유아교사, 학부모, 특수교육실무사 및 특수방역인력

－일과 중 관찰 및 학부모와의 면담을 통해 AAC 지원에 필요한 정보를 수집함

구분	내용
의사소통 특성	의도적인 의사표현 및 상호작용을 위해 몸짓이나 손짓, 표정 등을 활용함(예: 눈 맞춤, 손가락 가리키기 등으로 관심을 얻거나 필요한 것을 요구함)

AAC 준비도	대소근육	앉은 자세 유지가 가능하며, 벨크로 판에서 카드를 떼거나 손가락으로 가리킬 수 있음
	의사소통	자발적 구어 사용은 거의 없으며 3음절 단어를 모방함
	상징 및 그림 인지 능력	동물, 교통기관, 음식 등 구체물의 사진과 그림상징의 이름을 듣고 찾을 수 있음
	의사소통 도구 활용 능력	상징을 손가락으로 가리키거나 상대방에 건네주며 의사를 표현함
선호도	성인과의 상호작용, 노래/율동, 마시기, 고기류 등을 선호함	
의사소통 환경	통합학급에서 일과를 보내고 있으며, 일과 중 자유놀이와 점심시간에 가장 많은 의사소통 기회가 있었음	

• AAC 지원 계획

구분	내용	
도구 선정	의사소통 카드	5×5cm의 정사각형 크기로, 벨크로 테이프로 붙이고 뗌
	의사소통판	한 장에 최대 3개의 상징카드가 들어가는 책 형태로 제작함
상징 선정	• 사진 또는 그림상징(한국형 AAC 상징)을 사용하고, 글자를 함께 제시함 • 환경과 활동을 중심으로 필요한 어휘로 선정하여 구성함	
적용시간 및 장소	• 유아가 유치원 생활하는 동안 자유롭게 사용하도록 하고, 쉽게 활용할 수 있도록 교실 내 유아용 책꽂이에 비치함	
대화상대자 훈련	• 유아교사와 보조인력을 대상으로 20분간, 5회기의 훈련을 실시함 • 대화상대자의 역할 및 대화 기술을 교수하고, 역할극을 실시함	

• AAC 지원 실행

–1차: PECS 의사소통 책을 활용하여 제작하였고 통합학급의 또래들이 대상 유아에게 관심을 보이는 등의 긍정적인 변화가 일어남. 그러나 제작의 어려움 및 대상 유아의 사용 방식의 변화로 인해 도구를 수정함

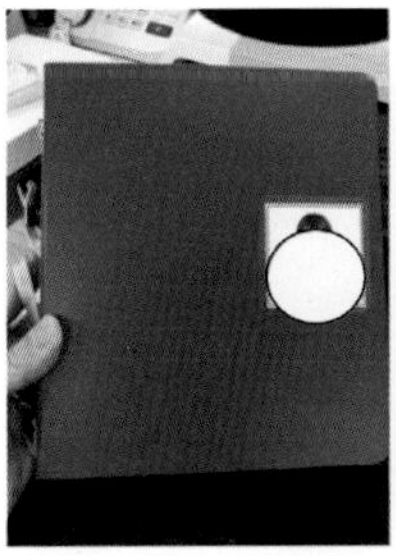
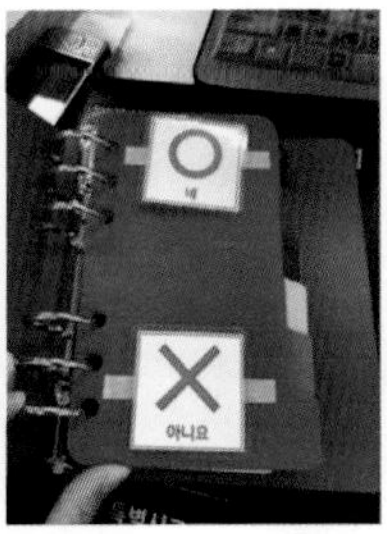

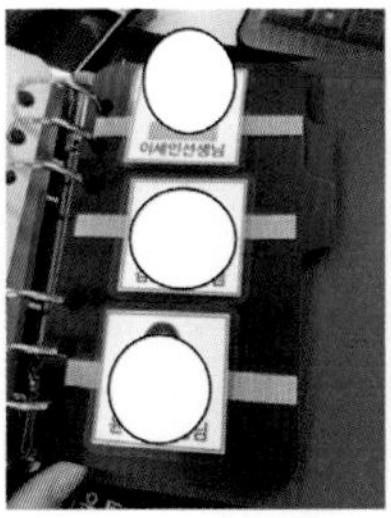
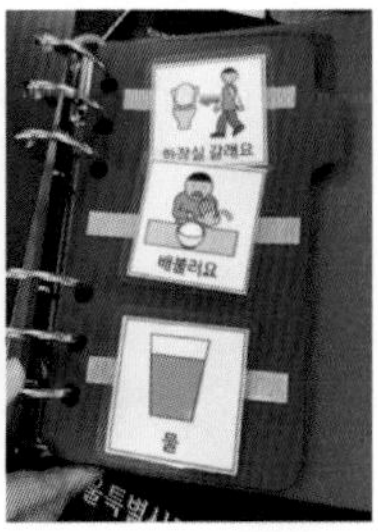

−2차: A5 클리어파일을 활용하여 새롭게 제작하고, 학급 전체를 대상으로 AAC 책을 소개하는 시간을 가짐. 대상 유아가 적극적으로 활용하려고 하는 등 긍정적인 변화가 나타났으나, 또래들도 관심을 보여 대상 유아가 AAC 책을 사용하지 못하는 경우가 발생함

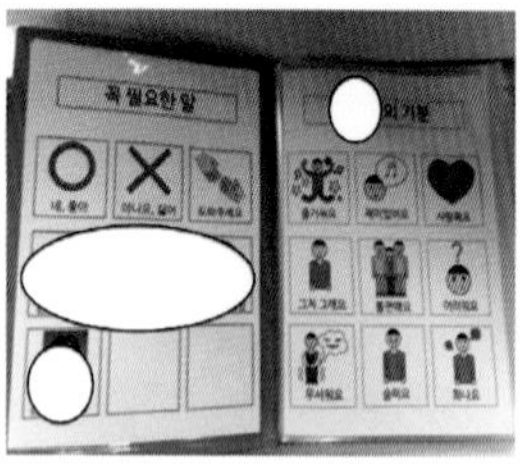

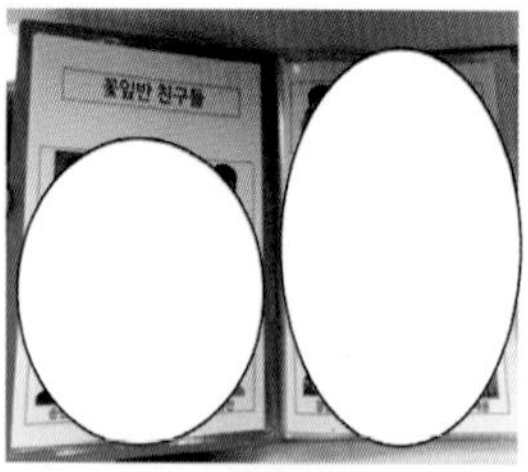

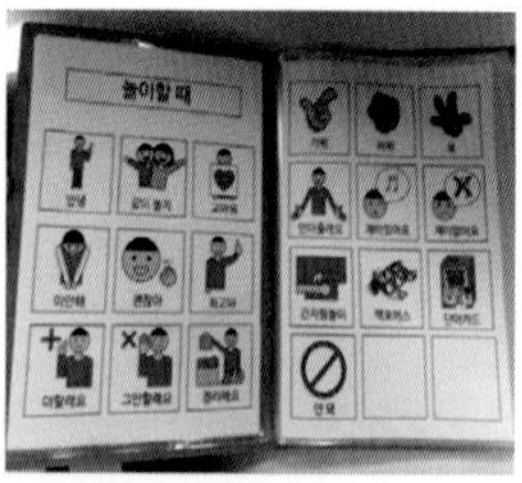

−3차: AAC 책을 대상 유아의 사물함 안에 보관하기로 결정하고, 대상 유아가 스스로 한 장씩 넘길 수 있도록 5mm EVA를 넣어 책장의 두께를 두껍게 수정함. 대상 유아가 AAC의 기능을 완전히 이해하는 등의 긍정적인 변화가 나타남

−4차: 두꺼운 속지로 인해 비닐 속지가 찢어져 EVA를 삼각형 모양으로 잘라 속지 아랫부분에 붙여주고, 사용 빈도가 적은 어휘를 삭제하고 필요한 어휘들을 추가로 삽입함. 대상 유아가 상징을 가리킴과 동시에 자발적인 구어 표현을 사용하는 긍정적인 변화가 나타남

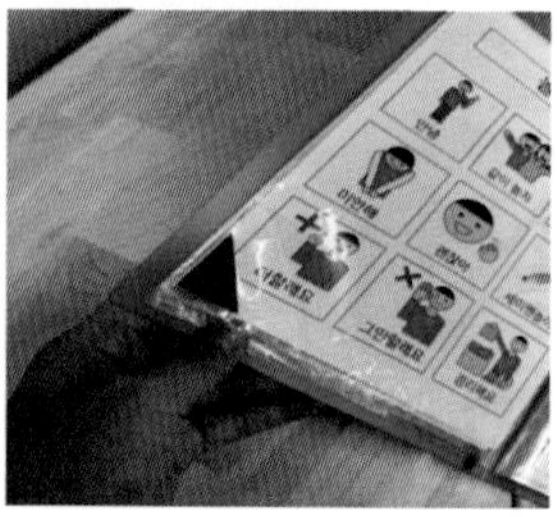

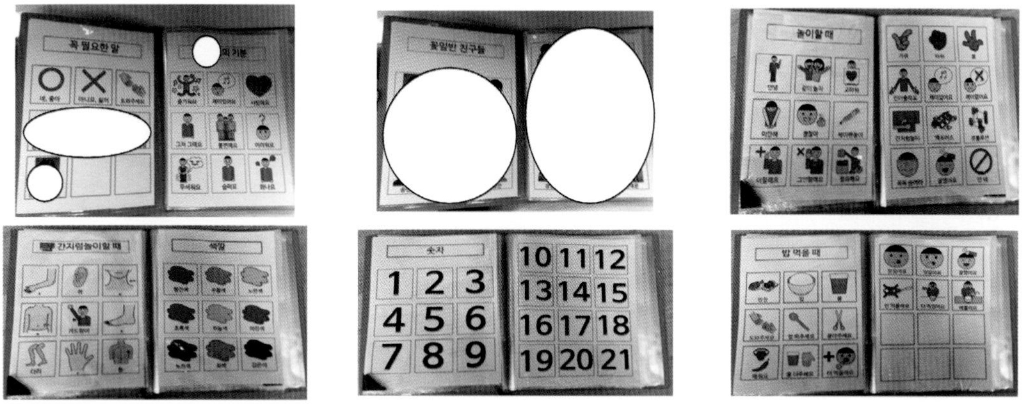

■ 연구 결과

- 의사소통 측면: 대상 유아의 의사표현이 정확해지고, 정교화되었으며, 자발적인 구어 발화가 증가함
- 사회적 상호작용 측면: 전반적인 또래와의 상호작용 빈도가 증가하였으며, 일과에 주도적으로 참여하는 모습이 나타남
- 문제행동: 지원하는 성인에 따라 다르게 나타나나 관심 얻기 기능의 문제행동이 소폭 감소함

■ 연구 의의

통합교육 상황에서 다운증후군 유아에게 AAC를 지원하였을 뿐 아니라, 주변의 모든 대화상대자들에게도 AAC의 사용 목적과 목표를 공유하여 대상 유아의 의사소통 능력이 향상되었다는 점에서 의의를 가짐

■ 출처

이세인, 남보람, 박은혜(2022). 통합유치원에서 실행한 다운증후군 유아 AAC 지원 사례. **보완대체의사소통연구, 10**(1), 17-43.

[참고 자료] 통합학급에서 AAC 지원을 위한 협력적 접근은 어떻게 이루어질까요?

■ 연구 제목

통합학급에서 협력적 AAC 지원이 발달장애 학생의 수업참여도 및 또래 상호작용에 미치는 효과에 관한 사례연구

■ 연구 목적

무발화 발달장애 초등학생을 대상으로 통합학급 환경에서 특수교육전문가와 언어치료사 간의 협력적 AAC 지원이 학생의 수업참여도 및 또래와의 상호작용에 어떠한 영향을 미치는 지 알아보고자 함

■ 연구 참여자

- 초등학교 6학년, 발달장애 1급 남아 1명
- 의사소통 요구는 많으나 표현에 어려움을 보임

■ 연구 설계

단일 사전–사후 설계

■ 중재

- AAC 현재 수행 수준 평가

구분	내용	
감각 및 운동	• 시청각 문제 없음/독립적인 눕기, 앉기, 서기, 걷기 가능함 • 오른손 검지로 선택이 가능함	
의사소통	이해	• 3~4단어 조합 문장 수준의 이해가 가능함
	표현	• 선화 상징으로 의사소통이 가능하며, 요구하기 등 다양한 기능이 나타남 • 대부분 얼굴표정, 몸짓, 제스처, 발성으로 표현함
도구	• 마이토키 15판 미만이 적절함	

- 학교 환경 평가
  - 연구자 1과 연구자 2, 특수교사, 담임교사 및 교과 교사의 개별면담 및 의사소통 능력 평가지를 통해 AAC 지원이 가능한 학교 환경을 선정함
  - AAC 적용 수업 및 환경: 음악 시간(주 2회), 매주 화요일 점심시간 후 자유놀이 시간

• 사전 평가
–수업 참여 행동 평가: 비장애 학급 또래의 설문평가 및 수업 시간 내 관찰 평가로 진행함
–상호작용 행동 평가: 자유놀이 시간 중 대상 학생과 비장애 또래와의 놀이 활동을 관찰함

• 협력적 AAC 지원
–특수교육전문가와 언어치료사가 주 2회 이상 정보를 교류하고 논의하여 대상 학생에게 적절한 중재를 제공함

연구자	역할
특수교육전문가	학교에서의 교사 상담 및 교육, 비장애학생 지원 및 교수학습지도안에 AAC 기회 삽입하기 등
언어치료사	AAC 평가, AAC 상징 선정 및 자료 제작과 수업 시간에 적용하도록 하는 개별지도 등

• 협력적 AAC 지원 내용

지원	내용
통합학급에서의 장애학생 이해 교육	비장애 또래와 담임교사를 대상으로 학생에 대한 장애 이해 교육을 실시함
음악 수업에서의 AAC 적용	음악교사가 학생에게 AAC를 사용하여 답할 수 있는 기회를 제공하도록 스크립트가 포함된 AAC 교수학습지도안을 제공함
놀이 활동 시간에서의 AAC 적용	비장애 또래 3~4명과 함께 AAC를 활용한 보드게임을 진행함
개별 치료실에서의 AAC 중재	대상 학생에게는 각 상황의 AAC 중재에 필요한 기초훈련을, 어머니에게는 대화상대자 훈련을 실시함

내 친구 00이는요!!

우리는 모두 다양해요
- 우리는 모두 성격이나 행동에서 서로 달라요
- 어떤 친구는 수학을 잘하지만, 어떤 친구는 국어를 잘해요.
  체육을 잘하는 친구도 있지요

이러한 다양성은 친구들 사이에서도 나타나지만, 개인 내에서도 나타나지요
- 나는 과학은 좋아하지만, 수학은 싫어해요
- 나는 수학 과목 안에서도 덧셈과 뺄셈은 잘하지만 나눗셈과 곱셈은 어려워요

여러 친구들 간의 차이와 내 스스로 안에서의 차이는 우리가 서로 개인마다 독특하게 지니고 있는 "다양성"과 "개별성"을 설명해주는 것이지요

우리는 모두 서로 다른 다양한 사람들이니까요!!

그러면 우리, 친구, 00이에 대해 좀 더 알아볼까요? ^^

00이는요...태어날 때부터 생각과 말이 천천히 자라는 친구입니다.
[illegible]

첫째, 먹는 것을 아주 많이 좋아하는 친구이죠. 00이가 먹는 것을 좋아하는 것은 음식에 대해 끊임없는 욕구 때문입니다. 이것은 00이가 갖고 있는 여러분과 다른 특성 때문이랍니다.

둘째, 00이는 자신의 피부를 심하게 뜯거나 상처를 만들기도 해요. 이것도 00이가 갖고 있는 특성 중에 하나입니다. 00이와 같은 어려움이 있는 친구들은 통증에 대해서 매우 둔감합니다. 따라서 00이가 아프다고 하면 정말 심각하게 아픈 것이니, 꼭 살펴봐주세요!!

셋째, 00이는 사소한 좌절에도 분노가 일어나고 이로 인해 자신의 의사가 좌절 될 때나 화가 날 때 친구를 밀거나 소리를 지르거나 발로 차는 등의 여러 가지 행동 문제를 나타내기도 합니다. 특히, 화를 잘 내거나 정당한 이유 없이 감정을 분출하는 행동을 할 수 있답니다. 따라서 00이가 화를 내지 않거나 쉽게 좌절하지 않도록 할 수 있는 수준에서 "기회"를 주고, 이를 성취하면 "칭찬"해 주는 것이 중요합니다.

넷째, 00이는 말로 소통하는 것이 어렵습니다. 그래서 여러분처럼 좋은 것, 싫은 것을 잘 표현하기 힘들어요. 친구와 놀고 싶어도 놀자고 하기 어렵구요. 공부도 어려워도 어렵다고 하기 힘들지요. 여러분이 말을 할 수 없으면 답답한 것처럼 00이도 말로 여러분과 이야기하기 힘들어서 속상하고 좌절한답니다. 그래서 00이는 말보다는 행동으로 표현하기도해요. 00이가 만약 여러분을 때린다면, 혹시나 00이가 때리기

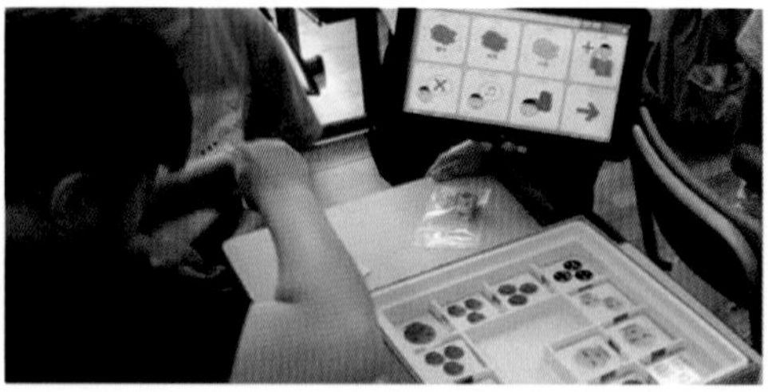

• 사후 평가
 –사전 평가와 동일한 조건에서 사후 평가를 진행함
 –AAC 중재 지원 중 제공된 AAC 도구만 사용할 수 있도록 함

• 추가 지원: AAC 문해 지원
 –특수학급에서의 개별 교육 시간에 AAC 문해 지도에 대한 지원이 필요하게 되어, 연구자의 지원을 받아 특수교사가 AAC 문해 자료를 활용하여 지도함

■ 연구 결과

• 수업 참여 행동: 비장애 또래평정 및 관찰 평가 결과, 대상 학생의 바람직한 행동이 증가함
• 상호작용 행동: 놀이 활동 시간의 상호작용 행동이 증가하였고, 특히 시작 행동이 큰 폭으로 증가함

■ 연구 의의

통합교육 환경에서 특수교육전문가와 언어치료사의 협력적 AAC 지원이 발달장애 학생의 수업 참여와 비장애 또래와의 상호작용 증진에 효과적이었다는 점에서 의의를 가짐

■ 출처

김경양, 한선경, 박은혜(2015). 통합학급에서 협력적 AAC 지원이 발달장애 학생의 수업참여도 및 또래 상호작용에 미치는 효과에 관한 사례연구. **자폐성장애연구**, 15(1), 19-44.

8장

AAC를 활용한 문해 학습과 교과교육

보완대체의사소통

특수교육 교육과정에서는 교육과정을 통해 습득해야 하는 핵심역량으로 소통하는 역량을 강조하고 있다. 의사소통 역량이란 다양한 상황에서 자기의 생각과 감정을 효과적으로 표현하고 다른 사람의 의견을 경청하며 존중하는 역량을 의미한다(교육부, 2022). 의사소통 역량은 장애학생에게 언어적 체험을 통해 성장을 도모하고 모든 교육과정의 교육과 일상생활 참여를 촉진하는 도구로서의 특성이 강한 기본적이고 필수적인 능력이다.

의사소통의 어려움을 가지고 있는 장애학생은 교육과정의 교과별 목표와 내용을 학습하기 위한 접근이 제한되어 교육과정 참여를 방해한다. 교과 내용을 재구성하여도 학습활동에 적극적으로 참여하는 데 한계가 있으며 학교에서 이루어지는 모든 교육 활동의 참여를 제한한다. 그러므로 학교에서는 의사소통의 어려움을 해결하여 교과 수업에 참여할 수 있도록 의사소통 교육에 초점을 두어야 한다.

의사소통 교육은 일상생활 속에서 다른 사람과의 상호작용을 통한 참여를 강조하는 교육이다. 가정, 학교, 지역사회에서 독립적으로 생활하는 데 필요한 필수 기능에 초점을 맞추어 유용한 의미의 체험에 중점을 둔 교육을 강조한다. 그래서 별도의 치료 접근만으로 혹은 기본 교육과정이나 공통 교육과정의 국어 교과 범위 내에서 지도하는 것만으로는 의사소통 역량이 향상하지 않는다. 교육과정의 관련 교과와 연계하여 생활 전반에 걸친 교육이 필요한 이유이다.

이 장에서는 AAC를 활용하여 교육과정 참여를 확대하는 방안으로 중재반응모델을 적용한 방법과 보편적 학습 설계를 기반으로 한 접근을 다룬다. AAC를 활용한 교육 설계는 학교에서 성공적인 의사소통 교육을 실행할 수 있는 기반이 된다. 또한 AAC를 활용한 초기 문해와 문해 학습의 지도 방안에 관해 살펴보고, 교육과정 기반의 AAC 교육을 실행하기 위해 교육지원팀과 실행 과정에서 고려할 내용을 다룬다.

1. AAC 교육과 교육과정 참여

1) 중재반응모델을 적용한 AAC 교육

AAC 교육의 목적은 말을 하게 하는 것이 아니라, 모든 활동에 참여할 수 있도록 하는 것이다. 일반적으로 사람들은 말을 할 수 없는 것과 생각을 할 수 없는 것을 동일시하는 경향이 있다. 교사조차도 말을 하지 못하는 학생에게 매우 낮은 기대를 하고, 그 결과 도전할 수 있는 교육 기회를 제공하지 않는다.

학교나 지역사회에서 자기의 의견을 표현하고 상호작용하며 적극적으로 참여할 수 있도록 촉진하기 위해서는 의사소통 방법을 익히도록 하는 노력이 우선되어야 한다. 그러기 위해서는 별도의 치료지원으로 접근하기보다는 교육과정 내에서 교과와 통합하여 지도하는 것이 효과적이다. 학교 교육과정 안에서 교과교육을 하면서 수업 참여의 수단으로써 AAC를 활용할 수 있도록 수업을 계획하고 활동과 환경을 구조화해야 한다.

중재반응모델(Response to Intervention Model: RTI Model)을 적용한 의사소통 교육은 의사소통의 어려움을 겪고 있는 학생에게 여러 단계를 거쳐 의사소통을 지원하는 접근법이다. 학교나 일상생활에서 의사소통의 어려움이 있는 학생에게 의사소통 방법을 지원하고, 어려움이 있다고 판단되는 학생에게는 교사가 점차 강도를 높여 가며 수업이나 의사소통 중재를 제공한다. 각 단계에서 학생의 의사소통 반응 정도를 수시로 점검하여 어떠한 의사소통 지원이 필요한지 결정한다.

교육에서의 RTI 접근은 학업 실패의 위험에 처한 학생을 식별하기 위한 다단계 접근 방식으로, 보편적인 선별 검사, 진행 상황 모니터링 및 특별한 지원이 필요한 학생 선별 등을 위해 사용한다. Robinson과 Soto(2013)는 AAC를 적용한 수업을 위해 RTI의 3단계 접근 방식을 제안하였다. 1단계는 전체 학생을 대상으로 시각적인 수업 자료를 활용하여 수업하는 단계이다. 이 단계에서는 일반적인 수업 내용으로 모든 학생에게 하는 수업을 그대로 하면서 의사소통의 어려움을 가진 학생이 있는지 파악한다. 2단계는 1단계에서 학습에 어려움을 보인 학생을 대상으로 의사소통판을 제작하여 소그룹으로 지도한다. 3단계는 AAC가 필요한 학생을 중심으로 체계적이고 개별화된 의사소통 교육을 하며, 동시에 또래 대상으로는 대화상대자 교육을 실행한다.

AAC 교육은 별도의 시간, 구조화된 공간이 아니라 자연스러운 학교의 일과나 수업 중에 삽입하여 지도한다. 〈표 8-1〉은 국어 교과 시간에 AAC 체계를 사용하는 학생을 위한 RTI 접근에 대한 예이다.

〈표 8-1〉 **국어 교과에서 AAC 체계를 사용하는 학생을 위한 RTI의 예**

1단계	2단계	3단계
개별 학생의 수정을 포함한 전체 학생의 수업	장애학생의 요구를 반영한 수업 과정의 조정	개별화한 강력한 접근 방식의 지도
• 국어 수업 주제에 관한 시각 자료를 준비한다. • 모든 학생이 읽을 책을 선택할 수 있도록 시각적 선택판을 제공한다. • 모든 학생을 위한 수업 활동의 사진 이야기 자료를 만든다. • 모든 학생이 수업 시간에 선택할 수 있도록 특정 이야기나 단원의 어휘로 구성된 선택판을 만든다.	• 교육과정 기반의 수업 주제에 관한 의사소통판을 제작한다. • 이야기 이해 활동에 참여할 수 있도록 질문과 답변을 포함하여 핵심어휘 판을 만든다. • 국어 교과와 문해 학습에서 지원이 필요한 학생은 소그룹으로 지도한다. • AAC 사용 학생에게 시각 자료를 사용하여 어휘와 정확한 발음을 학습할 수 있도록 모델링하여 명시적 교수를 제공한다.	• 교사 또는 실무자와 함께 학생이 AAC를 활용하여 어휘 학습과 음운 인식을 학습할 수 있는 개별 학습 시간을 제공한다. • 비장애 또래를 대상으로 의사소통 대화상대자 교육을 제공한다. • AAC 사용 학생과 또래가 함께 해당 차시의 수업 주제나 이야기에 대한 국어/읽기 자료를 본다.

출처: Robinson & Soto(2013), p. 15에서 수정 발췌.

2) 보편적 학습 설계와 AAC 교육

(1) 보편적 학습 설계

의사소통장애 학생은 말과 글자를 활용한 교수 방법만으로는 활동에 참여하기 어렵다. 기존의 교육과정 내용을 재구성해도 교육적 필요와 요구를 만족시키기 어렵고, 기본 교육과정을 적용한다고 해도 의사소통의 어려움으로 인해 학습활동에 참여하거나 목표에 도달하기 어렵다. 교과의 내용에 접근할 수 있도록 참여 방식과 표현 방식 등 보편적 학습 설계(Universal Design for Learning: UDL)가 필요하다.

보편적 학습 설계란 모든 학생이 교육과정 자료에 접근하여 학습 진보를 가져올 수 있도록 하는 설계를 말한다. 학습을 위해 모든 학생이 사용할 수 있는 하나의 표준을 개발하는 것이 아니라 다양한 대안을 제시하여 선택할 수 있게 하여 개인차의 문제를 해결하려는 접근이다. 보편적 학습 설계는 교육과정과 교수학습자료의 접근, 교수학습 과정에서 발생하는 학생의 어려움을 신중하게 고려하는 절차가 포함된 개념이다. 낙오된 학생 없이 모든 학생의 특성, 학습 스타일 등을 고려하여 도전할 수 있도록 학습의 성장을 지원하는 설계이다.

학습에서의 보편적 설계의 핵심은 테크놀로지를 활용하여 학습자가 반응하는 방식과 자료를 제시하는 방식을 개인에게 적합하도록 전환할 수 있는 융통성에 있다. 예를 들어, 보편적 학습 설계는 교육과정 설계 당시부터 장애학생을 포함한 모든 학생의 접근이 가능하도록 고려한 것, 즉 교육과정을 학습자에게 적응시키는 것이다. 보편적 학습 설계는 〈표 8-2〉의 세 가지 원리를 강조한다.

〈표 8-2〉 **보편적 학습 설계 원리**

UDL 원리	내용
다양한 정보제시 수단의 제공 (multiple means of representation)	학생이 정보와 지식을 다양하게 획득할 수 있도록 다양하고 융통성 있는 제시 방법 제공
다양한 표현수단의 제공 (multiple means of expression)	학생이 알고 있는 것을 설명하거나 대치할 수 있는 다양하고 융통성 있는 표현 및 연습 방법 제공
다양한 참여수단의 제공 (multiple means of engagement)	흥미 유발, 적절한 도전, 동기 증가 등 정서적 학습을 지원하기 위해 다양하고 융통성 있는 참여를 위한 선택권 제공

(2) 보편적 학습 설계의 실행

보편적 학습 설계에 근거한 AAC 교육의 시작은 학생의 다양한 학습 스타일을 허용하고 다양한 의사소통 방식을 수용할 수 있는 교실 문화를 만드는 것으로 시작한다. 어떤 학생은 글로 된 책을 읽고, 어떤 학생은 오디오북이나 태블릿 PC를 사용하여 책을 읽고, 어떤 학생은 그림으로만 된 책을 읽을 수 있다. 교실에서 동일한 교과의 동일한 주제의 수업이라도 교과 성취기준에 도달하는 방법은 학생마다 다양하다.

Robinson과 Soto(2013)는 AAC 사용 학생을 위한 UDL의 실행을 위해 다음과 같은 사항을 제안하였다.

- 수업의 주요 개념을 지도하기 위해 교과서나 학습자료를 읽을 때, 그림이나 사진, 상징을 동시에 사용하여 학습활동에 참여하게 한다. 이를 위해 수업 전 대안적 방법이 필요한 학생들의 요구사항을 점검한다.

- 교사는 교육과정을 검토하여 수업을 계획할 때, 모든 학생이 접근할 수 있는 유연하고 반응적인 방법으로 결정한다. 특별실을 포함한 모든 교실에서 학생들이 이해할 수 있는 시각적 스케줄, 그림상징으로 구성된 의사소통판 등의 시각적 지원을 더 많이 사용한다.
- 책 읽기 대신 컴퓨터를 사용하여 읽는 것과 같이 교실에서 활용할 수 있는 보조공학 기술을 검토한다. 예를 들어, 말을 하지는 못해도 글을 읽을 수 있는 뇌병변장애 학생에게는 텍스트 음성 전환 옵션을 사용하도록 준비한다. 문자 음성 전환(Text-to-Speech: TTS) 기술은 수업 시간에 또래와 함께 소리 내어 읽는 기회를 만들어 줄 수 있다.
- AAC 사용 학생을 위해 다양한 자료와 조정된 평가 방법을 사용하여 평가 및 진행 상황을 점검한다. 이러한 방법은 어휘, 구문, 형태학 및 음운론과 같은 언어 기능의 지식 수준과 사용 여부를 결정하기 위해 그림상징을 지적하여 선택하도록 할 수 있다.
- 교사는 다양한 수준의 학습목표를 설정하여 성취기준의 도달 정도를 평가할 수 있다. 예를 들어, 글을 읽고 소설의 요소를 찾아, 주요 사건을 분석하는 활동이라면 AAC 사용 학생에게는 어휘가 포함된 그림 의사소통판을 제시하여 소설의 요소를 찾는 것으로 기준을 조정하여 평가할 수 있다.

그 밖에 AAC 사용 학생이 있는 교과 수업에서는 학생의 수업 참여를 방해하는 요인이 없는지 점검하여 수정한다. 예를 들어, 교사가 질문을 한 후에 의사소통판을 이용할 시간을 주지 않고 말로만 답하게 한다거나 글로만 된 읽기 자료를 제시하는 것 등이 수업 참여를 방해하는 장벽이 된다. 장애학생이 사용하는 다양한 표현 양식을 교사와 또래가 모두 이해하여 시연하고 모델링해 줄 수 있는 수업 문화가 필요하다.

(3) 보편적 학습 설계 기반의 AAC 교육

UDL 원리 기반의 교육과정 목표는 모든 학생에게 적절한 도전을 제공하는 것이다. 수업에 사용하는 교재는 능력이 다양한 모든 학생이 학습할 수 있도록 내용과 방법이 유연해야 한다. 학습 내용은 여러 가지의 형태로 바꿀 수 있게 제공하며, 수업 방법도 누구나 경험하고 도전할 수 있을 정도로 융통성 있는 방법을 사용한다.

교사는 모든 학생이 최대한의 성취에 도달할 수 있도록 수업의 목표, 방법, 교재, 평가 방식을 설계한다. 장애학생의 신체, 인지, 의사소통 특성을 고려하여 기능적이고 효율적이며 피로감을 줄일 수 있는 대안적인 학습자료 및 교수 방법을 포함한 구체적인 교수 설계가 필요하다. 〈표 8-3〉은 UDL 원리에 따른 AAC 사용 학생의 수업 참여를 위한 교수 방법과 교수 자료의 예이다.

〈표 8-3〉 **UDL 원리에 따른 AAC 교수 방법과 교수 자료**

UDL 원리	AAC 교수 방법	AAC 교수 자료
다양한 정보제시 수단의 제공	• 지각: 청각적, 시각적 정보에 대한 대안을 제공함. 글자 외에 학생이 지각할 수 있는 그림, 사진, 상징을 포함한 자료 등 • 언어와 상징: 문해력 습득 이전의 학생도 이해할 수 있는 그림 자료나 상징을 제시하고 문장으로 제시할 때도 그림이나 상징을 연결하여 구문 구조를 학습할 수 있도록 제시함 • 이해: 핵심어휘, 주요 내용 등을 제시하거나 내용을 파악하기 쉽도록 상징의 배열, 구성을 고려함	• 그래픽 조직자 • 소리 나는 책(토킹북) • 그림 자료 • 텍스트 리더 • 그림상징카드 • 주요 어휘를 강조한 읽기 자료 • AAC 기기
다양한 표현수단의 제공	• 신체적 행동: 말로 표현하기 어려운 학생의 반응 방식을 바꾸어 줌. 신체의 한 부분을 이용하여 표현하거나 보조기기를 사용하여 선택하게 함 • 표현 기술과 유창성: 의사소통을 위한 시청각적 매체를 제공함. 원하는 것을 요구하거나 답할 수 있는 의사소통판, 글쓰기를 도울 수 있는 어휘목록 등 제공 • 실행 기능: 자주 사용하는 어휘목록, 사용하는 AAC 기기의 어휘목록 추가 등 다른 사람에게 효율적으로 의사소통할 수 있도록 지원함	• 그림이나 사진 • 의사소통판 • 태블릿 PC, 스마트기기 • AAC 기기나 앱 • 대체입력 장치 • 단어예측 프로그램 • 고정키와 필터키
다양한 참여수단의 제공	• 흥미 유발: 개인의 요구와 선호에 적절한 의사소통판과 AAC 기기 제공. 디자인과 이동성을 고려하여 보관과 사용을 지원함 • 지속적인 노력과 유지: 효율적으로 의사소통할 수 있도록 어휘의 확장, 효과적 배열 등 의사소통판, AAC 기기를 점검함. 더 많은 사람과 다양한 상황에서 빠르게 소통하고 능숙하게 사용할 수 있도록 지원함 • 자기조절: 의사소통이 어려운 상황에서 대화를 재개하는 기술 등 대처기술과 전략을 지원함. 지속해서 의사소통 기술을 발전시키도록 독려함	• 눈 응시, 제스처 등의 쉬운 반응 방법 • 선호하는 음성출력 기기, 스마트기기 • 선호하는 그림상징 사용 • 시각적 스케줄 • 대화 회복 전략

조금 더 자세히

Q. 대체입력 장치란?

A. 표준 컴퓨터 입력 장치만으로 효과적이지 않을 때는 대체입력 장치를 사용할 수 있다. 수정된 장치로서 스위치, 포인팅 장치, 음성인식 장치 등을 말한다. 스위치는 컴퓨터에 연결하여 키보드를 대체하여 사용할 수 있는 장치로, 모양과 크기가 다양하고 신체 부위 중 한 부위를 이용하여 작동할 수 있다. 자세한 것은 2장을 참고하기 바란다.

Q. 단어예측 프로그램이란?

A. 사용자가 화면상에 나타난 어휘목록에서 원하는 어휘를 선택하여 문장을 완성할 수 있게 지원하는 프로그램이다. 일반적으로 워드프로세서 프로그램에서 많이 사용한다. 자모음을 선택하여 입력하는 횟수를 줄이면서 원하는 단어를 쉽게 입력하도록 돕기 때문에 손 사용이 어려운 지체장애 학생에게 적용할 수 있다. 단어예측 프로그램은 글을 쓰거나 입력할 때, 더 빠르고 정확하게 할 수 있으며, 어휘 이해 및 어휘 사용 기능을 높일 수 있다. 불필요한 키보드 사용 및 조작을 줄여 피로감을 감소시키는 것이 가장 큰 장점이다.

Q. 고정키와 필터키란?

A. 고정키와 필터키는 글을 알고 자판을 이용하여 의사를 표현하는 학생에게 유용한 기능이다. 고정키는 한 번에 두 개 이상의 키를 누르기 힘들 때 사용한다. 키보드에서 거리가 먼 키를 동시에 입력하기가 어려울 때, 고정키 기능을 사용한다. 필터키란 손의 경직으로 인해 하나의 키가 여러 번 눌러졌을 때 오류로 인식하지 않도록 키보드의 반복 속도를 조정하는 기능이다. 손의 경직이나 떨림으로 인해 한번에 같은 키값이 여러 번 입력되지 않도록 할 때 사용하는 키이다.

2. AAC를 활용한 문해 학습

의사소통의 어려움이 있는 학생은 여러 이유로 문해 학습이 제한된다. 표현언어가 부족하면 정확한 조음 능력을 발달시킬 수 없고, 낮은 음운 인식 능력과 음운 기억력의 제한은 이해력을 떨어뜨린다. 신체장애 또한 자료의 접근성을 제한하며, 문자언어를 이용한 상호작용도 방해한다. 직접적인 교수의 부족도 문해 학습의 어려움 중 하나이다(Robinson & Soto, 2013).

이러한 이유로 문해 학습을 위해서는 언어와 인지 기술 외에도 신체 및 감각 기술을 고려해야 한다. 예를 들어, 중추신경계가 손상된 뇌성마비 학생은 신체 운동의 어려움과 피로도가 높아서 읽기 자료에 접근하기 어렵다. 또한 뇌의 시각 처리 경로의 손상이나 기능장애가 있는 뇌성/피질시각장애(CVI) 학생은 읽기 자료를 제시해도 시각 정보를 처리하기 어렵다. 그러므로 문해 학습을 계획할 때는 페이지 넘기기, 스크린 리더(screen readers), 인쇄 글자의 크기와 색의 대비, 제시하는 위치와 방향, 시각적인 혼잡성과 시야 등에 어려움이 없는지 점검해야 한다. AAC를 사용하는 모든 학생은 의사소통 방법을 배우는 동시에 읽고 쓰는 능력을 배우고 있다는 사실을 기억해야 한다.

1) 초기 문해 학습

일반적으로 글을 읽고 해독하는 능력을 문해력이라고 한다. 초기 문해력은 만 8세 이전의 초기 아동기에 이루어지는 문해력 발달 양상을 가리킨다. 초기 문해력은 이후의 문해력 발달단계에 결정적인 영향을 미치기 때문에 유의미한 의사소통 상황에서 학생의 눈높이에 맞는 활동 중심의 학습 경험과 총체적 · 보완적 언어 교수접근이 필요하다.

(1) 활동 중심의 접근

교실의 일과는 자연스러운 활동 중심으로 이루어지므로, 교실은 의사소통을 경험하고 학습하는 데 가장 적절한 장소이며 초기 문해 학습의 좋은 출발점이 된다. 초기 문해력은 일상생활에서의 활동과 경험을 통해 가장 자연스럽게 학습할 수 있다. AAC 상징으로 구성된 의사소통판이나 카드를 접하면서 사물의 이름이 있다는 것을 알고, 상징이나 글자 카드 등 인쇄물을 접하는 기회를 통해 초기 문해력을 경험할 수 있다.

일과 중 자주 접하는 활동을 중심으로 접근한다면 초기 문해 학습에 도움이 될 수 있다. 초기 문해 학습에 효과적인 활동이나 내용을 선정할 때 고려할 사항은 다음과 같다.

첫째, 초등학교 저학년 학생일수록 일과 중 발생 빈도가 높은 활동을 선정한다. 예를 들어, 인사하기, 화장실 가기, 기저귀 갈기, 옷 입고 벗기, 간식, 청결, 놀이 등은 자주 발생하는 활동이다. 이러한 활동에 관한 상징이나 글자 카드 등 인쇄물을 접하면 더 잘 학습할 수 있다.

둘째, 학생의 선호도를 고려하여 동기유발이 잘 되는 활동으로 선정한다. 초기에는 학생이 흥미를 가지는 주제나 사물을 사용하여 의사소통 행동을 강화하며, 의사소통하려는 동기와 관심을 유도한다. 예를 들어, 음악 듣기를 좋아한다면 매일 등교하여 듣고 싶은 노래에 관한 상징이나 어휘목록을 선택하고 학급 또래에게 들려주는 역할을 지도할 수 있다.

셋째, 특정한 주제의 교과 수업이나 활동을 선정한다. 하루 혹은 한 주의 주제 중심 수업이나 특정 교과의 주제나 활동을 선정하고, 활동에 필요한 상징이나 어휘목록을 제공한다. 이러한 상징이나 문자를 자주 접하는 것으로 인쇄물에 친근해질 수 있으며, 학습할 기회가 확장된다.

조금 더 자세히

Q. 교실 활동에서 교사가 할 수 있는 의사소통 촉진 전략은 무엇일까?

A.
- 의사소통을 할 수 있도록 환경 구조화하기(편안한 자세를 취하게 해 주기, AAC 도구를 쉽게 사용할 수 있도록 위치 고려하기 등)
- 학생이 의사소통을 시도한 것에 반응 보이기
- 의사표현한 것을 명확하게 확인해 주기(메시지 확인하기)
- 표현할 수 있는 충분한 시간을 제공하고, 인내를 가지고 기다리기
- 다양하고 의미 있게 의사소통을 할 수 있도록 기회를 제공하기
- 적절한 언어 모델을 제공하기
- AAC 도구를 적절하게 사용하는 것을 모델링해 주기
- 필요할 때만 촉진하기

(2) 총체적 · 보완적 언어 교수접근

AAC 교육은 가정이나 학교, 지역사회 생활을 통해 자연적인 사회적 상호관계 속에서 총체적인 언어학습으로 이루어져야 한다. 총체적 언어 접근법(whole language approach)은 의사소통 능력을 높이기 위해 언어를 총체적 · 종합적으로 교수하는 방법이다. 하나의 교수법이나 교수전략이 아니라 언어학습에 관한 접근 방식을 의미한다. 언어는 사회적이며, 의미에 기초를 둔 채 목적을 가지고 상호작용을 하며, 재미있고 흥미 있는 활동을 통해 자연스럽게 배우게 된다는 전제에 근거한 언어 교수모형이다. '총체적'의 의미는 언어의 기본 단위로서 의미의 덩어리(whole)를 다루어 언어교육을 총체적으로 학습하는 것을 강조한다. 언어학습에서 언어 경험을 중시하여 언어의 의미를 강조한다.

총체적 언어 접근법은 음운론적으로 구분하는 능력을 강조하는 부호중심 언어교육 접근법과는 상반된 의미의 접근법이다. 부호중심 언어교육 접근법은 개별적인 문자와 어휘들을 해독하고 어휘와 문장들을 서로 조합해서 의미를 학습하도록 하는 의미추론 과정을 강조한다. 또한 문자의 해독(decoding)에 초점을 두어 문법, 어휘, 낱말 인식(word recognition), 음철법(phonics) 등의 요소를 개별적으로 지도하는 방법이다. 이에 상반되는 의미로 총체적 언어 접근법은 책을 읽고자 하는 내적 동기를 증가시키며, 어휘에 대한 해독 능력의 향상, 어휘 인지 기술과 내용 이해 능력을 향상하는 접근법이다.

이러한 총체적 언어 접근법의 맥락에서 장애학생의 의사소통을 지원하기 위한 접근 방식이 총체적 · 보완적 언어 교수접근(whole aided language approach)이다. 이 접근은 총체적 언어 교수의 모든 원리에 ① 구어 능력이 부족하더라도 모든 학생에게 의사소통할 것을 기대하고, 그렇게 할 수 있는 수단을 제공해야 하며, ② 하루의 모든 활동에 걸쳐서 교사도 함께 구어 이외의 의사소통 방법을 사용하는 모델을 보이는 보완적 언어 자극 방법을 사용해야 하고, ③ 초기 구어 발달이나 일과에서 사용되는 어휘들을 우선으로 선정해서 교수해야 한다는 점을 강조한다(박은혜 외, 2008).

AAC 그림상징카드를 사용하여 의사표현을 하면서 의사소통 능력을 향상하고 동시에 AAC 그림상징을 이용하여 읽기와 쓰기 활동 등 학습활동에 참여하면서 자연스럽게 언어를 학습하게 한다. 학생 개인의 흥미와 언어 수준에 적합한 어휘목록은 학생의 언어 발달을 촉진할 수 있으며, 더 많은 문자언어, 언어 규칙을 학습하는 기회가 될 수 있다. 그러나 한글이라는 문자 체계를 가르치는 틀 안에 문해 교육을 제한하지 않아야 하며, AAC 그림상징을 이용한 읽기와 쓰기를 시도하는 활동을 통해 문해 학습으로 발달하도록 지도해야 한다.

2) 문해 학습

읽기와 쓰기를 지도하는 대표적인 방법에는 의미중심 접근법과 음운 분석적 접근법이 있다. 의미중심 접근법으로도 불리는 통언어적 접근법은 언어 발달과 같이 문해력 발달이 경험에 의해 본능적으로 발달한다는 가정에서 출발한다. 통언어적 접근법은 문맥 단서와 학생의 동기를 강조하고, 다양한 방법을 활용하여 학생이 글자와 상호작용하게 한다. 어휘 및 언어의 구조에 지속하여 노출함으로써 문자와 의미를 학습하도록 하는 접근법이다. 개인의 경험과 활동 기반으로 의미를 형성하는 학습으로 이루어지므로 구체적인 읽기 기술은 지도하지 않는다. 문자를 해독하는 기능을 가르치기보다는 읽기 활동 과정에서 의미와 내용을 자연적으로 이해할 수 있도록 일상적인 언어 경험이나 기능을 강조하는 하향식 접근법이다(양민화, 박미경, 이애진, 김보배, 2014). 반면에 음운 분석적 접근법은 언어학적 접근을 강조하는 상향식 교수법이다.

의사소통의 어려움이 있는 학생은 여러 이유로 문해 학습이 제한된다. 이 장에서는 충분한 음운 인식 능력을 갖추지 못한 중도장애 학생의 문해 학습 방법으로 실용적인 접근을 중심으로 다루고자 한다. 생활 속에서 자주 경험할 수 있는 어휘를 변별하고 문해 학습을 지원하는 방안으로 통글자 학습, 어휘와 이야기 구조, 이야기 만들기, 음운과 음소 및 음운 인식에 관하여 다루고자 한다.

(1) 통글자 학습

음운 인식 및 해독이 글을 읽기 위한 최상의 전략은 아니다. 글을 처음 배우는 학생은 음운 인식을 통해 글을 읽는 것보다 통글자(sight word)를 통해 더 많이 학습할 수 있다. 충분한 음운 인식 능력을 갖추지 못한 중등도 또는 중도장애 학생은 생활 속에서 많이 경험할 수 있는 새로운 어휘를 변별하기 위한 실용적인 전략을 지도하는 것이 효과적이다.

어휘 이해력이 부족하면 상징을 사용한 의사소통은 가능하지만, 읽기 능력을 향상하기는 어렵다. 처음에는 통글자에 초점을 두고 지도하더라도 장기적으로는 어휘력이 향상되도록 지도해야 한다. 비장애학생은 경험을 통해 어휘를 이해하며 우연히 새로운 어휘를 학습하기도 하지만 AAC를 사용하는 학생은 명확한 교수 절차가 필요하다.

통글자 접근법은 반복적으로 노출된 통글자 어휘의 시각적 형태를 기억하여, 어휘의 시각적 형태, 소리와 의미를 연합시키도록 하는 교수법이다(이경화, 2005). 경험을 중심으로 한 읽기 자료를 사용하기 때문에 동기가 높아지고, 개별적 접근이 가능하다. 통글자 학습으로 문해 학습을 시작하는 학생은 이 기술을 바탕으로 독해 능력을 확장하는 음운 인식 기술을 배울 수 있다. 그러나 통글자 읽기 교육은 단순히 어휘 이름을 익히는 것 이상이어야 한다. 어휘 또는 문장 수준을 넘어 일상생활에서 사용하는 어휘로 인식할 수 있도록 문장이나 맥락 안에서 이해하도록 지도한다.

① 통글자 선정

통합적인 읽기 활동을 위해서는 학생의 능력과 흥미, 관심을 유발할 수 있는 주제 중심의 자료를 사용한다. 학생에게 가장 의미 있고 유용한 어휘를 선정한다. 읽기와 쓰기를 지도할 때는 교과서, 이야기, 동화책 등 쉽게 읽을 수 있으며 자주 사용하는 어휘를 선정한다. 생태학적 목록을 사용하여 지도할 어휘를 선정하는 것이 도움이 된다(6장 참조). 학생의 현재 환경을 조사하고, 미래 환경을 고려하여 학생과 가족 면담을 통해 어휘목록을 수집한다. 표지판이나 안내판 등 학생 주변의 환경에서 고빈도로 노출되는 어휘를 선정한다. 학생의 관심 영역(예: TV 프로그램, 스포츠 등), 현재 환경(예: 교실 또는 학교, 복지관 등)에서 이루어지는 활동(예: 수업, 놀이, 치료, 여가 등), 또래와 가족의 이름, 안전 관련 어휘(예: 출구 또는 소화기 등), 진로와 관련한 어휘 등으로 선정할 수 있다.

기능성이 강조된 어휘목록의 개발과 함께 발달 수준 및 교육과정에 적합한 어휘를 포함하여 선정한다. 교육과정과 연계하여 수업 중 자주 사용되는 학습 어휘들을 선정하면 반복적인 사용으로 학습할 가능성이 높다. 교육과정 주제에 맞춘 어휘 선정은 통글자의 학습뿐 아니라 교과에서의 학습목표 성취도를 향상할 수 있다(〈표 8-4〉 참조).

〈표 8-4〉 **읽기 · 쓰기 학습활동의 예**

교과	국어
주제	교실에 왔어요.
목표	학교의 교육 일과에 맞는 활동 장소를 찾을 수 있다.
내용	활동 1: 우리 교실 찾기 • 아침에 등교하여 교실에 들어와 수업 준비하는 차례 알기 –학교 버스 → 엘리베이터 → 화장실 → 교실 → 책상에 가방을 놓고 앉기 → 학용품 꺼내 놓기 → 알림장 꺼내기 등(예: "학교 버스에서 내려 엘리베이터를 타요." "교실에 들어가요.") –학교에 있는 여러 장소 명칭 알기
	활동 2: 특별실 찾기 • 시간표를 보면서 오늘 가야 할 특별실 알기 –학생의 책상에 일과표와 가야 할 특별실 제시하기 –일과표에 따라 특별실을 붙이기(예: "점심시간에는 식당에 가요." "음악 시간에는 음악실에 가요.") –"급식실에 가요." "화장실에 가요." 등 표현하기
어휘	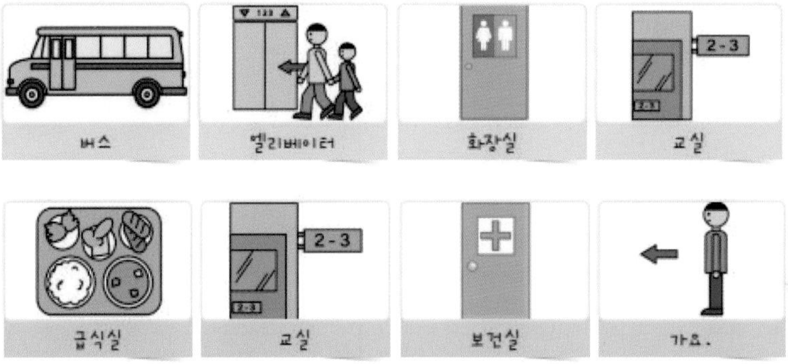

출처: 국립특수교육원(2014), p. 199에서 수정 발췌.

② 어휘목록 배열

지도해야 할 통글자 목록이 결정되면 난이도별로 정리한다. 학생의 현행 수준에 따라 2~3개의 어휘가 될 수도 있고 수십 개가 될 수도 있다. 어휘 학습은 자연스러운 일상생활 속에서 기능적으로 사용하여 통글자를 인식하고 연습할 기회를 제공한다. 실제 환경에서 사용해야 학습과 일반화가 용이하다. 인지 능력이 지체된 학생일수록 자연스러운 환경에서 더 많은 교육이 필요하다. 예를 들어, 교실에서 자주 볼 수 있는 물건(예: 의자, 문, 창문, 컴퓨터, 책상)과 어휘를 연관시킬 수 있도록 AAC 상징을 붙이고 읽기를 지도하는 것도 전략이 될 수 있다.

지도할 어휘목록이 일정 수 이상이면 어휘의 의미 이해와 인식을 높일 수 있는 어휘 배열 전략을 사용한다. 어휘 이해력을 높이기 위해 사용할 수 있는 기준은 다음과 같다.

- 유사한 범주로 모아서 배열한다.
- 반대의 의미가 있는 것끼리 모아서 배열한다.
- 기능별로 배열한다(예: 크기, 색상, 기능).
- 이야기나 노래의 어휘는 어휘가 나오는 순서대로 배열한다.

③ 교수 방법과 교수 자료의 결정

어휘를 지도하기 위한 교수 방법과 촉진 전략은 학생의 학습 특성과 선호도에 따라 결정한다. 컴퓨터나 AAC 프로그램, 앱이나 그림상징카드 등 어떤 도구를 사용할지, 혹은 소그룹이나 개별 학습 등 어떤 집단 형태를 사용할 것인지는 개별 특성을 고려한다. AAC 프로그램이나 앱을 사용하더라도 별도의 교육 자료는 제작해야 한다. 통글자 학습에 적절한 그림상징카드를 준비할 때는 상징의 형태와 글자의 요소(글꼴과 크기, 색상 등)를 고려한다. 어휘 학습에 사용하는 그림상징카드는 어휘 확장을 위해 동일한 형태로 제작한다.

④ 연습과 일반화

어휘를 연습하고 일반화할 기회를 처음부터 계획한다. 유창함을 키우고 일반화를 촉진하기 위해서는 어휘목록을 의사소통판이나 작은 책 등의 어휘 모음 형태로 만든다. 카드 한 면에 어휘를 쓰고 다른 면에는 어휘의 의미를 나타내는 그림이나 사진을 제시한다. 혹은 카드 한 면에 어휘를 쓰고 다른 면에 그림을 추가하거나 짧은 문장을 포함할 수 있다.

의사소통 책이나 어휘 그림 사전, 상징 사전 등은 학생의 수행 수준에 따라 가나다순이나 범주별, 주제별로 모아 주는 것도 하나의 방법이 된다. 학생이 원하는 어휘를 찾기 쉽도록 색인 카드를 넣어 제작한다. 교실 한쪽 벽면에 학습하는 어휘의 목록을 한눈에 볼 수 있도록 그림상징 포스터를 부착하면 사물과 그림상징, 어휘의 연관성 학습에 유용하다.

그 밖에 학습된 어휘를 기능적으로 사용하고 일반화하기 위해 어휘를 범주화하는 능력의 지도도 필요하다. 어휘 범주화 기술(categorization skills)은 다른 사람과 의사소통할 때, 필요한 어휘를 빠르게 찾아 표현하는 데 필요하다. 예를 들어, '소' 그림 카드를 주고 교통, 음식, 옷, 동물의 네 가지 범주 중 어디에 속하는지 놓을 수 있도록 지시하는 것으로 범주화 능력을 평가할 수 있다. [그림 8-1]은 어휘 범주화 능력 평가의 예시이다.

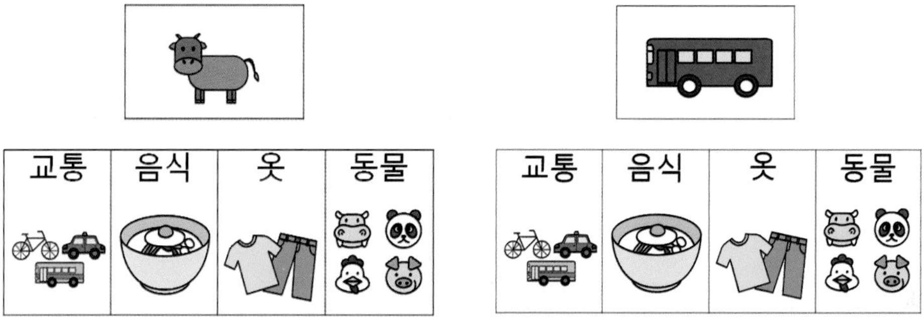

[그림 8-1] **어휘 범주화 능력 평가의 예시**

출처: AAC 그림상징 수행능력 평가(http://symbol.ksaac.or.kr/SymbolEvaluation/EvaluationInfo.jsp).

(2) 어휘와 이야기 구조

어휘와 이야기 구조는 흥미롭고 다양한 형식의 이야기와 글을 사용하여 지도한다. 첫 단계에는 그림이 풍부한 책으로 주제에 관한 배경지식을 다루고 다양한 어휘와 문장 유형을 경험하게 한다. 학생에게 책을 읽어 주는 것은 읽기 학습의 동기를 갖게 하기 위한 것이다. 혼자서는 읽을 수 없는 책을 경험하고, 문자언어의 의미를 느끼게 한다. 이 단계에서의 책 읽기는 즐거움이 목적이기도 하지만, 다양한 어휘를 따라 읽고 경험하는 것이 주된 목적이다. 언어와 읽고 쓰기 능력을 키우기 위한 가장 중요한 권장 사항은 책을 읽어 주는 것이다. 두 번째 단계에서는 그림의 양이 적고 학생이 자주 읽을 수 있는 책으로 바꾼다. 한 페이지에 한 줄 정도의 반복된 어휘가 포함된 문장이 있는 책 읽기로 지도한다. 일상의 경험을 담은 책이나 학생의 경험을 담은 이야기 책을 제작하거나 선정하여 지도한다. 마지막 단계에서는 학생이 이미 학습한 빈도가 높은 어휘를 많이 포함하고 있는 책으로 읽기 지도를 한다. 학생이 스스로 읽을 수 있는 것을 목표로 한다.

문장의 이해를 발달시키기 위해서는 이미 알고 있는 어휘와 새로운 어휘를 연관시켜 이해하도록 그림 단서를 활용한다. 문장의 의미를 이해했는지 확인하기 위해 해당하는 어휘들을 AAC 기기에서 찾아서 누르게 하고, 교사는 학생이 선택한 어휘를 연결하여 문장을 만든다. 문장을 이해하는 데 중요한 어휘는 별도로 단어카드로 제시하고 새로운 어휘가 나왔을 때는 새 어휘를 등록해 놓은 AAC 기기에서 찾아서 누르게 한다. 해당 버튼을 눌러 음성을 출력시키는 것으로 읽기 활동에 참여하게 한다. 새로운 어휘를 이용한 문장 읽기와 듣기는 학생의 문장 이해도를 발달시킨다. AAC 도구에 어휘를 입력해 줄 때, 한국어의 통사적 구조에 적절한 언어 산출이 가능하도록 구조화하면 문장 학습 가능성이 커진다.

교사: 선생님이 말하는 것을 들어 봐요. "희영이는 비가 와서 이것을 썼어요." "희영이가 무엇을 썼나요?"

학생: (AAC 기기에서 '우산' 상징을 찾아 누른다.)

교사: 우산을 왜 썼나요?

학생: (AAC 기기에서 '비' 상징을 찾아 누른다.)

교사: 비가 올 때 희영이는 어떻게 했어요?

학생: (AAC 기기에서 '희영'과 '비' '우산'을 연결하여 누른다. "희영이는 비가 와서 우산을 썼어요."라고 음성이 출력된다.)

이야기책 읽기는 문해력 향상에 효과적인 활동이다. 〈표 8-5〉는 AAC 사용 학생의 문장 이해를 촉진하기 위해 적용할 수 있는 이야기책 읽기 촉진 전략(facilitation devices with storybooks)이다. 읽은 내용에 대해 구문 확장, 의미 확장, 바꿔 말하기 등은 문법적으로 올바른 문장을 사용하도록 촉진하는 가장 일반적인 방법들이다. 의사소통의 어려움이 있는 학생들이 문법적으로 정확한 발화로 의사소통하지 못하는 이유 중 하나는 의사를 표현하는 데 시간이 오래 걸리기 때문에 효율적인 방법을 선택한다는 점이다. 의미를 전달하기 위해 많은 어휘를 사용하기보다는 핵심어휘만 말하고 건너뛴다거나 가능한 한 적은 노력으로 요점만 전달하려고 하기 때문이다.

정교화 질문은 학생이 표현한 내용에 대해 좀 더 상세히 표현할 수 있도록 촉진하는 전략이다. 예를 들어, 학생이 "가방."이라고 말했을 때, "누구의 가방을 말하는 거야?" 혹은 "가방 안에 무엇이 있니?" 하고 다시 말하도록 질문하는 것으로 상세히 말하기를 촉진한다. 수직 구조의 언어 촉진은 짧은 표현만으로는 정확한 의도를 알 수 없을 때 대화상대자가 학생이 말한 어휘를 추측하는 방식으로 해석하여 좀 더 세부적

〈표 8-5〉 **이야기책 읽기 촉진 전략**

촉진 유형	촉진 전략
언어적 촉진	• 구문 확장(syntactic expansion): 학생이 말한 내용을 문법적으로 완성할 수 있도록 즉각적인 언어 반응을 제공함 • 의미 확장(semantic expansion): 학생이 말한 내용에 새로운 내용을 추가하는 우발적 언어 반응을 제공함 • 바꿔 말하기(recast): 학생이 말한 내용과 의미는 같지만, 구문 구조를 바꾸어 주는 우발적 언어 반응을 제공함 • 촉진(prompt): 학생이 생각을 완성하거나 비문법적인 표현을 변경하도록 유도하는 조언이나 질문을 함 • 정교화 질문(elaboration question): 학생이 말한 내용을 확장하도록 유도하는 질문을 함 • 수직 구조(vertical structure): 학생이 답한 내용을 바탕으로 정보를 얻기 위해 추가 발문함. 학생이 처음에 답한 내용과 추가 발문으로 답한 내용을 통합하여 정리함
반응 촉진	• 모델링(modeling): 해당하는 어휘 혹은 형태를 모델링함 • 새로운 발화를 유도하기 위한 발문: 내용에 대해 질문하거나 목표로 하는 구문 구조를 표현할 수 있도록 설명함 • 촉진(prompt): 교사는 학생이 목표 구조를 사용할 수 있도록 말을 하다가 일시 중지하거나 학생의 말을 반복해 주기, 부분적인 반응만 제공하기 등으로 반응을 촉진함
통제 촉진	• 목표 설명: 교사는 학생에게 무엇을 할 것인지 설명함 • 비교(compare) 또는 대조(contrast) 제시: 교사는 관련 어휘 또는 문법구조의 유사점, 차이점을 강조함 • 정확한 피드백 제공: 학생에게 자신이 말한 것이 옳은지 아닌지 알려 주고 그 이유를 설명함

출처: Robinson & Soto (2013).

인 대화로 이끌어 가며 촉진하는 것을 말한다. 그러나 수직 구조의 대화 형태를 반복적으로 사용하면 대화상대자의 대화 방식에 의존하는 형태가 되어 의존성을 높일 수 있다. 학생의 표현이 정확하지 않고 불분명할 때는 추가 질문을 통해 구나 절, 문장의 형태로 표현할 수 있도록 촉진하고 대화상대자와 학생 간의 균형적인 상호작용이 이루어지도록 한다.

(3) 이야기 만들기

문장 만들기는 어휘를 연결하여 문장을 만드는 기술이다. 의사소통판이나 AAC 기기의 2개의 그림상징을 이어서 선택하여 문장을 만들도록 지도한다. 예를 들어, 교사가 다음과 같이 촉진한다.

교사: 선생님이 말하는 것을 듣고 말해 봐요. "아기가 먹어요."

학생: ('아기' 상징과 '먹어요' 상징을 가리킨다.)

교사: 아기가 배가 고프면 무엇을 할까요?

학생: ('아기' 상징과 '먹어요' 상징을 연달아 가리킨다.)

교사: 아기가 졸릴 때는 무엇을 하나요?

학생: ('아기' 상징과 '자요' 상징을 연달아 가리킨다.)

주부와 술부의 간단한 문장 만들기가 가능하면 그다음에는 문장의 구조를 조금 더 발전시킨 형태로 지도한다.

교사: 선생님이 말하는 것을 듣고 말해 봐요. "아기가 과자를 먹어요."

학생: ('아기' '과자' '먹어요' 상징을 가리킨다.)

교사: 아기가 배가 고프면 무엇을 먹어요?

학생: ('아기' '과자' '먹어요' 상징을 연달아 가리킨다.)

교사: 아기가 목이 마를 땐 무엇을 마셔요?

학생: ('아기' '물' '마셔요' 상징을 연달아 가리킨다.)

교사: 아기가 졸릴 땐 어디에서 자요?

학생: ('아기' '침대' '자요' 상징을 연달아 가리킨다.)

학생에게 문장 표현을 지도할 때는 학생이 말하고자 하는 내용을 다른 사람이 알아들을 수 있는 언어로 표현하는 방법도 함께 지도한다. 이러한 의사소통 능력을 점차로 계발해 가면서 읽기 능력과 연결하여 학습하도록 계획한다. 읽기 지도 시 읽기 자료는 학생의 생활연령을 고려하여 선택한다. 또한 의사소통판에 나열된 낱말을 지적하고, 낱말과 낱말을 연결하여 문장을 만들고, 문장과 문맥의 내용을 실제로 이해할 수 있도록 지도한다.

통합학급의 문장 만들기 수업 시간에 또래들이 구문적으로 올바른 문장을 만드는 데 도움이 되도록 장애학생의 AAC 기기에 어휘와 구를 입력해 놓는다. AAC 기기에 입력된 어휘와 구를 이용하여 또래의 문장 만들기 과제를 지원할 수 있다. AAC 기기에 넣어 준 어휘와 구로 만든 문장은 소리로 출력시켜 발표하도록 지도한다. 수업 시간에 활용할 수 있는 활동은 다음과 같다.

- 통합학급의 수업 주제에 적절한 내용을 AAC 기기에 입력하여 발표할 기회를 줌
- 자신을 소개할 수 있는 내용을 저장해 준 뒤 발표하게 함("얘들아, 안녕? 난 ○○이야. 난 목소리가 작고 소리가 잘 나오지 않아서 말하기는 어려워. 하지만 이 태블릿을 사용하면 말할 수 있어. 내가 말할 때까지 조금만 기다려 줘.")
- 발표할 내용을 작성하여(사진을 찍고 문자를 입력하면 소리로 출력됨) 수업 중 발표하게 함. 읽은 책의 내용을 몇 컷으로 찍어서 태블릿 PC에 넣어 준 뒤 발표하게 함
- 오늘의 시간표 말하기: AAC 앱에 오늘의 시간표를 입력해 준 뒤, 통합학급에서 친구들에게 오늘의 시간표를 발표하도록 함
- 교과 시간에 발표하기: 특수학급에서 작성한 동시 등을 발표하거나, 숙제해 온 내용을 발표할 기회를 줌

(4) 음운, 음소, 음운 인식

음운(phonological)은 말의 뜻을 구별해 주는 소리의 가장 작은 단위이며, 음소(phonemic)는 음절을 자음과 모음으로 나눌 수 있는 언어학적 단위를 말한다. 음운 인식(phonological awareness)은 언어의 소리 구조에 대해 이해하고 인식하는 것을 의미한다. 일반적으로 학생들은 자연스러운 과정에서 경험과 기회를 통해 음운 인식과 음운 인식 기술을 배운다. 그러나 AAC 사용 학생은 이러한 기술을 습득할 기회와 경험이 제한적이다. 말을 하지 못하는 학생이라도 언어의 소리 구조를 이해하고 자음과 모음을 조작하는 능력의 지도가 필요하다. 글자-소리 대응, 같은 소리, 같은 철자 읽기 등을 지도해야 한다.

예를 들어, 글자와 소리의 대응 관계를 지도하기 위해 교사는 먼저 글자를 읽어 주고 그 소리에 해당하는 글자를 AAC 기기에서 찾아보도록 지도한다. 반대로 교사가 글자를 제시하고 학생은 해당하는 글자를 눌러서 소리가 출력되도록 지도한다. 말소리 정보와 글자 정보를 연결하는 학습은 어휘의 소리에 관심을 높이게 되며, 향상된 음운 인식 능력은 이후의 읽기 학습을 더욱 촉진한다. 단, 음운 인식 과제는 학생의 능력 수준을 파악하고 수준에 적합한 난이도를 설정해야 한다.

음운 인식 활동은 음소 생략, 어휘 짝 맞추기, 혼합 음성 분리 등 다양한 지도 방법

을 사용할 수 있다. 예를 들어, 음소 혼합기술(phonemic blending skills)을 발달시키기 위해 교사는 어휘를 말하고 학생은 해당하는 어휘의 그림이 있는 항목을 AAC 기기에서 찾아 누르게 한다. 예를 들어, 교사가 "'ㅅ'과 'ㅏ'가 만나면 어떤 글자가 될까?" "'ㅈ' 'ㅏ'가 만나면 어떤 글자가 될까?" 하면서 그 글자를 말해 보게 한다. 이때 학생은 AAC 기기에서 '사자'를 찾아 누르고 소리로 출력되는 것을 듣는다. 이 과정을 통해 문자 정보가 어떻게 소리로 대응되는지 학습한다. 효과적인 음운 인식 활동을 위해 다음의 사항을 유의하여 지도한다.

- 엄격한 훈련을 피하고 재미있는 놀이로 지도한다.
- 교사와 학생의 1:1보다는 몇 명의 학생이 함께 참여하도록 구성한다.
- 언어에 대한 호기심과 시도를 자극한다.
- 개인차를 고려하여 어휘를 선정한다.

3. AAC를 활용한 교과교육

특수교육 분야는 일반교육의 전반적인 변화와 동향을 적극적으로 수용하면서 동시에 통합교육의 확대, 긍정적 행동지원, 가족 지원, 자기결정력, 진로 및 직업교육, 평생교육 등을 강조하고 있다. 특수교육에서 이러한 변화는 '교육'을 가르치고 배우는 일방적인 관계가 아닌 사회 맥락적 관계 내에서의 광범위한 지원으로 인식하기 때문이다. 이러한 변화에 따라 교사의 역할도 바뀌고 있으며, 협력을 바탕으로 한 교육지원팀의 중요성이 강조되고 있다.

특히 장애학생의 학교 적응 여부는 교사의 지원 정도에 따라 달라질 수 있다. 특수교사는 학생의 교육계획을 수립하는 가장 중요한 역할을 담당한다. 의미 있는 교과수업이 되도록 교육 내용을 수정하고 교수 방법을 고안하며, 도전적 행동지원을 제공하는 주된 역할을 담당한다. 특수교사는 교육의 가장 핵심적인 역할을 담당하면서 동시에 교육이 효과적으로 지원되도록 협력을 끌어내는 역할을 한다. 장애학생의 AAC 교육은 교실에서만 이루어지는 것이 아니므로 학교 내 모든 구성원과 가족의 바른 인식과 협력이 전제되어야 한다. 즉, 협력팀을 중심으로 AAC 교육을 실행하는 것

역시 특수교사의 몫이다.

1) 협력팀 구성

협력팀은 가족을 포함하여 학교 교사(특수교사, 통합교육 환경에서는 통합학급교사 등), 언어재활사, 직장 고용인 등 관련 분야의 전문가들로 구성한다. AAC 교육을 위한 팀을 구성할 때는 〈표 8-6〉과 같은 영역을 고려하여 구성한다.

협력팀의 팀원들이 처음 만났을 때 초기 토론 과정이 필요하다. AAC 교육에 관한

〈표 8-6〉 AAC 교육을 위한 팀의 영역

• 교육 –적절한 사회적 · 학업적 경험 계획 –인지적 개념 학습 계획 –교실에서의 사회적 의사소통 요소 평가 –교실에서 필요한 요소 결정 –적절한 직업과 진로활동 개발 • 언어재활 –수용 · 표현언어 –발달과 장애 –AAC 상징, 기술, 전략 –의사소통 중재 관리 • 작업 치료 –일상생활 활동 –기능적 의사소통을 위한 자세 잡기 –적응을 위한 보조장비 –움직임의 보조 –보조도구, 컴퓨터, 부목 등을 활용한 접근성 • 신체적 치료 –이동 보조 –운동 근육 통제와 학습 –기능적 의사소통을 위한 자세 잡기 –근육의 힘과 범위 유지하기 –근육의 유연성, 균형, 협응을 증가시키기 위한 신체와 자세 조절	• 약물 관련 –약물 사용 관리 –의학적 식이요법 관리 • 상담 –인지 기능 검사 –적절한 학습 스타일 점검 –학습 잠재력 평가 • 보조공학 –전자, 기계 장치 및 AAC 도구의 적응과 수정 • 관련 서비스 –총체적 생활 환경 평가 –가족과 지역사회 자원 확인 –지원 및 자금 확보에 관한 정보 제공 • 직업 상담 –지업적 잠재력 평가 –작업 목표 정하기 –직장동료 교육 –직장에서 필요한 요소 판단 –컴퓨터 사용 능력 평가 –소프트웨어 프로그램의 위치 조정 –의사소통 욕구를 표현할 수 있는 프로그램 개발

개인의 목표나 욕구를 공개적으로 표현하는 것은 자연스러운 일이지만 '더 좋은' 의견에 대한 생각의 차이가 있을 수 있다. 초기 토론 과정에 가족을 포함하는 것은 특히 중요하다. AAC 지도 계획 수립 과정에 참여하지 못한 가족은 진단이나 중재 계획 동안 의견을 제시할 수 없게 된다. AAC 팀에 대한 부모의 요구와 우선순위는 시간이 지나면서 변하기 때문에 지속적인 팀 협력과 소통을 유지한다. AAC 사용 학생이나 가족을 팀에 포함해야 하는 이유에 대해 Beukelman 등(2012)은 다음과 같이 제시하였다.

- AAC 교육 후에 나타나는 변화는 가족이 제일 먼저 파악할 수 있다.
- 학생과 가족의 노력이나 동의 없이 이루어지는 팀의 AAC 교육은 '자신의 것'이라고 생각하지 않을 수도 있다.
- 평가나 중재의 질과 관계없이 가족이 참여하지 않는다면 AAC 교육에 관한 주변 사람들의 불신이 커질 것이다.
- 처음부터 가족이 팀원에 포함되지 않는다면 팀 구성원의 역할을 배우지 못하게 된다.

특히 학생이 배치된 환경에 따라 포함될 협력팀 구성원은 다양하다. 예를 들어, 통합환경에 배치된 학생의 협력팀은 통합학급에서 지원이 이루어지도록 통합학급 교사와 또래를 포함해야 한다. 통합지원을 위한 관련인 교수가 없을 때 발생할 수 있는 어려움이 매우 다양하다. 새로운 AAC 방법에 대한 설명 없이 교육이 실행된다면 학생의 담임교사 및 교과교사, 또래의 지원을 기대하기 어렵다. 성인의 경우에는 직장 관리자와 동료를 지원팀에 포함하지 않으면 성과를 기대하기 어렵다. 이들은 공식적인 팀 회의에 참여하지 않아 필요한 지원을 하지 못하며, 적절한 지원 방안을 배울 기회도 없다. 이러한 문제 상황이 발생하지 않도록 학생 주변인을 포함한 팀 구성이 필요하다.

2) 교과교육 설계

학교 교육의 중요한 목표는 학교생활에 참여하여 학업과 일상생활에서 긍정적인 성과를 얻는 것이다. 그러나 의사소통의 어려움이 있는 학생은 학교 일과와 수업 중에 자신을 표현하고 참여하는 것이 제한되며 학교생활에 어려움을 경험하곤 한다. 이는 학생의 어려움으로 그치지 않고 수업을 진행하고 학생과 소통하는 교사에게도 해당한다. 이에 학교 일과와 수업 내에서 AAC의 적용이 필수적으로 고려되어야 한다. 다음의 사례는 통합학급 내에서 AAC 체계를 지원하는 방법에 대해 살펴보고 실제로 적용하였던 연구(김경양 외, 2014, 2015)와 학교에서의 AAC 지원에 관한 연구(Boruta & Bidstrup, 2012; Robinson & Soto, 2013)를 바탕으로 작성한 사례이다.

(1) 의사소통 환경 구성

AAC 교육을 실행하기 위해서는 기본적으로 수업과 학교 일과 내에서 의사소통 기회가 풍부해야 한다. 의사소통 기회는 초기 AAC 방법을 사용하는 학생에게 매우 중요하다(김경양 외, 2014; Fossett et al., 2013). 따라서 수업 중에 교사와 학생의 상호작용과 또래 간의 의사소통 기회가 증대될 수 있는 교실 환경을 구성해야 한다. 예를 들어, 학교에 도착하였을 때, AAC 도구를 사용하여 교사와 또래에게 인사하는 일과를 구성하거나 시각적 스케줄을 구성하여 활용하고, 자리 배치, 사물함, 교구함을 시각적 자료로 표현해 두거나, 교사의 책상과 학생의 책상에 의사소통 카드를 부착하여 사용하는 것도 풍부한 의사소통 환경을 만드는 예이다.

(2) 현행 수준 파악

수업 중에 AAC를 적용하기 위해서는 먼저 AAC 사용이 필요한 학생의 현행 수준 및 요구를 파악하는 것에서 시작한다. 이는 특수교사 외에도 언어재활사, 부모, 통합학급 교사를 포함하여 다양한 전문가가 함께 초학문적 AAC 팀을 구성하여 진행한다. 학생의 요구를 파악하기 위해서는 [그림 8-2]와 같이 관찰, 면담, 직접 평가 과정을 거친다. AAC 평가 영역에서는 신체 및 감각 능력, 의사소통 능력(수용언어 및 표현언어), 인지 능력, 상징 평가 등이 있다. 이는 각 영역의 전문가와 함께 협력적으로 진행하는 것이 바람직하다. 국내에서 참고해 볼 수 있는 평가는 PAA(Paradise AAC Assessment, 박은혜, 김영태, 김정연, 2008), Communication Matrix(https://www.communicationmatrix.com) 등이 있다. 자세한 내용은 3장을 참고하기 바란다.

관찰
- 수업 상황에서 최소 3회 이상 관찰
- 의사소통 기능, 형태 분석

→ **면담**
- 부모와 관련 서비스 전문가, 교사 등 면담
- 학생의 선호도, 일과 중 활동 어휘를 수집함

→ **직접 평가**
- 표준화된 검사(예: REVT)
- AAC 평가(예: PAA)
- 의사소통 및 언어 능력 평가 체크리스트

[그림 8-2] **학생의 요구 파악을 위한 AAC 평가 절차**

출처: 국립특수교육원(2016).

(3) 학습목표 수립

학생의 요구를 파악한 후에는 현재 교육과정 목표를 확인하고, 학생의 개별화된 AAC 목표를 설정한다. 학습목표 수립 시 고려할 사항을 살펴보면 다음과 같다.

첫째, 학생의 해당 학년 수준의 교육과정 및 교과를 확인한 후, 교과 목표를 학생 중심으로 좀 더 쉬운 표현으로 수정한다. 예를 들어, 교과의 본시 학습목표가 '친구와 사이좋게 지내는 방법을 실천할 수 있다'라면 이를 영수는 '함께' '약속' '도와주다' 등의 표현을 학습하여 '친구와 사이좋게 지내는 방법을 표현할 수 있다'로 수정한다.

둘째, 언어재활사와 협력하여 교과 목표를 학생의 요구와 능력에 적합한 AAC 관련 목표로 개발한다. 이는 기존의 학습목표를 수정하거나 학생의 IEP에서 AAC 방법을 지도하는 것으로 개발할 수 있다. 예를 들어, '영수는 친구와 사이좋게 지내는 방법을 AAC 도구의 상징을 선택하여 표현할 수 있다'로 수정한다. 이때 제시하는 상징은 '우리' '함께' '도와주다' '약속' 등이 된다.

셋째, AAC 목표를 개발한 후에는 교과 또는 활동 영역에서 핵심어휘(모든 상황에서 주요하게 사용되는 어휘)와 개인어휘(특정 상황에서 사용되어 핵심어휘를 도와주는 어휘)를 선정한다. 학생이 교과 수업에서 AAC 체계를 사용하기 쉽도록 AAC 기기에 교과 및 AAC 목표와 관련된 어휘와 상징을 미리 탑재한다. 수학 교과에서 사용할 수 있는 어휘목록의 예시는 〈표 8-7〉과 같다.

〈표 8-7〉 **수학 교과의 핵심 및 개인어휘**

핵심어휘	개인어휘
도와주세요, 모르겠어요, 어려워요, 힘들어요, 재미있어요, 다했어요 등	더하기, 빼기, 곱하기, 나누기, 사칙연산 등의 수학 교과 관련 어휘

의사표현이 어려운 학생의 수업 목표를 수립할 때, 흔히 하는 실수 중 하나는 행동적 목표로 진술하지 않는 것이다. 행동적 목표란 학생이 수업을 마친 후에 수행할 수 있기를 기대하는 학습자의 외형적 행동 혹은 명세적 행동으로 행위 동사를 사용하여 진술하는 것을 말한다. AAC 교육목표는 관찰할 수 있는 학생의 행동으로 진술해야 하며, AAC 교육을 통해 학습하거나 성취하기를 기대하는 성과에 대한 행동적 용어로 수립한다. 다음은 AAC 교육을 위한 학습목표 설정의 예이다.

〈표 8-8〉 **학습목표 설정의 좋은 예와 좋지 않은 예**

좋지 않은 예	좋은 예
• 수업에 집중할 수 있다.	• 질문을 듣고 3개의 상징 중 해당하는 상징을 선택할 수 있다. • 수업 시간에 학습한 상징 3개를 찾을 수 있다.
• 과학 수업에 자기 자리에 앉을 수 있다.	• 의사소통판을 보고 오늘 실험할 주제가 무엇인지 찾을 수 있다.
• 또래가 말하는 것을 잘 들을 수 있다.	• 토론 시간에 사용할 상징을 선택하여 그룹수업에서 발표할 수 있다. • 친구의 발표를 듣고 발표한 내용에 해당하는 상징을 의사소통판에서 찾을 수 있다.
• 20분 동안 프론스탠더에 서 있을 수 있다.	• 모든 친구들이 학습지를 받았는지 점검할 수 있다(프론스탠더에 서서).
• 이야기를 들을 수 있다.	• AAC 기기를 사용하여 친구에게 아침 인사와 감사 인사를 표현할 수 있다.

(4) 교수학습과정안 작성 및 실행

AAC 목표를 설정한 후에 교사는 언어재활사와 함께 수업 활동을 계획한다. 수업은 교육과정 활동의 맥락 안에서 실행되어야 한다. 특히 학생의 접근성과 반응 요구를 설명할 수 있도록 활동을 수정한다. 예를 들어, 교수학습과정안에 교사의 발문에 따라 학생이 AAC를 사용하여 답하거나 질문할 기회를 수업의 전체 과정에 삽입한다. 의사소통 전략 중 스크립트 전략을 적용할 수 있다. 다음은 AAC 교육 목표가 적용된 통합교과 교수학습과정안의 예이다.

〈표 8-9〉 AAC 목표가 포함된 교수학습과정안

<table>
<tr><th>교과</th><td colspan="3">통합교과 1(학교 1)</td></tr>
<tr><th>활동</th><td>우리는 친구</td><th>차시</th><td>12/12</td></tr>
<tr><th rowspan="2">본시 학습목표</th><th>일반교육 목표</th><td colspan="2">• 친구와 사이좋게 지내는 방법을 실천할 수 있다.</td></tr>
<tr><th>수정된 목표</th><td colspan="2">• 친구와 사이좋게 지내는 방법과 관련된 어휘/상징을 의사소통판에서 선택하여 표현할 수 있다.</td></tr>
<tr><th>핵심어휘</th><td colspan="3">우리/함께/약속/도와주다</td></tr>
<tr><th rowspan="2">학습단계</th><th colspan="2">교수학습활동</th><th rowspan="2">교수전략, 자료 및 교수 집단</th></tr>
<tr><th>교사 활동</th><th>AAC 사용 학생 활동</th></tr>
<tr><th rowspan="2">학습 문제 인지하기</th><td>• 친구와 관련된 예화 읽어 주기
–친구와 관련된 예화를 읽어 주며, PPT로 제작한 애니메이션 영상을 함께 보여 준다.</td><td>–애니메이션 영상을 집중하여 본다.</td><td rowspan="2">–전체 활동
–또래지원
–PPT 제작 애니메이션 영상
–AAC 상징/어휘 자료 준비</td></tr>
<tr><td>• 친구가 있어서 좋은 점 이야기하기
–나와 가장 친한 친구가 누구인지 이야기하도록 한다.
–좋아하는 친구 이름을 알아본다.</td><td>–나와 가장 친한 친구의 사진을 AAC로 선택한다.</td></tr>
<tr><th>바른 행동 알아보기</th><td>• 친구와 함께 할 수 있는 일 알기
–모둠별로 친구와 함께 해서 좋았던 일을 이야기한다.
• 친구를 도와줄 수 있는 일 알아보기
–모둠별로 친구를 도와줄 수 있는 일을 이야기하고, '이런 친구가 되어 줄게'라는 약속 카드를 제작하여 발표하도록 한다.</td><td>–친구와 함께 했던 경험과 관련된 AAC 어휘/상징을 선택한다.
–친구들의 이야기를 경청한다.
–친구를 도와줄 수 있는 일과 관련된 그림을 색칠하고 어휘를 따라 써 본 뒤, AAC 안에 새로운 상징을 넣는다.
–AAC에 넣은 새로운 상징을 활용하여 약속 카드를 제작한다.</td><td>–모둠 활동
–AAC 상징/어휘 자료 준비</td></tr>
<tr><th>바른 행동 해 보기</th><td>• 어떤 친구가 될지 약속하기
–모둠별로 어떤 친구가 좋은 친구인지 이야기하도록 한다.
–모둠별로 나는 다른 사람에게 어떤 친구가 될지 약속하는 뜻에서 다짐 카드를 제작하여 발표하도록 한다.</td><td>–좋은 친구와 관련된 AAC 어휘/상징을 선택한다.
–친구들의 발표를 경청한다.</td><td>–모둠 활동
–AAC 상징/어휘 자료 준비</td></tr>
<tr><th>바른 행동 다짐하기</th><td>• 친구에 대한 주제 학습 마무리하기
–친구와 사이좋게 지내는 방법을 발표하도록 한다.
–서로에게 좋은 친구가 될 수 있게 다짐하도록 한다.</td><td>–친구들의 발표를 경청하며 관련된 AAC 어휘/상징을 살펴본다.
–좋은 친구와 관련된 어휘/상징을 선택하여 학습지를 해결한다.</td><td>–개별 활동
–AAC 상징이 들어간 학습지 제공
–AAC 자기점검 자료를 활용하여 자기 목표를 설정한 부분에 표시하기</td></tr>
</table>

출처: 국립특수교육원(2016), pp. 7-12에서 수정 발췌.

(5) 교수학습자료 개발

교과 내에서 AAC 목표가 포함된 교수학습과정안에 따라 교수학습자료를 개발하여 적용할 수 있다. 특히 AAC 팀은 체계적이고 일관된 수업을 통해 교수 자료를 개발하고 교육과정 수정에 관해 협력한다. 교사와 언어재활사가 동일한 교수 자료를 일관성 있게 사용한다면, 학생은 내용에 집중하게 되고 기대되는 언어기술을 학습할 가능성이 커진다. [그림 8-3]은 친구와 관련한 AAC 교수학습자료의 예시이다.

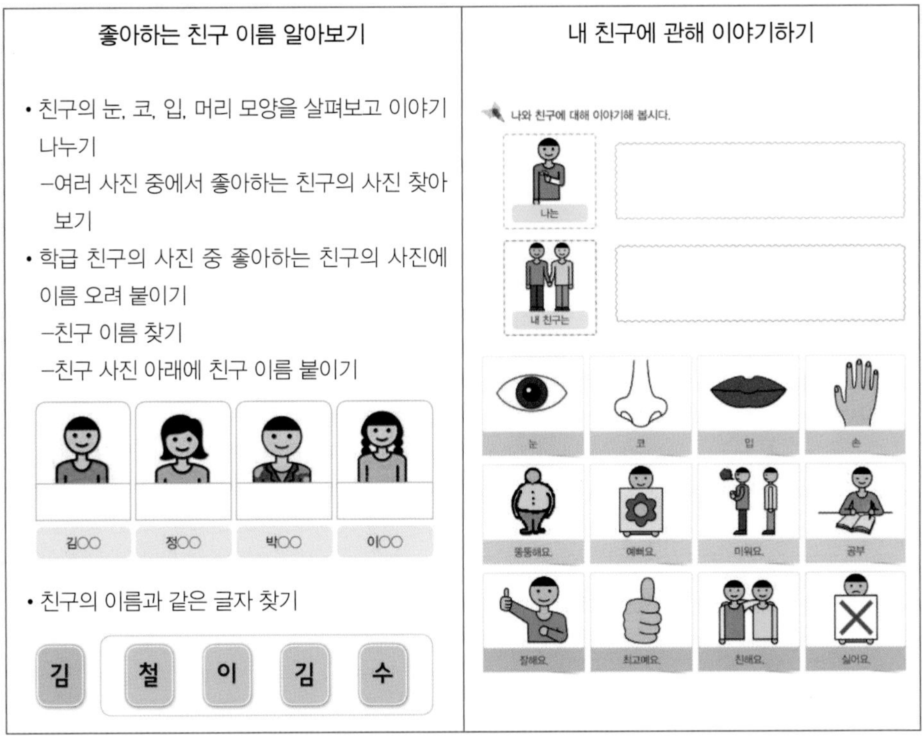

[그림 8-3] AAC 교수학습자료

출처: 국립특수교육원(2014), pp. 282, 284에서 수정 발췌.

수업 활동 참여를 촉진하기 위한 전략으로 [그림 8-4] [그림 8-5]와 같은 약속하기 자료를 개발하여 활용할 수 있다.

나는 이런 친구가 될 것을 약속해요.		학년 반 이름	
약속 카드 	공부할 때 도와줘요. 	아플 때 도와줘요. 	같이 놀아요. 

[그림 8-4] **약속 카드 1**

나는 약속해요.	학년 반 이름
	나는 칭찬하는 친구가 될 거예요.
	나는 먼저 사과하는 친구가 될 거예요.
	나는 아플 때 도와주는 친구가 될 거예요.

[그림 8-5] **약속 카드 2**

(6) 평가 자료 개발

AAC 목표에 따라 수업을 진행한 후, AAC 상징과 어휘를 활용하여 평가 자료를 개발한다. [그림 8-6]은 활동 후 평가 자료의 예이다.

[그림 8-6] **평가 자료 예시**

3) 교과교육 실행 점검

장애학생의 권리와 학교 및 교사들의 교육적 책무성에 관해 관심이 크게 확대되면서 우리는 어느 때보다 좋은 특수교사를 필요로 하는 시기에 직면해 있다. 장애학생의 발달은 교사 변인에 의해 영향을 받을 가능성이 크다. 좋은 교사를 만나는 것은 학습뿐 아니라 전반적인 생활에도 영향을 미칠 수 있다.

교육 분야에서는 역량을 갖춘 수행능력이 뛰어난 교사를 좋은 교사로 규정한다. 그러나 교사는 여러 환경과 맥락 그리고 개인적 가치 실현의 과정이 복잡하게 얽매여 있는 상황에서도 객관적인 관찰 역량과 유연성, 열정을 가지고 효과적인 교수법을 실행할 수 있어야 한다. 즉, 교사는 '과학적으로 검증된 교수법'의 개념과 교수법을 교실 상황에서 적용할 수 있어야 한다. 특수교사에게는 '과학적으로 검증된 교수법을 선택할 수 있는 역량'이 매우 중요하다. 증거기반 교수법이란 결국 보다 많은 학생에게 효과적이라고 알려진 교수법을 활용하는 것이다.

장애학생들의 교육의 질을 향상하기 위하여 최근에 중요함이 강조되고 있는 기준(Snell & Brown, 2011; Westling & Fox, 2004) 중 증거기반의 교수, 긍정적 행동지원, 자기결정력 등의 전제는 장애학생도 자기가 선택한 것, 좋아하는 것을 인식하고 이에 대한 효과적인 의사소통을 통해 성취할 것을 강조한다. 이를 위해 사회성 기술, 감정 조절, 문제해결 기술, 타인이해 기술, 의사소통 기술 등을 교육과정과 교과 수업 시간 내에 삽입하여 구체적으로 지도할 필요가 있다.

특수교사는 협력을 기반으로 장애학생의 요구에 적합한 교육 목표를 설정하고 일관성 있게 교육하며 성장할 수 있도록 주도할 책임이 있다. 또한 장애의 경중을 떠나 소통할 수 있는 범위와 수준을 넓혀 가며 의사소통을 지원하는 실행력을 갖추어야 한다.

[참고 자료] 보편적 학습 설계를 AAC에 어떻게 적용할 수 있을까요?

■ 연구 제목

보편적 학습 설계(UDL)을 적용한 통합인식개선프로그램이 일반초등학생의 학교생활 만족도와 수용태도에 미치는 영향

■ 연구 목적

초등학교 4학년 비장애 학생들을 대상으로 보편적 학습 설계를 적용한 통합인식개선프로그램을 실시하여 일반학생의 학교생활 만족도, 장애수용태도 및 보완대체의사소통에 대한 태도를 살펴보고자 함

■ 연구 참여자

• 초등학교 4학년 통합학급 6개 반(실험집단 3학급, 통제집단 3학급)
• 각 학급에는 지적장애 학생이 1명씩 통합되어 있었으며, 모든 학급이 학교 차원의 장애이해교육, 인권교육, 학교폭력예방교육, 장애발생예방교육을 받음

■ 연구 설계

사전 · 사후 실험 · 통제집단 설계

■ 중재

• 보편적 학습 설계를 적용한 통합인식개선프로그램(D · H · P)
  –보편적 학습 설계의 원리와 AAC의 학습요소를 적용하여 다름 인식(장애인식 개선교육), 인권교육, 학교폭력예방교육을 종합적으로 지도함으로써 학급 내 다양한 문제에 대응하고자 하는 프로그램
  –보편적 학습 설계 적용 예시

학습 목표	모든 학생	나의 강점과 약점을 안다.				
	대부분의 학생	강점과 약점의 의미를 알고 상징과 그림, 신체표현을 사용하여 꿈을 표현한다.				
	일부 학생	강점과 약점의 의미를 알고 상징을 골라서 표현한다.				
본시 수업에 적용		활동 내용	UDL 적용	AAC 적용	학습 모형	학습자료
	도입	영상을 본 느낌 말하기	R: 꿈을 가진 사람들 영상 Ex: 말, 행동, 쓰기로 표현 En: 학생의 흥미를 높이는 동영상	상징 목표 제공	반응 준비	R: IPTV, PPT Ex: 화이트보드 En: 동영상 자료
	전개	강점과 약점 찾기/의미 알기	…… Ex: 그림 그리기, 신체 표현하기, 상징으로 나타내기	마이토키 상징판, 상징 스티커	반응형성, 반응 명료화	–
	정리	인생 MAPS 즉석 동영상	R: 빔프로젝터 …… En: 빔프로젝터 동영상 게시	–	반응 심화	–

– AAC 그림상징을 다양한 표상수단, 참여방법의 다양화, 언어이해를 돕기 위한 방법, 발표 및 표현 자료, 안내 자료의 역할 등 다양하게 활용함

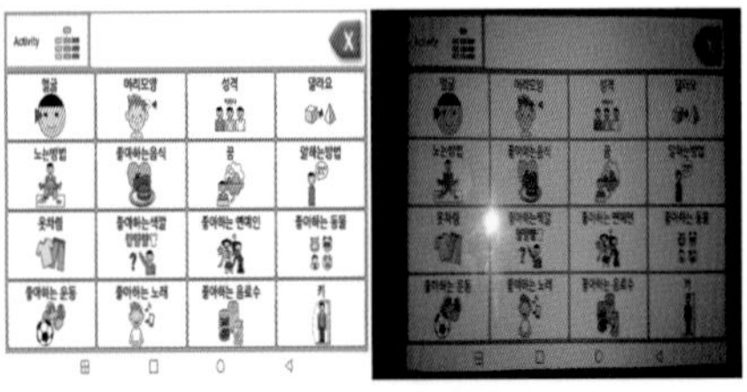

마이토키 보드 및 스마트 활용

다양한 표상수단으로 제시

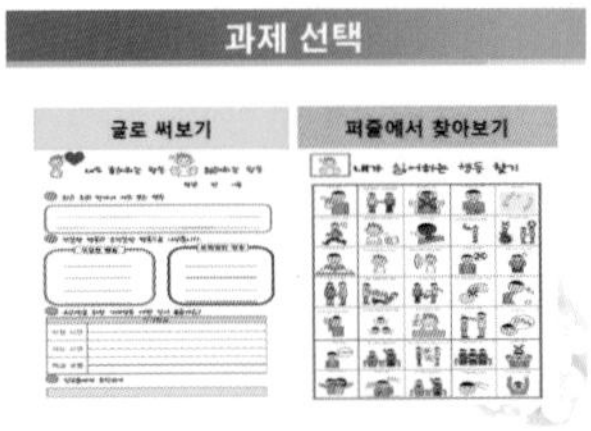

참여방법의 다양화

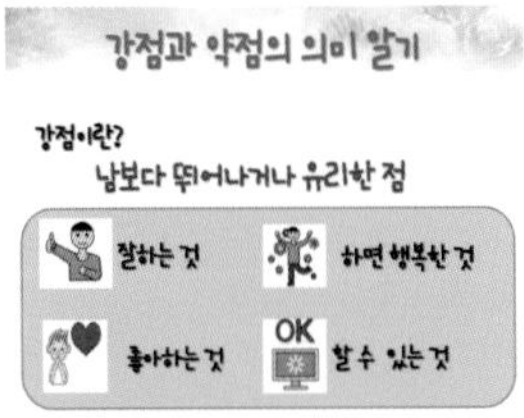

언어이해를 돕기 위한 방법

발표 및 표현 자료, 안내 자료 역할

■ 연구 결과

본 프로그램은 일반 초등학생의 학교생활만족도, 보완대체의사소통에 대한 태도, 장애학생에 대한 수용태도에 통계적으로 유의한 영향을 줌

■ 연구 의의

보편적 학습 설계 원칙을 교과수업이 아닌 통합인식개선프로그램에 적용한 것과 AAC 그림상징을 학생들의 이해와 표현을 높이기 위해 사용하였다는 점에서 의의를 가짐

■ 출처

정소영, 박은혜(2018). 보편적 학습설계(UDL)을 적용한 통합인식개선프로그램이 일반초등학생의 학교생활 만족도와 수용태도에 미치는 영향. 보완대체의사소통연구, 6(1), 23-40.

[참고 자료] 그림상징 이야기책으로 발달장애 학생의 철자지식을 향상시킬 수 있을까요?

■ 연구 제목

그림상징을 활용한 이야기 읽기 활동 중재가 초등학교 저학년 발달장애 학생의 철자지식과 수업참여행동에 미치는 영향

■ 연구 목적

초등학교 저학년 발달장애 학생을 대상으로 그림상징을 활용한 이야기 활동 중재를 실시하여 대상아동의 철자지식과 수업참여행동에 미치는 영향 및 일반화 가능 여부를 살펴보고자 함

■ 연구 참여자

- 만 6~8세의 자폐성장애 및 지적장애 학생 3명
- 단어를 음절로 끊어 읽고, 문장을 이해하기 어려워하며, 한글 받아쓰기는 가능하나 단어를 쓰는 것은 어려워함

■ 연구 설계

대상자 간 중다 간헐 기초선 설계

■ 중재

- 주 2회 30분씩, 그림책에서 선정한 5개의 목표단어를 다음과 같이 지도함

단계	세부 내용	
도입	그림책의 표지를 제시하여 어떤 내용일지 이야기를 나누고, 그림상징판에 제시된 그림상징카드를 보며 목표단어의 철자와 그림상징을 연결함	
전개	① 상징 부착 활동	• 교사가 읽어 주는 이야기를 들으며 목표단어가 나오면 학생이 그림상징판에서 알맞은 그림상징을 찾아 책에 붙이도록 함
	② 목표단어 인식하기 활동	• 교사와 학생이 함께 책을 읽으며, 목표단어를 읽을 때 교사가 한 글자씩 손가락으로 짚으며 강조하여 읽어 줌 • 그림상징 그림책을 읽은 뒤 목표단어의 그림상징카드를 보며 목표단어의 의미에 대해 함께 이야기 나눔
	③ 혼자 읽기 활동	• 학생이 혼자 그림책을 넘기며 목표단어가 나오면 단어의 철자를 손으로 짚으며 읽도록 함

	④ 그림상징 찾기 활동	• 교사가 제시하는 문장을 읽고 문장에서 목표단어의 철자를 찾고, 마이토키 스마트에서는 목표단어의 그림상징을 찾음
정리	이야기 내용을 정리하고, 학습한 5개 목표단어의 그림상징과 철자를 다시 확인함	

■ 중재 도구

교수 자료	내용
그림상징 그림책	• 그림책의 각 페이지를 A4 사이즈로 컬러 복사 후 목표단어가 제시된 페이지에는 벨크로를 붙여서 그림상징카드를 붙이도록 함
그림상징카드	• 목표에 대한 그림상징과 철자를 넣어 6×6cm 크기로 제작하고, 그림상징이 없는 경우 그림책의 삽화를 사용함
그림상징판	• 30×21cm 크기로 5개의 상징을 탈부착할 수 있도록 제작함
마이토키 스마트	• 태블릿 PC에 한국형 보완대체의사소통 그림상징과 음성출력 기능이 내장된 하이테크 기기 • 첫 화면은 그림책의 표지 사진이 제시되고, 표지 그림을 누르면 해당 이야기의 목표단어 5개의 그림상징이 제시되도록 설정함

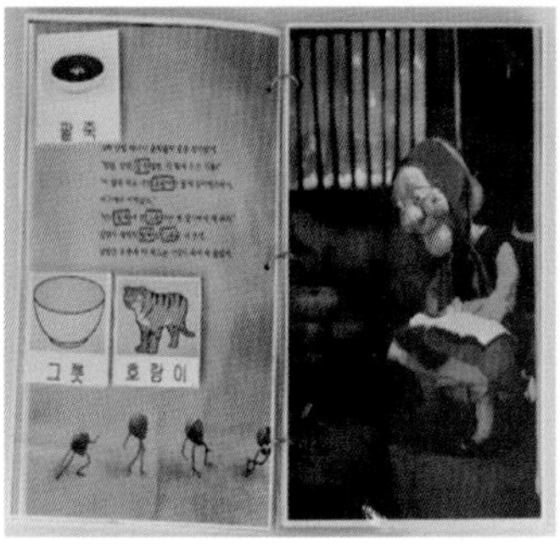

『팥죽할멈과 호랑이』 그림상징 그림책

그림상징판과 그림상징카드

날짜	월 일	책 제목	팥죽할멈과 호랑이
회기		이름	

※선생님이 보여주는 그림과 소리를 듣고 알맞은 단어를 찾아보세요.

팥족	팔죽
팥쭉	지붕

철자지식 평가지(자소-음소 불일치)

■ 연구 결과

3명의 발달장애 학생 모두 철자지식과 수업참여행동이 향상되었으며, 다른 구조의 설명문에도 일반화된 것으로 나타남

■ 연구 의의

그림상징, 그림책과 같은 효과적인 두 가지 읽기 중재 방법을 접목하여 프로그램을 고안하고, 하이테크 기기를 활용하여 장애학생의 철자지식과 수업 참여에 미치는 영향을 살펴볼 수 있다는 점에서의 의의를 가짐

■ 출처

박정애, 박은혜(2020). 그림상징을 활용한 이야기 읽기 활동 중재가 초등학교 저학년 발달장애학생의 철자지식과 수업참여행동에 미치는 영향. 보완대체의사소통연구, 8(2), 1-28.

9장

도전행동과 AAC

보완대체의사소통

긍정적 행동지원(Positive Behavior Support: PBS)이란 장애학생의 도전행동을 최소화하고 전반적인 삶의 질을 증진할 수 있도록 재설계하여 행동을 확장하고 변화시키기 위한 교육적 접근이다(Carr & Horner, 2007). 이미 다양한 선행연구들을 통해서 긍정적 행동지원의 성과 및 효과는 검증이 되었다(Carr & Horner, 2007; Clarke et al., 1999; Lucyshyn et al., 2007, 2015). 긍정적 행동지원에서 가장 핵심은 행동 발생의 원리를 파악하고 이에 따라 행동을 중재하는 것이다. 긍정적 행동지원에서 의사소통은 행동과 연결되어 있고, 도전행동이 하나의 의사소통 형태로 보일 수 있다(Bopp et al., 2004). 이 전제에 따르면, 도전행동은 제거하거나 없애야 하는 것이 아니다. 따라서 9장 '도전행동과 AAC'에서는 행동 발생의 원리에 따라 도전행동의 기능을 평가하는 다양한 예를 살펴본 후, 기능적 의사소통 훈련 및 기타 다양한 중재를 AAC 체계와 연결하여 살펴보고자 한다.

1. 행동 발생 원리에 따른 행동의 기능평가

1) 행동 발생 원리

모든 인간의 행동은 원리에 따라 나타나고 이는 네 가지로 설명될 수 있다(박은혜, 이소현, 2011). 행동 발생 원리에는 다음 네 가지가 포함된다. ① 행동은 환경의 영향을 받는다. ② 행동은 행동이 발생하는 전후 상황의 영향을 받는다. ③ 모든 행동에는 기능이 있다. ④ 행동은 특정 법칙(강화와 벌의 원리)에 따라 발생한다. 행동 발생 원리에 따라서 도전행동이 발생하는 원리를 살펴보면 다음과 같다.

(1) 행동은 환경의 영향을 받는다

행동은 물리적 환경과 사회적 환경에 영향을 받아 발생한다. 행동은 물리적 환경으로 공간적 및 시간적 환경에 영향을 받는다. 예를 들어, 잘 정돈되고 깨끗하고 예측 가능한 환경에서는 도전행동의 발생 빈도가 낮으나, 정돈되지 못하고 시간표가 들쑥날쑥하여 예측이 불가능한 환경에서는 도전행동의 발생이 증가할 수 있다. 교사들은 학생들이 도전행동을 보이면 그 행동 자체에 먼저 초점을 두기보다는 물리적(공간, 시간) 환경이 어떠한지 확인해야 한다. 학생들의 감각적 특성으로 인해 물리적 환경이 도전행동을 일으키는 원인이 될 수 있다. 교사가 점검해 봐야 하는 물리적 환경은 다음과 같다. '교실이 너무 시끄럽지 않은가?' '교실 불빛이 너무 자극적이지 않은가?' '교실 내 동선이 복잡하지 않은가?' '교실 시간표가 너무 유동적인지 않은가?' '지켜야 할 규칙이 너무 많진 않은가?' '환경에 대한 정보가 학생이 이해하기 어렵지 않은가?' 등이다. 이에 학급 규칙, 시간표, 교실 내 가구 배치 및 동선 등 물리적 공간을 구조화해야 한다. 이 외에도 사회적 환경으로 친구 및 교사와의 관계를 확인해야 한다. 교실 수업에 학생이 참여하고 있는지, 참여의 기회가 배제된 것은 아닌지, 참여를 못하고 있다면 어떤 기회를 제공할 것인지, 친구와 관계는 어떠한지 등에 대해 사회적 환경에서 참여를 반드시 확인해야 한다.

사례

민호는 청각 예민도가 높은 자폐성장애 학생이다. 학교에서 쉬는 시간에 선생님이 풍선을 불어서 공처럼 주고받는 활동을 준비하였다. 선생님이 풍선을 불자 민호는 소리를 지르며 밖으로 뛰어나갔다.

행동 발생 이유

민호는 청각에 예민한 학생이다. 민호는 교실에서 풍선을 불다가 '펑' 하고 터질까 불안하였다. 따라서 소리를 지르며 교실 밖으로 뛰어나가는 회피행동이 발생하였다.

(2) 행동은 발생하는 전후 상황의 영향을 받는다

도전행동이 발생하면 먼저 물리적·시간적 환경이 어떠한지 살펴본 후에, 도전행동에 영향을 주는 바로 직전과 바로 후 상황을 살펴봐야 한다. 왜냐하면 모든 행동은 그 행동의 발생 전, 발생 후에 순서대로 발생하고 서로 영향을 주고받고 있기 때문이다. 이를 일반적으로 선행사건, 행동, 후속결과의 ABC 분석으로 설명한다. 선행사건은 특정 행동이 발생하기 바로 직전에 발생한 행동(사건)을 의미한다. 선행사건 후에 어떤 행동이 발생하고, 그 행동이 발생한 후에 그 행동의 결과에 따라 강화 및 벌이 주어지는데 그것이 후속결과이다. 이미 여러 연구를 통해서 행동이 단순히 선행사건, 후속결과의 영향만 받는 것이 아니라, 배경사건(선행사건 이전에 발생하였던 사건) 및 동기(배경사건 이전에 어떤 행동이 나타나기 위한 근본적인 동기)까지도 서로 영향을 주는 것으로 나타난다. 이를 그림으로 살펴보면 [그림 9-1]과 같다.

은수는 감기에 걸려서 감기약을 먹고 왔다(배경사건).
첫 수업이 국어 시간이었다(선행사건).
감기약 때문에 잠이 들었다(행동).
이후 선생님께 꾸중을 듣고 벌을 서게 되었다(후속결과).

[그림 9-1] **행동의 발생 전후**

(3) 모든 행동에는 기능이 있다

앞서 설명한 행동의 전후 상황을 살펴보면, 행동이 다양한 기능을 갖고 있다는 것을 확인할 수 있다. 이를 행동의 기능분석이라고 한다. 일반적으로 행동의 기능은 다음의 다섯 가지로 구분하는데, 요구(요청)하기, 회피(거부)하기, 관심 얻기, 자기자극, 놀이 및 오락 등이다. 각각에 대한 설명은 다음과 같다.

① 요구(요청)하기

얻고 싶고 갖고 싶은 것에 대한 요청 및 요구이다. 대개 손으로 직접 만질 수 있는(tangible) 물건을 얻기 위해 요구하는 것을 포함한다.

사례

민호는 비구어 자폐성장애 학생이다. 민호는 마이쮸가 마트 계산대 앞에 있는 것을 알고 있다. 마이쮸가 먹고 싶으나 '마이쮸 먹고 싶다'라고 말로 표현하기 어렵다. 그래서 민호는 마트에 갈 때마다 엄마를 붙잡고 계산대 앞에서 마이쮸를 가리키며 소리 내어 운다. 엄마는 민호가 울 때마다 조용히 시키기 위해 마이쮸를 구입하여 입에 넣어 준다.

② 회피(거부)하기

물건이나 활동을 갖고 싶지 않거나 참여하고 싶지 않아서 나타나는 거부 기능이다. 도전행동이 회피 기능으로 나타날 때는 행동의 형태 및 빈도, 강도가 가장 크고 가장 강하고 많이 나타난다.

사례

영이는 비구어 지적장애 학생이다. 영이는 국어 시간에 칸 공책에 이름 쓰기를 매일 10장씩 쓰는 것이 싫다. 교사가 국어 시간에 이름 쓰기 공책을 꺼내서 책상 위에 두면 공책을 두드려 본다. 이름을 몇 개 쓰다가 공책을 바닥에 던진다. 선생님은 "영이는 공책 올려놓고 이름 쓰세요."라고 지시한다. 그러면 공책을 다시 올려서 이름을 한 번 쓴다. 그리고 다시 공책을 던진다. 선생님이 엄한 표정으로 쳐다보고 영이에게 가까이 오면서 이름 쓰기를 다시 확인시켜 준다. 영이는 공책을 바닥에 던지면서 의자를 빼고 바닥으로 내려온다. 교사는 영이를 의자에 앉히기 위해 붙잡고 일으키고 영이는 누워서 버틴다. 선생님이 영이를 자리에 앉히기 위해 붙잡는 동안 국어 수업이 끝난다.

③ 관심 얻기

사회성 기능으로 타인의 관심을 얻고 타인과 상호작용에 참여하고자 하는 기능이다. 좋아하는 사람 곁에 앉거나 친구에게 인사하고 선생님을 부르는 등의 다양한 형태로 타인의 관심을 얻기 위한 사회적 기능이 표현된다.

사례

은아는 비구어 자폐성장애 학생이다. 담임선생님의 도덕 수업 시간에 은아는 손톱이 불편해서 뜯었다. 어느 날 엄지 손톱을 이빨로 뜯고 있는데 선생님이 이빨로 손톱을 물어뜯는 소리를 듣고 은아를 쳐다보았다. 그리고 "수업 시간에 손톱 뜯지 않아요. 손톱 뜯는 것은 나쁜 행동이에요."

라고 하면서 은아에게 다가와 손을 잡고 입에서 내려 주었다. 이후 은아는 매 도덕 시간마다 선생님이 볼 때까지 손을 뜯기 시작했고 엄지 이외에 모든 손가락을 뜯는 행동으로 나타났다.

④ **자기자극**

어떤 행동이 다른 의미나 의도 없이 학생 스스로 감각이나 자극을 얻기 위해 나타나는 것이다. 자폐성장애 학생의 상동행동도 자기자극 형태로 나타날 수 있다. 손 박수를 계속 치거나, 제자리 뛰기를 하거나, 침을 뱉고 손놀이를 하는 등의 형태들로 나타나고 자극 행동으로 나타날 수 있다.

사례

영이는 지적장애 학생이다. 움직이는 것을 싫어하고 조용한 성격이기 때문에 집에서도 학교에서도 조용한 학생이다. 영이는 집에서도 학교에서도 늘 한 공간에서 한자리에 혼자 있었다. 어느 날부터 영이는 침을 뱉어서 손으로 비벼대기 시작했다. 침 냄새와 침의 끈적거림이 영이에게 안정감을 주었다. 그때부터 영이는 침을 뱉고 양손으로 비벼서 자기 얼굴이나 몸에 바르는 촉감자극을 지속하였다. 부모님과 선생님이 꾸중을 하고 붙잡고 못하게 하여도 영이는 멈추지 않고 계속하는 유일한 활동이 되었다.

⑤ **놀이 및 오락**

어떤 행동이 놀이 및 오락으로 나타나는 것이다. 자기자극 행동이 놀이 및 오락의 기능으로 나타날 수 있다. 예를 들어, 어떤 환경이나 활동에 참여하지 않고 혼자 이마를 손바닥으로 계속 때리는 학생은 자기자극 행동이면서 동시에 스스로 자극하여 놀이 및 오락으로 행동을 나타내는 것일 수 있다. 학교 현장에서 놀이 및 오락으로 나타나는 도전행동의 대표는 '왕따'이다. 타인을 소외시키고 제외시킴으로 즐거움을 느끼게 되고 이를 심심해서 했다는 것은 '왕따'를 하는 행동이 놀이 및 오락의 기능으로 나타났음을 보여 주는 것이다.

(4) 행동은 특정 법칙(강화와 벌의 원리)에 따라 발생한다

모든 행동은 강화에 따라 발생이 증가하고 벌에 따라 감소한다. 앞서 도전행동의 기능을 분석한 후에는 그 기능을 유지시키고 감소시키는 강화와 벌이 무엇인지 확인하는 것이 중요하다. 행동은 강화에 의해 증가한다. 강화란 특정 행동을 지속 및 유지시키며 더 증가시키는 것이다. 음식, 휴식시간, 선호하는 장난감 등이 이러한 강화를 위한 강화물로 작용한다. 강화에는 정적 강화와 부적 강화가 있다. 정적 강화는 행동이 발생한 후에 어떤 것을 더하여(+) 행동의 발생을 증가시키는 것이다. 반면에 부적 강화는 어떤 행동을 한 후에 어떤 것을 감해(−) 줌으로써 행동의 발생을 증가시키는 것이다.

벌이란 어떤 행동의 발생을 감소시키는 것을 목적으로 한다. 벌 또한 정적 벌과 부적 벌로 구분된다. 정적 벌은 체벌과 같이 행동 후에 매를 맞거나 싫어하는 과제를 더 하게(+) 되는 등 어떤 것을 더하여 행동 발생을 감소시키는 것을 의미한다. 부적 벌은 어떤 행동 후에 선호하고 좋아하는 것을 못하게 하거나 감해서(−) 행동의 발생을 감소시키는 것이다.

사례

민호는 통합학급 수업 시간에 누워서 잠을 자거나 혼자 멍하게 있었다. 어느 날 교과서를 펴고 덮고 하다가 책상에 떨어뜨려서 '쿵' 하고 소리가 났다. 담임선생님이 "민호, 조용히 하세요." 라고 단호히 지적하였다. 이후 민호는 통합학급 수업이 시작하면 교과서를 책상에 두드리기 시작하였다. 담임선생님은 민호에게 지속적으로 엄하게 꾸중을 하였으나 행동은 줄어들지 않았다. 결국 민호는 모든 수업 시간에 교과서를 책상에 두드리는 행동을 보이게 되었다.

이유

민호는 수업 시간에 잠을 자거나 혼자 멍하게 있을 정도로 수업이 재미가 없었다. 그러던 중 교과서를 책상 위에 떨어뜨리면서 교사의 야단을 맞게 되었다. 민호에게 교사의 야단은 정적 강화가 되었다. 교사는 민호에게 정적 벌(예: 꾸중)을 한다고 하였으나, 민호에게는 교사의 꾸중은 정적 강화였다. 그래서 민호의 행동은 감소하지 않고 지속적 강화를 통해 유지되었다.

2) 의사소통 형태와 기능 분석

우리는 다양한 의사소통 방법으로 일상에서 소통한다. 구어뿐만 아니라 몸짓, 손짓, 눈빛, 발성, 제스처, 움직임 등을 복합적으로 사용한다. 그래서 모든 사람은 다중양식체계의 의사소통 형태를 사용한다. 비구어의 도전행동이 있는 중복장애 학생의 경우에는 이러한 다중양식의 사용이 더욱 복잡할 수 있다. 의사소통 능력을 평가할 때는 반드시 학생이 이미 사용하고 있는 의사소통 방법이 어떤 것이고 상호작용에서 의사소통을 어떻게 하고 있는지 확인해야 한다. 예를 들어, 지체중복장애 학생의 경우에는 신체적 움직임, 근 긴장도 등의 세심한 관찰을 통해 의사소통 형태를 발견해야 한다. 그리고 그 형태 안에 내포된 의사소통 기능을 찾아야 한다. 드러나고 외적으로 강도와 빈도가 강하게 나가는 행동(예: 소리 지르기 등) 이외에도 미묘하고 관찰되지 않으면 찾기 어려운 내재화된 행동(예: 눈물, 인상 쓰기 등)도 구별할 수 있어야 한다. 이 모든 것이 의사소통 신호로 해석되어야 행동의 기능을 분석할 수 있기 때문이다.

전언어(prelinguistic) 단계에 있는 학생이라면 제스처, 포인팅, 발성 등의 다양한 형태로 의사소통할 것이다. 그러나 이 외에도 의사소통적인 행동, 울음, 흐느낌, 쳐다보기, 얼굴 표정과 같은 의사소통 방법도 잠재적인 의사소통 방법에 포함된다(Sigafoos et al., 2000). 전언어 단계의 의사소통 기능에는 행동 규칙, 사회적 상호작용, 공동관심, 거부하기, 요구하기, 모방하기, 정보 요구하기, 감정 공유하기 등이 있다(Sigafoos et al., 2000). 그런데 이러한 전언어적 행동들의 의사소통 기능을 확인하고 판별하는 것은 쉽지 않다. 그래서 의사소통 기능과 방법에 대한 체크리스트(Wetherby, 1995)를 사용하는 것이 도움이 된다. 의사소통 기능과 형태를 파악하는 것은 도전행동 지도를 위해 행동의 기능과 형태를 파악하는 것과 동일한 맥락이다.

기능적 행동 분석(Functional Behavior Assessment: FBA)이란 특정 상황에서 행동을 통해 얻게 되는 성취가 무엇인지 또는 다양한 여러 상황에서 학생의 행동이 어떻게 기능하는지를 분석하는 것이다. 이를 토대로 기능적 의사소통 훈련은 다양한 상황에서 바람직한 기능과 적합한 행동을 배울 수 있는 전략을 제공한다(Sailor et al., 2009). O'Neil 등(1997)의 기능적 행동 분석(FBA) 면담 자료를 사용하여 의사소통 형태와 기능에 대한 정보를 얻을 수 있다. 예를 들어 살펴보면 〈표 9-1〉과 같다.

〈표 9-1〉 **의사소통 형태와 기능**

- 학생이 일반적으로 표현하는 의사소통 전략(방법)은 무엇입니까? (말, 사인/제스처, 의사소통 책, 의사소통 도구 등이 포함). 의사소통 방법이 얼마나 일관적으로 사용되는가?
- 다음 표에서 나타난 의사소통 성과(결과)를 얻기 위해 학생이 사용하는 행동에 체크하시오.

의사소통 형태 / 의사소통 기능	문장으로 말하기	구·절로 말하기	한 단어로 말하기	반향어	다른 소리 내기	복잡한 사인(제스처)	단순한 사인(제스처)	지적하기	끌어오기	머리 흔들기	물건 잡기/물건에 가기	물건 주기	몸동작이 늘어남	다가옴	멀리 이동하거나 떠나기	눈빛 고정하여 응시	표정으로 표현	공격적 행동	자해행동	기타
관심 얻기																				
도움 요청																				
좋아하는 물건/음식/활동 얻기																				
쉬는 시간 요구																				
어떤 물건이나 장소 보여 주기																				
신체적 고통 (병, 두통 등)																				
불행 또는 불안 보이기																				
장소나 활동 거부하기																				

출처: O'Neil et al. (1997).

3) 의사소통 신호의 구별

비구어 학생이 선호하는 자극에 '어떻게' 반응하는지 살펴보면 현재 나타내는 의사소통 형태를 구별할 수 있다. AAC 체계를 적용함에 있어서 의사소통 신호를 구별해야 하는 이유는 AAC 사용자가 전달하고자 하는 메시지를 어떻게 전달하고 있는지 알아야 하기 때문이다. 비장애인도 타인과 의사소통을 할 때 자신의 뜻과 생각을 전달하기 위해 말 이외에도 눈짓, 손짓, 행동, 몸짓, SNS, 이메일 등 다양한 의사소통 방법을 사용한다. 또한 똑같은 행동을 다양한 의미로 사용하기도 한다. 따라서 의사소통이 한 가지 방법으로 전달될 수 없고, 다중양식으로 사용된다. 이러한 맥락에서 비상징적 의사소통의 다양한 형태를 구별하는 것은 매우 중요하다(박은혜, 한경근 역, 2008). 다양한 의사소통 방법을 통한 의사소통 신호를 구별할 수 없으면 의사소통 상대방이 '임의로' 의사소통 신호를 결정하고 AAC 사용자가 이에 '순응'하도록 지도할 수 있기 때문이다. 예를 들어, '눈짓'과 '발성'으로 교실 문을 쳐다보는 민호는 '문 열어 주세요'를 메시지로 전달하는 것인데, 교사는 AAC 도구에 '화장실 가고 싶어요'라고 입력하고 민호가 문을 쳐다볼 때마다 AAC 도구에서 '화장실 가고 싶어요'를 누르도록 지도하는 순응기반 AAC 지도를 하게 될 수 있다. 따라서 AAC 지원에서 학생의 의사소통 신호를 구별하는 것은 메시지(의사표현의 의도)가 누구로부터 시작되었는지를 확인하는 가장 중요한 기본이다. 〈표 9-2〉는 다양한 의사소통 형태와 신호를 설명한 자료이다(박은혜, 한경근 역, 2008).

〈표 9-2〉 **의사소통 형태와 나타나는 신호**

의사소통 형태	나타나는 비상징적 의사소통 신호
일반적인 동작과 근육 긴장도 변화	• 기대나 자극에 대한 반응으로 흥분함 • 신체적 접촉에 대해 몸을 사리거나 거부함 • 갑작스런 자극에 대한 반응으로 근육 긴장도 변화가 나타남
발성	• 타인의 주의를 끌기 위한 소리 • 즐거운 자극에 대한 반응으로 웃거나 옹알이 소리 • 불편함에 대한 반응으로 울기
표정	• 익숙한 사람, 사물, 사건에 대한 반응으로 웃기, 미소 짓기 • 불편함, 예상하지 못한 감각에 대한 반응으로 찡그림
방향성	• 주의를 끌기 위해 사람이나 사물을 향해 바라보거나 지적함 • 사람이나 사물에 대해 싫거나 거부할 경우 시선을 다른 곳으로 바꿈 • 갑자기 나타난 사물, 사람을 바라봄
멈추기	• 특징한 일에 대한 기대로 움직임을 멈춤 • 차례대로 기다리는 것을 알고 멈춤
움직이기	• 무언가 잡기 • 타인의 손을 잡거나 지시함 • 주의를 끌기 위해 당기거나 접촉함 • 상호작용을 끝내기 위해 밀어내거나 그냥 끝내 버림 • 다른 사람과 같이 움직이거나 뒤따라 함

물체 사용하기	• 관심을 나타내기 위해 물건을 떨어뜨리기, 밀쳐 내기, 잡기, 움직이게 하기, 만지기, 뻗기 등 • 다른 사람에게 보이거나 행동을 요구하기 위해 팔 뻗기, 접촉하기, 물건 두기, 손을 내밀기
관습적인 몸짓	• 반갑다는 인사로 손 흔들기 • 동의나 거절을 표시하기 위해 고개 끄덕이기
묘사적인 행동	• '공을 던져라'는 의미로 공을 던지는 몸짓을 보여 주기 • 꽃향기 맡는 의미로 코를 킁킁거림 • 활동을 설명하거나 요구하기 위해 그림을 그려서 표현함 • 동물을 말하려고 소리를 냄
거부 및 공격행동	• 상호작용을 피하기 위해 밀어 버리거나 드러누워 버림 • 반항이나 좌절감에 대한 반응으로 때리기, 할퀴기, 물기, 침 뱉기 • 물건 던지거나 파손하기 • 자해하기

4) 긍정적 행동지원 전략

선행연구(Cress, 2023; Ducharme & Shecter, 2011; Pingale et al., 2019; Cook et al., 2018; Sugai & Horner, 2008)에 따르면 행동을 지원할 때는 다음 몇 가지를 반드시 고려해야 한다.

(1) 전조 행동 파악 및 예방

전조 행동 파악을 통한 예방이란 도전행동이 발생하는 상황을 피하는 것이다. 도전행동을 하는 학생들은 행동을 나타내기 전에 또는 행동이 발생하면서 '사전 행동'이 보인다. 이를 '위험 신호'로 감지하고 도전행동이 발생하기 전에 이러한 상황을 피하는 것이 도전행동 발생을 예방하는 방법이다. '사전 행동'이란 마치 태풍이 와서 천둥번개가 치기 전에 하늘이 먹구름으로 어둡게 되는 것과 같다. 우리는 먹구름이 낀 하늘을 보면 비가 올 수 있다는 신호를 감지하게 되고 우산을 준비하거나 실내로 들어가게 된다. 이와 동일한 것이 도전행동의 전조 행동을 파악하여 상황을 피하는 것이다. 상황을 피한다는 것은 무조건 상황을 회피하는 것이 아니라 상황에 적합한 다른 방법을 알려 주거나 환경을 변화시키거나 주의를 다른 것으로 분산시키는 것 등이 포함된다. 전조 행동을 파악하기 위해서는 개별 학생의 의사소통 행동을 분석하여 공유할 수 있는 의사소통 사전을 활용하는 것이 좋다. 이에 대해서는 도전행동과 AAC 중재에서 좀 더 자세히 살펴보도록 하겠다.

(2) 학생 의도에 적합한 메시지 전달 지원

의사소통 지원에서 가장 중요한 것은 본인이 원하는 메시지를 본인이 원하는 방식으로 전달하는 것이다(Porter & Kirkland, 1995). 이는 학생이 좀 더 적합한 방법으로 의사를 전달할 수 있도록 돕는 것을 의미한다. 여기서 학생에게 좀 더 적합한 방법이란 AAC 사용자로 학생 본인에게 적합한 방법을 의미한다. 교사나 부모가 원하는 방법이나 의사소통 기술로 소통하는 것이 아니다. 부모나 교사의 의도나 목적이 아닌, 학생 개인의 의도와 목적에 따른 메시지 전달이 되어야 한다. 특히 새로운 의사소통 방법으로 AAC 체계가 적용될 때에 이러한 대안적 기술이 학생 본인의 의도와 일치하는지 반드시 확인해야 한다. 만약 학교에서 과제를 다 했다면, '숙제 끝났어요'보다는 '다 했어요'라는 메시지가 학생에게 더 적합하다. 메시지 전달의 주체가 누구인지 반드시 고려해야 한다.

(3) 바람직한 행동을 증진하기

학생의 긍정적인 행동에 강화하고 강화하고 강화한다. 학교 상황에서 대부분의 교사는 긍정적이고 바람직한 행동보다는 부적절한 행동에 더 주의를 기울인다. 이로 인해 부적절한 행동에 더 많은 강화를 줌으로써 행동의 발생을 증가시킨다. 따라서 교사는 수시로 이러한 교수적 습성을 변경하도록 노력해야 한다. 좀 더 관찰하고 좀 더 관심을 기울여 작은 행동이라도 긍정적이고 바람직한 시도가 나타나면 강화해야 한다. 바람직하지 못한 행동을 제지하는 것보다 긍정적 행동을 강화하는 것이 더 효과적이고 더 지속적이며 바람직하다는 것을 반드시 기억해야 한다.

(4) '가려운 곳 긁어 주기' 전략

누구나 한 번쯤 등이 가려운데 손이 닿지 않아 고생한 경험이 있을 것이다. 효자손이 있어서 혼자 해결할 수 있다면 다행이지만 그렇지 못한 상황에는 다른 사람이 원하는 그곳을 긁어 주기 전에는 이런저런 고생을 하고 답답하고 불편함을 느끼게 된다. 이렇게 가려운 곳이 있을 때 긁어 주는 그 역할을 교사가 해야 한다. 이는 도전행동을 무조건 고쳐야 하는 행동으로 바라보기 이전에 혹시 학생이 겪고 있는 다른 문제가 없는지 알아보고 해결하는 것을 의미한다. 자폐성장애 학생의 경우에는 많은 감각 자극들이 행동의 변화나 문제를 일으킨다. 타인에게는 별스럽지 않은 감각 자극이 자폐성 학생에게는 매우 힘든 상황을 유발할 수 있다. 소리에 예민한 학생이 있다면 쉬는 시간에 학생들이 떠드는 소리가 힘들 수 있다. 미리 헤드셋을 제공하여 소음으로부터 쉬는 시간에 분리될 수 있도록 하는 작은 노력이 도전행동의 발생을 예방할 수 있다.

(5) 어려운 상황을 참고 견디기

도전행동은 기능에 따라서는 그 즉석에서 문제 상황을 해결하지 못할 때가 종종 있다. 예를 들어, 수업 중에 나가서 밖을 배회하고 싶어 돌발행동을 하는 자폐성장애 학생이 있다. 이런 경우에는 학생에게 수업 중에 갑자기 밖으로 나가는 교출 행동이 안 된다는 규칙을 알려 줌과 동시에 수업 시간이 끝나면 나갈 수 있으니 수업 시간에 앉아서 기다리게 하는 전략이 요구되기도 한다. 그러나 무작정 수업 시간이 끝나면 나갈 수 있다고 '기다려'라는 지시와 순응에 대한 지도를 한다고 학생의 견디기 능력이 증진되지 않는다. 참고 견디기 위해서는 먼저 참고 견딜 수 있는 능력을 올려야 한다. 먼저 예측 가능한 일과를 구성하고 이에 대한 시각적 스케줄(예: 장소 시각적 스케줄, 할 일 시각적 스케줄)을 제시한다. 반드시 시각적 스케줄을 마무리하면서 '나는 다했다'는 메시지를 준비하여 좋아하지 않는 활동을 마무리할 때 스스로 강화 받도록 해야 한다. 또한 놀이를 통해 참고 기다리는 것도 지원할 수 있다. 예를 들어, 손가락으로 다섯까지 셈하기는 어떤 행동을 참고 견뎌야 할 때 예측할 시간을 알려 주는 좋은 방법이다. 다양한 놀이 게임을 통해 기다리기를 점진적으로 늘려 가는 것도 방법이다. 특히 나이가 어린 학생이라면 숨바꼭질, 술래잡기 등의 놀이 활동을 통해 기다리기 시간을 늘려 간다. 연령이 높은 학생이라면 요리 활동, 왈츠나 방송댄스 등을 통해 요리가 만들어지는 과정을 기다리거나 몸을 움직이는 활동에서 시간을 늘려 가며 기다리는 능력을 올려 보는 것이 좋다. 단순히 앉아서 참고 기다리기를 증진시키는 것은 어려울 수 있다. '실제로 해 보아야 한다!(learning by doing)'를 잊지 않아야 할 것이다.

2. 도전행동과 AAC 중재

선행연구(Brady et al., 2010)에 따르면 특수교사들은 장애학생들과 평균 1.62번 정도 의사소통하고 있고, 학교 일과 중에 교사가 의사소통 체계를 사용하여 모델링하는 것은 하루에 2~3회 정도에 그치고 있다(Barker et al., 2013). 이는 교실 환경에서 비구어 학생들이 의사소통 기회를 통해 교수에 참여하는 것이 얼마나 어려운지 보여 준다. 따라서 교사들은 비구어 학생들이 교실 환경과 일과에 어떻게 AAC 체계를 활용할 것인지 고민해야 한다. 특히 도전행동이 발생할 수 있는 상황에서 AAC 체계를 활용하는 것은 단순히 도전행동의 빈도 또는 강도를 줄이는 것보다 궁극적으로 학생과 교사 및 또래 간의 긍정적이고 성공적인 상호작용이 증가하는 것을 목적으로 해야 한다. 따라서 AAC 체계를 활용하여 도전행동 발생을 지원하기 위해서는 다음의 세 가지 효과적인 교수계획을 고려할 수 있다. 첫째, 선호도 평가를 통해 행동의 발생을 증가시킬 수 있는 강화물을 결정해야 한다. 이는 의사소통 기회를 만들고 학생의 교수 참여 동기를 유지하는 데 도움을 준다. 둘째, 학생의 의사소통 요구와 필요를 가장 적절하게 충족하면서 문제 상황을 해결하는 데 초점이 맞춰진 AAC 체계가 결정되어야 한다. 셋째, 학생에게 더 적합한 지원(support)을 하는 교수전략을 사용한다.

도전행동에 대한 AAC 지원을 할 때 반드시 고려해야 하는 것은 모든 행동은 의사소통이라는 것과 AAC 지원에서 핵심 목표는 AAC 사용자 개개인이 원하는 메시지를 전달할 수 있도록 하는 것이다. 이러한 맥락에서 도전행동 중재 시 활용할 수 있는 전략은 다음과 같다.

1) 기능적 의사소통 훈련

(1) 개요

기능적 의사소통 훈련(Functional Communication Training: FCT)이란 도전행동에 대한 기능적 진단을 실행하여, 그 도전행동의 '기능'을 찾아낸 후에 사회적으로 부적합한 도전행동을 사회적으로 적합한 의사소통 행동으로 대체하는 것을 의미한다(Carr & Durand, 1985). FCT라고 줄여서 부르는 기능적 의사소통 훈련은 장애학생의 도전행동을 감소시키기 위한 능동적이고 적극적인 접근 방법이다. FCT의 목적은 좀 더 사회적으로 적절한 형태의 의사소통 방법을 교수하여 도전행동을 줄이는 것이다. FCT의 근거는 어떤 행동의 기능(예: 관심, 선호물 얻기, 비선호 과제 회피 등)이 상황과 후속결과에 의해 유지되기 때문에 도전행동의 기능을 대체할 수 있으면서 사회적으로 용인되는 의사소통 기술을 발달시키면 도전행동이 감소한다는 것에 있다(Sigafoos et al., 2006).

FCT 연구가 AAC 중재와 연결된 예는 다음과 같다.

〈표 9-3〉 **AAC를 활용한 FCT 사례**

사례	도전행동	FCT	성과
11세 비구어 지적장애 학생(A)	A는 선호하는 물건이나 활동을 얻기 위해 요구하기 기능으로 공격행동(예: 소리 지르기, 때리기)을 보였다.	아동이 선호하는 물건을 요구할 수 있도록 다섯 가지 그래픽 상징(예: 주스, 시간, 주세요, 물병, 책)을 지도하였다.	그래픽 상징의 사용이 즉각적으로 증가하면서 도전행동은 점진적으로 감소하였다.
9세 비구어 자폐성장애 아동(B)	B는 어려운 과제가 있으면 회피 기능으로 머리 때리기, 소리 지르기와 같은 공격행동을 보였다.	회피 기능을 표현할 수 있도록 AAC 도구에 단단어 또는 짧은 문장으로 과제가 어렵다는 표현 및 도움을 요청하거나 휴식 시간을 요구하는 '어려워요' '좀 더 도와주세요' '다른 거 할래요' '다 했어요'와 같은 표현을 할 수 있도록 교수하였다.	AAC 도구를 사용하여 어려운 과제가 주어지면 거부할 수 있게 되었고 도전행동이 점진적으로 감소하였다.

도전행동은 행동을 유지하는 기능과 연결되어 반복된다. 예를 들어, 비구어 학생이 텐트럼을 일으킬 때마다 상황을 모면하고 중지시키고자 부모가 사탕을 준다. 학생은 사탕을 얻었던 경험 때문에 배가 고플 때마다 텐트럼을 보인다. 그러면 부모는 자녀의 텐트럼을 중지시키기 위해 또다시 사탕을 주어 도전행동이 반복되는 것이다. 다음은 '도전행동-기능적 의사소통 분석-FCT 중재'의 구조를 설명하는 것이다.

다양한 도전행동을 보임(예: 던지기, 깨물기, 소리 지르기 등)		
기능 분석	'과제 회피' 기능. '과제의 난이도 정도와 도전행동'이 연결	
기능 분석에 적절한 FCT	"이해를 못하겠어요." "어려워요." "나는 이해가 안 돼요." "다른 것으로 바꿔 주세요."와 같은 '과제에 대한 어려움'을 표현하는 중재	기능 분석에 따른 '과제 회피' 기능과 연결하여 중재함
기능 분석에 부적절한 FCT	"나 잘하고 있어요?" "다 했어요." "칭찬해 주세요."와 같이 관심을 표현하는 중재	기능 분석에 '과제 회피'였으나 FCT 중재는 '관심 획득'에 초점을 둠

[그림 9-2] **기능 분석에 따른 FCT의 예**

(2) FCT 단계

FCT의 목적은 도전행동과 동일한 기능과 목적의 적합한 의사소통 기술을 교수하는 것이다. 즉, FCT는 도전행동을 기능적으로 동일한 의사소통 기술로 대체하는 것이다.

FCT는 세 가지 단계로 구성되며 다음과 같다(Mirenda, 2013). ① 도전행동의 의사소통 기능 판별하기, ② 적합한 의사소통 대안 선택하기, ③ 적절한 조건 내에서 의사소통 대안 교수하기 등이다.

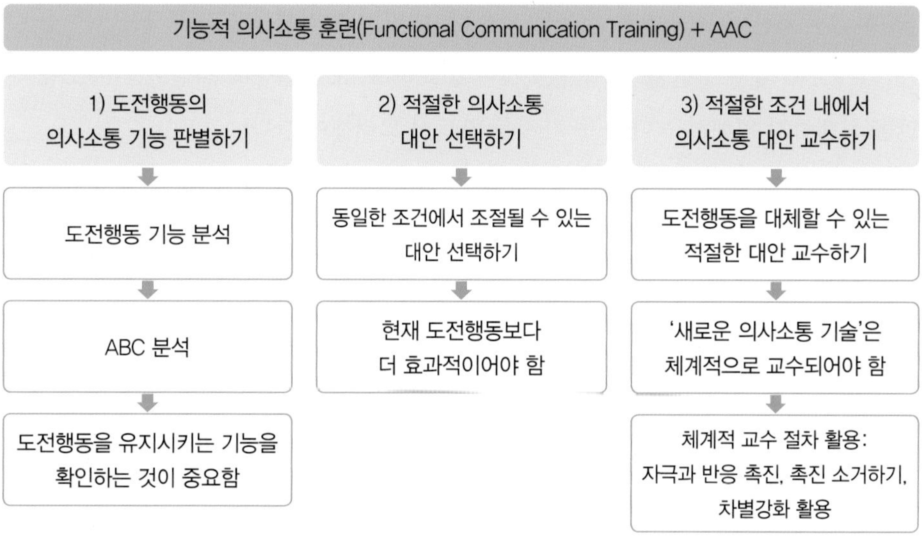

[그림 9-3] **FCT의 단계와 AAC**

① 도전행동의 의사소통 기능 판별하기

FCT 중재에서 첫 번째 단계는 의사소통 기능을 판별하는 것이다. O'Neill 등(1997)

에 따르면 기능적 진단의 목적은 도전행동을 유발하는 변인들을 확인하는 것이다. 행동이 나타나는 것은 행동의 앞선 선행사건과 행동을 유지시키는 후속결과의 세트와 같다. 따라서 도전행동을 유발하는 선행사건과 이를 유지하는 후속결과를 판별하는 것이 중요하다. 도전행동의 의사소통 기능을 분석하는 것은 어려운 일이고 한번에 해석되지 않으며 잘못 판별되기도 한다. 따라서 Durand(1986)에 따르면 도전행동의 기능을 분석한 후에는 행동에 대한 기능을 그림으로 그릴 수 있을 만큼 구체적이면서 조작적으로 정의할 수 있어야 한다.

- 도전행동의 구체적 정의 예
  - 민호는 로션을 보면 바로 달려가 손바닥에 2~3회 펌핑하여 로션을 바른 후, 로션이 없어질 때까지 책상 위에 손바닥을 비빈다.
- 도전행동의 은유적 정의 예
  - 민호는 로션을 보면 손에 바른 후, 책상 위에 비빈다.

② 적절한 의사소통 대안 선택하기

FCT는 개인의 도전행동(예: 텐트럼)을 온전히 대체할 수 있는 새로운 의사소통 기술(예: 그림 교환)을 교수하는 것을 포함한다. 따라서 도전행동을 대체하는 기능을 갖는 '의사소통 대체 수단'을 선택하는 것이 중요하다. 도전행동에 적절한 의사소통 대안을 선택하기 위해서는 다음 두 가지를 반드시 고려해야 한다.

첫째, 도전행동과 적절한 의사소통 대안적 방법의 '기능 일치성'이다. 도전행동과 새로운 의사소통 행동 간에 '기능'이 동일하게 '일치'해야 한다. 즉, 기능 분석 과정 동안에 파악된 도전행동의 기능이 대안적 행동의 메시지에도 동일하게 연결되어 동일한 결과를 얻을 수 있어야 한다. 예를 들어, 민호가 과제를 회피하기 위해 머리를 때리거나 소리를 지르는 행동을 보여서 과제를 하지 않았다면, 민호가 '손담'으로 '어렵다'를 표현하였을 때도 도전행동과 동일한 기능으로 과제를 수행하지 않을 수 있어야 한다.

둘째, 도전행동과 동일한 기능이 있는 의사소통 대안이 언제 어디서든 늘 한결 같이 효과가 나타날 수 있도록 '숙달'되어야 한다. 적절한 의사소통 대안 행동이 성공적으로 숙달되기 위해서 성공의 경험 증가, 효율성 효과, 수용적 경험 증가, 수월한 인식 등에 대한 노력이 필요하다. 이를 각각 예를 들어 살펴보면 다음과 같다.

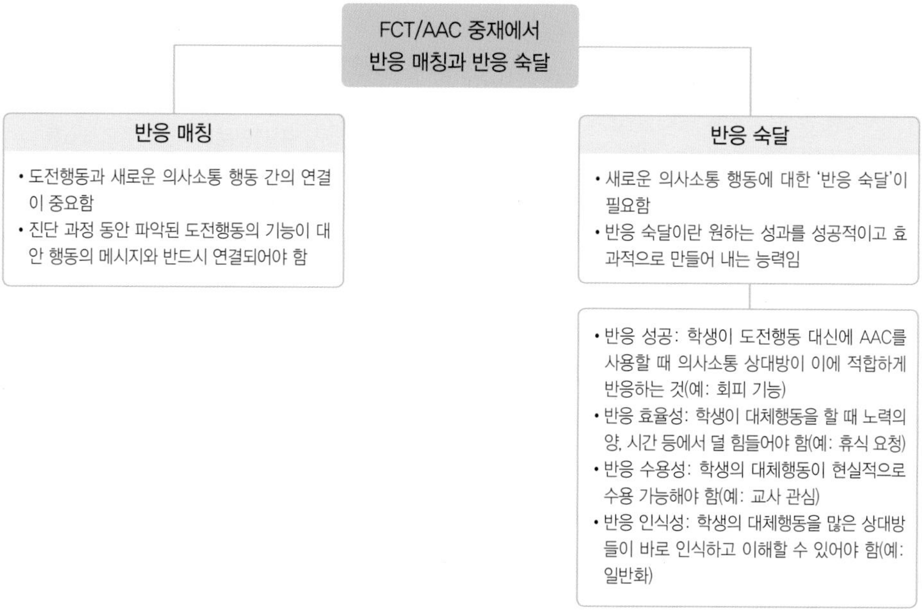

[그림 9-4] **FCT/AAC 중재에서 반응 매칭과 반응 숙달**

〈표 9-4〉 **FCT의 반응 숙달의 예**

반응 숙달	설명	예
의사소통 성공 경험 높이기	대안적 의사소통 행동을 하였을 때 다른 사람들이 이에 적절한 반응을 보이기	관심을 얻기 위해 '공책을 던지는 행동' 대신에 '선생님'이라고 AAC 도구에서 선택하여 표현하면, 교사가 매번 동일하게 "○○야. 안녕." "○○가 선생님을 불렀구나."와 같이 그 의미에 적합하고 성공적으로 반응하기
의사소통 효과 높이기	대체행동을 하는 데 요구되는 신체적 노력의 양, 시간의 속도 등이 적고 효과적이어야 함	'휴식'을 요청하고 머리를 때리는 행동 대신에 '쉬고 싶어요'를 손담으로 요청하였을 때 '바로' '즉각적으로' 쉬는 시간을 제공하고 휴식 공간에서 쉴 수 있도록 함. 머리를 때리는 행동보다 '쉬고 싶어요'라는 손담 표현에 더 빨리 효과적으로 쉴 수 있어야 함
대안적 의사소통 방식 수용하기	새로운 대안적 의사소통 메시지가 사회적 상황과 기대에 받아들여지고 수용될 수 있어야 함	친구가 가까이 오면 밀거나 소리를 지르는 회피행동 대신에 "꺼져!"라고 외치는 것에 긍정적으로 반응하기는 어려움. 도전행동에 대체되는 새로운 의사소통 행동은 의사소통 상대방이 반응할 수 있는 '기대된 반응'이어야 함. "나가 줄래?" "가까이 오지 마!"와 같은 표현으로 대체함

대안적 의사소통 방식 이해하기	많은 사람들이 대안적 의사소통 방식을 쉽게 해석하고 이해하는 것	친숙하거나 친숙하지 않은 의사소통 상대방 모두에게 좀 더 쉽게 이해될 수 있기 위해서 다양한 의사소통 방식을 사용하는 것이 좋음. 예를 들어, 의사소통 도구의 사용은 매뉴얼 사인보다 새로운 의사소통 수단으로 좀 더 쉽게 학교 환경에서 지역사회 환경으로 일반화시키기 좋음

③ 적절한 조건 내에서 의사소통 대안 교수하기

현재 갖고 있는 도전행동에 대체할 수 있는 '새로운 의사소통 기술'은 체계적으로 교수되어야 한다. '체계적인 교수 절차'는 중요한 증거기반의 절차이다. 체계적 교수의 기초는 '자극과 반응 촉진' '촉진 소거하기' '차별강화' 등과 같은 적합한 행동적 교수 절차를 실행하는 것이다(Duker et al., 2004). FCT 중재에서 의사소통 대안을 교수하기 위해 전체 중재 프로그램에 체계적인 교수 절차를 포함한다. 주의 깊게 설계되고 계획된 교수 중재(예: 도전행동을 방지하는 의사소통 대안을 촉진 및 강화시키는)는 현재 갖고 있는 도전행동을 새로운 의사소통 대안으로 좀 더 빠르게 대체할 수 있게 한다.

Martin 등(2005)은 의사소통 대안의 체계적 교수를 위한 일반적인 원칙으로 다음 다섯 가지 핵심 요소들을 설명하였다.

① 교수는 도전행동이 발생하는 것과 동일한 조건에서 교수되어야 한다.
② 새로운 의사소통 대안은 도전행동을 대체할 수 있도록 촉진되고 강화되어야 한다.
③ 좀 더 독립적으로 새로운 의사소통 반응을 사용하게 되면 촉진의 사용은 제거(용암)되어야 한다.
④ 새로운 의사소통 반응은 매일매일 동일한 시간에 빠르고 지속적으로 강화되어야 한다.
⑤ 오래된 도전행동의 형태는 더 이상 강화를 얻지를 못하게 하여 도전행동의 효과성을 줄여 나가야 한다.

사례

민아는 아빠가 전화할 때마다 텐트럼을 시작한다. 민아의 텐트럼은 아빠의 관심을 얻고 싶어 발생한다. FCT에 따라서, 민아는 관심을 좀 더 적합한 방법으로 요구하는 것이 체계적으로 교수되어야 한다. 따라서 도전행동이 발생하는 그 동일한 조건과 상황에서 중재를 하였다. 먼저 아빠한테 다가가서 아빠가 언제 통화가 끝나는지 물어보는 것을 교수할 수 있다. 민아는 아빠가 전화를 할 때 의사소통 도구를 사용하여 언제까지 통화하는지 물어보는 방법을 배워야 한다. "아빠, 전화 언제 끝나요?"라고 AAC 도구를 사용하여 민아가 물어보도록 촉진(신체적 촉진)하면서 모델링을 보여 주고, 아빠는 즉각적으로 전화가 얼마나 지속되는지, 얼마 후에 끝나는지 알려 준다. 그리고 시각타이머를 활용하여 전화 끝나는 시간을 보여 준 후, 시간에 맞춰 전화를 끊는다. AAC 도구를 활용하여 표현할 때는 반복해서 성공적으로 반응을 지속하고, 텐트럼을 일으켰을 때는 아빠가 반응을 보이거나 강화하지 않는다. 텐트럼이 감소하면 촉진도 제거하여 민아가 독립적으로 의사소통에 참여하도록 한다.

차별교수 사례 1 쉬어요 카드 사용(대안행동)

민호가 과제로부터 휴식을 원할 때 할 수 있는 적절한 의사소통 방법을 미리 가르쳐야 한다. '쉬어요' 카드를 항상 책상 위에 부착해 놓거나 "쉬어." 또는 "쉬."라고 말하는 경우에는 반드시 쉬게 해 준다. 쉬고 싶다고 할 때마다 쉬게 해 주는 것이 과연 괜찮을까 생각하는 교사들도 있지만, 머리를 때리거나 책상을 쳐서 쉬게 해 주는 것보다는 훨씬 더 좋은 방법이다. 원하는 활동/물건에 접근하기 위해 공격이나 자해행동을 하는 대신 할 수 있는 적절한 의사소통 행동 역시 미리 예방적 차원에서 교수해야 한다.

차별교수 사례 2 강화를 통한 긍정적 반응 행동 증가시키기

도전행동을 줄이는 가장 효과적인 방법 중 하나는 민호가 공격이나 자해행동을 하지 않은 시간(예: 1분 동안, 10분 동안, 한 세션 동안 등)에 대해 꾸준히 강화를 제공하는 것이다. 교사가 민호가 좋아하는 강화물을 미리 정해 둔 후, 일정한 시간이나 과제 수행을 하는 동안 민호가 자해나 공격행동을 하지 '않은' 경우, 이 강화물을 제공한다. 강화물로서 사용할 수 있는 것은 머리 마사지나 팔 마사지, 음악, 사운드북, 간식(선생님만 가지고 있는) 등이다. 교실에서 교사가 제공할 수 있는 강화물을 지속적으로 찾아보는 것이 중요하다. 중요한 것은 민호가 무엇을 요구하거나 도전행동을 하기 전에 공격/자해를 하지 않는 시간이 10분 정도 지날 때마다 교사가 민호에게 마사지, 음악, 간식 등의 긍정적 강화를 제공해 주는 것이다.

차별교수 사례 3	선택하기를 통한 긍정적 반응 행동 증가시키기
도전행동이 발생하였을 때 "왜 그래?"라고 질문하지 않는 것이 좋다. 민호는 "왜 그래?"라는 질문에 적절하게 언어적으로 대답하기 어렵다. 이런 상황에서 "왜 그래?"라고 하는 것은 기능적 의사소통의 실패를 낳게 되고 민호를 강화해 줄 수 없는 상황에 빠지게 한다. 반드시 앞에서 정리한 도전행동 발생에 대한 '반응적 전략'대로 행동해야 한다. 즉, 소리 지르거나 책상을 치는 등의 도전행동에 반응하지 말고 도전행동이 잠깐 멈추었을 때 '쉬고 싶어요' '나가고 싶어요' '사탕 주세요' 등의 표현을 SGD(소리 나는 AAC 도구)를 사용하여 모델링하면서 화제(관심)를 전환한다. 이때 적절하게 의사표현을 하면 바로 요구를 들어주는 효과성이 중요하다. 만약 타인 공격이나 심한 자해행동이 나타나면 방어(block)하면서 AAC 중재를 멈추고 전환해야 한다.	

2) 시각적 스케줄

(1) 개요

시각적 스케줄이란 학생의 요구와 강점에 기초하여 그림이나 글씨, 사진 등 시각적 매체를 대상 학생에게 제시하여 정보를 제공하고 이해를 돕는 것이다(Mirenda & Iacono, 2009). 시각적 지원은 자폐성장애 학생이 사회적 상황을 이해하도록 정보를 제공하고, 원인-결과의 관계성을 알게 하며 새로운 기술과 대안적 행동을 배우는 데 더 안정적인 지원을 해 준다. 시각적 지원은 사진, 상징, 선화 등과 같은 그래픽 매체를 사용하여 학습과 이해를 증진하기 위해 사용하는 교수 도구이다(Mirenda & Iacono, 2009).

시각적 스케줄은 시각적 지원(visual support) 중 한 가지 방법으로, 시각적 스케줄은 AAC 도구와 다르다. 다양한 시각적 매체에 AAC 상징이 많이 활용하기 때문에 간혹 시각적 스케줄을 AAC 도구처럼 잘못 적용하기도 한다. 시각적 스케줄을 사용하는 목적은 시각적 단서를 통해 장애학생의 이해를 도울 수 있고, 활동과 학습을 좀 더 독립적으로 수행하는 데 도움을 준다(Mirenda & Iacono, 2009). 시각적 스케줄은 다음에서 효과적으로 나타난다.

- 청각적 입력보다 시각적 단서에서 습득이 더 빠를 때
- 순서에 따른 활동(일과)에 대한 인식이 필요할 때

- 일과나 좋아하는 활동을 반복적으로 질문하여 확인할 때
- 기다리는 것이 어려울 때
- 여러 단계의 과제를 순서대로 수행하는 것이 어려워서 단계마다 계속해서 알려주어야 할 때

이러한 이유에서 시각적 스케줄은 높게 구조화된 환경에서 효과적이다. 많은 발달장애 학생들에게 좀 더 구조화된 환경은 활동에 대한 예측 가능성 및 정확성을 예견할 수 있기 때문에 좀 더 안정적이다. 그러나 학교, 가정, 지역사회에서는 매일매일 일상에서 일관성을 유지하는 것이 어렵다. 따라서 개인이 변화하는 일과와 스케줄을 이해하고 예견할 수 있게 하는 전략이 필요하고 이것이 '시각적 스케줄'인 것이다. 이러한 의미에서 시각적 스케줄은 특정 개인과 일과에 적용되는 활동, 단계, 규칙의 계열을 설명하는 중재이다. 시각적 스케줄의 주요 목적은 도전행동을 줄이고 독립성을 증가시킬 수 있도록 다가오는 사건을 개인이 이해하고 예견하게 하는 것이다 (McClannahan & Krantz, 1999). 시각적 스케줄을 실행하는 방법은 다음과 같다.

① 시각적 스케줄의 첫 활동 상징(시각 정보)을 확인하고 떼기
② 교실에서 활동 자료와 일치하는 곳에 상징(시각 정보)을 매칭하고 부착하기
③ 활동에 참여하기
④ 활동이 끝나는 것에 대한 단서를 인지하기
⑤ '끝/완료' 박스에 활동 끝냈다는 의미로 상징(시각 정보)을 넣기
⑥ 다음 활동을 알기 위해 스케줄로 돌아와 확인하기

(2) 유형

① 활동 간 및 활동 내 시각적 스케줄

활동 간 및 활동 내 시각적 스케줄은 특정 활동과 관련된다. 주로 활동 간 시각적 스케줄은 활동들의 순서에 대한 정보를 제공한다. 활동과 활동의 순서는 때로는 시간표처럼 시간대로 구성될 수 있고, 때로는 활동이 제공되는 순서대로 제시될 수 있다. 활동 간 시각적 스케줄이 구성되면, 그 특정 활동 내에서 진행되는 순서 또한 제

시될 수 있다. 활동 내 시각적 스케줄은 그러한 의미에서 과제분석과 연결된다. 이들의 예를 그림으로 나타내면 [그림 9-5]와 같다.

[그림 9-5] **활동 간 및 활동 내 시각적 스케줄**

② 장소에 따른 시각적 스케줄과 할 일 시각적 스케줄

시각적 스케줄은 장소에 따른 시각적 스케줄(where to go), 할 일 시각적 스케줄(what to do)로 구분될 수 있다. 이는 좀 더 자폐성장애 학생들에게 맞도록 시각적 스케줄을 구성하는 방법으로 TEACCH(Treatment and Education of Autistic and related Communication-handicapped CHildren)에서 시각적 스케줄을 구조화하는 방법이다. 자폐성장애 학생들은 시각적 학습자로 불릴 만큼 시각 자극에 반응적이고, 예측되고 구조화된 것을 선호하는 특성을 갖는다. 자폐성장애 학생들의 특성을 고려하여 TEACCH에서는 시각적 스케줄을 ① 환경의 물리적 구조화, ② 장소에 따른 시각적 스케줄, ③ 할 일 시각적 스케줄, ④ 자기점검 및 관리의 순서로 활용한다. TEACCH에서 시각적 스케줄은 중재 도구가 아니라 정보를 제공하는 것이다. 즉, 시각적 스케줄을 AAC 도구로 사용하거나 교수 및 학습시키는 것을 지양한다. 시각적 스케줄은 자폐성장애 학생이 시각적 스케줄의 정보를 읽고 스스로를 조절하여 자기관리 능력을 증진시키는 데 목적을 둔다. 이를 위해 장소에 따른 시각적 스케줄은 자폐성장애 학생이 본인의 신체가 물리적으로 어느 공간에 있어야 하는지를 알려 주는 정보로 활용한다. 할 일 시각적 스케줄은 작업공간에서 개인이 스스로 무엇을 어떤 순서대로 하면 되는지 활동의 순서에 대한 정보를 제공한다. TEACCH 시각적 스케줄에서 가장 핵심은 공간 및 활동의 시각적 정보가 '매칭'되는 것이다. 이를 통해 스스로 자기점검을 해 나갈 수 있고 독립적 수행이 가능해진다. 따라서 TEACCH의 시각적 스케줄은 공간의 이동에 따른 정보, 개별 공간에서 무엇을 해야 하는지에 대한 정보, 자기점검(I am done)을 통한 자기관리를 목적으로 한다. 따라서 무조건 그림이나 사진만을 사용하지 않고, 학생의 개인 능력에 따라 모든 시각적 정보(예: 글, 문장, 단어, 사진, 그림, 문구, 색깔, 모양, 실물 등)를 다양하게 활용하는 특징이 있다.

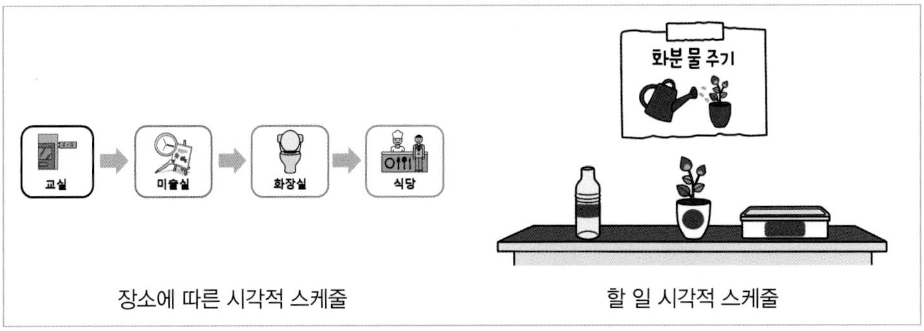

[그림 9-6] **장소에 따른 및 할 일 시각적 스케줄**

③ 먼저-다음 시각적 스케줄

활동 간 및 활동 내 시각적 스케줄이나 장소 및 활동 스케줄의 사용이 어렵고 번거롭다면 '먼저-다음' 시각적 스케줄을 간단히 사용해도 좋다. 이는 지금 또는 앞으로 해야 할 어떤 것을 보여 주고, 그 후에 어떤 활동이 연결되는지를 설명해 주는 시각적 스케줄이다. 일반적으로 선호하는 활동을 얻고 강화물을 얻기 위해서 활용된다.

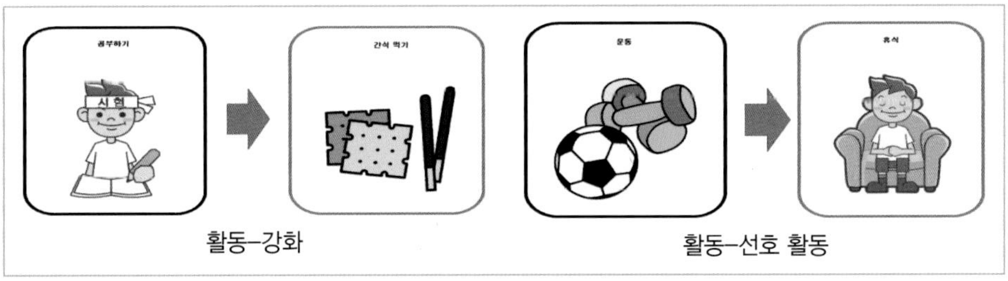

[그림 9-7] **먼저-다음 시각적 스케줄**

여기서 질문! TEACCH란 무엇인가요?

TEACCH(Treatment and Education of Autistic and related Communication-handicapped CHildren)은 자폐범주성장애가 있는 학생을 돕기 위한 교육 프로그램이다. 이 프로그램은 1970년대 미국의 노스캐롤라이나 대학에서 개발되었으며, 전 세계에서 널리 사용되고 있다. TEACCH 접근법의 주요 목표는 자폐범주성장애가 있는 개인의 능력을 최대한 활용하여 독립성을 높이는 것이다. 이 방법은 구조화된 교육을 통해 이해력과 예측 가능성을 높이고, 스트레스를 줄이며, 자폐성장애가 있는 사람들이 더 쉽게 학습하고 적응할 수 있도록 한다.

구조화된 교육은 주로 다음의 네 가지 요소로 구성된다. ① 물리적 구조: 환경을 예측 가능하며 일관성 있게 배열함. 이는 학습하는 데 필요한 집중력을 향상시키고 외부 자극으로부터의 방해를 줄이는 데 도움이 됨. ② 일정: 개인별로 맞춤화된 시각적 일정은 일의 순서를 보여 주어 불확실성을 줄이고 예측을 향상시킴. ③ 해야 할 일 구성: 해야 할 일의 정확한 시작과 끝이 정의되며, 무엇을 해야 하는 것인지 요구 사항이 명확히 제시됨. ④ 시각적 단서: 시각적인 정보를 통해 단서를 제공함.

TEACCH는 평가, 계획 설정, 교육 및 지원 등 프로그램의 모든 영역에서 학습자 개개인의 고유한 관심사, 능력 및 어려움, 특성에 초점을 맞추고 있다. 따라서 학교, 가정, 직업 훈련, 성인 서비스 등 다양한 환경에서 사용될 수 있다.

3) 선택하기

(1) 개요

선택하기 중재는 개인이 자신의 요구, 선호, 감정, 환경 조정 등을 적절하게 할 수 있도록 역량을 강화시키는 방법 중에 하나이다. 선택하기 중재의 목적은 선택하기 기술을 교수하고, 기회를 제공하는 것이다. O'Reilly 등(2006)은 선택하기 중재는 다음의 두 가지 목적을 갖는다고 하였다.

첫째, 적절한 선택 기술을 교수한다. 학생이 선택 기술이 없다면, 선택 기술을 교수하는 데 초점을 둔다. 선택하기 방법에는 발성, 제스처, 매뉴얼 사인, 그림상징, 사진, 의사소통 도구 사용 등이 포함된다.

둘째, 학생이 타당하고 적합한 선택 기술이 이미 있다면, 도전행동이 발생하는 환경에서 다양한 선택권을 제시하고 선택의 기회로 연결시켜 주는 것이 중요하다. 즉, 개인이 선택하고 선호를 표현하고 환경을 조정할 수 있는 가능성과 기회를 확장하는 것이다.

선택하기 기술과 기회가 증가하는 것은 조절력과 자주성을 증가시킬 뿐만 아니라, 도전행동의 필요도 감소시키게 된다. 효율적인 선택하기 기술을 강화하기 위해, Sigafoos(1998)는 선택하기 기술을 교수하는 것이나 선택의 기회를 증가시키는 것 모두가 개인의 도전행동 기능과 반드시 연결되어야 한다고 하였다.

(2) 교수 절차

① 선택 기회 제공

선택 기회를 제공하는 것만으로도 도전행동을 효과적으로 줄일 수 있다. Bambara 등(1995)은 선택의 기회를 타당하게 증가시켰을 때의 긍정적 효과를 보고하였다. 예를 들어, 50세의 발달장애인 성인들은 공격하기, 침 뱉기, 소리 지르기와 같은 도전행동을 보였다. 기능분석 결과, 가정에서 해야 하는 일상 업무(예: 이불 정리, 쓰레기 버리기, 복도 청소 등)와 같은 것이 요구될 때 회피의 기능을 하는 것으로 나타났다. 연구자들은 하고 싶은 가정의 일상적인 일을 선택하게 하였다. 예를 들어, 식사 준비하기 시간에 '테이블 세팅하기' 또는 '설거지하기' 중에 선택하게 하였다. 청소를 시키기보다는 진공청소기로 방을 청소할 수 있는 선택권이 주어졌다(예: '방 청소를 할까요? 화장실 청소를 할까요?'). 이러한 선택 기회들은 일과 내에 이루어지도록 하였고, 도전행동은 감소하였다. 다양한 선택권들(예: 강화 선택하기, 자료 선택하기, 언제 무엇을 해야 할지 선택하기)이 발달장애인의 참여를 증가시키고 도전행동을 감소시킨다는 연구 결과가 지속적으로 나타난다(Cannella et al., 2005).

특히 구어로 표현이 어려운 장애학생들에게 선택하기 중재의 성공 여부는 선택의 기회가 어떻게 제공되는지에 달려 있다. 수용언어가 제한된 개인에게는 '커피와 차 중에서 어떤 것을 원해요?'라고 구어로 물어보는 것보다 실제 사물이나 사진 또는 그림을 보여 주면서 시각적으로 제시되는 것이 더 낫다.

② 선택하기 기술 교수하기

체계적 교수 절차를 활용하여 선택하기 기술을 가르칠 수 있다. Browder 등(1998)은 3명의 발달장애인 성인에게 선택하기 기술을 교수하기 위해 '체계적 교수' 절차를 실행하였다. 여가 활동 중에서 "나는 잡지를 봐요."라는 언어적 촉진을 제시하면서 동시에 선택하기 기회를 부여하였다. 예를 들어, "나는 잡지를 봐요."라는 언어적 촉진과 함께 '나는 잡지를 봐요'라는 글씨가 적혀 있는 의사소통 카드를 제시하였다. 시간이 지나서 여가 활동 중에 잡지 보는 것을 '의사소통 카드'로 선택하게 되었고 촉진은 점진적으로 제거하였다.

〈표 9-5〉에서는 선행연구(Beukelman & Mirenda, 2013)에서 제시한 선택하기 기술을 교수하는 전략을 예를 들어 설명하였다.

〈표 9-5〉 **선택하기 기술 교수전략**

선택하기 기술 교수 방법	아동의 선호
• 선호하지 않는 것과 전혀 관심이 없거나 상관이 없는 것 제시 –예: 오늘 간식은 과일이에요. 사과와 가방 중에 원하는 것은 무엇인가요? • 두 가지 모두 선호하는 것 제시 –예: 오늘 간식으로 과자와 사과 중에 원하는 것은 무엇인가요? • 선호하는 것과 선호하지 않는 것 제시 –예: 오늘 간식으로 사과와 호박 중에 원하는 것은 무엇인가요?	• 과자 • 사과

선택을 위한 기회가 확장될수록, 개인은 자신의 삶을 조절할 수 있는 능력이 증가한다. 이러한 조절력은 삶의 질을 향상시킬 뿐만 아니라 도전행동을 심하게 하는 제한성을 제거시키는 역할을 한다(Carr et al., 1994).

4) 도구적 언어 자극

(1) 개요

도구적 언어 자극(Aided Language Stimuli: ALS)은 기능적 의사소통을 향상시키기 위한 모델링에 근거한 의사소통 전략이다. 수용언어 학습에는 다감각 접근 방법이 사용된다. ALS의 주요 특징은 의사소통적 상호작용을 지원하기 위해 자료와 활동을 미리 세팅하는 환경의 구조화이다.

ALS는 상징 및 의사소통 체계를 효율적으로 사용하여 의사소통하는 능력을 개발하는 것을 목적으로 한다. 이에 ALS는 의사소통에 어려움이 있는 학생들이 동일한 의사소통 구조와 모델에 노출되도록 한다. 의사소통 상대방이 구어로 반응하고 모델을

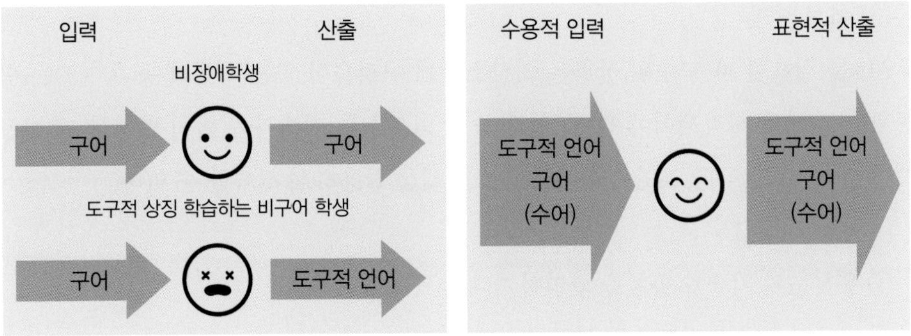

[그림 9-8] **PODD 집중심화과정 워크숍 자료 중에서 도구적 언어 자극**

출처: Porter (2007)에서 허가 받음.

보일 때 도구적 언어 모델을 사용하여 의사소통하는 것을 전제로 한다.

[그림 9-8]은 비장애학생과 의사소통에 어려움이 있는 학생 간에 전형적인 언어 발달에서 학습과 노출의 차이점을 잘 보여 주는 것이다(Porter, 2007). 우리는 말로 듣고 말로 산출한다. 그러나 AAC 사용자는 말로 듣고 도구(aided)로 산출한다. 이는 의사소통에 어려움이 있는 학생들이 능력 있는 의사소통자가 되기 위해 필요한 모델이 충분하지 않다는 핵심을 보여 주며 AAC 사용이 얼마나 힘든지 또한 보여 준다. 따라서 ALS의 목적은 의사소통에 어려움이 있는 학생이 의사소통 체계를 사용할 수 있도록 의사소통 상대방이 직접 의사소통 체계를 사용하고 모델을 보이는 것이다.

Poter(2007)에 따르면 AAC에서 도구적 언어 자극(ALS)의 목적은 다음과 같다. 첫째, 일반적인 아동들이 말을 배우는 방식을 기반으로 해야 한다. 둘째, 수용적 입력을 하는 이유는 자연스러운 맥락에서 주고받는 상호작용을 모델링하기 위함이다. 셋째, 학생은 다양한 AAC 체계를 수용하고 배워야 한다. 넷째, 장애학생이 AAC 도구를 사용하거나 표현하도록 무조건적으로 강요하지 않아야 한다. 다섯째, AAC 목적은 장애학생이 원하는 것을 누구에게나, 언제, 어떻게든 원하는 방식으로 소통하는 것이다.

Goossens 등(1992)은 ALS는 도구를 사용하는 환경을 조작하여 AAC 도구를 적합화시키고, 이를 모델링하며 AAC 사용자의 자기주도와 일반화된 사용을 격려한다고 했다. 따라서 ALS의 목적은 의사소통 상대방이 구어로 말하면서 동시에 도구를 직접 선택하고 메시지를 완성하여 보여 주는 것이다. 이는 학생에게 의사소통 상대방이 의사소통하는 방법을 관찰하게 하고 성인이 어떻게 AAC 도구를 활용하여 소통하는지 모방할 수 있는 기회를 제공한다(Bruno & Trembath, 2006; Porter, 2019).

(2) ALS 단계

ALS를 실행할 때 교수의 상황은 의사소통에 어려움이 있는 학생이 동기가 있는 활동과 자료에서 시작되어야 하고, 일과 중에 의사소통 기회가 빈번히 발생할 때 사용해야 한다(Beck et al., 2009). 다음의 다섯 단계를 활용하여 실행할 수 있다.

① 우선순위 기술과 활동을 확인하기(활동 중심 교육과정)
② 상호작용 스크립트를 구성하기
③ 의사소통 도구를 개인화하기
④ 접근 가능한 의사소통 체계를 만들고 확인하고 제공하기
⑤ 동시적이고 상호작용적인 의사소통에 초점을 둔 중재를 제공하기

ALS가 성공적이기 위해서는 반드시 학생이 활동에 적합한 어휘와 상징에 관심이 있어야 하며 학생의 흥미에 따라 모델링하고 반응하고 상호작용해야 한다.

여기서 질문! PODD란 무엇인가요?

'PODD'는 'Pragmatic Organisation Dynamic Display'의 약자로, 복잡한 의사소통 요구를 가진 사람들을 위한 보완대체의사소통(Augmentative and Alternative Communication: AAC) 시스템이다. 이 시스템은 특히 말하기나 글쓰기에 어려움을 겪는 사람들을 위해 설계되었다. 호주의 언어 치료사인 Gayle Porter는 1980년대 후반에 중도중복장애 학생을 위한 효과적인 의사소통 방법을 찾기 위해 PODD를 개발했다. 따라서 PODD는 사용자가 자신의 생각, 감정, 의견을 자유롭게 표현할 수 있는 자율성 및 자주성을 가장 중요하게 생각한다. 현재 PODD는 호주를 비롯하여 영국, 캐나다, 미국 등 의사소통 책 형태 또는 AAC 앱 형태로 개발되어 활용되고 있다. PODD의 특징은 일상적인 상호작용부터 복잡한 의사소통에 이르기까지 다양한 상황을 지원한다는 것과 각 사용자의 의사소통 능력과 필요에 따라 사용자 맞춤화할 수 있다는 것, 의사소통 상대방이 적절한 의사소통 페이지를 탐색하여 선택하는 것, 그리고 도구적 언어 자극(ALS)을 사용한다는 것이다. PODD는 단순히 의사소통 도구를 넘어서 사용자의 자율성과 참여를 증진시키는 데 중점을 두고 있다.

5) 의사소통 사전

(1) 개요

의사소통 사전이란 제스처 사전, 의사소통 신호 목록 등으로 불리는 AAC 방법 중에 하나이다. 최근에 국외에서는 의사소통 사전을 개인화된 AAC 도구 중 하나로 설명한다(Farrall, 2015). 의사소통 사전은 앞서 설명한 의사소통 행동을 파악하여 그 기능을 분석함으로써 의사소통 신호를 구별하는 방법으로 활용될 수 있다.

의사소통 사전이 중요한 이유는 다양한 의사소통 방법으로 다중양식 AAC 접근에서 AAC를 활용하는 방법이기 때문이다. 기본적으로 의사소통 사전은 AAC 사용자의 모든 행동을 의사소통으로 간주하고 이를 의사소통 신호로 해석하는 것을 목적으로 한다. 때로는 동일한 의사소통 행동이 다양한 기능을 나타내기도 하고, 동일한 기능을 다양한 의사소통 행동으로 표현하기도 한다. 이에 의사소통 사전에는 AAC 사용자를 중심으로 학생과 소통하는 여러 의사소통 상대방이 참여해야 한다.

의사소통 사전은 규격화 또는 매뉴얼화된 양식이 없다. 그러나 학생의 행동, 행동의 의미(신호 분석), 의사소통 상대방이 해야 할 것으로 구분된다. 의사소통 사전의 가장 중요한 목적은 도전행동을 문제로 보지 않고 행동의 이유와 의도를 파악하여 의사소통 상대방이 동일하고 일관성 있게 반응하고자 하는 것임을 반드시 기억해야 한다.

(2) 절차

의사소통 사전의 예와 활용 절차는 다음과 같다.

① 관찰하고 기록하기

학생이 나타내는 모든 행동을 기록한다. ABC 기록지를 활용해도 되고, 일과 기록을 활용해도 된다. 바를 정(正)을 표시해서 수량화해도 된다. 최소한 일주일은 다양한 의사소통 상대방이 AAC 사용자를 관찰한다. 도전행동이 있다면 도전행동 발생 전후 상황을 더욱 면밀히 관찰해야 한다. 관찰은 도전행동을 중재하는 지름길임을 명심한다.

② 의사소통 행동 및 신호 분석하기

관찰 기록을 통해 학생의 행동이 갖는 의사소통 의도를 파악한다. 손뼉을 치는 행동이 점심 식사 전에 나타났다면 배가 고프다는 의미일 수 있고, 수업 시간에 나타나면 재미없다는 의미일 수 있다. 기록지에 '행동의 의미'를 기술해 본다. 이때 교사 혼자 하기보다는 다양한 의사소통 상대방이 각자 기록하도록 한다.

③ 의사소통 행동 후에 후속결과 기술하기

관찰한 학생의 행동 후에 어떤 상황으로 어떤 결과가 도출되었는지 기록한다. 예를 들어, 민호가 점심 식사 전에 손뼉을 쳤을 때는 점심 식사를 먹었고, 수업 시간에 손뼉을 쳤을 때는 타임아웃을 받았다. 동일한 행동이었지만 결과가 달랐을 수 있다. 교사 이외의 다른 관찰자들도 기록한다.

④ 의사소통 사전 만들기 팀 회의 진행

의사소통 사전을 만들기 위해서는 교사 외에 다양한 의사소통 상대방의 관찰 기록 및 분석 자료가 필요하다. 민호의 손뼉 치기가 학교가 아닌 가정에서도 발생하고 있었고, 가정에서는 손뼉을 쳐도 아무런 반응을 보이지 않았다. 이들 기록을 정리하면서 손뼉 치는 민호의 모습을 사진을 찍거나 그림으로 그려 둔다. 설명을 써 두어도 된다. 중요한 것은 학생의 행동이 어떤 형태로 보이는지 가능하면 실사화하여 학생을 모르는 사람들도 이해할 수 있는 정보가 되도록 하는 것이다.

⑤ 일관성 있는 동일한 행동 결과 정리하기

민호는 손뼉 치는 한 가지 행동을 다양한 의미로 사용하고 있었다. 식사 전에는 배고프다는 의미로, 수업 때는 지루하다는 의미로, 가정에서는 관심을 달라는 의미로 사용하고 있었으나 교사도, 통합반 교사도, 부모도 모두 합의되지 않은 후속결과를 제시하고 있었다. 이는 민호로 하여금 '손뼉 치기'라는 행동을 다양한 의미로 사용하게 되는 결과를 초래하였고, 서로 다른 후속결과로 인해 민호의 손뼉 치기는 민호의 의도로 사용되지 못하였다. 이를 해결하기 위해서는 모든 의사소통 상대방이 민호의 손뼉 치기에 동일한 반응을 보이는 것이 중요하다. 손뼉 치기를 강화하고자 한다면 긍정적인 강화를 지속해야 할 것이고, 감소시키고자 한다면 소거할 수 있도록 동일하게 반응해야 한다. 더불어 손뼉 치기를 대체행동으로 교수할 수 있는 반응적 대체행동 교수도 진행될 필요가 있다. 이러한 다양한 행동 중재에 앞서 '의사소통 사전'을 주기적으로 업데이트해서 의사소통 상대방 간에 민호 행동의 정보를 공유하고 지도할 수 있어야 한다.

행동하는 모습 (사진 활용) 설명	행동 및 신호 분석	우리가 하는 것(행동에 대한 결과)
민호는 손을 뻗어 다른 사람의 어깨를 툭툭 치거나 두드린다.	'도와 달라' '쉬고 싶다'의 요구의 의미로 해석	• 바로 해결할 수 있으면 "도와줄게."라고 말하고 도와줌 • 바로 해결이 어려우면 "기다려."라고 말하고 시각타이머를 활용한 후, 얼마나 기다리면 되는지 알려 줌

⑥ **의사소통 사전의 예**(http://scom.or.kr/content/information4#fd3)

(실습) 의사소통 사전 만들기

어떤 사진을 넣으면 좋을지 고민해 보세요!	표현	(아이가 하는 행동을 작성해 보세요.)
	의미	(행동이 의미하는 것을 작성해 보세요.)
	이렇게 해 주세요.	(대화상대방이 해야 될 역할을 알려 주세요.)

제작 방법

의사소통의 의미를 갖고 있는 개인의 표현(제스처, 발성, 표정 등)을 적어 주세요. ➡

제 행동은	이걸 의미해요	이렇게 해 주세요
저는 말로 소통하는 것이 어려워서 행동으로 표현합니다.	저의 행동에는 의미가 있습니다. 행동이 가진 의미를 눈여겨봐 주세요.	이런 행동을 할 때에는 이렇게 해 주세요.
예: 격하게 몸을 흔든다.	"오, 이거 재미있어요. 매우 즐거워요."	"이거 재미있어요?"라고 반응해 주고, "더 해 볼래요?"라고 물어보고, 활동할 시간과 필요한 지원을 제공해 준다.
예: 계속 한 곳을 쳐다본다.	"이거 사고 싶어요." "이거 만지고 싶어요."	원하는 것이 무엇인지 물어본다. "이거 사고 싶어요?" "이게 뭔지 궁금해요?"
예: 소리를 낸다.	"나에게 집중해 주세요."	"말하고 싶은 게 있어요? 뭘 도와줄까요?"라고 묻는다.

⬅ 의미에 맞는 적절한 반응을 적어 주세요. 이때 적절한 반응은 대화상대방이 해야 하는 반응을 말해요.

⬆ 그 행동의 의미를 적어 주세요.
(추정되는 의미를 모두 적어 주세요.)

(　　　　)의 의사소통 사전	저는 "네"라고 대답할 때 손을 꼭 잡아요.
	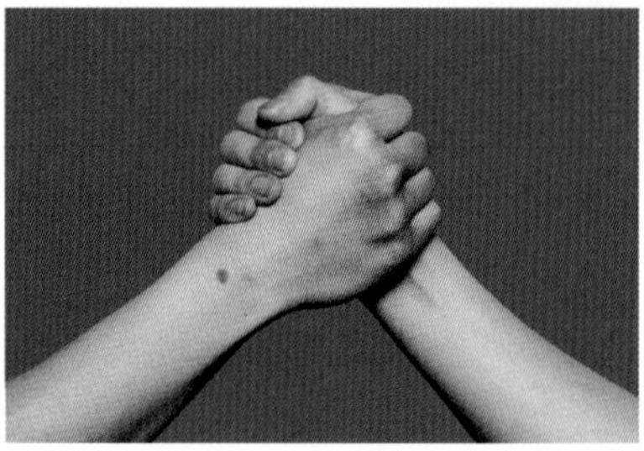

제 이름은 (　　　　　　　)이에요.

날짜: 2019. 3. 26.
사전을 만드는 데 참여한
사람: 엄마, 아빠, AAC 선생님

의미	네
이렇게 해 주세요	제 손을 살포시 잡고 간단하게 물어봐 주세요("물 줄까?" "그만할까?"). 그리고 제가 답할 수 있게 3초간 기다려 주세요. 제가 손을 꼭 잡으면 "네"라고 대답한 거예요.

의사소통 사전 실제 활용의 예

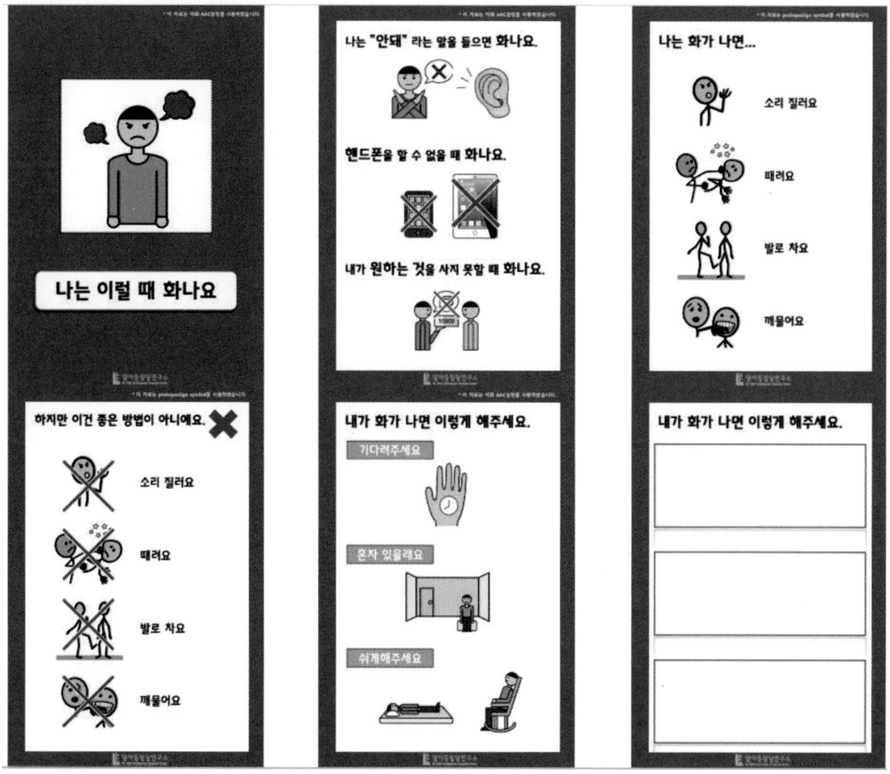

출처: 엘씨드센터(http://www.elchild.com).

3. 도전행동 중재 시 고려점

1) 사회적 유능감(social competence) 키우기

도전행동에 대한 가장 좋은 중재 방법은 도전행동을 예방하는 것이다. 도전행동 예방을 위해서는 선행사건(A)에 대한 예방 전략 중에 긍정적이고 바람직한 경험을 증진시키는 것이 있다.

긍정적인 경험을 증진시킬 수 있는 좋은 방법은 사회적 유능감을 증진시킬 수 있는 성공 경험을 높이는 것이다. 사회적 유능감이란 주어진 상황, 사회적 맥락 안에서 긍정적인 관계를 유지하면서 타인과 자신의 요구를 서로 적절하게 조절하여 균형을 맞출 수 있는 능력이다(김도희, 2019; 최윤선, 이규미, 2017). 이런 사회적 유능감은 타인과의 사회적 환경 속에서 내가 할 수 있는 일들에 참여하고 이를 통해 성공 경험 및 강화가 높아질수록 증진된다.

사회적 유능감을 높이기 위해 '할 일 목록(to do & reminder list)'을 만들면 내가 해야 할 일들을 놓치지 않고 기억할 수 있어 유용하다. 따라서 '할 일 목록'은 내가 할 일을 정리하면서 동시에 해야 할 일을 잊지 않도록 간단한 알림으로 예상할 수 있는 신호를 주어 효과적이다. 많은 연구에 따르면 발달장애 학생의 80~90%가 해야 할 일을 예측할 수 있도록 알림을 받으면 긍정적인 태도가 높아지는 것으로 나타났다. 이러한 할 일 목록은 시각적 스케줄 및 시각타이머 등과 함께 활용하면 사회적 유능감을 높이는 데 더욱 효과적일 수 있다. 최근에는 '할 일 목록'이 다양한 애플리케이션을 사용할 수 있기 때문에 활용도가 더 높아지고 있다. '할 일 목록'의 예는 다음과 같다.

학급 할 일 목록

<table>
<tr><th colspan="2">할 일 목록</th></tr>
<tr><td rowspan="2">매일
• 교실 청소
• 교실 정리
• 자료 준비</td><td>매주
• 월요일: 교과서 준비
• 금요일: 주말 과제 준비</td></tr>
<tr><td>기타
• 도서관 이용</td></tr>
<tr><td colspan="2">기억하기!</td></tr>
</table>

학생의 하루 할 일 목록

	7:15	아침 먹기	
	7:30	준비하기	
	7:45	아침 일과	
	8:00	아침 미팅	
	8:15	읽기	
	8:45	읽기	
	9:15	휴식	
	9:30	수학	
	10:00	수학	
	10:30	컴퓨터 게임	
	10:45	체육	
	11:25	점심	

[그림 9-9] **할 일 목록**

2) 예방적 차원의 조기 개입

많은 교사들은 도전행동을 하는 학생들을 만나면 AAC 체계를 언제 시작해야 하는지 고민하게 된다. AAC 체계를 적용하기 위한 'FCT'와 '선택하기' 중재는 빨리 시작할 수록 좋다. 도전행동이 발생한 후에 이를 해결하기보다는 도전행동이 발생하기 전에 예방하는 것이 더욱 중요하기 때문이다. 따라서 의사소통 목적으로 도전행동을 하는 학생들에게 AAC 체계를 활용한 중재는 조기 개입이 중요하다. 그러나 FCT의 잠재적인 효과성에도 불구하고, 매우 심각한 도전행동을 보이는 학생들에게 FCT를 통한 AAC 적용에 대한 연구가 많지 않다. 다음의 몇 가지 이유에서 AAC를 활용한 FCT의 조기 도입이 어려울 수 있다.

첫째, 사람은 누구나 모두 성장 과정 중에 도전행동을 보인다. 따라서 특별한 중재 없이도 문제 없이 잘 성장한다는 선입견이 있다. 이러한 선입견은 나이가 어린 장애 학생이 초기 도전행동을 보일 때 교사나 부모가 대수롭지 않게 여기거나 중재하지 않게 되는 근본적인 이유가 되는 경우가 많다. 왜냐하면 초기에 발생하는 도전행동은 자해 또는 타해, 기물파손 등 모든 행동에서 강도나 빈도가 많거나 높지 않기 때문이다. 따라서 '나이가 들면 괜찮아지겠지. 아직 어려서 그렇겠지. 다른 형제도 그랬는데 다들 크면서 저런 행동은 해.'와 같은 선입견이 도전행동을 예방하고 중재하는 조기 개입의 시기를 늦추게 되는 어려움으로 작용한다.

둘째, AAC 체계가 오히려 구어나 언어 발달을 저해할지 모른다는 두려움 때문에 FCT 중재로 AAC 체계를 도입하는 것에 더 부정적이다. 도전행동은 아동이 성장함에 따라 더 심각해질 수 있다. 따라서 구어로 표현하기 어려운 학생들에게는 '예방'적 차원에서 AAC 조기 개입에 대해 고려해야 하지만, 많은 부모는 마치 AAC의 사용이 구어를 저해하거나 구어 사용을 방해하는 것으로 잘못 인식하여 AAC 체계 적용에 부정적일 때가 많다. 그러나 실제 다양한 임상 및 연구 결과에 따르면 AAC는 언어 발달을 저해하기보다는 오히려 더 촉진한다(Mirenda, 1997). 특히 부모가 발달장애 영유아들의 도전행동을 줄이기 위해 FCT를 사용하였을 때 더 효과적이고 긍정적인 성과가 보고되었다. 따라서 도전행동의 중재에 대해 부모가 실행한 FCT의 성과는 조기에 FCT를 도입하는 것이 충분히 효과적이고 예방적임을 보여 준다.

3) 긍정적 지원 방안

새로운 의사소통 행동은 원하는 결과(예: 얻기, 관심, 회피, 도움 등)를 얻을 때 강화된다. FCT/AAC의 다양한 연구들 중에서 FCT/AAC와 벌이 사용된 것은 그리 많지 않다. 그러나 AAC 체계를 사용하는 것과 상관없이 다양한 후속결과 절차가 발달장애 학생들을 위한 FCT 연구에서 적용됐다. 선행연구에서 도전행동 발생 후 제시된 후속결과 전략에는 비선호하는 과제를 완성하도록 요구하기, 타임아웃, 과잉교정, 반응 대가 등이 있다. 선행연구들에 따르면, FCT/AAC 또는 FCT와 후속결과 전략이 함께하는 것은 더 효과적으로 나타났다. 좀 덜 심한 벌 절차가 필요한 이유에 대해 Durand과 Merges(2001)는 다음과 같이 설명하였다.

일반적으로 '함께 양립하여 나타날 수 없는 행동' 때문에 대부분의 학생들에게 무시하거나, 제거하거나, 재지시하는 것이 효과적으로 나타날 수 있다. 그러나 '좀 더 두드러진 후속결과'가 필요한 경우에는 선행사건 중재가 비효과적일 때도 있다. 여기에서 의미하는 '좀 더 두드러진 후속결과'라는 것은 학생이 보이는 도전행동의 기능과 관련하여 확실한 후속결과를 제시하는 것을 의미한다. 예를 들어, 도전행동의 기능이 관심 얻기인데, 단순히 관심을 받는 것과 반대되는 기능을 제시한다고 멈추지 않는다. 도전행동을 통해 복합적이면서 새로운 우발적 효과를 얻게 된 학생의 경우에는, 좀 더 확실한 차이가 '도전행동에 대한 후속결과'와 '대안적 행동을 위한 후속결과' 사이에 있어야 한다. 이러한 경우에 벌(예: 타임아웃, 과잉교정 등)의 사용이 고려될 수도 있다. 그러나 벌의 사용은 FCT 문헌 내에서도 논쟁이 있다(Durand & Merges, 2001). 대부분의 연구에서 '도전행동에 덜 방해적인 후속결과'가 비효과적이었음을 보여 줄 때만 벌이 사용되었다. 따라서 도전행동이 나타날 때 벌과 같은 후속결과를 바로 제시하기보다는 긍정적 행동을 보였을 때 강화하는 것이 벌을 사용하지 않고 도전행동의 빈도와 강도를 줄일 수 있는 가장 바람직한 지원임을 기억해야 한다.

4) 자연적 중재

신호등 앞에서 초록불로 바뀌면 모든 사람이 길을 건너고, 빨간불에는 모든 사람이 길을 건너지 않는다. 이와 같이 자연적인 상황에서는 자연적 절차를 통한 AAC 적용이 중요하다. 따라서 때때로 행동치료에서 촉진 기반의 반복 훈련은 AAC 체계 적용에 비효과적일 수 있다. 행동치료(ABA)에서는 언어행동훈련(Verbal Behavior Training: VBT)을 많이 사용한다. VBT는 B. F. Skinner의 이론과 일치하고 단어를 의미와 연결하여 개인이 언어를 배우도록 동기를 부여하는 것이다. 언어의 기능을 살펴보고 그 기능을 체계적으로 목표로 삼는다. 언어행동중재의 기능은 단어 반복(echoic), 요구하기(manding), 명명하기(tacting, 고양이 사진이 있을 때 "고양이"라고 이름 말하기) 및 구어로 말하기(speech, "엄마 이름이 뭐야?"라는 질문에 "○○"이라고 말하기) 등이다. 언어행동훈련은 학생이 반응한 것에 대해 강화를 제공하여 훈련이 이루어진다. 다음의 이유에서 AAC를 사용하는 비구어 학생에게는 언어행동중재가 적절하지 않을 수 있다.

첫째, 비구어 학생들 중에 많은 학생들이 실행증을 가지고 있다. 말하기 실행증은 개인이 말하고 싶은 것을 정확히 알고 있는 신경운동 언어장애이다. 실행증이 있을 경우, 뇌는 혀, 치아, 입천장, 입술 및 턱의 움직임을 계획하고 조정하는 데 어려움을 겪는다. 따라서 훈련 및 반복 운동과 직접적인 연습은 실행증이 있는 학생의 말 명료도를 떨어뜨릴 수도 있다. 연구에 따르면 처음에 자폐성장애로 진단을 받은 학생의 약 64%가 실행증이 있는 것으로 밝혀지고 있다. 이에 기계적으로 반복하는 구어 응답 훈련은 오히려 문제를 더 가중시킬 수도 있다.

둘째, 언어행동훈련은 의사소통을 행동으로 취급한다. 의사소통을 행동으로 취급하는 것은 언어와 의사소통의 많은 차원과 수준을 무시할 수도 있다. 의사소통을 할 때 우리는 사회적 참조, 제스처, 시선, 목소리 톤, 단어 선택 및 비언어적 요소의 복잡한 행동을 거의 무한으로 사용한다. 이 모든 것이 의사소통 형태에 포함된다.

그러나 종종 ABA 프로그램에서 언어행동훈련은 AAC 체계를 사용하여 반응하도록 허용하지 않거나, 이를 사용하더라도 부정적으로 적용할 수 있다(LoStracco, 2016). 언어행동훈련에서는 의사소통을 행동으로 취급하기 때문에 구어로 정확하게 '오류 없이' 반응하는 것이 중요하다. 이러한 맥락에서 비구어 자폐성장애 학생들에게 AAC 체계를 사용할 때도 '오류 없는 메시지'를 선택하도록 계속해서 강요할 수 있다. 이러한 접근은 AAC 사용자들에게 즉각적인 의존성을 갖게 한다. 예를 들어, "무엇을 원하니?"라고 말하면서 학생이 손을 잡고 '오류 없는 AAC 도구 메시지'를 출력하도록 신체적 촉진을 반복할 수 있다. 이러한 '오류 없는 AAC 도구'의 사용은 기계적인 응답만을 선택하도록 의존시키게 된다. 그리고 이런 종류의 의사소통 통제는 아동의 의사소통 능력과 독립성에 해를 끼칠 수 있기 때문에 주의해야 한다(https://speakforyourself.org/is-your-behavior-appropriate).

여기서 질문! 도전행동 중재로 PECS®(Picture Exchange Communication System)를 적용 시 고려해야 하는 것은 무엇일까요?

PECS®는 전세계적으로 자폐성장애 학생에게 가장 많이 적용하는 AAC 체계 중에 하나이다. PECS®는 Skinner(1975)의 '언어행동'에서 제시된 행동 분석에 근간을 둔 것이다(Bondy, 2012). PECS®는 6단계로 구분되고, 선행사건, 후속결과, 언어 작동(행동)이라는 세 가지 조건으로 연결되어 있다.

PECS®의 1~2단계는 '교환'에 초점을 두고 의사소통 상대방과 프롬프터라는 두 명의 트레이너가 필요하다. 3~4단계에서는 상징을 변별하고 문장을 만드는 인지 학습적인 단계로 구성된다. 5~6단계에서는 요구하기를 하고 코멘딩하는 것에 초점을 둔다.

분명히 PECS®는 긍정적인 요소가 많고, 적용 가능성도 높다. 그러나 도전행동과 관련하여 PECS®의 적용이 부주의할 때는 종종 여러 문제들이 발생한다. 최근 제기되는 PECS®의 몇 가지 제한점 및 고려점을 살펴보면 다음과 같다(Bondy, 2001, 2012; Bondy & Frost, 1994; Cress, 2023; Dorney & Erickson, 2019; Nagai et al. 2017).

첫째, PECS® 방법은 조작적 조건화를 기본으로 한다. 따라서 PECS® 카드는 강화와 함께 사용되고, 강화는 아이가 카드 교환을 정확히 따를 때까지 보류된다. PECS®는 교사 또는 부모가 단순히 코팅된 그림 카드를 사용하여 언어를 모델링하는 것과는 다르다. PECS®는 교사 또는 부모와 같은 성인이 의사소통하기를 원하는 방법으로 아동이 따를 때까지 인위적으로 강화를 보류하여 촉진과 순응 기반의 소통에 반응하게 한다. 이로 인해 몸짓, 발성 등의 다양한 의사소통 다중양식 AAC 체계를 사용하는 것과 다른 방향으로 접근하게 된다. 즉, 다른 사람의 의사소통 시도를 인정하지 않음으로써 비구어 아동의 다양한 행동을 통한 의사소통을 무시하여 도전행동이 더 발생할 수 있는 상황이 만들어질 수도 있다(https://therapistndc.org/the-problem-with-pecs/).

둘째, PECS®의 목적은 다분히도 '요구하기'에 초점이 있다. 그런데 실제 자연스러운 의사소통 환경에서는 이 요구하기에 반응하고 수락할 수 있는 상황이 적다. 현장에서 '요구하기'에 초점이 맞춰지면 오히려 '요구하기'를 할 때 거부하게 되거나 기다려야 하는 상황에 처하게 되는 외부적 요인에 의한 문제가 발생할 확률이 높아짐으로써 오히려 문제행동이 더 증가할 수도 있다(Nagai et al., 2017)

셋째, PECS®는 교육, 현장 상담 및 제품을 포함하는 AAC 체계로 상표 등록이 되어 있다. 따라서 PECS® 시스템은 초기 교육과 카드 구매 모두에 비용이 많이 든다. 의사소통을 하기 위해 매번 제품을 구입해야 하는 것은 부담이 될 수 있다. 특히 모든 이들에게 무조건적으로 PECS®가 유용한 것은 아니기 때문에 판매되는 제품에 대한 구입 비용에 대해서도 고려해야 한다. 의사소통 방법은 개별화와 개인의 선택이어야 하고 치료나 교육 환경에서만 사용할 것이 아니며 가장 중요한 의사소통 목적이 당사자의 의사소통 자주성임을 고려한다면 제품으로 지속적으로 구입해야 하는 것에 대해서는 고려해야 한다.

넷째, PECS®는 그림이나 상징의 수가 적거나 아동이 원하는 것이 없거나 잃어버리는 문제가 생긴다. 선행연구(Bondy & Frost, 1994)에 따르면 6세 이전 자폐성장애 아동이 80개 정도의 상징을 사용하였으나 1년 이상 사용 후에는 120개 이상으로 늘어났다. 이렇게 상징의 개수가 늘어날수록 아동은 어디에 무엇이 있는지 찾아야 하고, 기억하고 사용하는 데 인지적 과부하로 인해 도전행동 발생이 증가할 수도 있다. 또한 사용하던 상징을 잃어버리거나 표현하는 데 제한이 생김으로써 도전행동이 나타날 수 있는 문제도 고려해야 한다.

4. 도전행동 중재 시 AAC 적용 사례

1) 자폐성장애와 AAC

선행연구(Baghdadli et al., 2009; Lecavalier, 2006; Murphy et al., 2009)에 따르면 지적장애를 동반하는 자폐성장애인의 경우 도전행동 발생 추정치가 35.8%에서 64.3% 범위까지 나타나고, 대부분의 연구에서 이들 절반 이상이 한 가지 이상의 도전행동을 보인다고 보고하였다(Hutchins & Prelock, 2014). 단순 지적장애 학생들보다 자폐성장애 또는 지적장애를 동반한 자폐성장애인의 도전행동 비율과 심각도가 상대적으로 더 높았다(Emerson et al., 2001; Holden & Gitlesen, 2006). 비록 자폐성장애 학생만 도전행동이 전형적으로 나타나는 것은 아니더라도, 최소한 2배에서 3배 정도는 비장애학생들에 비하여 도전행동들이 높게 나타난다(Einfeld & Tonge, 1996). 이러한 자폐성장애 학생들의 다소 높은 도전행동 발생률은 의사소통 손상과 관련이 있다. 자폐성장애가 사회적 상호작용에서 이해하고 기능적으로 언어를 사용하여 자신을 표현하는 데 어려움이 있기 때문이다. 이를 좀 더 살펴보면 다음과 같다.

첫째, Osterling 등(2001)은 자폐성장애 학생들의 25% 정도가 연령에 적절한 구어를 습득하는 것이 어렵다고 하였다. 비록 자폐성장애 학생들이 구어를 습득한다 하더라도, 기능적이거나 사회적으로 적합한 방식으로 사용하는 방법을 습득하기에도 어려움이 있을 수 있다. 따라서 비장애인과 유사한 수준으로 언어를 구사하는 자폐성장애 학생이 있더라도 음색, 톤, 억양 등에서 차이가 나타날 수 있다.

둘째, 자폐성장애 학생은 표현언어에 어려움이 없다 하더라도, 수용언어에서 제한성이 있다(Hutchins & Prelock, 2014). 선행연구(Charman et al., 2003; Hudry et al., 2010; Mirenda & Iacono, 2009; Luyster, 2008)에 따르면 자폐성장애 학생의 수용언어 능력이 표현언어 능력보다 상대적으로 더 어려움이 있다. 일반적으로 비장애학생은 표현언어보다 수용언어 능력이 좋다(Fenson et al., 1994). 그리고 이러한 특성은 초기 발달단계에 더 두드러진다. 비장애아동의 언어 이해력은 말보다 먼저 발달한다. 따라서 비장애아동들은 자신이 이해하지 못하는 단어를 기능적으로 사용하지 못한다(Hudry et al., 2010). 그러나 자폐성장애 학생은 비록 구어로 말을 한다 하더라도, 수용언어 능력이 표현언어 능력보다 더 제한적일 수 있다. 이는 비구어 자폐성장애 학생의 경우에는 더욱 문제가 될 수 있다.

문제행동과 의사소통 결함과의 관계에 대한 연구들을 살펴보면 의사소통장애와 도전행동과의 관계는 다양한 연구에서 증명되어 왔다. 예를 들어, 표현 및 수용언어에서 결함이 있는 발달장애 학생의 도전행동이 높은 비율로 증가되었다(Beitchman & Peterson, 1986; Chamberlain et al., 1993). 따라서 자폐성장애 학생의 의사소통 특성은 도전행동과 함께 고려되어야 하고, 다음의 이유에서 자폐성장애 학생들에게 AAC 적용과 시각적 지원이 고려되어야 한다(Mirenda & Iacono, 2009).

첫째, 일부 자폐성장애 학생들은 구어를 산출하는 데 필요한 복합적인 운동 및 움직임에 어려움을 갖고 있다.

둘째, 구어를 산출하는 것보다 상징과 연결된 그림이나 매뉴얼 사인의 그래픽 상징을 사용하는 것이 덜 힘들 수 있다. 즉, 정확한 음성 산출보다는 그래픽 상징을 사용하는 것이 덜 부담될 수 있다.

셋째, 자폐성장애 학생은 시・공간 능력이 상대적으로 청각 능력보다 더 뛰어나다. 대부분의 자폐성장애 학생은 시각적 학습자이다. 시각적 지원(visual support)은 자폐성장애 학생의 인지 부하를 줄이고 수용 이해를 높일 수 있기 때문에 시각적 요소가 교육계획에 통합될 때 도전행동이 감소하는 것으로 나타났다(Dettmer et al., 2000).

넷째, AAC는 자폐성장애 학생이 언어 산출에 대한 학습된 무기력의 부정적 경험을 극복하도록 도울 수 있다.

〈표 9-6〉은 선행연구(이소현 외 역, 2017)에서 자폐성장애 학생에게 AAC 적용의

이유 및 증거기반의 실제를 정리한 내용이다.

〈표 9-6〉 ASD 학생 특성과 AAC 적용

ASD 학생의 특성	보완대체의사소통(AAC)
시각적 학습자	시각적 단서 사용
무생물에 대한 흥미	무생물인 도구와 기기 사용
복잡한 단서에 대한 어려움	복잡성의 수준을 조절하여 개인마다 다른 수준으로 사용
변화에 대한 어려움	고정적이고 예측 가능
사회적 상호작용의 복잡성에 대한 어려움	의사소통 파트너 간의 완충과 연계 제공
운동계획의 어려움	구어보다 더 쉬운 운동성
불안	압박이나 스트레스가 없는 중재
행동 문제	의사소통을 위한 즉각적인 수단을 제공하여 도전행동 예방
기억의 어려움	기억보다는 재인에 의존하는 언어 이해 수단 제공

출처: Cafiero (2005): 이소현 외 역(2017), p. 60에서 인용함.

AAC 체계의 적용이 자폐성장애 학생들에게 보완적 차원에서 긍정적인 성과가 있음에도 불구하고, 아직까지도 많은 교사와 부모는 AAC 적용에 걱정을 표한다. 그러나 많은 경우에 의사소통 수단이 부족한 자폐성장애 학생의 경우에는 잠재적으로 도전행동이 나타날 수 있기 때문에 AAC 체계의 조기 사용이 더 권고된다(Schwartz & Davis, 2014). 좀 더 빨리 조기에 의사소통하도록 돕는 것은 좌절을 감소시켜 도전행동으로 발현되는 것을 예방할 수 있기 때문이다. 따라서 자폐성장애 학생을 위해서는 AAC 체계의 조기 사용이 더 권고된다(Mirenda & Iacono, 2009).

2) 도전행동이 있는 자폐성장애 학생과 AAC 적용 사례

다음은 실제 도전행동이 있는 자폐성장애 학생에게 AAC를 적용한 사례로 기능적 행동 진단과 행동지원 계획서의 일부이다.

행동 특성	• 의사소통: AAC의 필요성 –민호는 단어 및 문장의 발성을 통해 다른 사람이 알아들을 수 있도록 자신의 요구와 욕구(needs)를 표현하는 데 어려움을 보인다. –원하는 물건의 그림을 찾을 수 있으나, 책을 찾아서 그림을 가져와 상대방에게 그림을 전달하는 데에는 촉진이 필요하다. –종종 민호가 원하는 것을 발성으로 표현하였을 때 상대방이 이를 알아듣지 못하면, 같은 단어를 계속 되풀이하여 반복하고 그래도 알아듣지 못하면 책상을 치거나 자신을 치거나 주먹을 쥐는 등의 문제행동을 보이는 경우가 있다. –이에 AAC 도구의 도움을 받아 민호가 원하는 것을 상대방이 알아들을 수 있게 해 주는 것이 필요하다. • 사회성 –또래 친구가 민호에게 공을 주면 공을 차거나 바운스할 수 있다. –또래들의 활동이나 대화에 주의를 기울이고 관심을 보인다. –친구들이 하는 활동에 참여하고 싶을 때에는 종종 친구들을 향해 미소를 짓는다.
강화물	–우동, 컵라면, 라면, 민호가 좋아하는 노래(징글벨이나 ABC 노래 등) 불러 주는 것, 또래나 친한 어른들과 하는 활동들(음악 수업, 춤추기, 대근육 활동 등), 손이나 머리를 깊게 눌러 마사지해 주는 것, 활동 중 숫자 세기, 로션, 거품, 찰흙 –민호의 강화물은 자주 변화하므로 매일 강화물을 기록하는 것이 필요하다. –사회적 강화가 잘 통한다. 민호는 지금 있는 교실의 교사들과 또래 친구들을 좋아한다.
목표 행동	• 자해행동: 자신을 때리는 것 A. 정의: 힘을 주어서 손(손바닥이나 주먹)으로 민호 자신의 몸(예: 가슴, 팔, 손목, 허벅지, 다리, 손, 머리 등)을 치는 행위(칠 때 소리가 나든 안 나든 몸을 치면 자해로 봄. 강함, 중간, 약함의 강도로 나뉜다. –강함: 몸을 친 결과로 피부에 멍이 듦(길이나 지름이 1인치 이상), 피부가 쓸리거나 까짐, 붓거나 혹이 생김, 뼈에 금이 감 –중간: 몸을 친 결과로 피부가 붉게 되거나 작은 멍이 듦(길이/지름이 1인치 미만) –약함: 몸을 친 결과로 눈에 보이는 표시, 멍, 부어오름, 상처, 까짐 등의 현상이 나타나지 않고, 피부에 변화가 없음 B. 제외: 민호가 자신의 몸에 손바닥이나 손가락을 앞뒤로 계속 문지르는 것, 자신의 몸을 손가락 끝으로 살살 계속 톡톡 치는 것, 옷을 계속 만져서 바르게 하려고 하는 것, 손가락이나 손톱으로 몸을 긁는 것, 손이나 휴지, 셔츠로 자신의 코를 문지르는 것 등은 자해에 포함되지 않는다. • 도망가는 행동 A. 정의: 한 장소에서 벗어나 다른 무언가를 얻을 의도로 어른의 관리하에 있는 장소를 떠나는 것. 잔디밭으로 뛰어 들어가거나, 부적절한 장소로 이동하거나, 교내에서 원래 머물던 곳에서 다른 곳으로 뛰어가거나, 활동 중 자리나 그룹으로부터 이탈하는 것을 포함한다. 강함, 중간, 약함의 강도로 나뉜다. –강함: 자동차에 칠 수 있는 위험이 있는 바깥 공간에서, 어른으로부터 벗어나 뛰어가는 것 –중간: 찻길이나 도로를 건너지는 않고, 교실에서 벗어나 복도로 뛰어나가는 것 –약함: 교실이나 급식실, 체육관, 도서관 등 실내에서 다른 장소로 뛰어가는 것 B. 제외: 적절한 장소로 이동 중에 어른보다 앞장을 서서 가다가 촉진을 받으면 멈춰 서는 것, 쉬는 시간에 뛰노는 것, 또래와 함께 뛰는 것, 민호가 다른 곳으로 가겠다고 요청하고 어른이 허락한 경우는 제외한다.

• 가설

선호하지 않는 활동이나 과제가 주어졌을 때, 선호하는 활동에서 선호하지 않는 활동으로 전환(transition)될 때, 또는 교사나 다른 사람의 주의를 끌고 싶을 때, 민호는 자신을 때리거나 요구나 과제 또는 전환에서 벗어나기 위해 도망갈 것이다. 그 이유는 아마도 과거에 이러한 행동은 강화된 반면, 과제나 활동이 강화물로 작동하지 않았기 때문이다.

• 장기 목표

민호가 적절한 언어적·비언어적 행동을 활용하여 자신에게 필요한 것과 자신이 원하는 것을 표현하고 소통한다(발성, 제스처, AAC 앱 등 AAC 도구, 수화 포함, 의사소통의 어떠한 방법을 사용하든 인정할 것).

• 단기 목표

1. 올해 IEP 기간이 끝날 때까지, 1회의 언어 촉진만으로, 민호가 "쉬어."라고 말하거나 '쉬어' 카드를 제시하거나 '쉬어' 제스처를 취하거나 AAC 도구에서 '쉬고 싶어요' 버튼을 눌러서 휴식을 요청할 수 있다. 3주간 계속 적어도 50%의 상황에서 할 수 있다.
2. 올해 IEP 기간이 끝날 때까지, 1회의 언어 촉진만으로, 민호가 "도와줘."라고 말하거나 '도와줘' 카드를 제시하거나 '도와줘' 제스처를 취하거나 AAC 도구에서 '도와주세요' 버튼을 눌러서 도움을 요청할 수 있다. 3주간 계속 적어도 50%의 상황에서 할 수 있다.
3. 올해 IEP 기간이 끝날 때까지, 민호가 이동 중에 '기다려' '멈춰'의 언어 지시를 3초 안에 따르고, '이리 와' '돌아와' 지시에 바로 따른다. 3주간 계속 5회 중 4회 할 수 있다.
4. 올해 IEP 기간이 끝날 때까지, 민호가 자신을 때리는 행동이 하루 0.75회의 기초선에서 하루 0.25회 미만(주 1회 미만)으로 줄어든다. 3주간 계속된다.
5. 올해 IEP 기간이 끝날 때까지, 민호가 도망가는 행동이 하루 0.25회의 기초선에서 하루 0.12회 미만(2주에 1회 미만)으로 줄어든다. 3주간 계속된다.

• 다음 단계

만일 6주가 지난 다음에도 이러한 중재로 인해 문제행동이 50% 줄지 않는다면 팀이 다시 만나야 한다.

배경사건	선행사건	문제행동	문제행동의 기능	현재 문제행동으로 인한 후속결과
1. 아침을 잘 먹지 않았다. 2. 배고프다. 3. 알레르기 증상이 있다. 4. 코가 나오거나 막혔다. 5. 배앓이가 있다. 5. 일상생활에 변화가 생겼다. 6. 원하는 활동을 하지 못하고 학교에 와야 하는 상황이었다.	1. 선호하지 않는 활동 2. 활동의 전환 3. 과제를 끝마치라는 요구 4. 한곳에 머무르라는 요구 5. 정해진 활동을 계속하라는 요구 6. 어려운 과제를 하라는 요구 7. 다른 학생들에게만 교사의 관심이 집중됨	1. 자신 때리기 2. 도망가기	벗어남/회피	1. 무시하기 2. 전환시켜 주기(redirect)
배경사건에 대한 전략	**선행사건에 대한 전략**	**가르쳐야 할 기술**	**적절한 행동에 대한 강화**	**바람직하지 않은 행동에 대한 결과**
1. 등교 시 부모와 당일 아침 상황을 의논하여 민호의 현 상태를 잘 파악한다(예: 행동, 아침식사, 잠을 충분히 잤는지, 감각 요구, 감정 상태, 약물 현황). 2. 학교와 가정 간에 오가는 의사소통 일지를 통해 민호의 신체적·감정적·정신적 상태와 약물 복용의 변화 등을 늘 공유한다. 3. 아침과 오후의 일상을 민호가 편안해하는 방식으로 미리 교실 환경을 구조화한다. 4. 학교에 있는 시간 내내 빌트인(built-in)된 감각 휴식활동을 하도록 스케줄을 짠다(예: 산책, 달리기, 스트레칭, 댄스, 짐볼, 회전의자, 손감각 활동 등). 5. 간식을 자주 먹도록 촉진한다. 같은 반 친구들과 함께 먹는 정해진 간식 타임 이외에도 원하는 경우 간식을 요청할 수 있도록 자주 촉진한다. 6. 아침에 민호의 상태가 좋지 않다고 판단된 날에는, 과제 및 과제의 양과 난이도, 강화물의 스케줄을 차등화한다(예: 어려운 과제보다는 잘 수행할 수 있는 과제나 민호가 선호하는 활동을 주로 할 수 있게 하고, 강화물을 더 자주 많이 제공하도록 한다). 7. 새로운 장소에 가거나 새로운 보조교사를 만나게 될 경우에는 미리 시각 자료를 활용하여 설명을 하고, 반드시 새로운 장소에 간식이나 놀잇감 등 민호가 좋아하는 강화물을 비치해 두고 새로운 교사가 강화물을 많이 가지고 있을 수 있도록 미리 조치한다.	1. 평소 민호에게 교사가 적절한 관심을 준다. 특히 문제행동을 일으키지 않고 있을 때 자주 칭찬해 준다. 2. 언어적 설명과 함께 '먼저/나중' 시각 자료를 사용하여 먼저 ○○을 하면 다음에 □□를 할 수 있음을 알려 준다. 3. 쉬운 과제와 어려운 과제를 번갈아 제시한다. 4. 민호에게 직접 연관이 있는 기능적이고도 의미 있는 프로그램을 만들어 준다(상황을 이해하지 못하는 상태에서 앉아 있거나 수행하도록 강요하지 않는다). 5. 새롭게 배워야 하는 기술이나 과제가 있으면, 중간에 민호가 성공적으로 잘할 수 있는 과제를 함께 배치한다. 6. 과제는 늘 짧게 만든다. 7. 과제를 설명할 때 간결하게 한다. 8. 민호가 선호하지 않는 활동을 하고 난 후에는 반드시 바로 선호하는 활동이 주어져야 한다. 9. 선호하지 않는 활동을 하게 할 경우에는 몇 가지 중에서 선택하게 한다(예: 이 활동을 할까 저 활동을 할까?). 10. 늘 선택지(choice board)를 제공한다. 11. 민호가 힘들어 하는 모습을 보이기 시작하면(눈을 크게 뜨고 손을 입이나 턱 쪽으로 가져가고 소리를 내는 등), '쉬어'나 '도와줘'를 요청하도록 촉진한다. 다만, 비슷한 행동을 흥분하거나 기분 좋을 때도 할 수 있기 때문에, 민호의 몸짓에만 의존하기 보다는 민호가 힘들어하거나 스트레스를 받을 만한 상황이 무엇인지에 대해 미리 인지하고 있어야 한다.	1. 원하는 것과 필요한 것의 그림이나 AAC 도구를 사용할 수 있게 가르친다. 2. '쉬어요'로 휴식을 요청할 수 있게 가르친다. 3. '도와줘'를 요청할 수 있게 가르친다. 4. 교사의 관심을 끌고 싶을 때 손을 들거나 다가가서 눈을 맞추거나 팔이나 어깨를 톡톡 두드릴 수 있게 연습한다. 5. '멈추자' '잠깐'이라는 말을 들으면 멈출 수 있게 가르친다. 6. '이리 와'라는 말을 들으면 다가올 수 있게 가르친다.	1. 민호가 언어나 제스처, 그림, AAC 도구를 사용하여 원하는 것을 요청하면, 바로 칭찬해 준다. 2. 민호가 요청한 것을 줄 수 있는 상황이라면 가능하면 꼭 제공해 주고, 줄 수 없는 상황이라면 부드러운 목소리로 지금은 안 된다는 것을 설명한 후 대안을 제시해 준다. 3. 민호가 '도와줘'를 요청하면 무엇을 필요로 하는지 바로 찾아보고 도와준다. 4. 민호가 '쉬어요'를 요청하면 바로 쉬도록 해 준다. 5. 민호가 손을 들거나 교사에게 다가가서 눈을 맞추거나 팔이나 어깨를 톡톡 두드리는 등의 행동을 한 경우에는 바로 칭찬해 준 후, 무엇을 원하는지 함께 알아보고 원하는 것을 표현하는 경우 다시 칭찬해 준다. 6. 민호가 선호하지 않는 활동을 잘 마친 후에는 요청하지 않더라도 간식이나 강화물로 강화해 준다.	1. 안전한 상황에서는 활동을 다 마치도록 유도한다. 2. 언어 촉진으로 손을 바르게 하도록 전환한다(예: '손을 책상 위에 놓자' '예쁜 손' 등). 3. 대립할 수 없는 행동 절차를 실행한다(코를 만지자, 귀를 만지자 등 민호가 손을 다른 일에 바쁘게 써야 하는 상황을 즐겁게 만들어 낸다). 4. 민호가 하던 과제나 활동을 그만두었을 경우에는 과제나 활동을 하도록 전환해 준다. 5. 민호가 자신을 치는 경우에는 언어 자극 없이(아무 말도 하지 말고) 민호의 손과 몸 사이를 가로막거나(blocking), 다른 것을 잡거나 만지도록 전환함으로써 안전을 보장한다. 6. 민호가 손이나 주먹으로 자신을 치면 교사의 손과 팔을 민호의 손과 민호의 몸 사이에 넣어 가로막는다. 7. 부드러운 목소리로 손을 바르게 두도록 하여 진정시킨다(예: 손을 책상 위나 무릎 위에 놓도록 하고 즐겁게 하나부터 열까지를 센다). 8. 민호가 도망가는 경우에는 ① 바로 전력으로 달려가서 민호의 몸을 잡아 멈추게 하거나, ② 단호한 목소리로 돌아오라고 말한다. 민호와 눈을 마주치지 않는다. 데리고 돌아올 때에는 말을 시키거나 관심을 주지 않는다.

[참고 자료] AAC를 사용하여 중도장애 학생들의 문제행동을 감소시킬 수 있을까요?

■ 연구 제목

가족과 함께하는 예방–교수–강화(PTR–F) 프로그램이 중도장애 청소년의 문제행동에 미치는 영향

■ 연구 목적

구어 의사소통에 어려움이 있는 중도 발달장애 청소년 및 그 가족을 대상으로 예방–교수–강화 모델을 적용하여 학생의 문제행동에 대한 효과를 알아보고자 함

■ 연구 참여자

• 연구 참여 학생: 총 3명

학생	장애유형	특성	
1	지적장애 1급	의사소통	발음이 부정확하며, 짧은 단위의 문장으로 자신의 의사를 표현할 수 있음(예: 나 화났어)
		행동	자신의 요구가 받아들여지지 않으면 화를 냄
2	지적·자폐성 장애 1급	의사소통	제한된 범위 내에서 구어(예: 아빠), 수화 및 지화(예: 학교)를 사용한 의사표현이 가능함
		행동	특정 상황을 회피하고 싶을 때 바닥에 드러눕거나 엄마를 때리고, 자신의 요구가 받아들여질 때까지 관련 단어를 반복함
3	자폐성장애 1급	의사소통	제한된 범위 내에서 몸짓언어나 발성을 통한 의사표현이 가능함(예: 기저귀를 갈아 주세요 → 아랫배 두드리기)
		행동	머리를 바닥에 찧거나 자신의 턱을 가격하는 등의 자해행동을 보임

• 연구 참여 가족: 세 학생의 어머니 3명

■ 연구 설계

대상자 간 중다 간헐 기초선 설계

■ 중재

• 본 연구에서 실시한 중재인 가족과 함께하는 예방–교수–강화 프로그램(이하 PTR-F 프로그램)은 PTR-F 시작하기, PTR-F 평가, 행동지원계획 실행, 코칭, 최종 점검으로 구성됨

• PTR-F 시작하기
 –면담, 목표기록지, 목표행동 점검 과정을 통해 중재를 실시할 한 가지 목표행동을 설정함

회차	내용
1	초기 면담 실시, 팀 구성하기
2	PTR-F 목표기록지 작성, 목표행동 측정 방법 결정하기, 행동평정척도 작성 안내
3	보편적 양육실제 안내, 행동평정척도 및 목표행동 점검

• PTR-F 평가
 –목표행동에 대한 기능평가를 실시하고 가설을 수립함

회차	내용
4	PTR-F 기능평가 체크리스트 작성, 가설 수립 및 평가 결과 요약

• 행동지원계획 실행
 –연구자가 학생의 어머니에게 PTR 전략을 안내하고, 함께 행동지원계획을 수립하여 어머니가 자녀에게 PTR 전략을 실행함

회차	내용
5	PTR 전략 안내
6	PTR 전략 선정, 행동지원계획 수립, 중재 전 준비사항 점검 → PTR 전략 실행

 –대상 학생별 행동지원계획 및 중재 도구

학생	전략 유형 및 명칭		절차
2	P (예방)	스케줄표를 사용하여 예측성 증가시키기	① 활동을 시작하기 전 스케줄표와 그림상징카드를 보여 주고 앞으로의 활동에 대해 이야기해 주기 ② 활동이 끝난 후 자녀가 직접 그림상징카드를 제거하여 활동이 끝났다는 것을 인식시키기
	T (교수)	올바른 의사소통 방법 가르치기	① 아이가 가기 싫어하는 장소에 가야 할 때 자신의 의사를 적절하게 표현하도록 유도하기
	R (강화)	• 바람직한 행동에 대한 칭찬 제공 및 요구 들어주기 • 문제행동 발생 시 요구를 들어주지 않기	

• 코칭 및 최종 점검
 –매 회기 AAC 수업이 끝난 후 연구자는 체크리스트와 촬영된 동영상을 살펴보며 어머니와 함께 진행 상황을 검토하고, 필요한 경우 코칭과 피드백을 제공함

–AAC 수업: 어머니가 중재 전략을 실행하는 기간 동안 원활한 중재 전략 실행을 위해 연구자가 각 가정에 방문하여 6회기의 AAC 수업을 실시함

–최종 점검: 중재 전략 실행이 종료된 후 본 프로그램의 효과성을 확인하기 위해 중재 전략 충실도를 살펴봄

■ 중재 도구

학생 1 학생 2 학생 3

■ 연구 결과

PTR-F 프로그램을 실시한 이후 모든 대상 학생들의 문제행동이 유의미하게 감소하였으며, 종료 이후에도 학생들의 문제행동 변화 정도가 유지됨

■ 연구 의의

그동안 유아나 아동을 대상으로 실시된 PTR-F 프로그램이 성인기로의 전환을 앞둔 청소년에게도 효과가 있다는 것을 입증하였다는 점에서 의의를 가짐

■ 출처

김영아, 박은혜(2019). 가족과 함께하는 예방–교수–강화(Prevent–Teach–Reinforce for Families) 프로그램이 중도장애 청소년의 문제행동에 미치는 영향. **특수교육, 18**(2), 29–57.

[참고 자료] 몸짓상징으로 자폐범주성장애 아동의 공격행동을 감소시킬 수 있을까요?

■ 연구 제목

몸짓상징을 활용한 자폐범주성장애 아동의 공격행동 지도 사례 보고

■ 연구 목적

특수학급 자폐범주성장애 아동을 대상으로 놀이 활동을 활용하여 몸짓상징을 지도하고, 대상 아동의 문제행동 감소에 긍정적인 변화가 있었는지 살펴보고자 함

■ 연구 참여자

• 연구 참여 학생: 1명

장애유형	자폐범주성장애 1급	
특성	의사소통	• 일과 중 반복되는 일상어 및 좋아하는 사물의 이름을 말함 • 의사소통판에서 사진이나 낱말을 선택하여 필요한 것을 요구함
	문제행동	• 화가 나면 자신의 머리를 교실 바닥이나 벽, 교구장에 부딪치거나 주먹으로 상대방을 때림

■ 중재

• 놀이 활동 중 요구하기나 반응하기 상황에서 말과 함께 몸짓상징을 보여 주며 지도함
• 학교 일과 중 아동이 가장 안정적인 등교 후 1시간 동안 안정공간인 초록방에서 실시함
• 처음에는 놀이와 직접 관련된 낱말(예: 앉아, 일어나)부터 시작하여 점차 기타 일상어(예: 고마워, 미안해)로 확대하여 지도함

■ 중재 도구

상황	내용
놀이 활동 시작	일어나다, 앉다, 노래 부르다, 함께 놀자
놀이 활동 중	재밌어요, 한번 더, 고마워요, 미안해요, 자동차, 버스, 기차
수업 시간	공부하다, 잘했어요, 멋져요
부적절한 행동	안 돼, 더럽다, 아야, 그만해, 화나다, 놀라다

앉다

공부하다

미안해요

아야

■ 연구 결과

- 위기개입 전략만 시행되었던 기초선 기간에 비해 공격행동 발생 횟수가 점차 감소함
- 지시 따르기, 모방하여 말하기, 제스처나 몸짓상징 및 말로 요구하기, 거부하기 등 의사소통 행동의 변화가 나타남
- 반복되는 일과 따르기, 규칙 지키기, 진정하기, 화내지 않고 거부하기 등 적응행동에서도 긍정적인 변화를 보임

■ 연구 의의

특수학급에서 몸짓상징을 지도함으로써 심각한 공격행동을 개선하고, 아동의 의사소통 행동 및 기타 적응행동에도 긍정적인 변화를 확인하였다는 점에서 의의를 가짐

■ 출처

최진희(2018). 몸짓상징을 활용한 자폐범주성장애아동의 공격행동 지도 사례 보고. 보완대체의사소통연구, 6(2), 117-140.

10장

AAC 교육을 위한 가족과의 협력

보완대체의사소통

가족은 사회의 가장 기본적인 기초 단위이자 역사상 가장 오래 지속된 제도이다. 장애아동으로 인해 가족의 구조와 기능이 변화될 수 있는데, 이러한 변화는 가족 구성원들 간에 영향을 주어 상호 순환적으로 존재하게 된다(김경양, 2013). 따라서 가정환경에서 장애아동을 위해 어떤 중재를 적용한다는 것은 장애아동뿐만 아니라 가족 구성원에게도 여러 가지 변화와 수고를 초래한다.

AAC 연구 분야에서, 가족과 문화에 대한 이슈는 1960년대부터 소수의 연구로 시작되어 1990년대에 좀 더 폭넓게 확장되었고, 이후 가족의 정보 공유와 정서적 지원을 강조하는 방향으로 발전되었다(Hourcade et al., 2004). 의사소통 중재는 단순히 아동에게만 영향을 주는 것이 아니라 전체 가족에게 영향을 주는 것으로 이해되고 있으나, 가족과 아동들을 대상으로 AAC 훈련과 중재를 적용한 연구는 소수에 불과하다(김경양, 박은혜, 2013; Granlund et al., 2008; Snell et al., 2006). AAC를 사용하는 데 가족의 참여가 부족한 것은 AAC 도구의 고비용, AAC 도구를 개인화하는 프로그램을 조작하는 데 어려움, AAC 도구를 사용하여 소통하는 의사소통 전략 부재 등으로 가족의 AAC 도구 사용에 대한 스트레스가 증가하기 때문이다(김경양, 박은혜, 2013; Goldbart & Marshall, 2004; Jones et al., 1998). 그러나 AAC를 사용하는 아동의 의사소통 기술의 발달을 위해서는 가장 빈번하게 상호작용하는 가족을 교수하는 것이 중요하다(Binger et al., 2008). 따라서 AAC 도구를 사용하는 아동의 의사소통에 반응하도록 가족 구성원을 훈련해야 한다(Romski & Sevcik, 2005). 이에 가정환경에서 AAC를 적용하여 실제 일상에서 사용할 수 있도록 다양한 AAC 지도 방법과 가정과의 협력 사례를 살펴보고자 한다.

1. 가정에서 AAC 적용의 필요성

1) 가정에서의 의사소통 특성 및 인식의 중요성

의사소통은 최소 2명 이상의 사람이 자신을 표현하고 상대를 이해하는 상호작용이다. 모든 사람의 최초의 의사소통 상대방은 양육자이고 대부분 가족 구성원과의 소통을 통해 의사소통이 증진된다. 그러나 가장 친밀한 의사소통 상대방인 가족의 친밀함과 익숙함이 때때로 부정적으로 작동되기도 한다. 예를 들어, 가족이기 때문에 말하지 않아도 다 알고 있을 것이라는 익숙함이 가족의 소통 부재를 유발하는 것이다. 따라서 가족 구성원 간의 의사소통이 생각보다 빈번하지 않을 수 있고, 구어를 통한 소통이 어려운 장애아동의 경우에는 더욱 의사소통이 제한될 수 있다. 이에 친숙함과 익숙함이 소통을 차단하여 장애아동의 자기결정권을 침해하기도 한다. 결국 구어를 통한 의사소통의 어려움이 가족이라는 가장 익숙하고 친밀한 관계 속에서 인간의 기본적인 권리인 결정권을 저해하는 것이다(김경양, 박은혜, 2014). 이를 예방하기 위해서는 구어를 통한 의사소통에 어려움이 있는 장애아동도 그들의 결정권이 있음을 가족 구성원부터 인식해야 한다. 따라서 가정환경에서 AAC를 적용하는 것은 가족 구성원이 가정에서 의사소통의 필요성에 대해 뚜렷한 이해와 이를 적극적으로 실행하고자 하는 의지와 참여 노력이 선행될 때 가능하다(Angelo et al., 1996).

2) 가족 중심 의사소통 교육 지원 및 AAC 팀 협력

선행연구(Parette & Angelo, 1996)에 따르면, 가정환경에서 보조공학(AT) 도구를 적용하는 것이 그리 쉽지 않다. 왜냐하면 가족의 일상과 가족 간의 관계에 긍정적 또는 부정적 영향을 줄 수 있기 때문이다. 따라서 가정 내에서 보조공학의 적용을 고려할 때는 반드시 가족의 가치관, 일상, 요구도 등을 살펴보아야 한다(김경양, 박은혜, 2013). AAC 도구를 사용하는 것이 장애아동 가족에게 추가적인 시간과 노력을 들이도록 가족을 독촉하는 것일 수 있다(김경양, 2013; Angelo, 2000).

따라서 시간이 지나도 AAC를 지속적으로 사용하도록 아동의 의사소통 기능을 촉진하는 주체로 가족 구성원을 간주해야 한다. 김경양(2013)에 따르면, 많은 상황에서 AAC 중재는 전문가 또는 연구자 중심으로 실행되고 있고, 기존의 AAC 연구에서 가족 참여는 의사결정자보다는 정보 제공자 또는 훈련자에 국한되었다(Parette & Angelo, 1996; Romski & Sevcik, 2005). 이러한 문제를 해결하기 위해서는 AAC 진단 과정에서부터 가족 구성원이 AAC 팀의 구성원이 되어 참여해야 한다.

AAC 팀에는 부모를 포함한 가족 구성원을 중심으로, 언어치료사, 특수교사, 담임교사 등으로 구성되며 협력적으로 진단을 실시한다(김경양, 2013). 부모가 AAC 팀에 참여한다는 것은 AAC 진단 과정에서 의사결정자로서 참여하는 것이다. 가정에서 성공적인 AAC 사용을 위해서는 초기 진단 과정에 가족이 AAC를 사용하는 데 시간이 얼마나 걸리는지를 확인하고, 이를 가족 구성원이 조절할 수 있도록 요구조사부터 진행한다(김경양, 2013; Angelo, 2000). 만약 AAC 의사결정에서 가족 구성원과 전문가 사이에서 협력이 일어나지 않는다면, AAC 중재 및 도구의 적절성에 대한 합의가 부족하여 아동과 가족의 AAC 중재 및 도구 사용에 제한을 두는 결과를 초래할 수 있다(Angelo, 2000; Parette et al., 2000).

2. 가정에서의 의사소통 지도 원칙

가정에서 부모가 AAC 체계를 사용하기 위해서는 아동의 의사소통 발달단계에 대한 고려와 함께 일반적인 의사소통 중재 방법에 대한 이해가 필요하다. 가정에서 AAC 중재로 의사소통 지도 방법은 다음과 같다(Sussman, 2012).

1) 의사소통 시간의 확보

반드시 아동과 일대일 소통의 시간을 만들어야 한다. 많은 부모가 장애아동의 교육과 치료 그리고 가정을 돌보기 위해 시간을 할애하다 보니 정작 본인의 아동과 일대일로 함께 있을 시간이 턱없이 부족하다. 의사소통은 단순히 혼자 할 수 있는 기술이 아니다. 특히 가정에서는 가족 구성원과 함께 소통할 수 있는 기회가 있어야 AAC 체계를 효과적으로 사용할 수 있다. 따라서 가정에서 AAC 중재를 하고자 한다면, 가장 먼저 아동과 가족 구성원이 일대일 대면 시간을 늘려야 한다. 부모가 말할 때 아동이 관심을 갖고 집중할 수 있게 되면 아동은 자연스럽게 자신이 하던 것에서 부모가 사용하는 의사소통 시도에 반응하게 된다. 부모 역시 아동의 의사소통 시도에 반응하기 위해서는 이러한 대면 시간이 중요하다.

사례

민호는 7세 비구어 발달장애 아동이다. 민호 가족은 저녁을 먹고 나면 TV를 시청한다. 엄마가 설거지를 하는 동안 아빠는 TV만 시청하다 씻고 잠을 잤다. AAC 체계로 다중양식으로 의사소통하기로 결정한 후 민호의 부모님은 TV 시청 시간을 줄였다. 민호와 함께 할 수 있는 활동을 찾기 시작했다. 민호는 저녁 식사 후에 장난감 블록 쌓기를 좋아했다. 민호 부모님은 저녁 식사 후에 5분 정도 민호와 함께 블록 쌓기 놀이 시간으로 시간을 비워 두었다. 5분이라는 짧은 시간이었지만 민호와 부모님이 함께 눈을 맞추며 서로 바라보고 놀이할 수 있는 시간으로 충분하였다. 매일매일 저녁마다 5분씩 블록 놀이로 비워 둔 5분의 시간은 민호와 부모님이 함께 소통할 수 있는 의미 있는 활동 시간이었다.

2) 의사소통 관심 따르기

아동의 관심에 따라 활동에 참여하고 AAC 체계를 사용한다. 아동은 자신이 관심이 있고 선호하는 것에 더 집중하고 반응한다. 부모가 원하는 것에 아동을 이끌고 오려고 하면 관심도 시들해지고 반응도 끌어내기 어렵다. 상호작용이 의사소통의 기본임을 이해하고, 아동과 AAC 체계를 사용하여 소통하고자 한다면 반드시 아동의 관심에 초점을 두어야 한다. 부모가 좋아하는 것보다 아동이 원하고 선호하는 것을 찾을 수 있도록 아동을 주의 깊게 관찰하는 것부터 시작한다.

사례

민호는 블록 놀이를 좋아한다. 블록을 쌓고 무너뜨리고 쌓고 무너뜨리는 것을 반복한다. 민호 부모님은 민호가 블록을 의미 없이 쌓고 무너뜨리고 하는 반복 놀이가 옳지 않다고 생각했다. 민호가 블록을 쌓을 때마다 모양을 만들어 보자고 이야기했다. "민호야, 네모 모양으로 블록을 만들어 보자." 하지만 민호는 반응하지 않았고 시간이 지날수록 짜증만 증가했다. AAC 체계로 다중양식 소통 방법을 적용하기로 한 후, 민호 부모님은 민호의 반응과 선호도에 집중하기로 했다. 민호가 블록을 쌓으면 "민호가 블록을 쌓는구나."라고 설명하며 똑같이 마주 앉아 블록을 쌓았다. 민호가 쌓은 블록을 무너뜨리면 "민호야, 블록이 무너졌네."라며 함께 블록을 무너뜨렸다. 민호는 박수를 치며 좋아했다. 그리고 엄마의 손을 잡아 블록을 다시 두드리며 쌓기를 요구했다. 민호의 의미 있는 시도가 시작되었다.

3) 다양한 의사소통 방법의 사용

부모가 아동에게 전달하고 싶은 것이 있다면 다양한 소통 방법으로 보여 주어야 한다. 아동은 본인이 알고 있는 개념과 지식에 새로운 것을 더하여 차츰 발전한다. 따라서 부모는 아동이 알고 있는 현재 수준에 적합한 이해나 표현에 더하여 새로운 개념과 지식을 추가하는 역할을 담당한다. 예를 들어, 양말을 신고 있는 아동이 '양말'만 말할 수 있다면, '양말'을 말하면서 '신어요'를 더하여 제시하는 것이다. 이때 아동이 이해하고 표현할 수 있는 가능한 모든 의사소통 방법을 사용하여 부모가 전달하고자 하는 메시지를 전달하는 것이 중요하다. 얼굴 표정, 상징, 제스처 등의 적극적인 활용이 필요한 것이다. 실제 생활 속에서 다양한 경험을 통해 새로운 언어 개념을 가르친다면 이를 통해 아동은 좀 더 이해의 폭을 넓혀 새로운 개념을 습득하게 될 것이다.

사례

민호의 부모는 민호가 말로 표현하지 못하는 것이 안타깝다. 그래서 좀 더 정확한 발음으로 말을 할 수 있는 것을 목표로 하고 민호가 발음을 할 때마다 교정해 주었다. 민호가 '양말'을 "야바."라고 하면 '양말'이라고 조금이라도 발음이 비슷해질 때까지 교정하였다. 민호는 말만 하면 교정하고 틀렸다고 이야기 듣는 것이 싫어졌다. 점차 말하기를 줄이고 대신에 스스로 소통 방법으로 소리를 지르거나 뺏는 행동이 나타났다. 다중양식으로 AAC 체계를 이해한 후, 부모가 가장 먼저 바꾼 것은 민호의 발음에 대한 교정을 그만둔 것이다. 대신에 민호가 "야바."라고 하면 "그래, 양말 신자."라고 하면서 양말을 신는 행동을 보여 주었다. 적극적으로 제스처를 활용하면서 소통의 방법을 다양하게 하였다. 민호는 점차 자신감을 갖고 "야바 시자."라고 표현하며 행동하기 시작했다.

4) 자연스러운 일과에서의 삽입 지도

일과 중에 있었던 모든 것을 표현할 수 있는 방법과 기회를 제공한다. 아동이 본인의 일과 중에 매 순간을 다양한 소통의 방법으로 표현할 수 있도록 하는 것이 중요하다. 모든 인간은 한 가지 특정 방법, 즉 구어만으로 자신을 표현하지 않는다. 눈짓, 몸짓 등을 적극적으로 활용하면서 글자, 문자, 메신저 등을 활용하여 자신을 표현한다. 장애가 있는 아동들의 의사소통 방법도 동일하다. 구어만으로 자신을 표현하도록 제한하기보다는, 모든 일과 중에 아동이 원하는 다양한 방식으로 소통할 수 있는 기회가 있어야 한다. 예를 들어, 목욕 시간에는 코딩된 의사소통 카드를 사용하고, 잠자리에 들 때는 제스처 또는 사인으로 표현하며, 화장실에서는 녹음 방식의 AAC 도구를 사용하고, 학교에서 공부하고 발표할 때는 디지털 음성합성 AAC 도구를 사용하는 등으로 한 가지 수단이 아니라 보완하고 대체할 수 있는 다양한 수단이 허용되어야 한다.

사례

민호의 부모는 AAC 체계가 도구나 상징만을 의미하지 않는다는 것을 알게 되었다. 대신에 매 순간 언제나 민호가 원할 때 원하는 방식으로 원하는 표현을 할 수 있어야 한다는 것을 알고 늘 소통할 수 있는 기회를 열어 두었다. 민호는 밥을 먹을 때는 몸짓과 의사소통판으로 표현하고, 목욕을 하면 몸짓을 사용하고 학교에서는 AAC 도구를 사용하였다. 늘 원하는 다양한 의사소통 방법을 본인이 선택하여 사용하면서 민호는 좀 더 편하게 자신의 표현을 주도적으로 나타내기 시작하였다.

5) 아동의 반응 확장하기

아동의 관심에 초점을 두고 원하는 것에 반응하며 이를 확장한다. 만약 아동의 장애 정도가 심하여 부모나 가족 구성원이 아동이 소통할 수 있는지 확실히 모르겠다고 하더라도, 가장 중요한 것은 아동이 소통할 수 있다는 믿음을 갖는 것이다. 아동을 관찰하여 살펴보면 아동의 의사소통 신호와 주의(예: 얼굴 표정, 발성, 톤, 신체 반응 등)에 민감할 수 있다. 마치 신생아의 옹알이에 부모가 반응하는 것처럼 아동의 모든 의사소통 신호와 시도에 반응해야 한다. 이는 아동이 AAC 도구를 처음 사용하여 소통을 할 때도 동일하다. 만약 아동이 AAC 도구를 사용하여 아무 상징이나 누르고 있다고 해도 괜찮다. 충분히 AAC 도구를 사용하고 즐기고 누려야 한다. 영아들이 우리가 알아들을 수 없는 옹알이를 하는 것과 동일하다. 만약 AAC 도구에서 '엄마'를 눌러야 하는데 '코끼리'를 눌렀다고 해도 화내거나 잘못 눌렀다고 꾸짖지 않아야 한다. 옹알이를 하는 영아가 '엄마'를 '엉어'로 불러도 우리가 화내지 않는 것과 동일하다. "엄마 불렀구나."라고 반응하며 '엄마' 상징을 눌러서 소리를 듣도록 하면 된다. AAC 체계를 사용한다는 것은 새로운 언어를 배우는 것이다. 절대 상징 학습이나 단어 공부를 시키는 수단이 아님을 기억해야 한다.

사례

대부분의 사람들은 AAC 체계를 그저 제시하고 보여 주면 비구어 장애아동들이 자연스럽게 사용할 수 있을 것이라고 착각한다. 그러나 AAC 체계도 언어를 습득하는 것처럼 시간이 필요하고 자연스럽게 사용해 볼 수 있어야 하며 다른 사람들도 함께 사용하는 기회가 있어야 한다. 민호의 부모는 민호가 처음 AAC 도구를 사용할 때 아빠를 보면서 '코끼리'라는 상징을 계속 눌러서 잘못 선택한다고 교정하려 하였다. 그러나 AAC 체계 또한 언어가 발달할 때 옹알이 시간이 있는 것처럼 습득과 연습에 시간이 필요함을 알게 된 후로는 민호가 '코끼리'를 누르면 "그래, 아빠가 코끼리처럼 크네."라고 반응해 주었다. 민호는 한 달 남짓 '코끼리'를 누르더니 차츰 빈도가 줄기 시작했고 더 이상 아빠를 보며 '코끼리'를 선택하지 않았다.

6) 반복하고, 반복하고, 반복하기

반복하고 반복하고 반복한다. 비장애아동도 성인처럼 기능적으로 구어를 습득하기까지 최소 4년 이상이 걸린다. 적어도 AAC 체계를 제대로 사용하기 위해서는 구어 습득을 하는 것만큼의 시간이 필요하다. 이를 위해서는 가정에서 반복하여 부모가 꾸준히 사용하는 것이 중요하다. 단순히 몇 번만 사용해 본다고 아동이 AAC 체계를 절대 바로 사용할 수 있지 않다. 아동에게 의미 있을 때만 사용하게 된다. 일상의 경험 속에서 아동이 표현할 수 있도록 지속적으로 반복하여 기회를 주어야 한다.

사례

민호는 소리가 출력되는 AAC 도구를 사용한다. 민호의 부모는 민호가 AAC 도구를 자연스럽게 소통의 방법으로 사용할 수 있도록 계속해서 반복하고 반복해서 사용하였다. 민호 부모는 민호만 AAC 도구를 사용하지 않고 부모도 함께 사용하였다. 온 가족이 함께 AAC 도구를 사용하면서 민호는 좀 더 편하게 AAC 도구를 의사소통 수단으로 사용하게 되었다.

3. 가정에서의 의사소통 정보 수집 및 평가

먼저 가정환경에서 AAC 평가를 통해 아동의 현행 수준을 알아보아야 한다. 일상생활 속에서 AAC 평가는 의사소통 행동과 기능, 현재 사용 어휘, 의사소통 요구가 많은 활동 등에 대한 자료를 수집하는 것이다. 전문적으로 특수교사나 언어치료사가 직접 가정을 방문하여 일상생활 장면을 관찰함으로써 다양한 정보를 수집하는 것이 가장 바람직하다. 그러나 실제 현장에서 언어치료사나 특수교사가 직접 가정을 방문하는 것이 용이치 않을 시에는 부모가 훈련을 받아 정보를 수집하여 현행 수준을 확인할 수 있다. 이를 통해 가정 내 일과 중에서 AAC를 사용할 기회를 확보할 수 있고, AAC를 사용한 아동의 기능을 증진시킬 수 있는 목표를 설정할 수 있기 때문이다(김경양, 2013). 자연스러운 일과 중에 관찰을 통해 부모나 가족 구성원이 진단해야 하는 가장 중요한 영역은 아동의 의사소통 형태와 기능, 활동 및 어휘, 선호도, 학습 양식 등이다. 자세한 절차는 다음과 같다.

1) 기본 정보 수집

가족은 아동의 가장 친밀한 구성원이면서도 동시에 가장 주관적인 사람들이다. 따라서 아동을 진단하기 위해서는 한발 뒤에서 객관적으로 아동을 살펴보아야 한다. 먼저 관찰을 통해 아동 자체에 대한 기본 정보를 확인한다. 예를 들어, 아동이 할 수 있는 것은 무엇인지, 도움이 필요한 것은 무엇인지, 언제 가장 많이 좌절하는지 등에 대한 정보를 수집한다. 다음으로 아동과 관련된 환경을 조사한다. 주로 가는 장소는 어디인지, 언제 가장 활동적인지, 어떤 활동을 할 때 도움이 필요한지 등에 대한 정보가 수집될 수 있다. 또한 각 환경 속에서 아동이 하는 활동과 선호하는 활동을 확인한다. 마지막으로 아동이 어떤 학습 양식을 선호하는지 확인한다. 자세한 예는 〈표 10-1〉과 같다.

〈표 10-1〉 **기본 정보의 예**

영역	아동	환경	활동	학습 양식
내용	• 아동이 무엇을 할 수 있는지 • 도움이 필요한 것은 무엇인지 • 가장 좌절하는 것은 무엇인지	• 익숙하게 가는 장소는? • 가장 활동적인 장소는? • 도움이 필요한 장소는?	• 각 환경 속에서 아동이 하는 활동은? • 가장 좋아하는 활동은?	• 시각적 학습자 • 청각적 학습자 • 기계적으로 배우는 학습자 • 전체로 배우는 학습자 • 직접 해 보고 배우는 학습자

아동의 기본 정보를 파악하면서 함께 확인해야 하는 것이 아동의 감각에 대한 정보이다. 특히 감각에 대한 정보는 자폐성장애 아동을 이해하는 데 도움이 된다. 나이가 어린 아동일수록 자기가 좋아하는 감각으로 정보를 받아들일 때 오래 집중하기 때문에 부모가 아동의 감각을 파악할 수 있으면 활동을 유지하고 소통하는 데 도움을 받을 수 있다. 아동이 좋아하는 감각을 관찰하여 확인하는 방법은 3장의 감각 평가를 참고하기 바란다.

2) 의사소통 이유와 방법 알아보기

(1) 의사소통 의도 알아보기

의사소통은 말만 하는 것이 아니다. 단지 말로 주고받는 것 이상이다(Sussman, 2012). 아동이 왜 의사소통을 하는지 알아야 아동의 의사소통 방법을 이해할 수 있다. 어떤 이유에서 무엇을 요구하기 위해 아동이 의사소통하는지 알아야 한다. 의사소통을 하는 이유는 의도성이 없는 전의도적 단계, 어떠한 영향을 미치려는 의도로 사전에 계획하여 특정 신호를 사용하는 초기 의도적/비상징적 단계, 지시적인 어휘를 사용해 의도적인 의사소통을 하는 언어적 의사소통 단계의 3단계로 이루어진다(박은혜, 한경근 역, 2008). 전문가는 표준화된 검사도구, 직접 관찰, 면담 등을 통해 의사소통 단계를 진단하여 평가할 수 있으나, 가정에서 가족이 전문가와 같은 진단과 평가를 하는 것은 다소 어려울 수 있다. 따라서 아동이 의사소통 의도를 갖고 소통하는지 알아보는 방법은 다음과 같다.

- **전의도적 의사소통**: 주변에 영향을 미치려는 의도 없이 어떤 것을 한다. 주변에 영향을 주지 않는 나만의 방식으로 소통한다.
- **의도적 의사소통**: 자기가 하는 것이 다른 사람에게 영향을 미친다는 것을 알고 소통한다.

(2) 의사소통하는 방법 알아보기

의사소통 방법은 다양하다. 우리는 수없이 많은 방법으로 의사소통하고 장애아동도 똑같다. 때로는 소리를 지르거나 몸을 흔들거나 발을 구르는 행동 등을 통해 무엇인가를 표현하고 있을 수 있다. 아동이 의사소통하는 방법의 예는 다음과 같다(Sussman, 2012).

- 울거나 소리를 지른다.
- 사물이나 사람에 다가가서 몸을 가까이 밀착하거나 몸을 돌린다.
- 자기가 원하는 것을 얻으려고 손을 뻗거나 손을 폈다가 오므린다.
- 자기가 원하는 것을 하도록 손을 잡아 끈다.
- 자기가 원하는 것을 쳐다본다.
- 무언가를 가리킨다.
- 자기가 원하는 것을 보고 가리킨 후에 엄마나 아빠를 돌아본다.
- 그림으로 소통한다.
- 소리를 내어 소통한다.
- 단어로 소통한다.
- 문장으로 소통한다.
- 반향어로 소통한다.

(3) 의사소통 이유 및 이해력 알아보기

가정에서 의사소통에 대한 기능을 알아보는 것은 가족이 익숙하고 편한 일과 중에 관찰을 통해서 가능하다. 예를 들어, 식사 시간 전에 배가 고플 때 아동이 어떻게 표현하는지를 살펴봄으로써 의사소통 기능을 확인할 수 있다. 울기, 얼굴 표정, 발성, 움직임 등의 형태로 요구하거나 싫다는 기능을 표현할 수 있다. 아동은 다음과 같은 이유로 의도적 소통을 한다.

- 불만 및 거부하기
- 요구하기
- 사회적 소통
- 언급하기
- 질문하기
- 감정 표현
- 기타

언어 이해력 정도는 부모가 말로 설명하면 바로 이해하는지, 제스처를 함께 쓸 때 이해를 더 많이 하는지, 몇 개의 단어만을 이해하는지, 부모의 메시지를 아동이 이해하는 데 얼마나 오래 걸리는지 등에 대한 정보를 수집하여 평가할 수 있다. 이 외에도 의사소통 규칙을 이해하고 있는지를 살펴봄으로써 사회적 기술의 사용에 대해서도 확인할 수 있다. 아동의 의사소통 형태 및 이유를 살펴보는 방법은 〈표 10-2〉와 같다.

〈표 10-2〉 **의사소통 정도 파악하기**

영역		내용	예
의사소통 형태와 기능	형태	• 자신의 의사를 전달하기 위해 사용하는 수단 • 도구적 상징, 비도구적 상징이 포함됨 • 도구적 상징: 글자, 구어, 말 • 비도구적 상징: 소리내기, 몸짓, 반향어, 눈짓 등	• 울기 • 얼굴 표정 • 발성 • 움직임 • 포인팅 • 사물 보여 주기 • 단어 • 사인 • 제스처
	기능	• 의사소통 형태로 의사소통 상대방에게 전달하고자 하는 자신의 내용, 메시지 • 표현하는 것의 의도, 목적	• 원하는 것 표현(요구하기) • 싫은 것 표현(거부하기) • 정서의 표현(감정 표현)

언어 이해 능력	• 의사소통 상대방이 전달하는 의사소통 형태를 이해하는 것 • 의사소통 상대방이 전달하는 메시지나 내용을 이해하는 것 • 의사소통 상대방의 메시지 의도를 수용하는 것	• 말로 설명하면 모두 이해함 • 사물이나 그림을 보여 주어야 이해함 • 내가 말한 것을 아동이 이해하는 데 시간이 생각보다 걸림 • 내가 말한 것 중에 몇몇 단어만 이해함 • 제스처로 설명해야 이해함
사회적 기술	• 의사소통 규칙을 이해하는 것 • 의사소통 상대방과 의사소통을 유지하는 것	• 말할 때 주고받을 수 있음 • 동일한 주제 속에서 이야기를 할 수 있음 • 대화를 종결 없이 끝냄 • 사회적 어휘(예: 고마워요)를 사용함 • 사회적 제스처(예: 고개 끄덕이기)를 사용함

3) 우선순위 활동과 어휘 선정

아동에 대한 기본 정보를 확인하고, 의사소통 능력에 대한 진단이 시행된 후에는 가정에서 가장 많은 의사소통이 발생하는 활동과 그 활동에서 필요한 어휘에 대한 정보를 수집한다. 이는 AAC 어휘 및 상징을 선택하고 사용하는 데 가장 중요한 출발점이면서도 지속되어야 하는 중요한 과정이다. 생태학적 목록에 근거하여 가족이 직접 가정 일과 중에 가장 의사소통이 아동과 빈번하게 발생하고 꼭 필요하다고 생각하는 환경 및 활동을 2~3가지 선택한 후, 이때 필요한 어휘목록을 수집할 수 있다(〈표 10-3〉 참조). 또는 선행연구(Quattlebaum & Nalty, 1998)를 참고한 일상 활동 및 어휘 기록 조사(〈표 10-3〉 참조)를 통해 의사소통 환경 및 활동의 우선순위, 활동에서 사용될 어휘를 수집한다.

〈표 10-3〉 **가정 활동 및 어휘 선정의 예**

1. 활동(환경) 선택하기: 가정에서 아동이 의사소통을 가장 많이 하는 시간 및 활동(환경)을 다섯 가지 적어 주세요(예: 간식 시간).

2. 위의 활동(환경) 중에 가장 중요하다고 생각하는 활동 세 가지를 선택해 주세요.

3. 각각의 활동에서 사용했으면 좋겠다고 생각하는 어휘(말)을 적어 주세요.

활동	어휘목록

4. 가장 중요하고 꼭 사용하기를 원하는 어휘에 동그라미 표시를 해 주세요.

출처: 김경양(2013).

4) 선호도 평가

아동의 선호도 파악은 AAC 진단에서 가장 중요하다. 우리가 처음 낯선 사람과 대화를 시작할 때는 먼저 편안하고 쉽게 질문하는 것이 "무엇을 좋아하세요?"이다. 예를 들어, 소개팅을 나가서 처음 보는 사람과 대화를 시작한다면 가장 먼저 우리는 "어떤 거 좋아하세요?" "뭐 먹을까요?"를 자연스럽게 물어보게 된다. 이것처럼 대화하는 상대방에 대한 선호도 정보는 의사소통을 시작하고 진행하는 데 가장 중요한 핵심 요소이다. 따라서 가정에서 AAC를 사용하기 위해서는 반드시 아동의 선호도에 대한 정보를 수집해야 한다. 이때 가족 구성원의 선호도도 함께 고려한다면 가족이 의사소통 상대방으로서 아동과 소통하는 데 좀 더 수월할 수 있다. 선호도를 파악해야 하는 영역으로는 좋아하는 음식, 물건, 사람, 환경, 과제 등 다양한 영역이고, 구체적으로 자세히 정보를 수집하는 것이 필요하다. 〈표 10-4〉를 활용하여 아동의 선호도를 확인할 수 있다.

〈표 10-4〉 **선호도 조사**

1. 아동이 가장 좋아하는 것은 무엇인가요?
2. 아동이 가장 좋아하는 사람은 누구인가요?
3. 아동이 가장 좋아하는 활동은 무엇인가요?
4. 당신이 생각하기에 아동이 가장 좋아하는 것은 무엇인가요?

4. 가정에서의 AAC 지도 방법

가정환경에서 AAC 지도는 부모가 직접 실행할 수 있도록 AAC 전략을 훈련받는 것을 의미한다. AAC는 의사소통을 보완하고 대체하는 것이므로, 일반적인 의사소통 발달단계에 따른 의사소통 전략 훈련에서 시작되어야 한다. 특히 가정에서 AAC 중재는 가족 구성원이 아동에게 AAC 중재를 직접적으로 적용하는 것과 함께 반응적인 의사소통 상대방이 되는 것이 중점이 되어야 한다.

1) 의사소통 신호 구별하기

Beukelman와 Mirenda(2013)에 따르면, 의사소통 교육을 처음 시작하는 부모가 의사소통 신호를 구별하고 반응하는 훈련이 필요하다. 초기에는 아동의 자발적인 신호 행동이 의사소통 의도라기보다는 임의로 나타날 수 있다. 만일 촉진자로 부모가 이러한 행동을 의도적인 것처럼 지속해서 해석하고 반응한다면, 아동은 점차 이러한 행동을 의도적으로 표현하는 법을 배우게 된다. 따라서 가정에서 가족 구성원의 의도적인 행동에 대한 구별과 이를 형성하기 위한 노력이 매우 중요하다. 이를 확인하기 위해 Siegel과 Cress(2002), Carter와 Iacono(2002)의 의도성 지표(indicators of intentionality)를 살펴보면 〈표 10-5〉와 같다(Beukelman & Mirenda, 2013).

〈표 10-5〉 **의사소통 행동의 의도성 지표**

1. 사물(목표)과 촉진자를 번갈아 응시하는가? (공동 관심)
2. 촉진자를 향해서 가까이 가거나 멀어지는 움직임이 있는가?
3. 촉진자의 반응을 기다리고 있음을 보여 주기 위해 신호를 보이면서 반복하기 전에 잠시 멈추는가?
4. 촉진자가 반응하면, 신호를 보여 준 후 그 신호를 멈추는가?
5. 신호를 보여 준 후 촉진자가 반응할 때, 아동은 그 반응에 대해 만족이나 불만을 보여 주는가?
6. 신호를 보였으나 촉진자가 반응하지 않을 때, 아동은 그 신호를 반복하거나 변경하여 지속하는 고집을 보이는가?
7. 신호가 의례적(매 회 동일함)이거나 관습적인 형태(예: 지적하기, 머리 흔들기)를 나타내는가?

2) AAC 전략

박은혜와 김정연(2010), Kent-Walsh와 McNaughton(2005), Kent-Walsh와 Rosa-Lugo(2006)의 선행연구에서 사용한 Read, Ask, Answer(RAA) 방법 및 EMT(Enhanced Milieu Teaching) 방법 등을 근거로 부모가 사용할 수 있는 몇 가지 AAC 전략을 소개하면 다음과 같다(김경양, 2013).

(1) 의사소통 환경의 구조화

의사소통 환경의 구조화란 일상적인 환경 속에서 변화를 시도함으로 의사소통 기회를 만드는 것이다. 부모가 활동 중 아동의 요구를 판단하여 필요한 AAC 어휘를 의사소통판에 추가하여 넣어서 준비하는 것도 포함된다. 예를 들어, 눈에는 보이지만 손에 닿지 않는 곳에 물건 두기(예: 높은 곳에 있는 비타민), 도움이 필요한 상황 만들기(예: 꽉 잠겨서 열리지 않는 비타민 뚜껑), 부적절한 요소를 만들기(예: 식사 시간에 수저 대신 장난감 수저 올려놓기), 예외 상황 만들기(예: 적은 밥 양, 밥그릇이나 수저가 없는 상태, 동생 것만 주기, 좋아하는 반찬이 없는 상황, 어머니만 밥 먹기 등) 등이 적용될 수 있다.

(2) 요구하기

요구하기란 부모가 의도적인 요구를 함으로써 아동의 의사소통에 대한 관심 및 반응을 끌어내는 것을 의미한다. 부모가 직접 AAC 도구를 사용해서 의사소통을 시도하면서 요구하는 것을 포함할 수 있다. 이 외에도 질문하기, 행동 및 사물 요구하기, 언어적 표현 요구하기 등이 포함된다. 예를 들어, "밥 먹자." "뭐 줄까?"와 같이 부모가

AAC 도구를 사용하면서 아동의 의사소통 시도를 요구하는 것이다.

(3) 반응하기

반응하기란 아동이 의사소통을 시도했을 때 아동의 주도를 따라 반응하는 것으로, 칭찬하기, 언어적 촉진하기, 신체적 촉진하기 등이 포함된다. 아동의 의사소통 시도에 긍정적인 반응을 보이고 정확한 문장으로 확인하는 전략이다. 즉각적인 반응, 강화, 정확한 표현 방법을 알려 주는 것으로, 예를 들어 (아동이 AAC를 눌러서 의사소통 시도를 하면) "그래, 밥 먹자. 잘했어."라고 반응한다.

(4) 확장하기

확장하기란 아동이 하는 것에 추가하여 덧붙이는 것이다. 만약 아동이 한 단어를 표현한다면, 한 단어를 더 추가하여 두 단어로 표현하는 것을 보여 준다. 아동이 두 단어 이상을 이해하고 사용한다면, 더 확장된 문장으로 모델링하는 것이다. 예를 들어, 아동이 된장찌개를 먹으며 '뜨겁다'를 AAC 도구에서 사용한다면, 부모는 '된장찌개가 뜨겁다'고 AAC 도구에서 눌러서 보여 주는 것이다. 특히 AAC 상징이나 AAC 도구를 사용하는 것을 "이렇게 해 봐!"로 지시하거나 명령해서는 절대 안 된다. 부모와 아동은 서로 소통하는 상대방이다. 부모가 치료사나 교사의 역할을 하면 소통하기 더욱 어렵다. 아동과 소통하는 반응적 부모가 되어야 한다.

사례

민호 부모는 민호와 소통하기 위해 의사소통 표현을 늘려 가는 기회를 만들었다. 민호가 "밥."이라고 표현하면, 부모는 "밥 먹고 싶구나."라며 반응하고 해석해 주었다. 민호가 "밥." 이라고 하는데 "뭐라고 해야 하지? 좀 더 정확히 표현해 볼래?"라고 하지 않도록 주의했다. 자동차를 보고 "자동차."라고 하면 "자동차 타고 놀러 갈까?" "자동차 타면 할머니 집에도 갈 수 있고, 백화점에도 갈 수 있는데 어디로 갈까?"라고 확장된 표현들을 부모가 먼저 시작하고 보여 주었다.

(5) 기다리기

기다리기란 가족이 의사소통 시도 및 요구 후에 아동의 반응을 기다리거나, 아동이 먼저 의사소통 시도를 기다리는 것이다. 특히 아동이 기대하는 반응을 나타내기 전에 어떠한 촉진도 제공하지 않고 기다리기 위해서는 아동이 자발적으로 AAC를 사용할 기회를 제공하는 것이 중요하다. AAC 체계를 사용하기 위해서는 시간이 필요하다. 즉각적인 반응을 요구하지 않아야 한다. 기다리지 못하고 재촉하는 것은 오히려 AAC 사용을 방해한다. "눌러 봐." "'○○ 주세요'라고 해 봐." "가방이 아니고 '가방 주세요' 해야지." 등의 촉진은 아동이 AAC 사용을 공부처럼 생각하게 만들어서 소통을 방해한다. 부모가 아동의 관심에 따르면서 충분히 시간을 들여서 기다리고 기다리는 것이 필요하다. 예를 들어, 원하는 음식을 손이 닿지 않는 곳에 올려 두고, AAC 도구에 '우유 주세요'를 탑재한 후에 아동의 반응 또는 시도를 5초간 기다린다.

(6) 설명하기

질문하지 말고, 설명하는 것으로 충분하다. 아동이 자동차 놀이를 하고 있다면, "자동차가 붕붕 움직이는구나."처럼 아동의 활동과 행동을 설명하는 것으로 충분하다. "뭐가 움직이지?" "자동차 색깔이 뭐야?"와 같이 학습을 유도하는 질문은 소통을 방해하기 때문에 지양한다. 아동의 행동과 의사소통 시도를 AAC 체계로 설명하는 것이 중요한 모델링이 된다. 만약 질문을 해야 한다면 '언제' '왜' '어떻게'보다는 '무엇이' '누가' '어디서'와 같이 좀 더 쉽게 질문에 답할 수 있는 질문을 한다.

사례

민호는 블록 쌓기 놀이를 하면서 AAC 도구를 활용하였다. 부모는 AAC 도구에서 "빨간색 블록 찾아 봐." "이 블록은 무슨 색깔이야?"와 같은 학습과 순응 기반의 AAC 도구 사용이 되지 않도록 주의했다. "와, 민호가 블록 쌓았구나." "민호가 블록을 높게 쌓았구나. 매트 위에서 무너뜨렸네!"와 같이 민호가 습득했으면 하는 표현을 설명하였다. 민호는 부모의 촉진 기반의 순응 훈련으로 AAC 도구를 사용하지 않았기 때문에 AAC 선택이 쉽고 수월했다.

(7) 모델링

아동의 자발적인 시도가 없으면 새로운 형태를 가르치기 위해 모델링하는 것으로, 직접 따라 할 수 있도록 촉진하는 것이다. 모델링은 언어적 · 신체적 모델링이 포함된다. 예를 들어, 아동이 반응이 없으면 "밥 주세요."로 구어 모델링을 보이면서 부모가 직접 '밥'과 '주세요'의 음성합성장치의 상징을 누르는 신체적 모델링을 한다(구어 모델링+AAC 누르기). 아동이 AAC 체계를 가능한 한 많이 사용할 수 있도록 부모가 더 많이 직접 AAC 체계를 사용해야 한다. 비장애아동이 부모가 끊임없이 모델링해 주었기 때문에 말을 사용하게 되는 것과 같다. 또래 형제를 비롯하여 가족 구성원 모두가 함께 AAC 사용자가 되어 직접 모델링을 한다면 아동이 좀 더 수월하게 AAC 사용에 익숙해질 수 있을 것이다.

사례

민호의 부모는 민호가 AAC 도구를 사용하면서 새로운 상징과 어휘를 습득하기를 기대하였다. 말을 교정할 때처럼 실수하지 않기 위해 AAC 도구를 사용하는 민호에게 "눌러 봐." "선택해 봐."라고 하는 것을 지양했다. 대신에 부모가 스스로 AAC 도구를 사용하여 소통하였다. 아빠는 '배가 고파'를 보여 주면 민호는 '배가 고파'를 선택하여 반응하였다. 더 많은 의사소통 기회를 통해 민호와 부모의 상호작용과 긍정적 소통 경험이 쌓이게 되었다.

3) 예측 가능한 일과 형성과 시각적 스케줄

대부분 가정에서는 옷 입기, 목욕하기, 밥 먹기, 화장실 이용, 등교하기와 같은 일과가 하루 중 일정한 시간과 간격으로 이루어진다. 가족 구성원이 예측 가능한 일과를 만들 수 있다면, 매일 이루어지는 일과 속에서 많은 의사소통 기회를 제공할 수 있다. 만약 가정의 일과가 규칙적이고 예측할 수 있는 일과로 짜여 있지 않다면, 아동이 다음 일을 예상할 수 있도록 가능한 한 규칙적인 일과로 구성해야 한다(Beukelman & Mirenda, 2013). 규칙적인 일과는 의사소통을 중재할 수 있게 한다. 따라서 가정에서 의사소통 기술을 가르치기 위하여 규칙적이고 예측할 수 있는 일과를 사용하는 것이 필수적이다. 예측할 수 있는 일과의 예시는 〈표 10-6〉과 같다.

〈표 10-6〉 **일과 예시**

일과표
기상하기(07:00) → 화장실 다녀오기(07:05) → 세수하기(07:10) → 이불 개기(07:20) → 옷 입기(07:30) → 밥 먹기(08:00) → 이빨 닦기(08:05) → 몸단장 및 학교 가방 확인하기(08:15) → 등교하기(08:20)

예측 가능한 일과는 시각적 스케줄(visual schedule)로 사용할 수 있다. 시각적 스케줄이란 하루 동안 일어나는 일과 중의 활동을 그림이나 상징으로 순차적으로 나타내

는 것을 의미한다. 선행연구(Beukelman & Mirenda, 2013)에 따르면, 시각적 스케줄은 아동의 다양한 연령과 능력, 장애와 상관없이 가정, 학교, 지역사회 환경 등에서 효과적으로 활용될 수 있다. 시각적 스케줄은 AAC 상징을 활용할 수 있는 시각적 지원의 한 방법이다. 또한 시각적 스케줄은 연령에 맞게 알림장, 벽장식 또는 그 밖의 다른 여러 가지 형태로 실물이나 상징, 사진이나 선화 상징 또는 파워포인트, 디지털비디오 편집용 소프트웨어 프로그램과 같은 컴퓨터 기술을 이용하여 만들 수 있다. 최근에는 다양한 스케줄 앱이 Apple iPad, 삼성 갤럭시노트 등과 같은 태블릿 PC로 활용되고 있다(Beukelman & Mirenda, 2013).

가정에서는 예측 가능한 가정의 일과를 토대로 시각적 스케줄을 구성할 수 있다. 예를 들어, 식사를 준비하는 레시피를 시각적 스케줄로 구성하여 사용할 수 있다. 또는 화장실을 이용하는 일과를 시각적 스케줄로 제시할 수 있다. 이 외에도 아침에 일어나서 등교하기까지의 일과를 시각적 스케줄로 구성할 수 있다. 시각적 지원의 한 방법으로 시각적 스케줄을 활용할 때는 시각적 스케줄이 의사소통 도구가 아님을 알아야 한다. 즉, 시각적 스케줄은 예측 가능한 정보를 제공하고 아동이 스스로 이를 확인하여 자기관리를 할 수 있도록 돕는 정보를 제공하는 수단일 뿐 시각적 스케줄 자체가 의사소통 도구는 아니다.

따라서 가정에서 시각적 스케줄을 활용할 때는 반드시 '완료(I am done)'의 자기관리로 연결될 수 있어야 한다. 단순히 상징만 붙여 놓거나 나열하여 전시해 두는 것은 의미가 부족하다. 가정에서 반드시 아동의 행동을 조절하고 자기가 완료했다는 것을 알 수 있도록 피드백이 제공되어야 한다. '완료(I am done)'의 의미로 완료된 활동의 상징을 떼어 내거나 엑스 표시를 하는 시각적 완료의 피드백이 함께 제시되어야 한다. 다음은 손 씻기 활동의 시각적 스케줄의 예이다.

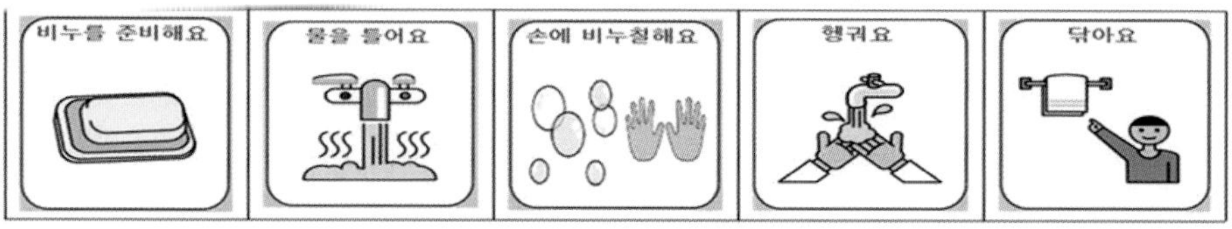

[그림 10-1] **시각적 스케줄 예**

4) 선택하기

선택하기는 일과 중에 아동이 주도적으로 자기 의사를 표현할 수 있는 가장 기본적인 전략이다(박은혜, 김정연, 2010). 일반적으로 아동의 선호도에 따라 자발적인 선택하기가 가능하다. 그러나 가족 구성원은 가장 친숙하고 익숙한 관계이기 때문에 아동의 선호에 관심이 부족할 수도 있고, 아동에게 선호에 따른 선택의 기회를 제공하지 못할 수 있다. 따라서 가정에서부터 AAC를 사용하여 자신의 선택을 표현하도록 기회를 제공해야 하고, 선택하기가 습득되지 않은 아동은 선택하기 기술 자체를 연습해야 한다(Beukelman & Mirenda, 2013). 선택하기에서 가장 중요한 핵심은 자신이 선호하는 것을 선택해야 한다는 것이다. 선택하기를 할 때에는 부모나 성인이 원하거나 선호하는 항목들을 제시하고 아동에게 무조건 선택하도록 강요해서는 안 된다. 이를 위해서는 아동이 선호하는 것에 대해 파악한 후, 적어도 두 가지 이상의 항목을 제시하는 것이 바람직하다. 선행연구(Beukelman & Mirenda, 2013; Sussman, 2012)에서 제시한 선택하기 기술을 교수하는 전략을 소개하면 다음과 같다.

① 쉬운 것부터 시작하기

아동이 선택할 수 있는 것 중에서 가장 쉬운 것부터 시작한다. 가장 쉬운 것은 두 가지 중에서 선택하는 것이다. 가장 좋아하는 것 하나와 가장 싫어하는 것 하나 중에서 선택하도록 도와준다. 가장 좋아하는 것과 가장 싫어하는 것을 아동 앞에 놓고 보여 준다. 예를 들어, "시금치 줄까, 우유 줄까?"라고 물어본다(싫어하는 것, 좋아하는 것 보여 주기).

② 처음에는 좋아하는 것을 마지막에 제시하기

선택하는 것을 이제 막 배우기 시작했다면 제일 마지막에 제시되는 것을 선택하는 경향이 있다. 마치 제일 마지막 말을 따라 하는 반향어처럼 보이기도 한다. 이는 아동이 가장 마지막에 본 것이기 때문에 그렇다. 따라서 이러한 경향을 고려하여 아동이 덜 좋아하는 것은 먼저 제시하고 가장 좋아하고 선택할 가능성이 큰 것을 마지막에 보여 주어 아동이 본인이 선호하는 것을 선택하도록 돕는다. 예를 들어, "우유 줄까, 쿠키 줄까?"(쿠키 좋아하는 경우–처음 시작할 때)라고 물어본다.

③ 나중에는 좋아하는 것을 처음에 제시하기

아동이 선택하는 경험이 늘어나고 좋아하는 것을 확실히 알고 있으면 가장 좋아하는 것을 가장 먼저 보여 준다. 이는 그저 마지막에 들은 말과 마지막에 본 것을 선택하는 것이 아니라 아동 스스로 가장 좋아하는 것을 진짜 선택하게 하는 경험을 높일 수 있다. 예를 들어, "쿠키 줄까, 우유 줄까?"(쿠키 좋아하는 경우–선택의 경험이 늘어난 후)라고 물어본다.

④ 시각적 단서 주기

아동이 처음에 선택하기 시작하면 시각적 단서가 필요할 수 있다. 실제 사물을 손에 들고 보여 주거나 사물의 사진이나 그림을 보여 줄 수 있다.

⑤ 예/아니요 선택

만약 아동에게 '예' '아니요'를 대답하게 연습시키고 싶다면, 양육자가 아동이 원하는 것과 원하지 않는 것을 확실히 알고 있어야 한다. 둘 중 하나를 선택해야 한다는 개념을 돕기 위해서는 2개를 다 보여 주고 '예/아니요'로 답할 수 있도록 격려해야 한다. '예/아니요' 연습의 스크립트는 〈표 10–7〉과 같다.

〈표 10–7〉 **'예/아니요' 연습 스크립트**

양육자	아동
한 손에 양말을 들고(아동이 좋아하지 않는 것), 다른 한 손에는 퍼즐(아동이 좋아하는 것)을 든다.	(쳐다보기)
(양말을 들고 있으면서) "양말 갖고 싶어?"	(무응답)
(기다리기)	(무응답)
(고개를 저으며) "아니."	(따라 하기) "아니."
(퍼즐을 들고 있으면서) "퍼즐 갖고 싶어?"	(무응답)
(기다리기)	(무응답)
(고개를 끄덕이며) "예."	(따라 하기) "예."

아동의 선택하기에서 스스로 선택하기에 어려움이 있는 경우에는 '큐'카드를 활용할 수 있다(Sussman, 2012). '큐'카드는 아동이 무엇을 선택해야 하는지 알려 주는 역할을 하는 시각적 지원 방법이다. 주로 '큐'카드는 그림과 단어 또는 문장이 쓰인 카드

이다. 주로 '나는 원해요' '나는 하고 싶어요' '나는 먹어요' 등과 같은 문장이 적힌 '큐' 카드들은 아동이 엄마에게 무엇을 요구하거나 선택할 때 상기시켜 주는 역할을 한다. 다음은 '큐'카드를 활용의 예이다.

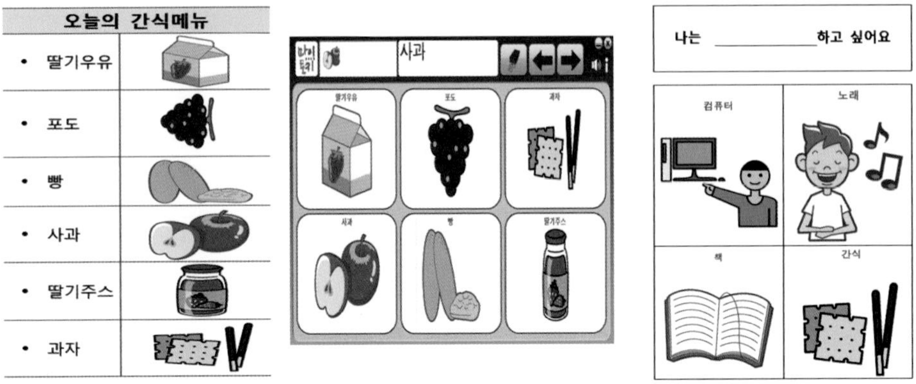

[그림 10-2] **큐카드 예시**

5) 의사소통 사전

의사소통에 어려움이 있는 아동은 타인이 이해하기 힘든 의사소통 신호를 갖고 있을 수 있기 때문에 소수의 친숙한 상대방(예: 부모, 지원자)만이 이를 이해하고 일관된 반응을 할 수 있다. 반면에 낯선 사람들은 그러한 메시지를 이해하고 해석하는 데 어려움을 겪을 수 있다. 이러한 상황은 의사소통 단절의 문제를 가져올 수 있다. 의사소통 단절은 개인이 사용하는 제스처에 대한 묘사(예: 그림, 사진)과 함께 그 의미, 그리고 그에 대한 적절한 상대방의 반응이 기록된 '의사소통 사전(communication dictionary)'을 사용함으로써 해결될 수 있다. 의사소통 사전은 교실이나 가정에서 사용되는 벽 포스터 형태로 만들 수도 있고, 알파벳 순으로 된 상호 참조용 목록을 지닌 노트북 형태로 만들 수 있다. 가족 구성원이 이해하는 아동의 의사소통 사전을 만들어 둔다면, 가족 구성원 이외의 타인들과 아동이 보다 쉽게 소통할 수 있을 것이다. 이에 대한 예는 [그림 10-3]과 같다.

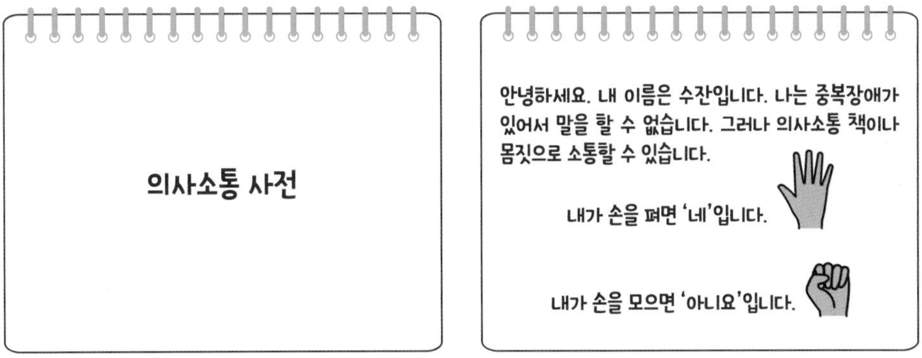

[그림 10-3] **의사소통 사전의 예**

6) 놀이와 게임

가정에서 가장 손쉽게 AAC 상징을 적용할 수 있는 중재에는 활동과 게임이 있다. 선행연구(김경양 외, 2015)에서는 일반학교 점심 시간에 보드게임을 하면서 필요한 어휘를 AAC 도구에 탑재하여 사용하였다. 게임(예: 보드게임, 컴퓨터 게임)을 하기 위해서는 인사, 사회어, 요구, 거부 등 필요한 어휘들을 다양하게 탑재해야 한다(예: 속도를 늦춰 주세요, 한 번 더 하고 싶어요). 더불어 아동과 가족 간의 게임을 통해 차례를 주고받는 차례 지키기를 적용할 수 있고, 이를 통해 사회적 상호작용을 증진할 수 있다. 따라서 게임을 활용한 AAC 중재는 가족 구성원과 아동이 흥미를 유지하며 즐겁게 적용할 수 있는 중재 방법이다. 이 외에도 플레이도를 활용해서 만들기를 하거나, 그림을 그리거나, 노래를 부르는 활동에서도 AAC를 적용할 수 있다. 가정에서 놀이 활동 중에 AAC를 사용하기 위해서는 반드시 언제든 손쉽게 닿는 곳에 AAC 도구가 있어야 한다. 좋아하는 활동 중에 필요한 어휘를 필요한 순간에 즉각적으로 사용할 수 있다면 효과가 극대화될 수 있기 때문이다. 따라서 가정에서 아동이 좋아하는 활동 중에 필요한 어휘와 상징들을 파악하여 이를 곳곳에 비치해 둔다면, 즐거운 AAC 활용을 만들어 갈 수 있을 것이다.

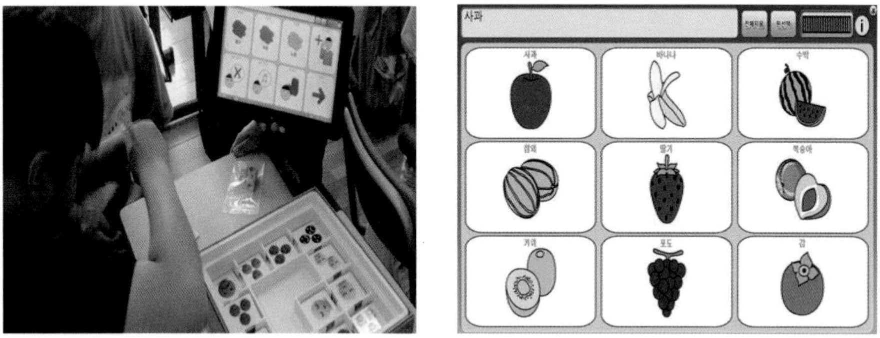

보드게임 빙고게임

[그림 10-4] **AAC 게임의 예**

출처: 김경양 외(2013).

7) 책 읽기

가정에서 부모와 아동의 의사소통을 가장 증진할 수 있는 연습 중에 하나는 책 읽기이다. 책 읽기 활동은 AAC 활용과 부모와 아동의 상호작용을 높일 수 있다. 가정에서 AAC 책 읽기 활동을 하기 위해서는 먼저 아동이 이해하기 쉽고 익숙한 책을 선정한다. 이때 아동의 생활연령을 고려하여 책을 선정해야 하는데, 예를 들어 일방적으로 자녀가 선호한다는 이유로 성인이 뽀로로 책을 보는 것은 지양해야 한다. 아동이 흥미가 있는 책을 선정한 후에는 책에 나오는 내용을 AAC 도구에 어휘로 넣는다. 예를 들어, 인어공주 동화책을 읽는다면, 인어공주 이야기 순서대로 인어공주, 왕자, 물거품, 마법, 다리 등 책의 내용과 관련된 어휘들을 구체적으로 담을 수 있다. 이때 아동이 이해하고 활용할 수 있는 핵심어휘도 함께 적용하는 것이 바람직하다(예: 배고파, 아파, 어려워, 그만, 좋아, 싫어 등). 책 읽기를 위해 활용될 수 있는 책의 종류는 다음과 같다(Sussman, 2012).

〈표 10-8〉 **책 읽기를 위한 다양한 종류의 책**

책의 종류	핵심 내용
감각놀이책 (헝겊, 비닐 책)	아동이 뜯거나 찢고, 물어도 괜찮은 헝겊이나 비닐로 만들어진 책
이름 익히기 좋은 책 (낱말책)	한 쪽에 한 장의 그림이나 사진이 담겨 있는 책으로 글자, 숫자, 동물, 음식 등 일상에서 볼 수 있는 자료로 구성된 책. 책에서 사물의 이름을 익힐 수 있도록 구성된 책. 판매하는 책도 가능하나 특정 사물이나 이슈를 보여 주는 카달로그도 좋은 책
팝업책/사운드책	버튼이나 책 한 쪽을 올리고 내리고 조작할 수 있는 책. 팝업으로 올리고 내릴 수 있음. 덮개로 가려진 부분을 펼치면 숨겨진 그림을 볼 수 있는 책. 책은 재미있다는 것을 알려 주는 것
예측 가능한 책	말의 리듬이나 운율이 반복되어 특정 단어나 구절을 예측하고 배울 수 있는 책. '나는 봐요' '나는 먹어요' 등이 반복됨
이야기 책	이야기가 시작, 전개, 끝이 있는 책. 간단한 구조를 갖추고 있음. 엄마랑 시장 보러 가는 내용. 병원에 가는 내용 등으로 일상생활에서 경험하는 일들로 구성된 책
나만의 책	직접 만든 책. 아동의 의사소통 단계에 따라 직접 만들어 보는 책. 친구, 가족, 반려동물, 여행 다녀온 사진이나 그림으로 만들어 볼 수 있음. 아동이 배워야 하는 어휘로 구성하여 '나만의 책'을 만들 수 있음

출처: Sussman (2012).

가정에서 다양한 책을 읽으면서 AAC를 활용할 수 있는 방법은 다음과 같다.

① 알맞은 책을 선택하기: 부모가 읽기 쉽고 아는 책보다는 아동이 이해하고 흥미를 갖는 책을 선택한다. 촉감을 느낄 수 있는 책부터 다양한 책들을 아동에게 주고 함께 읽어 보면서 어떤 책을 좋아하는지 관찰해 본다.

② 알맞은 방법으로 읽어 주기: '짧게 말하고 강조하면서 읽기'를 한다. 책에 글이 많거나 내용이 어렵다면 책의 내용을 한두 단어로 줄여서 읽어도 된다. 아동이 알았으면 좋겠다는 단어나 내용에 집중에서 반복적으로 읽는다. 반드시 책에 쓰인 글을 무조건 읽지 않아도 되고, 쓰인 대로 읽지 않아도 된다.

③ 이해하도록 도와주기: 그림책을 본다면 그림을 설명하면서 그림에 집중하게 한다. 필요하면 몸짓도 함께 보여 주며 강조한다. 그림책을 읽으면서 실물이나 장난감을 함께 보여 주며 이해를 돕는다. 동화 구연할 때 실물을 사용하는 것과 같은 방법이다.

④ 직접 책 만 들기: 가장 좋은 책은 가족이 함께 경험한 내용이 있는 책이다. 여행

다녀온 곳이나 어제 먹은 것, 일상의 기록으로 책을 만들어 본다. 특히 추상적인 개념으로 감정을 표현하거나 추상어를 배울 때 좋다. '좋아' '싫어' '아파' '슬퍼' '고마워' 등을 가족의 일상에서 이야기로 보여 주고 이를 표현하는 방법도 알려 주는 것이다. 휴대폰 사진을 찍어서 바로 사용할 수 있다. 앱을 사용해서 책을 만들 수 있고, 이야기를 읽어 주는 내용으로 구현할 수 있다.

⑤ AAC 활용하기: 책 읽기 활동에서 AAC를 활용하는 것은 책에서 나온 이야기, 책을 읽고 느낀 점, 책을 읽으면서 양육자와 상호작용하고 싶은 어휘 등을 사용하는 것이다. '너 읽어요' '다시 읽어요' '그만 읽어요' '재미있어요' '재미없어요' '슬퍼요' '행복해요' '넘어졌어요' '일어났어요' 등으로 읽기 활동에서 소통하는 데 필요한 표현들이 포함되어야 한다. 단순히 책의 내용에만 초점을 두고 책에 있는 어휘만을 습득하도록 AAC를 구성하면 아동이 책 읽기에서 AAC 사용을 싫어할 수 있다. 책 읽기 활동에서 AAC 적용은 AAC 상징 학습 시간이 아니라, 읽기 활동 속에서 의사소통 상호작용을 증진할 수 있는 시간이 될 수 있도록 어휘를 구성하는 것이 바람직하다.

8) 스크립트 활용하기

가정에서 가장 쉽게 AAC를 적용할 수 있는 방법이 일과를 스크립트로 구성해 보는 것이다. 매일매일 일상에서 하는 모든 활동을 일과 스크립트로 구성할 수 있다. 밥 먹기, 씻기, 입기, 벗기, TV 보기, 게임하기, 책 읽기, 외출하기, 잠자기 등 모든 일과의 일상생활은 스크립트로 구성할 수 있다.

일과 스크립트를 구성할 때 핵심은 양육자가 해야 할 일, 양육자가 하는 말, 아동이 하는 말(차례)을 구조화하는 것이다. 하루하루가 똑같을 수 없더라도 기록하면서 일과를 동일하게 구조화하는 것은 의사소통하는 횟수를 올리고 의사소통할 때 해야 하는 말과 그렇지 않은 말을 미리 생각해 보고 실천할 기회를 준다. 특히 AAC 사용을 스크립트 활동과 연결하는 것이 AAC 활용에 매우 유용하다. 대개 많은 양육자가 어떻게 AAC를 사용해야 할지 난감해한다. 이는 양육자들도 실제 AAC 사용에 대한 모습을 보거나 경험한 바가 없기 때문이다. 따라서 미리 스크립트로 구상하여 AAC 사용을 구조화하면 도움이 된다.

예를 들어, 바지를 입기 위해서는 AAC 도구에 '입다, 벗다, 바지, 다리, 오른쪽, 왼쪽, 다 입다, 올려, 내려, 끝났다, 이리 와, 도와줘, 좋아, 고마워' 등의 어휘가 있어야 한다. 그리고 이들 각각의 어휘는 다양한 의사소통 기능(예: 요구하기, 감정 표현, 명명하기, 설명하기, 거부하기 등)이 포함되는 것을 의미한다.

다음은 다양한 스크립트의 예이다(김경양, 박은혜, 2001; Sussman, 2012).

〈표 10-9〉 **'옷 입기' 스크립트의 예**

엄마, 아빠가 할 일	엄마, 아빠가 할 말 (AAC 모델링 적용)	아동이 할 말 또는 행동 (AAC 사용)
• 침대 위에 옷 준비하기	• (AAC 도구를 눌러서 모델링하며) "○○야, 옷 입자."	–
• 아동 부르기	• (AAC 도구를 눌러서 모델링하며) "○○야, 이리 와."	• 다가오기 • (AAC 도구 누르며) "도와주세요." 도움 요청하기
• 바지 들어올리기	• (AAC 도구를 눌러서 모델링하며) "바지."	• 바지 쳐다보기
• 잠시 멈추기 • 바지 가리키기	• (AAC 도구를 눌러서 모델링하며) "바지 입어."	• 바지 쳐다보고 엄마 보기
• 아동의 다리 가리키거나 살짝 만지기 • 필요하면 아동이 바지에 다리 넣는 것 도와주기	• (AAC 도구를 눌러서 모델링하며) "한 쪽 다리." ※ 도와주는 사람 규칙* 적용	• 한 쪽 다리 올리거나 도움 요청하기 • (AAC 도구 누르며) "도와주세요." 도움 요청하기
• 아동의 다리 가리키거나 살짝 만지기 • 필요하면 아동이 바지에 다리 넣는 것 도와주기	• (AAC 도구를 눌러서 모델링하며) "다른 쪽 다리." ※ 도와주는 사람 규칙 적용	• 한 쪽 다리 올리거나 도움 요청하기 • (AAC 도구 누르며) "도와주세요." 도움 요청하기
• 바지 가리키기 • 바지의 일부를 잡고 올리는 일 시작하고 도와주기	• (AAC 도구를 눌러서 모델링하며) "바지 올려." ※ 도와주는 사람 규칙 적용	• 바지 올리기 • (AAC 도구 누르며) "도와주세요." 도움 요청하기
• 포옹하고 칭찬하기	• (AAC 도구를 눌러서 모델링하며) "바지 다 입었다." "잘했어."	• 만족, 미소, 박수 등 • (AAC 도구 누르며) "다 입었다."
• 작업의 '끝' 알려 주기	• (AAC 도구를 눌러서 모델링하며) "다 끝났다."	• 다 끝났다 반응하기 • (AAC 도구 누르며) "다 끝났다."

* 도와주는 사람 규칙: 도와주는 사람은 다음을 명심해야 한다. 아동이 어떤 일을 하는 데 의사소통을 못한다고 느껴지면 아동을 도와주고 싶은 것이 부모의 마음이다. 하지만 부모가 항상 아동을 위해 모든 것을 해 주다 보면 아동은 부모의 기대보다 할 수 있는 더 많은 것을 할 수 있는 기회를 놓치게 된다. 아동이 스스로 할 수 있는 더 많은 기회를 갖도록 부모는 도와주는 사람의 역할을 할 뿐이다.

출처: Sussman (2012).

〈표 10-10〉 **놀이 활동 스크립트의 예(가게 놀이)**

스크립트 활동 전개	의사소통 기능 AAC 어휘			
	요구하기	사회화	거부하기	대답하기
(아동에게 장바구니와 지갑을 주고 과일과 과자들을 정리한 후 가게 놀이 준비한다.) 자, 우리 오늘 가게 놀이하자.				
(가게 주인 복장을 하고) 안녕하세요. 어서 오세요. (먼저 인사하고 기다린다.)		안녕하세요.		
우리 가게에는 과자와 과일, 음료수 등이 있습니다. 사고 싶은 물건을 골라 주세요.	과자 주세요.			
우리 가게에는 ○○, □□ 과자가 있습니다. (가격표를 보여 주며) 모두 값이 달라요.	얼마예요?			
○○은 500원, □□은 1,000원입니다. 어떤 것을 드릴까요?				□□
(원하지 않은 다른 과자를 주려고 하면서) ○○ 여기 있습니다. 이거 맞나요?			아니요/싫어요	
우리 가게에는 과일과 다른 음료수도 많이 있어요. 다른 것 사고 싶으면 말해 주세요.	음료수 주세요.			
△△은 새로 나온 음료수예요. 세일해서 값이 다른 것보다 싸요. (가격표를 보여 주는 척하다가 감춘다.)	얼마예요?			
△△은 500원이고 다른 것은 1,000원입니다. 어떤 음료수를 드릴까요?				△△
(원하지 않은 다른 음료수를 주려고 하면서) △△ 여기 있습니다. 이거 맞나요?			아니요/싫어요	
사고 싶은 물건들을 다 하셨나요?				네
(물건들을 봉투에 담아 주며) 여기 물건들 있습니다.		감사합니다.		
다음에 또 물건 사러 오세요. 안녕히 가세요.		안녕히 계세요.		

출처: 김경양, 박은혜(2001).

다음은 〈표 10-9〉에서 '도와주는 사람'으로 엄마와 아빠의 역할을 설명하는 예이다.

첫째, 한 번 아동에게 요청한다. "바지 입어."와 같이 말로 해도 되고 바지 입는 시늉을 해도 된다. "바지 입어야지. 입어. 빨리 입어." 등과 같은 재촉은 요청이 아니다. 따라서 아동이 정확히 듣고 이해할 수 있도록 간단하면서도 명료하고 분명하게 메시지를 전달한다.

둘째, 기다린다. 도와주는 사람의 역할에서 가장 중요한 것은 기다리는 것이다. 도와주기는 아동이 하는 것을 재촉하는 것이 아니라 아동이 할 수 있다는 믿음을 갖고 지켜봐 주며 기다리는 것이다.

셋째, 다시 요청한다. 기다렸음에도 아동이 스스로 활동에 참여하지 않으면 다시 한번 요청한다. 이때는 좀 더 명확히 해야 하는 것에 대해 정보를 제공한다. 혹시나 아동이 해야 하는 것을 이해하지 못하고 있다면 다시금 주의를 상기시켜서 해야 할 것을 알려 준다. "바지 여기 있네. 한 쪽 발을 넣고 입어 보자."와 같이 구체적이고 명확히 요청한다.

넷째, 도와준다. 재요청하였음에도 아동이 스스로 하는 것이 어렵거나 활동에 참여를 하지 못하면 아동이 어려움을 겪는 것이다. 따라서 "엄마가 바지 입는 거 도와줄게."라고 이야기하며 도와준다. 일방적으로 아동을 끌고 와서 잡고 바지를 입히는 것은 돕는 것이 아니다. 발을 올려서 바지에 넣을 수 있도록 아동을 안고 바지를 벌려 주는 것으로도 충분하다. 재촉하는 사람이 아니라 돕는 자가 되어야 한다.

5. 가족과의 협력 사례

다양한 AAC 중재 방법은 가정 내에서 직접 중재를 적용하는 것이다. 그러나 실제 AAC를 사용하는 것은 보다 여러 사람들을 만나서 소통할 때보다 더 효과적일 수 있다. 이에 국외에서는 AAC 사용자와 가족들이 함께 모여 캠프에 참여함으로써 네트워크를 형성하고 AAC 사용을 증진하는 캠프가 활발하게 이루어지고 있다.

AAC 캠프는 AAC 사용자에 따른 개별 맞춤형 AAC 캠프로 진행되는데 ① AAC 사용자의 의사소통 요구와 수준 파악을 위한 AAC 평가, ② 개별 AAC 사용자 및 가족에게 맞는 상황별 의사소통판 제작 시원을 통한 훈련, ③ 다양한 AAC 소프트웨어의 사용 및 활용 방법에 대한 정보 제공, ④ AAC 이해를 통한 장애아동과 부모, 형제들의 사회적 의사소통 참여를 목적으로 한다. 해외에서는 북미를 중심으로 연 1회 또는 2회, 여름과 가을에 AAC 사용자를 위한 다양한 목적의 AAC 캠프가 진행되고 있다. 국내에서는 2013년과 2014년에 이화여자대학교 QoLT(특수교육 및 언어병리학과) 연구팀과 한국보완대체의사소통학회 공동주최로 열었던 AAC 가족 캠프가 처음이었고, 이후 한국뇌병변장애인인권협회 등에서 AAC 가족 캠프를 주최하여 국내의 AAC 적용 및 확대를 위한 기반이 되고 있다.

AAC 캠프는 AAC 사용자와 가족, 형제들이 실제 사회적 의사소통 상황에 참여 기회를 높일 수 있기에 향후 국내에서도 AAC 가족 캠프 활성화를 위한 방안들이 모색되어야 한다. 해외 대표적인 AAC 캠프의 사례는 다음과 같다.

1) Camp yAAC

Camp yAAC는 AAC를 사용하여 소통하는 성공을 높이기 위한 노력의 일환으로 학령기부터 취학 연령(만 21세까지)의 아동들을 중심으로 진행하고 있다. 캠프의 목적은 AAC를 다양한 목적으로 사용하는 것으로, 캠프에서 하루 종일 각각의 AAC 그룹에 참여하여 여러 환경에서 AAC를 적절하게 사용하여 소통하는 것을 목적으로 한다. 캠프의 성과는, 첫째, 새로운 의사소통 기회를 얻고, 둘째, AAC 도구의 사용 방법을 익혀서 숙련도를 높이며, 셋째, 새로운 활동에 참여하여 친구를 만나고 상호작용을 하며 친구들과 관계를 맺어 사회적 연결망을 만드는 것이다. 보다 자세한 정보는 https://www.oarc.ca/camp-yaac를 참고하길 바란다.

2) Camp ImpAACt

Camp ImpAACt는 AAC 도구를 이용하여 의사소통하는 어린이부터 성인(2~22세)을 위한 캠프이다. 캠프 참가자는 AAC 사용을 향상하는 데 중점을 둘 뿐만 아니라 사회적 · 정서적 발달을 위한 기회를 제공한다. 매해 여름 일주일 동안 데이 캠프로 운영되는데, 특별한 의료적 필요가 있는 캠퍼를 위해 공인 간호사가 있다. 나이와 능력 수준에 따라 소그룹으로 나뉘고, 학령기 캠퍼에게 서비스를 제공한다. AAC 캠프의 목적은 캠퍼들이 AAC를 사용하고, 친구를 사귀고, 즐겁게 지낼 수 있도록 고안되었다. 보다 자세한 정보는 http://www.elliscenter.org/camp-impaact/를 참고하면 된다.

3) AAC 캠프 앨버타(AAC Camp Alberta)

AAC 캠프 앨버타는 AAC 체계를 사용하는 6~19세 어린이와 그 가족을 위한 주말 가족 캠프이다. AAC 캠프 활동에는 게임, 음악 및 동작, 예술 및 공예 등이 포함된다. 특별히 형제자매가 참여하고, AAC에 대해 자세히 알아볼 수 있는 특별 세션도 있다. 학부모 및 보호자 세션에는 AAC 전문가가 이끄는 토론과 다른 학부모와의 네트워킹 기회, 다른 학부모와 휴식을 취하고 사교할 수 있는 시간이 포함된다. 보다 자세한 정보는 https://www.ualberta.ca/communications-sciences-and-disorders/our-community/augmentative-and-alternative-communication.html를 참고하면 된다.

4) 캠프 채터박스(Camp Chatterbox)

캠프 채터박스는 AAC를 사용하는 5~21세의 어린이 및 청소년을 위한 일주일간의 캠프이다. 모든 캠프 참가자는 다양한 사회, 레크리에이션 및 교육 활동에 참여한다. 캠프의 활동은 언어재활사, 특수교사, 레크리에이션 치료사 및 기타 자격을 갖춘 전문가가 주도한다. 활동은 하루 종일 AAC 도구 사용을 촉진하고 기능적인 환경에서 사용하는 것을 목적으로 한다. 레크리에이션 활동에는 수영, 자연 탐험, 예술 및 스포츠가 포함된다. 보다 자세한 정보는 https://csh.recdesk.com/Community/Page?pageId=13678를 참고하면 된다.

[참고 자료] 학교에서는 어떻게 가정과 연계하여 AAC 교육을 할까요?

■ 연구 제목

가정과 연계한 AAC 말하기 프로그램이 발달장애 학생의 의사소통능력 향상에 미친 효과–특수학교에서 실시한 일상 경험 말하기 프로그램 사례를 중심으로

■ 연구 목적

특수학교에 재학 중인 발달장애 학생들을 대상으로 가정과 연계한 AAC 일상 경험 말하기 프로그램이 학생들의 의사소통 능력 향상에 미친 교육적 효과를 살펴보고자 함

■ 연구 참여자

학생	나이	장애유형	특성
1	7	자폐성장애 1급	질문에 예/아니요 반응하고, 원하는 것을 요구할 수 있음
2	7	자폐성장애 1급	자발적으로 요구할 수 있고 글자보다는 사진을 보고 단어를 구분함
3	13	지적장애 2급	발음은 부정확하지만 1~2개 단어를 말하며 의사를 표현함
4	14	자폐성장애 2급	말로 자신의 의사를 표현하나, 대화 시 사진이나 그림상징이 필요함

■ 중재

- 학교에서 제작한 의사소통 책으로 일상경험 말하기 수업을 진행한 후, 수업 내용을 가정에 공유하여 가정에서도 동일하게 지도하도록 함
- 가정과 연계한 일상 경험 말하기 프로그램
  - 가정 및 학교 환경에서 경험한 이야기로 주 1회 '주말에 있었던 일 말하기'나 '경험 말하기' 시간을 갖고, 아동의 말하기에 대한 즉각적인 피드백을 제공한 후 평가하는 방식으로 진행함
  - 초등학교 저학년과 고학년별로 다른 프로그램을 실시하였으며, 중재 프로그램의 진행 단계에 따라 심화된 학습자료를 투입함

단계	내용
1단계	제시된 가정이나 학교에서 경험한 사진을 보고, 관련된 그림상징을 일기장에 표현함
2단계	의사소통 책에 다양한 주제의 이야기와 그림상징 목록을 제시하여 질문에 답하거나 자유롭게 대화 주제에 맞는 이야기를 말함

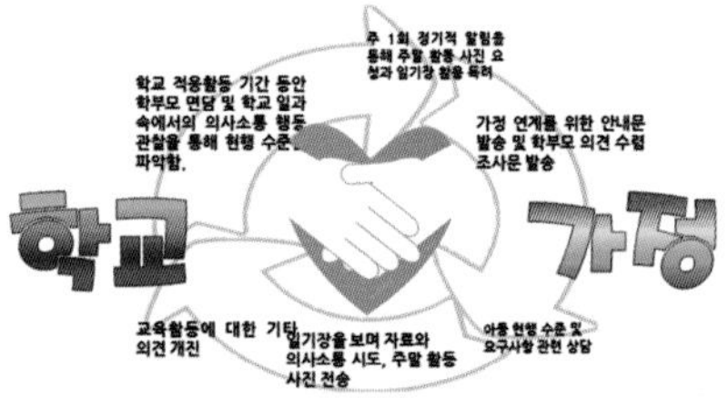

–초등학교 저학년 대상 프로그램

1단계: 사진일기 쓰기		2단계: 의사소통 책으로 소통하기	
	① 주말 활동 사진을 보면서 문장 만들기 ② 문장을 표현하는 그림상징 찾기 ③ 친구들 앞에서 발표하기		① 사진에 대해 이야기하기 ② 관련 그림상징 읽기 ③ 책에 제시된 질문에 대답할 기회 제공하기

–초등학교 고학년 대상 프로그램

1단계: 사진일기 쓰기		2단계: 의사소통 책으로 소통하기	
	학생의 경험과 관련된 그림상징을 고르고, 문장으로 이야기 만들기		나열한 그림상징을 보며 자유롭게 문장 형식으로 대화하기

• 가정과의 연계

구분	내용
학기 초 알림문	• 전반적인 프로그램 내용 안내
주 1회 정기 알림문	• 프로그램에 대한 협조 요청 안내
방학 중 알림문 (7월 알림)	• 2단계 중재 활동 및 가정에서의 활용에 대한 안내 • 제작한 동영상 지침서 및 의사소통 책을 함께 가정으로 보냄
주간 학습 계획	• 일상 경험 말하기 프로그램 내용 및 목표 안내 • 초등학교 저학년은 학교에서 수업한 일기장을 가정에서도 활용하도록 독려하고, 고학년의 경우 가정에서도 주말 일기를 쓰도록 함
프로그램 피드백 회신용 알림문	• 1학기 교육 활동 및 방학 중 가정에서 지도한 교육 활동에 대한 의견과 함께 2학기 교육 활동 계획에 대한 의견을 수렴하여 2학기 계획에 반영함

■ **중재 도구**

SNS(핀터레스트)에서 '보완대체의사소통'을 검색하여 교재 구성 아이디어를 수집한 후, 학생의 특성을 고려하여 문장이나 질문의 난이도, 그림상징 배치 등을 결정함

■ 연구 결과
- 대상 학생의 의사소통 시도, AAC 활용 능력뿐만 아니라 수업 태도도 긍정적으로 변화하였음
- 가정과의 연계를 통해 가정에서 AAC에 대한 긍정적인 인식을 갖게 되었으며, 이를 통해 학생의 의사소통 기회가 넓어짐

■ 연구 의의
가정과의 AAC 연계 지도가 학부모의 교육 만족도와 학생들의 다양한 영역에 긍정적인 영향을 미치며, 학교 차원의 프로그램으로써 발전 가능성을 시사한다는 점에서 의의를 가짐

■ 출처
민미영, 지경미, 배수진(2017). 가정과 연계한 AAC 말하기 프로그램이 발달장애학생의 의사소통능력 향상에 미친 효과-특수학교에서 실시한 일상 경험 말하기 프로그램 사례를 중심으로. **보완대체의사소통연구**, 5(2), 125-155.

학기 초 알림문의 예시	주 1회 정기 알림문의 예시
2017학년도 초등학교 6-2 교육활동 안내 6학년 2반 교육과정의 효과적인 운영을 위한 노력 (1) 언어적 표현과 다양한 방식의 의사소통 표현을 이끌어내기 위해 그림책을 활용합니다. 매주 교육활동계획안에 학생들과 함께 읽는 그림책을 알려드리니 가정에서 잠깐 동안이라도 매일 일정한 시간에 그림책 읽는 시간을 가져보시면 많은 도움이 됩니다. (2) 가정과의 연계지도를 위해 수업 활동의 결과물을 주 단위 또는 월 단위로 가정으로 보냅니다. 학교- 가정 간 활발한 의사소통을 통해 의견을 나누고 협력하여 지도합니다.	<초등학교 1학년 1반 4월 21일 학부모 알림: **부모님 확인 (　　)**> 1. 4월 4주 주안 보냅니다. 2. 주말에 경험한 일에 대한 사진이 있으시면 담임교사 핸드폰으로 전송해 주세요. 아이들과 이야기 나누겠습니다. 3. **나의 하루 종합장:** 주말에 가정에서도 아이들과 함께 종합장을 보며 이야기 나눠 주시고, 월요일 등교 시에 종합장을 보내주세요.

방학 중 알림문의 예

※ 일상 경험 사진을 활용한 의사소통 책 활용 안내 ※

한 학기 동안 실시한 주말일기 내용을 바탕으로 학교와 가정을 포함하여 우리 반 친구들이 자주 갈만한 지역사회 장소(마트, 놀이터, 치과, 미용실, 수영장, 식당, 공원, 동물원, 지하철/기차역 등)를 선정하여 의사소통책을 만들었습니다.

◎ **책의 구성**은 '일상 경험 사진, 그림상징 3어절 문장, 질문 2가지(어디, 무엇, 누구, 기분), 선택할 그림상징 목록'입니다.

◎ **활용 방법**은 아래와 같습니다.
아동이 흥미를 보이거나, 본인이 등장하는 장소를 화제로 삼기
사진을 보며 떠오르는 것 자유롭게 이야기하기
제시된 그림상징 문장 짚으며 읽어주기
책에 제시된 질문(어디, 무엇, 누구, 기분)에 대답하도록 기회 주기
보다 확장된 의사소통을 유도하기 위해 그림상징 목록에서 그림상징 선택하여 표현해보도록 유도하기

한 가지 부탁의 말씀 드립니다.
본 의사소통 책을 방학 중 아이들과 이야기 나누는 도구로 활용해 주시고 대화 장면을 영상으로 찍어서 보내주시면 2학기 의사소통지도에 있어서 소중한 자료와 피드백이 될 것입니다.

의사소통 책은 방학 중 가정에서 활용하신 후 개학일에 학교로 보내주시면 학교에서도 연계하여 사용하겠습니다.

한 학기 동안 주말일기 활동을 위해 협조해 주신 학부모님께 진심으로 감사드립니다.

1학년 1반 담임 드림

	예술[미술](이00)	체육(민미영)	사회(민미영)	창의적체험활동(민미영)	사회(민미영)
5 12:50-13:30 6 13:40-14:20	▸ 우리나라 지도 모자이크하기(1) -우리나라 지도를 그리기 -행정 구역별로 나누어 오리기 -행정 구역 따라 색 종이로 모자이크하기	▸ 실내운동하기 -스트레칭체조하기 -미몽이채 운동하기 -스텝퍼 운동하기 **예술[음악](조00)** ▸ 영상 소리 만들기 -신체와 사물을 이용하여 소리 만들기	▸ 함께 사는 우리 -우리 지역 공공시설 및 공공기관 알기	[동아리활동] 부서명 / 학생명 헬스 / 이정윤 사물놀이 / 박기훈 문화예술 / 허정인, 유지영 레포츠부 / 박기담, 서성민	▸사진 일기 -일주일 동안 있었던 일 사진 보며 이야기 나누기 -그림상징 이용하여 자신의 이야기 말하기 **과학(신00)** ▸ 산과 염기의 성질 알기 -리트머스 종이에 산과 염기 묻혀서 변화 관찰하기 -자라나는 은나무 실험
하교	14 : 40	14 : 40	13 : 40	14 : 40	14 : 40
준비물					

알　림

※ 본교는 안전한 학교생활을 위해 모든 수업활동 시 '생활안전 교육'을 실시합니다.
1. 월요일 예배 – 도산홀, 수요일 전체체조 -체육관으로 등교합니다.
2. 화요일 창의적 체험활동 시간에 전쟁기념관으로 현장체험학습을 갑니다.
3. **그림상징을 이용한 말하기 지도를 하고 있습니다. 가정으로 보내드리는 의사소통책을 이용하여 학생과 함께 한 주간 있었던 일에 대한 이야기를 나누며 즐거운 소통의 시간을 가지시기를 부탁드립니다. 부모님은 대화 나누듯이 적절한 질문을 해주시고, 학생이 의사소통책에서 적절한 그림상징을 찾아 자신의 이야기를 하며 즐겁게 대화할 수 있도록 지도해주시면 됩니다. 학교에서 실시한 영상 보내드리니 의사소통 지도에 참고하시기 바랍니다.**

밀알학교

[참고 자료] AAC 부모교육은 자녀의 의사소통 행동에 어떤 영향을 미칠까요?

■ 연구 제목

전의도적 의사소통 단계의 뇌성마비 자녀의 의사소통 발달을 위한 AAC 부모교육 효과

■ 연구 목적

전의도적 의사소통 단계 뇌성마비 장애인의 부모를 대상으로 실시한 AAC 부모교육이 어머니와 뇌성마비 자녀의 의사소통 행동에 미치는 영향에 대해 살펴보고자 함

■ 연구 참여자

- 전의도적 의사소통 단계 뇌성마비 자녀 어머니 8명
- 어머니들의 연령대는 30~50대이며, 대다수의 어머니들이 AAC 사용이나 교육을 경험함

■ 연구 설계

사전-사후검사 설계

■ 중재

- 회기별 교육내용
  - 부모교육은 매일 2시간씩, 7회기에 걸쳐 강의 및 토론식으로 진행함

회차		내용
1	오리엔테이션	• 연구 참여자와 스태프 소개, 규칙 설명, 사전검사 실시 등 • 의사소통의 중요성, 세부 프로그램 및 과제, 개별 지원 방안 등
2	의사소통 행동의 기본 원리	• 사례를 중심으로 행동의 기본 원리, 선행사건, 목표행동, 후속결과 설명 • 자녀의 의사소통 행동을 유도하고, 발생 빈도를 증가시키는 방법 설명 및 연습
3	자녀의 일과와 의사소통	• '지원 가이드북'의 필요성과 활용 방법 안내 및 과제 제시 • 가이드북에 포함되어야 할 구체적인 내용 및 정보 제공 방식 설명
4	AAC 교수 사례 발표	• 선행사건, 목표행동, 후속결과 및 환경 조작을 통한 의사소통 단계 발전 사례 소개 및 가정에서의 의사소통 행동 지도계획 과제 제시
5	장난감 개조와 스위치 사용	• 장난감을 자녀가 직접 스위치로 켰다 끌 수 있도록 개조하여 자신의 움직임에 대한 즉각적인 피드백이 제공되도록 함
6	의사소통 행동 지도하기	• AAC 개념 및 자녀에게 적용할 수 있는 개별적인 의사소통 양식과 지도 전략, 지도 환경 조성 등에 대한 계획 수립 및 피드백 제공

7	의사소통 지도	• 제작한 '지원 가이드북'과 가정에서 실시했던 의사소통 행동 지도계획 및 결과표 발표 및 느낀 점 공유, 사후검사 실시

• 개별 과제 및 지원

–두 가지 의사소통 지도 과제를 제시하여 부모교육 시간에 배운 내용을 가정에서 직접 적용하도록 함

① 자녀의 '지원 가이드북' 제작

자녀의 의사소통 행동 특성, 건강관리, 자세, 약 복용, 섭식과 구강 관리, 주요 일과, 선호도, 응급 상황 시 대처법, 자녀와의 상호작용 시 필요한 의사소통 카드, 상징 등을 포함하여 해당 정보에 대한 구체적인 사진과 설명으로 구성하도록 안내함

3. 의사소통 방법과 의미		
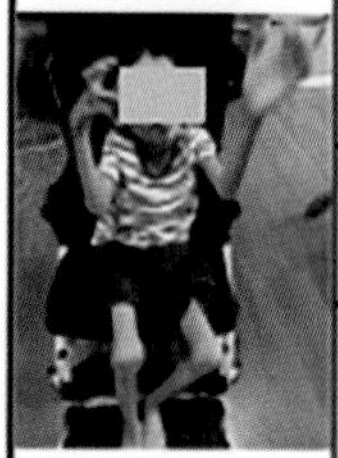	사진 설명	양팔을 들어 올립니다.
	의미	나를 들어 올려 안아 주세요.
	필요한 지원	[redacted]를 들어 올려 안아 주세요.
	사진 설명	
	의미	
	필요한 지원	
	사진 설명	
	의미	
	필요한 지원	

② 의사소통 행동 지도계획 수립 및 실행

–부모교육에서 배운 의사소통 지도 전략을 활용하여 가정에서 자녀를 위한 의사소통 지도계획을 수립하고, 직접 지도한 후 결과 보고함

–SNS로 과제 진행 상황을 점검하고, 필요한 경우 유선이나 화상 회의를 통해 개별적으로 지원함

–가정에서 실행하는 의사소통 행동 지도계획 및 결과표의 예

목표행동	• 배고플 때 좀 더 분명한 소리로 요구한다. • 배고플 때 내는 "이앙" 소리를 좀 더 명확하게 식사나 간식 필요시 내는 소리임을 훈련한다.
선행사건(A) 중재	• 배가 고프고 간식이 필요한 시간에 아이의 행동을 주시하며 반응을 기다려 본다. • 아이 옆에서 "아, 배고프네. 맛있는 ○○ 간식을 먹어야겠다."라고 행동을 취해 본다.
대체행동(B) 중재	• ○○을 먹으니 기분이 좋아지고 행복하다고 표현한다. • 아이 옆에서 간식을 먹는 행동을 취해 본다.
후속결과(C) 중재	• 입술을 움직이며 "이앙" 비슷한 소리를 내거나 먹는 엄마 모습을 보며 먹고 싶다는 표정을 확인한다. • 의도한 소리나 표정 등이 나왔을 때 식사나 간식을 준비해 주며 한껏 칭찬한다.

기준 내용	날짜														
	6/20	6/21	6/22	6/23	6/24	6/25	6/26	6/27	6/28	6/29	7/1	7/2	7/3	7/4	7/5
"이앙" 하며 소리 냈을 때 마구 칭찬	4	4	4	4	4	4	4	4	4	4	4	4	4	4	4
"이앙" 소리를 낼 수 있도록 유도	3	3	3	3	3	3	3	3	3	3	3	3	3	3	3
배고플 때 엄마를 보고 표정 전달	2	2	2	2	2	2	2	2	2	2	2	2	2	2	2
배고픈 시간에 반응하지 않는다	1	1	1	1	1	1	1	1	1	1	1	1	1	1	1

■ 연구 결과

• AAC 부모교육 후 어머니와 장애 자녀의 의사소통 행동의 사후검사 결과가 사전검사에 비해 더 높게 나타남
• 어머니들이 자녀를 더 면밀하게 관찰하게 되고, 작은 반응도 의사소통 행동임을 이해하고 적절하게 반응하는 등 자녀와의 의사소통 행동이 보다 긍정적으로 변화함

■ 연구 의의

AAC 부모교육은 어머니의 의사소통 행동에 긍정적인 효과를 주었고, 장애 자녀와의 상호작용에서 자신감을 형성하는 데 영향을 미쳤다는 점에서 의의를 가짐

■ 출처

고희선, 최진희, 박은경, 박은혜(2022). 전의도적 의사소통 단계의 뇌성마비 자녀의 의사소통 발달을 위한 AAC 부모교육 효과. 보완대체의사소통연구, 10(2), 55-90.

11장

성인기 AAC 지원

보완대체의사소통

학교를 졸업하고, 성인 장애인과 가족들은 새로운 환경에 직면하게 된다. 학생은 학령기 동안 학교라는 큰 시스템 안에서 생활한다. 비록 초 · 중 · 고를 서로 다른 학교에 재학했다 하더라도 학교라는 틀에 맞춰진 형식과 구성은 지역에 상관없이 동일하다. 모든 학령기 학생들은 교사와 학생 관계, 학생과 학생 관계, 학생과 부모 관계가 모두 비슷한 사회적 네트워크 안에서 비교적 안정적으로 사회적 관계를 유지한다. 그러나 학교를 졸업한 후에는 틀과 규칙, 동일한 구성은 사라진다. 각자의 선택과 여건에 따라 서로 다른 환경과 관계를 맺게 된다. 거주 지역과 직업에 따라 만나는 사람들이 매번 달라지고 다양하게 변화하고, 이러한 불확실성은 성인 장애인뿐만 아니라 가족들에게도 적지 않은 부담으로 작용한다. 학령기 동안에 AAC 사용을 성공적으로 하였다면 이를 토대로 긍정적인 사회적 경험을 쌓는 발판이 될 수 있으나, 정반대의 상황이라면 의사소통의 어려움으로 인해 또 다른 사회적 장벽에 부딪힐 수 있다. 사회 구성원으로 참여하기보다는 제한된 역할에 머무르며 능동적으로 자립하기 힘들 수 있다.

11장은 성인기의 변화와 의사소통의 변화 및 어려움이 발생하게 되는 이유를 살펴보고, 성인 장애인을 위한 의사소통 서비스와 국내 지원 사례, 의사소통 권리 및 에티켓을 살펴보고자 한다.

1. 성인 장애인의 어려움과 고려사항

1) 성인기의 변화

(1) 물리적 환경의 변화

성인기의 가장 큰 물리적 변화는 학교를 벗어나는 것이다. 학교를 졸업한 후에는 직장을 갖거나 대학에 진학하거나 지역사회에 다양한 활동으로 참여하는 것이 보편적이다. 성인 장애인도 이와 동일해야 한다. 따라서 성인 장애인이 사회 구성원으로 안정적인 수입을 갖고 생활할 수 있는 기본 여건이 갖추어지는가에 대한 많은 논의가 이루어지고 있다. 학교 이후의 삶이 가정으로의 복귀가 되어 집에서만 머무르지 않도록 하는 것이 성인 장애인을 위한 주요한 지원 목표이다.

(2) 사회적 관계의 변화

물리적 환경의 변화와 함께 나타나는 가장 큰 변화는 사회적 관계의 변화이다. 학교에서는 교사, 또래에 국한된 관계였으나, 성인기에는 수많은 관계를 맺게 되며, 때에 따라 빠르고 짧은 관계를 맺고 끝내기도 한다. 친구와 같은 개념을 갖고 관계가 지속될 수도 있으나 대부분은 일 또는 하고 있는 활동과 연결된 관계성에 기반한다. 따라서 혈연 중심의 가족보다는 2차적 관계에서 친구, 교사 등의 네트워크를 넘어 3차적 관계로 서비스의 구조에서 주고받는 관계가 증가한다. 이러한 3차적 관계에는 이웃, 직장 동료, 동아리 동료 등이 포함된다. 비슷한 연령의 또래 문화도 발달하지만 또래가 아닌 사람들과의 관계도 증가한다. 따라서 성인 장애인의 관계에서 초점은 나와 관계를 맺는 이들과 얼마나 관계를 지속할 수 있는지, 나의 필요에 따른 서비스 관계를 어떻게 관리할 수 있는지, 나와 동일한 관심을 갖고 함께 활동할 수 있는 이들과 어떻게 소통하며 살 수 있을지 등이다.

(3) 전문가 투입의 변화

성인 장애인에게 나타나는 또 다른 변화는 전문가 투입의 변화이다. 초·중·고 시기에는 학교를 중심으로 서비스와 전문가가 구성하였다. 그러나 성인이 되면 모든 전문가를 내가 선택하고 나의 필요와 요구를 알고 전문가를 요청해야 하며 이에 대한 서비스를 받을 수 있어야 한다. 자연스럽게 제공되는 기관 중심 서비스에서 나에게 맞는 서비스를 제공하는 전문가를 찾을 수 있는 선택권과 결정권이 확대되는 것이 성인기이다. 따라서 성인 장애인은 자기주도적으로 개인의 요구에 맞는 전문가를 찾아 요청하고, 서비스를 받을 수 있는 능력을 키우는 것이 중요하다. 자기결정권이 강조되는 이유 중 하나이다.

2) 성인 AAC 사용자의 어려움

성인 장애인은 환경, 관계, 사회적 역할의 변화에 따라 자기주도적인 의사소통 역량과 사회적 상호작용 기술의 필요성이 커진다(김경양, 김성현, 2020). 그러나 구어로 소통하기 어려운 성인 장애인의 경우에 의사소통 능력, 사회적 참여, 삶의 질 전반에서 AAC 사용과 함께 다음의 몇 가지 이유에서 어려움을 겪을 수 있다.

① 접근성: AAC 도구 및 AAC 적용이 필요함에도 불구하고, 개인 또는 시골 지역에 거주하거나 재정이 부족한 경우에 AAC 사용 자체가 불가능하거나 어려울 수 있다.

② 낙인: AAC 사용으로 인해 다른 사람들로부터 낙인찍히거나 부정적인 태도를 경험할 수 있다. 특히 지역사회의 인식 및 여건에 따라 AAC 도구의 사용이 낯설고 불편하게 느껴질 수 있다. 이로 인해 AAC 사용이 또 하나의 장애에 대한 낙인처럼 작용할 수도 있다.

③ 제한된 의사소통 기술: AAC 사용자 일부는 AAC를 사용하더라도 자신의 모든 생각과 아이디어를 효과적으로 전달할 수 없을 수 있고, 이럴 때 제한된 의사소통 기술로 인해 한계를 느낄 수 있다.

④ 지원 부족: AAC 사용자는 언어재활 및 그룹 지원을 포함하여 AAC 사용자가 속해 있는 지역에서 지원이나 자료가 필요한데, 성인 AAC 사용자의 경우에 이러한 지원이 어려울 수 있다.

⑤ 직업 환경 문제: AAC 사용자는 직장에서 동료와의 의사소통 또는 취업 기회에 어려움을 겪을 수 있다. AAC 사용자를 위한 직업의 종류가 많지 않을 수도 있고, AAC 사용 자체에 대해 부정적 선입견으로 직업을 갖기 어려울 수도 있다.

⑥ 사회적 고립: 소통할 수 있는 의사소통 상대방이 부족할 경우, AAC 사용자는 사회적 상호작용 및 의사소통 기회의 제한으로 사회적 고립을 경험할 수 있다.

⑦ 정신 건강: 의사소통하고 사회적 관계를 늘려 가는 것이 어려운 경우에 일부 AAC 사용자는 좌절이나 불안 또는 우울증을 경험할 수 있다. AAC를 사용할 수 있음에도 결국은 관계의 제한성으로 인해 부정적 경험을 하게 되어 정서적인 어려움을 겪을 수 있다.

3) 성인 장애인 주요 요구

(1) 활동보조 서비스

성인기에 가장 중요한 것이 자립과 독립이다. 이는 개인이 가족을 떠나 생활할 수 있는 거주 환경의 변화와 함께 노인기까지 당사자를 지원할 수 있는 인력이 필요하게 되는 것을 의미한다. 국내에서는 성인 장애인의 서비스 중에 가장 주요하게 증가하는 것이 활동보조 서비스이다. 활동보조 서비스는 성인 AAC 사용자에게는 매우 중요한 인력이며 서비스가 될 수밖에 없다(조아라 외, 2021). 그런데 지원인력이 매번 바뀌거나 변동이 있을 때마다 이들에게 AAC 사용에 대해 또는 성인 AAC 사용자와 어떻게 소통하는지에 대해 설명하는 것이 온전히 개인 AAC 사용자의 몫으로 남을 수 있다. 따라서 지속적인 의사소통 서비스 체계 내에서 의사소통 상대방으로 활동 지원인력에 대한 의사소통 방법 및 AAC 사용자를 지원하는 교육이 반드시 고려되어야 한다(김경양, 2021; 김정연 외, 2022; 조아라, 박은혜, 2016; McNaughton & Beukelman, 2010).

활동보조인을 위한 의사소통 지원 교육은 다음의 세 가지를 포함해야 한다(McNaughton & Beukelman, 2010). 첫째, 긍정적인 의사소통을 증진해야 한다. AAC 사용자와 소통하는 방법으로 어떻게 당사자의 의사소통 도구를 읽을지를 알려 줘야 한다. 당사자가 어떻게 의사표현하고 어떻게 이를 해석해야 하는지, 어떻게 반응해야 하는지 알려 줘야 한다. 더불어 다른 사람들에게 AAC 사용자와 의사소통을 연계할 때 "당사자를 보고 이야기해 주세요." "저를 보고 이야기는 그만해도 됩니다." 등도 전달해야 한다. 둘째, 지원인의 태도를 함양하는 교육이 필수적이다. AAC 사용자에게 민감하고, 반응적이어야 하며, 장애인 당사자의 다양한 의사소통 방법을 존중해야 한다. 셋째, 당사자의 역량을 올려 줄 수 있어야 한다. 당사자에게 중요한 것을 결정하고 당사자가 자신의 문제를 해결하며 환경과 상황을 정리할 수 있는 역량을 지원할 수 있어야 한다. 이러한 교육에서는 반드시 당사자의 선택권을 존중하여 의사소통할 수 있는 의사소통 에티켓과 같은 기본 자세에 대한 함양을 포함해야 하기에 11장 마지막에 의사소통 에티켓은 따로 설명하였다.

(2) 결혼 및 육아, 성생활

성인기의 가장 중요한 변화가 결혼 및 육아 그리고 성생활이다. 이는 AAC 사용자에게도 동일하다. 그러나 비구어 성인 장애인에게 데이트, 결혼 그리고 자녀를 양육하고 성적 관계를 유지하는 것은 모두 의사소통과 관련되어 있기 때문에 쉽지 않을 수 있다.

따라서 성인 AAC 사용자의 요구를 반영한 AAC 어휘와 상징 등의 적용은 성인기 삶의 질을 향상시키는 것과 직결된다(Burke, Bedard, & Ludwig, 1998; Lyden, 2007). 예를 들어, 결혼과 데이트를 위해 남녀 간에 호감을 표현하고 데이트 시간을 잡고, 성적 호감을 표현할 수 있는 상징과 어휘들이 필요하다. 육아에서 필요한 어휘들로 아이를 양육하는 데 필수적인 어휘들로 부모 양육과 관련된 어휘(예: 씻자, 먹자, 공부하자 등) 등이 있어야 한다. 성생활과 관련해서는 성적 자기결정권과 관련된 어휘와 자기보호를 위한 옹호 어휘들도 필요하다(예: 원하지 않는다, 당했다, 무섭다 등). 그러나 선행연구(임해영, 김학주, 2015; 한용현, 정연수, 2021)에 따르면 국내에서는 성인 장애인의 성에 대한 행동들에 대해 대부분 부정적이고 성인권 보장으로 지원하지 못하고 있다. 따라서 AAC 사용자의 데이트, 결혼, 성생활에 대해서도 연구가 부족하다. 추후 성인 AAC 사용자를 위한 좀 더 깊이 있는 연구들과 관심이 필요하다.

(3) 인권

성인 AAC 사용자가 지역사회 또는 직장 등에서 부딪힐 수 있는 것이 장애 차별과 관련된 사건이나 일들이다. 이는 비구어 성인 장애인의 AAC 사용에 대한 이해가 부족한 상대방들을 만났을 때 발생하는 문제일 수 있다. 이러한 이유에서 성인 AAC 사용자는 의사소통 중재나 훈련보다는 '의사소통 권리'적 측면에서 의사소통 접근성에 대한 사회적 지원이 반드시 필요하다. 따라서 성인 AAC 사용자가 지역사회, 직장, 주거 환경 등에서 차별이나 인권 침해를 받게 될 때 자신의 의사를 표현하고 옹호할 수 있는 AAC 어휘 및 상징 등이 성인 AAC 사용자의 의사소통 도구에 미리 포함되어 있어야 한다. 이를 위해 채수정 등(2020)은 인권 침해 및 차별과 관련된 AAC 상징 및 어휘를 개발하였고, 서울시장애인의사소통권리증진센터(https://www.scom.or.kr)도 커뮤니 상징을 통해 지속적인 어휘 및 상징 개발을 진행하고 있으나, 좀 더 다양한 유형의 상징과 어휘가 장애인 인권을 위해서 개발될 필요가 있다.

2. 성인 장애인을 위한 국내외 의사소통 지원

11장의 성인 장애인을 위한 국내외 의사소통 지원은 김정연 등(2021)의 보고서 내용을 수정 및 발췌하여 정리하였다.

1) 국외 의사소통 지원 법령 및 정책

(1) UN 장애인권리협약

장애인의 의사소통과 관련하여 가장 영향을 주고 있는 국제법으로는 「UN 장애인권리협약(United Nations Convention on the Rights of Persons with Disabilities: UN CRPD)」이 있다. 이 법의 제21조 의사 및 표현의 자유와 정보 접근권은 다음과 같다 (http://hrlibrary.umn.edu/instree/K-disability-convention.html).

제21조 의사 및 표현의 자유와 정보 접근권

당사국은 이 협약 제2조에 따라 선택할 수 있는 모든 의사소통 수단을 통하여 장애인이 다른 사람과 동등하게 정보와 사상을 구하고, 얻고 전파하는 자유를 포함한 의사 및 표현의 자유를 행사할 수 있도록 보장하기 위하여 모든 적절한 조치를 취한다. 여기에는 다음의 사항이 포함된다.

(가) 일반 대중을 위한 정보를 다양한 장애유형에 적합하게 접근 가능한 형식과 기술로 장애인에게 시의적절하고 추가 비용 없이 제공할 것
(나) 장애인의 공식적인 교류에 있어 장애인의 선택에 따른 수어, 점자, 보완하고 대체적인 의사소통(AAC), 그리고 의사소통의 기타 모든 접근 가능한 수단, 방식 및 형식의 사용을 수용하고 촉진할 것
(다) 인터넷 경로를 포함하여 일반 대중에게 서비스를 제공하는 민간 주체가 장애인에게 접근 및 이용 가능한 형식으로 정보와 서비스를 제공하도록 촉진할 것
(라) 언론 매체의 서비스가 장애인에게 접근 가능하도록 인터넷을 통한 정보 제공자를 포함한 언론 매체를 장려할 것
(마) 수어의 사용을 인정하고 증진할 것

「UN 장애인권리협약」의 내용에는 장애인의 모든 인권과 기본적인 자유를 완전하고 동등하게 누리도록 증진, 보호 및 보장하기 위해 의사소통 권리를 보장하고 있다. 이 협약에서는 '의사소통'을 문어 · 음성언어 · 단순 언어, 낭독자 및 접근 가능한 정보통신 기술을 포함한 보완적이고 대체적인 의사소통의 방식, 수단 및 형식뿐만 아니라 언어, 글자표시, 점자, 촉각을 통한 의사소통, 대형 인쇄, 접근 가능한 멀티미디어

를 포함하는 것으로 정의하고 있다.

「UN 장애인권리협약」은 의사 및 표현의 자유에 대해 명확히 명시한 것으로 국제 사회 전반에 영향을 주고 있다. 특히 장애인의 의사소통 상호교류에 있어서 수어, 점자, 보완대체의사소통, 그리고 기타 모든 접근 수단 및 방법, 형식을 수용하고 촉진할 것을 명시하였다. 그리고 가장 중요하게 이러한 의사소통 수단의 선택이 장애인에게 있음을 정의하였다. 즉, 장애인의 의사소통에서 가장 중요한 것은 장애인 당사자가 스스로 의사소통 수단을 선택할 수 있어야 하고 의사소통 상대방은 이를 수용하고 촉진해야 한다는 것이다. 이는 의사소통의 자주성이 장애인 당사자에게 있음을 명확히 한 것으로 의사소통 권리의 초석이 되는 것이다.

(2) 세계인권선언

1948년 유엔총회는 사회의 모든 개인과 모든 조직이 이 선언을 언제나 마음속 깊이 간직하면서 모든 인민과 모든 국가가 다 함께 달성해야 할 하나의 공통 기준으로서 유엔 회원국 인민들과 회원국의 법적 담당하에 있는 영토의 인민들에게 「세계인권선언(Universal Declaration of Human Rights)」을 선포하였다. 특히 「세계인권선언」 중 제19조에서는 모든 사람은 의사표현의 자유를 누릴 권리가 있음을 세계 최초로 명시화하였다. 이 권리에는 간섭받지 않고 자기 의견을 지닐 수 있는 자유와 모든 매체를 통하여 국경과 상관없이 정보와 사상을 구하고 받아들이고 전파할 수 있는 자유가 포함된다. 이를 통해 모든 사람은 의사표현의 자유를 누릴 권리를 공표하게 되었다. 이에 세계인권선언은 모든 사람은 간섭 없이 의견을 가질 권리와 표현의 자유에 대한 권리를 명시하였다.

(3) CAYA

CAYA(Communication Assistance for Youth and Adults)는 심각한 의사소통장애로 인해 보완대체의사소통(AAC) 체계가 필요한 19세 이상 성인을 위한 지원 기관이다. CAYA의 목적은 의사소통장애가 있는 성인들이 독립적인 의사소통을 통해 세상과의 중요한 연결 고리가 유지되도록 보장하고, 개인들이 그들의 능력을 최대한 발휘할 수 있는 성인의 삶을 만들고 유지하도록 의사소통 기기와 지원을 제공하는 데 있다. CAYA의 서비스는 다음과 같다. 첫째, 숙련된 언어재활사를 통해 평가 서비스를 제공한다. 둘째, 의사소통 기기의 대여 시스템을 운영한다. 언어재활사의 권고에 따라 의사소통기기와 보조기기를 사용자에게 무기한으로 대여한다. 의사소통이 인간의 필수적인 기능이라는 것을 인지하고 있으므로 의사소통기기의 정비와 수리가 신속하게 이루어질 수 있도록 한다. 셋째, 사용할 의사소통 시스템이 결정되면 사용자와 팀 구성원 대상의 교육이 제공된다. 사용자와 팀 구성원은 새로운 의사소통 방법에 대해 매일 규칙적인 사용 계획을 수립하고 모니터링의 대상을 지원하며, 지원팀의 책임으로 모니터링을 한다. 넷째, 초기 평가 및 제공 과정의 종료 후 매년 전화와 연락을 통한 추후 피드백을 통해 AAC 사용자들이 기술을 기능적으로 유지하도록 기술적 지원을 제공한다. 다섯째, 가족 및 기타 활동지원사들에게 주기적인 교육의 기회와 기타 자원을 제공함으로써 성공적인 의사소통 지원계획이 실행되도록 보장한다. 이러한 '평가–기기 지원–교육–모니터링–추후지도' 등의 체계적인 과정을 통해 실질적인 의사소통 능력이 개선되도록 지원한다. 현재 국내에서 서울시장애인의사소통권리증진센터가 이러한 시스템을 벤치마킹하고 있다(https://www.cayabc.org).

(4) CDAC

캐나다 의사소통장애 접근성 센터(Communication Disabilities Access Canada: CDAC)는 2001년 Barbara Collier and Hazel Self의 기금 모집으로 설립된 센터이다. 의사소통 장애물, 불평등 및 의사소통장애를 가진 사람들이 겪는 사회 서비스의 불평등한 접근성에 관한 이슈를 해결하기 위한 목적으로 설립되었다. 이 센터는 운영 위원 중 45%가 장애를 지닌 당사자 중심으로 이루어져 있으며 펀딩 프로젝트로 운영되고 있다. 주로 사회적 정의 및 공공 정책과 장애인의 접근성에 대한 이슈를 다루고 있다. 센터는 고용된 의사소통장애를 지닌 당사자들과 함께 의사소통 접근 및 정책 연구를 진행하며 분야별 전문가를 고용하여 프로젝트를 진행한다. 전문가들은 의사소통장애를 지니고 있거나, AAC 사용자, 인권, 접근성, 법률, 사법, 법률서비스, 의료 및 성인교육에 대한 다방면적 배경지식이 있는 사람들로 구성되어 있다(https://www.cdacanada.com).

2) 국내 의사소통 지원 법령 및 정책

(1) 발달장애인 권리 보장 및 지원에 관한 법률

「발달장애인 권리 보장 및 지원에 관한 법률」에서 의사소통은 제10조에서 다루고 있으며 의사소통 지원에 관한 조항을 살펴보면 다음과 같다.

제10조(의사소통 지원)

① 국가와 지방자치단체는 발달장애인의 권리와 의무에 중대한 영향을 미치는 법령과 각종 복지지원 등 중요한 정책정보를 발달장애인이 이해하기 쉬운 형태로 작성하여 배포하여야 한다.

② 교육부장관은 발달장애인이 자신의 의사를 원활하게 표현할 수 있도록 학습에 필요한 의사소통 도구를 개발하고 의사소통 지원 전문인력을 양성하여 발달장애인에게 도움이 될 수 있도록「초·중등교육법」제2조 각 호의 학교와「평생교육법」제2조 제2호의 평생교육기관 등을 통하여 필요한 교육을 실시하여야 한다.

③ 행정안전부장관은 국가와 지방자치단체의 민원담당 직원이 발달장애인과 효과적으로 의사소통할 수 있도록 의사소통 지침을 개발하고 필요한 교육을 실시하여야 한다.

④ 제1항부터 제3항까지에 따른 정책정보의 작성 및 배포, 의사소통 도구의 개발·교육 및 전문인력 양성, 민원담당 직원에 대한 의사소통 지침 개발 및 교육 등에 필요한 사항은 대통령령으로 정한다.

본 법령에서 규정하는 발달장애인을 위한 의사소통 지원에서 가장 중요한 핵심 사항으로「발달장애인 권리 보장 및 지원에 관한 법률」에 있는 것이 '이해하기 쉬운 형태로 작성하여 배포'하는 것이다. 국외에서는 이를 읽기 쉬운 자료(easy to read)로 개발하여 배포하는 것으로, 접근권을 보장하는 맥락이다.

이해하기 쉬운 자료란 낮은 문해력, 학습장애가 있는 사람들, 제2외국어로 한글을 배운 사람들, 노인들이 읽기 쉬운 작문 형식을 선택해야 한다. 모든 세부 사항이 아닌 주요 메시지를 제공하며 독자가 이해하도록 돕기 위해 메시지와 함께 상징이 사용되는 것으로, 간결하고 이해하기 쉽다는 점에서 읽기 쉬운 자료는 특정 문법 규칙을 따르고 주요 메시지를 지원하는 이미지가 사용된다(김경양, 남보람, 2021; 김경양 외, 2019, 2021; 손지영 외, 2019). 읽기 쉬운 자료 중에 정보의 개발은 국내에서는 몇몇 사기업을 통해 확산되고 있으나 2022년에는 국립장애인도서관에서 국내 최초로 '읽기 쉬운 도서' 개발을 진행하여 총 15권의 저작권이 있는 유명 도서를 '읽기 쉬운 책'으로 출간하였고, 2021년 한국장애인고용공단 및 2023년 중앙선거관리위원회 등에서도 장애인의 정보접근권을 위해 읽기 쉬운 가이드를 개발하여 배포하기도 하였다(김경양 외, 2023).

(2) 평생교육법

「평생교육법」 제19조의2에서 국가는 장애인의 평생교육 진흥과 관련된 업무를 지원하기 위하여 국가장애인평생교육진흥센터를 두도록 하고 있다. 또한 장애인평생교육진흥센터가 수행해야 할 업무에 대해 제시하고 있다. 장애인 평생교육 진흥을 위한 지원 및 조사 업무, 장애인 평생교육 진흥에 관한 기본계획 업무, 장애유형별 평생교육 프로그램 개발 지원 및 장애인 평생교육기관 간의 연계체제 구축 등 장애인 평생교육과 관련한 업무를 규정하고 있다. 그중 의사소통 지원에 관한 내용을 정리하면 다음과 같다.

첫째, 장애인 평생교육 종사자를 양성하고 연수하는 과정에서 공무원을 대상으로 장애인 의사소통 교육을 지원하도록 언급하고 있다. 의사소통이 어려운 장애인이 평생교육기관이나 관공서를 이용할 때, 의사소통의 장애로 인한 어려움이 발생하지 않도록 지원하도록 하고 있다. 둘째, 발달장애인의 의사소통기기를 개발하고 보급할 것을 명시하고 있다. 기타 조항에서는 의사소통이라고 명시하지는 않았으나, 장애유형별 평생교육 프로그램의 지원과 장애유형별 평생교육 교재·교구의 개발과 보급 지원을 명시하여 의사소통 교육과 그에 필요한 교재·교구의 지원 근거를 찾을 수 있다.

(3) 장애인차별금지 및 권리구제 등에 관한 법률

「장애인차별금지 및 권리구제 등에 관한 법률」(제15272호, 2017. 12. 19., 일부개정)의 정보접근·의사소통에 관한 제23조에 의하면 국가 및 지방자치단체는 장애인 편의 제공을 위해 웹 접근성을 확보하고, 한국수어, 구화, 점자 및 인쇄물 접근성 바코드가 삽입된 자료, 큰 문자 등을 습득하고 이를 활용한 학습지원 서비스를 받을 수 있도록 필요한 조치를 마련하도록 명시되어 있다. 또한 이런 서비스를 제공하는 자는 장애인의 의사에 반하여 장애인의 특성을 고려하지 않는 의사소통 양식 등을 강요하는 것을 금지하고 있다. 이 법령은 정보통신 및 의사소통과 관련하여 접근성 측면에서 장애인이 다양한 콘텐츠를 활용하고 이용하도록 편의를 제공해야 하는 것을 의미한다.

(4) 서울시 장애인 의사소통 권리증진에 관한 조례

2017년도에 「서울시 장애인 의사소통 권리증진 조례」가 국내 최초로 제정되어 시행되고 있다. 이 조례는 「장애인차별금지 및 권리구제 등에 관한 법률」에 따라 장애인의 의사소통과 정보 접근에서의 차별을 금지하여 장애인의 의사소통 권리증진 및 완전한 사회참여와 평등권 실현에 이바지함을 목적으로 하였다. 이 조례에서는 국내에서 최초로 장애인의 의사소통 권리에 관해 규정하고 있다. 조례에서 규정한 장애인의 의사소통 권리란, 첫째, 의사소통장애인은 비장애인과 동등하게 같은 활동에 참여하도록 의사소통에 있어 차별받지 않고 정당한 편의를 받을 권리를 가진다는 것이고, 둘째, 의사소통장애인은 의사소통 권리증진에 관한 시정 전반에 대해 알 권리를 갖는 것으로 정의하고 있다. 2017년 「서울시 장애인 의사소통 권리증진 조례」 이후에 지자체별로 자체 조례를 만들기 시작하였고 2020년에 전국 최초로 서울시장애인의사소통권리증진센터가 설립되어 운영 중이다. 그 외 시도별 의사소통 권리증진 조례는 부산, 제주, 대전, 경북 등에서 수립되었다. 본 조례의 내용은 다음과 같다.

제1조(목적)

이 조례는 「장애인차별금지 및 권리구제 등에 관한 법률」에 따라 장애인의 의사소통과 정보 접근에 있어서의 차별을 금지하여 장애인의 의사소통 권리증진 및 완전한 사회참여와 평등권 실현에 이바지함을 목적으로 한다.

제2조(정의)

이 조례에서 사용하는 용어의 뜻은 다음과 같다.

1. '장애'라 함은 신체적·정신적 손상 또는 기능상실이 장기간 걸쳐 개인의 일상 또는 사회생활에 상당한 제약을 초래하는 상태를 말한다.
2. '의사소통'이란 언어, 혹은 몸짓이나 화상 등의 물질적 기호를 매개수단으로 개인 또는 공동체와의 의사결정 과정에서 자기 선택 및 결정을 위해 정신적·심리적으로 교류하는 것을 말한다.

3. '의사소통장애인'이라 함은 제1호에 따른 장애로 다른 사람과 의사소통이 어려운 장애인을 말한다.
4. '보완대체의사소통'이란 의사소통장애인의 개인별 특성에 따라 의사소통 방법을 보완·대체하는 그림, 낱말 등 다양한 상징체계와 관련 시스템을 활용한 의사소통 방식을 말한다.

제3조(장애인의 의사소통 권리)

① 의사소통장애인은 비장애인과 동등하게 같은 활동에 참여할 수 있도록 의사소통에 있어 차별받지 않고 정당한 편의를 제공받을 권리를 가진다.
② 의사소통장애인은 의사소통 권리증진에 관한 시정 전반에 대해 알 권리를 가진다.

3. 의사소통에 어려움을 일으키는 성인기 질환

의사소통에 어려움이 있는 발달장애인의 대다수가 성인기에도 AAC 지원이 필요하다. 이들 외에도 중도에 장애를 갖게 되어 성인기에 AAC 지원 대상이 되는 경우가 있으며, 의사소통에 어려움을 일으킬 수 있는 성인기 질환은 다음과 같다(김주현 외, 2023; 박지환 외, 2012).

1) 뇌졸중

(1) 질병 특성

인구의 노령화와 더불어 뇌졸중(Cerebral Vascular Accident: CVA)의 사회경제적 중요성이 커지고 있다. 뇌졸중(腦卒中)은 뇌기능에 부분적 또는 전체적으로 급속히 발생한 장애가 상당 기간 이상 지속되는 것으로, 뇌혈관의 병 이외에는 다른 원인을 찾을 수 없는 상태를 일컫는다. 뇌졸중(brain stroke)은 뇌에 혈액의 공급이 마비되어 뇌조직이 손상되는 것을 의미한다(김주현 외, 2023). 이는 혈관의 결함 또는 혈전증으로 인해 발생할 수 있다.

뇌졸중은 순간적으로 뇌의 기능을 손상시키며, 중증의 경우에는 영구적인 장애를

야기할 수도 있다. 제철웅 등(2022)에 따르면 뇌졸중은 우리나라 국민의 사망 원인 4위를 차지하는 뇌혈관질환으로 인구 10만 명당 42.0명이 뇌졸중으로 목숨을 잃었다(통계청, 2021. 12. 14.). 특히 뇌졸중은 남성과 노인들에게 더 흔하게 발생한다. 뇌졸중의 증상에는 팔 또는 다리의 기능 저하, 언어 소실, 시야 저하, 혼수 등이 있다. 뇌졸중은 즉각적인 치료를 요구하며, 치료가 늦어지면 질병의 진행이 빠르게 될 수 있다. 뇌혈관의 출혈, 허혈 등의 문제로 인해 의식소실 및 운동마비, 지각장애, 인지장애, 언어장애, 정서장애 등의 여러 가지 증상과 징후가 24시간 이상 지속되는 갑작스러운 신경학적 손상을 갖게 될 수 있다.

(2) 의사소통 특성

뇌졸중으로 발생하는 어려움은 다음과 같다. 먼저, 지각에 어려움이 생겨서 신체도식장애, 촉각지각, 시야결손, 편측무시, 도형과 배경지각, 인식불능과 같은 문제가 발생할 수 있다. 이는 인지장애에 영향을 주어 기억, 판단, 추상적 사고, 순서개념, 시작, 문제해결에 어려움을 겪게 될 수 있다. 의사소통과 연결해서는 뇌졸중 환자의 30~36%에서 실어증을 갖게 될 확률이 높다. 특히 초기에는 근긴장저하, 회복기에는 긴장성 증가로 경련, 공동운동과 연합운동이 발생하여 의사소통에 전반적인 어려움을 겪을 수 있다.

2) 파킨슨

(1) 질병 특성

치매 다음으로 흔한 대표적인 퇴행성 뇌 질환이다. 파킨슨(Parkinson's disease)은 뇌의 중추신경계에서 발생하는 질환이다. 파킨슨은 중뇌에 위치한 흑질이라는 뇌의 특정 부위에서 이러한 도파민을 분비하는 신경세포가 원인 모르게 서서히 소실되어 가는 질환으로, 주요 증상으로는 경직, 떨림, 민첩성 저하, 그리고 언어장애, 운동 불안 등이 있다. 파킨슨은 진행됨에 따라 증상이 지속적으로 악화되며, 최종적으로는 자유 운동이 제한되는 수준까지 나아갈 수 있다.

(2) 의사소통 특성

파킨슨으로 발생하는 어려움은 다음과 같다. 파킨슨은 근육의 긴장도가 증가되어 관절이 굳은 것처럼 잘 움직여지지 않는 증상으로 파킨슨 환자의 약 75%에서 발생하며 손에서 가장 흔하며 발, 머리, 목, 얼굴, 근육에 긴장이 발생한다. 의사소통을 하고자 할 때 턱에 긴장이 발생하여 움직여지지 않고 휴식상태일 때 심해지는 경향이 있다. 일부 환자에서는 특정 자세를 유지하거나 움직이는 동안 심해지는 경우가 있다. 특히 운동을 시작할 때 시간이 지연되고 느려지며, 움직임 자체의 양도 줄어들면서 진행 중인 운동이 갑자기 멈출 수 있다. 이로 인해 몸의 균형을 유지하거나 보행하는 데 장애를 초래할 수 있어 의사소통에 어려움이 발생할 수 있다.

3) 실어증

(1) 질병 특성

실어증은 언어를 생성하고 이해하는 사람의 능력에 영향을 미치는 의사소통장애이다. 입으로 소리를 내는 구음기관의 뚜렷한 기능 부전이나 의식의 혼탁 없이 언어 기능에 장애가 발생하는 증상이 있으며 흔히 뇌의 병적인 변화로 인해 발생하는 언어 장애이다.

뇌졸중, 뇌 손상 또는 신경 퇴행성 질환으로 인한 뇌 손상으로 인해 발생할 수 있다. 실어증의 증상은 유형과 정도에 따라 다르지만 말하기, 쓰기 또는 언어 이해의 어려움뿐만 아니라 읽기, 유창하게 말하기 또는 문법을 올바르게 사용하는 데 문제가 있을 수 있다. 우리나라의 뇌졸중 환자 수는 약 11만 2,874명이며(통계청, 2022. 3. 8.), 실어증 환자 수는 약 3만 명에서 5만 명 정도로 예상한다. 실어증 환자의 공통적인 언어 문제는 사물이나 동작을 적절한 단어로 표현하지 못하는 것으로 보고되었다(제철웅 외, 2022).

(2) 의사소통 특성

실어증은 크게 브로카 실어증(Broca's aphasia, motor aphasia, 운동 실어증), 베르니케 실어증(Wernicke's aphasia, sensory aphasia, 이해 실어증), 그리고 전도 실어증(conduction aphasia, fluent aphasia)으로 나눌 수 있다. 브로카 실어증은 브로카 영역,

즉 말을 산출하는 영역이 손상되어 다른 사람의 말을 이해하는 데는 어려움이 없지만 말을 유창하게 하지 못한다. 베르니케 실어증은 베르니케 영역, 즉 말을 이해하는 영역이 손상되어 말은 유창하게 할 수 있지만 말에 조리가 없으며 다른 사람의 말을 이해하지 못하는 증상을 보인다. 전도 실어증은 따라 말하기 장애가 두드러지게 나타나며, 유창성이나 이해력의 문제는 보이지 않는다.

4) 치매

(1) 질병 특성

치매(dementia)는 기억, 사고, 행동 및 일상활동 수행능력에 영향을 미치는 인지 기능의 감소를 설명하는 데 사용되는 용어이다. 지적장애와 마찬가지로 인지 기능의 장애인데, 지적장애는 발달기에 나타나지만 치매는 질환 발생 전에는 정상적이던 지능이 대뇌의 질환 때문에 저하된 것이다.

치매의 증상으로는 기억력 상실, 의사소통 또는 단어 찾기 어려움, 방향 감각 상실 및 혼동, 기분 및 행동 변화, 목욕이나 식사와 같은 기본적인 일상생활 활동의 문제가 포함될 수 있다. 증상의 진행은 사람마다 다르며 경증에서 중증까지 다양하다.

(2) 의사소통 특성

치매에 대한 치료법은 없지만 증상을 관리하고 삶의 질을 향상시키는 데 도움이 필요하다. 치매 증상을 치료하는 약물, 인지 기능 및 독립성을 유지하는 데 도움이 되는 치료나 간병인 지원이 필요하다. 치매는 전두엽의 자발성 결여, 운동성 실어, 성격 변화, 두정엽 실행・실인, 후두엽의 시각 실어, 측두엽의 감각성 실어 등이 나타날 수 있다. 국내에서는 교육 대상이 아니어서, 아직까지 지원 사례가 부족하다. 그러나 국외의 경우에는 AAC 전략이 치매 환자에게 기억력 개선에 도움이 된다는 연구(Bourgeois, 2002)를 비롯하여 AAC 체계가 치매 환자의 의사소통에 도움이 되는 것(Beukelman et al., 2007)과 AAC 앱의 사용이 자신의 요구와 욕구를 표현하는 데 도움이 된다는 연구(Manasco, 2013) 등이 보고되었다.

4. 성인기 의사소통 지원 서비스

AAC를 통해 성인 의사소통을 지원하는 데 각 개인은 고유하며 그들의 지원 요구사항은 시간이 지남에 따라 변할 수 있다는 점에 유의하는 것이 중요하다. 따라서 전문가들과 긴밀히 협력하여 특정 필요와 목표를 해결하는 개인 중심 계획을 개발하는 것이 필수적이다. 이에 성인기 의사소통 지원에 효과적인 것으로 나타난 몇 가지 일반적인 원칙과 접근 방식을 살펴보면 같다.

1) 진단 및 평가

성인기에 AAC 사용을 위한 진단 및 평가는 발달기에 언어 습득이나 구어 사용에 초점을 둔 진단 및 평가와 차별화되어야 한다. 사람과 사람 간의 관계 중심에서 화용 언어 기반의 평가가 주가 되어야 한다. 따라서 캐나다 CAYA에서는 CAAP(Communication Assessment and Action Plan) 평가를 활용하여 성인기 AAC 사용자를 평가하고 이를 DB로 구축하고 있다. 국내에서도 서울시장애인의사소통권리증진센터에서 CAAP를 활용하여 성인기 AAC 사용자에 대한 평가를 진행하고 있다. 이 외에도 좀 더 쉽게 평가할 수 있는 것은 커뮤니케이션 매트릭스(https://www.communicationmatrix.org)를 활용하는 것이다. 이는 앞서 '3장 진단평가'에서 다룬 내용으로 참고하기 바란다.

2) 개인 중심 접근 방식

AAC 체계는 의사소통 스타일, 문화적 배경 및 일상생활 활동을 고려하여 개인의 고유한 필요와 선호도를 충족하도록 조정되어야 한다. 성인기 AAC 지원은 개인 중심 계획과 함께 개인별 선호도 및 의사소통 방식에 대한 고유성을 존중하며 지원되어야 한다. 따라서 당사자 개인 선택에 따라 AAC 체계를 선택하고 사용하도록 해야 하며, 전문가가 판단하여 제공하는 방식은 지양한다.

3) 협업

개인, 가족 및 지원팀과의 협업은 AAC 체계가 효과적이고 효율적으로 일상생활에 통합되도록 해야 한다. 앞서 설명한 것처럼 성인기의 가장 큰 특징은 다양한 환경에서 여러 사람들이 AAC 사용자를 둘러싸고 있다는 것이다. 즉, 학교처럼 특정 환경의 교사와 같은 특정 인력이 주가 되는 환경을 넘어선다는 것이 핵심이다. 따라서 성인기는 당사자를 비롯하여 가족과 다양한 전문가 및 주변인의 협력이 더욱 중요하다. 당사자 중심의 의사소통 지원에 초점을 두고 협의체 또는 지원팀을 구성하여 지속해서 연계될 수 있을 때 성인 AAC 사용자의 의사소통 확장을 더욱 성공적으로 기대할 수 있을 것이다.

4) 하이테크 AAC 도구 사용

음성합성장치(SGD)와 같은 첨단 AAC 도구는 복잡한 의사소통 요구를 가진 개인을 위해 보다 더 정교하게 의사소통할 수 있도록 돕는다. 성인기에는 다양한 사람들과 교류하기 때문에 자기결정권이 보다 더 강조된다. 따라서 음성이 출력되는 기기를 사용하면 AAC 도구 사용에 대한 낙인을 최소화하고 좀 더 매력적으로 보이는 것이 의사소통에 영향을 미칠 수 있다. 따라서 국외에서는 하이테크 기반의 AAC 도구 사용을 확대하기 위해 다양한 보급 사업 및 지원금 확대 사업을 진행하고 있으나 국내에서는 보조도구의 확장 및 확대가 아직까지 부족하다. 따라서 향후에는 공학의 발전과 발맞추어 하이테크 기반의 AAC 사용 또한 AAC 사용자의 선택권 확보 차원에서 확대되어야 한다. 특히 하이테크 AAC 도구의 구입이 개인 비용으로 감당하기 어려운 것을 감안한다면, 국외와 같이 국내에서도 국가 차원에서 하이테크 AAC 도구 사용을 위한 재정적 지원 및 보급, 기기 선택 및 사용 훈련 등의 서비스 지원이 시급하다.

5) 다른 보조기기와 연결하여 사용

하이테크 AAC 도구는 컴퓨터와 연결하여 사용할 수 있도록 하거나, 환경 제어 및 음성 인식 장치와 같은 다른 보조기기와 연결하여 사용할 수 있는 강점이 있다. 이는 개인의 전반적인 의사소통 능력을 향상시킬 수 있을 뿐만 아니라 개인의 활동 및 자립 생활을 확대할 수 있다. 국내에서도 AAC 앱에서 HomeIot를 연결하여 음성인식 스피커로 커튼을 여닫거나, 불을 켜고 끌 수 있는 조작이 가능한 애플리케이션을 개발하였다(최미나 외, 2022). 특히 AAC 도구를 사용하여 스마트 제어 제품(예: 음성인식 스피커, TV 리모콘, 가습기 등)을 조정할 수 있는 것은 AAC 도구의 사용이 개인의 독립성을 확보하여 삶의 질에 영향을 끼칠 수 있다는 것을 보여 준다.

따라서 개인의 자립이 중요한 성인 AAC 사용자를 위해서는 하이테크 AAC 도구와 연결하여 사용할 수 있는 다양한 보조기기(예: 스피커, 거치대, 휠체어 등)에 대한 지원이 함께 고려되어야 한다. 성인 AAC 사용자를 위해서는 의사소통 도구로써 AAC 도구만을 제공하기보다는 장애인의 삶의 질 향상 및 자립 생활 확대를 위해 AAC 도구와 연결된 보조기기를 세트로 구성하여 지원할 필요가 있다.

6) 교육 및 지원

개인, 가족 및 지원팀에 교육 및 지원을 제공하면 AAC 체계의 지속적인 효과를 보장하고 일상생활에 성공적으로 통합할 수 있다. 성인기에도 AAC 관련 교육과 훈련이 주변인에게 필수적이다. 그리고 이러한 교육은 단순히 AAC 사용법에 대한 교육보다는 장애 인식 및 의사소통 권리에 대한 인식 개선 교육으로 확대되어야 한다. 국내에서는 한국보완대체의사소통학회와 한국언어재활사협회를 통해 AAC 전문가 양성을 위한 보수교육을 2018년도부터 진행 중이고, 서울시장애인의사소통권리증진센터에서는 의사소통 서포터 교육을 진행하고 있다.

의사소통 서포터 교육(https://www.scom.or.kr)이란 AAC 전문가가 아닌 의사소통 상대방을 위한 교육이다. 의사소통 상대방으로 AAC 사용자에 대한 의사소통 조력을 중심으로 한다. 이를 위해 각 장애유형별 의사소통 특성을 이해하고, 의사소통 조력을 위한 에티켓을 배우고 실제 현장에서 AAC 사용자의 의사소통 권리를 침해하지 않으면서 조력할 수 있는 지원 방법을 교육 받는다. 국외에서는 의사소통 인식 개선 방안으로 지역사회 및 지원인력, 관공서에서 교육을 받도록 하고 있는 반면(김정연 외, 2021) 국내에서는 아직까지 홍보 및 제도가 부족하다. AAC의 적용에서 각자의 역할이 중요한 것을 고려한다면, AAC 전문가 교육이 언어재활사 및 특수교사를 대상으로 AAC 전문가 양성 이외에도 의사소통 서포터 교육과 같은 AAC 사용자를 둘러싼 사회적 네트워크에서 의사소통 상대방을 위한 교육으로 보다 더 확대될 필요가 있다.

7) 정기적인 검토 및 업데이트

개인의 AAC 체계를 정기적으로 검토하고 업데이트하는 것은 늘어나는 의사소통 요구사항과 목표를 충족하도록 하는 데 중요하다. AAC 영역은 기기, 중재, 상징 등 모든 영역에서 계속 발전하는 분야이다. 특히 공학의 발전은 AAC 도구의 획기적인 개발로 날로 더욱 발전되고 있다. 따라서 한 가지 AAC 도구에 의해 한 가지 방식으로 평생을 사용하기보다는 상황과 환경, 연령 등을 고려하여 업데이트하고 변경하여 사용할 수 있는 역동적 지원이 중요하다. 개인의 필요와 요구에 따라 성인기에도 지속적인 지원 시스템이 필요하다. 특히 노인기에 나타나는 여러 가지 질환을 대비하여 전 생애에 걸쳐서 AAC 사용을 지원할 수 있도록 정기적인 AAC 검토 및 기기 업데이트 등이 요구된다.

5. 성인기 의사소통 지원 서비스 사례

성인 장애인을 위한 의사소통 지원은 발화나 발성 중심의 치료나 교육 및 훈련이 목적이 아니다. 이미 성인으로 본인의 삶에 주체성을 갖고 있기 때문에 성인에 대한 의사소통 지원은 이들의 선택권을 존중하고 확대하는 것이다. 따라서 성인 장애인을 위한 의사소통 지원은 치료나 재활 관점보다는 일상생활에서 활동 중심으로 다양한 경험을 통해 자기결정권을 강화하는 것을 목적으로 해야 한다(https://www.scom.or.kr). 서울시장애인의사소통권리증진센터에서 성인 장애인을 중심으로 지원하는 '개별 맞춤 의사소통 지원 서비스' 사례를 소개하면 다음과 같다.

1) 사례 찾기

성인기에 AAC 체계를 사용하는 것은 학령기부터 계속 사용하였던 AAC 사용자인 경우와 성인기에 처음으로 AAC 사용을 하게 된 경우로 크게 두 가지로 구분될 수 있다. 성인기에 AAC 사용자가 되는 경우에는 앞서 설명한 치매, 뇌졸중, 실어증과 같은 질환이 발생하였기 때문이기도 하고 중도에 사고를 당하거나 기존의 장애 정도가 구어로 소통하는 데 어렵게 되기 때문이다.

학령기 때는 학교를 거치면서 AAC 사용자가 의뢰될 수 있으나, 성인기에는 홍보 및 사례 발굴을 하지 않으면 사회적 인식이 부족하여 AAC 사용자로 의뢰되기 어렵다. 따라서 성인기 AAC 사용자를 찾기 위한 사례 발굴 또는 사례 찾기가 첫 단계로 시작되어야 한다.

2) 초기상담 및 요구분석

성인의 의사소통 능력을 평가하고 AAC 적용을 고려할 수 있는 성인기 의사소통 진단평가지를 활용하여 개인별 장애유형에 따른 의사소통 특성 및 지원 요구를 파악한다. 성인기의 의사소통 지원은 발음 명료도를 높이거나 어휘를 학습하는 등의 학령기 지원과는 차이가 있다.

이미 오랜 시간 자신의 의사소통 방식으로 소통해 오던 장애인 당사자들이 대다수이므로 기존에 의사소통 방법이 어떠했는지를 확인하고, 이를 확대하거나 보완할 수 있는 방법을 찾아야 한다. 따라서 개인 중심 요구분석이 되어야 하고, 지역사회 및 사회적 관계 속에서 의사소통 요구를 분석할 수 있어야 한다. 따라서 학령기에 사용하던 AAC 진단평가 방법보다는 사회적 관계 내에서 화용 기반의 의사소통 평가가 요구된다.

성인기에 사용할 수 있는 의사소통 상담 및 요구분석 방법은 다음과 같다(Mirenda & Iacono, 2009). 이상의 전략들은 여러 가지 의사소통 상황에서 의사소통 상대방과 자연스러운 소통을 증진하기 위해 모두 사회적 네트워크에 초점을 맞추고 있다.

① 사회적 네트워크 목록(Social Networks Inventory): 의사소통 상대방을 가까운 사

람부터 지역사회에서 비용을 지불하고 연결된 사람들까지 분류하여 다섯 가지의 관계망으로로 구분한다. 의사소통 상대방들과 소통하는 것의 효율성과 다양한 의사소통 방법으로 소통하는 것에 초점을 두고 평가한다(Treadwell, Leach, & Stein, 1993).

② 개인 중심 계획(Person-Centerd Planning): 장애인 당사자에 초점을 두고 개인 중심과 개인 요구 및 관점에서 서비스를 설계한다. 개인 중심 계획은 당사자의 결정권과 선택권을 존중하고 개인에게 가장 적합한 요구를 살펴보며 다른 이들과 관계를 형성하는 데 초점을 둔다.

3) 정보 제공

성인기 의사소통 요구에 대해서 개인 중심 요구분석을 진행한 후에는 반드시 성인 장애인 당사자의 의사소통 요구에 대해 의사소통 상대방과 정보를 공유해야 한다. CAYA의 경우에는 정부 차원에서 성인 AAC 사용자의 데이터베이스를 구축하여 운영 중이다. 이는 AAC 사용자의 현재 의사소통 요구가 과거와 어떻게 달라졌는지, 향후 어떻게 나아가야 하는지 확인함과 동시에 필요한 적절한 기기를 받고 서비스를 제공받게끔 하는 기본 정보가 된다. 성인기에는 지역사회 내에서 정확한 서비스 체계가 구축되기 어려울 수 있기 때문에 거점 센터(예: 의사소통 센터)를 통해 AAC 사용자의 정보 및 요구를 주기적으로 분석하고 업데이트하여 지원할 필요가 있다.

4) 개별 의사소통 지원계획 수립 및 지원

성인 AAC 사용자의 의사소통 요구를 분석하고 정보를 구축한 후에는 이를 토대로 개인별 의사소통 지원계획을 수립한다. 개별 요구에 따라 지원 방향을 설정하고, 이를 의사소통 지원계획으로 정리하는 것이다. 이후 개별 의사소통 지원계획에 따라 의사소통 전문가와 연결하여 지역사회 내에서 전문 서비스를 받을 수 있도록 연계한다.

성인을 위한 의사소통 지원은 치료보다는 지역사회 내에서 다양한 사람들과 소통의 경험을 늘려 갈 수 있고, 자신의 의사를 결정하고 표현할 수 있는 기회를 창출하는 것을 목적으로 한다.

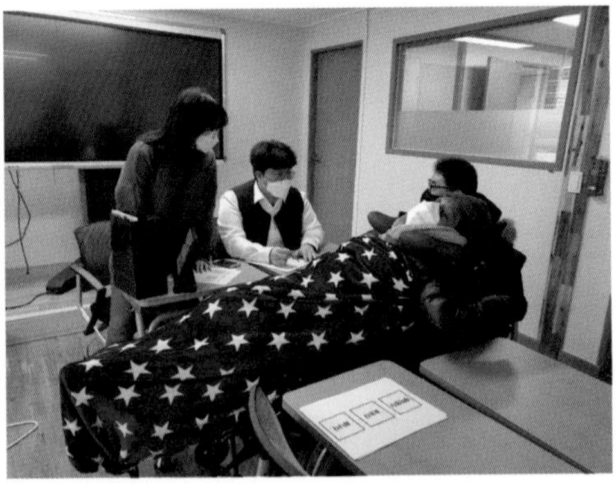

[그림 11-1] **성인 의사소통 요구 평가**

출처: 서울시장애인의사소통권리증진센터.

[그림 11-2] **자립주택에서 전문가 지원**

출처: 서울시장애인의사소통권리증진센터.

5) 지역사회 의사소통 접근성 확대

개별 의사소통 지원계획을 마련하고, 이를 토대로 개별 중심 의사소통 지원 시스템을 마련하는 것은 장애인 당사자에 대한 서비스 구축이다. 이와 동시에 반드시 고려해야 하는 것이 장애인 당사자 개인을 둘러싼 사회적 연결망을 파악하여 의사소통 접근성을 확대해야 한다. 의사소통 접근성이란 개인과 개인 간의 소통 지원의 접근성을 확대하는 것이다. 이는 장애인 당사자를 둘러싼 사회적 연결망에 속하는 사람들을 의사소통 상대방으로 교육하고 이들의 인식 개선을 위해 노력하는 것을 의미한다. 이는 의사소통 권리 및 의사소통 에티켓과 같은 맥락에서 지역사회에서 의사소통 인식을 변화시키고 장애인의 결정권을 존중하며 의사소통 주체로서 장애인 당사자의 의견을 존중하는 노력을 확대하는 것을 의미한다.

대부분 구어로 표현하는 데 어려움이 있는 성인 지적장애 및 자폐성장애인들은 비도구적 상징으로 제스처, 발성, 몸짓 등을 사용하거나 한 가지 상징 또는 제한된 의사소통 방법을 사용한다(Mirenda & Schuler, 1988). 성인 장애인의 의사소통은 적절한 지원 서비스의 부재, 의사소통 중재 서비스 이용의 어려움 등에 기인할 수 있다. 따라서 성인의 의사소통 능력을 증진하기 위해서는 사회적 네트워크에서 주요 의사소통 상대방과 소통하는 것으로 사회적 관계망 확장이 필요하다.

예를 들어, 그룹홈이나 지역사회 자립 생활 주택에 거주하는 성인 장애인을 위해서 그들의 주요 의사소통 상대방은 활동지원사 또는 비용을 지급하고 만나게 되는 제공 인력들일 확률이 높다(Bloomberg et al., 2003). 특히 이들이 AAC 사용자에 대한 의사소통 방법, 사회적 상호작용 방법 등에 대한 정보가 매우 부족할 수 있다는 것이다(김경양, 2021).

따라서 AAC 사용자의 지역사회 통합을 위해서는 당사자를 위한 서비스 관계자들에 대한 의사소통 관련 교육과 훈련이 확대되어야 한다. 대신에 이러한 교육은 학령기 장애인의 언어 치료 및 훈련과는 다른 결이 되어야 한다. 선행연구(Mirenda & Iacono, 2009)에 따르면 제스처, 발성 등을 사용하는 비상직적 단계의 성인에게 가장 유효하고 의미 있는 의사소통 방법은 의사소통 사전을 사용하는 것이다. 더불어 지체중복장애 성인을 위해서는 촉각 반응을 이용하는 AAC 방법과 스크립트 전략, 시각적 스케줄 등이 이용될 수 있다. 지역사회에서는 상징이나 사진, 실물을 이용해서 '나는 커피를 마시고 싶어요'라고 적혀 있는 의사소통 요구카드를 사용하는 것도 주요한 방법이다.

준호 님의 이야기

이준호 님은 지적장애와 자폐성장애로 인한 언어발달장애의 특성을 가지고 있습니다. 현재는 형과 함께 그룹홈에서 거주하고 있으며, 형을 좋아하여 자주 찾아가거나, 옷을 따라 입는다고 합니다. 평소에 글을 읽고 쓸 수 있으며, 특히 성경 필사하는 것을 좋아하지만 글을 의사소통 수단으로 사용하지 않고, 발성이나 제스처를 이용해서 의사소통한다고 합니다. 자신이 하기 싫은 일을 할 때는 많이 힘들어하는 모습이 보이는데 이때 자해행동(이마 때리기)이 나타나기도 합니다.

그래서 서울시장애인의사소통권리증진센터를 통해 의사소통 전문 기관과 연계하여 개별맞춤 의사소통 지원 서비스를 제공했습니다. 상담과 의사소통 평가를 진행한 결과, 이준호 님은 상대방과의 상호작용에 어려움을 보였고, 사물 요구하기 외에는 자발적인 의도 표현이 많이 나타나지 않았으며, 글을 읽을 수는 있으나 그 뜻을 이해하지 못하는 것을 확인할 수 있었습니다.

전문가 선생님은 제스처를 이용한 의사소통 기능(요구하기, 거부하기, 주장하기, 대답하기) 사용을 목표로 계획을 세웠고, 대상자가 다른 이들과 상호작용하는 것을 목표로 하기 위해 그룹홈 동료들과 그룹 활동을 할 수 있도록 계획을 세웠습니다.

초반에는 거절하거나 하기 싫은 일이 생길 때 소리를 지르며 귀를 막거나 자해행동이 나타났지만, 활동을 거듭하면서 기존의 행동이 아닌 제스처를 이용하여 표현을 할 수 있게 되었습니다. 그리고 AAC 도구를 이용한 의사소통 방법을 통해 구조화된 상황에서 마이토키를 이용하여 간단한 의도 표현도 가능해졌습니다. 현재도 자부담과 지원을 통해 의사소통 서비스를 진행하고 있으며, 이준호 님과 조력인 모두 현재 서비스에 만족감을 느끼고 있습니다.

6. 의사소통 권리와 의사소통 에티켓

1) 의사소통 권리

의사소통 권리는 인권의 측면에서 설명될 수 있다. 인권이란 우리가 인간으로 살아가기 때문에 당연히 누려야 하는 권리이다. 따라서 인권은 성별, 인종, 종교, 사람의 능력에 따라서 달라지는 것이 아니고, 모든 사람에게 같다(김경양, 2021; 김정연 외, 2022). 우리가 누리고 있는 인권에는 자유를 갖게 되는 권리, 일할 권리, 배울 권리가 있으며 자신의 의견을 표현할 권리도 있다. 장애가 있다는 이유로 권리를 부정당할 수는 없다.

모든 사람은 살아 있는 사람이라는 이유 하나만으로 자신의 의사를 표현할 권리를 누려야 한다. 이러한 맥락에서 의사소통 권리를 갖는다는 것은 장애 여부 또는 장애 정도에 상관없이 모든 사람이 표현과 수용의 권리를 갖는 것을 의미한다(김경양, 2021; 김정연 외, 2021; 서원선 외, 2020). 국외에서는 의사소통 접근성 확대를 위한 캠페인으로 진행하고 있다. 의사소통 접근성이 보장된다는 의미로 '소통 상징(communication access symbol)'을 지역사회 내에서 공유하고 부착한다(https://www.cdacanada.com/resources/communication-access-symbol/).

소통 상징을 부착하는 지역사회 가게나 기관들은 의사소통에 어려움이 있는 당사자들이 찾아오면 이들의 개별 의사소통 방법을 존중하고 각각의 소통 방법에 맞게 의사소통 상대방으로 에티켓을 지키는 것을 의미한다. '소통 상징'은 특정 공간에서 특정 방법만을 사용하는 것을 의미하지 않는다. 서로 간의 소통에 초점을 두고 지역사회에서 의사소통 서포터나 조력자로서 교육을 지속해서 받고 장애인 당사자의 의사소통 방법을 존중하는 의사소통 에티켓을 숙지하는 것을 목적으로 한다. 자세한 '소통 상징'에 대한 설명은 다음과 같다.

- CDAC는 현재 캐나다와 북미 전역에서 광범위하게 사용할 수 있도록 소통 상징을 개발함
- 상징은 서로를 바라보는 두 얼굴로 만들어짐
- 얼굴에는 눈과 귀가 있고 하나는 말하고 있음을 나타내기 위해 입을 벌리고 있고 다른 사람은 이야기를 듣고 있음
- 앞뒤로 움직이는 화살표가 있는데, 두 사람 사이의 앞뒤 교환을 나타냄
- 상징은 전 세계에서 무료로 사용 가능하고, 캐나다에서 100명이 넘는 사람들의 의견을 수용하여 제작함

소통 상징을 사용하는 방법은 다음과 같다. 먼저 상징은 개인, 기업, 조직이 의사소통에 어려움이 있는 사람들과 소통하겠다는 것을 의미한다. 따라서 이들을 위해 모든 소통 방법을 제공하고 최선을 다할 것임을 보여 주고 이를 권장하는 것을 의미한다. 소통 상징의 사용은 무료이고, 무료 다운을 받아서 사용할 수 있다.

소통 상징을 사용한다는 것의 역할 및 책임은 다음과 같다(https://www.cdacanada.com).

- 다른 사람들의 의견 이해하기
- 다른 사람들이 장애인 당사자의 메시지를 이해하도록 돕기

- 말하기, 몸짓, 글쓰기, 사물이나 상징 가리키기, 철자법, AAC 도구 사용하기 또는 의사소통을 조력하는 사람의 도움 등 다양한 의사소통 방법 중에서 가장 적합한 의사소통 방법을 당사자의 선택에 따라 사용하기
- 메시지를 전달하는 데 필요한 충분한 시간 확보하기
- 장애인 당사자가 서면 정보를 읽고 이해할 수 있도록 제공하기
- 장애인 당사자가 기관의 웹사이트, 소셜 미디어를 사용할 수 있도록 제공하기
- 전화 서비스를 받을 수 있도록 접근성 보장하기
- 문서나 서류 등을 장애인 당사자가 접근 가능하도록 제공하기

2) 의사소통 에티켓

의사소통 에티켓은 장애인 당사자와 소통할 때 의사소통 상대방이 알아야 하는 에티켓으로, 모든 지역사회가 소통에 어려움이 없는 환경이 되도록 친소통 지역사회 구축을 확대하는 것이 목적이다. 장애인과의 소통이 서로 간의 상호작용을 기본으로 하는 주고받는 소통의 관계임을 이해하고, 사회 구성원으로 장애인 당사자를 존중하는 소통의 에티켓을 숙지하면 모든 환경이 친소통 환경이 될 수 있을 것이다.

따라서 의사소통 에티켓의 가장 중요한 원칙은 다음과 같다(https://www.scom.or.kr).

첫째, '사람이 먼저!'이다. 이를 토대로 의사소통에 어려움이 있는 장애인 당사자를 설명할 때 말로 이야기하는 데 어려움이 있는 사람으로 설명해야 하는 것이 제1 원칙이다. 즉, 언어장애와 같은 장애를 두드러지게 표현하기보다는 그 사람의 특성을 설명하는 것에 주의를 집중한다.

둘째, 사람과 직접 대화한다. 구어로 표현하기 어려운 장애인 당사자가 AAC 도구를 사용하거나 의사소통 조력자의 도움을 받는다 하더라도, 반드시 장애인 당사자를 보고 그와 함께 소통해야 한다. 사람이 먼저이고 당사자와 직접 소통이 기본이다.

〈표 11-1〉 **의사소통 에티켓**

1. 친절하고 친밀하게 소통합니다.
2. 품위 있게 존중하는 태도로 대하십시오.
3. 서로 다른 다양한 의사소통 방법이 있다는 것을 알아야 합니다.
4. 의사소통에 도움이 되는 것이 무엇인지 물어보십시오.
5. 조용한 장소를 찾으십시오.
6. 경청합니다.
7. 이해하는 척하지 마십시오.
8. 이해가 안 된다면, 상대방에게 이해하기 어렵다고 알려 주세요.
9. 어려움이 있습니다. 어려움이 없을 것이라고 가정하지 않습니다.
10. 이해하기 어려운 경우에는, 당사자가 '예' 또는 '아니요'로 대답할 수 있도록 질문합니다.
11. 만약 이해하기 어려우면, 당사자에게 다시 반복하거나 다른 방법으로 소통해 보자고 요청합니다.
12. 올바르게 이해했는지 다시 확인하십시오.
13. 사람에게 직접 말하고 눈을 마주 치십시오(간혹 당신이 그들을 보길 원하지 않는 사람들이 있을 수 있습니다).
14. 인내심을 갖고 응답할 시간을 주십시오.
15. 질문을 했다면, 상대방의 답을 기다리십시오.
16. 만약 당사자가 이해하지 못했다고 생각된다면, 말한 내용을 반복하거나 다른 방식으로 말하세요.
17. 정상적으로 말하십시오. 목소리를 높이거나 말의 속도를 늦출 필요가 없습니다. 아이처럼 대하지 않습니다.

부록 AAC 앱과 기기

나의 AAC (IOS, 안드로이드)	• 기초/아동/일반 버전 • 상징 수정 가능 • 무료 사용 가능 • https://www.myaac.co.kr/web 
스마트 AAC (안드로이드)	• 그림형/문자형/키보드형/상징제작형 • 상징 공유 플랫폼 활용 가능 • 무료 사용 가능 • https://smartaac.or.kr 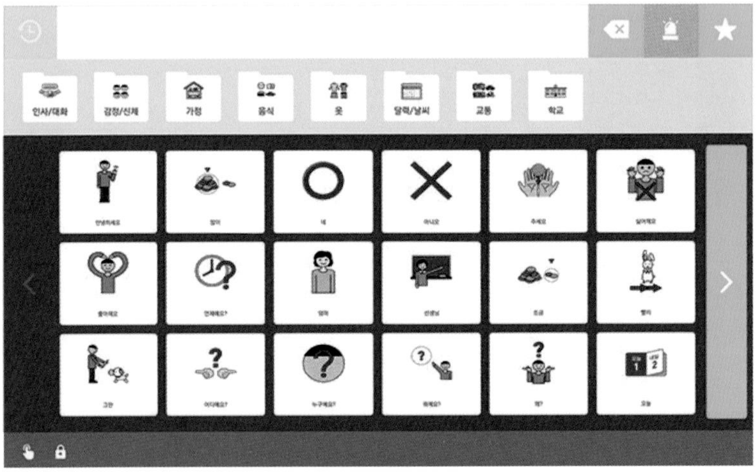

커뮤니샷 (안드로이드)	• 사진으로 의사소통할 수 있는 앱 • 음성녹음 및 영상 촬영하여 활용 가능 • 무료 사용 가능 • https://play.google.com/store/apps/details?id=com.scom.vsd 
커뮤니톡 (안드로이드)	• 그림상징으로 채팅할 수 있는 앱 • 상징 수정 및 즐겨찾기 설정 가능 • 무료 사용 가능 • https://play.google.com/store/apps/details?id=com.scom.chat  

<table>
<tr>
<td>

토킹부기
(IOS)
</td>
<td>

• 중도장애인을 위한 의사소통 보조 앱
• 상징 수정 및 검색 가능
• 무료 사용 가능
• https://url.kr/z4l8x3

</td>
</tr>
<tr>
<td>

Card Talk
(IOS, 안드로이드)
</td>
<td>

• 그림상징을 조합하여 의사소통할 수 있는 앱
• 상징 생성 및 수정 가능
• 무료 사용 가능
• https://app.litalico.com/cardtalk/index.html

</td>
</tr>
</table>

마이토키 마이토키 (기기 별도 구매)	• 윈도우(PC)/스마트/노트 버전 • 기본판, 활용판, 예측판 활용 가능 • 40가지 음색 기본 제공 • http://www.mytalkie.co.kr 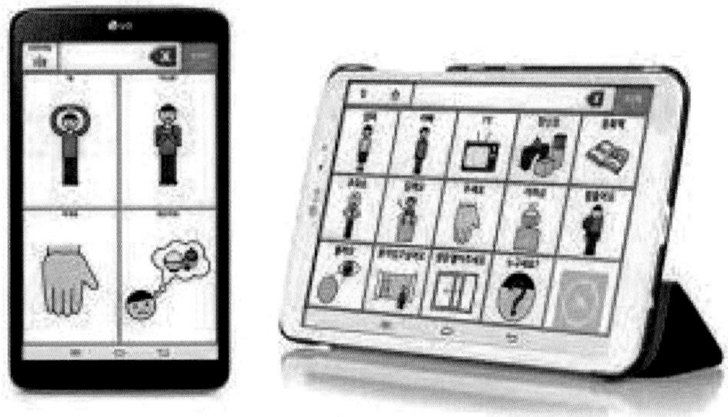

부록 AAC 관련 사이트

1. KAAC Symbols Search
- http://symbol.ksaac.or.kr/searchsymbols/index.jsp
- AAC 그림상징을 검색하고, 원하는 주제별로 모아 관리 및 프린트할 수 있는 웹사이트
- 원하는 상징을 빠르게 찾고 손쉽게 관리하며 개개인의 요구에 맞게 상징을 이용 가능
- 1만여 개의 그림상징 사용 가능
- 상징 저작권에 대한 자세한 내용은 홈페이지 참고

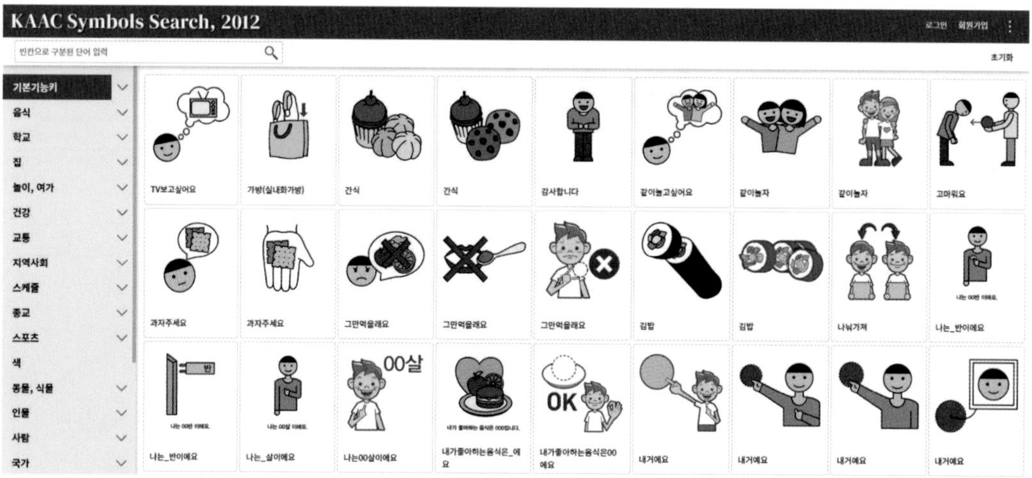

2. 서울시장애인의사소통권리증진센터
- http://www.scom.or.kr/
- 의사소통 권리 및 다양한 의사소통 방법에 대한 정보 제공
- 커뮤니 그림상징 무료 다운로드 가능
- 현장에서 활용 가능한 의사소통 자료 제공

3. 커뮤니판
- http://pan.scom.or.kr/
- 개인의 특성에 맞는 의사소통판을 제작할 수 있는 웹사이트
- 인터넷에서 원하는 그림이나 사진을 드래그하여 추가
- 컴퓨터에 저장된 이미지 활용 가능
- 제작한 의사소통판을 프린트하거나 pdf 파일로 저장 가능

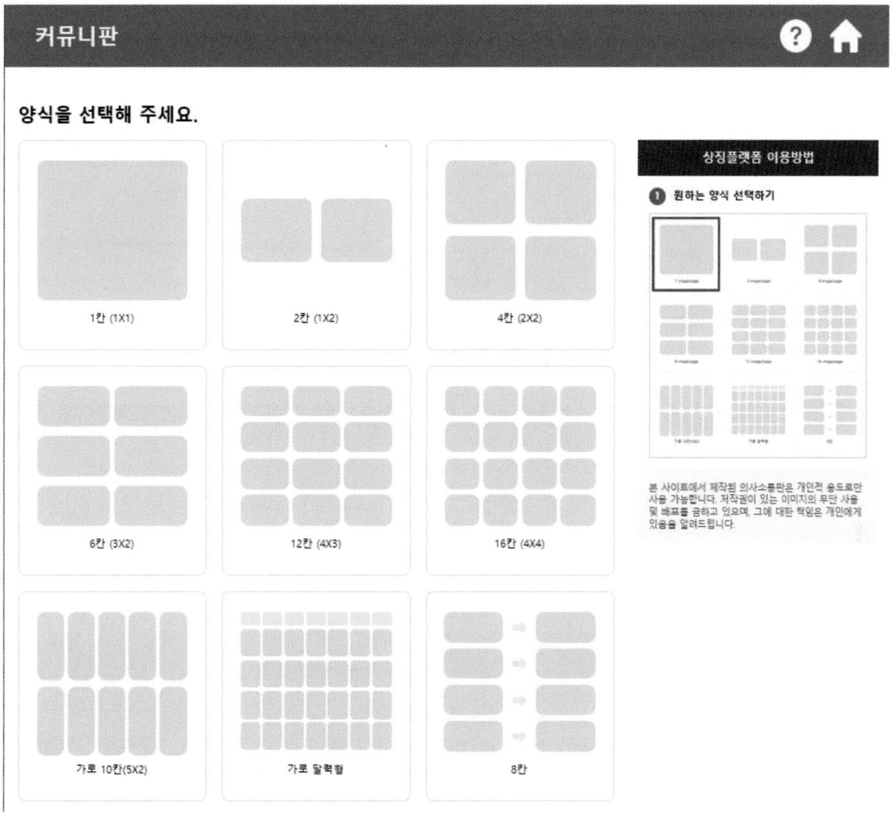
커뮤니판
양식을 선택해 주세요.
1칸 (1X1)
2칸 (1X2)
4칸 (2X2)
6칸 (3X2)
12칸 (4X3)
16칸 (4X4)
가로 10칸(5X2)
가로 달력형
8칸
상징플랫폼 이용방법
1 원하는 양식 선택하기
본 사이트에서 제작된 의사소통판은 개인적 용도로만 사용 가능합니다. 저작권이 있는 이미지의 무단 사용 및 배포를 금하고 있으며, 그에 대한 책임은 개인에게 있음을 알려드립니다.

[참고 자료] AAC를 지체장애 성인의 지역사회 적응활동에 어떻게 활용할 수 있을까요?

■ **연구 제목**

시설거주 지체장애인의 지역사회 적응활동을 활용한 AAC 중재 연구

■ **연구 목적**

시설에서 거주하는 지체장애 성인을 대상으로 실시한 지역사회 적응활동 AAC 중재가 대상자의 의사소통 행동에 미치는 영향을 살펴보고자 함

■ **연구 참여자**

- 장애인 거주시설에서 생활하고 있는 지체장애 1급 성인 4명

대상	나이	특성	
1	40 (여)	의사소통	발성은 전혀 없는 상태로, 가끔 긍정의 대답으로 혀 내밀기 행동을 보임
		신체적 특성	양쪽 모두 마비가 있고, 휠체어에 자세 고정 보조기구를 장착하여 자세를 유지함
2	38 (여)	의사소통	질문에 '예/아니요'로 대답하며, 말의 명료도가 낮고 웅얼거리듯 말함
		신체적 특성	오른쪽에 마비가 있으나 손을 앞으로 뻗을 수 있고, 왼손의 움직임이 상대적으로 양호함
3	40 (남)	의사소통	주의를 끌기 위해 발성을 사용하며, 혀 내밀기로 긍정을 표현함
		신체적 특성	양쪽 모두 마비가 있어 자세 유지가 어렵고, 손을 움직일 때 떨림이 심하며 손을 뻗으면 아래로 금방 떨어짐
4	48 (여)	의사소통	발성은 없고, 스마트폰 메모장을 활용하여 의사소통함
		신체적 특성	왼쪽 편마비가 있으며 손에 힘이 없어 물건을 쥐는 것이 어려움

■ **연구 설계**

사전–사후검사 설계

■ **중재**

- 지역사회에서 대상자들이 겪게 되는 환경을 중심으로 시나리오를 구성하고, 상황에 따라 대상자들이 적절한 의사소통 반응을 하도록 함
- 지역사회 활동은 4개(미용실, 약국/병원, 영화관, 패스트푸드점)로 정하고, 한 회기당 40분씩 총 12회기(각 상황별 3회기)로 진행함

■ 중재 도구

- 지역사회 참여활동 및 어휘 선정
  - 대상자와의 인터뷰를 통해 지역사회 상황을 선택한 후, 상황에 맞는 목표어휘를 선정함
  - 상황에 따른 어휘목록 예시

상황	목표어휘	AAC 판
미용실	미용실에 가고 싶어요, 머리 잘라요, 파마해요, 염색해요, 스타일 책을 보여 주세요, 머리 말려 주세요, 거울 좀 보여 주세요, 마음에 들어요, 얼마예요?, 감사합니다 등	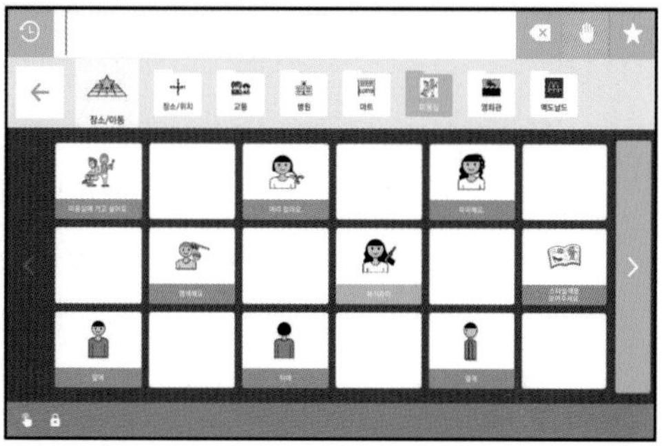

■ 연구 결과

- 초기에는 대상자들이 의사소통에 소극적인 생활 태도를 보였으나, 중재 이후 모두 의사소통의 빈도가 증가하였고, 중재 종료 이후에도 습득된 의사소통 행동이 유지됨
- 대상자에게 익숙한 미용실과 병원/약국 활동에서 의사소통 행동이 많이 나타남

■ 연구 의의

본 연구는 지체장애 성인을 대상으로 한 지역사회 적응활동 AAC 중재가 실제 지역사회 상황에서의 의사소통 행동에 긍정적인 영향을 미쳤다는 점에 의의를 가짐

■ 출처

김정아, 연석정(2019). 시설거주 지체장애인의 지역사회 적응활동을 활용한 AAC 중재 연구. **보완대체의사소통연구, 7(1)**, 153-171.

[참고 자료] 발달장애인이 후견제도를 이용하기 위해서는 어떤 그림상징 어휘가 필요할까요?

■ 연구 제목

발달장애인의 후견제도 활용을 위한 그림상징카드 개발 연구

■ 연구 목적

문해력이 없는 중증발달장애인을 위한 성년 후견제도 이해 자료를 제작할 때 필요한 어휘를 파악하고, 해당 어휘 및 그림상징카드의 타당도를 살펴보고자 함

■ 연구 참여자

구분	내용
발달장애인	• 후견제도에 대한 교육을 받은 경험이 있는 발달장애인 11명 • 자폐성장애: 3명, 지적장애: 8명
전문가	• 장애 유관기관에 3년 이상 근무한 현장전문가 9명 및 학계전문가 2명
보호자	• 발달장애 자녀를 둔 보호자 10명

■ 도구

• 어휘 타당도 평가 도구
 – 그림상징카드 개발에 필요한 어휘를 추출하기 위해 선행연구를 고찰한 후, 추출된 119개 어휘에 대한 타당도 평가를 진행함
 – 객관식(3점 리커트 척도) 및 주관식 평가로 구성하였으며, 조사대상자별로 질문 수준을 다르게 함(예: 발달장애인용–나는 어디에서 누구와 살고 싶은지 1~3점으로 체크해 주세요)

• 그림상징 타당도 평가 도구
 – 5점 리커트 척도를 사용하여 그림이 해당 어휘를 잘 표현하고 있는지 표시하도록 하였고, 그림에 대한 의견이 있을 경우 자유롭게 표현하도록 함

[후견사무영역_주거영역]

- 아래 표의 단어들은 후견사무영역 중 주거영역에서 활용되는 어휘들입니다.
- **발달장애인이 누구와 어디에서 살고 있는지, 어디에서 살고 싶은지의 예로 적절한 정도를 1~3점으로 체크(V)해 주십시오.**
- 또 다른 의견은 아래 기타에 적어주세요.

	① 적절하지 않다	② 보통이다	③ 적절하다
생활시설 (거주시설·그룹홈 등)	1	2	3
아파트	1	2	3
빌라	1	2	3

[후견사무영역_주거영역: 살고 싶은 집에 대한 것**]**

- **나는 어디에서 누구와 살고 싶은 지 1~3점으로 체크(V)해주세요.**
- 또 다른 의견은 아래 기타에 적어주세요.

	① 적절하지 않다	② 보통이다	③ 적절하다
생활시설 (거주시설·그룹홈 등)	1	2	3
아파트	1	2	3
빌라	1	2	3

[후견인선택하기] 후견인의 예_부모 *

부모(엄마 · 아빠)

	1	2	3	4	5	
매우 일치하지 않음	○	○	○	○	○	매우 일치함

■ 그림상징카드 개발 절차

- 발달장애인의 후견제도 활용을 위한 그림상징카드 개발은 ① 문헌분석, ② 어휘개발 및 타당도, ③ 그림상징 개발 및 타당도, ④ 그림상징카드 제작 완료 총 4단계에 걸쳐 진행

- 그림상징카드 개발에 필요한 어휘 선정(119개)
  - 후견인, 성년 후견제도, 후견제도 신청방법 및 절차, 후견인에게 요청할 수 있는 내용 등 후견사무설계 시 발달장애인에게 제공해야 할 주요 정보를 확인하고 52개 어휘목록을 확보함
  - 발달장애인이 일상생활을 살아가는 데 필요한 총 아홉 가지 영역(후견인 선택, 교육, 보건 · 의료, 문화 · 여가, 직업, 소득 · 재정, 결혼, 주거, 일상생활)을 확인하고 어휘목록을 67개 추가함

- 발달장애인의 후견제도를 활용한 그림상징카드 개발 지침
  - 선행연구를 통해 그림상징카드 개발에 필요한 39개의 지침을 목록화하고, 지침에 의거하여 그림상징카드 시안을 수정 · 보완함

- 그림상징카드 어휘 및 그림상징 타당도 평가
  - 어휘 타당도 평가는 조사지 개발 후 발달장애인, 보호자 및 전문가 집단 36명을 대상으로 실시함
  - 그림상징 타당도 평가는 발달장애인 4명과 보호자 16명을 대상으로 평가 후, 연구진이 지침에 따라 검토하는 형태로 진행함

■ 연구 결과

- 발달장애인의 후견제도 활용을 위한 그림상징카드는 아홉 가지 영역 157개 어휘로 구성되었으며, 높은 어휘 및 그림상징 타당도를 나타냄
- 선정된 어휘목록 예시

구분	어휘	
후견인 선택 영역 (12개)	후견인의 예	부모, 형제 · 자매, 친척, 사회복지사, 특수교사, 의사, 변호사 등
	후견인 신청 시 도움이 필요한 예	후견제도 알기, 후견제도 신청하기, 후견인 만나기, 심문기일(법원 가는 날 알기)
그림상징카드	 	 

■ 연구 의의

본 연구를 통해 개발된 그림상징카드가 발달장애인의 문해력을 증진시켜 후견제도의 이해와 활용을 돕고, 이를 통해 발달장애인의 자기결정에 기반한 자립적인 삶을 지원한다는 점에 의의를 가짐

■ 출처

채수정, 문채영, 김정인(2020). 발달장애인의 후견제도 활용을 위한 그림상징카드 개발 연구. **보완대체의사소통연구**, 8(1), 57-85.

참고문헌

강지혜, 이영선(2014). 자폐성장애인의 스마트기기 활용에 대한 국외 문헌분석. 자폐성장애연구, 14(2), 93-118.

강현수(2022a). 학습과 소통의 장벽을 낮추는 스마트 기기 활용: 특수학급 사례를 중심으로. 제23회 이화특수교육 학술대회 자료집 '디지털 전환 시대 장애인의 삶과 미래 특수교육', pp. 67-74.

강현수(2022b). 보완대체의사소통 및 한국어 문해력 향상을 위한 웹서비스 '그림한글' 개발. 2022 한국보완대체의사소통학회 추계학술대회 자료집, pp. 283-312.

강혜경, 김정연, 김주혜, 박은혜, 이명희, 이영선, 임장현, 표윤희(2023). 중도 · 중복장애학생 교육의 이해(2판). 학지사.

고은(2014). 의사소통장애아교육(2판). 학지사.

공진용, 김경양, 안나연(2020). 장애학생 교육용 보조공학 진단 평가 방안 연구. 국립특수교육원.

교육부(2022). 2022 개정 특수교육 교육과정. 교육부.

구정아, 박은혜(2018). 중도 지적장애 및 자폐성장애 학생의 의사소통을 위한 몸짓상징 사용에 대한 인식 및 요구 분석. 특수교육, 17(4), 167-186.

국립특수교육원(2014). 중도중복 장애 학생 의사소통 교수학습자료: 기능적 읽기와 쓰기. 국립특수교육원.

국립특수교육원(2016). 통합학급에서 보완대체의사소통(AAC) 체계 적용하기. 현장특수교육, 23(2), 7-12.

국립특수교육원(2017). 중도중복장애학생 의사소통 몸짓언어 개발 기초 연구 보고서. 국립특수교육원.

국립특수교육원(2018). 중도 · 중복장애학생 의사소통을 위한 몸짓상징 「손담」 교수학습자료집.

국립특수교육원(2019). 중도중복장애 의사소통 손담 활용 가이드북.

국립특수교육원(2019a). 시각중복장애학생을 위한 손담 가이드북.

국립특수교육원(2019b). 중도지적 · 자폐성장애학생을 위한 손담 가이드북.

국립특수교육원(2019c). 지체중복장애학생을 위한 손담 가이드북.

국립특수교육원(2019d). 청각중복장애학생을 위한 손담 가이드북.

국립특수교육원(2021). 발달장애인 의사소통 지원 연구.

권정민(2012). 자폐성 장애아동을 위한 모바일 애플리케이션 개발 및 사용성 연구. 자폐성장애연구, 12(1), 73-91.

김경양(2013). 중도장애 아동을 위한 가족중심 AAC 중재가 부모와 아동의 상호작용과 의사소통 능력에 미치는 영향. 이화여자대학교 미간행 박사학위논문.

김경양(2015). 스위치를 사용한 AAC 중재가 지체중복 장애학생의 의사소통 능력과 스위치 조절 능력 및 AAC 도구 사용 능력 향상에 미치는 효과. 지체중복건강장애연구, 58(3), 25-54.

김경양(2016). Eyetracking 기법을 적용한 AAC 중재가 지체중복장애학생에게 미치는 효과. 지체 · 중복 · 건강장애연구, 59(4), 181-211.

김경양(2019). 보완대체의사소통 기기 활용 중재서비스 전달 모형의 적용 효과에 대한 연구. 보완대체의사소통연구, 7(1), 77-102.

김경양(2021). 의사소통 지원 방안 수립에 관한 질적 연구: 성인 뇌병변장애인을 중심으로. 특수교육논총, 37(2), 1-29.

김경양, 구민관(2014). 보완대체의사소통에 대한 특수학교 교사들의 이해와 활용에 관한 연구: 부산지역 중심으로. 특수교육 저널: 이론과 실천, 15(1), 249-280.

김경양, 김성현(2020). AAC 중심으로 특화된 의사소통 프로그램이 발달장애 성인의 의사소통 능력에 미치는 효과. 자폐성장애연구, 20(1), 103-128.

김경양, 김진우, 안나연, 남보람, 김정은, 지혜, 신승희, 김숙양, 박지은, 최지우, 박옥준, 한민우(2023). 사회적 약자 대상 선거정보 제공 개선방안 연구 '이해하기 쉬운 선거공보' 제작 가이드 개발. 중앙선거관리위원회.

김경양, 남보람(2021). 발달장애인을 위한 읽기쉬운자료 제작 교재 개발 연구. 한국콘텐츠학회 논문지, 21(5), 477-487.

김경양, 문회원, 남보람(2019). 읽기 쉬운 자료 제작 전문가 양성 심화교육과정 교재개발연구. 알다.

김경양, 박은혜(2001). 스크립트활동을 이용한 AAC 중재가 중도장애 아동의 의사소통기능 습득에 미치는 효과. *Communication Sciences and Disorders, 6*(2), 331-354.

김경양, 박은혜(2013). 가족중심 보완대체의사소통(AAC) 중재가 부모와 중도장애아동의 언어적 상호작용 및 상호작용 행동에 미치는 영향. 특수교육학연구, 47(4), 83-111.

김경양, 박은혜(2014). 지체 및 중복장애 분야에서의 자기결정 관련 연구동향 고찰. 지체중복건강장애연구, 57(1), 45-68.

김경양, 안나연, 김숙양, 김정은, 김은지, 지혜, 김성현, 신승희(2021). 알기 쉬운 자료 제작 가이드 개발 연구: 쉬운 글 개발 가이드. 한국장애인고용공단 고용개발원.

김경양, 이수연, 박은혜(2014). AAC를 활용한 통합학급 수업자료 개발. 보완대체의사소통연구, 2(1), 49-69.

김경양, 한선경, 박은혜(2015). 통합학급에서 협력적 AAC 지원이 발달장애 학생의 수업참여도 및 또래 상호작용에 미치는 효과에 관한 사례연구. 자폐성장애연구, 15(1), 19-44.

김도희(2019). 지체장애인의 장애수용과 사회적 유능감 간의 관계에서 자존감, 사회참여, 차별경험의 매개 및 조절효과. 디지털융복합연구, 17(7), 377-386.

김송, 김정연(2022). 발달장애학생 대상의 스마트기기 기반 AAC 중재 국내 연구 동향. 특수교육교과교육연구, 15(3), 185-204.

김영태(2014). 아동언어장애의 진단 및 치료(2판). 학지사.

김영태, 김경희, 김화수, 윤혜련(2003). 영유아언어발달검사(Sequenced Language Scale for Infants). 파라다이스복지재단.

김예리, 김경양, 박소민, 석민, 임지욱(2016). AAC를 활용한 지역사회 적응활동. 학지사.

김은지(2021). 경기도교육청 엘씨드센터 AAC 컨설팅 미간행 보고서.

김정연(2016). AAC 의사소통판 저작도구 소프트웨어의 사용성 평가. 보완대체의사소통연구, 4(1), 19-44.

김정연, 박은혜(2006). 다중양식체계를 이용한 의사소통 중재가 뇌성마비 고등학생의 수업 중 의사소통 행동에 미치는 영향. 특수교육학연구, 41(3), 77-99.

김정연, 박은혜(2018). 중도·중복장애학생의 의사소통 실태 및 몸짓상징 활용에 관한 특수교사의 지원요구. 보완대체의사소통연구, 6(2), 63-91.

김정연, 박은혜, 표윤희(2021). 중도중복장애 학생을 위한 교수·학습 자료 활용 실태 및 개선 요구. 특수교육학연구, 55(4), 83-113.

김정연, 박은혜, 표윤희, 김경양, 연석정, 안나연, 장현아(2021). 발달장애인 의사소통 지원 연구. 국립특수교육원/국가장애인평생교육진흥센터.

김정연, 표윤희, 김시원(2018). 통합학급에서의 AAC 앱을 사용하는 장애학생에 대한 비장애학생의 태도. 특수교육, 17(1), 97-117.

김정연, 홍기형(2017). 무발화 장애아동을 위한 마이토키(MyTalkie) 사용성 평가. 보완대체의사소통연구, 5(1), 67-93.

김정연, 황지현(2014). 특수교육현장에서 중도·중복장애 중학생의 의사소통행동 촉진을 위한 AAC 양식 비교. 특수교육, 13(3), 227-247.

김주현, 남세현, 김정연, 박경옥, 공진용(2023). **뇌병변장애인과 함께 살기.** 에이스북.

김지민, 김주성, 이영선, 박은혜(2023). VSD를 활용한 협력적 팀 중심의 AAC 중재가 자폐 범주성 장애 초등학생의 통합학급 수업참여도 및 의사소통 행동에 미치는 영향. **학습자중심교과교육연구, 23**(18), 211-227.

문현미, 한경임(2009). 뇌성마비 유아의 요구하기와 자발화 변화에 대한 사진의사소통과 손짓기호 체계의 비교. **중복 · 지체부자유아연구(현 지체 · 중복 · 건강장애연구), 52**(4), 321-348.

민경심, 임장현(2019). 통합학급 차원의 AAC 중재가 일반학생의 장애인식과 자폐성장애학생의 의사소통행동에 미치는 효과. **보완대체의사소통연구, 7**(1), 47-75.

박경옥, 김경양, 채수정, 연석정, 안나연(2018). **발달장애인 의사소통 보조기기 개발 기초연구.** 국립특수교육원.

박은혜, 김영태, 김정연(2008). **파라다이스 보완대체 의사소통 기초능력평가.** 파라다이스 복지재단.

박은혜, 김정연(2010). **지체장애학생 교육.** 학지사.

박은혜, 김정연, 주혜선, 황정현, 구정아, 이현주(2017). **중도 · 중복장애학생 의사소통 몸짓언어 개발 기초연구.** 국립특수교육원.

박은혜, 김정연, 주혜선, 황정현, 이현주, 구정아(2018). **중도 · 중복장애학생 의사소통 몸짓상징 표현 및 교수 · 학습 자료 개발.** 국립특수교육원.

박은혜, 김정연, 표윤희(2023). **함께 생각하는 지체장애 학생 교육**(2판). 학지사.

박은혜, 표윤희, 김정연, 김은숙(2008). 비구어 지체장애 학생들을 위한 국어과 교수-학습 지도의 실태 및 요구분석. **특수교육학연구, 42**(4), 143-167.

박은혜, 한경근 역(2008). **중도장애학생의 교육.** 시그마프레스. Snell, M. E,, & Brown, F. 저. *Instruction of students with severe disabilities* (6th ed). Pearson Education, Inc. (원서 2006년 출판)

박은혜, 한경근 역(2017). **중도장애학생의 교육.** 시그마프레스. Snell, M. E, Brown, F., & McDonnell, J. 저. *Instruction of students with severe disabilities* (8th ed). Pearson Education, Inc. (원서 2015년 출판)

박지환, 국은주, 김윤환, 남형천, 양대중, 유영대, 이건철, 이명희, 이형수, 전경희, 정한신, 조남정, 주민(2012). **신경물리치료 진단평가학.** 범문에듀케이션.

박현주 역(2017). **보완대체의사소통.** 학지사.

박혜진, 배소영(2003). 청각장애 유아의 어휘 발달. **언어청각장애연구, 8**(1), 66-81.

서울대학교어린이병원 통합케어센터(2022). **참 쉬운 의사소통책.**

서원선, 김경양, 이선화(2020). **뇌병변장애인의 의사소통 증진을 위한 지원방안 연구.** 한국장애인 개발원.

성시연, 임장현, 김영태, 박은혜(2013). 보완대체의사소통(AAC) 잠재 수요 예측 연구: 아동기 및 후천성 성인기 의사소통 장애를 중심으로. **보완대체의사소통연구**, 1(1), 1-24.

손지영, 조영희, 고혜정(2019). 발달장애인을 위한 '읽기 쉬운 자료' 제작 가이드라인 개발. **특수교육**, 18(1), 225-255.

양민화, 박미경, 이애진, 김보배(2014). 초기문해 교수방법에 대한 교수자 집단 간의 이론적 경향성 및 파닉스 지식 비교 연구. **특수교육**, 13(3), 301-315.

양혜란, 문현미(2016). 손짓기호를 활용한 언어중재가 언어발달지체 유아의 발화에 미치는 효과. **유아특수교육연구**, 16(3), 117-138.

유세희, 홍기형, 김경양(2022). 한국형 보완대체의사소통상징 학습 시스템 개발과 사용성 평가. **보완대체의사소통연구**, 10(1), 45-73.

윤숙자, 임경원(2018). 특수학교 교사들의 핵심어 손짓기호체계 지도에 관한 협력적 실행연구. **정서 · 행동장애연구**, 34(4), 183-212.

윤신명, 서화영, 박은혜(2023). 특수교육대상유아를 위한 놀이 기반 AAC 어휘 및 그림상징 개발. **보완대체의사소통연구**, 11(1), 37-55.

이경화(2005). **읽기교육의 원리와 방법**. 박이정.

이로미, 조아라, 박혜원 역(2017). **우리 아이 언어치료 부모 가이드**. 수오서재. Sussman, F. 저. *More than words*. The Hanen Centre. (원서 2012년 출판)

이명희, 박은혜(2006). 또래중재를 위한 보완대체의사소통 대화상대자 훈련이 중도 지체장애 유아의 또래와의 상호작용에 미치는 영향. **유아특수교육연구**, 6(1), 109-127.

이세인, 남보람, 박은혜(2022). 통합유치원에서 실행한 다운증후군 유아 AAC 지원 사례. **보완대체의사소통연구**, 10(1), 17-43.

이소현, 박은혜(2011). **특수아동교육**(제3판). 학지사.

이소현, 박혜진, 윤선아 역(2017). **자폐 범주성 장애**. 학지사. Patricia A. P., & Rebecca J. M. 저. *Treatment of autism spectrum disorders*. Paulh Bookes, Inc. (원서 2012년 출판).

이숙정, 민세리, 정은, 채희태 역(2021). **중도 · 중복장애 의사소통 이해와 지원**. 학지사. Maier-Michalitsch, N. J., & Grunick, G. 편저. *Kommunikation bei Menschen mit schweren und mehrfachen Behinderungen*. Bundesverband für Körper-und mehrfachbehinderte Menschen. (원서 2010년 출판).

이현주, 박은혜, 김정연, 주혜선, 황정현, 구정아, 이설희(2019). 중도 · 중복장애학생을 위한 몸짓상징체계 개발 연구. **특수교육**, 18(1), 197-224.

이희연, 홍기형(2015). 보완대체의사소통(AAC) 글자판의 단어예측기능에 대한 뇌병변장애인 대상의 사용성 평가. **재활복지공학회논문지**, 9(3), 209-214.

임장현, 박은혜(2011). 참여모델을 적용한 태블릿 PC 기반의 AAC 중재가 통합된 장애학생의 의사소통행동에 미치는 영향. **특수교육학연구, 46**(2), 85-106.

임장현, 박은혜(2012). ASD인을 위한 스마트 교육 미디어로서의 앱 개발 및 연구현황 분석. **자폐성장애연구, 12**(1), 93-117.

임지현, 김유진, 한연이, 박은혜(2014). AAC 활용계획안을 활용한 국어수업이 지적장애 초등학생의 독립적 의사소통 수준에 미치는 영향. **보완대체의사소통연구, 2**(2), 173-194.

임해영, 김학주(2015). 성인기 발달장애인 성행동에 관한 장애인공동생활가정 종사자의 대처경험에 관한 연구. **한국장애인복지학, 29**, 149-173.

정소영, 김주성, 이영선, 박은혜(2022). 장애학생의 일반교육과정 접근을 위한 AAC 활용에 관한 국내외 문헌분석. **교육정보미디어연구, 28**(2), 293-318.

정소영, 박은혜(2018). 보편적 학습설계(UDL)을 적용한 통합인식개선프로그램이 일반초등학생의 학교생활 만족도와 수용태도에 미치는 영향. **보완대체의사소통연구, 6**(1), 23-40.

정소영, 박은혜(2023). 장애학생과의 의사소통 어려움과 지원요구 조사: 초등학교 통합학급 교사를 대상으로. **보완대체의사소통연구, 11**(2), 49-84.

정혜영(2024). 선천성 시청각장애 학생 의사소통 지도에 대한 내러티브 탐구. 경인교육대학교 교육전문대학원 석사학위논문.

제철웅, 김경희, 강상경, 하경희, 장창현, 이관형(2022). 정신장애인의 자기결정권 존중을 위한 제도 도입: 정신건강 전문가와 소비자의 인식을 중심으로. **한국사회복지행정학, 24**(1), 61-89.

조선닷컴(2013. 9. 14.). https://www.chosun.com/site/data/html_dir/2013/09/13/2013091301988.html

조아라, 박은혜(2016). 활동보조서비스 상황에서의 보완대체의사소통(AAC) 중재가 뇌성마비 성인의 자기결정행동에 미치는 영향. **보완대체의사소통연구, 4**(1), 1-18.

조아라, 안혜신, 박은혜(2021). 활동보조서비스를 이용하는 성인 중도 뇌병변장애인의 AAC 사용 및 자기결정에 대한 경험 및 지원요구. **보완대체의사소통연구, 9**(1), 27-58.

조아라, 이영선, 박은혜(2023). 메타버스 플랫폼을 활용한 상황 중심 AAC 중재가 중도 뇌병변장애인의 자기옹호기술에 미치는 영향. **지체 · 중복 · 건강장애연구, 66**(2), 43-63.

주혜선(2019). 선천성 시청각중복장애인의 몸짓상징 손담 적용 의사소통전략에 관한 사례연구. 대구대학교 대학원 박사학위논문.

채수정, 연석정, 박경옥, 김경양(2020). 중도 비구어장애인을 위한 AAC 어휘 및 그림상징 개발: 인권, 피해, 지역사회 의사소통 상황을 중심으로. **지체중복건강장애연구, 63**(2), 119-140.

최미나, 연석정, 홍기형, 채수정, 이희연(2022). 뇌병변장애인의 AI 스피커 명령어 요구조사.

보완대체의사소통연구, 10(1), 75-107.

최윤선, 이규미(2017). 유능감에 관한 국내 연구 동향. 한국심리학회지, 14(3), 305-330.

표윤희, 김정연, 김시원(2017). AAC앱을 활용한 중재가 언어발달지체유아의 의사소통 능력에 미치는 효과. 특수교육, 16(2), 57-80.

한국보완대체의사소통학회(2022). 2022 한국보완대체의사소통학회 추계학술대회 자료집.

한용현, 정연수(2021). 성인 발달장애인 성행동에 대한 장애인복지시설 종사자의 성인지 감수성 향상 방안 연구. 재활복지, 25(2), 107-132.

American Speech-Language-Hearing Association (2005). Roles and responsibilities of speech-language pathologists with respect to augmentative and alternative communication: Position statement. doi: 10.1044/policy.P2005-00113

Angelo, D. (2000). Impact of augmentative and alternative communication devices on families. *Augmentative and Alternative Communication, 16*(1), 37-47.

Angelo, D., Kokoska, S., & Jones, S. (1996). Family perspective on augmentative and alternative communication: Families of adolescents and young adults. *Augmentative and Alternative Communication, 12*(1), 13-22.

Argyle, M. (1969). *Social interaction.* Atherton Press.

Baby Sign Language (2018). Children with special needs using sign language. Retrieved from http://www.babies-and-sign-language.com

Baghdadli, A., Pascal, P. S., & Aussillous, G. C. (2009). Risk factors for self-injurious behaviors among 222 young children with autistic disorders. *Journal of Intellectually Disabiliites, 47,* 622-627.

Bambara, L. M., Koger, F., Katzer, T., & Davenport, T. A. (1995). Embedding choice in the context of daily routines: An experimental case study. *Journal of the Association for Persons with Severe Handicaps, 20*(3), 185-195.

Barker, R. M., Akaba, S., Brady, N. C., & Thiemann-Bourque, K. (2013). Support for AAC use in preschool, and growth in language skills, for young children with developmental disabilities. *Augmentative and Alternative Communication, 29*(4), 334-346.

Battye, A. (2018). *Who's afraid of AAC?: The UK guide to augmentative and alternative communication*. Routledge.

Beck, A. R., Stoner, J. B., & Dennis, M. L. (2009). An investigation of aided language stimulation: Does it increase AAC use with adults with developmental disabilities and complex communication needs? *Augmentative and Alternative Communication, 25*(1), 42-54.

Beitchman, J. H., & Peterson, M. (1986). Disorders of language, communication, and behavior in mentally retarded children: Some ideas on their co-occurrence. *Psychiatric Clinics in North America, 9*, 689-698.

Ben-Arieh, J. (2007). *How to use joint action routines*. PRO-ED.

Berg, M., & Blackstone, S. (2003). *Social networks: A communication inventory for individuals with complex communication needs and their communication partners*. Augmentative Communication, Inc.

Berkowitz, S. (2018). *Make the connection: A practical guide to parents and practitioners for teaching the nonverbal child to communicate with AAC*. Herding Cats Press.

Best, S. J., Heller, K. W., & Bigge, J. (2005). *Teaching individuals with physical, or multiple disabilities* (5th ed.). Merrill.

Bettoni, M. (2007). *The Yerkish language from operational methodology to chimpanzee communication*, p. 34. Retrieved from https://www.researchgate.net/publication/235908106

Beukelman, D., & Mirenda, P. (2013). *Augmentative and alternative communication: Supporting children and adults with complex communication needs* (4th ed.). Paul H. Brookes Publishing Co.

Beukelman, D., Mirenda, P., Garrett, K., & Light, J. (2012). *Augmentative and alternative communication: Supporting children and adults with complex communication needs*. Paul H. Brookes Publishing Co.

Beukelman, D. R., Garrett, K. L., & Yorkston, K. M. (Eds.) (2007). *Augmentative communication strategies for adults with acute or chronic medical conditions*. Brookes Publishing Company.

Binger, C., & Kent-Walsh, J. (2010). *What every speech-language pathologist/audiologist should know about augmentative and alternative communication*. Pearson.

Binger, C., Kent-Walsh, J., Berens, J., Del Campo, S., & Rivera, D. (2008). Teaching Latino parents to support the multi-symbol message productions of their children who require AAC. *Augmentative and Alternative Communication, 24*(4), 323-338.

Birdwhistell, R. L. (1955). Background to kinesics. *Review of General Semantics, 13*, 10-18.

Blackstone, S., & Hunt-Berg, M. (2003). *Social networks: A communication inventory for individuals with complex communication needs and their communication partners*.

Attainment Company.

Blackstone, S., Light, J., Beukelman, D., & Shane, H. (2004). Visual scene displays. *Augmentative Communication News, 16*(2), 1-16.

Blischak, D, M., Lombardino, L. J., & Dyson, A. T. (2003). Use of speech-generating devices: In support of natural speech. *Augmentative and Alternative Communication, 19,* 29-35.

Bloomberg, K., West, D., & Iacono, T. (2003). PICTURE IT: An evaluation of a training program for carers of adults with severe and multiple disabilities. *Journal of Intellectual and Developmental Disability, 28*, 260-282.

Bondy, A. (2001). PECS: Potential benefits and risks. *The Behavior Analyst Today, 2*(2), 127-132.

Bondy, A. (2012). The unusual suspects: Myths and misconceptions associated with PECS. *The Psychological Record, 62,* 789-816.

Bondy, A., & Frost, L. (1994). The picture exchange communication system. *Focus on Autistic Behavior, 9,* 1-19.

Bopp, K. D., Brown, K. E., & Mirenda, P. (2004). Speech-language pathologists' roles in the delivery of positive behavior support for individuals with developmental disabilities. *American Journal of Speech-Language Pathology, 13*, 5-19.

Boruta, M. C., & Bidstrup, K. (2012). Making it a reality: Using stands-based general education science and math curriculum to teach vocabulary and language structures to students who use AAC. *Perspectives on Augmentative and Alternative Communication, 2*, 99-104.

Bourgeois, M. S. (2002). "Where is my wife and when am I going home?" The challenge of communicating with persons with dementia. *Alzheimer's Care Today, 3*(2), 132-144.

Bowe, F. (2000). *Physical, sensory, and health disabilities: An introduction.* Merrill.

Brady, N., Herynk, J., & Fleming, K. (2010). Communication input matters: Lessons from prelinguistic children learning to use AAC in preschool environments. *Early Childhood Services, 4,* 141-154.

Browder, D. M., Cooper, K. J., & Lim, L. (1998). Teaching adults with severe disabilities to express their choice of settings for leisure activities. *Education and Training in Mental Retardation and Developmental Disabilities*, 228-238.

Browder, D. M., & Spooner, F. (2011). *Teaching students with moderate and severe disabilities.* Guilford Publications, Inc.

Bruce, S. M., & Bashinski, S. M. (2017). The trifocus framework and interprofessional collaborative practice in severe disabilities. *American Journal of Speech-Language Pathology, 26*(2), 162-180.

Bruner, J. (1981). The social context of language acquisition. *Language and Communication, 1*(2-3), 155-178.

Bruno, J., & Trembath, D. (2006). Use of aided language stimulation to improve syntactic performance during a weeklong intervention program. *Augmentative and Alternative Communication, 22*(4), 300-313.

Burke, L., Bedard, C., & Ludwig, S. (1998). Dealing with sexual abuse of adults with a developmental disability who also have impaired communication: Supportive procedures for detection, disclosure, and follow-up. *The Canadian Journal of Human Sexuality, 7,* 79-91.

Cannella, H. I., O'Reilly, M. F., & Lancioni, G. E. (2005). Choice and preference assessment research with people with severe to profound developmental disabilities: A review of the literature. *Research in Developmental Disabilities, 26*(1), 1-15.

Carr, E. G., & Durand, V. M. (1985). Reducing behavior problems through functional communication training. *Journal of Applied Behavior Analysis, 18*(2), 111-126.

Carr, E. G., & Horner, R. H. (2007). The expanding vision of positive behavior support: Research perspectives on happiness, helpfulness, hopefulness. *Journal of Positive Behavior Interventions, 9*(1), 3-14.

Carr, E. G., Levin, L., McConnachie, G., Carlson, J. I., Kemp, D. C., & Smith, C. E. (1994). *Communication-based intervention for problem behavior: A user's guide for producing positive change*. Paul H Brookes Publishing.

Carter, M., & Iacono, T. (2002). Professional judgments of the intentionality of communicative acts. *Augmentative and Alternative Communication, 18*(3), 177-191.

Chamberlain, L., Cheung Chung, M., & Jenner, L. (1993). Preliminary findings on communication and challenging behaviour in learning difficulty. *The British Journal of Development Disabilities, 39*(77), 118-125.

Chapin, S. E., McNaughton, D., Light, J., McCoy, A., Caron, J., & Lee, D. L. (2021). The effects of AAC video visual scene display technology on the communicative turns of preschoolers with autism spectrum disorder. *Assistive Technology, 34*(5) 1-11.

Charman, T., Drew, A., Baird, C., & Baird, G. (2003). Measuring early language development in preschool children with autism spectrum disorder using the

MacArthur Communicative Development Inventory (Infant Form). *Journal of Child Language, 30*, 213-236.

Clarke, S., Dunlap, G., & Vaughn, B. (1999). Family-centered, assessment-based intervention to improve behavior during an early morning routine. *Journal of Positive Behavior Interventions, 1*(4), 235-241.

Cook, C. R., Fiat, A., Larson, M., Daikos, C., Slemrod, T., Holland, E. A., Thayer, A. J., & Renshaw, T. (2018). Positive greetings at the door: Evaluation of a low-cost, high-yield proactive classroom management strategy. *Journal of Positive Behavior Interventions, 20,* 149- 159.

Cress, C. (2023). *Practical strategies for addressing challenging behaviors in children with complex communication needs*. Workshop at ISAAC-Cancun, July 2023.

Dada, S., & Alant, E. (2009). The effect of aided language stimulation on vocabulary acquisition in children with little or no functional speech. *American Journal of Speech-Language Pathology, 18*(1), 50-64.

Dawson, G., Osterling, J., Rinaldi, J., Carver, L., & McPartland, J. (2001). Brief report: Recognition memory and stimulus-reward associations: Indirect support for the role of ventromedial prefrontal dysfunction in autism. *Journal of Autism and Developmental Disorders, 31*(3), 337-341.

Dettmer, S., Simpson, R. L., Myles-Smith, B., & Ganz, J. B. (2000). The use of visual supports to facilitate transitions of students with autism. *Focus on Autism and Other Developmental Disabilities, 15*(3), 163-169.

Deutsches Down-Syndrom infoCenter. (7. Aufl.) (2000). Sprechen lernen mit Guk1, 2. Alphabetische Ordnung der Gebärdenbilder.

DiCarlo, C., Stricklin, S., Banajee, M., & Reid, D. (2001). Effects of manual signing on communicative verbalizations by toddlers with and without disabilities in inclusive classrooms. *Journal of the Association for Persons with Severe Handicaps, 26,* 120-126.

Dorney, K. E., & Erickson, K. (2019). Transactions within a classroom-based AAC intervention targeting preschool students with autism spectrum disorders: A mixed-methods investigation. *Exceptionality Education International, 29,* 42-58.

Downing, J. (2005). *Teaching literacy to students with significant disabilities: Strategies for the K-12 inclusive classroom*. Brookes.

Ducharme, J. M., & Shecter, C. (2011). Bridging the gap between clinical and classroom intervention: Keystone approaches for students with challenging behavior. *School Psychology Review, 40,* 257-274.

Duker, P., Didden, R., & Sigafoos, J. (2004). *One-to-one training: Instructional procedures for learners with developmental disabilities*. PRO-ED, Inc.

Dunlap, G., Sailor, W., Horner, R. H., & Sugai, G. (2009). *Overview and history of positive behavior support: In Handbook of positive behavior support* (pp. 3-16). Springer US.

Durand, V. M. (1986). Self-injurious behavior as intentional communication. *Advances in Learning & Behavioral Disabilities, 5,* 141-155.

Durand, V. M., & Merges, E. (2001). Functional communication training: A contemporary behavior analytic intervention for problem behaviors. *Focus on Autism and Other Developmental Disabilities, 16*(2), 110-119.

Einfeld, S. L., & Tonge, B. J. (1996). Population prevalence of psychopathology in children and adolescents with intellectual disability: II epidemiological findings. *Journal of Intellectual Disability Research, 40*(2), 99-109.

Emerson, E., Kiernon, C., Alborz, A., Reeves, D., Mason, H., Swarbrick, R., Mason, L., & Hatton, C. (2001). The prevalence of challenging behaviors: A total population study. *Research in Developmental Disabilities, 22*(1), 77-93.

Farrall, J. (2015). Implementation of iPads for AAC in a Specialist School. *Perspectives on Augmentative and Alternative Communication, 24*(2), 51-59.

Fenson, L., Dale, P. S., & Reznick, J. S. (1994). Variability in early communicative development. *Monographs of Society for Research in Child Development, 59,* 181-185

Fittipaldi-Wert, J., & Mowling, C. M. (2009). Using visual supports for students with autism in physical education. *The Journal of Physical Education, Recreation & Dance, 80*(2), 39-43.

Fossett, B., Smith, V., & Mirenda, P. (2003). Facilitating oral language and literacy development during general education activities. In D. L. Ryndak & S. Alper (Eds.), *Curriculum and instruction for students with significant disabilities in inclusive settings* (2nd ed., pp. 173-202). Pearson Education.

Frost, L., & Bondy, A. (2002). *The picture exchange communication system training manual* (2nd ed.). Pyramid Educational Consultants.

Goldbart, J., & Marshall, J. (2004). 'Pushes and Pulls' on the parents of children who use AAC. *Augmentative and alternative communication, 20*(4), 194-208.

Goodwyn, S. W., Acredolo, L. P., & Brown, C. A. (2000). Impact of symbolic gesturing on early language development. *Journal of Nonverbal Behavior, 24*(2), 81-103.

Goossens, C., Crain, S., & Elder, P. (1992). *Engineering the preschool environment for interactive, symbolic communication.* Southeast Augmentative Communication Conference Publications.

Granlund, M., Björck-Akesson, E., Wilder, J., & Ylvén, R. (2008). AAC interventions for children in a family environment: Implementing evidence in practice. *Augmentative and alternative communication, 24*(3), 207-219.

Hamilton, B. L., & Snell, M. E. (1993). Using the milieu approach to increase spontaneous communication book use across environments by an adolescent with autism. *Augmentative and Alternative Communication, 9*(4), 259-272.

Heller, K. W., Allgood, M., Davis, B., Arnold, S., Castelle, M., & Taber, T. (1996). Promoting non task-related communication at vocational sites. *Augmentative and Alternative Communication, 12,* 169-178.

Holden, B., & Gitlesen, J. P. (2006). A total population study of challenging behavior in the count of Hedmark, Norway: Prevalence and risk markers. *Research in Developmental Disabilities, 27,* 456-465.

Hourcade, J., Everhart Pilotte, T., West, E., & Parette, P. (2004). A history of augmentative and alternative communication for individuals with severe and profound disabilities. *Focus on autism and other developmental disabilities, 19*(4), 235-244. Retrieved from https://www.cdacanada.com/

Hudry, K., Leadbitter, K., & Temple, K. (2010). Research report: Preschoolers with autism show greater impairment in receptive compared to expressive languageabilities. *International Journal of Language & Communication Disorders, 45,* 681-690.

Hudry, K., Leadbitter, K., Temple, K., Slonims, V., McConachie, H., Aldred, C., Howlin, P., Charman, T., & PACT Consortium (2010). Preschoolers with autism show greater impairment in receptive compared with expressive language abilities. *International Journal of Language & Communication Disorders, 45*(6), 681-690.

Hunt, P., Alwell, M., & Goetz, L. (1990). Generalized effects of conversation skill training. *Journal of The Association for Persons with Severe Handicaps, 15*(4), 250-260.

Hunt, P., Alwell, M., & Goetz, L. (1991). Interacting with peers through conversation turntaking with a communication book adaptation. *Augmentative and Alternative Communication, 7,* 117-126.

Hutchins, T. L., & Prelock, P. A. (2014). Using communication to reduce challenging behaviors in individuals with autism spectrum disorders and intellectual disability. *Child and Adolescent Psychiatric Clinics of North America, 23,* 41-55.

International Convention on the Protection and Promotion of the Rights and Dignity of Persons with Disabilities, G.A. Res. 61/106, Annex I, U.N. GAOR, 61st Sess., Supp. No. 49, at 65, U.N. Doc. A/61/49 (2006), entered into force May 3, 2008.

Johnston, S. S., Reichle, J., Feeley, K. M., & Jones, E. A. (2012). *AAC strategies for individuals with moderate to severe disabilities.* Brookes Publishing Company.

Jones, S. D., Angelo, D. H., & Kokoska, S. M. (1998). Stressors and family supports: Families with children using augmentative and alternative communication technology. *Communication Disorders Quarterly, 20*(2), 37-44.

Kaiser, A. P., & Hester, P. P. (1994). Generalized effects of enhanced milieu teaching. *Journal of Speech and Hearing Research, 37*(6), 1320-1340.

Kent-Walsh, J., & McNaughton, D. (2005). Communication partner instruction in AAC: Present practices and future directions. *Augmentative and alternative communication, 21*(3), 195-204.

Kent-Walsh, J., Binger, C., & Hasham, Z. (2010). Effect of parent instruction on the symbolic communication of children using augmentative and alternative communication during storybook reading. *American Journal of Speech-Language Pathology, 19,* 97-107.

Kent-Walsh, J., Murza, K. A., Malani, M. D., & Binger, C. (2015). Effects of communication partner instruction on the communication of individuals using AAC: A meta-analysis. *Augmentative and Alternative Communication, 31*(4), 271-284.

Kent-Walsh, J., & Rosa-Lugo, L. (2006). Communication partner interventions for children who use AAC: Storybook reading across culture and language. *The ASHA Leader, 11*(3), 6-29.

King, A. M., & Fahsl, A. J. (2012). Supporting social competence in children who use augmentative and alternative communication. *TEACHING Exceptional Children, 45*(1), 42-49.

Lecavalier L. (2006). Behavioral and emotional problems in young people with pervasive developmental disorders: Relative prevalence, effects of subject characteristic, and empirical classification. *Journal of Autism and Developmental Disorders, 36,* 1101-1114.

Lesher, G. W., Higginbotham, D. J., & Moulton, B. J. (2000). Techniques for automatically updating scanning delays. *RESNA 2000 Annual Conference*, pp. 85-87.

Light, J. (1988). Interaction involving individuals using augmentative and alternative communication systems: State of the art and future directions. *AAC: Augmentative and Alternative Communication, 4*(2), 66-82.

Light, J. (1989). Toward a definition of communicative competence for individuals using augmentative and alternative communication systems. *Augmentative and Alternative Communication, 5*(2), 137-144. doi: 10.1080/07434618912331275126

Light, J., Beukelman, D., & Reichle, J. (2003) *Communicative competence for individuals who use AAC: From research to effective practice.* Paul H. Brookes Publishing Co.

Loncke, F. (2014). *Augmentative and alternative communication: Models and applications for educators, speech-pathologists, psychologists, caregivers, and users.* Plural Publishing.

LoStracco, H. (2016). Let's Talk About Appropriate Behavior. Retrieved from https://speakforyourself.org/is-your-behavior-appropriate/

Lucyshyn, J. M., Albin, R. W., Horner, R. H., Mann, J. C., Mann, J. A., & Wadsworth, G. (2007). Family implementation of positive behavior support in a child with autism: Longitudinal, single-case, experimental, and descriptive replication and extension. *Journal of Positive Behavior Interventions, 9*(3), 131-150.

Lucyshyn, J. M., Fossett, B., Bakeman, R., Cheremshynski, C., Miller, L., Lohrmann, S., & Irvin, L. K. (2015). Transforming parent-child interactions in family routines longitudinal analysis with families of children with developmental disabilities. *Journal of Child and Family Studies, 24,* 3526-3541.

Luyster, R. J., Kadlec, M. B., & Carter, A. (2008). Language assessment and development in toddlers with autism spectrum disorders. *Journal of Autism and Developmental Disorders, 38,* 1426-1438.

Lyden, M. (2007). Assessment of sexual consent capacity. *Sexuality and Disability, 25*(1), 3-20

Majaranta, P., & Bulling, A. (2014). Eye tracking and eye-based human-Computer interaction. In S. H. Fairclough & K. Gilleade (Eds.), *Advances in physiological computing* (pp. 39-65). Springer-Verlag London.

Manasco, M. H. (2013). *Introduction to neurogenic communication disorders.* Jones & Bartlett Learning.

Mar, H. H., & Sall, N. (1999). *Dimensions of communication: Assessing the communication skills of individuals with disabilities.* St. Joseph's Children's Hospital.

Markham, P. T., & Justice, E. M. (2004). Sign language iconicity and its influence on the ability to describe the function of objects. *Journal of Communication Disorders, 37*(6), 535-546.

Martin, C. A., Drasgow, E., Halle, J. W., & Brucker, J. M. (2005). Teaching a child with autism and severe language delays to reject: Direct and indirect effects of functional communication training. *Educational Psychology, 25*, 287-304.

McClannahan, L. E., & Krantz, P. J. (1999). *Activity schedules for children with autism: Teaching independent behavior.* Woodbine House.

McDonald, M. E., Battaglia, D., & Keane, M. (2015). Using fixed interval-based prompting to increase a student's initiation of the Picture Exchange Communication System. *Behavioral Development Bulletin, 20,* 265-275.

McMillan, J. M., & Renzaglia, A. (2014). Supporting speech generating device use in the classroom. Part two: Student communication outcomes. *Journal of Special Education Technology, 29,* 49-61.

McNaughton, B., & Beukelman, D. (2010). *Transition strategies for adolescents & young adults who use AAC.* Paul H. Brookes

McNaughton, D., & Light, J. (2013). The iPad and mobile technology revolution: Benefits and challenges for individuals who require augmentative and alternative communication. *Augmentative and Alternative Communication, 29,* 107-116.

Mehrabian, A. (1981). *Silent messages: Implicit communication of emotions and attitudes.* Wadsworth.

Millar, D., Light, J. C., & Schlosser, R. W. (2006). The impact of augmentative and alternative communication intervention on the speech production of individuals with developmental disabilities: A research review. *Journal of Speech, Language, and Hearing Research, 49*(2), 248-264.

Mirenda, P. (1997). Supporting individuals with challenging behavior through functional communication training and AAC: Research review. *Augmentative and Alternative Communication, 13*(4), 207-225.

Mirenda, P. (2013). Autism spectrum disorder: Past, present, and future. *Perspectives on Augmentative and Alternative Communication, 22*(3), 131-138.

Mirenda, P., & Iacono, T. (2009). *Autism spectrum disorders and AAC.* Paul H. Brookes.

Mirenda, P., & Schuler, A. L. (1988). Augmenting communication for persons with autism: Issues and strategies. *Topics in Language Disorders, 9*(1), 24-43.

Murphy, O., Healy, O., & Leader, G. (2009). Risk factors for challenging behaviors among 157 children with autism spectrum disorder in Ireland. *Research in Autism Spectrum Disorders, 3,* 474-482.

Murray, J., & Goldbart, J. (2009). Cognitive and language acquisition in typical and aided language learning: A review of recent evidence from an aided communication perspective. *Child Language Teaching and Therapy, 25*(1), 31-58.

Nagai, T., Kirihara, K., Tada, M., Koshiyama, D., Koike, S., Suga, M., Araki, T., Hashimoto, K., & Kasai, K. (2017). Reduced mismatch negativity is associated with increased plasma level of glutamate in first-episode Psychosis. *Scientific Reports, 7,* 1-9.

NRP (2000). *Report of the National Reading Panel: Teaching children to read.* National Institute of Child Health and Human Development (NICHD) and U.S. Department of Education.

O'Neill, R. E., Homer, R. H., Albin, R. W., Sprague, J. R., Storey, K., & Newton, J. S. (1997). *Functional assessment and program development for problem behavior.* Brooks/Cole.

O'Reilly, M., Cannella, H., Sigafoos, J., & Lancioni, G. (2006). Social and communication skills interventions. In J. Luiselli (Ed.), *Antecedent assessment and intervention: Supporting children and adults with developmental disabilities in community settings* (pp. 187-206). Paul H. Brookes.

Ostrosky, M. M., & Kaiser, A. P. (1991). Preschool classroom environments that promote communication. *Teaching Exceptional Children, 23*(4), 6-10.

Parette, H. P., & Angelo, D. H. (1996). Augmentative and alternative communication impact on families: Trends and future directions. *The Journal of Special Education, 30*(1), 77-98.

Parette, H. P., Jr., Brotherson, M. J., & Huer, M. B. (2000). Giving families a voice in augmentative and alternative communication decision-making. *Education & Training in Mental Retardation & Developmental Disabilities, 35*(2), 177-190.

Pingale, V., Fletcher, T., & Candler, C. (2019) The effects of sensory diets on children's classroom behaviors. *Journal of Occupational Therapy, Schools, & Early Intervention, 12,* 225-238.

Porter, G. (2007). *Pragmatic Organization Dynamic Display (PODD) communication books: Direct access templates*. Cerebral Palsy Education Centre. PODD Intensive Course Workshop.

Porter, G. (2019). *Pragmatic organization dynamic display communication books*. Advanced Workshop.

Porter, G., & Kirkland, J. (1995). *Integrating augmentative and alternative communication into group programs: Utilizing the principles of conductive education* (pp. 93-94). Spastic Society of Victoria.

Quattlebaum, P. D., & Nalty, L. N. (1998). *A practical guide to augmentative and alternative communication: Assessment and intervention strategies*. Super Duper Publications.

Robinson, N. B., & Soto, G. (2013). *AAC in the schools: Best practices for intervention*. Attaninment company.

Romski, M., & Sevcik, R. A. (2005). Augmentative communication and early intervention: Myths and realities. *Infants & Young Children, 18*(3), 174-185.

Sadler, K. M. (2019). Video self-modeling and functional behavior assessment to modify aggressive behaviors in students with Autism Spectrum Disorder and Intellectual Disabilities. *Education and Training in Autism and Developmental Disabilities, 54*(4), 406-419.

Sailor, W., Dunlap, G., Sugai, G., & Horner, R. (Eds.) (2009). *Handbook of positive behavior support*. Springer Science.

Schlosser, R., & Sigafoos, J. (2002). Selecting graphic symbols for an initial request lexicon: Integrative review. *Augmentative and Alternative Communication, 18*(2), 102-123.

Schreibman, L., Dawson, G., Stahmer, A. C., Landa, R., Rogers, S. J., McGee, G. G., & Halladay, A. (2015). Naturalistic developmental behavioral interventions: Empirically validated treatments for autism spectrum disorder. *Journal of Autism and Developmental Disorders, 45*, 2411-2428.

Schwartz, I. S., & Davis, C. A. (2014). Best practices in early identification and services for children with autism spectrum disorders. *Best practices in school psychology: Data-based and collaborative decision making*, pp. 405-416.

Siegel, E. B., & Cress, C. J. (2002). Overview of emergence of early AAC behavior: Progressive from communication symbolic skills. In J. Reichle, D. R. Beukelman, & J. C. Light (Eds.), *Exemplary practices for beginning communicators: Implications for AAC* (pp. 25-57). Paul H. Brookes.

Sigafoos, J. (1998). Choice making and personal selection strategies. In J. Luiselli & M. Cameron (Eds.), *Antecedent control: Innovative approaches to behavioral support* (pp. 187-221). Paul H. Brookes.

Sigafoos, J. (2006). Self-determination: Can we let the child determine the best treatment? *Pediatric Rehabilitation, 9,* 1-2.

Sigafoos, J., Arthur-Kelly, M., & Butterfield, N. (2006). *Enhancing everyday communication for children with disabilities.* Paul H Brookes Publishing.

Sigafoos, J., Woodyatt, G., Keen, D., Tait, K., Tucker, M., Roberts-Pennell, D., & Pittendreigh, N. (2000). Identifying potential communicative acts in children with developmental and physical disabilities. *Communication Disorders Quarterly, 21*(2), 77-86.

Simpson, R. L., de Boer-Ott, S. R., Griswold, D. E., Myles, B. S., Byrd, S. E., & Ganz, J. B. (2005). *Autism spectrum disorders: Interventions and treatments for children and youth.* Corwin Press.

Singer-MacNair, K. (2017). Challenges to augmentative and alternative communication interventions with autism spectrum disorder students. Doctoral dissertation, Walden University.

Singing Hands UK (2013. 12. 22.). Singing Hands: Three little monkeys-with Makaton Sign Language. Retrieved from http://www.youtube.com/watch?v=mZBZ8J1R_yU&feature=youtu.be

Snell, M. E. (2003). **중도장애 학생을 위한 상징적, 비상징적 보완 · 대체의사소통 중재연구의 개관.** 제10회 국제세미나 '장애 학생을 위한 보완 · 대체의사소통의 실제와 전망', pp. 1-93. 국립특수교육원.

Snell, M. E., & Brown, F. (2008). *Instruction of students with severe disabilities* (6th ed.). Pearson Merill/Prentice Hall.

Snell, M. E., & Brown, F. (2011). *Instruction of students with severe disabilities* (7th ed.). Pearson.

Snell, M. E., Chen, L. Y., & Hoover, K. (2006). Teaching augmentative and alternative communication to students with severe disabilities: A review of intervention research 1997-2003. *Research and Practice for Persons with Severe Disabilities, 31*(3), 203-214.

Stillman, R., & Siegel-Causey, E. (1989). Introduction to nonsymbolic communication. In E. Siegel-Causey & D. Guess (Eds.), *Enhancing nonsymbolic communication interaction among learners with severe disabilities* (p. 7). Paul H. Brookes.

Sturm, J. M., & Clendon, S. A. (2004). Augmentative and alternative communication, language, and literacy. *Topics in Language Disorders, 24,* 76-91.

Sugai, G., & Horner, R. H. (2008). What we know and need to know about preventing problem behavior in schools. *Exceptionality, 16,* 67-77

Sundel, M., & Sundel, S. S. (2005). *Behavior change in the human service: Behavioral and cognitive principles and applications* (5th ed.). Sage Publications.

Surkamp, C. (2014). Non-verbal communication: Why we need it in foreign language teaching and how we can foster it with drama activities. *Scenario, 8*(2), 12-27.

Sussman, F. (2012). *More than words* (p. 424). The Hanen Centre.

Tetzchner, S., Martinsen, H., & Stadskleiv, K. (in press). *Introduction to augmentative and alternative communication* (2nd ed.).

The Singalong Group (2018). Resources: The Basic Vocabulary set, also available as a dictionary, is a collection of over 1,600 signs of everyday nouns, verbs and concepts. Retrieved from http://www.signalong.org.uk

Thistle, J. J., & Wilkinson, K. (2009). The effects of color cues on typically developing preschoolers' speed of locating a target line drawing: Implications for augmentative and alternative communication display design. *American Journal of Speech-Language Pathology, 18*(3), 231-240.

United Nations Convention on the Rights of Persons with Disabilities (2006). Retrieved from http://hrlibrary.umn.edu/instree/K-disability-convention.html

van der Meer, L., Kagohara, D., Achmadi, D., O'Reilly, M. F., Lancioni, G. F., Sutherland, D., & Sigafoos, J. (2012). Speech-generating devices versus manual signing for children with developmental disabilities. *Research in Developmental Disabilities, 33,* 1658-1669.

Waugh, L., Bowers, T., French, R. (2007). Use of picture cards in integrated physical education classes. *Strategies, 20*(4), 18-20.

Weiss, R. S. (1981). INREAL intervention for language handicapped and bilingual children. *Journal of the Devision for Early Childhood, 4*(1), 40-52.

Westling, D. L., & Fox, L. (2004). *Teaching students with severe disabilities* (3rd ed.). Prentice Hall.

Wetherby, A. M. (1995). *Checklist of communicative functions and means.* Self-published.

Wetherby, A. M., Cain, D. H., Yonclas, D. G., & Walker, V. G. (1988). Analysis of intentional communication of normal children from the prelinguistic to the multiword stage. *Journal of Speech and Hearing Research, 31*(2), 240-252.

Wetherby, A. M., & Prizant, B. M. (1989). The expression of communicative intent: Assessment guidelines. *In Seminars in Speech and Language, 10*(1), 77-91.

Wetherby, A. M., & Prizant, B. M. (1993). Profiling young children's communicative competence. In S. F. Warren & J. Reichle (Eds.), *Communication and language intervention series: Vol. 1. Causes and effects in communication and language intervention* (pp. 217-254). Paul H. Brookes Publishing Co.

Wetherby, A. Prizant, B., & Schuler, A. (2000). *Understanding the nature of communication and language impairment.* Paul H. Brookes.

Wood, D., Wood, H., Griffith, A., & Howarth, I. (1986). *Teaching and talking with deaf children.* Wiley.

마이토키. http://www.mytalkie.co.kr/product/talkie-smart.html

토비. https://www.tobii.com

한국형 AAC 상징검색 시스템. http://symbol.ksaac.or.kr

The Communication Matrix Foundation. https://communicationmatrix.org/

Wisconsin Department of Public Instruction. https://dpi.wi.gov/sped/educators/consultation/assistive-technology

찾아보기

저자 소개

박은혜(Park Eunhye)
미국 오리건대학교 대학원 졸업(특수교육학 박사)
미국 버지니아대학교 방문교수 역임
현 이화여자대학교 특수교육과 교수

〈주요 저서〉
특수아동교육(4판, 공저, 학지사, 2024)
중도 · 중복장애학생 교육의 이해(2판, 공저, 학지사, 2023)
함께 생각하는 지체장애 학생 교육(2판, 공저, 학지사, 2023)
언어치료사 및 특수교사를 위한 한국 보완대체의사소통 평가 및 중재 프로그램(공저, 학지사, 2016)

김정연(Kim Jeongyoun)
이화여자대학교 대학원 졸업(특수교육학 박사)
연세대학교재활학교 교사, 한국우진학교 교사 역임
현 조선대학교 특수교육과 교수

〈주요 저서〉
장애아동의 이해(공저, 북앤정, 2024)
중도 · 중복장애학생 교육의 이해(2판, 공저, 학지사, 2023)
함께 생각하는 지체장애 학생 교육(2판, 공저, 학지사, 2023)
건강장애 학생 교육(학지사, 2020)

김경양(Kim Kyungyang)
이화여자대학교 대학원 졸업(특수교육학 박사)
부산장신대학교 특수교육과 교수, 엘씨드센터 소장 역임
현 서울시장애인의사소통권리증진센터 센터장
한신대학교 교육대학원 겸임교수

〈주요 저작〉
AAC를 활용한 지역사회 적응활동(공저, 학지사, 2016)
지체, 건강 및 중복 장애 학생에 대한 이해(공역, 학지사, 2012)
사회적 약자 대상 선거정보 제공 개선방안 연구 '이해하기 쉬운 선거공보' 제작 가이드 개발(2023)
보완대체의사소통 기기 활용 중재서비스 전달 모형의 적용 효과에 대한 연구(2019)

보완대체의사소통
-AAC 중재를 위한 최상의 실제-
Augmentative and Alternative Communication
-Best Practices in AAC Intervention-

2024년 6월 10일 1판 1쇄 인쇄
2024년 6월 20일 1판 1쇄 발행

지은이 • 박은혜 · 김정연 · 김경양

펴낸이 • 김진환
펴낸곳 • ㈜ 학지사
04031 서울특별시 마포구 양화로 15길 20 마인드월드빌딩
대표전화 • 02-330-5114 팩스 • 02-324-2345
등록번호 • 제313-2006-000265호

홈페이지 • http://www.hakjisa.co.kr
인스타그램 • https://www.instagram.com/hakjisabook

ISBN 978-89-997-3133-4 93370

정가 28,000원